D1151464

Bolivie

Kate Armstrong
Vesna Maric, Andy Symington

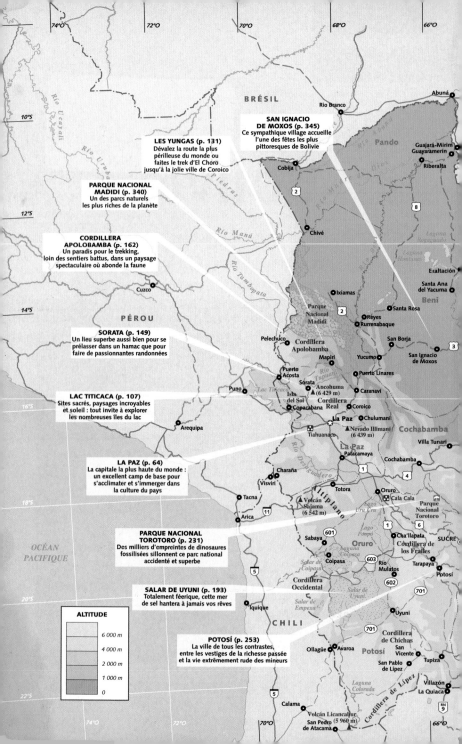

BRÉSIL

Rio Branco

SAN IGNACIO DE MOXOS (p. 345)
Ce sympathique village accueille l'une des fêtes les plus pittoresques de Bolivie

Abuná

Cobija

Pando

Guajará-Mirim
Guayaramerín

Riberalta

LES YUNGAS (p. 131)
Dévalez la route la plus périlleuse du monde ou faites le trek d'El Choro jusqu'à la jolie ville de Coroico

PARQUE NACIONAL MADIDI (p. 340)
Un des parcs naturels les plus riches de la planète

Chivé

Exaltación

Santa Ana del Yacuma

CORDILLERA APOLOBAMBA (p. 162)
Un paradis pour le trekking, loin des sentiers battus, dans un paysage spectaculaire où abonde la faune

Ixiamas

Parque Nacional Madidi

Beni

Santa Rosa

Reyes

Rurrenabaque

Cuzco

PÉROU

SORATA (p. 149)
Un lieu superbe aussi bien pour se prélasser dans un hamac que pour faire de passionnantes randonnées

Pelechuco

Cordillera Apolobamba

San Borja

San Ignacio de Moxos

Mapiri

Yucumo

Puerto Acosta

Puerto Linares

LAC TITICACA (p. 107)
Sites sacrés, paysages incroyables et soleil : tout invite à explorer les nombreuses îles du lac

Puno

Sórata

Ancohuma
(6 429 m)

Caranavi

Isla del Sol

Cordillera Real

Arequipa

Copacabana

Coroico

Chulumani

La Paz

Cochabamba

LA PAZ (p. 64)
La capitale la plus haute du monde : un excellent camp de base pour s'acclimater et s'immerger dans la culture du pays

Tiahuanaco

Nevado Illimani
(6 439 m)

La Paz

Villa Tunari

Patacamaya

Cochabamba

Charaña

Visviri

Totora

Oruro

Cala Cala

Parque Nacional Torotoro

Tacna

**Volcán Sajama
(6 542 m)**

Arica

PARQUE NACIONAL TOROTORO (p. 231)
Des milliers d'empreintes de dinosaures fossilisées sillonnent ce parc national accidenté et superbe

Sabaya

Coipasa

Cha'llapata

Cordillera de los Frailes

SUCRE

Oruro

Tarapaya

Potosí

Salar de Coipasa

Río Mulatos

Cordillera Occidental

SALAR DE UYUNI (p. 193)
Totalement féerique, cette mer de sel hantera à jamais vos rêves

Iquique

Salar de Empexa

Salar de Uyuni

Uyuni

OCÉAN PACIFIQUE

CHILI

Cordillera de Chichas

ALTITUDE

	6 000 m
	4 000 m
	2 000 m
	1 000 m
	0

POTOSÍ (p. 253)
La ville de tous les contrastes, entre les vestiges de la richesse passée et la vie extrêmement rude des mineurs

Ollagüe

Avaroa

Potosí

San Vicente

San Pablo de Lípez

Tupiza

Laguna Colorada

Cordillera de Lípez

Villazón

La Quiaca

Calama

Volcán Licancabur (5 960 m)

San Pedro de Atacama

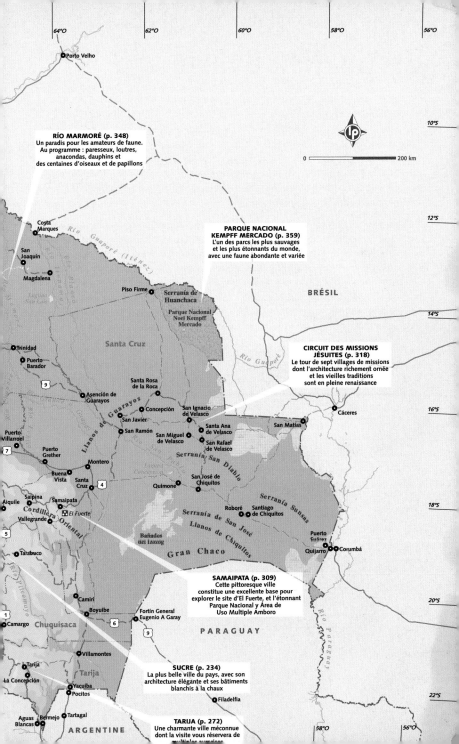

RÍO MARMORÉ (p. 348)
Un paradis pour les amateurs de faune.
Au programme : paresseux, loutres,
anacondas, dauphins et
des centaines d'oiseaux et de papillons

**PARQUE NACIONAL
KEMPFF MERCADO (p. 359)**
L'un des parcs les plus sauvages
et les plus étonnants du monde,
avec une faune abondante et variée

**CIRCUIT DES MISSIONS
JÉSUITES (p. 318)**
Le tour de sept villages de missions
dont l'architecture richement ornée
et les vieilles traditions
sont en pleine renaissance

SAMAIPATA (p. 309)
Cette pittoresque ville
constitue une excellente base pour
explorer le site d'El Fuerte, et l'étonnant
Parque Nacional y Área de
Uso Multiple Amboro

SUCRE (p. 234)
La plus belle ville du pays, avec son
architecture élégante et ses bâtiments
blanchis à la chaux

TARIJA (p. 272)
Une charmante ville méconnue
dont la visite vous réservera de
multiples surprises

0   200 km

Porto Velho

Costa
Marques

San
Joaquín

Magdalena

Laguna
San Luis

Río Iténez

Río Guaporé (Iténez)

Piso Firme

Serranía de
Huanchaca

BRÉSIL

Parque Nacional
Noel Kempff
Mercado

Trinidad

Puerto
Barador

Santa Cruz

Río Guaporé

Santa Rosa
de la Roca

Asención de
Guarayos

Concepción

San Javier

San Ramón

Puerto
Villaroel

Puerto
Grether

Montero

San Ignacio
de Velasco

Santa Ana
de Velasco

San Miguel
de Velasco

San Rafael
de Velasco

San Matías

Cáceres

Serranía San Diablo

Buena
Vista

Santa
Cruz

San José de
Chiquitos

Quimone

Aiquile

Saipina

Samaipata

El Fuerte

Vallegrande

Cordillera
Oriental

Bañados
del Izozog

Serranía de San José

Roboré

Santiago
de Chiquitos

Serranía Sunsas

Llanos de Chiquitos

Puerto
Suárez

Quijarro

Corumbá

Tarabuco

Gran Chaco

Camiri

Boyuibe

Fortín General
Eugenio A Garay

PARAGUAY

Camargo

Chuquisaca

Villamontes

Tarija

La Concepción

Tarija

Yacuiba

Pocitos

Aguas
Blancas

Bermejo

Tartagal

ARGENTINE

Río Pilcomayo

Río Paraguay

Filadelfia

64°O   62°O   60°O   58°O   56°O

10°S

12°S

14°S

16°S

18°S

20°S

22°S

Destination Bolivie

Seuls des superlatifs parviennent à décrire la Bolivie. Nation la plus haute de l'hémisphère, la plus isolée et la plus accidentée, elle connaît des conditions climatiques extrêmes – froid glacial, vents violents et chaleur étouffante –, et comprend des régions parmi les plus désertiques, les plus salées et les plus marécageuses du globe. Pays le plus pauvre d'Amérique du Sud, il est aussi l'un des plus riches en ressources naturelles et compte la plus forte proportion de population indigène avec 65% d'Indiens – Aymará, Quechua, Guaraní et plus d'une trentaine d'autres groupes ethniques. Seule manque la mer…

Ce pays enclavé, à cheval sur les Andes, s'étage des pics enneigés aux vastes étendues de jungle impénétrable, en passant par d'hallucinants déserts de sel et des pampas riches en faune. Des cultures traditionnelles bien vivaces, des villes coloniales et le souffle d'anciennes civilisations font écho à ce décor naturel grandiose. Les voyageurs ne s'y trompent pas : la Bolivie fait aujourd'hui partie des destinations prisées. Les possibilités d'activités culturelles, d'aventure et d'exploration hors des sentiers battus se sont multipliées. Alors que la plupart des visiteurs se cantonnent aux itinéraires connus de l'Altiplano, il reste d'innombrables merveilles à découvrir ailleurs, notamment dans l'est tropical et les basses terres du Sud.

La vie sociale et politique ne manque pas d'animation depuis l'élection du premier président indien du pays. L'heure est à l'optimisme, en particulier au sein de la majorité indigène, et de nombreux changements interviennent. Des manifestations continuent toutefois d'agiter régulièrement ce pays étonnant. Mettez vos lunettes de montagne, respirez profondément et vivez l'extrême.

WOODS WHEATCRO

Beautés naturelles

BRENT WINEBRENNER

L'austère beauté du Volcán Licancabur (p. 198), sur le circuit du Sud-Ouest (p. 193)

Les étonnantes formations de roches rouges aux alentours de Tupiza (p. 204)

KRZYSZTOF DYDYNSKI

RAFAEL ESTEFANIA

De la nécessité d'emporter vos jumelles dans le Parque Nacional et Área de Uso Múltiple Amboró (p. 304)

À NE PAS MANQUER

- Une visite du Parque Nacional Noel Kempff Mercado (p. 353) pour observer son exceptionnelle vie sauvage
- Participer à un circuit écologique (p. 340) pour apprécier pleinement le bassin amazonien

Patrimoine architectural

RICHARD I'ANSON

Coupoles *mudéjares* (mauresques) de la cathédrale de Copacabana (p. 112)

ALISON WRIGHT

Détail des ruines de Tiahuanaco (p. 103)

L'étincelante architecture coloniale
de Sucre (p. 234)

RAFAEL ESTEFANIA

À NE PAS MANQUER

▪ Le mystère d'El Fuerte (p. 310), un
site inscrit au patrimoine mondial
de l'Unesco, à l'entrée du village
somnolent de Samaipata (p. 309)

▪ La riche architecture coloniale de Potosí
(p. 253), notamment l'hôtel national des
Monnaies (p. 257)

Culture et tradition

Autel au décor mêlant croyances traditionnelles et catholicisme (p. 37)

Célébration animée du Nouvel An aymará sur le site de l'ancien Tiahuanaco (p. 105)

À NE PAS MANQUER

- Les curieux produits du Mercado de Hechicería (marché des Sorcières ; p. 74), à La Paz, où vous pourrez acheter un ou deux remèdes traditionnels
- Une excursion dans des villages jalq'a pour découvrir leurs tissages uniques (p. 252)

Jour de fête à San Ignacio de Moxos (p. 345)

Aventures en plein air

WOODS WHEATCROF

Les pentes du majestueux Huayna Potosí (p. 159), accessibles aux débutants

Sur les pas des Incas en suivant le trek
d'El Choro (p. 137)

GREG CAIRE

BRENT WINEBRENNER

La traversée en 4x4 du Salar de Uyuni (p. 193),
une expérience aux frontières du réel

À NE PAS MANQUER

- Une randonnée à vélo à travers des paysages
  parmi les plus spectaculaires du pays (p. 133)
- La descente en bateau du Río Mamoré (p. 348),
  en pleine jungle amazonienne

Sommaire

Les auteurs

KATE ARMSTRONG
Auteur-coordinateur, chapitres introductifs, La Paz, Lac Titicaca, Carnet pratique, Transports

Partie pendant un an avec son sac à dos à travers l'Amérique du Sud, Kate commence son périple par la Bolivie. Tombée sous le charme du pays, elle décide de s'installer à Sucre pour apprendre l'espagnol et, après deux leçons de *cueca* en chaussures de marche, elle rejoint une troupe de danse folklorique. Sa passion pour ce pays unique et ses habitants la ramène régulièrement en Bolivie où elle poursuit sa quête de la *salteña* (spécialité culinaire) parfaite. Quand elle ne s'émerveille pas devant la beauté de l'Altiplano ou de la jungle amazonienne, Kate est écrivain freelance en Australie. Pour cette édition, elle a arpenté La Paz en tous sens, brûlant en montant les rues escarpées, bordées de marchés, les calories accumulées en faisant le tour des restaurants. Elle a également contribué au guide *South America on a Shoestring* de Lonely Planet.

Mes coups de cœur

Le plus haut, le plus froid, le plus chaud, le plus lent, le plus rapide. Tous ces superlatifs caractérisent des expériences vécues en Bolivie, tels la rencontre avec un rare fourmilier arboricole dans le **Parque Nacional Madidi** (p. 340), les montées et descentes des cols à VTT aux alentours de **Sorata** (p. 149), l'éclatement d'un pneu sur la route de l'incroyable **Potosí** (p. 253) et le **yatiri** (p. 74) qui m'avait prédit un voyage sans souci. Parmi les moments les plus insolites à La Paz figurent la **lucha libre** (catch ; p. 78) et le **marché d'El Alto** (p. 77). Les événements routiniers que je préfère restent la *salteña* quotidienne à **La Paz** (p. 90) et les nombreux et pittoresques défilés de danseurs à **Sucre** (p. 234). Les couchers de soleil à **Tupiza** (p. 200) et à l'**Isla del Sol** (p. 119), le survol de la **Cordillera Real** (p. 158) entre La Paz et Rurrenabaque et les vins de **Tarija** (p. 272) comptent aussi parmi les souvenirs impérissables, de même que la gentillesse des Boliviens, toujours prêts au partage.

Parque Nacional Madidi
Sorata
Isla del Sol — Cordillera Real
La Paz et les marchés d'El Alto
Potosí
Sucre
Tupiza — Tarija

VESNA MARIC
Centre-Sud de la Bolivie, Santa Cruz et les plaines de l'Est, Bassin amazonien

Tombée amoureuse de la Bolivie au début des années 2000, Vesna ne jure plus que par les Andes et la merveilleuse culture de ce pays. Au cours de ce voyage, elle a découvert le charme irrésistible de la forêt pluviale et les plaisirs du hamac dans la Rurrenabaque tropicale, visité la plus bizarre des prisons, dégusté des vins boliviens et respiré de la poussière à satiété lors des longs trajets en bus.

ANDY SYMINGTON
Cordilleras et Yungas, Sud de l'Altiplano, Hauts plateaux du centre

Andy a découvert la Bolivie enfant, à travers les récits des voyages dans la jungle de l'explorateur anglais Fawcett que lui lisait son père. Depuis, il a toujours rêvé de l'Amérique du Sud et son premier voyage en Bolivie, marqué entre autres par des moments mémorables dans un avion douteux au-dessus de la forêt tropicale, ne l'a pas déçu. Par la suite, il est retourné plusieurs fois dans ce pays qu'il adore. Auteur de plusieurs guides, Andy a collaboré à de nombreux ouvrages Lonely Planet et vit dans le nord de l'Espagne.

CONTRIBUTIONS

Brian Kluepfel a travaillé un an en Bolivie comme directeur de la rédaction du *Bolivian Times*. Il a voyagé au Paraguay pour suivre l'équipe nationale lors de la Copa America de 1999 et au Chili pour assister à l'intronisation du président Ricardo Lagos. Ses travaux sur la musique et le football boliviens ont respectivement été publiés dans le magazine *Acoustic Guitar* et sur le site Internet de la Major League Soccer. Brian a participé à la rédaction des encadrés sur le football (p. 37), les instruments de musique (p. 40) et Evo Morales (p. 23).

Luc Paris, docteur en médecine au service de Parasitologie-Mycologie de l'hôpital de la Pitié-Salpêtrière, à Paris, a également contribué à la rédaction du chapitre *Santé*.

LES AUTEURS DE LONELY PLANET

Lonely Planet réalise ses guides en toute indépendance et n'accepte aucune publicité. Tous les établissements et prestataires mentionnés dans l'ouvrage le sont sur la foi du seul jugement des auteurs, qui ne bénéficient d'aucune rétribution ou réduction de prix en échange de leurs commentaires.

Sillonnant le pays en profondeur, les auteurs de Lonely Planet savent sortir des sentiers battus sans omettre les lieux incontournables. Ils visitent en personne des milliers d'hôtels, restaurants, bars, café, monuments et musées, dont ils s'appliquent à faire un compte-rendu précis.

Mise en route

Les voyageurs ne peuvent plus se targuer de "découvrir" la Bolivie, qui figure désormais parmi les destinations de la majorité de ceux qui arpentent l'Amérique du Sud. Cependant, la plupart se cantonnent aux itinéraires les plus connus et les plus accessibles sans accorder au pays toute l'attention qu'il mérite. Le visiteur curieux et plus aventureux peut néanmoins sortir facilement des sentiers battus, profitant ainsi de la richesse de cultures très diverses, d'époustouflantes merveilles naturelles et d'expériences hors du commun. Les amateurs d'activités de plein air seront également comblés et pourront les pratiquer dans différentes catégories de confort, des plus spartiates aux plus luxueuses. Si la facilité n'est pas toujours au rendez-vous, l'effort engagé est amplement récompensé.

QUAND PARTIR

De la chaleur étouffante et humide au froid polaire, les conditions climatiques varient grandement. L'été, de novembre à avril, correspond à la saison des pluies. À cette époque, les transports terrestres sont perturbés et les routes impraticables dans certaines régions. La meilleure période pour visiter la Bolivie est l'hiver, de mai à octobre, sec et ensoleillé.

Voir *Climat* (p. 370) pour plus de détails

Bien que la majeure partie du pays soit aussi proche de l'équateur que Tahiti ou Hawaii, l'altitude et les vastes étendues non protégées l'exposent à un climat changeant. Puerto Suárez, où règne une chaleur accablante, et Uyuni, battue par des vents glacials, en représentent les deux extrêmes. Toutefois, il arrive que l'on se prélasse au soleil à Uyuni et que l'on grelotte à Puerto Suárez.

L'été peut être insupportable dans les plaines, alors boueuses, humides, arrosées d'averses tropicales et pullulant d'insectes. Cependant, le fait que les routes soient inondées entraîne l'augmentation des transports fluviaux et c'est la meilleure époque pour se déplacer en bateau. En hiver, il peut faire très chaud durant la journée sur l'Altiplano, mais la nuit, la température descend en dessous de zéro. Les vallées des hauts plateaux bénéficient d'un climat plaisant, avec une faible pluviosité toute l'année.

N'OUBLIEZ PAS...

- de vérifier les formalités en matière de visa (p. 372)
- de consulter les avertissements concernant les voyages dans le pays (p. 371)
- votre certificat de vaccination contre la fièvre jaune (p. 393)
- une photocopie de votre assurance voyage (p. 369)
- un adaptateur pour recharger la batterie de votre appareil photo (p. 367)
- des jumelles pour observer la faune
- une crème solaire et un chapeau pour vous protéger du soleil en altitude
- une trousse de secours (p. 395)
- des bouchons d'oreilles pour dormir dans les hôtels bruyants
- un cadenas pour vos bagages
- votre sens de l'humour pour supporter les files d'attente et les longs trajets en bus

Août constitue le pic de la haute saison touristique, idéale pour le climat et qui dure de juin à septembre. La plupart des grandes fêtes boliviennes ont lieu à cette époque, pendant laquelle voyagent également de nombreux Boliviens et d'autres Sud-Américains. On peut alors former un groupe plus facilement, mais les prix ont tendance à grimper.

COÛT DE LA VIE

En règle générale, les prix sont légèrement inférieurs à ceux des pays voisins. Vu les distances à l'intérieur de la Bolivie, les transports représentent la principale dépense.

Les voyageurs au budget très serré peuvent vivre avec moins de 15 $US par jour, mais la plupart des visiteurs dépensent de 25 à 50 $US. Comptez 150 $US par jour pour découvrir le meilleur de la Bolivie dans des conditions confortables (y compris la location d'un transport privé). Dans cet ouvrage, tous les prix sont indiqués en dollars US.

Évitez de discuter les prix des biens et des services. Si les Boliviens tentent parfois de les faire baisser au marché, le marchandage ne fait pas partie de la culture locale. N'oubliez pas que les quelque bolivianos en jeu représentent bien plus pour les gens du pays que pour vous. Pour vous faire une idée des prix habituellement pratiqués, notamment pour les taxis, renseignez-vous auprès des habitants. Demandez toujours le prix des plats, des chambres et des transports afin d'éviter une surprise désagréable.

LIVRES À EMPORTER

L'incontournable *Journal de Bolivie : 7 novembre 1966-1967*, d'Ernesto Guevara (La Découverte, 1997), est le récit des onze derniers mois de la vie du Che au cœur de la guérilla bolivienne. Benigno, fidèle compagnon de Guevara, retrace cette épopée guévariste dans *Le Che en Bolivie* (Éditions du Rocher, 1997).

Gunther Holzmann, ancien résistant antinazi a vécu une grande partie de sa vie en Bolivie. Ses Mémoires, *On dit que j'ai survécu quelque part au-delà des mers...* (La Découverte, 1997), permettent de rencontrer un homme hors du commun qui a su allier humanisme, aventure et révolte contre l'injustice.

Le prêtre Benoît Charlemagne a vécu un an dans une prison-bidonville. *Le Plus Bel Endroit du monde : prison de Cochabamba* (Stock, 1996) est le récit de son expérience auprès des plus démunis.

Les jeunes lecteurs (et les moins jeunes) pourront lire *Amauta : contes de Bolivie*, de José Mendoza et Cécile Boisel (édition bilingue, L'Harmattan, 2002), ou découvrir la vie d'un mineur bolivien de 12 ans et quelques aspects de son pays dans *La Bolivie : Chiquito, le petit mineur* de Pierre Landais et Annie Decarpes (Entre deux rives, 2002).

À lire également, *L'Incroyable Voyage de Tristan Jones, baroudeur des mers* de Tristan Jones (Ancre de Marine, 2006), qui raconte le périple de l'intrépide navigateur du plan d'eau le plus bas de la planète, la mer Morte, au plus élevé, le lac Titicaca.

Le Continent perdu est l'ouvrage passionnant de Percy Harrison Fawcett, établi par son fils Brian Fawcett à partir des notes de voyage de son père, et qui raconte le fabuleux récit de voyage de celui-ci à travers la jungle au début du XXe siècle (Pygmalion, 1991).

Plus récent, le livre illustré de Fabien Lacoudre, *Une saison en Bolivie* (L'Harmattan, 2006) est également un passionnant récit de voyage.

Enfin, indispensable pour mieux communiquer sur place : le *Guide de conversation français/espagnol latino-américain* publié par Lonely Planet. Pour réserver une chambre, lire un menu ou simplement faire connaissance, ce manuel vous permet d'acquérir rapidement quelques rudiments d'espagnol dans sa version locale. Il comprend également un mini-dictionnaire bilingue.

QUELQUES PRIX

Lit en dortoir 2-5 $US

Chambre double 20 $US

Menu déjeuner 1-2 $US

Accès Internet 0,25-3 $US l'heure

Course de taxi en ville 0,75-1,20 $US

Voir aussi l'Indice Lonely Planet au verso de la page de couverture de ce guide.

TOP 10

Fêtes et festivals

Les innombrables fêtes traduisent la richesse de la culture et des traditions boliviennes. Des fêtes patronales des petits villages aux célébrations nationales, presque chaque jour est marqué par un événement. Voici nos favoris, mais vous en trouverez d'autres p. 371.

- El Gran Poder (La Paz), mai-juin (p. 81)
- Carnaval (dans tout le pays, p. 370 ; à voir de préférence à Oruro, p. 175, et Tarija, p. 277), février-mars
- Phujllay (Tarabuco), mars (p. 248)
- Fiesta de la Cruz (lac Titicaca), 3 mai (p. 114)
- Fiesta del Santo Patrono de Moxos (San Ignacio de Moxos), 31 juillet (p. 345)
- Fiesta de San Bartolomé (Chu'tillos, Potosí), août (p. 261)
- Fiesta del Espíritu (Potosí), juin (p. 261)
- Fiesta de la Virgen de Urkupiña (Quillacollo, Cochabamba), 15-18 août (p. 219)
- Festival international du théâtre (Santa Cruz), avril (p. 296)
- Festival international de musique baroque (Santa Cruz), avril (p. 296)

Aventures extrêmes

En compagnie de guides expérimentés, vous vivrez des expériences inoubliables dans ce pays aux reliefs accidentés. Que vous souhaitiez grimper des falaises vertigineuses ou marcher dans la jungle sauvage, vos désirs seront comblés.

- Le trek de Mapiri, un itinéraire difficile mais superbe (p. 155)
- Le circuit à VTT et en rafting de Sorata à Rurrenabaque (p. 54)
- L'escalade de la Cordillera Quimsa Cruz – à ne pas manquer si vous êtes un grimpeur expérimenté (p. 167)
- La descente des rapides dans les Yungas (p. 134)
- La navigation sur le Río Mamoré, au cœur d'une jungle amazonienne préservée (p. 348)

SITES INTERNET

Bolivie.net (www.bolivie.net). Portail francophone comportant de nombreuses informations pratiques et culturelles sur la Bolivie, ainsi que des centaines de photos.

Bolivia.com (www.bolivia.com). Informations culturelles et actualité (en espagnol).

Bolivia web (www.boliviaweb.com). Un bon point de départ, avec des liens vers des sites culturels et artistiques (en anglais).

Boliviacontact.com (www.boliviacontact.com). Un index complet et bien conçu des sites boliviens (en espagnol).

Lonely Planet (www.lonelyplanet.fr). Dernières nouvelles des voyages en Bolivie, forum de discussion, informations sur les voyages et liens vers des sites utiles.

- L'ascension du Huayna Potosí, haut de 6 088 m (p. 157)
- La baignade dans des sources thermales au pied du Nevado Sajama (p. 181)
- L'immersion dans la nature en remontant le fleuve jusqu'à un écolodge de jungle géré par un village (p. 340)
- Le trek de la Trans Cordillera, de Sorata au Huayna Potosí et à l'Illimani (p. 150)
- La vie sauvage exceptionnelle du plus reculé des parcs nationaux, le Noel Kempff Mercado (p. 353)

L'eau à la bouche

On trouve dans tout le pays d'excellents restaurants et de savoureuses spécialités locales. Pour le plaisir du palais, visitez les cinq restaurants suivants :

- El Huerto, Sucre – une élégante ambiance de garden-party (p. 245)
- La Estancia, Cochabamba – une adresse qui comblera les amateurs de viande (p. 222)
- Casa Típica de Camba, Santa Cruz – pour son ambiance et sa cuisine bolivienne authentique (p. 298)
- La Comedie Art-Café Restaurant, La Paz – une cuisine fusion franco-bolivienne, relevée d'une pincée d'élégance (p. 88)
- Nayjama, Oruro – réputé pour la spécialité locale : la tête de mouton bouillie (p. 178)

Et ne manquez pas de goûter certains plats succulents :

- *Salteñas* - délicieux chausson farcis de poulet, de bœuf et de légumes (p. 57 et 90)
- *Anticuchos* – brochettes de cœur de bœuf, traditionnellement proposées dans les marchés et sur les stands de rue (p. 57)
- *Tamales* – chaussons de farine de maïs farcis et épicés ; ceux du marché de Tupiza sont particulièrement délicieux (p. 202)
- *Sopas* (soupes) – imitez les habitants et ajoutez-y toutes sortes de condiments (p. 57)
- *Truchas* (truites) – celles du lac Titicaca (provenant désormais d'élevages) satisferont les amateurs de poisson (p. 116)

Itinéraires

LES GRANDS CLASSIQUES

CIRCUIT DU CENTRE-SUD   Deux à trois semaines

Arpentez les rues de **La Paz** (p. 64) avant de prendre un bus pour **Sucre** (p. 234). Passez de préférence par **Cochabamba** (p. 213), idéale pour les plaisirs de la table et de l'esprit. À Sucre les églises et les musées fabuleux sont innombrables et les villages alentour comme **Tarabuco** (p. 248) constituent de passionnantes escapades. Ensuite, empruntez un bus pour **Potosí** (p. 253), une ville splendide inscrite au patrimoine mondial de l'Unesco. À 4 070 m d'altitude, elle compte toujours des mines coopératives en activité, que vous pourrez visiter. Pour vous réchauffer, plongez dans les **sources thermales** (p. 267) des environs. Sautez dans un bus de nuit pour rejoindre **Tupiza** (p. 200), le dernier refuge de Butch Cassidy et du Kid. Dans la région, vous pourrez vous promener à pied, à vélo ou à cheval parmi les rochers colorés des *quebradas* (ravins) environnantes. Choisissez un tour-opérateur pour vous rendre à **Uyuni** (p. 186) et pour effectuer le circuit du Sud-Ouest de 3 ou 4 jours jusqu'au **Salar de Uyuni** (p. 193) et à la **Reserva Nacional de Fauna Andina Eduardo Avaroa** (p. 193). D'Uyuni, remontez vers **Oruro** (p. 171), renommée pour son carnaval. Sinon, de Tupiza, continuez vers **Tarija** (p. 272) et ses alentours, une ville et une région détendues qui constituent le cœur de la paléontologie et de la viticulture boliviennes. De Tarija, vous pouvez prendre un bus ou un avion pour La Paz.

Ceux qui aiment à la fois la culture et les activités seront comblés. Villes coloniales, centres d'artisanat et régions minières satisferont votre curiosité. Vous pourrez patiner sur des plaines salées un jour et danser le lendemain avec des diables.

DES SOMMETS AUX PLAINES
Deux à trois semaines

Nombre de voyageurs arrivent en Bolivie par la route à partir du Pérou. Des infrastructures touristiques jalonnent ce bel itinéraire. Dans la jolie **Copacabana** (p. 109) aux bâtiments chaulés, régalez-vous de truites en profitant de la vue sur le lac Titicaca. Après un ou deux jours de farniente, marchez jusqu'au petit port de **Yampupata** (p. 118) et, en chemin, cherchez dans les villages une barque en roseau pour faire un tour sur le lac. À Yampupata, dans les villages voisins ou à Copacabana, vous pourrez prendre un bateau pour traverser le lac Titicaca jusqu'à la paisible **Isla del Sol** (p. 119). Arpentez l'île du nord au sud et visitez les ruines incas. Admirez l'Illampu qui domine au loin l'Isla de la Luna, puis revenez sur le continent

De retour, prenez un bus touristique pour rejoindre **La Paz** (p. 64) en traversant l'époustouflante Cordillera Real. Vous pouvez aussi faire un détour par **Sorata** (p. 149) en changeant de bus à l'embranchement qui mène à cette bourgade tranquille. Reposez-vous dans cette oasis ou entreprenez des randonnées à pied ou à VTT. Arrivé à La Paz, passez quelques jours à vous acclimater à l'altitude en vous immergeant dans les odeurs des marchés colorés et en visitant les superbes musées et les excellents restaurants et cafés. Passez une journée à **Tiahuanaco** (p. 103) ou à **Chacaltaya** (p. 101), la plus haute piste de ski aménagée au monde (ouverte seulement en saison).

Après quoi, les plus intrépides attaqueront les **treks de Takesi** (p. 140) ou d'**El Choro** (p. 137), ou dévaleront à vélo (ou en bus) la **route la plus périlleuse du monde** (p. 77) jusqu'à **Coroico** (p. 131) dans les Yungas. Vous pouvez aussi prendre un avion pour **Rurrenabaque** (p. 334) et passer quelques jours à paresser dans un hamac et à explorer les alentours (comptez cinq à sept jours supplémentaires pour découvrir la jungle et compenser les "retards de vol").

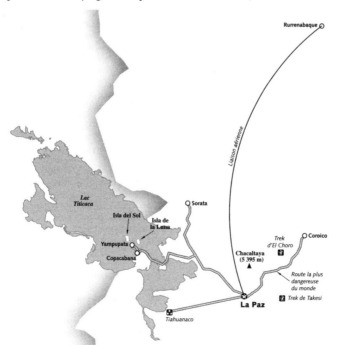

La région de La Paz offre d'innombrables possibilités de visites et d'activités, dont le lac Titicaca, d'anciennes ruines incas et des oasis paisibles. Comptez au moins deux semaines pour avoir un aperçu de la diversité des paysages en alternant aventure et détente.

HORS DES SENTIERS BATTUS

AVENTURE AMAZONIENNE   10 à 15 jours

Pour vous préparer à l'aventure tout en profitant encore de confort, commencez par **Santa Cruz** (p. 291), une cité cosmopolite raffinée à l'atmosphère et au climat tropicaux. Prenez ensuite un avion ou un bus de nuit pour **Trinidad** (p. 346), un ville somnolente dotée d'une jolie place. Après en avoir fait le tour en moto-taxi, rendez-vous à **Puerto Barador** (p. 350) pour un déjeuner de poisson, visitez un ou deux musées et faites la sieste, indispensable pour supporter la chaleur. Un trajet en bus de 3 heures vous mènera à **San Ignacio de Moxos** (p. 345), un village de mission jésuite qui célèbre une fête pittoresque en juillet. Visitez la **Reserva Biosférica del Beni** (p. 343) avant d'entreprendre le long et éprouvant trajet jusqu'à **Rurrenabaque** (p. 334) *via* **San Borja** (p. 342). Au "pays des hamacs", vous ferez un circuit de 2 ou 3 jours dans la jungle ou les pampas, à moins de préférer séjourner dans l'éco-resort de **San Miguel del Bala** (p. 341), en amont de Rurrenabaque, au cœur de la forêt tropicale. Quel que soit votre choix, ne manquez pas le **Parque Nacional de Madidi** (p. 340), paradis pour l'observation de la vie sauvage, peu fréquenté. Enfin, gardez suffisamment de temps pour rejoindre le **Chalalán Ecolodge** (p. 340), géré par les villageois, et y passer quelques jours.

Les paysages et les bruits de la jungle constituent une expérience inoubliable. Commencez par les raffinements de la ville avant de vous enfoncer dans le monde sauvage et isolé des réserves. Après un périple un peu rude et aventureux, lézardez quelques jours dans un hamac en profitant de la douceur tropicale.

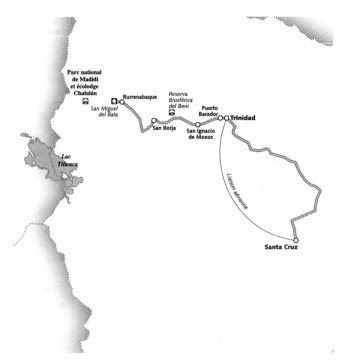

CIRCUIT DES MISSIONS JÉSUITES   6 jours

Les vastes étendues de l'Oriente restent peu visitées bien qu'elles abritent certains des joyaux culturels et historiques du pays. **Las Misiones Jesuíticas** (les missions jésuites) regroupent sept localités, inscrites au patrimoine mondial de l'Unesco, et les splendides églises pluricentenaires, restaurées, de ces villages ont retrouvé leur grandeur passée.

Ce circuit, qui enchantera les amateurs d'architecture et d'histoire, peut s'effectuer dans le sens des aiguilles d'une montre ou à rebours entre **Santa Cruz** (p. 291) et **San José de Chiquitos** (p. 322). Il passe par **San Javier** (p. 318), la plus ancienne mission de la région, **Concepción** (p. 319), le centre du programme de restauration, **San Ignacio de Velasco** (p. 320), le centre commerçant des missions, **San Miguel de Velasco** (p. 321), l'une des missions les mieux restaurées, **Santa Ana de Velasco** (p. 321), un minuscule et fascinant village chiquitano, et **San Rafael de Velasco** (p. 321), qui possède l'église la plus ancienne.

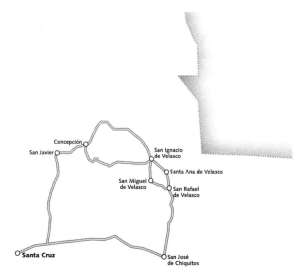

Cette région a été inscrite au patrimoine mondial de l'Unesco en 1991. Après plusieurs années de méticuleuse restauration, les églises sont maintenant ouvertes au public. Les amateurs d'architecture et de culture ne manqueront pas de faire le tour de ces missions.

VOYAGES THÉMATIQUES

PARCS NATIONAUX ET RÉSERVES

À travers 66 parcs nationaux et réserves, la Bolivie protège 18% de son territoire. De la **Reserva Biológica Cordillera de Sama** (p. 282) dans l'Altiplano et du **Parque Nacional Kaa-Iya** (p. 324), dans le Gran Chaco, aux savanes inondées du spectaculaire et lointain **Parque Nacional Noel Kempff Mercado** (p. 353), les passionnés de faune et de flore seront comblés. Plus ou moins difficiles d'accès, les parcs et réserves mentionnés ici méritent le détour.

Avec ses vigognes, ses volcans vertigineux (dont le point culminant du pays) et ses sources thermales, le **Parque Nacional Sajama** (p. 181) fut la première réserve de Bolivie. Le **Parque Nacional Madidi** (p. 340), aujourd'hui plus connu, abrite une biodiversité exceptionnelle et de nombreuses espèces protégées.

Le **Parque Nacional Carrasco** (p. 332) et le **Parque Nacional Tunari** (p. 224) possèdent des forêts humides de moyenne altitude parmi les plus accessibles, alors que le **Parque Nacional y Área de Uso Múltiple Amboró** (p. 304) est un paradis pour les ornithologues.

Peu de visiteurs explorent l'**Área Natural de Manejo Integrado Nacional Apolobamba** (p. 164), alors qu'ils se pressent par dizaines de milliers chaque année dans la **Reserva Nacional de Fauna Andina Eduardo Avaroa** (p. 193), sur le circuit du Sud-Ouest.

AVIONS, TRAINS ET CAMIONES

Dans le pays, les transports jouent un rôle primordial et constituent une part importante des plaisirs (ou des désagréments) du voyage.

Du lent **train de la mort** (p. 301) aux **trajets fluviaux** (p. 348) les plus reculés, vous aurez l'embarras du choix.

Les plus téméraires emprunteront la **route la plus périlleuse du monde** (p. 77) ou des **pistes à une voie** autour de **La Paz** (p. 79) et de **Sucre** (p. 242). **Voler** dans un petit avion jusqu'au lointain **Parque Nacional Noel Kempff Mercado** (p. 353) constitue également une expérience inoubliable. À **Trinidad** (p. 346), circuler en **moto-taxi** est bien plus amusant que de conduire une moto.

La beauté du paysage fait oublier les journées de route cahoteuse en **4x4** sur le **circuit du Sud-Ouest** (p. 193 ; avec le Salar de Uyuni). Au **lac Titicaca** (p. 107), les romantiques promenades en **bateau de roseau** ou les **croisières en hydroglisseur** permettent de profiter du calme. Ceux qui préfèrent les sensations fortes opteront pour une descente en **raft** (p. 331) dans le **bassin amazonien**.

N'oublions pas les pieds, le meilleur moyen de locomotion dans le pays. Parmi les plus beaux **treks**, celui de **Yunga Cruz** (p. 143) emprunte d'anciens chemins incas. Enfin, les inévitables trajets en **bus** ou en **camiones** ne manqueront pas de pimenter votre séjour.

Instantané

Qui dit Bolivie dit Evo. Qui dit Evo dit changement. Le pays est actuellement indissociable d'Evo Morales, premier Indien à accéder à la présidence de la Bolivie. Élu en décembre 2005 avec 53,72% des voix en faveur du Movimiento al Socialismo (MAS ; Mouvement pour le socialisme), celui-ci a promis de "changer l'histoire". De fait, pas un jour ne se passe sans que des changements interviennent dans les domaines politique, social et économique. En mai 2006, Morales a marqué son opposition à l'exploitation étrangère en nationalisant le gaz bolivien (la Bolivie possède les plus importantes réserves établies de gaz de la région après le Venezuela, et en tire une bonne partie de ses revenus).

En juillet 2006, les électeurs boliviens ont désigné les 255 représentants de l'Assemblée constituante chargée de rédiger une nouvelle Constitution en moins d'un an. Depuis novembre 2006, l'agitation règne dans le pays sur la question de la majorité nécessaire pour adopter la Constitution. Le MAS veut la majorité simple alors que les autres partis réclament la majorité des deux tiers prévue par les textes. Des grèves de la faim et des marches de protestation sont entreprises par ceux qui estiment que le gouvernement manque de transparence et de démocratie.

Passionné de football, Morales jouit d'une popularité comparable à celle d'un champion sportif, du moins parmi ses partisans, confiants dans sa capacité à effectuer des changements positifs. Sa force ? Sa volonté de faire accéder les Indiens à l'égalité, en améliorant leur statut et en leur permettant de partager le pouvoir économique et politique, après des siècles de domination par les descendants des Espagnols et leur mainmise sur les richesses du pays. Lors de son investiture, Morales a déclaré : "Après 500 ans de résistance… nous entamons 500 nouvelles années de pouvoir". Cependant, certains Boliviens de classes moyenne et supérieure s'inquiètent des prises de positions anticapitalistes et de l'idéologie socialiste de Morales, de sa sympathie pour les présidents vénézuélien et cubain et se méfient de l'inexpérience des ministres qu'il a choisis. Plusieurs d'entre eux ont déjà proposé des réformes radicales (comme la suppression de l'éducation religieuse dans les écoles), mais ces projets ont été mis en sommeil suite à l'indignation de l'Église catholique.

Si les discussions sur l'éradication de la coca sont passées au second plan, Morales continue son bras de fer avec les États-Unis. Du point de vue bolivien, la situation est simple : la culture de la coca – utilisée à des fins spirituelles, pour la mâcher, la boire en tisane ou pour fabriquer d'autres produits – est légale et devrait être encouragée, tandis que la cocaïne, son dérivé chimique, est illicite. Morales a changé le cri de bataille des partisans de l'éradication, "zéro coca", en "zéro cocaïne" afin d'établir la distinction entre la plante aux effets positifs et la drogue. Les États-Unis pointent du doigt les cultures excessives des *cocaleros* tandis que la Bolivie accuse les consommateurs de drogue américains.

Morales doit se battre sur bien d'autre fronts, comme la demande d'autonomie du département de Santa Cruz ; cette province rebelle, riche en pétrole et en terres agricoles, voudrait limiter sa contribution au budget de la nation. En octobre 2006, des affrontements entre groupes miniers pour des droits d'exploitation se sont soldés par la mort de 16 mineurs. Quant au Chili, il reste coupable d'avoir usurpé l'accès à la mer de la Bolivie en 1884, à l'issue de la guerre qui opposa les deux pays. Parmi les bonnes nouvelles, le FMI a consenti en 2005 à annuler la dette de la Bolivie, qui s'élevait à 120 millions de dollars US.

Actuellement, Morales paraît pouvoir compter sur le soutien d'une majorité de Boliviens, du moins jusqu'à la fin du mandat de l'Assemblée constituante en 2007. Et, pour la suite, comme le disent les Boliviens, *vamos a ver…*

QUELQUES CHIFFRES

Population : 8,9 millions d'habitants (et 3 millions de lamas !).

Point culminant : Nevado Sajama, 6 452 m

Revenu annuel moyen : 2 900 $US

Taux de natalité : 2,33%

Taux d'alphabétisation : 87,2%

Population vivant en dessous du seuil de pauvreté : 64%

Marine marchande : 25 navires

Aérodrome avec tarmac non bitumé : 1 068

Budget annuel de la défense : 130 millions $US

Histoire

Des sites archéologiques préhispaniques aux traditions indiennes vivaces et de l'architecture coloniale aux récents soubresauts politiques, l'histoire du pays reflète les influences qui ont façonné le continent sud-américain.

L'Altiplano (haut plateau), la plus vaste étendue de terre arable des Andes, s'étend de l'actuelle Bolivie jusque dans le sud du Pérou, le nord-ouest de l'Argentine et le nord du Chili. Habité depuis des millénaires, ses premières cultures furent façonnées par les visées impérialistes de deux civilisations majeures : celle de Tiahuanaco, en Bolivie, et celle des Incas, au Pérou.

La plupart des archéologues divisent la préhistoire des Andes centrales en "Horizons" – ancien, moyen et récent –, chacun caractérisé par des tendances architecturales et artistiques distinctes. Les échanges culturels entre les premiers peuples andins se développèrent principalement grâce au commerce, généralement entre tribus nomades, ou découlèrent de politiques d'expansion menées par des sociétés puissantes et organisées. Ces échanges firent des Andes le berceau culturel de l'Amérique du Sud.

Durant le peuplement initial des Andes, de l'arrivée des premiers nomades (probablement de Sibérie) jusque vers 1400 av. J.-C., des villages et des centres cérémoniels furent construits, tandis que s'établissaient les premiers échanges commerciaux entre pêcheurs du littoral et paysans des hauts plateaux.

Les plus anciens témoignages d'utilisation de la feuille de coca ont été trouvés dans des *chulpas* (tours funéraires) au nord du Pérou (2500-1800 av. J.-C.).

LES HORIZONS ANCIEN ET MOYEN

L'Horizon ancien (1400–400 av. J.-C.) se caractérise par une architecture innovante, comme en témoignent les ruines de Chavín de Huantar, sur le versant oriental des Andes péruviennes. Durant cette période, une vague d'Indiens aymará, venus sans doute des montagnes centrales du Pérou, aurait balayé les Andes jusqu'à l'Alto Perú (en Bolivie), chassant la plupart des habitants originels de l'Altiplano. La civilisation Chavín eut un large rayonnement qui perdura bien après son déclin, jusqu'au début de l'Horizon moyen (400 av. J.-C. - 500 après J.-C.).

L'Horizon moyen (500-900) vit l'expansion des cultures impériales de Tiahuanaco et Huari (dans la vallée d'Ayacucho, dans l'actuel Pérou). Le centre cérémoniel de Tiahuanaco, sur les rives du lac Titicaca, prospéra et devint la capitale religieuse et politique de l'Altiplano péruvien.

Tiahuanaco possédait une maîtrise technique avancée, qu'on remarque dans la cité elle-même : impressionnantes céramiques et ornementations dorées, piliers gravés, stèles ornées de signes calendaires et dessins représentant Viracocha, son dirigeant déifié, barbu et blanc, ainsi que d'autres hiéroglyphes énigmatiques. Au cours des siècles suivants, la construction de bateaux en bois permit d'acheminer à travers le lac des blocs de pierre de 55 tonnes jusqu'à un chantier distant de 48 km, et on transporta des blocs de grès de 145 tonnes d'une carrière située à 10 km.

Au VIIIe siècle av. J.-C., Tiahuanaco était une civilisation florissante. Considérée à maints égards aussi avancée que celle de l'Égypte ancienne, elle possédait un vaste réseau de routes, de canaux d'irrigation et de cultures en terrasses. De récentes trouvailles archéologiques laissent penser que ces systèmes agricoles étaient encore plus complexes qu'on ne l'avait supposé

CHRONOLOGIE	1400 av. J.-C. - 400 apr. J.-C.	500-800
	Première implantation humaine dans l'actuel Altiplano bolivien	Le centre cérémoniel de Tiahuanaco prospère sur les berges du lac Titicaca

et permettaient d'obtenir des rendements élevés sur des terres arides. Les séries de canaux étaient construites en superposant des couches de matériaux différents – grosses pierres, graviers et argile imperméable – afin de retenir le sel des eaux saumâtres du lac. Ainsi, l'agriculture parvenait à faire vivre les dizaines de milliers d'habitants des 83 km² de la vallée de Tiahuanaco.

Si Tiahuanaco fut habitée de 1500 av. J.-C. jusqu'à 1200, son hégémonie dura du VIᵉ siècle av. J.-C. au IXᵉ siècle de notre ère. Selon une hypothèse, la cité aurait été ruinée par une baisse du niveau du lac Titicaca, qui l'aurait laissée loin de la rive. Une autre théorie envisage le massacre de la population lors d'une attaque des Kolla (ou Colla ; également appelés Aymará), un peuple guerrier venu de l'ouest. À leur arrivée, les Espagnols entendirent une légende inca décrivant une bataille sur une île du lac Titicaca entre les Kolla et "des hommes blancs barbus". Il s'agissait sans doute des habitants de Tiahuanaco, dont seuls quelques-uns parvinrent à s'échapper. Certains chercheurs pensent que les survivants migrèrent vers le sud et donnèrent naissance à la tribu Chipaya, installée dans l'ouest du département d'Oruro.

Aujourd'hui, les vestiges de la cité se dressent dans la plaine entre La Paz et la rive sud du lac Titicaca. Plusieurs musées boliviens exposent des collections d'objets de Tiahuanaco. Pour plus d'informations, reportez-vous p. 103.

L'HORIZON RÉCENT – LES INCAS

L'Horizon récent (1476-1534) se caractérise par l'apogée de la civilisation inca. Derniers conquérants indiens d'Amérique du Sud, les Incas arrivèrent peu de temps après la chute de Tiahuanaco. Du siège de leur pouvoir à Cuzco (Pérou), ils étendirent leur empire vers l'est jusqu'à l'actuelle Bolivie, vers le sud jusqu'aux confins septentrionaux de l'Argentine et du Chili, et vers le nord jusqu'à l'Équateur et le sud de la Colombie. Toutefois, l'État politique inca prospéra pendant moins d'un siècle avant d'être conquis par les envahisseurs espagnols.

Les Incas habitaient la région de Cuzco depuis le XIIᵉ siècle et croyaient que leurs dirigeants descendaient du dieu Soleil. Fernando Montesinos, un chroniqueur espagnol du XVIIᵉ siècle, pensait que l'Inca était issu d'une lignée de sages de Tiahuanaco. On constate en effet de nombreuses similitudes entre l'architecture inca et celle de Tiahuanaco.

Renommés pour leurs superbes cités de pierre et leur talent dans le travail de l'or et de l'argent, les Incas instaurèrent une hiérarchie de responsables administratifs et agricoles, un système social viable, un réseau routier et un système de communications complexes défiant les difficultés géographiques de leur vaste empire. Le gouvernement inca pourrait se définir comme une dictature socialiste impérialiste dirigée par le Sapa Inca, monarque absolu et descendant du dieu Soleil. Tous les biens appartenaient à l'État, qui collectait l'impôt sous forme de travail. Le gouvernement organisait une assistance mutuelle, collectant des produits dans les régions prospères pour les distribuer dans celles frappées par une catastrophe naturelle ou un autre désastre.

Vers 1440, les Incas commencèrent à agrandir leur sphère politique. Le huitième Inca, Viracocha (à ne pas confondre avec le souverain et dieu de Tiahuanaco), pensait que le mandat reçu du dieu Soleil ne se limitait pas à conquérir, piller et réduire en esclavage, mais consistait aussi à organiser les tribus vaincues et à les intégrer dans son royaume. Lorsqu'ils arrivèrent à Kollasuyo (actuelle Bolivie), les Incas assimilèrent les peuples locaux comme

Entre 1200 et 1475, les Incas auraient utilisé de l'huile essentielle de coca pour guérir les tumeurs du cerveau.

Années 800

Déclin de la civilisation de Tiahuanaco et abandon du site cérémoniel

Années 1440

Les Incas, établis à Cuzco au Pérou, agrandissent leur empire vers l'est dans l'actuelle Bolivie partout ailleurs, en imposant leur système fiscal, leur religion et leur langue quechua (la *lingua franca* de l'empire). Les Kolla vivant aux alentours de Tiahuanaco adoptèrent la religion du vainqueur, mais obtinrent l'autorisation de conserver leur langue et leurs coutumes.

Vers la fin des années 1520, des rivalités internes commencèrent à miner l'empire. Au cours d'une brève guerre civile pour le partage des terres, Atahualpa fit emprisonner l'empereur, son demi-frère, et s'empara du trône.

LA CONQUÊTE ESPAGNOLE

L'arrivée des Espagnols en Équateur en 1531 porta le coup final à l'Empire inca. En l'espace d'un an, Francisco Pizarro et Diego de Almagro arrivèrent à Cuzco, où Atahualpa, toujours empereur, n'était cependant pas considéré comme véritable héritier du dieu Soleil. Les conquistadors bénéficièrent de la croyance inca en l'homme blanc barbu, envoyé par le grand Inca Viracocha pour punir l'usurpateur. Effrayé, Atahualpa fit assassiner le souverain légitime, mettant ainsi un terme à la dynastie inca. Son forfait déshonora la famille et ruina le pouvoir psychologique de la hiérarchie inca. En deux ans, l'État fut vaincu, l'empire dissous et les envahisseurs espagnols se partagèrent les terres et les richesses incas.

L'Alto Perú, qui deviendra plus tard la Bolivie, appartint brièvement à Diego de Almagro, assassiné en 1538. Trois ans plus tard, Pizarro connut le même sort lors d'une mutinerie. Néanmoins, les Espagnols continuèrent l'exploration et la colonisation de leur nouveau territoire et, en 1538, fondèrent La Plata (la future Sucre) en tant que capitale espagnole de la région de Charcas.

Le legs de Potosí

En 1544, lorsque l'Indien Diego Huallpa découvrit un filon d'argent sur le Cerro Rico (mont Riche) à Potosí, les conquérants espagnols avaient fermement imposé leur langue, leur religion et leurs coutumes dans l'ancien empire d'Atahualpa.

Fondée en 1545, la ville espagnole de Potosí, ou "Villa Imperial de Carlos V", connut une croissance rapide et, avec 160 000 habitants, devint la plus grande ville des Amériques. La mine de Potosí était alors la plus productive au monde et l'argent extrait finança l'économie espagnole et les extravagances de la Couronne pendant près de deux siècles.

Les épouvantables conditions de travail dans les mines de Potosí provoquaient la mort rapide des Indiens enrôlés localement et des esclaves africains amenés par milliers. Ceux qui ne mouraient pas d'épuisement ou accidentellement succombaient à la silicose en quelques années. Les Africains qui survécurent migrèrent vers les cieux plus cléments des Yungas, au nord-est de La Paz, où ils constituèrent une minorité de langue aymará (voir l'encadré p. 148). Les peuples natifs devinrent les métayers asservis des propriétaires terriens espagnols et durent leur fournir nourriture et travail en échange de lopins de terre leur permettant tout juste de survivre.

La coca, autrefois réservée à la noblesse inca, fut distribuée au peuple afin qu'il trime sans protester (voir l'encadré p. 142).

Les premières pièces émises en Amérique ont été frappées à Potosí.

L'INDÉPENDANCE

Déclenché par les *criollos* (descendants d'Espagnols nés en Amérique) et les *mestizos* (métis indien-espagnol), le premier mouvement d'indépendance qui

1531	1544
Les Espagnols, sous la houlette du conquistador Francisco Pizarro, arrivent en Équateur et prennent possession de l'Alto Perú, qui deviendra plus tard la Bolivie	Diego Huallpa découvre de l'argent sur le Cerro Rico, à Potosí, qui deviendra la mine d'argent la plus riche au monde

secoua l'Amérique latine prit de la vigueur à Chuquisaca (par la suite rebaptisée Sucre) en mai 1809 et d'autres villes suivirent. Au début des années 1820, le général Simón Bolívar parvint à libérer le Venezuela et la Colombie de la domination espagnole. En 1822, il envoya le *mariscal* (maréchal) Antonio José de Sucre en Équateur et celui-ci vainquit les royalistes lors de la bataille de Pichincha. Après des années de guérilla et les victoires de Bolívar et de Sucre lors des batailles de Junín (6 août) et d'Ayacucho (9 décembre), le Pérou accéda également à l'indépendance en 1824.

Sucre poussa alors l'Alto Perú à déclarer son indépendance et, un an plus tard, la nouvelle république de Bolivie vit le jour (voir p. 212), avec une forme de gouvernement inspirée de celui des États-Unis. Bolívar et Sucre furent les premiers présidents de Bolivie, puis, après la tentative avortée d'Andrés Santa Cruz, le troisième président, de former une confédération avec le Pérou, la situation commença à se dégrader. Des juntes militaires s'emparèrent du pouvoir l'une après l'autre et cette atmosphère de coups d'État permanents continue de hanter la nation.

Peu des 192 gouvernements qui se sont succédé jusqu'à aujourd'hui sont restés suffisamment longtemps au pouvoir pour laisser une empreinte durable et certains se sont distingués par leurs excentricités. Ainsi, Mariano Melgarejo, un général bizarre et cruel qui gouverna le pays de 1865 à 1871, décida lors d'une beuverie d'envoyer son armée par voie terrestre aider la France au début de la guerre contre la Prusse. L'histoire veut qu'il ait abandonné ce projet après avoir été dégrisé par une soudaine averse – sans doute au grand soulagement des Prussiens !

UN TERRITOIRE AMPUTÉ

Lors de son indépendance, la Bolivie possédait un territoire de plus de 2 millions de km², mais les pays voisins s'employèrent bientôt à le rogner, privant la république de son accès à la mer, s'emparant de la plupart de ses hévéas amazoniens et tentant de la déposséder des richesses pétrolières du Chaco.

La Bolivie a perdu sa façade maritime durant la guerre du Pacifique, qui l'opposa au Chili entre 1879 et 1884 (voir carte page suivante). Les Boliviens estiment que le Chili leur a volé le désert d'Atacama, riche en cuivre et en nitrates, et 850 km de côte au Pérou et à la Bolivie. Le Chili a tenté de compenser cette perte en construisant une voie ferrée entre La Paz et le littoral et en offrant l'usage gratuit du port d'Antofagasta à la Bolivie, mais les Boliviens continuent de déplorer ce catastrophique *enclaustromiento* (enclavement). Aujourd'hui encore, le gouvernement utilise cette question pour mobiliser la population.

Il ne reste plus aujourd'hui à la Bolivie que la moitié de sa superficie d'origine.

L'autre amputation majeure eut lieu en 1903 durant le boom du caoutchouc. Le Brésil et la Bolivie exploitaient les forêts du lointain territoire d'Acre, qui s'étendait des lisières actuelles de l'Amazonie bolivienne à la moitié de la frontière orientale du Pérou. La région possédait une telle quantité d'hévéas que le Brésil manigança un litige sur sa souveraineté et envoya son armée ; il persuada l'Acre de faire sécession et s'empressa de l'annexer.

En guise de dédommagement, le Brésil proposa à la Bolivie une voie ferrée qui désenclaverait les confins septentrionaux du pays et rejoindrait un port du bassin amazonien. Toutefois, les rails n'arrivèrent jamais jusqu'au sol bolivien et la ligne s'achève à Guajará-Mirim, sur la rive brésilienne du Río Mamoré.

1809	1824
Le premier mouvement d'indépendance d'Amérique latine prend de la vigueur à Chuquisaca (Sucre)	Le maréchal Sucre pousse l'Alto Perú à déclarer l'indépendance ; un an plus tard, la République de Bolivie est née

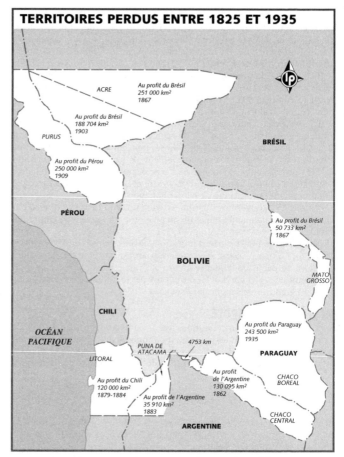

TERRITOIRES PERDUS ENTRE 1825 ET 1935

ACRE

Au profit du Brésil
251 000 km²
1867

Au profit du Brésil
188 704 km²
1903

PURUS

BRÉSIL

Au profit du Pérou
250 000 km²
1909

PÉROU

Au profit du Brésil
50 733 km²
1867

BOLIVIE

MATO GROSSO

CHILI

OCÉAN PACIFIQUE

Au profit du Paraguay
243 500 km²
1935

PUNA DE ATACAMA   4753 km

PARAGUAY

LITORAL

Au profit du Chili
120 000 km²
1879-1884

Au profit de l'Argentine
130 095 km²
1862

CHACO BOREAL

Au profit de l'Argentine
35 910 km²
1883

CHACO CENTRAL

ARGENTINE

La guerre du Chaco (1932-1935), entre la Bolivie et le Paraguay, est un thème récurrent dans la littérature bolivienne des années 1930, comme en témoignent *Torrent de feu* d'Oscar Cerruto (Patino) et *Le Puits* d'Augusto Céspedes (Atelier du Gué).

Quant à l'Argentine, elle s'est emparée de deux territoires distincts. Elle commença par annexer une grande partie du Chaco en 1862. Puis, en 1883, le territoire de Puna de Atacama lui revint. Il avait été proposé à la fois au Chili et à l'Argentine, en échange de la restitution du Litoral pour le premier et contre la reconnaissance de la propriété de Tarija pour la seconde.

Puis le Paraguay entra à son tour dans la danse. En 1932, un conflit frontalier pour le contrôle des gisements pétroliers, supposés gigantesques, du Chaco fut provoqué par des compagnies pétrolières étrangères rivales. Standard Oil soutint la Bolivie, Shell misa sur le Paraguay et la guerre du Chaco éclata.

En l'espace de 3 ans, la Bolivie perdit 65 000 jeunes hommes ainsi que 225 000 km² supplémentaires et un éventuel accès à la mer par le Río Paraguai.

Le conflit se termina en 1935, au profit du Paraguay. Si les ressources pétrolières escomptées ne furent jamais découvertes, les quelques nappes situées sur le territoire resté bolivien suffisent à la consommation nationale.

LES LUTTES POUR LE POUVOIR

Au XXe siècle, les riches barons des mines et propriétaires terriens contrôlaient les ressources agricoles et minières du pays, les paysans étant réduits au système féodal du *pongaje* (servage). La défaite lors de la guerre du Chaco favorisa l'éclosion d'associations réformistes, de mouvements sociaux parmi les *cholos* (Indiens des villes portant le costume traditionnel) et entraîna une série de coups d'État militaires.

L'événement le plus important fut l'émergence du Movimiento Nacionalista Revolucionario (MNR), un parti réformiste qui rallia les masses. Le MNR déclencha des conflits entre mineurs et propriétaires des mines. La dénonciation des conditions de travail indignes dans les mines, des salaires misérables et de la fuite des bénéfices en Europe éveillèrent la conscience politique de tous les travailleurs boliviens. Sous la direction de Víctor Paz Estenssoro (communément appelé Víctor Paz), le MNR remporta les élections de 1951, mais un coup d'État militaire l'empêcha d'accéder au pouvoir. Les mineurs répondirent par une insurrection armée, appelée Révolution d'avril 1952. Après d'intenses combats, l'armée fut battue et Víctor Paz prit les rênes du pays. Il nationalisa les mines, évinça les barons miniers, mit fin au *pongaje* et fonda la Comibol (Corporación Minera de Bolivia), un organisme gouvernemental chargé des intérêts miniers.

Les révolutionnaires entamèrent un vaste programme de réformes, comprenant la redistribution des terres aux métayers et le développement du système éducatif par la création d'écoles primaires dans les villages.

Mineurs et paysans avaient enfin le sentiment d'être représentés, ce qui permit au MNR de se maintenir 12 ans au pouvoir avec différents dirigeants. Cependant, malgré le soutien des États-Unis, le MNR vit sa popularité s'éroder faute de réussir à augmenter le niveau de vie et la production alimentaire. Víctor Paz Estenssoro devint de plus en plus autoritaire et, en 1964, son gouvernement fut renversé par une junte militaire conduite par le général René Barrientos Ortuño.

Cinq ans plus tard, le général Barrientos périt dans un accident d'hélicoptère et les coups d'État se succédèrent ; le pouvoir tomba aux mains de dictateurs et de juntes militaires. Chef d'une coalition de droite, le général Hugo Banzer Suárez prit le pouvoir en 1971 et exerça une mandature houleuse, caractérisée par un extrémisme réactionnaire et des violations des droits de l'homme. En 1978, devant la pression de l'opinion publique pour un retour à la démocratie, il organisa des élections, les perdit, en ignora les résultats et accusa l'opposition de fraude, puis il fut renversé par le général Juan Pereda Asbún.

S'ensuivirent trois années de troubles avec des élections truquées, une succession de régimes odieux, des vagues de tortures, d'arrestations et de disparitions, ainsi qu'une forte augmentation de la production et du trafic de cocaïne. Un dictateur militaire, le général Luis García Meza Tejada s'enfuit du pays et fut condamné par contumace en avril 1993 à 30 ans de prison pour génocide, trahison, atteintes aux droits de l'homme et insurrection armée. Extradé du Brésil en 1995, il purge sa peine en Bolivie.

En 1935, juste un siècle après son indépendance, la Bolivie avait perdu plus de la moitié de son territoire.

1932	1942
La Bolivie commence la guerre du Chaco contre le Paraguay	Les troupes gouvernementales tuent des centaines d'ouvriers syndiqués, en grève pour des augmentations de salaire et de meilleures conditions de travail

En 1982, le Congrès élit le Dr Hernán Siles Zuazo, chef de file civil du Movimiento de la Izquierda Revolucionaria (MIR), soutenu par les communistes. Son mandat fut marqué par des conflits sociaux, des dépenses somptuaires et la dévaluation de la monnaie.

Lorsque Siles Zuazo jeta l'éponge trois ans plus tard et organisa des élections, Víctor Paz Estenssoro, revenu à la politique, devint président pour la quatrième fois (il avait effectué ses deuxième et troisième mandats entre 1960 et 1964 après avoir modifié la Constitution pour permettre sa réélection). Il imposa immédiatement des mesures drastiques pour redresser l'économie : il évinça les syndicats, supprima les restrictions sur le commerce intérieur et les prix subventionnés, réduisit le déficit budgétaire, gela les salaires, licencia dans les entreprises nationales déficitaires, laissa flotter le peso par rapport au dollar US et déploya l'armée pour assurer le maintien de l'ordre.

> Pendant la présidence de Hernán Siles Zuaro, le taux d'inflation atteignit jusqu'à 35 000% par an !

Si l'inflation fut maîtrisée en quelques semaines, l'augmentation du chômage, notamment dans les régions minières pauvres de l'Altiplano, provoqua d'immenses souffrances et menaça la stabilité gouvernementale. Tout au long de son mandat, Victor Paz poursuivit la transformation des mines gouvernementales en coopératives privées et encouragea le développement des plaines peu habitées. Pour favoriser la colonisation de l'Amazonie, il soutint la construction de routes (avec l'aide du Japon) dans la jungle et livra de vastes territoires indiens et de larges pans de forêt vierge à des exploitants forestiers.

LE RÈGNE DU CHAOS

Libérées de la menace d'une intervention militaire, les élections présidentielles de 1989 ne suscitèrent pas grand intérêt. Hugo Banzer Suárez, porté par le mouvement Acción Democrática Nacionalista (ADN), refit surface, le MIR mit en avant Jaime Paz Zamora et le MNR présenta Gonzalo Sánchez de Lozada ("Goni"), président d'une compagnie minière et économiste réformiste. Malgré leur avance sur Paz Zamora, ni Banzer ni Sánchez n'obtinrent la majorité et la désignation du président revint au Congrès. Quoique rivaux, Banzer et Paz Zamora formèrent une coalition et le Congrès choisit Paz Zamora.

Les élections de 1993 virent la victoire de Sánchez. Son vice-président aymará, Victor Hugo Cárdenas, plaisait aux *campesinos* (paysans) et aux *cholos*, tandis que les citadins européanisés appréciaient la libéralisation de l'économie prônée par Sánchez. Le gouvernement s'attaqua à la corruption et commença à installer la *capitalización*, ouvrant les compagnies nationales et minières aux investissements étrangers. Espérant que la privatisation stabiliserait les entreprises et doperait leur compétitivité, il promit aux investisseurs 49% des parts, le contrôle total des décisions, l'autorisation d'exercer en Bolivie et jusqu'à 49% des bénéfices. Les 51% restants devaient être distribués aux Boliviens sous forme de pensions et à travers la *Participación Popular*, un projet qui devait financer la construction d'écoles, de dispensaires et d'autres infrastructures en milieu rural.

Au départ, la *Participación Popular* suscita la désapprobation générale : les citadins ne voulaient pas perdre leurs avantages et les paysans, principaux bénéficiaires, redoutaient un vice caché ou ne comprenaient pas le projet. La majeure partie des ouvriers le considéraient comme une autre forme

1952	1967
Un coup d'État militaire déclenche la Révolution d'avril, une insurrection armée des mineurs, et Victor Paz Estenssoro prend le pouvoir	Le héros révolutionnaire Ernesto "Che" Guevara, d'origine argentine, ne parvient pas à organiser une révolte paysanne en Bolivie et est abattu le 8 octobre par des militaires à La Higuera (province de Vallegrande)

de privatisation et pensaient qu'il allait conduire à la fermeture des usines non rentables, provoquant l'augmentation du chômage. Effectivement, si les investisseurs potentiels réclamaient à cor et à cri la privatisation de la compagnie pétrolière Yacimientos Petrolíferos Fiscales Bolivianos (YPFB) et de gigantesques entreprises agricoles du département de Santa Cruz, ils ne faisaient preuve d'aucun intérêt pour les vieilles mines de la Comibol et pour la Empresa Nacional de Ferrocarriles (ENFE), la société des chemins de fer d'une inefficacité notoire (nombre de branches de ces compagnies ont d'ailleurs fermé depuis).

En 1995, les conflits sociaux découlant de ces nouvelles décisions aboutirent à l'instauration de l'état de siège pendant trois mois et à l'arrestation de 374 dirigeants syndicalistes. Au milieu de l'année, les mesures répressives furent allégées, puis les projets de réforme furent occultés par les troubles que provoqua l'éradication de la coca dans le Chapare, conduite par les États-Unis. La mise en place d'un système de pension privé, géré par l'Espagne, et le paiement de 248 $US à chaque retraité bolivien, assorti de la promesse de versements futurs, ne suffit pas pour redresser la popularité du gouvernement.

En 1997, les électeurs, mécontents des réformes, accordèrent 22,5% des voix à l'ancien dictateur Hugo Banzer Suárez. Le Congrès adouba Banzer, qui entama le 6 août un mandat de 5 ans (un amendement de la Constitution avait porté la mandature présidentielle de 4 à 5 ans).

À la fin des années 1990, Banzer dut faire face à un mécontentement croissant, provoqué par l'éradication de la coca, la corruption, l'augmentation des prix des carburants, la pénurie d'eau et le déclin économique du département de Cochabamba. En 2000, l'augmentation des prix des carburants et le contrôle des prix des transports provoquèrent le barrage de la route des Yungas pendant plusieurs semaines et des manifestations empêchèrent par moments toute circulation à La Paz et dans les autres villes.

La même année, la première guerre de l'eau éclata à Cochabamba quand la Banque mondiale obligea le gouvernement bolivien à céder la distribution d'eau de la province à la compagnie américaine Bechtel. Lorsque cette dernière augmenta les tarifs, la population descendit dans la rue et obligea Bechtel à se retirer (voir l'encadré p. 217).

En août 2002, "Goni" Sánchez de Lozada remporta les élections avec un score aussi peu élevé que celui de Banzer précédemment. En février 2003, sa politique économique, soutenue par le FMI et comportant de fortes augmentations d'impôts et l'exportation du gaz bolivien pour être conditionné à l'étranger, provoqua des manifestations de grande ampleur et une grève générale de plusieurs jours dans la capitale. En octobre 2003, Lozada démisionna face aux vagues de protestation et se réfugia à Miami, où il continue de vivre confortablement, au grand dam des Boliviens. Le vice-président, l'historien respecté Carlos Mesa, le remplaça.

Dans un passionnant documentaire, *Un président sous influence* (2005), Rachel Boynton montre comment des conseillers en communication politique américains, dont une bonne partie de l'équipe de Clinton, ont orchestré la campagne de Gonzalo Sánchez de Lozada pour l'élection de 2002.

UNE ÈRE NOUVELLE

Malgré l'agitation permanente, Mesa demeura populaire au cours des deux premières années de sa présidence. En 2004, il organisa un référendum sur l'avenir des réserves de gaz naturel du pays. Ses propositions visant à accroître le contrôle sur les compagnies gazières étrangères furent plébiscitées mais, en 2005, la hausse des prix de l'essence provoqua d'énormes manifestations.

1982	1985
Le Congrès choisit une femme, Lidia Gueilar, pour assurer l'intérim de la présidence	La politique d'austérité de Víctor Paz Estenssoro se traduit par des coupes dans les dépenses, des privatisations et un chômage massif

EVO MORALES : LA GAUCHE DE LA COCA, DES PULLS ET DU FUTBÓL *Brian Kluepfel*

Alors qu'un soleil de solstice darde ses rayons à travers le portail de Tiahuanaco en décembre 2005, Juan Evo Morales Ayma est intronisé Apu Mallku, chef suprême des Indiens des Andes et un jour nouveau se lève pour la population indienne de Bolivie. Au cours de son histoire tumultueuse, le pays a été gouverné par plus de 70 présidents, mais c'est la première fois que les Indiens, qui forment la majorité de la population, voient l'un des leurs accéder à la tête de l'État.

Né en 1959 à Orinoca, dans le département d'Oruro, Morales a enfourché des années plus tôt un cheval de bataille cher aux Aymará et aux Quechua : la culture de la coca. Le choc des cultures est facile à comprendre : l'Occident considère la coca comme un produit brut qui sert à la fabrication d'une drogue dure ; les peuples indigènes des Andes la considèrent comme une plante sacrée qu'ils utilisent depuis des siècles sous sa forme naturelle (pour faire le maté, par exemple).

La ferme opposition de Morales au Plan Dignidad (programme d'éradication) mené par les États-Unis dans les années 1990 a laissé des cicatrices : l'intransigeance des deux parties a fait de nombreuses victimes, *cocaleros* (planteurs de coca) et soldats, dans la région du Chapare. Morales continue d'affirmer que l'Occident doit s'attaquer à la consommation de cocaïne dans les pays développés (lors de sa première allocution à l'ONU, il brandit une feuille de coca, faisant remarquer qu'elle était verte et non pas blanche).

Au tournant du siècle, sa popularité s'accroît et il mobilise tous les *cocaleros*, réussissant à paralyser le pays par des *paros* (barrages routiers) massifs. En 2002, il perd son siège au Congrès au prétexte d'activités terroristes à la suite de plusieurs morts lors d'une manifestation pro-*cocaleros* à Sacaba, mais il a gagné suffisamment de popularité pour se présenter à la présidence. Utilisant intelligemment les déclarations de l'ambassadeur américain de l'époque, Manuel Rocha (mettant en garde la Bolivie de devenir "un exportateur majeur de cocaïne"), il propose sur ses affiches de choisir "Rocha ou la Voix du Peuple", une stratégie qui fait gagner plus de 20% de voix à son parti, le Movimiento al Socialismo (MAS). Refusant de débattre avec les autres candidats à la présidence, Morales déclare qu'il préfère discuter directement avec Rocha, "le propriétaire du cirque et non ses clowns".

Bien qu'il arrive en seconde place à cette élection, Morales refuse tout compromis avec la coalition au pouvoir et continue à dénoncer les ingérences étrangères dans les affaires boliviennes et la politique économique néolibérale, peu profitable à l'Amérique latine. Son cri de ralliement est si bien entendu que les transactions pour le transport du gaz naturel *via* les ennemis traditionnels que sont le Pérou et surtout le Chili déclenchent de violentes manifestations et sont abandonnées.

Des dizaines de milliers de mineurs et de paysans pauvres envahirent les rues et, en juin 2005, Mesa démissionna. Eduardo Rodriguez, le président de la Cour suprême, assura l'intérim.

En décembre 2005, les Boliviens ont élu le premier président indien du pays. Ancien *cocalero* (planteur de coca), l'activiste Juan Evo Morales Ayma (communément appelé Evo Morales) du Movimiento al Socialismo (MAS) a remporté près de 54% des voix après avoir promis de modifier la classe politique traditionnelle et de donner le pouvoir à la majorité pauvre (essentiellement indienne). Peu après son investiture, le FMI a annoncé des annulations de dette pour plusieurs pays pauvres, dont 2 milliards de dollars US pour la Bolivie. Morales a rapidement entamé d'importants changements : en mai 2006, il a nationalisé l'industrie énergétique bolivienne et, en juillet 2006, il a formé (par le biais d'élections locales) une assemblée constituante. Siégeant pour la première fois le 6 août 2006 (jour de l'Indépendance), cette assemblée a un an pour rédiger une nouvelle Constitution, qui sera ratifiée par un référendum.

1987	1995
Les États-Unis envoient des agents de la Drug Enforcement Administration dans les régions du Beni et du Chapare	Les conflits sociaux provoqués par les privatisations entraînent l'instauration de l'état de siège pendant trois mois et l'arrestation de centaines de dirigeants syndicalistes

Quand le pays se trouve à nouveau au bord de l'effondrement en 2005, l'heure de Morales a sonné et il remporte les élections avec plus de 50% des voix. Après la cérémonie d'investiture à Tiahuanaco, il fait la "une" des médias en rencontrant des dirigeants de gauche : Hugo Chavez au Venezuela, Fidel Castro à Cuba, Lula da Silva au Brésil et les membres de l'African National Congress (ANC) en Afrique du Sud.

Ses discours enthousiasment le peuple, comme la simplicité de ses vêtements (le jour de son investiture, il porte une simple veste noire et une chemise boutonnée, sans cravate). Quand pour rencontrer le roi Juan Carlos d'Espagne, il se présente vêtu de sa *chompa* (pull) préférée, certains grincent des dents.

Comme la plupart des Boliviens, le président Morales adore le *futból* (football), un sport qu'il pratique ; il s'est d'ailleurs cassé le nez récemment au cours d'une partie improvisée. À l'instar de la quasi-totalité des présidents boliviens, il soutient une revendication chère au cœur de tous les citoyens : la restitution d'une partie de la façade maritime, perdue lors de la guerre du Pacifique contre le Chili entre 1879 et 1884.

Ayant tiré les leçons de la guerre de l'eau à Cochabamba en 2000, Morales s'efforce de conserver ou de récupérer le contrôle des ressources nationales. Il a nationalisé le gaz, symboliquement le 1er mai 2006, et choisit de s'associer avec certaines nations. Ainsi, des équipes de médecins cubains viennent dans les campagnes boliviennes apporter une assistance médicale gratuite.

Si Morales bénéficie d'un soutien quasi unanime parmi les indigènes, son ascension suscite l'exaspération d'autres populations. Dans un pays où le terme "*Indio*" est encore une insulte courante, le risque de bipolarisation est bien réel.

Ainsi, Morales risque de rencontrer des résistances dans l'est du pays, riche en ressources naturelles. En octobre 2006, des ouvriers des provinces de Beni, Pando, Tarija et Santa Cruz se sont mis en grève pour protester contre la nouvelle Constitution. Malgré cette opposition, le président a cependant bien réussi à faire passer ses initiatives. Il a convaincu les compagnies gazières et pétrolières étrangères de signer de nouveaux contrats, accordant une participation majoritaire à l'entreprise publique bolivienne chargée de l'énergie. En novembre 2006, le Sénat a approuvé sa loi sur la réforme agraire.

Que deviendra la Bolivie de Morales ? La lutte continue pour sortir le pays de la pauvreté. Les nationalisations apporteront-elles la puissance économique souhaitée ? Quoi qu'il en soit, le pouvoir de Morales rappelle, après des siècles de gestion *criolla* prédatrice et inique, une époque où de florissants empires indigènes gouvernaient l'Amérique latine.

Par ailleurs, Morales entame un bras de fer avec les États-Unis au sujet de la coca ; il veut en encourager la culture pour ses feuilles et autres sous-produits, qui contribuent au bien-être des Boliviens et font partie intégrante de leurs traditions (jusqu'alors, cultiver la coca était totalement illicite pour complaire aux États-Unis).

Considéré par certains comme un leader populiste, Morales affiche aussi son antagonisme avec les États-Unis et sa sympathie pour les gouvernements de gauche du Venezuela et de Cuba. Son ambition de redéfinir l'identité indigène et de donner plus de pouvoir à la majorité indienne largement défavorisée conduit certains sociologues et anthropologues à prédire une prochaine révolution culturelle. Pour plus d'informations, reportez-vous p. 23.

2002-2003	**2005-2006**
Gonzalo Sánchez de Lozada ("Goni") est élu à la présidence avec 22,5% des voix	La Bolivie élit le premier président indien du pays, Evo Morales

Culture et société

LA SOCIÉTÉ BOLIVIENNE

En Bolivie, le comportement dépend surtout du climat et de l'altitude. Très fiers de leurs spécificités régionales, culinaires et culturelles, et notamment de leurs danses, les Boliviens sont dans l'ensemble toujours prêts à *festejar* (faire la fête). Toutefois, les *cambas* (habitants des plaines) et les *kollas* (habitants des hauts plateaux) se font une joie de vous expliquer ce qui les rend différents (comprenez meilleurs, mais ces plaisanteries ne portent pas à conséquence). Les habitants des plaines passent pour plus chaleureux, plus simples et plus généreux envers les étrangers. Les montagnards sont réputés plus travailleurs mais moins ouverts. C'était pendant longtemps une querelle assez bon enfant, mais ces dernières années, les tensions régionales se sont accrues, comme en témoignent les menaces de sécession du département de Santa Cruz qui font régulièrement la "une" des journaux.

Depuis une trentaine d'années, les Aymará (population des hauts plateaux, descendant de l'empire de Tiahuanaco), en particulier, sont de plus en plus nombreux à revendiquer leur identité ; grâce à leur réussite économique, ils ont en effet progressé sur l'échelle sociale, surtout dans les zones urbaines. À La Paz, on constate ainsi un retour du costume traditionnel aymará chez les jeunes femmes (voir l'encadré p. 39). La tendance est si forte que l'élection annuelle d'une Miss Cholita Paceña attire désormais des candidates qui, selon la presse locale, jettent leurs jeans aux orties pour adopter la mode et le statut de *cholita*. Le modèle de la *chola* (femme aymará vivant en ville mais portant le costume traditionnel ; le diminutif "*cholita*" est parfois mieux accepté) est en plein bouleversement. L'image de la vendeuse sur les marchés cède rapidement la place à celle de commerçante, de femme d'affaires ou de femme politique (le gouvernement compte plusieurs *cholas*), symboles de la bourgeoisie aymará d'aujourd'hui. Pour en savoir plus sur les Boliviennes, voir p. 38.

L'identité bolivienne, elle aussi, est aujourd'hui en plein bouleversement, de même que les mentalités : beaucoup de Boliviens "se cherchent", allant jusqu'à remettre en question l'essence de la "bolivianité", dans le sillage du premier président indien qu'ait connu le pays, Evo Morales. Le nouveau chef de l'État n'a de cesse de répéter que l'identité bolivienne repose sur l'origine ethnique de chacun. Bien qu'il ait réaffirmé l'égalité de tous les Boliviens, Morales n'a d'ailleurs pas tardé à embrasser la cause de certains groupes indiens. D'aucuns l'accusent ainsi de se livrer à des manœuvres politiques et de semer la discorde dans le pays sur des motifs ethniques, sociaux et économiques. Pour certains, il favoriserait les Indiens au détriment des "Blancs" boliviens et étrangers et des *mestizos* qui, en tant que descendants de colons espagnols et d'Indiens, revendiquent avec fierté leur identité bolivienne.

Au-delà des divisions, les Boliviens, unis par un amour de l'océan aussi passionné que frustré, ne manquent jamais de célébrer El Día del Mar (jour de la Mer), commémorant l'annexion par le Chili de la petite côte bolivienne, le 23 mars 1879.

Un autre trait commun des Boliviens est leur affection des salutations et des civilités. Tout échange commence par l'habituel *Buen día* ou *Buenos días,* suivi d'un *¿ Cómo está ?* ou *¿ Qué tal ?* (Comment allez-vous ?). L'espagnol bolivien est truffé de diminutifs affectueux du type *sopita* (une petite soupe) et *pesitos* (petits pesos). On dira, par exemple, "cela ne coûte que 10 petits pesos".

La Whipala, drapeau carré formé de 49 petits carreaux aux couleurs de l'arc-en-ciel, est devenue le symbole du peuple aymará. Quant à l'origine de ses couleurs, inca ou plus récente, le débat n'est pas clos.

VOUS ÊTES PERDU, MON AMI ?

Il arrive que les Boliviens préfèrent donner une réponse ou des indications fausses plutôt que d'avouer qu'ils ne savent pas. Non par malveillance, ils veulent simplement se montrer serviables et informés. Il faut savoir par ailleurs que les numéros de rue ne sont guère utilisés : on se sert des bâtiments importants comme points de repère. Dans certains cas, il vaut mieux se renseigner auprès de plusieurs personnes, et si une réponse semble l'emporter, il y a fort à parier que vous approchez de la vérité.

MODE DE VIE

Le quotidien des Boliviens dépend essentiellement du lieu où ils habitent : la ville ou la campagne. Beaucoup de *campesinos* n'ont pas encore l'eau courante, le chauffage ou l'électricité, et, pour certains, l'habillement n'a pas changé depuis l'arrivée des Espagnols. Dans les villes, en revanche, particulièrement à Santa Cruz (la plus riche du pays), Cochabamba, Sucre et La Paz, des milliers de Boliviens jouissent de tout le confort moderne.

Toutefois, le niveau de vie de la majorité des Boliviens reste désespérément bas ; logement, nutrition, éducation, équipements sanitaires et hygiène sont médiocres. La Bolivie souffre des trois grandes plaies des pays en développement : un taux de mortalité infantile élevé (52 décès pour 1 000 naissances), un taux de natalité élevé (2,3 enfants par femme) et un relativement faible taux d'alphabétisation des femmes (81,6%). Environ 87% des enfants en âge d'être scolarisés vont à l'école, mais l'absentéisme est répandu.

Au niveau de l'enseignement supérieur, on compte 30 universités dont 10 publiques. Mais, confrontés à un marché de l'emploi peu dynamique, les diplômés, bien formés et en nombre croissant, préfèrent tenter leur chance à l'étranger, spécialement en Espagne, en Argentine ou aux États-Unis.

En l'absence de tout système de protection sociale, personnes âgées, handicapés et chômeurs sont contraints à la mendicité. Les plus âgés sont toutefois pris en charge par la famille, d'où l'absence en Bolivie d'établissements spécialisés. Il existe même, dans le département du Potosí, un "syndicat" de mendiants qui envoie de vieilles femmes vêtues de brun demander l'aumône dans les grandes villes du pays, leur assurant le logement et… une escorte d'enfants inspirant la pitié.

Dans cette société machiste, l'homosexualité, bien que légale, ne peut s'afficher au grand jour. Si les bars gays se multiplient dans quelques grandes villes, la culture homosexuelle reste presque inexistante. Pour en savoir plus, reportez-vous p. 374.

> En Bolivie, on se salue souvent (y compris lors d'une première rencontre) par une bise (dans le Nord) ou deux (dans le Sud).

ÉCONOMIE

En dépit d'abondantes ressources, la Bolivie est l'un des pays les plus pauvres d'Amérique latine. En 2004, on estimait que 64% de la population vivait sous le seuil de pauvreté. Le revenu annuel moyen est d'environ 900 \$US et le PIB par habitant de quelque 2 900 \$US (estimations de 2005). L'inflation tourne actuellement autour de 5%.

Parmi les grandes exportations de la Bolivie figurent le gaz et le zinc. Côté agriculture, le pays produit soja (autre exportation importante), café, sucre, coton, maïs et bois. La coca, les graines de tournesol (pour l'huile) et le chocolat bio ont également le vent en poupe.

Les Boliviens sont en grande majorité sous-employés, et nombre d'entre eux complètent leurs revenus en travaillant dans la production de coca, surtout dans les Yungas, ou dans l'économie parallèle, comme vendeurs de rue.

Grèves et manifestations pour revendiquer des salaires plus élevés, de meilleures conditions de vie et des changements politiques font partie

> La mode des dents en or (en forme d'étoile, de lune et autres symboles), qui fait fureur chez les Indiens, est un signe de richesse et de réussite sociale.

de la routine de la Bolivie. Toutefois, depuis quelques années, certains Boliviens en sont venus à estimer que ces habitudes faisaient plus de tort à l'économie qu'autre chose.

Le pays reste extrêmement dépendant de l'aide étrangère. En décembre 2005, le G8 a annoncé un plan d'annulation de la dette de deux milliards de dollars.

Pour en savoir plus sur l'actualité économique récente, voir p. 23.

POPULATION

La Bolivie est un pays peu densément peuplé, avec environ 8,9 millions d'habitants sur un territoire de quelque 1 098 580 km². Près de 70% de la population vit sur l'Altiplano, malgré le climat glacial et la menace permanente de troubles politiques et sociaux. Elle se concentre principalement dans les régions de La Paz, du lac Titicaca et d'Oruro.

Le pays compte 36 groupes indiens reconnus, mais les statistiques concernant cette partie de la population sont sujettes à caution. Selon le recensement national mené en 2001, seule une petite moitié de la population bolivienne revendique des origines indiennes, alors que sociologues et anthropologues estiment la proportion juste au-dessus de la barre des 60%. Seuls 1% des Boliviens sont d'origine africaine : il s'agit pour la plupart de descendants d'esclaves qui travaillaient dans les mines de Potosí (voir l'encadré p. 148). Le reste des habitants est en majorité d'origine européenne, mais tous n'ont pas pour ancêtres les conquérants espagnols. On compte des colonies mennonites, des juifs ayant fui le régime nazi, des réfugiés d'Europe de l'Est, et des cohortes de chercheurs, de travailleurs humanitaires et de missionnaires. De petites minorités moyen-orientales et asiatiques, principalement des Palestiniens, des Penjabis, des Japonais et des Chinois, ont également immigré.

La grande majorité des Boliviens se revendiquant Indiens sont des Aymará et des Quechua qui vivent pour la plupart sur les hauts plateaux ; on trouve les autres groupes (Guaraní et Chiquitano, notamment) principalement dans les plaines.

2,6 millions de Boliviens, soit près de 30% de la population, parlent le quechua.

En 2006, le géant américain du logiciel Microsoft, a lancé ses produits Windows et Office en langue quechua.

SPORTS

Comme dans le reste de l'Amérique latine, le sport national en Bolivie est le *fútbol*. Bolívar et The Strongest participent régulièrement à la Copa Libertadores, la rencontre annuelle des meilleurs clubs d'Amérique latine. En général, les équipes boliviennes sont bien placées dans les championnats du monde de *futsal* ou *fútbol de salón* (football en salle). Des matchs de football professionnels ont lieu tous les week-ends dans les grandes villes, et l'on joue en permanence dans les rues. Les petites villes manquent souvent d'équipements, mais vous trouverez toujours un terrain bien entretenu où vous serez le bienvenu. Si dans certaines bourgades, le terrain reste réservé aux hommes, de nombreuses équipes féminines ont fait leur apparition sur l'Altiplano, où elles jouent en pull et *pollera* (jupe). Il existe également une sélection féminine nationale, et le football est de plus en plus apprécié par les femmes.

El Alto est le temple d'une discipline à la fois brutale, exigeante et soigneusement chorégraphiée : la *lucha libre* (catch). Lors de ces matchs qui tiennent moins du sport que du spectacle pour amateurs de violence, un "gentil" et un "méchant" s'affrontent sur un ring vêtus de costumes à faire pâlir d'envie Superman et Spiderman réunis. Depuis quelques années, pour le plus grand plaisir des spectateurs, les femmes sont entrées dans l'arène, où elles apparaissent tantôt en *cholitas* d'apparence candide, tantôt en tenue affriolante. Dans la *lucha libre*, tout est permis, de l'arrachage d'yeux à la prise par le cou en passant, occasionnellement, par quelque lancer de nain (âmes sensibles et politiquement correctes, s'abstenir). L'appréciation du public se mesure à la quantité de pelures d'oranges et de bouteilles en plastique lancées sur les concurrents. Voir p. 78 pour plus de détails.

Dans les villages, le volley-ball se pratique à la tombée du jour. Des équipes d'adultes s'affrontent deux ou trois fois par semaine. Le racquetball, le billard, les échecs et le *cacho* (les dés) comptent beaucoup d'adeptes. Néanmoins, il semble bien que le vrai sport national soit de faire la fête ; dans ce domaine, la compétition entre buveurs et danseurs ne connaît pas de limites.

RELIGION

Près de 78% de Boliviens se disent catholiques mais pratiquent à des degrés divers. Environ 19% des habitants sont protestants et 2,5% agnostiques, le reste se répartissant sur d'autres confessions. D'importants mouvements évangéliques attirent un nombre croissant d'adeptes avec leurs messages sur l'imminence de l'Apocalypse et la prédiction des tourments de l'enfer. Malgré le poids politique et économique des religions occidentales, la plupart des pratiques et des rites religieux chrétiens sont mâtinés de croyances incas et aymará. Rituels et superstitions sont très répandus, et la vie de certains *campesinos* est encore rythmée par le calendrier lunaire traditionnel.

On trouve dans les religions indigènes des dieux et des esprits de la nature qui remontent à l'époque inca et même au-delà. Omniprésente, Pachamama, la Terre-Mère, est celle qui reçoit le plus d'offrandes sacrificielles, car elle est intimement liée à la vie des hommes, faisant pousser les récoltes et accordant ses richesses à ses protégés. Elle a un gros appétit pour la coca, l'alcool et le sang des animaux, particulièrement des lamas. Peut-être vous êtes-vous demandé ce que deviennent les fœtus de lamas vendus sur les

Si les fœtus de lama abondent sur les marchés (ils sont utilisés lors d'offrandes sacrificielles), il faut savoir qu'on ne tue pas spécialement un animal pour s'en procurer. Près de 3 000 lamas sont abattus tous les jours dans l'Altiplano pour leur laine et leur viande, et les fœtus sont récupérés sur les femelles qui étaient en gestation.

EL CLÁSICO : UN DERBY EN ALTITUDE *Brian Kluepfel*

Plusieurs fois par an, les *Paceños* (habitants de La Paz) oublient la météo, le prix des billets et tout autre préoccupation pour aller remplir les quelque 50 000 places du stade Hernando Siles (carte p. 72) et assister au grand derby El Clásico qui oppose les deux stars du football de La Paz (et de Bolivie), le Bolívar et The Strongest.

El Clásico est un moment à part : les rues sont alors remplies de supporters et les billets sont difficiles à trouver (mais cela reste possible, grâce au marché noir, très répandu ici, comme dans toute l'Amérique latine). Il y a même de la tension dans l'air, comme en témoignent les mesures mises en place pour l'occasion, plutôt rares à La Paz : la police fait barrage entre les deux groupes de supporters avant et après le match, pour les empêcher de se rencontrer lors de leur entrée et de leur sortie du stade. Pourtant, hormis quelques jets de pierre isolés, les troubles sont peu fréquents. Au pire, vous pourriez être trempé par un ballon d'eau. Et si vous croisez dans les tribunes un personnage vêtu d'un uniforme d'époque de la marine bolivienne (sans rire), vous pourrez lui acheter une part de gâteau au chocolat !

Vieille de près d'un siècle, la rivalité entre ces frères ennemis remonte à la fondation du Club Bolívar en 1925 (The Strongest, créé en 1908, est le plus vieux club bolivien). Les footballeurs du Strongest (surnommés les "Tigres" en raison de leur tenue à rayures jaunes et noires) ont plus de supporters dans les quartiers ouvriers et défavorisés, tandis que les "Celestes" du Bolívar (maillot bleu ciel) ont les faveurs des *Paceños* privilégiés.

Historiquement, les deux équipes sont au coude à coude. Dans les premières années de la ligue bolivienne (alors amateur), The Strongest remporta le titre 14 fois contre 8 pour le Bolívar. Toutefois, depuis que la ligue est devenue semi-professionnelle puis professionnelle (1977), les Celestes ont renversé la tendance, s'arrogeant le trophée à 16 reprises contre seulement 8 pour The Strongest. Mais aujourd'hui, lorsqu'une rencontre est programmée entre les deux clubs, les statistiques ne valent plus rien, et le match déchaîne les passions à La Paz et dans tout le pays.

Pour connaître la date du prochain Clásico, rendez-vous sur www.bolivia.com/futbol.

FIEŚTA DE LAS ÑATITAS

Parmi les rites aymará les plus étranges et fascinants figure la **Fiesta de las Ñatitas** (fête des têtes de mort), qui a lieu une semaine après le jour des Morts. Des *ñatitas* sont présentées à la chapelle du cimetière de La Paz pour recevoir la bénédiction d'un prêtre catholique. Si les curés refusent d'associer ce rituel à la messe, ils le reconnaissent *de facto* – et à contrecœur. Les crânes sont décorés de fleurs, de bougies et de feuilles de coca données en offrande – sans parler, dans certains cas, des lunettes de soleil et de la cigarette allumée coincée entre les dents. Bien que certains conservent les crânes de leurs êtres chers (qui sont censés veiller sur les vivants), beaucoup de ces *ñatitas* seraient achetées à la morgue ou à des facultés de médecine. Après la bénédiction, chacun rapporte chez lui sa tête de mort en habit de gala, censée lui porter bonheur et le protéger. Ce rituel aymará, très ancien et jadis clandestin, se développe aujourd'hui de plus en plus.

Les cosmologies aymará et quechua distinguent trois niveaux : l'Alajpacha (monde supérieur ou ciel éternel, qui représente la lumière et la vie, au centre du monde terrestre), l'Akapacha (situé entre le ciel et l'enfer, et entre la vie et la mort) et le Mankapacha (monde inférieur, symbole de la mort et des ténèbres).

marchés ? Une fois emballés, ils sont enterrés dans les fondations des nouvelles maisons, comme offrande à Pachamama.

Chez les Aymará et les Quechua, les dieux de la montagne, *apus* et *achachilas*, sont l'objet d'une grande vénération. Les *apus*, esprits de la montagne qui protègent les voyageurs, sont souvent associés à un *nevado* (pic enneigé) particulier. Les *achachilas* sont des esprits des hautes montagnes, considérés comme les ancêtres du peuple. Ils veillent sur leurs *ayllus* (groupes indigènes à peu près équivalents à la notion de tribus) et maintiennent la fécondité de la terre.

Ekeko, qui signifie "nain" en aymará, est un joyeux petit dieu du foyer qui apporte l'abondance. Comme son rôle est de favoriser les rencontres amoureuses, de dénicher un toit aux sans-abri et de faire prospérer les affaires, il est très courtisé, surtout pendant la fête d'Alasitas à La Paz (p. 81).

Les talismans jouent également un rôle important dans la vie quotidienne pour s'attirer la prospérité ou se protéger du mal. Une tortue est censée apporter la santé, une grenouille ou un crapaud est gage de bonne fortune, une chouette augure sagesse et réussite à l'école, et un talisman de condor vous fera voyager sain et sauf.

ÊTRE UNE FEMME EN BOLIVIE

Si le machisme se porte encore très bien en Bolivie, on voit apparaître des organisations de défense et d'éducation des femmes, notamment à El Alto ou à La Paz, avec le dynamique mouvement féminin des Mujeres Creando. En 1982 déjà, le Parlement bolivien avait nommé une femme présidente par intérim, et en 2006, de nombreuses femmes (dont des *cholas*, membres du gouvernement Morales) ont été élues parlementaires ou membres de l'Assemblée constituante.

Grâce notamment au soutien de l'Indien Evo Morales, à la tête de l'État, les *cholas* de Bolivie grimpent dans l'échelle sociale et l'on voit depuis peu fleurir à leur égard un nouveau jargon. Ainsi, si la *chola* porte encore le costume traditionnel (voir l'encadré ci-contre), la *chota* l'a abandonné au profit de vêtements modernes, tandis que *birlocha* désigne une femme de style occidental complètement à l'opposé de la *chola* ; enfin, les "transformistes *cholas*" sont des femmes qui revêtent occasionnellement les atours de la *chola*, par exemple lors de manifestations culturelles ou de fiestas.

ARTS

De la musique aux tissus en passant par le cinéma et la littérature, la Bolivie est riche en expressions artistiques. L'ouverture du Museo de Arte Contemporáneo (p. 76) à La Paz, en 2001, traduit bien un engouement croissant pour l'art contemporain. La **Casa de Cultura** (carte p. 72 ; Mariscal Santa Cruz et Potosí), à La Paz, est un excellent centre d'expositions, où vous pourrez aussi vous renseigner sur la scène artistique. Ce n'est que dans les grandes villes que sont donnés des spectacles de théâtre classique et que vous trouverez les traditionnelles *peñas*. En revanche, vous verrez d'excellentes représentations de théâtre et de danse un peu partout à l'occasion des fêtes et des festivals.

Tissage

Les méthodes de tissage ont peu varié pendant des siècles. Durant la période coloniale, les tissus occupaient une large place (derrière l'or, l'argent et les autres minerais) dans le tribut exigé par la Couronne espagnole. Dans les zones rurales, les filles apprennent à tisser avant la puberté, et les femmes occupent pratiquement tout leur temps libre à manier le fuseau et le métier à tisser. Avant la colonisation, les laines de lama et d'alpaga étaient les matières les plus recherchées, mais elles sont aujourd'hui concurrencées par la laine de mouton et les fibres synthétiques.

De styles très divers, les tissus boliviens témoignent pour la plupart d'une grande habileté technique, fruit d'une expérience plurimillénaire. La pièce la plus courante est la *manta* ou *aguayo*, un châle carré fait de deux bandes tissées et cousues bord à bord. D'autres productions parmi les plus courantes sont la *chuspa* (sac à coca), le *chullo* (bonnet), la *falda* (jupe), ornée de motifs tissés sur un bord, les ceintures tissées et les articles pour touristes tels que les sacs à appareil photo faits avec des chutes de tissu.

Dessins, styles et usages traduisent les différences régionales. Les motifs zoomorphes complexes sont typiques de Tarabuco, tandis que les dessins rouge et noir bien particuliers signalent les productions de Potolo, au nord-ouest de Sucre. Les motifs zoomorphes sont aussi très prisés dans la région retirée de Charazani, au nord du lac Titicaca, et dans plusieurs régions de l'Altiplano autour de La Paz, comme Lique et Calamarka.

Le vol de chapeaux melons est un véritable fléau à La Paz : ces couvre-chefs, d'une valeur minimale de 8 $US, sont dérobés directement sur la tête des cholitas sur les marchés très fréquentés.

LE COSTUME DE LA CHOLA

De nombreuses Indiennes de Bolivie portent un costume qui leur fut imposé au XVIIIe siècle par le roi d'Espagne, tandis que la coiffure avec la traditionnelle raie au milieu découle d'un décret du vice-roi de Toledo.

Ce costume caractéristique, à la fois pittoresque et fonctionnel, est devenu l'emblème du pays. L'élément le plus frappant du costume folklorique aymará est le chapeau melon vert foncé, noir ou brun. Aucune épingle ne maintient ce couvre-chef, posé en équilibre sur la tête des *cholitas*.

Les femmes se font généralement deux longues tresses, jointes par une touffe de laine noire appelée *pocacha*. La *pollera*, la jupe, se compose de plusieurs bandes de tissu horizontales, portées par-dessus de multiples jupons. Traditionnellement, la jupe plissée était réservée aux femmes mariées. Aujourd'hui, la plupart des tissus synthétiques de ces *polleras* aux couleurs vives sont importés de Corée du Sud.

Le haut comporte une blouse, une *chompa* en laine (pull-over), une veste courte et un tablier en coton – voire un mélange de tout cela à la fois. Souvent, les femmes ajoutent un châle en laine appelé *manta*. Mais la mode a aussi son mot en dire, notamment sur la longueur de la jupe et des pompons du châle.

Porté sur le dos et noué autour du cou, l'*aguayo* (ou *ahuayo*) est un rectangle de tissu, souvent tissé à la main, orné de rayures horizontales de couleur. Il sert de sac fourre-tout dans lequel on transporte de la coca, des aliments ou un bébé.

Les Quechua des hautes vallées portent des vêtements tout aussi colorés, quoique moins connus. Leur chapeau, appelé *montera*, est en paille ou en laine blanche finement tissée, souvent plus haut et plus large que les melons des Aymará. On remarque en particulier la *montera* en feutre de Tarabuco, façonnée sur le modèle des casques des conquistadors espagnols. Ici, les femmes portent des jupes plus courtes et le plus souvent en velours.

LES INSTRUMENTS DE MUSIQUE BOLIVIENS *Brian Kluepfel*

La musique traditionnelle bolivienne est à l'image du pays : plus variée, plus vaste, plus riche qu'on ne l'imagine. Oubliez donc ces groupes à flûte de Pan et guitare qui font retentir *El Condor Pasa* dans toutes les stations de métro du monde. La musique bolivienne va bien au-delà de ces musiciens arborant systématiquement le *sarape* (poncho).

Ernesto Cavour Aramayo, multi-instrumentiste de la Paz, a consacré sa vie à l'étude de la musique bolivienne. Sa collection d'instruments de musique, commencée en 1960, pouvait déjà remplir un musée en 1962. C'est aujourd'hui chose faite : le Museo de Instrumentos Musicales de Bolivia (p. 76) occupe désormais une place de choix dans la rue des musées de La Paz, la Calle Jaen.

Ernesto Cavour Aramayo est aussi l'auteur d'un ouvrage exhaustif sur le sujet, dûment intitulé *Instrumentos musicales de Bolivia*, absolument incontournable si vous vous intéressez à la musique bolivienne et que vous lisez l'espagnol. Après avoir abordé l'histoire et la composition ethnique du pays, il y présente une classification des instruments boliviens : chaque catégorie d'instruments a son propre chapitre (et une salle dédiée du musée).

Les *aérophones* (instruments à vent) regroupent les instruments à "air ambiant", qui se résument à une colonne d'air, et les instruments "de type flûte". Les plus répandus, en témoigne leur omniprésence dans les stations de métro susmentionnées, sont la *quena* et le *sicu* (ou *zampoña*). Le *sicu* (c'est le terme aymará), est précisément cette célèbre flûte de Pan formée d'une série de tuyaux de longueurs variées, en roseau ou en jonc ; le son varie en fonction de la longueur du tuyau. Les noms du type *chuli*, *malta* ou *sanka* renvoient à la longueur du tube produisant le *do* majeur. D'autres termes sont plus transparents, tel le *sicu* "seis y siete", qui possède une rangée de six notes et une autre de sept.

La *jula jula* est un *sicu* géant : le plus long tube de la plus grande *jula jula* ne mesure pas moins de 108 cm. Lors de certaines festivités, notamment la Fiesta de la Cruz (fête de la Croix) ou la fête de San Francisco à Oruro et Potosí, des formations regroupant jusqu'à vingt joueurs interprètent sur cet instrument une marche de style martial.

La *quena*, petite flûte en roseau, en os ou en céramique, est très répandue sur les marchés pour touristes. Cet instrument existait plusieurs siècles avant l'arrivée des Européens ; les plus anciens, en pierre, ont été trouvés près de Potosí. Dans son ouvrage, Ernesto Cavour Aramayo recense une bonne douzaine de types de *quenas*. Le *pututu* est une corne d'animal parfois attachée à un tuyau plus long.

Au panthéon d'Ernesto Cavour, le *charango* est le roi de tous les *cordophones* (instruments à cordes). À l'origine, c'est un petit instrument en carapace de tatou, au son ténu et pénétrant. Créé sur le modèle de la *vihuela* et de la mandoline espagnoles, cet instrument s'est tout d'abord rendu populaire à Potosí, pendant l'âge d'or de cette région minière. Ses cinq cordes doublées ne sont généralement pas pincées mais plutôt grattées selon un style appelé *rasqueado*, un peu comme pour le banjo. Grâce à des mesures de protection, la caisse de résonance du *charango* n'est plus en carapace de *quirquincho*, de tatou ou de tortue (mais vous aurez la possibilité d'en voir de chaque sorte au musée d'Ernesto Cavour et vous pourrez constater qu'un tatou, c'est gros).

Le *charango* est l'instrument emblématique de la Bolivie et la fierté des Boliviens. L'illustre *charanguista* Pedro Mar le résume parfaitement dans sa brochure d'apprentissage : "*el charango es Boliviano*". Pour Donato Espinoza, disciple de Cavour qui a acquis une renommée internationale avec son groupe Savia Andina, le *charango* est "l'instrument le plus important de toute l'ère culturelle *mestiza*". Divers instrumentistes ont étendu la gamme de ce petit cordophone ; Donato Espinoza s'est ainsi produit en Asie, en Europe et sur tout le continent américain, introduisant le *charango* dans le jazz fusion ou la musique classique.

La Bolivie accueille deux festivals de *charango*, l'Encuentro Internacional del Charango, qui se tient tous les deux ans en avril dans plusieurs villes, et la Sede Nacional del Charango, une compétition annuelle qui a lieu en novembre à Aiquile (près de Cochabamba). Si vous êtes dans la région à cette époque, allez donc assister à la désignation du vainqueur du Charango d'Or. Sinon, direction le musée d'Ernesto Cavour Aramayo, pour voir des *charangos* et bien d'autres instruments.

Certains tissus de superbe facture proviennent de Sica Sica, l'un de ces villages insignifiants et poussiéreux situés entre La Paz et Oruro, mais c'est à Calcha, au sud-est de Potosí, que sont fabriquées les plus belles pièces grâce à un filage virtuose et à un tissage extrêmement serré comptant plus de 150 fils au centimètre.

La laine de vigogne, la plus fine et la plus chère au monde, est produite dans l'Apolobamba.

Musique

Toutes les traditions musicales andines traduisent un syncrétisme d'influences préincas, incas, espagnoles, amazoniennes et même africaines, mais chaque région a développé ses propres traditions tant au niveau de la musique que de la danse et des instruments. L'obsédante mélancolie de la musique andine de l'Altiplano se fait l'écho de cet environnement froid et morne, tandis que la musique de la région plus chaude de Tarija, jouée sur des instruments étranges, offre des tonalités plus vives et colorées.

À l'origine, la musique andine était exclusivement instrumentale, mais la tendance récente à la popularisation de ces musiques a inspiré l'ajout de paroles tragiques, douces-amères ou mélancoliques.

Dans les plaines, les jésuites ont profondément marqué le talent musical des Chiquitano, des Moxo et des Guaraní, et cette empreinte demeure très forte. Artistes et musiciens extrêmement doués, les Indiens ont fabriqué des instruments – les célèbres harpes et violons de la musique actuelle du Chaco – et appris à jouer la musique baroque italienne, y compris l'opéra. Dans les endroits les plus reculés, ils donnaient des concerts, des spectacles de danse et des pièces de théâtre dignes des scènes européennes.

Los Kjarkas, l'un des groupes de musique andine les plus connus et appréciés en Amérique du Sud, ont exporté les rythmes de la *zampoña*, de la *quena* et du *charango* dans le monde entier.

Danse

Les danses préhispaniques de l'Altiplano célébraient la guerre, la fertilité, les prouesses des chasseurs, les mariages et le travail. Après l'arrivée des Espagnols, les danses européennes et africaines (pratiquées par les esclaves) ont fait leur apparition et ont fini par donner naissance à ces danses hybrides qui caractérisent les fêtes boliviennes d'aujourd'hui. Traditionnellement, nombre de danses postcoloniales avaient une vocation satirique et se moquaient du colonisateur. C'est le cas de la danse des *doctorcitos*, où les danseurs portant des petites lunettes rondes et de faux nez, sont censés rappeler les avocats colons.

Le style et les costumes des danses boliviennes diffèrent selon les régions, la géographie et le climat : celles des hauts plateaux sont généralement plus mélancoliques, et les tenues sont plus imposantes que celles des plaines, où le climat est plus chaud. Certains costumes peuvent peser jusqu'à 50 kg et sont portés parfois plus de dix heures par les danseurs. Parmi les danses préhispaniques populaires figurent la *sicuriada*, la *morenada* et la *tarqueada*. Les danses de salon introduites par les Espagnols, la *cueca* et le *bailecito*, sont encore très appréciées dans toute la Bolivie ; présentes à l'origine dans les *fiestas*, elles se pratiquent à deux, en agitant un mouchoir.

Pour écouter un large choix de musiques boliviennes traditionnelles et modernes, on consultera le site Internet www. llajta.org.

On trouve les danses les plus originales et les plus colorées dans les festivals de l'Altiplano. Lors du carnaval d'Oruro, des foules affluent de tout le pays et même de l'étranger pour voir les nombreuses *fraternidades* (confréries) exécuter de célèbres danses, dont la *diablada*, la *llamerada*, la danse des Sicuris et celle des Incas. Des sommes colossales sont consacrées aux costumes, qui représentent pour Oruro (voir p. 175) un secteur économique à part entière. Potosí, elle, est réputée pour ses spectacles de *tinku*, fête traditionnelle de la région, alors que La Paz doit sa renommée à la *morenada*, qui fait

---

MARINA NÚÑEZ DEL PRADO

La plus grande sculptrice de Bolivie, Marina Núñez del Prado, naît le 17 octobre 1910 à La Paz. De 1927 à 1929, elle suit l'enseignement de l'Escuela Nacional de Bellas Artes (École nationale des beaux-arts). De 1930 à 1938, elle y enseigne la sculpture et l'anatomie artistique.

Ses premières œuvres, en cèdre et noyer, représentent les Andes mystérieuses : visages, groupes et danses indigènes. De 1943 à 1945, elle vit à New York. Ses thèmes de prédilection sont liés à la Bolivie, notamment l'exploitation minière et la pauvreté. Plus tard, elle célèbre la maternité à travers des portraits d'Indiennes, de femmes enceintes et de mères protégeant leurs enfants. D'autres pièces traitent de thèmes andins, certains sous une ravissante forme abstraite. "J'estime avoir une chance immense d'être née près de ces Andes qui expriment la richesse et le miracle cosmique. Mon art traduit l'esprit de mes montagnes natales et de mon peuple, les Aymará", écrit-elle.

Au cours de sa longue carrière, elle organise 160 expositions récompensées par de nombreux prix et une reconnaissance internationale. Des personnalités comme Pablo Neruda, Gabriela Mistral, Alexandre Archipenko et Guillermo Niño de Guzmán ont salué son travail. À la fin de sa vie, Marina se retire à Lima, au Pérou, en compagnie de son époux, l'écrivain péruvien Jorge Falcón. Elle y décède en septembre 1995, à l'âge de 84 ans.

On peut admirer quelques unes de ses pièces au Museo Nacional del Arte à La Paz (p. 74).

Pour en savoir plus sur le *tinku*, pratique particulièrement déroutante pour les étrangers, lire l'encadré p. 266.

revivre la danse des esclaves africains devant la cour du vice-roi Felipe III : les danseurs portent des jupes à cerceaux, des mantes et des masques de diables, sombres et ornés de plumes.

Architecture

Les ruines de Tiahuanaco et les chemins incas, en particulier au nord de La Paz et dans l'Altiplano, sont des exemples remarquables de l'architecture précolombienne en Bolivie. Les pierres taillées de forme polygonale qui font la gloire des sites incas péruviens ne se rencontrent que sur l'Isla del Sol et l'Isla de la Luna, sur le lac Titicaca.

Malgré la modernisation, les séismes et le manque de moyens, qui ont entraîné leur destruction, il reste encore de belles demeures et façades de l'ère coloniale, notamment à Potosí, Sucre et La Paz. Toutefois, l'héritage de cette époque se manifeste surtout dans l'architecture religieuse, avec des styles représentant plusieurs grandes périodes parfois mêlées. Les façades d'églises arborent souvent des icônes païennes, placées là par des artisans indigènes formés par des maîtres européens.

Les églises Renaissance (1550-1650), dont l'un des plus beaux spécimens se trouve dans le village de Tiahuanaco (p. 103), furent principalement construites en adobe, avec des cours et des contreforts massifs. Certaines témoignent d'influences *mudéjares* (mauresques) comme San Miguel, à Sucre, et la cathédrale de Copacabana (p. 112).

Les églises baroques (1630-1770) sont construites sur des plans en croix et sont coiffées de coupoles ouvragées. L'un des plus beaux exemples du genre est l'église San Agustín (p. 259) de Potosí. La ville bénéficie d'un projet de restauration à long terme soutenu par le gouvernement espagnol.

Le style *mestizo* (1690-1790) se distingue par les sculptures décoratives fantaisistes mêlant la flore et la faune tropicales, les motifs et les divinités incas, et une série de masques étranges, de sirènes et de gargouilles. On peut en voir des exemples remarquables à La Paz (San Francisco, p. 75) et à Potosí (San Lorenzo, p. 259).

Au XVIIIᵉ siècle, les jésuites présents dans les plaines du Beni et de Santa Cruz s'engagèrent sur des voies néoclassiques tout en intégrant des éléments rococo bavarois et gothiques à leurs églises. Le résultat le plus surprenant est l'église de la mission de San José de Chiquitos (p. 322).

À partir des années 1950, des bâtiments élevés ont fait leur apparition dans les grandes villes. La plupart ne méritent aucun commentaire, mais certains sont de pures merveilles. On prêtera attention aux frontons triangulaires sur les lignes des toits, versions actualisées du balcon espagnol, et à l'utilisation des bois durs de teintes contrastées. La nouvelle cathédrale de Riberalta (p. 362), tout en brique et cèdre, chante à pleins poumons son cantique contemporain.

Arts visuels

Au début de la période coloniale, l'art bolivien était essentiellement religieux, la contribution majeure à ce style étant représentée par l'Escuela Potosina Indígena. Les éléments dorés et les représentations triangulaires de la Vierge en pied sont les traits marquants de cette tradition.

Les grands artistes de la période moderne sont Alejandro Mario Yllanes, un mineur d'étain aymará devenu graveur et muraliste, et Miguel Alandia Pantoja qui, à la fin des années 1940, a peint des scènes de révolution populaire.

L'artiste aymará contemporain Mamani Mamani, originaire du village de Tiahuanaco, s'efforce de rendre la vraie "couleur" de l'Altiplano – non le paysage, mais les images qui inspirent le peuple. Le résultat est admirable. L'artiste *paceño* Gil Imana peint la rudesse, le froid et l'isolement de la vie andine à l'aide de minuscules touches de couleur sur des fonds grisâtres.

Sur www.mamani.com, vous saurez tout sur l'artiste aymará Mamani Mamani.

Cinéma

Il est difficile d'établir ici une liste exhaustive des grandes figures et réalisations du cinéma bolivien, souvent primés dans les compétitions internationales. Pour les cinéphiles, l'adresse à fréquenter est la Cinemateca Boliviana (p. 92), à La Paz.

Considéré comme l'un des films les plus importants de l'histoire de la Bolivie, *Vuelve Sebastiana* (1953), du documentariste Jorge Ruiz, suit un groupe d'habitants de l'Altiplano menacé d'extinction. Jorge Ruiz fut nommé par la suite directeur de l'Institut cinématographique bolivien (ICB), créé après la révolution d'avril 1952 pour soutenir la production nationale. De 1953 à 1966, cet organisme sera l'un des cinq premiers producteurs en Amérique latine. En 1964, Jorge Sanjinés prend la tête de l'ICB. Auteur de films de propagande pour les autorités boliviennes, Sanjinés s'attirera par la suite les foudres du gouvernement en réalisant *Ukamau* (1966), l'histoire d'une Aymará violée et assassinée par un propriétaire terrien *mestizo*. Jorge Sanjinés est aujourd'hui considéré comme le réalisateur le plus important ct le plus prolifique du cinéma bolivien.

Pour une découverte approfondie de l'histoire du cinéma bolivien, rendez-vous sur www.embolivia-brasil.org.br/cultura/cine/menu_cine.htm

Outre les films listés ici, on verra avec grand intérêt *El Triángulo del Lago* (Mauricio Calderón ; 2000), *El Atraco* (Paolo Agazzi ; 2004) et *Di Buen día a Papá* (Fernando Vargas).

Amargo Mar (1984). Par le réalisateur très estimé Antonio Eguino, sur l'annexion de la côte bolivienne par le Chili.

American Visa (Juan Carlos Valdivia ; 2005). Après s'être vu refuser un visa pour les États-Unis, un enseignant bolivien pénètre dans un réseau d'activités peu recommandables.

Dependencia Sexual (Rodrigo Bellot ; 2003). Ce film primé sur cinq ados en quête d'identité sexuelle est tourné en *split-screen* : l'image est constamment divisée en deux pour donner un double point de vue.

Jonas y la Ballena Rosada ("Jonas et la baleine rose" ; Juan Carlos Valdivia ; 1995). Sur le narcotrafic dans la région de Santa Cruz.

Sayariy (Mela Márquez ; 1995). Un film novateur, avec des acteurs indigènes dirigés par une femme.

Littérature

La Bolivie peut se targuer d'une riche histoire littéraire, à commencer par ses poètes modernistes du XIXᵉ, Ricardo Jaimes Freyre, Gregorio Reynolds et Franz Tamayo. Toujours en poésie, on retiendra les noms d'Óscar Cerruto, au XXᵉ siècle, dont on peut notamment lire en français le recueil de nouvelles *Cercle de pénombres* (Patino, 1987) et de la féministe Adela Zamudi (1854-1928). Lauréate de nombreux prix, la poétesse et romancière Yolanda Bedregal (1916-1999) reste l'une des figures les plus remarquées et les plus prolifiques des lettres boliviennes.

Dans les années 1920, la littérature bolivienne s'intéresse aux Indiens, avec des ouvrages tels que *La Misk'isimi* ("lèvres douces" en quechua), d'Adolfo Costa du Rels, ou *La Ch'askañawi* ("yeux étoilés") de Carlos Medinaceli. La guerre du Chaco (1932-1935) qui oppose la Bolivie au Paraguay est abordée par Óscar Cerruto dans *Torrent de feu* (Patino) en 1935 et Augusto Céspedes dans *Le Puits* (Atelier du Gué) en 1936.

Avec la mort de Che Guevara en 1967, la littérature devient subversive : l'exemple le plus connu est *Los Fundadores del Alba* (non traduit), de Renato Prada Oropeza. À la fin des années 1960, les lettres boliviennes sont dominées par la fiction plus que par le réalisme. Dans les années 1970 et 1980, les écrits polémiques sont bridés par les dictatures militaires successives. Les années 1990 voient naître une littérature urbaine, avec notamment *American Visa* (1994), de Juan de Recacochea, malheureusement non disponible en français à ce jour.

À la fin du XIXᵉ siècle, la Bolivie fait une entrée remarquée dans la littérature grâce ses poètes modernistes Ricardo Jaimes Freyre, Gregorio Reynolds et Franz Tamayo.

Environnement

Lorsqu'on évoque le cadre naturel de la Bolivie, trois mots viennent souvent à l'esprit : altitude (La Paz), aridité (l'Altiplano) et salinité (déserts de sel d'Uyuni). Si l'on retrouve effectivement ces trois éléments dans tout le pays, ils sont loin de suffire à exprimer l'incroyable variété des paysages.

Les importantes dénivellations (de 130 m dans la jungle du bassin amazonien à 6 542 m dans les Andes) se traduisent par une immense diversité écologique, géologique, animale et végétale. Sur des terres où alternent forêts d'acajou et palmeraies vivent fourmiliers géants, anacondas et tatous. On a même découvert, en 2005, une nouvelle espèce de singe titi dans le Parque Nacional de Madidi (voir p. 340).

L'Altiplano ne représente que 10% de la superficie de la Bolivie, mais c'est la région la plus densément peuplée.

Avec mille espèces ornithologiques et 5 000 variétés de plantes, la Bolivie a l'une des biodiversités les plus impressionnantes au monde. Elle fait aussi partie des huit pays abritant le plus grand nombre d'espèces de reptiles (dont 16 lui sont endémiques) et compte 13 espèces endémiques de mammifères.

L'intérêt de l'opinion publique bolivienne et internationale pour la protection de l'Amazonie s'est considérablement accru au cours des années 1990. En 1997, la création d'une agence gouvernementale, le **Servicio Nacional de Áreas Protegidas** (Sernap ; carte p. 72 ; ☎ 2-231-7742/43/ 47 ; www.sernap.gov.bo ; Edificio Full Office, Loayza entre Mariscal Santa Cruz et Camacho, La Paz), a permis le classement de 22 zones nationales protégées, soit 15% du territoire bolivien. Ce sont autant de havres pour de nombreuses espèces toujours plus rares et menacées tels l'ours à lunettes, la loutre géante, le condor des Andes et le jaguar. En collaboration avec le Sernap, des ONG boliviennes et étrangères s'efforcent de trouver des méthodes novatrices pour préserver leur habitat.

La *bolivianita* est une pierre semi-précieuse rare faite de citrine et d'améthyste, au joli ton jaune rosé.

Malheureusement, la nature subit de graves dommages, et de nombreuses régions forestières et faunistiques sont aujourd'hui menacées (voir p. 46).

GÉOGRAPHIE

Malgré des pertes importantes de territoires consécutives aux guerres ou aux cessions (voir p. 27), ce pays enclavé est le cinquième d'Amérique du Sud par la taille. Avec 1 098 581 km², il couvre environ deux fois la superficie de la France.

L'ouest du pays est défini par deux chaînes de montagnes dont les sommets dépassent souvent les 6 000 m. La Cordillera Occidental sépare la Bolivie de la côte pacifique. La Cordillera Real, à l'est de la précédente, traverse le centre du pays vers le sud-est avant de s'infléchir vers le sud, où elle rejoint la cordillère occidentale pour former la Cordillera Central.

Entre ces deux grandes cordillères, les paysages superbes de l'Altiplano s'étagent entre 3 500 et 4 000 m. Il s'agit d'un immense plateau presque totalement dépourvu d'arbres et ponctué de montagnes et de pics volcaniques solitaires. À son extrémité nord, et à cheval sur le Pérou, le lac Titicaca est l'un des plus hauts lacs navigables du monde. L'angle sud-ouest du pays est plus sec et moins peuplé. On y trouve les vestiges de deux anciens et très grands lacs, le Salar de Uyuni et le Salar de Coipasa.

Pour commémorer 1879, année funeste où le pays perdit son accès à la mer, les Boliviens organisent chaque année, le 23 mars, des défilés et des manifestations. Aujourd'hui encore, la Bolivie cherche un moyen de récupérer une ouverture sur le Pacifique.

À l'est de la Cordillera Central, s'étendent les hauts plateaux du Centre, région de collines broussailleuses entrecoupées de vallées et de bassins fertiles au climat quasi méditerranéen.

Au nord de la Cordillera Real, les Yungas forment une zone de transition entre les hauts plateaux arides et les plaines humides. Plus de la moitié du pays se trouve dans le bassin amazonien, avec à l'ouest, des forêts tropicales humides et à l'est, des marais, des savanes et de la brousse.

À l'extrême sud-est s'étend le Gran Chaco, une région plate couverte de broussailles pratiquement impénétrables.

FAUNE ET FLORE
Faune

Du fait de sa géographie variée, de sa faible densité de population et de son absence de développement extensif, la Bolivie est l'un des meilleurs endroits pour découvrir la faune sud-américaine. L'observateur le plus exigeant ne manquera pas d'être impressionné par le Parque Nacional Madidi et le Parque Nacional Noel Kempff Mercado.

La répartition de la faune dépend essentiellement de la géographie. L'Altiplano est le royaume des vigognes, des flamants et des condors. Bien que difficiles à apercevoir, jaguars, tapirs et pécaris à lèvres blanches et à collier sont nombreux dans les étendues rudes et presque inaccessibles du Chaco. Aucune autre région du globe n'offre une densité d'espèces comparable à celle du bassin amazonien qui fourmille de lézards, de perroquets, de singes, de serpents, de papillons, de poissons et d'insectes (par millions !).

Le sud de l'Altiplano est l'habitat de prédilection du flamant de James. Le *ñandú* (nandou, ou autruche d'Amérique du Sud) peuple l'Altiplano jusqu'aux plaines du Beni, du Chaco et de Santa Cruz. En montagne, vous aurez peut-être la chance d'apercevoir un condor. Vénéré des Incas, ce rapace rare est l'oiseau de proie le plus lourd au monde.

En traversant une rivière, on est à peu près sûr de croiser des capybaras (gros rongeurs amphibiens), des tortues, des alligators, des sotalies de l'Amazone et, occasionnellement, des loutres géantes. Il n'est pas rare de voir des anacondas dans les rivières du Beni. Sur terre, on rencontre assez fréquemment des tatous, des nandous, des paresseux et des *jochis* (agoutis).

Inutile de faire des centaines de kilomètres pour voir des lamas et des alpagas, les deux animaux les plus courants de la faune bolivienne, mais après des siècles de domestication, l'état sauvage, pour eux, n'est guère plus qu'un souvenir.

ESPÈCES RARES ET MENACÉES

La géographie du pays, en tenant l'homme à l'écart de nombreuses régions, a longtemps permis de maintenir des conditions d'habitat propices à la vie sauvage et aux espèces exotiques.

Les vigognes dont la toison bouclée vaut une fortune au marché noir, sont de plus en plus rares à l'état sauvage, bien que leur nombre augmente dans deux ou trois réserves boliviennes. Le renard, le *taruka* (cerf des Andes), l'insaisissable chat des Andes et le titi, tous rares, sont d'autres espèces sauvages des hauts plateaux, mais c'est néanmoins de l'autre côté de la frontière, dans le Parque Nacional Lauca chilien (p. 184), que vous aurez le plus de chance de les apercevoir.

UN SINGE EN OR

En 2005, il revenait au biologiste Robert Wallace et à son équipe de la Wildlife Conservation Society de trouver un nom à l'espèce inconnue de singe titi qu'ils avaient découvert en 2000 dans le parc de Madidi. Les chercheurs eurent alors l'idée géniale de vendre leurs droits sur le nom de l'animal aux enchères et de reverser tous les bénéfices à la Fundesnap, organisation à but non lucratif qui protège l'habitat des singes dans le parc national de Madidi. L'heureux élu fut le casino canadien en ligne GoldenPalace.com, qui débours 650 000 $ pour avoir l'honneur de donner son nom au primate, baptisé *Callicebus aureipalatii* ("titi du palais doré" en latin).

Les solstices et équinoxes sont des dates importantes pour les peuples andins : le solstice d'hiver (21 juin) marque le début des récoltes et de la préparation des sols, tandis que l'équinoxe du printemps (21 septembre) annonce les semailles ; le solstice d'été (21 décembre) inaugure la période des moissons.

Le condor des Andes a une envergure de 3 m et peut emporter sans effort une carcasse de 20 kg.

Les *guanacos* s'observent dans toute la lointaine partie sud-ouest du pays. Sur les hauts plateaux, la viscache, une sorte de lapin à longue queue, passe le plus clair de son temps recroquevillée sous un rocher.

Des traces de puma, une espèce répandue dans les deux Amériques et autrefois indigène en Bolivie, sont parfois observées dans de lointaines régions montagneuses, mais il est peu probable que vous puissiez en voir sans monter une expédition spéciale.

D'autres espèces sont encore plus rares, mais présentes dans les parcs nationaux, notamment le Parque Nacional Noel Kempff Mercado. C'est le cas du jaguar, du pécari, du loup à crinière, du tapir, du tamanoir et de l'ours à lunettes.

Flore

Grâce à des écarts d'altitude exceptionnels, la Bolivie possède une flore d'une richesse remarquable, qui n'est comparable qu'à celle de ses voisins andins.

Sur les hauts plateaux victimes de surpâturage ne subsistent que les essences végétales susceptibles de résister au bétail, ou impropres à être transformées en bois de chauffe. La plupart des végétaux qui résistent poussent lentement et sont en danger. Alors qu'il n'y a que très peu de forêt au-dessus de 3 000 m, le rare *queñua*, un arbre nain, peut se rencontrer jusqu'à 5 300 m. L'agave d'Amérique *Puya raimondii*, un géant tout à fait singulier, pousse uniquement en Bolivie et au sud du Pérou.

À une altitude inférieure, les collines et les vallées tempérées abritent une végétation semblable à celle de l'Espagne ou de la Californie. Le sud-est de la Bolivie est en grande partie recouvert d'un maquis impénétrable de cactus et d'arbustes épineux qui se couvrent de fleurs multicolores au printemps.

Sur les hauteurs des pentes humides des Yungas s'épanouit une forêt naine. Plus bas, dans la forêt humide, les arbres se font plus grands et la végétation plus épaisse.

Les basses terres du Nord sont recouvertes d'une véritale forêt tropicale humide, parsemée de vastes marécages et de savanes. Le bassin amazonien recèle la plus grande diversité botanique de la planète, avec des milliers d'espèces endémiques.

La kantuta, superbe fleur aux bourgeons rouge et or, symbole de la Bolivie, a donné ses couleurs au drapeau national

PARCS NATIONAUX ET RÉSERVES

En classant 66 parcs, réserves et autres zones protégées dans le Sistema Nacional de Áreas Protegidas (SNAP), la Bolivie a sauvegardé 18% de son territoire. Toutes ces zones aux paysages, à la faune et à la flore parmi les plus remarquables du pays, sont placées sous l'autorité du **Servicio Nacional de Áreas Protegidas** (Sernap ; carte p. 72 ; ☎ 2-231-7742/43/47 ; www.sernap.gov.bo ; Edificio Full Office, Loayza entre Mariscal Santa Cruz et Camacho, La Paz), qui en donne un bon descriptif sur son site Internet.

Le Sernap a connu ces derniers temps d'importants changements administratifs avec notamment le remplacement de l'ancien directeur par l'Indien Adrián Nogales. Son objectif est désormais de favoriser la participation et la cogestion à l'échelon local des zones protégées, afin de développer l'écotourisme chez l'habitant, mais aussi de proposer des produits naturels rentables, en particulier des brevets de produits médicinaux. Si le succès est au rendez-vous – comme c'est le cas pour la communauté de San José, dans le Parque Nacional Madidi (p. 340), et pour les Izoceños (Guaraní) du Parque Nacional Kaa-Iya del Gran Chaco (qui cogèrent le parc depuis sa création en 1995 ; voir p. 324) –, les résultats pourraient être prometteurs. En revanche, si les ONG et les entreprises privées du secteur touristique venaient à se sentir exclues de cette évolution, ce sont les habitants et l'environnement qui en pâtiraient.

Le Parque Nacional Amboró est menacé par l'expansion de l'homme et l'agriculture sur brûlis.

PARCS NATIONAUX, RÉSERVES ET ZONES PROTÉGÉES

Il existe officiellement 22 parcs, réserves et zones protégées gérés par le **Servicio Nacional de Áreas Protegidas (Sernap)**, mais la qualité des infrastructures est variable. Les parcs ci-dessous sont plus ou moins isolés et bien équipés, et les activités proposées sont listées. Avant de vous y rendre seul, veillez à consulter les chapitres correspondants ainsi que des guides.

Zone protégée	Caractéristiques	À voir et à faire	Meilleure période	Page
Amboró	Abrite des ours à lunettes, rares, des jaguars et une incroyable variété d'oiseaux	Randonnée, observation de la faune et de la flore, cascade, espèces menacées	Toute l'année	p. 304
Apolobamba	Très isolé, à la frontière péruvienne ; faune andine typique	Trekking, escalade	mai-sept	p. 164
Carrasco	Cette extension de l'Amboró protège des parcelles de forêt tropicale d'altitude dans la région troublée du Chapare	Observation des oiseaux, randonnée, circuits	Toute l'année	p. 332
Kaa-Iya	Le plus grand parc d'Amérique latine, avec d'immenses marécages et des services aux touristes limités	Observation de la faune et de la flore	mars-oct	p. 324
Madidi	Grande diversité d'habitats et plus de 900 espèces ornithologiques recensées	Randonnée, bateau, observation de la faune et de la flore, baignade	mars-oct	p. 340
Noel Kempff Mercado	Paysages isolés et spectaculaires, faune et flore amazoniennes, cascades	Randonnée, VTT, canoë, observation de la faune et de la flore	mars-oct	p. 353
Sajama	Jouxte le superbe Parque Nacional Lauca, au Chili, et abrite le point culminant de la Bolivie, le Volcán Sajama (6 542 m)	Escalade et randonnée de haute montagne, sources chaudes, trekking	juin-sept	p. 181
Torotoro	Au milieu de formations rocheuses, empreintes de dinosaures, grottes et ruines antiques	Paléontologie, randonnée, spéléologie	avr-oct	p. 231
Tunari	À portée de randonneur depuis Cochabamba, il abrite les Lagunas de Huarahuara et de jolis paysages de montagne	Escalade	avr-nov	p. 224
Reserva Nacional de Fauna Andina Eduardo Avaroa	Étape incontournable du Circuit du Sud-Ouest, avec des lagunes d'une grande biodiversité, des flamants roses et des espèces menacées	Circuit du Sud-Ouest en 4x4, escalade	mars-oct	p. 193

ÉCOLOGIE

Bien que la cote d'alerte ne soit pas encore atteinte, ONG et écologistes regrettent que les mesures nécessaires ne soient pas prises pour préserver un équilibre écologique de plus en plus menacé.

Si le pays ne connaît pas une poussée démographique semblable à celle du Brésil, il encourage cependant un développement incontrôlé de ses plaines. Depuis quelques décennies, les colons quittent régulièrement les hauts plateaux pour aller défricher les forêts basses et y construire des fermes. Dans de nombreuses régions, la culture sur brûlis (voir l'encadré ci-contre), le surpâturage et l'érosion sont à l'origine de graves problèmes. Déjà touché par les explorations d'hydrocarbures, le parc national de Madidi est également menacé par l'abattage illégal des arbres à sa lisière et par le projet d'une nouvelle route qui couperait le parc en deux.

EL CHAQUEO : LA GRANDE FUMÉE

Durant la saison sèche, entre juillet et septembre, le ciel de Bolivie se couvre d'un épais manteau de fumée. L'atmosphère s'assombrit, les allergies s'aggravent et les problèmes respiratoires se multiplient. L'Illimani s'efface de l'horizon de La Paz, le lac Titicaca n'offre plus ses vues spectaculaires et le trafic aérien se trouve fortement perturbé.

Ce phénomène résulte du *chaqueo* : l'abattage et la mise à feu de la forêt tropicale pour la convertir en terre de labour et de pâturage, une pratique vieille de plusieurs siècles. Les Boliviens croient généralement que la fumée qui s'élève forme des nuages et assure des pluies abondantes pour la saison d'après. En réalité, le cycle hydrologique qui dépend de la transpiration de la canopée est interrompu par la déforestation, entraînant une diminution des précipitations. Dans les cas extrêmes, les zones déboisées, desséchées par le soleil, peuvent se transformer en désert. La Banque mondiale estime que 200 000 ha de forêt bolivienne partent en fumée chaque année de cette manière.

Les fermiers du département du Beni sont habitués depuis longtemps à brûler la savane pour stimuler la repousse de l'herbe. À présent, c'est le long des routes de la province septentrionale que la déforestation progresse de la manière la plus dramatique. Dans les années 1980, c'était encore une zone vierge accessible uniquement par les voies fluviale et aérienne. Les routes qui la relient désormais à La Paz ont déclenché une ruée générale. La forêt est incendiée pour étendre les ranchs, ne laissant que des troncs d'arbres noircis. Certes, au début, la matière végétale calcinée fournit en abondance des éléments nutritifs aux cultures, mais ces éléments ne se renouvellent pas. Au bout de deux ou trois ans, la terre est épuisée et il faut quinze ans pour qu'elle redevienne productive. Les fermiers ne pouvant attendre, la plupart plient bagages et se mettent en quête de forêts primaires à brûler.

Les lois forestières du pays, qui interdisent cette pratique, sont impossibles à faire respecter sur un territoire aussi vaste que les basses terres boliviennes. À l'époque où les fermiers étaient peu nombreux à s'y installer, les effets du *chaqueo* étaient minimes, mais la croissance démographique atteignant 1,6%, le pays doit nourrir 140 000 bouches supplémentaires chaque année, pour l'essentiel dans les zones rurales. Si bien qu'un nombre toujours plus grand d'enfants de fermiers se trouve à la recherche de terres.

Si les conséquences à long terme ne sont pas encore connues (on peut seulement constater dans quel état de dévastation se trouvent les États brésiliens d'Acre et de Rondônia), le gouvernement bolivien a mis en œuvre un programme destiné à apprendre à contrôler les feux de forêt et à limiter la pratique du *chaqueo* au profit de solutions alternatives qui n'épuisent pas les sols. Malgré ces efforts, il semble bien que cette pratique ancestrale soit appelée à perdurer.

Plus à l'est, en particulier dans les départements de Santa Cruz et du Beni, la culture du soja continue de faire des ravages : de vastes parcelles sont défrichées sans que soit mis en place l'assolement qui permettrait d'éviter l'épuisement des sols. De même, les ranchs d'élevage entraînent la disparition de zones forestières : en Amazonie, de vastes étendues sont exploitées, aussi bien par des sociétés que par des particuliers, pour répondre à la demande mondiale.

De nombreuses nappes phréatiques servant à la consommation et à l'irrigation sont polluées, notamment celles de la région de La Paz – et l'essentiel de cette eau finit dans le bassin amazonien. En montagne, le recul des glaciers est également préoccupant.

Pour en savoir davantage sur le travail accompli par les nombreuses organisations environnementales à but non lucratif, vous pouvez contacter :

Armonía (www.birdbolivia.com). Spécialisée dans l'ornithologie et la protection des oiseaux.

Conservación Internacional (CI ; www.conservation.org.bo, en espagnol ; km 7,5 Carretera a Samaipata, Santa Cruz). Promeut l'écotourisme communautaire et la préservation de la biodiversité.

Parmi les animaux sacrés des Andes figurent le condor, le titi, le puma, le cochon d'Inde, le lama et la grenouille.

Fundación Amigos de la Naturaleza (FAN ; www.fan-bo.org). Terrain d'action : les parcs nationaux Amboró et Noel Kempff Mercado.

Protección del Medioambiente del Tarija (Prometa ; www.prometabolivia.org). Agit dans les réserves du Gran Chaco, de Sama, de Tariquía et d'El Corvalán, et dans le Parque Nacional Aguaragüe (p. 287).

Trópico (www.tropico.org). Travaille en collaboration avec les habitants des zones de conservation dans le domaine de la protection, du développement durable et de la gestion de l'environnement et des ressources.

Wildlife Conservation Society (WCS ; www.wcs.org). Participe avec les communautés et les institutions locales à des programmes de protection de la nature dans les régions du Madidi et du Kaa-Iya : recherche appliquée sur la faune et la flore, gestion des ressources naturelles et aménagement et gestion des sols.

Activités de plein air

Il n'y a pas que l'altitude qui coupe le souffle en Bolivie. Il y a aussi la beauté, et l'incroyable éventail d'activités de plein air qui mettent à l'épreuve les poumons et le cœur ! Les agences de sports d'aventure se multiplient, proposant trekking, escalade ou encore VTT. Les randonneurs de tous niveaux seront comblés, de l'ascension des sommets enneigés de la Cordillera Real aux promenades sur les sentiers incas ou dans la jungle. Envie de partir à cheval sur les traces de Butch Cassidy et du Kid ? De traverser des déserts en 4x4 ? De descendre une rivière en raft ? Vous trouverez tout cela en Bolivie, ainsi que des endroits où vous pourrez skier, observer une faune très variée et même grimper aux arbres !

RANDONNÉE ET TREKKING

La Bolivie est une destination récente mais fabuleuse pour la randonnée et le trekking, qui pourrait même rivaliser avec le Népal. Les itinéraires les plus prisés débutent près de La Paz, traversent la Cordillera Real en longeant les anciens chemins incas et s'achèvent dans les Yungas. On retiendra ainsi les itinéraires très connus et très fréquentés de Choro, Takesi et Yunga Cruz. Sorata est un véritable paradis pour les trekkeurs, avec un choix qui va de la petite balade sur les chemins incas à la randonnée "avec machette", comme le **chemin de Mapiri** (p. 155). Désormais accessible depuis La Paz, et dotée d'un nombre croissant de solutions d'hébergement, l'**Área Natural de Manejo Integrado Nacional (Anmin) Protegida Apolobamba** (p. 164) est de plus en plus prisée par les marcheurs de niveau moyen, avec notamment le **trek Lagunillas-Agua Blanca** (p. 165), à faire en quatre à cinq jours.

Les parcs nationaux sont un régal pour les randonneurs, notamment le **Parque Nacional y Área de Uso Múltiple Amboró** (p. 304) et, pour ceux qui s'aventurent jusque-là, le **Parque Nacional Noel Kempff Mercado** (p. 353). Les oiseaux et la végétation endémique contribuent à la magie de ces sites.

Les moins chevronnés apprécieront les sites culturels et historiques ainsi que les sources chaudes de la **Cordillera de los Frailes** (p. 249).

Des vols et des agressions étant encore signalés dans certaines régions, veillez à vous renseigner sur place sur les conditions de sécurité des itinéraires avant de partir.

ANDINISME

L'alpinisme en Bolivie, à l'image du pays lui-même, est une activité extrême. Durant l'hiver austral (de mai à septembre), sec, les amplitudes de température peuvent atteindre 40°C dans une même journée Une fois acclimaté au manque relatif d'oxygène sur l'Altiplano (comptez au moins une semaine), rappelez-vous que 2 500 m de dénivelé et d'air plus raréfié encore vous attendent là-haut.

L'accès aux montagnes est facile. En effet, malgré la pénurie de transports publics, les routes passent à proximité de nombreux sommets superbes.

Massif le plus accessible du pays, la Cordillera Real, longue de 160 km, au nord-est de La Paz offre l'ascension la plus spectaculaire du pays. Six de ses sommets dépassent 6 000 m, et plusieurs autres avoisinent les 5 000 m. L'altitude, les glaciers, les névés et les chutes de neige empêchent parfois la progression jusqu'au sommet, mais la plupart des massifs sont à portée de l'alpiniste moyen et beaucoup sont abordables pour des débutants

Pour lire des messages et récits d'andinistes, rendez-vous sur le site très pratique www. andeshandbook.cl.

TREKKING RESPONSABLE

Quelques conseils pour contribuer à la préservation de la biodiversité et de la beauté de la Bolivie lors de vos treks.

▪ Emportez tous vos détritus. Certes, de nombreux sentiers en sont déjà jonchés, mais il est inutile d'en rajouter. Ne négligez pas certains déchets trop souvent oubliés, tels papier d'aluminium, pelures d'oranges, mégots et sacs plastique.

▪ N'enterrez jamais vos détritus : en creusant, vous altérez le sol et la couverture végétale et vous favorisez l'érosion. De plus, des animaux peuvent déterrer ces déchets et risquent alors de se blesser ou de s'intoxiquer. Enfin, la décomposition de vos détritus peut prendre plusieurs années.

▪ La pollution de l'eau par les excréments humains peut provoquer la transmission de toutes sortes de parasites. Il est impératif d'utiliser les toilettes partout où il y en a. Dans le cas contraire, vous devez enterrer vos excréments : creusez un petit trou d'environ 15 cm de profondeur à 100 m minimum de tout cours d'eau, puis recouvrez de terre et d'une pierre. Dans la neige, il faut creuser jusque dans le sol.

▪ N'utilisez ni détergents ni dentifrice dans les cours d'eau ni à proximité, même s'ils sont biodégradables.

▪ Coteaux et versants montagneux, en particulier en haute altitude, sont très affectés par l'érosion : restez sur les chemins existants sans chercher les raccourcis.

▪ Faites en sorte de ne pas avoir besoin de feu de camp pour cuisiner. La coupe de bois dans les régions prisées par les marcheurs peut entraîner une déforestation rapide. Cuisinez plutôt sur un réchaud léger au kérosène, à l'alcool ou au naphte, et évitez ceux alimentés par des bonbonnes de butane.

▪ Ne donnez pas à manger aux animaux : cela peut les rendre dépendants de l'homme ou malades, et même perturber l'équilibre des populations.

▪ Pour camper, demandez toujours l'autorisation du propriétaire ou des villageois.

Pour en savoir plus, contactez le **Servicio Nacional de Áreas Protegidas** (Sernap ; carte p. 72 ; ☎ 02-231-7742/43/47 ; www.sernap.gov.bo ; Loayza, Edificio Full Office, Mariscal Santa Cruz et Camacho, La Paz).

accompagnés d'un guide compétent. Le **Huayna Potosí** (p. 159), un classique proposé par toutes les agences de La Paz, fait partie des ascensions les plus appréciées, mais sachez qu'il ne s'agit pas d'une petite promenade de santé. Les prestataires de La Paz vous invitent aussi à escalader le somptueux **Volcán Sajama** (p. 181), point culminant de la Bolivie.

Les environs de la **Cordillera Quimsa Cruz** (p. 167) offrent un choix d'itinéraires moins connus. Seuls les groupes d'alpinistes chevronnés se risqueront sur le **Volcán Illimani** (p. 160).

L'andinisme en Bolivie présente un certain nombre de dangers dus à l'altitude, aux guides parfois mal équipés ou mal formés et aux difficultés pour organiser toute opération de sauvetage. Une assurance couvrant les sports à risques est indispensable pour la prise en charge des frais de sauvetage et une évacuation du pays en cas d'accident grave. Notez que les hélicoptères ne volent pas au-dessus de 5 000 m. Les risques d'avalanches sont faibles, mais réels. Pour plus de détails sur le mal des montagnes, voir p. 392.

L'**Asociación de Guías de Montaña** (☎ 2-235-0334 ; La Paz) regroupe des guides de montagne agréés. Pour plus de renseignements sur les ascensions, contactez le **Club de Montañismo Halcones** (demandez Juan Pablo ☎ 2-524-4082 ; Oruro) ou le **Club Andino Boliviano** (carte p. 72 ; ☎ 2-231-2875 ; México 1638, La Paz).

Le point culminant de la Bolivie est le Sajama, à 6 542 m, suivi par l'Ancohuma (6 427 m) et l'Illampu (6 362 m).

CARTES

Les cartes d'alpinisme en Bolivie ont toujours été de piètre qualité et difficiles à trouver. Aujourd'hui encore, l'altitude indiquée pour les sommets est peu fiable, avec des variations de l'ordre de 600 m (la rumeur prétendant que l'Ancohuma serait plus élevé que l'Aconcagua ne semble pas près de disparaître).

Vous trouverez des cartes à La Paz, Cochabamba et Santa Cruz, auprès de Los Amigos del Libro et de quelques librairies. À La Paz, adressez-vous aussi aux agences de trekking et aux boutiques touristiques sur Sagárnaga, ou aux vendeurs ambulants sur le Prado.

La *Travel Map of Bolivia*, l'une des meilleures cartes de la Bolivie, ainsi que la *New Map of the Cordillera Real*, où figurent montagnes, routes et chemins préhispaniques, sont publiées par O'Brien Cartographics et disponibles dans divers lieux fréquentés par les étrangers, notamment les kiosques à cartes postales situés dans le bureau de poste central de La Paz.

Les topoguides de l'Instituto Geográfico Militar (IGM), au 1/50 000, couvrent environ les deux tiers de la Bolivie, à l'exception toutefois des régions nord de Sorata, de la Cordillera Apolobamba et du Parque Nacional Noel Kempff Mercado. Walter Guzmán Córdova a édité des cartes topographiques en couleur des itinéraires Choro-Takesi-Yunga Cruz, Mururata-Illimani, Huayna Potosí-Condoriri et du Sajama, mais elles sont toutes très rares, à l'exception de la Choro-Takesi-Yunga Cruz.

Le Deutscher Alpenverein (Club alpin allemand) publie également d'excellentes cartes très précises au 1/50 000 : l'*Alpenvereinskarte Cordillera Real Nord (Illampu)*, qui comprend la région de Sorata, et l'*Alpenvereinskarte Cordillera Real Süd (Illimani)*, centrée sur l'Illimani.

GUIDES DE TREKKING

Le meilleur guide de randonnée en Bolivie est *Bolivia – a Climbing Guide*, de Yossi Brain ; l'auteur, aujourd'hui décédé, a été guide d'escalade à La Paz et secrétaire du Club Andino Boliviano. *Los Andes de Bolivia*, d'Alain Mesili, guide de haute montagne spécialiste de la Bolivie, a récemment été réimprimé en espagnol.

AGENCES ET GUIDES

De nombreuses agences de voyages à La Paz et dans les plus grandes villes organisent escalades et trekking dans la Cordillera Real et dans d'autres régions (voir p. 385 la liste des adresses recommandées). Toutes ne sont cependant pas d'un grand professionnalisme. Certains guides se sont perdus, plusieurs sont morts, et d'autres ont eu recours à des pratiques pour le moins douteuses, comme attacher dix alpinistes, voire plus, à une seule cordée. Menez votre petite enquête avant de choisir, et ne partez qu'avec des guides agréés. Renseignez-vous auprès de l'Union internationale des associations d'alpinistes et de l'Union internationale des guides de montagne (UIAA et UIAGM ; rendez-vous sur www.uiaa.ch/index.aspx et www.ivbv.info/fr/index.asp). L'Asoguiatur (asoguiatur22@hotmail.com ; Plaza Alonso de Mendoza, La Paz) fournit des conseils indépendants sur les guides qui lui sont affiliés et sert de point de rencontre pour les guides de montagne.

Les agences spécialisées peuvent répondre à toutes vos attentes, depuis le simple transport jusqu'à la prestation complète (guide, porteurs, cuisine, mules, etc.). Les guides de trekking facturent généralement 25 $US à 35 $US/jour, sans compter les repas. Les services d'un guide de haute montagne reviennent à 50 $US à 60 $US/jour (vous devrez lui fournir la nourriture). À cela s'ajoutent vos propres repas, le matériel technique, les vêtements

L'Association des guides et porteurs de Sorata (carte p. 150 ; ☎ /fax 213-6698 ; guiasorata@hotmail.com ; Jurídica 159) organise des treks dans la région de Sorata.

adaptés et – poste généralement le plus élevé – le transport aller-retour jusqu'au camp de base ou au point de départ. Certains voyageurs utilisent les transports en commun ou comptent sur les *camiones* pour les prendre en stop, ce qui nécessite plus de temps et pas mal de préparation.

Vous trouverez aussi des renseignements sur les guides de montagne au Club Andino Boliviano (p. 79) : spécialisé dans le ski, il compte également un certain nombre d'andinistes chevronnés parmi ses membres.

VTT

La Bolivie possède quelques-uns des sites de VTT les plus spectaculaires au monde, bénéficie d'un climat presque idéal sept mois sur douze et offre un accès relativement facile à des massifs montagneux, de superbes lacs, des vestiges et sentiers préhispaniques et pléthore de zones écologiques, le tout relié par un vaste réseau de sentiers et de pistes pour jeep.

Les Andes boliviennes offrent de nombreuses et longues descentes palpitantes mais aussi des circuits audacieux. Sur l'une des plus longues pentes du monde, vous pourrez dévaler du parc national du Sajama (p. 181) jusqu'à Arica, sur la côte chilienne. Pendant la saison sèche, vous pourrez même parcourir les routes, pour l'essentiel plates, des vastes plaines de l'Amazonie (dans la chaleur, la poussière et des nuages d'insectes, toutefois). Le **Parque Nacional Noel Kempff Mercado** (p. 353) est parfait également pour une exploration à vélo.

Certains circuits au départ de La Paz sont accessibles aux cyclistes de tout niveau et suivent des itinéraires très variés : sentiers incas, pistes dans la forêt tropicale, routes pour jeeps et éboulis. Le plus connu (mais pas forcément le plus agréable pour les cyclistes aguerris, étant donné la circulation et la poussière) est la descente, riche en sensations, sur 3 600 m, de la **route la plus périlleuse du monde** (p. 78) de La Cumbre à Coroico. Très fréquenté aussi, dans la région de La Paz, le **circuit de la vallée du Zongo** (p. 133), qui peut commencer au sommet du Chacaltaya (5 300 m) et traverse une végétation luxuriante.

La petite ville de Sorata est en passe de devenir la Mecque bolivienne des cyclistes : ses alentours offrent une myriade de circuits sur single tracks et de pistes pour jeep, avec même une excursion bateau-vélo de **Sorata à Rurrenabaque** (voir l'encadré ci-contre). Les mordus de VTT apprécieront les nombreux chemins caillouteux, les single tracks et les zones de saut. Chaque année, en septembre, Sorata accueille la plus longue course de VTT en descente sur un parcours mi-naturel, mi-artificiel, la Jach'a Avalancha (Grande Avalanche). D'autres descentes mémorables partent de Sorata vers la Cordillera Muñecas, ou, au contraire, rejoignent Sorata au départ de Copacabana et La Paz. Pour une description de ces itinéraires, reportez-vous p. 133.

La découverte du pays à vélo a de plus en plus de succès. Toutefois, si vous venez avec votre propre VTT, vous devez tenir compte de plusieurs facteurs. Tout d'abord, pendant une partie de la saison des pluies, notamment de décembre à février, certaines routes ne sont plus que de la boue, et la visibilité est réduite, rendant la progression dangereuse. Les pièces de rechange et les mécaniciens expérimentés sont choses rares en Bolivie : ne partez pas sans un kit de réparation complet. Enfin, dans le sud de l'Altiplano et la région d'Uyuni, l'eau est une denrée rare, et il faut parfois prévoir au moins deux jours de réserves.

4X4

De plus en plus demandé, ce type de véhicule, qui permet de rejoindre des sites peu accessibles, est parfois le seul moyen (quoiqu'un peu

---

Chaque année se tient à Sorata la course de VTT Jach'a Avalancha (Grande Avalanche), qui attire des participants venus de Bolivie et du monde entier. Contactez Andean Biking (carte p. 150 ; ☎ 712-76685 ; www.andeanbiking.com ; place principale, Sorata).

onéreux) de découvrir une région. Outre les itinéraires bien connus du circuit du Sud-Ouest (au départ d'Uyuni, Tupiza ou La Paz), vous pourrez aller voir les *quebradas* (ravins ou cours d'eau, généralement asséchés) et parcourir les environs de **Tupiza** (p. 201), visiter le **marché de Tarabuco** (p. 248, depuis Sucre ; p. 242) ou les **ruines incas** près de Cochabamba (p. 213).

Les circuits en 4x4 sont par ailleurs une excellente façon de pénétrer dans certains parcs nationaux. Vous en trouverez actuellement autour des **Parques Nacionales de Torotoro** (depuis Cochabamba ; p. 234), de **Lauca** (depuis Arica, au Chili ; p. 186) et du **Sajama** (depuis La Paz ; p. 385) ainsi que dans la **Cordillera de los Frailes** (depuis Sucre ; p. 242).

Si vous organisez vous-même votre itinéraire, pensez à louer les services d'un chauffeur. C'est un moyen pratique, et d'un bon rapport qualité/prix, de visiter certaines régions, en particulier en groupe. Pour une liste de chauffeurs, voir p. 387.

CANOË EN EAU VIVE ET KAYAK

Les nombreux torrents dévalant les pentes orientales, entre la Cordillera Apolobamba et le Chapare, constituent l'une des principales richesses de la Bolivie. Ces milliers de torrents et de cours d'eau promettent des descentes spectaculaires aux amateurs invétérés de canoë et de kayak. D'une manière générale, mieux vaut prévoir pas mal de temps (en voiture ou à pied) et un certain budget pour les atteindre ; il existe toutefois quelques bons cours d'eau relativement accessibles.

Certaines agences de La Paz organisent des excursions d'une journée sur le **Río Coroico** (p. 134). Parmi les autres sites proposés figurent le **Río Unduavi** (p. 148) et les nombreux **torrents du Chapare** (p. 330). Des excursions en canoë sont possibles dans les **Parques Nacional Noel Kempff Mercado** (p. 353) et **Isiboro-Sécure** (p. 333).

Dans la région de Chuquisaca, vous pourrez voguer sur des chambres à air, embarcations plus paisibles mais tout aussi amusantes. Cette balade est souvent combinée à du VTT (p. 242). Autre formule biathlon, plus palpitante encore, la descente à VTT sur 4 000 m jusqu'à Mapiri couplée à plusieurs jours de rafting avec bivouac jusqu'à Rurrenabaque (voir l'encadré ci-dessous).

Avant de partir pour une expédition, veillez à vous acclimater, soit à La Paz soit au lac Titicaca. Pour plus de conseils, reportez-vous au chapitre Santé *(p. 389).*

AU FIL DE L'EAU

Les passionnés d'aventure peuvent choisir une expédition en deux volets : deux journées complètes à vélo, suivies de trois jours de rafting sur une rivière. Poussée d'adrénaline pour commencer, en descendant les 4 000 m sur les single tracks et les sentiers entre Sorata et Charazani. Une fois à Charazani, vous emprunterez une *balsa de goma* (embarcation en chambres à air avec plate-forme en bois) sur laquelle vous descendrez la rivière Tuichi, Kamata ou Aten. L'excursion de 10 jours sur le Tuichi passe au cœur du magnifique parc national de Madidi, où vous pourrez randonner dans la jungle, rencontrer les habitants à San José, pêcher et vous baigner jusqu'à plus soif. Quel que soit l'itinéraire, vous camperez au bord de la rivière. Pour cette expédition sur une rivière de classe IV, dans l'une des régions les plus isolées et les plus sauvages d'Amérique du Sud, il est essentiel de louer les services de guides expérimentés, bien informés et responsables, car votre vie sera entre leurs mains.

Sachez que les itinéraires peuvent être personnalisés, selon votre goût pour le contact avec les habitants ; par ailleurs, la partie vélo peut également se faire en 4x4.

Andean Biking (carte p. 150 ; ☎ 712-76685 ; www.andeanbiking.com ; place principale, Sorata) propose d'autres expéditions pleines d'action, pour sortir des sentiers battus et découvrir la nature sauvage des Cordilleras Real, Muñecas et Apolobamba.

ÉQUITATION

Certains n'échangeraient pas un cheval contre un autocar : l'équitation est en effet idéale pour s'imprégner des paysages, des bruits et des odeurs d'un pays. On privilégie de plus en plus les randonnées équestres pour explorer les zones sauvages peu accessibles. Le plus bel endroit pour monter est Tupiza, sur les terres de **Butch Cassidy et du Kid** (p. 202) : ici, les circuits associent cheval, 4x4 et marche, dans des paysages mêlant déserts, *quebradas* et étendues de cactus. On trotte aussi avec plaisir dans les forêts tropicales d'altitude de **Coroico** (p. 134), des environs de La Paz (voir Calacoto Tours, p. 385) et dans la **Reserva Biosférica del Beni** (p. 343).

OBSERVATION DES OISEAUX, DE LA FAUNE ET DE LA FLORE

La Bolivie est un paradis pour la faune et la flore où les amateurs ne savent pas où donner de la tête. Curieusement, les visiteurs ont mis du temps à le découvrir. Un nombre incroyable d'espèces ont survécu ici, grâce notamment à la diversité de leur habitat resté intact. Le **Parque Nacional Madidi** (p. 340) abrite ainsi 1 200 espèces d'oiseaux et constitue la plus importante concentration ornithologique au monde. On y trouve une faune et une flore endémiques de tous les écosystèmes de Bolivie, de la forêt tropicale humide à la savane en passant par la haute jungle et la toundra alpine. On pourra également observer les oiseaux à loisir sur les hauts plateaux des environs de La Paz et de Cochabamba, dans les **Parques Nacional Amboró** (p. 304) et **Noel Kempff Mercado** (p. 353), ainsi que dans la **Reserva Biosférica del Beni** (p. 343).

Des agences, souvent gérées par des scientifiques ou des écologistes, proposent des excursions dans la nature au départ de Santa Cruz, Cochabamba et Samaipata, mais aussi, dans une moindre mesure, de La Paz. Contactez l'**Asociación Armonía** (www.birdbolivia.com), partenaire bolivien de BirdLife International, pour en savoir plus. Parmi les autres organismes compétents en matière d'observation des oiseaux figurent la **Fundación Amigos de la Naturaleza** (FAN ; ☎ 3-355-6800 ; www.fan-bo.org, en espagnol ; Km 7,5, Carretera a Samaipata, Santa Cruz) et **Michael Blendinger Tours** (carte p. 310 ; ☎ /fax 3-944-6227 ; www.discoveringbolivia.com ; Bolívar s/n, Samaipata).

AUTRES ACTIVITÉS

S'ils désirent pratiquer leur sport favori en altitude, les amateurs de **golf** et de **tennis** devront adhérer à un club, car il n'existe pas d'infrastructures publiques. Pour faire du tennis, du **racquetball** ou de la **natation** dans un cadre agréable, on pourra se rendre au Strongest Club de l'Achumani Complejo, dans la Zona Sur, à La Paz (prendre n'importe quel *micro* ou minibus en direction d'"Achumani Complejo"). Les golfeurs invétérés marqueront d'une pierre blanche leur passage au **La Paz Golf Club** (carte p. 86 ; ☎ 274-5124/5462 ; www.lapazgolfclub.com ; Mallasa, Zona Sur), le parcours 18-trous le plus élevé du monde (3 318 m) – celui d'Oruro est plus haut encore, mais il n'y a pas de gazon. Comptez environ 70 $US plus 10 $US pour louer les services d'un caddie, et autant pour louer des clubs.

Le **parapente** est une activité apparue récemment, donc à pratiquer avec prudence : rares sont les guides ayant des années d'expérience derrière eux. On le pratique essentiellement autour de Sucre (p. 242).

On peut aussi se détendre en Bolivie, grâce aux nombreuses **termas (sources chaudes)**. Pour goûter à cette pratique nettement moins sportive, inutile de faire des kilomètres : il existe des sources juste en dehors de La Paz (p. 106), ainsi qu'à Potosí (p. 267), Charanazi (p. 162), Chaqui (p. 269), Talula (p. 251), San Javier (p. 318) et Sajama (p. 183).

Si la tendance actuelle se maintient, le glacier bolivien de Chacaltaya aura totalement fondu d'ici à 15 ans.

Avec 2 194 espèces connues d'amphibiens, d'oiseaux, de mammifères et de reptiles, et plus de 14 000 variétés de plantes, la Bolivie est au 12ᵉ rang mondial pour sa biodiversité.

La cuisine bolivienne

Bien qu'elle ne figure pas au palmarès de la gastronomie internationale, la cuisine bolivienne ne décevra pas les amateurs de bonne chère, ne serait-ce que pour la diversité des plats préparés avec des ingrédients de base. Elle utilise principalement des produits d'une fraîcheur irréprochable, en grande partie cultivés localement selon des techniques ancestrales ; si l'emploi de pesticides et d'engrais chimiques tend à augmenter, il reste encore limité. Les pommes de terre et les cacahuètes, aujourd'hui répandues, proviennent des Andes centrales.

L'alimentation reflète la diversité régionale, écologique et culturelle du pays et les ingrédients changent en fonction des régions. L'Altiplano consomme des féculents, riches en glucides, tandis que les tropiques privilégient le *charque* (viande séchée), le riz et les fruits. Dans les plaines, le poisson, les fruits et les légumes composent l'ordinaire.

La viande tend à dominer et s'accompagne habituellement de riz, de tubercules (pommes de terre ou *oca*) et de laitue émincée, souvent arrosés de *llajhua* (sauce tomate relevée). Les soupes, à accommoder ou non de *llajhua,* entrent dans la composition de quasiment tous les repas.

Dans les villes, la cuisine internationale remporte un franc succès et de nombreux restaurants mitonnent des plats délicieux mêlant des saveurs internationales et locales. Très appréciés, les restaurants asiatiques et européens se multiplient.

INGRÉDIENTS DE BASE ET SPÉCIALITÉS

Le *desayuno* (petit déjeuner), qui se résume à un café et un petit pain, est généralement suivi d'un en-cas en milieu de matinée, telles une *salteña*, une *tucumana* ou une *empanada* (voir ci-dessous).

L'*almuerzo* (déjeuner) constitue le repas principal de la journée. La plupart des restaurants proposent un menu composé d'une soupe, d'un plat et d'un thé ou d'un café, avec parfois une salade et un dessert. Selon la catégorie de l'établissement, il coûte de 1 à 4 \$US et un repas à la carte deux fois plus. Lors de la *cena* (dîner), les restaurants servent des plats à la carte. Dans les hauts plateaux, les habitants se contentent souvent d'un thé léger le soir.

De nombreux produits agricoles, comme la quinoa, la *cañawa*, l'*oca* et la pomme de terre, proviennent de Bolivie.

Snacks

Chaussons farcis de viande et de légumes épicés, les *salteñas*, *tucumanas* ou *empanadas* ont chacune un goût et une texture différente.

Originaires de Salta (Argentine), les *salteñas* sont fourrées de bœuf ou de poulet, d'olives, d'œuf, de pommes de terre, d'oignons, de petits pois, de carottes, de raisins secs et d'épices. Les *tucumanas*, faites avec de la pâte feuilletée, ont une farce composée d'œuf, de pommes de terre, de poulet et d'oignons, beaucoup plus relevée que celle des *salteñas*. Les *empanadas*, en pâte plus épaisse, peuvent être frites ou cuites au four.

Parmi les autres en-cas savoureux, citons les *tamales* (chaussons de farine de maïs épicés, farcis de bœuf, de légumes, de pommes de terre et/ou de fromage) et les *humintas* (ou *humitas* ; pâtés de farine de maïs anisés au fromage, cuits au four ou bouillis). Plus consistants, les *anticuchos* (brochettes de cœur de bœuf) sont également vendus sur les marchés et les stands de rue.

Soupe

Un grand bol de *sopa* (soupe), avec ou sans viande, constitue l'entrée d'un repas bolivien classique. Deux des plus appréciées sont les

La quinoa, appelée "graine mère" par les Incas, est renommée pour son goût, son utilité en cuisine, en particulier dans les soupes, et pour sa richesse en protéines.

délicieuses soupes *maní* (aux cacahuètes) et *chairo* (une soupe copieuse avec de nombreux produits andins, dont des *chuños* – pommes de terre déshydratées –, de la viande, des légumes et souvent un morceau de couenne de porc grillée). *Chupe, chaque* et *lawa* (ou *lagua*) sont les soupes épaisses les plus courantes. *Quinoa* et *maní* servent souvent à rendre les bouillons plus consistants.

Viande et poisson

Lamas, alpagas et cochons d'Inde sont les seuls animaux domestiqués dans les Andes pour leur viande, généralement servie lors des fêtes et pour les grandes occasions. Presque tous les plats comprennent bœuf, poulet ou poisson ; la *carne de chancho* (viande de porc) est considérée comme un mets de choix. Les *campesinos* (paysans) mangent plutôt du *cordero* ou *carnero* (mouton), du *cabrito* ou *chivito* (chèvre), ou du lama.

Différents morceaux de bœuf (*lomo, brazuelo* et *churrasco*) sont grillés (*parrillada*) ou rôtis (*asado*). Le terme *charque* désigne une viande rouge découpée en lamelles et séchée. Dans l'Altiplano, il s'accompagne de *choclo* (maïs en grains), d'un épi de maïs ou de *mote* (maïs déshydraté) ; dans les basses terres, on le sert avec du *yuca* (manioc) ou une purée de bananes plantain. Dans le Beni, le bœuf est parfois proposé en *pacumutus*, d'énormes grillades accompagnées de *yuca*, d'oignons et d'autres légumes.

Le *pollo* (poulet) peut être frit (*frito*), rôti à la broche (*al spiedo ou a la broaster*) ou grillé (*asado ou dorado*).

Dans l'Altiplano, la *trucha* (truite) et le *pejerrey* (*Odontesthes bonariensis*) du lac Titicaca sont les *pescados* (poissons) les plus prisés. Les plaines offrent une grande diversité de poissons d'eau douce, dont l'excellent *surubí*, un poisson-chat. Autant que possible, renseignez-vous sur la provenance des poissons car certains cours d'eau des plaines, tel le Rio Pilcomayo, sont pollués par des rejets de mercure des mines.

Tubercules

Les tubercules tiennent une place importante dans l'alimentation des Boliviens. Le pays compte plus de 200 variétés de pommes de terre. Les *chuños* ou *tunta* (pommes de terre déshydratées) sont réhydratées et préparées en snacks ou en accompagnement. Plutôt fades, elles sont délicieuses dans des soupes comme le *chairo*. Elles prouvent également l'ingéniosité des peuples andins qui élaborèrent ce procédé complexe de déshydratation afin de survivre aux hivers rigoureux de la région. Les pommes de terre crues sont laissées plusieurs nuits en plein air pour geler, puis on les piétine pour en extraire l'eau avant de les sécher au soleil.

Les *ocas*, de délicats tubercules violets semblables aux pommes de terre, sont meilleurs rôtis ou bouillis. Dans les plaines, les bananes plantain et le manioc remplacent la pomme de terre et l'*oca*.

Céréales et légumes secs

Entreposée dans d'énormes sacs, la *pasankalla*, du maïs soufflé blanc et rose, peut sembler difficile à mâcher, mais illustre une technique ancestrale et complexe de préservation des aliments.

Parmi les autres denrées courantes figure le *choclo*, du maïs à grand épi omniprésent dans l'Altiplano. Comparables aux *favas* (fèves), les *habas* se consomment grillées ou en ragoût. À Cochabamba, goûtez les délicieuses *habas con quesillo* (fèves au fromage).

Céréale andine unique, la *quinoa*, très riche en protéines, est utilisée en farine et pour épaissir les ragoûts. D'après de récentes recherches, c'est la seule plante comestible qui contient tous les acides aminés essentiels dans les mêmes proportions que le lait, en faisant un aliment intéressant pour les végétariens. Elle connaît aujourd'hui un regain de popularité mérité et entre dans la composition de biscuits, gâteaux, chocolats, croquettes et pains.

La cañawa est une autre céréale riche en protéines, grillée et moulue en farine.

Fruits

La Bolivie cultive nombre des délicieux fruits d'Amérique du Sud, dont la *chirimoya* (anone), la *tuna* (figue de Barbarie) et la *maracuya* ou *tumbo* (fruit de la passion).

Dans les plaines, l'éventail de fruits tropicaux défie l'entendement. Parmi les plus étonnants, citons l'*ambaiba* en forme de main, le petit *guaypurú*, rond, vert et mauve, l'*ocoro*, jaune et couvert d'épines, le *guapomo*, semblable à un citron, le *cupesi*, qui ressemble à un haricot, le *marayau*, semblable à une grappe de raisin géante, le *nui*, pareil à la groseille, le *sinini*, aux allures d'oignon, et le *paquio*, en forme d'estomac.

BOISSONS
Boissons non alcoolisées

Les boissons standard, telles que café, soda et eaux en bouteille se trouvent partout, mais ne quittez pas le pays sans goûter les breuvages locaux, excellents pour la plupart.

L'*api* et le *mate de coca*, respectivement faits avec du maïs rouge moulu et des feuilles de coca, se boivent chauds le matin. Le *mocochinche*, à base de jus de canne à sucre, de cannelle et de pêche, est un autre délice à découvrir. Gares routières et ferroviaires vendent invariablement des *refrescos*, sorte de jus de fruits dans lesquels flotte une pêche desséchée. La *tostada*, à base de maïs, l'*horchata*, sirop d'orgeat, et les *licuados* (jus de fruits au lait ou à l'eau) sont également appréciés.

Dans la plupart des localités, des vendeurs de rue proposent des jus de fruits frais pour 0,30 ou 0,40 \$US.

Boissons alcoolisées

Lorsque les Boliviens se réunissent pour boire – qu'il s'agisse de bière ou d'alcool fort –, c'est souvent pour s'enivrer. L'altitude augmente le volume de la mousse de la bière et accentue également les effets de l'alcool. Le pays produit du vin, de la bière et des alcools locaux de qualité variable.

Parmi les bonnes bières locales, citons la Huari, très pétillante et au goût inhabituel, l'inclassable Paceña, blonde ou brune, l'agréable Sureña, au goût peu marqué, la rafraîchissante Taquiña, la robuste Potosina, la Ducal, légèrement râpeuse, et la plaisante Tropical Extra.

Les vins proviennent de la région de Tarija et sont de plus en plus reconnus dans le monde de la viticulture. Cultivé sur l'un des plus hauts vignobles

L'humble soja constitue l'une des principales exportations du pays mais, malheureusement, c'est aussi l'une des cultures les plus délétères pour l'environnement et elle cause des désastres dans le paysage bolivien.

Versée en haute altitude, la bière produit une mousse plus abondante. Selon une superstition locale, la hauteur de la mousse correspond à la quantité d'argent dont le consommateur bénéficiera. Celui qui en a le plus doit en prendre une pincée et la mettre dans sa poche.

DES SPIRITUEUX POUR LES ESPRITS

Le monde des Indiens des Andes est peuplé d'êtres surnaturels très respectés, les *apus* et les *achachilas* (les esprits de la montagne qui seraient leurs ancêtres). Ils hantent essentiellement des régions sauvages et se montrent bienveillants ou coléreux. Les habitants se considèrent comme les descendants de Pachamama, la Terre-Mère qu'ils respectent et vénèrent.

Les esprits interviennent dans les moindres aspects de la vie quotidienne et certains rituels visent à leur complaire. Ainsi, avant de boire la première gorgée d'alcool, on en répand quelques gouttes sur le sol en guise de *t'inka* (offrande) à Pachamama, afin de lui montrer sa prééminence sur les hommes. Par ailleurs, on asperge d'alcool maisons et voitures en signe de *cha'lla* (bénédiction).

au monde, le Cepas de Altura de Bodega La Concepción, le meilleur et le plus cher, se vend environ 10 $US la bouteille de 75 cl.

Les vignes de Tarija poussent en haute altitude, ce qui accélère la maturation du raisin. Les producteurs tentent de déterminer si le vin se détériore plus rapidement à cause de ces facteurs naturels.

Consommée davantage pour ses effets que pour son goût, la *chicha cochabambina*, à base de maïs fermenté, est la boisson préférée des classes populaires. Elle est surtout produite autour de Cochabamba, où des drapeaux en plastique blanc sur de hauts mâts indiquent les *chicherías* (débits de chicha) ; vous pouvez même apporter votre bouteille pour la remplir.

Lorsqu'il s'agit de boire jusqu'à l'ébriété, les *campesinos* ne se préoccupent guère du goût ni de leur santé, d'où leur penchant pour le *puro* ou *aguardiente* – un redoutable tord-boyaux essentiellement composé d'alcool pur ; si on vous en offre un verre, n'hésitez pas à faire une généreuse offrande à Pachamama (voir l'encadré p. 59).

FÊTES

La *maca*, un légume proche du navet, est considéré, entre autres, comme le Viagra des Andes.

Les fêtes et commémorations constituent un excellent prétexte pour manger et boire. Le Día de los Muertos (jour des Morts), les familles préparent les plats préférés de leurs proches, ainsi que des petits pains sucrés à l'effigie de leurs parents défunts. Les gâteaux décorés et colorés qui ornent les devantures des pâtisseries sont très prisés pour les anniversaires. Les *confites*, des bonbons à la noix de coco, à la pêche séchée ou aux amandes, sont fabriqués par des confiseurs traditionnels et vendus durant le carnaval ou pour des fêtes comme Alasitas, à La Paz (p. 81). Parmi les diverses variétés de *confites*, l'une, de couleur vive, n'est pas consommée et sert d'offrande pour une *cha'lla* (bénédiction).

ÉTABLISSEMENTS

Grandes villes et bourgades offrent un choix d'établissements, des petites gargotes familiales aux restaurants haut de gamme avec nappe en tissu. Dans chaque localité, les échoppes du *comedor* du marché proposent de copieux et savoureux repas ou des en-cas à petits prix.

Les plantations de coca sont souvent traitées avec des insecticides et d'autres produits chimiques. En Bolivie, un puissant mouvement de défense de la coca biologique vante les mérites de cette plante, que l'on peut mâcher ou utiliser dans diverses préparations. Soutenez ce mouvement et préférez la coca bio, appréciée des connaisseurs.

Les fast-foods de style occidental tendent à se multiplier dans les grandes villes, où des restaurants de cuisine européenne ou nord-américaine se regroupent autour des grands hôtels ou dans les quartiers aisés. Outre les *chifas* (restaurants chinois), vous trouverez notamment des restaurants italiens, mexicains, suisses et japonais. Les *cervicherías* péruviennes (restaurants de fruits de mer) et les tables végétariennes sont également en augmentation. Les meilleures adresses mêlent les cuisines bolivienne et internationale en utilisant des ingrédients comme la quinoa et des produits dont la fraîcheur fait honneur au pays. Offrez à vos papilles les goûts et les senteurs merveilleusement variés de la Bolivie. ¡ *Buen provecho !*

Snacks

Les marchés et les stands de rue permettent de savourer en-cas et spécialités locales sans se ruiner. L'hygiène laisse parfois à désirer et votre système digestif aura sans doute besoin d'un temps d'adaptation. Vous ne devriez pas avoir de problème en choisissant un étal apparemment propre et soigné.

Confiterías et *pastelerías* ne vendent guère que des snacks et du café. Les *heladerías* (glaciers), qui ne cessent d'élargir leur offre, proposent pizzas, pâtes, beignets, *salteñas* et cafés divers, voire des repas, mais assez quelconques.

VÉGÉTARIENS

Les végétariens trouveront facilement des plats à leur goût. De nombreuses soupes sont préparées avec des légumes, des nouilles et souvent des *chuños* (pommes de terre déshydratées). Si vous faites preuve de souplesse (en acceptant que vos plats soient cuisinés avec de la viande ou en l'ôtant

UNE SPÉCIALITÉ RELEVÉE : LE PLATO PACEÑO

Le *plato paceño* est le résultat d'un mélange d'influences espagnole et indigène. Les Espagnols introduisirent les haricots de Lima, les Indiens ajoutèrent la pomme de terre, l'épi de maïs et le fromage.

Ingrédients pour 8 personnes

- 8 épis de maïs frais
- 1 kg de haricots de Lima écossés
- 8 pommes de terre
- 4 fromages frais (de l'*houlumi* ou n'importe quel autre fromage pouvant être frit) en tranches
- ¼ de tasse d'huile ou de beurre pour frire le fromage
- 1 tasse de *llajhua* (ou de sauce tomate épicée)

Préparation

Faites bouillir de l'eau dans une grande marmite. Ajoutez les épis de maïs et les haricots de Lima et laissez bouillir pendant 25 min (ou jusqu'à cuisson). Ajoutez les pommes de terre et laissez bouillir encore 20 min ou jusqu'à cuisson complète. Dans une grande poêle, chauffez l'huile à feu vif et faites revenir les tranches de fromage jusqu'à ce qu'elles soient dorées. Dans chaque assiette, disposez un épi de maïs, des haricots de Lima, une pomme de terre et des tranches de fromage frit. Ajoutez de la *llajhua*.

de l'assiette), vous n'aurez aucun problème. Dans les hauts plateaux, vous mangerez quantité de pommes de terre et ailleurs, des fruits et des légumes frais. Les grandes villes et les stations touristiques comptent au moins un restaurant végétarien. Le typique *plato paceño* (spécialité de La Paz), traditionnellement servi sans viande, se compose de fromage frit, de maïs frais, de fèves et, bien sûr, de pommes de terre (voir la recette ci-dessus). Vérifiez au préalable, car de nombreux restaurants ajoutent un morceau de viande.

Le site www.bolivia. com/el_sabor_de_ bolivia/ recense les délices gastronomiques boliviennes (en espagnol).

À TABLE

Presque toutes les activités cessent entre 12h et 15h, quand les familles se réunissent pour un long déjeuner, le principal repas de la journée. En privé, les *campesinos* mangent parfois avec les doigts, mais les Boliviens utilisent généralement des couverts. Dans les restaurants haut de gamme, un pourboire de 10% constitue la règle pour service irréprochable ; ailleurs, les habitants laissent parfois quelques pièces.

LES MOTS À LA BOUCHE

Vous souhaitez connaître la différence entre un *pacumutu* et un *pique lo macho* ? Une *chupe*, un *chaque* et un *charque* ? Entrez dans les coulisses de la *comida* (nourriture) en en découvrant le vocabulaire. Pour la prononciation, reportez-vous p. 399.

Quelques expressions utiles

Avez-vous un menu en français/anglais ?	*¿Tienen una carta en francés/inglés?*
Que me conseillez-vous ?	*¿Qué me recomienda?*
Avez-vous un plat végétarien ?	*¿Tienen algún plato vegetariano?*
Pas trop épicé, s'il vous plaît.	*No muy picoso/picante, por favor.*

Je vais prendre la même chose   *Voy a pedir lo que*
que lui/elle.   *el/ella pidió.*
Je voudrais le menu, s'il vous plaît.   *Quisiera el almuerzo, por favor.*
Ce plat est délicieux.   *Esta comida está exquisita.*
L'addition, s'il vous plaît.   *La cuenta, por favor.*

Pour décrypter la carte

anticuchos	brochettes de cœur de bœuf
ají	condiment pimenté
api	version sirupeuse de la *chicha* à base de maïs doux, citron, cannelle et beaucoup de sucre blanc
brazuelo	épaule
buñuelo	beignet imbibé de sirop
cabrito	chèvre
camote	patate douce
carne	viande
carne de chancho	viande de porc
carne de vaca	viande de bœuf
cerveza	bière
chairo	soupe de mouton ou de bœuf avec *chuños*, pommes de terre et *mote*
chajchu	bœuf avec *chuños*, œuf dur, fromage et sauce pimentée
chanko	poulet aux poivrons jaunes, avec sauce tomate aux oignons ; spécialité de Tarija
chaque	semblable au *chupe*, plus épais avec davantage de céréales
charque	viande séchée
charque kan	viande séchée (souvent du lama), servie avec *choclo*, pommes de terre et œuf dur
chicha	boisson populaire, souvent alcoolisée, à base de maïs fermenté ou parfois de *yuca*, de patates douces ou de cacahuètes
chicharrón de cerdo	couenne de porc frite
chirimoya	anone ; gros fruit vert squameux à la chair blanche et crémeuse
choclo	maïs des Andes à gros grains
chuflay	mélange de *singani*, soda, glace et citron
chuños	pommes de terre déshydratées
chupe	soupe épaisse à base de viande, légumes et céréales, au bouillon parfumé d'ail, *ají*, tomate, cumin ou oignon
churrasco	steak
cordero	agneau ou mouton
cuñape	chausson au manioc et au fromage
despepitado	(ou *mocachinchi*) pêche déshydratée dans un jus de canne à sucre parfumé à la cannelle
empanada	chausson à la viande ou au fromage
escabeche	légumes (essentiellement carottes, oignons et poivrons) marinés dans du vinaigre
fricasé	soupe de porc, une spécialité de La Paz
fritanga	porc pimenté servi avec de la menthe et de la semoule de maïs
haba	fève du *palqui*, une plante de l'Altiplano ; semblable aux fèves
huminta	(ou *humita*) comparable au *tamale*, mais fourrée au fromage uniquement et généralement sec
kala purkha	soupe de maïs, cuite dans un plat en céramique en y plongeant un morceau de pierre ponce brûlante ; spécialité de Potosí et de Sucre
lawa	(ou *lagua*) bouillon de viande épaissi avec de l'amidon de maïs ou de la farine de blé

licuado	jus de fruits mixé avec du lait ou de l'eau
llajhua	sauce tomate épicée
llaucha paceña	pain au fromage
locoto	cosse de petits piments forts
lomo	filet (de viande)
mani	cacahuètes
maracuya	fruit de la passion, sucré et délicieux ; voir également *tumbo*
masaco	*charque* servi avec de la purée de plantain, du manioc et/ou du maïs, une spécialité amazonienne parfois accompagnée de fromage
mate	tisane de coca, de camomille ou autres
milanesa	escalope panée de bœuf ou de poulet, assez grasse (voir *silpancho*)
mote	maïs déshydraté
oca	tubercule semblable à la pomme de terre
pacumutu	énormes morceaux de bœuf marinés dans du sel et du jus de citron, grillés à la broche et servis avec manioc, oignons et autres ingrédients ; spécialité du Beni
papas rellenas	croquettes de pommes de terre frites aux légumes et à la viande ; délicieuses brûlantes avec une sauce épicée
panqueque	pancake ou crêpe épaisse
parrillada	viande grillée ou au barbecue
pastel	*empanada* frite, au poulet, bœuf ou fromage
pejerrey	poisson le plus courant de Bolivie, succulent et servi dans tout le pays
pescado	poisson
pique lo macho	morceaux de bœuf et de saucisse grillés, servis avec frites, laitue, tomates, oignons et *locoto* (piment)
pollo	poulet
pomelo	gros pamplemousse à peau épaisse
pucacapa	*empanada* ronde fourrée de fromage, olives, oignons et sauce au piment, cuite dans un four en terre
queso	fromage
quinoa	céréale nutritive semblable au sorgho
saíce	ragoût épicé de viande et de riz
salteña	délicieux chausson à la viande et aux légumes, originaire de Salta (Argentine), dégusté comme en-cas en milieu de matinée
silpancho	escalope panée très fine, encore plus grasse que la *milanesa*
tallarines	nouilles longues et fines
tamale	chausson de farine de maïs farci de bœuf, légumes et pommes de terre épicés, enrobé d'une feuille de maïs et frit, grillé ou cult au four
tarhui	légume de la région de Sucre
thimpu	ragoût relevé d'agneau et de légumes
tomatada de cordero	ragoût d'agneau en sauce tomate
tucumana	chausson semblable à l'*empanada*, fourré de viande, olives, œufs, raisins et autres ingrédients ; originaire de Tucuman (Argentine)
tumbo	une variété de fruit de la passion
tuna	figue de Barbarie
witu	ragoût de bœuf avec purée de tomates
yuca	manioc (tubercule)

La Paz

La Paz étourdit, tant par son altitude (3 660 m) que par sa singulière beauté. La plupart des voyageurs arrivent dans cette extraordinaire cité par les plaines pelées de la tentaculaire banlieue d'El Alto, une approche qui dissimule les merveilles de la vallée en contrebas. Le premier aperçu de La Paz coupe, littéralement, le souffle. La ville, accrochée aux parois de la gorge, descend en pente raide et, par temps clair, le sommet enneigé du majestueux mont Illimani (6 402 m) se dessine dans le lointain.

Alors que Sucre demeure le siège du pouvoir judiciaire, La Paz – centre du commerce, de la finance et de l'industrie – est la capitale et le siège du gouvernement. Essentiellement peuplée d'Aymará, la banlieue d'El Alto accueille un flux constant de migrants, pour la plupart à la recherche d'un travail, et contribue à la croissance fulgurante de la capitale bolivienne.

La Paz demande du temps, non seulement pour s'acclimater à l'altitude mais aussi pour en découvrir les multiples facettes. Flânez dans les ruelles et les marchés animés, visitez les passionnants musées, bavardez avec les clients d'un *comedor* et détendez-vous devant un café dans un bar branché.

Étant donné l'altitude élevée, des vêtements chauds sont indispensables presque toute l'année. En été (de novembre à avril), le climat peut être rigoureux : il pleut presque tous les après-midi, des nuages remplissent parfois la gorge et les rues escarpées se transforment en torrents. En hiver (de mai à octobre), les journées sont un peu plus fraîches, mais le soleil tape fort ; la température grimpe jusqu'à 15°C dans la journée et descend souvent en dessous de 0°C la nuit.

À NE PAS MANQUER

- Une **promenade à pied** (p. 79) du haut de La Paz jusqu'en bas, pour découvrir la cuisine, l'écologie et la culture de la ville
- L'achat de beaux lainages ou de souvenirs dans la **Calle Linares**, la rue de l'*artesanía*, et la **Calle Sagárnaga** (p. 93)
- Une soirée dans une **peña** (p. 92) pour apprécier les danses et la musique traditionnelles
- Les marchés tentaculaires d'**El Alto** (p. 77), la partie indienne de La Paz
- Les ruines antiques de **Tiahuanaco** (p. 103)

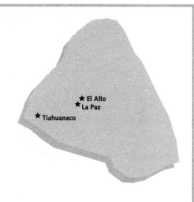

INDICATIF TÉLÉPHONIQUE : 2	POPULATION : 830 000 habitants (La Paz), 650 000 habitants (El Alto)	ALTITUDE : 3 660 m

LA PAZ EN...

Deux jours

Commencez par un petit déjeuner au Prado ou un snack (des *salteñas* par exemple) sur la Plaza Avaroa, l'endroit parfait pour assister au réveil de la ville la plus haute du monde. Promenez-vous dans les anciennes rues pavées autour de l'**Iglesia de San Francisco** (p. 75), puis flânez dans la **rue de l'artesanía** (Calle Linares ; p. 93) et au **Mercado de Hechicería** (marché des Sorcières ; p. 74) en cherchant un beau lainage en alpaga. Ne manquez pas de visiter le **Museo de la Coca** (p. 74).

Déjeunez dans l'un des charmants cafés du quartier, puis rejoignez le **Mercado Negro** (p. 76) et les rues alentour pour vous mêler à la population locale et découvrir d'innombrables marchandises et de délicieux produits alimentaires.

Offrez-vous un dîner raffiné dans un restaurant international de Sopocachi ou dans la Zona Sur (voir *Où se restaurer*, p. 87), ou bien savourez la cuisine locale de l'accueillante **Casa de los Paceños** (p. 88). Finissez la soirée dans l'un des nombreux bars populaires de la ville (voir p. 91).

Le deuxième jour, admirez l'architecture coloniale de la Calle Jaén et faites un tour dans le **Museo de Instrumentos Musicales** (p. 76). Pour le déjeuner, descendez le Prado jusqu'à Sopocachi et dégustez une cuisine franco-bolivienne à **La Comédie Art-Café Restaurant** (p. 88). Le soir, dînez en écoutant de la musique traditionnelle à la **Peña Marka Tambo** (p. 92).

Quatre jours

Suivez le programme ci-dessus les deux premiers jours. Le troisième, optez pour une **promenade guidée** (p. 80) dans La Paz ou aux alentours en découvrant la cuisine locale et ses origines. Le quatrième jour, explorez les ruines de **Tiahuanaco** (p. 103). Selon la saison, vous pouvez aussi vous détendre aux **sources thermales d'Urmiri** (p. 106), visiter la **vallée du Zongo** (p. 102) ou **Chacaltaya** (p. 101), ou encore faire une **randonnée à vélo** dans les environs de La Paz (p. 79).

HISTOIRE

La Ciudad de Nuestra Señora de La Paz (La Ville de Notre-Dame-de-la-Paix) fut fondée le 20 octobre 1548 par le capitaine espagnol Alonzo de Mendoza à l'emplacement de l'actuel Laja, sur la route de Tiahuanaco. Peu après, La Paz fut transférée sur son site actuel, la vallée du Chuquiago Marka (aujourd'hui appelé Río Choqueyapu), alors ocupée par une communauté de mineurs aymará.

Cieza de León, un historien espagnol du XVIe siècle, écrivait à son sujet : "C'est un endroit agréable où il fait bon vivre. Le climat est doux et la vue des montagnes incite à penser à Dieu." Toutefois, la construction de La Paz répondait à des préoccupations beaucoup moins éthérées : le Río Choqueyapu, dont les eaux fétides coulent aujourd'hui en dessous de la ville, semblait regorger d'or.

Les Espagnols ne tardèrent pas à s'emparer des mines et le capitaine Mendoza devint le maire de la nouvelle cité. Les conquistadors imposèrent leur religion et leur mode de vie aux Indiens et, par le biais d'unions interraciales, donnèrent naissance à une population fortement métissée.

La situation de La Paz, au fond d'une gorge accidentée, aurait dû condamner la ville au déclin une fois l'or épuisé. Toutefois, protégée des rigueurs de l'Altiplano et établie sur la principale route commerciale entre Lima et Potosí – par laquelle transitait la majeure partie de l'argent provenant de cette dernière –, elle parvint à préserver sa prospérité et, lorsque le chemin de fer fut construit, elle s'était suffisamment imposée pour conserver sa prééminence.

Malgré son nom, la Ville de Notre-Dame-de-la-Paix a été le théâtre de nombreuses violences. Depuis son indépendance en 1825, la république a changé plus de 190 fois de chef d'État et plusieurs présidents ont perdu la vie au cours de leur mandat. Le palais présidentiel, sur la Plaza Murillo, a été surnommé Palacio Quemado (palais brûlé) en raison des incendies à répétition qui y ont eu lieu. En 1946, le président Gualberto Villarroel fut pendu en public sur cette même place.

Pour en savoir plus sur l'histoire de la Bolivie et de La Paz, reportez-vous au chapitre *Histoire* (p. 24).

LA PAZ

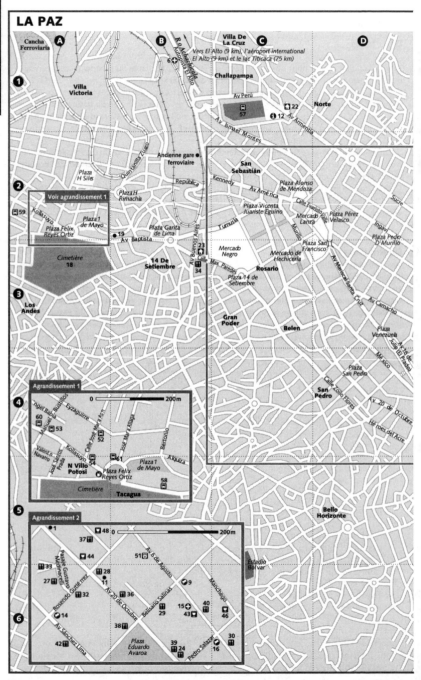

LA PAZ

Cancha Ferroviaria

Villa Victoria

Villa De La Cruz

Vers El Alto (9 km), l'aéroport international
El Alto (9 km) et le lac Titicaca (75 km)

Challapampa

Av Perú

Norte

San Sebastián

Plaza H Siles

Ancienne gare ferroviaire

Kennedy

Plaza Alonso de Mendoza

Av América

Plaza Pérez Velasco

Plaza Vicenta Juariste Eguino

Plaza H Rimachi

República

Plaza Felix Reyes Ortiz

Plaza 1 de Mayo

Plaza Garita de Lima

Mercado Lanza

Plaza Pedro D Murillo

Voir agrandissement 1

Mercado Negro

Plaza San Francisco

Cimetière 18

14 De Setiembre

Calle Max Paredes

Mercado de Hechicería

Plaza 14 de Setiembre

Rosario

Av Camacho

Los Andes

Gran Poder

Belen

Plaza Venezuela

Plaza San Pedro

Plaza San Pedro

San Pedro

Av 20 de Octubre

Héroes del Acre

Agrandissement 1

0   200m

Ángel Bahia

Eyzaguirre

Kollasuyo

José Mar Aliaga

Bertonio

Aliquiza

N Villo Potosi

Plaza Felix Reyes Ortiz

Plaza 1 de Mayo

Cimetière

Tacagua

Agrandissement 2

0   200m

Av 6 de Agosto

Pasaje Jauregui

Montecelli

Rosendo Gutiérrez

Av 20 de Octubre

Belisario Salinas

Macchiago

Av Sánchez Lima

Plaza Eduardo Avaroa

Pedro Salazar

Estadio Bolívar

Bello Horizonte

LA PAZ

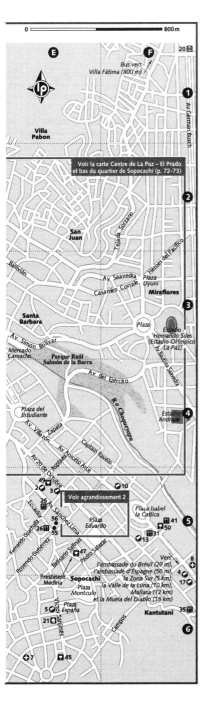

ORIENTATION

Il est pratiquement impossible de se perdre à La Paz. Une seule grande artère la traverse et suit le cours du Río Choqueyapu (pour l'essentiel souterrain) en changeant plusieurs fois de nom. Du haut en bas, elle s'appelle successivement Ismael Montes, Mariscal Santa Cruz, 16 de Julio (le Prado) et Villazón. Souvent, cette section qui porte trois noms est simplement nommée "El Prado". En bas, elle se divise en deux avenues, 6 de Agosto et Aniceto Arce.

Les quartiers d'affaires et les faubourgs aisés, avec leurs bâtiments élevés, leurs maisons coloniales et leurs constructions modernes en verre, occupent les basses altitudes, plus tranquilles et où les conditions climatiques sont meilleures du fait de la moindre altitude. Le quartier colonial le mieux conservé, où les petites rues pavées et les églises coloniales offrent un aperçu du vieux La Paz, avoisine le croisement des Calles Jaén et Sucre. Les faubourgs les plus huppés, tels Calacoto, Cotacota, San Miguel, La Florida et Obrajes, se situent dans la Zona Sur (Zone sud), plus bas dans le cañon, de même qu'un nombre croissant de nouveaux *barrios* (quartiers). Des rues numérotées, par ordre croissant d'ouest en est, courent perpendiculairement à l'artère principale dans la Zona Sur.

Au-dessus du centre-ville et de la Zona Sur, les petites maisons en pisé de quartiers en extension permanente débordent la crête du cañon et dégringolent les pentes sur trois côtés. C'est ici que l'animation diurne bat son plein, avec toutes sortes de scènes de rue, de bruits et de parfums. Au-dessus, la cité d'El Alto s'étend sur des kilomètres dans l'Altiplano à partir du bord du cañon. Si vous perdez le sens de l'orientation, il vous suffit de descendre pour regagner le centre-ville.

Cartes

La plupart des hôtels offrent gratuitement une carte de la ville photocopiée, souvent de piètre qualité. L'office du tourisme distribue *Descubre La Paz* (Découvrez La Paz), un carte gratuite. Dans la poste principale, en face du guichet de poste restante, une boutique de souvenirs vend un choix de cartes.

La Paz est l'endroit où acheter des cartes pour le reste de votre voyage. Pour des détails sur l'achat de cartes topographiques ou d'escalade, voir aussi p. 53 et 369.

RENSEIGNEMENTS		OÙ SE LOGER ⏢		OÙ PRENDRE UN VERRE ⏢	
Alianza Francesa	1 A5	Alcalá Apart Hotel	21 E6	Dead Stroke	43 B6
Ambassade d'Argentine	2 E5	Hostal Tambo del Oro	22 C1	Diesel Nacional	44 A5
DAB	(voir 42)	Hotel La Joya	23 B3	Forum	45 E6
Consulat d'Australie	3 E5	La Loge	(voir 33)	Mongo's	46 C6
Ambassade de Grande-Bretagne	4 F5			Ram Jam	47 E5
Consulat du Canada	5 E6	OÙ SE RESTAURER ⏢		Reineke Fuchs	48 A5
Centro Epidemiológico		Alexander Coffee		Thelonius Jazz Bar	49 E5
Departamental La Paz	6 B1	& Pub	24 B6	Traffic	50 F5
Dr Elbert Orellana		Arco Iris	25 E5		
Jordan	7 E6	Armonía	26 E5	OÙ SORTIR ⏢	
Dr Fernando Patiño	8 F5	Boomerang	27 A6	Cine 6 de Agosto	51 B5
Dr Jorge Jaime Aguirre	(voir 8)	Café La Terraza	28 A6		
Ambassade des Pays-Bas	9 B6	Chifa New Hong Kong	29 B6	TRANSPORTS	
Ambassade d'Allemagne	10 F5	El Arriero	30 C6	Autolíneas Ingavi	52 A4
ie instituto exclusivo	11 A6	Ketal Hipermercado	31 F5	Bus vers Huarina e	
Kiosque d'information	12 C1	Kuchen Stube	32 A6	et Huatajata	53 A4
Ambassade d'Italie	13 F5	La Comédie Art-Cafe		Camiones vers la vallée	
Ambassade du Japon	14 A6	Restaurant	33 A6	du Zongo	54 A5
Medicentro	15 B6	Le Bistrot	(voir 1)	Empresa Ferroviaria	
Ambassade du Paraguay	16 C6	Mercado Uruguay	34 B3	Andina (FCA)	55 E5
Ambassade du Pérou	(voir 9)	New Tokyo	35 F6	Kolla Motors	56 E5
Ambassade des États-Unis	17 F6	Paceña La Salteña	36 B6	Gare routière principale	57 C1
		Pronto Dalicatessen	37 A5	Micros vers le centre	58 B5
À VOIR ET À FAIRE		Salteña Chic	38 B6	Trans Altiplano	59 A2
Cimetière	18 A3	Salteña Chiquisaqueña	39 B6	Trans-Unificado Sorata	60 A4
Marché aux fleurs	19 B2	Salteñería El Hornito	40 B6	Transporte 6 de Junio	(voir 61)
Museo de la Revolución		Wagamama	41 F5	Transportes Manco Kapac	61 B5
Nacional	20 F1	Zatt	42 A6	Transtur 2 de Febrero	(voir 61)

Instituto Geográfico Militar (IGM ; carte p. 72 ; ☎ 237-0118 ; Oficina 5, Juan XXIII 100). Dans une impasse proche de Rodríguez, l'IGM vend des cartes topographiques originales au 1/50 000 (6 $US), ou des photocopies (4 $US) si la carte est épuisée. Il possède une succursale à Saavedra, Estadio Mayor, Miraflores.

Librería Olimpia (carte p. 72 ; Galería Handal, Mariscal Santa Cruz, Local 14). Cette papeterie propose un choix limité de bonnes cartes.

Los Amigos del Libro (carte p. 72 ; ☎ 220-4321 ; www. librosbolivia.com ; Mercado 1315). Parmi son petit éventail de cartes figurent des cartes de randonnée en couleur de Walter Guzmán Córdova au 1/50 000, fiables pour la plupart.

RENSEIGNEMENTS
Accès Internet
Les cybercafés facturent de 0,15 à 0,40 $US l'heure. Les connexions sont généralement plus rapides le matin ou en fin de soirée. Sur les cartes, l'icône @ indique d'autres adresses.

Internet Alley (carte p. 72 ; Pasaje Iturralde). À deux pas du Prado près de la Plaza del Estudiante. Des connexions rapides et bon marché et plusieurs succursales ouvertes jusque tard.

Tolomeo's (carte p. 72 ; angle Loayza et Comercio). Cybercafé accueillant aux connexions rapides, avec un matériel récent et ouvert tard le soir.

Argent
BUREAUX DE CHANGE
Plus rapides et pratiques que les banques, les *casas de cambio* (bureaux de change)

du centre-ville ouvrent généralement de 8h30 à 12h et de 14h à 18h en semaine, et le samedi matin. En dehors de ces horaires, vous pouvez vous adresser à l'Hotel Rosario (p. 84) ou à l'Hotel Gloria (p. 84).

Méfiez-vous des faux billets, surtout avec les *cambistas* (changeurs de rue) qui exercent aux abords des carrefours de Colón, Camacho et Santa Cruz. En dehors de La Paz, les chèques de voyage s'échangent pour 3 à 10% de moins que les espèces. Les établissements suivants changent les chèques de voyage pour une commission minime :

Cambios América (carte p. 72 ; Camacho 1223)

Casa de Cambio Sudamer (carte p. 72 ; Colón 206 et Camacho). Vend des devises des pays voisins.

DAB
Aux principaux carrefours, de nombreux distributeurs permettent de retirer des bolivianos ou des dollars US. Pour des avances sur les cartes de crédit (en bolivianos uniquement et dans les limites fixées par votre banque), sans trop de formalités et sans commission, essayez les banques suivantes :

Banco Mercantil (carte p. 72 ; angle Mercado et Ayacucho)

Banco Nacional de Bolivia (carte p. 72 ; angle Colón et Camacho)

TRANSFERT D'ARGENT

Magri Turismo (carte p. 72 ; ☎ 244-2727 ; Ravelo 2101), l'efficace représentant d'American Express, offre un service de poste restante pour les clients Amex, mais ne change pas les chèques de voyage. Pour un transfert monétaire international urgent, adressez-vous à **DHL/ Western Union** (carte p. 72 ; ☎ 233-5567 ; Perez 268), qui possède plusieurs agences en ville.

Centres culturels

Alianza Francesa (Alliance française ; carte p. 66 ; ☎ 242-5004 ; www.afbolivia.org ; Guachalla 399). Cours de langue, expositions et événements culturels.

Centro Boliviano-Americano (CBA ; ☎ 243-0107 ; www.cba.edu.bo ; Parque Zenón Iturralde 121). Cours de langue, bibliothèque et périodiques nord-américains.

Goethe Institut (carte p. 72 ; ☎ 244-2453 ; www. goethe.de ; 6 de Agosto 2118). Films, cours de langue et bonne bibliothèque d'ouvrages en allemand.

Consigne

La plupart des hôtels recommandés dans ce guide garderont vos bagages gratuitement ou moyennant une faible contribution, surtout si vous réservez une chambre au retour. La gare routière principale (p. 94) possède une consigne (*depósito*) bon marché, mais ne laissez pas d'objets de valeur.

Immigration

Migración (carte p. 72 ; ☎ 211-0960 ; Camacho 1468 ; ☺ 8h30-16h lun-ven). Avec trois changements de direction en 6 mois, certains le surnomment "Migraine-ation" ; c'est ici que l'on délivre les prorogations de visa.

Laveries

Les *lavanderías* (blanchisseries) offrent un service bon marché et efficace. Des blanchisseries bordent la Calle Illampu, en haut de Sagárnaga. De nombreux hôtels et quelques *residenciales* (pensions pour petits budgets) proposent un service de blanchissage peu coûteux. Les adresses suivantes laveront et sécheront votre linge dans la journée pour 1 $US le kilo.

Lavandería Maya (carte p. 72 ; Hostal Maya, Sagárnaga 339)

Limpieza Laverap (carte p. 72 ; Aroma). Livraison aux hôtels du voisinage moyennant paiement à l'avance.

Limpieza Sucre (carte p. 72 ; Nicolás Acosta). Près de la Plaza San Pedro.

Librairies et échange de livres

Vous trouverez des livres d'occasion en anglais dans la section livres du Mercado Lanza (p. 76). Pour vendre ou échanger des livres, adressez-vous à la bibliothèque du bar Oliver's Travels (p. 91), qui se montre toutefois assez tatillonne. Vous pouvez aussi tenter votre chance à l'Ángelo Colonial (p. 88), auprès des bureaux voisins d'America Tours (p. 81) et de Gravity Assisted Mountain Biking (p. 79), ou au Café Sol y Luna (p. 91).

et-n-ic (carte p. 72 ; ☎ 246-3782 ; www.visitabolivia. com ; Illampu 863). Ce magasin (voir p. 94) vend un large choix de guides Lonely Planet.

Gisbert & Co (carte p. 72 ; Comercio 1270). Littérature en espagnol et cartes.

Librería Olimpia (carte p. 72 ; ☎ 240-8101 ; Galería Handal, Mariscal Santa Cruz, Local 14). Papeterie bien fournie en cartes.

Los Amigos del Libro (☎ 220-4321 ; www. librosbolivia.com ; Mercado 1315). Grand choix de romans et de magazines en langues étrangères.

Médias

La Razón (www.la-razon.com), **El Diario** (www.eldiario. net) et *La Prensa* sont les principaux quotidiens de La Paz. Les chaînes de télévision nationales **ATB** (www.bolivia.com) et **Grupo Fides** (www.fidesbolivia.com) possèdent les sites d'information les plus à jour.

Offices du tourisme

Ángelo Colonial (carte p. 72 ; Linares 922 ; ☺ 9h-19h). Office du tourisme privé, avec échange de livres, panneau d'affichage, bibliothèque de guides de voyage et restaurant (p. 88).

Kiosques d'information Gare routière principale (carte p. 66) ; Casa de la Cultura (carte p. 72 ; Mariscal Santa Cruz et Potosí) ; Mirador Laikakota (carte p. 72).

Office du tourisme municipal (carte p. 72 ; ☎ 237-1044 ; Plaza del Estudiante ; ☺ 8h30-12h et 14h30-19h lun-ven). Meilleure adresse pour des informations et de bonnes cartes gratuites de la ville ; manque toutefois de brochures. Demandez un exemplaire de l'*Agenda Cultural*, qui recense les événements du mois.

Poste

Ángelo Colonial (carte p. 72 ; Linares 922 ; ☺ 10h-13h juil-sept). Ce petit bureau de poste (dans le même bâtiment que le restaurant Ángelo Colonial, p. 88) offre uniquement un service d'envoi de courrier.

Poste principale (Ecobol ; carte p. 72 ; Santa Cruz et Oruro ; ☺ 8h30-19h lun-ven, 8h30-17h sam, 9h-12h dim). Oasis de tranquillité proche du Prado, elle conserve 2 mois gratuitement le courrier en *lista de correos* (poste restante) – munissez-vous de votre passeport (voir p. 372). Au rez-de-chaussée, un bureau de douane facilite l'envoi de colis à l'étranger (voir p. 375).

Services médicaux

En cas d'urgence, évitez les hôpitaux et adressez-vous plutôt à la **Clinica Sur** (☎ 278-4001 ; Hernando Siles, Zona Sur). Pour un problème grave, demandez à votre ambassade de vous conseiller un médecin. Ouverts 24h/24, le **Medicentro** (carte p. 66 ; ☎ 244 1717 ; 6 de Agosto 2440) et la **Trauma Klinik** (☎ 277-1819 ; Aliaga 1271, San Miguel, Zona Sur) sont recommandés pour la médecine générale.

Sur le Prado, une pharmacie bien fournie et ouverte 24h/24 (carte p. 72) se situe à l'angle de 16 de Julio et de Bueno. Une autre, plus proche de Sagárnaga, se tient sur la Plaza Egunio et ouvre jusqu'à minuit. Les quotidiens publient la liste des *farmacias de turno* (pharmacies de garde).

Pro Lentes (carte p. 72 ; ☎ 231-0937 ; Potosí 1301), un bon opticien, propose lunettes et lentilles.

Les adresses suivantes ont bonne réputation pour les soins médicaux et dentaires :

Centro Epidemiológico Departamental La Paz (Centro Pilote ; carte p. 66 ; ☎ 245-0166 ; Vásquez 122 et Peru ; ☷ 8h30-11h30 lun-ven). En haut d'Ismael Montes, près de la brasserie. Une bonne adresse pour acheter des antipaludéens ou se faire vacciner contre la rage ou la fièvre jaune ; achetez une aiguille stérile en pharmacie.

Dr Jorge Jaime Aguirre (carte p. 66 ; ☎ 243-2682 ; 1er ét, Edificio Illimani, Arce 1701). Dentiste fréquemment recommandé.

Dr Elbert Orellana Jordan (carte p. 66 ; Clinica Boston, bureau ☎ 242-2342, domicile ☎ 279-8215, portable ☎ 7065-9743 ; asistmedbolivia@hotmail.com ; angle Freyre et Mujia). Sympathique et prévenant, ce médecin anglophone répond aux appels d'urgence 24h/24 et 7j/7.

Dr Fernando Patiño (carte p. 66 ; ☎ 243-1664/0697, portable ☎ 772-25625 ; fpatino@ceibo.entelnet.bo ; 2e ét, Edificio Illimani, Arce 1701). Formé aux États-Unis, anglophone, généraliste et spécialiste de la haute altitude.

High Altitude Pathology Institute (☎ 224-5394, 222-2617 ; www.altitudeclinic.com ; Saavedra 2302, Miraflores). Membre bolivien de l'International Association for Medical Assistance to Travelers (Iamat ; Association internationale d'assistance médicale aux voyageurs). Contrôles médicaux de haute altitude informatisés et chambre d'acclimatation hyperoxygénée au sommet du Chacaltaya.

Sites Internet

Bolivia Travel Guide (www.gbtbolivia.com). Un site privé avec des informations très complètes sur La Paz.

Visit Bolivia (www.visitbolivia.org). Administré par une association d'hôtels ; de bonnes informations.

www.lapaz.bo Site de la municipalité de La Paz ; bonnes rubriques sur la culture et le tourisme.

Téléphone et fax

Des *puntos* (téléphones publics) de divers opérateurs – Entel, Cotel, Tigo, Viva, etc. – sont installés dans toute la ville. Les kiosques, implantés pratiquement à tous les coins de rue, vendent des cartes téléphoniques et permettent de passer de brefs appels locaux pour 1 $B (0,15 $US). Des marchands ambulants équipés de téléphones portables proposent des appels à 1 $B la minute.

Dans Sagárnaga (entre Illampu et Murillo) et dans la Calle Linares (entre Sagárnaga et la Calle Santa Cruz), des centres d'appels internationaux proposent des communications à environ 0,15 $US la minute.

Bureau Entel (carte p. 72 ; fax 213-2334 ; Ayacucho 267 ; ☷ 8h30-21h lun-ven, 8h30-20h30 sam, 9h-16h dim). Principal bureau Entel et le meilleur endroit pour recevoir des appels et des fax. Dispose également d'un service Internet.

Urgences

Les numéros des services d'urgence (police, pompiers et ambulance) sont les mêmes dans tout le pays. Voir au verso de la couverture.

Police touristique (Policía Turistica ; carte p. 72 ; ☎ 222-5016 ; Plaza del Estadio, Puerta 22, Miraflores). Près de Disco Love City ; le personnel parle anglais. Déposez plainte (*denuncia*) en cas de vol pour obtenir un récépissé à fournir à votre compagnie d'assurances, mais n'espérez pas récupérer les objets dérobés.

DÉSAGRÉMENTS ET DANGERS

Les faux policiers et les prétendus responsables du tourisme sont en augmentation. Sachez qu'un véritable policier sera toujours en uniforme (ceux en civil ont l'ordre de ne pas importuner les étrangers), n'insistera jamais pour voir votre passeport, vous faire monter avec lui dans un taxi ou vous fouiller en public. En présence d'un imposteur, refusez de montrer vos objets de valeur (portefeuille, passeport, argent, etc.) ou insistez pour aller à pied au commissariat le plus proche. En cas de menace physique, mieux vaut toutefois vous laisser délester de votre argent !

De faux "chauffeurs de taxi" travaillent en collaboration avec des gangs qui volent, agressent ou kidnappent des touristes naïfs (pour leur extorquer leur code de carte bancaire). Fin 2005, un couple de jeunes Autrichiens a été kidnappé et assassiné, un événement qui a tout autant choqué les voyageurs que la population. Les coupables ont été arrêtés. Ne partagez pas un taxi avec des inconnus et refusez toute proposition de transport d'un conducteur (surtout près des terminus de bus). Reportez-vous p. 111 pour des mises en garde sur le trajet entre La Paz et Copacabana.

Plus ennuyeux que dangereux, les *lustrabotes* (cireurs de chaussures) pourchassent quiconque porte des chaussures. Ils portent souvent une cagoule de ski noire et une casquette de baseball enfoncée jusqu'aux yeux pour, dit-on, éviter l'opprobre sociale. Beaucoup travaillent dur pour aider leur famille ou payer leur école ; aidez-les en leur donnant 1 $B.

La Paz est une ville merveilleuse à découvrir à pied, à condition de respecter l'adage local – "*camina lentito, come poquito... y duerme solito*" ("marche lentement, mange peu... et dors seul") – et vous éviterez ainsi le *soroche* (mal d'altitude qui se traduit par des nausées et des maux de tête).

Escroqueries

Malheureusement, La Paz semble s'être mise à l'heure des escroqueries en vigueur ailleurs en Amérique du Sud. Le faux touriste est une arnaque répandue : il engage la conversation avec vous en anglais et se voit interpellé par un faux officier de la police touristique. Il accepte de montrer au "policier" son sac/papiers/passeport et vous conseille de faire de même. Pendant la fouille, on vous dépouille de votre argent et/ou de vos affaires.

Autre escroquerie courante, une personne renverse une substance sur vous ou vous crache dessus "par inadvertance". Pendant que vous vous essuyez ou qu'on vous essuie, un complice dérobe votre portefeuille ou taillade votre sac ; ce peut être une "innocente" grand-mère ou une petite fille ! Enfin, ne vous baissez pas pour ramasser un objet de valeur "tombé" : vous risquez d'être accusé de vol ou d'être victime d'un pickpocket. Voir aussi p. 370.

À VOIR

Lorsque le soleil brille, La Paz invite à la flânerie. Si la capitale compte un bon nombre de musées culturels et historiques, pour la plupart dans le centre-ville ou à proximité, elle doit une bonne partie de son charme à l'animation de sa vie quotidienne. En journée, celle-ci se concentre dans les quartiers qui surplombent le centre, où un labyrinthe de ruelles escarpées grimpe vers le ciel. Des femmes aux longues tresses noires, coiffées d'un chapeau melon et portant un châle de couleur vive, surveillent des marmites fumantes ou vendent toutes sortes d'articles, des fœtus de lama séchés aux copies de chaussures de créateurs, pendant que les hommes, bravant la circulation frénétique (et ses gaz d'échappement), poussent des chariots surchargés. Au loin, les trois pics de l'Illimani apparaissent entre les tours les plus haut perchées au monde. Afin de s'acclimater à l'altitude, nombre de visiteurs prévoient un ou deux jours pour faire une excursion à Tiahuanaco (p. 103) ou au lac Titicaca (p. 107).

La plupart des sites et des musées ferment pendant les vacances de Noël, du 25 décembre au 6 janvier.

Cathédrale et Plaza Murillo

Relativement récente, la **cathédrale** (carte p. 72), édifiée en 1835, est un édifice imposant qui se dresse à flanc de colline. L'entrée principale se situe à 12 m au-dessus de sa base, dans la Calle Potosí. Les proportions gigantesques, la hauteur de la coupole et des plafonds, la taille des colonnes et l'épaisseur des murs de pierre contrastent avec l'autel, d'une relative simplicité. À l'intérieur, l'attrait principal réside dans la profusion de vitraux ; ceux derrière l'autel représentent une assemblée de politiciens boliviens, bénie par des admirateurs célestes.

À côté de la cathédrale, le **palais présidentiel** (carte p. 72) fait face à une **statue du président Gualberto Villarroel**, au centre de la Plaza Murillo. En 1946, Villarroel fut sorti du palais par ses gardes et pendu à un lampadaire de la place. Don Pedro Domingo Murillo, l'un des chefs de la révolution du 16 juillet 1809 à La Paz, qui donna son nom à la place, avait subi le même sort à cet endroit en 1810.

Museo Nacional de Arqueología

À deux rues à l'est du Prado, le **musée national d'Archéologie** (carte p. 72 ; ☎ 231-1621 ; Tiahuanacu 93 ; 1,25 $US ; ⏰ 9h-12h30 et 15h-19h lun-ven, 10h-12h sam, 10h-15h dim) présente une petite collection bien conçue d'objets illustrant les aspects les plus intéressants des cinq périodes de la culture de Tiahuanaco (p. 103). La plupart des trésors de Tiahuanaco ayant été pillés ou endommagés à l'époque coloniale, la

CENTRE DE LA PAZ - EL PRADO ET BAS DU QUARTIER DE

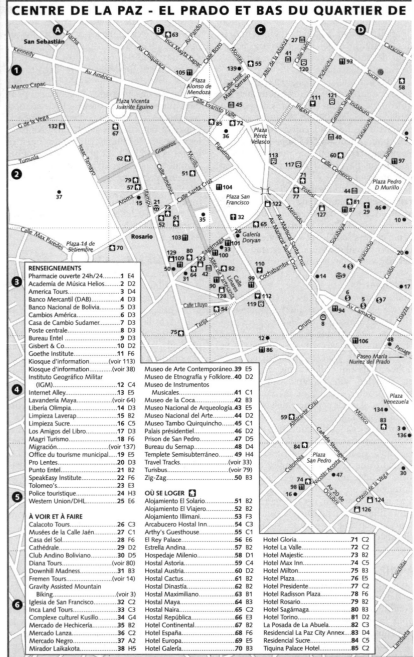

RENSEIGNEMENTS

Pharmacie ouverte 24h/24..........1	E4
Academía de Música Helios........2	D2
America Tours.............................3	D4
Banco Mercantil (DAB)................4	D3
Banco Nacional de Bolivia...........5	D3
Cambios América.......................6	D3
Casa de Cambio Sudamer...........7	D3
Poste centrale...........................8	D3
Bureau Entel 9	D3
Gisbert & Co..........................10	D2
Goethe Institute.......................11	F6
Kiosque d'information...........(voir 113)	
Kiosque d'information............(voir 38)	
Instituto Geográfico Militar	
(IGM)................................12	C4
Internet Alley..........................13	E5
Lavandería Maya.................(voir 64)	
Librería Olimpia.......................14	D3
Limpieza Laverap.....................15	B2
Limpieza Sucre.........................16	C5
Los Amigos del Libro................17	D3
Magri Turismo.........................18	F6
Migración.........................(voir 137)	
Office du tourisme municipal....19	E5
Pro Lentes...............................20	D3
Punto Entel.............................21	B2
SpeakEasy Institute..................22	F6
Tolomeo's................................23	E3
Police touristique....................24	H3
Western Union/DHL.................25	E6

À VOIR ET À FAIRE

Calacoto Tours.........................26	C3
Musées de la Calle Jaén............27	C1
Casa del Sol.............................28	F6
Cathédrale..............................29	D2
Club Andino Boliviano..............30	D5
Diana Tours......................(voir 80)	
Downhill Madness....................31	B3
Fremen Tours...................(voir 14)	
Gravity Assisted Mountain	
Biking..........................(voir 3)	
Iglesia de San Francisco...........32	C3
Inca Land Tours........................33	C3
Complexe culturel Kusillo.........34	G4
Mercado de Hechicería.............35	B2
Mercado Lanza.........................36	C2
Mercado Negro........................37	A2
Mirador Laikakota....................38	H5

Museo de Arte Contemporáneo.39	E5
Museo de Etnografía y Folklore..40	D2
Museo de Instrumentos	
Musicales............................41	C1
Museo de la Coca.....................42	B3
Museo Nacional de Arqueología.43	C1
Museo Nacional del Arte...........44	D2
Museo Tambo Quirquincho.......45	C1
Palais présidentiel....................46	D2
Prison de San Pedro..................47	D5
Bureau du Sernap.....................48	D4
Templete Semisubterráneo........49	H4
Travel Tracks.....................(voir 33)	
Turisbus...........................(voir 79)	
Zig-Zag.................................50	B3

OÙ SE LOGER

Alojamiento El Solario...............51	B2
Alojamiento El Viajero...............52	B2
Alojamiento Illimani.................53	F3
Arcabucero Hostal Inn..............54	C3
Arthy's Guesthouse..................55	C1
El Rey Palace...........................56	E6
Estrella Andina........................57	B2
Hospedaje Milenio...................58	D1
Hostal Astoria.........................59	C4
Hostal Austria.........................60	D2
Hostal Cactus..........................61	B3
Hostal Dinastía........................62	D3
Hostal Maximiliano..................63	B1
Hostal Maya............................64	B3
Hostal Naira............................65	C3
Hostal República......................66	B3
Hotel Continental....................67	B2
Hotel España...........................68	F6
Hotel Europa...........................69	C5
Hotel Galería...........................70	B3

Hotel Gloria............................71	C2
Hotel La Valle..........................72	C2
Hotel Majestic.........................73	B2
Hotel Max Inn.........................74	C5
Hotel Milton...........................75	B3
Hotel Plaza.............................76	E5
Hotel Presidente......................77	C2
Hotel Radisson Plaza................78	F6
Hotel Rosario..........................79	B2
Hotel Sagárnaga......................80	B3
Hotel Torino............................81	D2
La Posada de La Abuela.............82	C3
Residencial La Paz City Annex....83	D4
Residencial Sucre.....................84	C5
Tiquina Palace Hotel.................85	C2

SOPOCACHI

0 ————————— 300 m

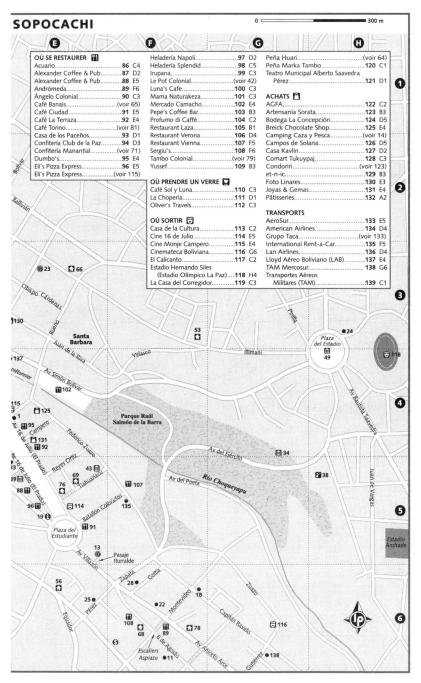

OÙ SE RESTAURER 🍴
Acuario.....................................**86** C4
Alexander Coffee & Pub............**87** D2
Alexander Coffee & Pub............**88** E5
Andrómeda..............................**89** F6
Ángelo Colonial........................**90** F6
Café Banaís...........................(voir 65)
Café Ciudad.............................**91** E5
Café La Terraza.........................**92** E4
Café Torino...........................(voir 81)
Casa de los Paceños.................**93** D1
Confitería Club de la Paz............**94** D3
Confitería Manantial..............(voir 71)
Dumbo's..................................**95** E5
Eli's Pizza Express....................**96** E5
Eli's Pizza Express..............(voir 115)
Heladería Napoli.......................**97** D2
Heladería Splendid....................**98** C5
Irupana...................................**99** C3
Le Pot Colonial......................(voir 42)
Luna's Cafe............................**100** C3
Mama Naturakeza....................**101** C3
Mercado Camacho....................**102** E4
Pepe's Coffee Bar....................**103** B3
Profumo di Caffé......................**104** C2
Restaurant Laza.......................**105** B1
Restaurant Verona....................**106** D4
Restaurant Vienna....................**107** F5
Sergiu's..................................**108** F6
Tambo Colonial......................(voir 79)
Yussef....................................**109** B3

OÙ PRENDRE UN VERRE 🍷
Café Sol y Luna.......................**110** C3
La Choperia.............................**111** D1
Oliver's Travels........................**112** C3

OÙ SORTIR 🎭
Casa de la Cultura....................**113** C2
Cine 16 de Julio.......................**114** E5
Cine Monje Campero.................**115** E4
Cinemateca Boliviana................**116** G6
El Calicanto.............................**117** C2
Estadio Hernando Siles
   (Estadio Olímpico La Paz)....**118** H4
La Casa del Corregidor.............**119** C3

Peña Huari............................(voir 64)
Peña Marka Tambo...................**120** C1
Teatro Municipal Alberto Saavedra
   Pérez................................**121** D1

ACHATS 🛍
AGFA.....................................**122** C2
Artensanía Sorata.....................**123** B3
Bodega La Concepción..............**124** D5
Breick Chocolate Shop..............**125** E4
Camping Caza y Pesca............(voir 14)
Campos de Solana....................**126** D5
Casa Kavlin............................**127** D2
Comart Tukuypaj......................**128** C3
Condoriri............................(voir 123)
et-n-ic..................................**129** B3
Foto Linares............................**130** E3
Joyas & Gemas........................**131** E4
Pâtisseries..............................**132** A2

TRANSPORTS
AeroSur..................................**133** E5
American Airlines......................**134** D4
Grupo Taca.........................(voir 133)
International Rent-a-Car............**135** F5
Lan Airlines............................**136** D4
Lloyd Aéreo Boliviano (LAB)........**137** E4
TAM Mercosur.........................**138** G6
Transportes Aéreos
   Militares (TAM).................**139** C1

collection reste limitée. Certains éléments en pierre ont été employés par les Espagnols pour construire leurs édifices, tandis que les pièces de valeur – en or ou au autre métal – et les œuvres d'art ont rejoint les musées européens ou bien ont été fondues pour grossir les trésors royaux. Ce qui est resté en Bolivie – poteries, figurines, crânes trépanés, momies, textiles et objets en métal – est essentiellement exposé dans ce musée (légendes en espagnol uniquement).

Mercado de Hechicería (marché des Sorcières)

Le **marché** (carte p. 72) le plus curieux de La Paz s'étire le long des Calles Jiménez et Linares, entre Sagárnaga et Santa Cruz, parmi des boutiques d'artisanat pour touristes. Outre des plantes et des remèdes traditionnels, on y vend des ingrédients plus étranges, destinés à influencer ou à amadouer les esprits malveillants ou bienveillants de l'univers aymará. Ainsi, les becs de toucan séchés servent à soigner et protègent des mauvais esprits.

Si vous souhaitez construire une maison, vous pouvez acheter un fœtus de lama et l'enterrer sous la première pierre en guise de *cha'lla* (offrande) à Pachamama afin qu'elle vous porte chance. Ceux qui se sentent malades ou sont importunés par des esprits malins se procureront un mélange d'herbes colorées, de graines et de diverses parties d'animaux. Des *yatiri* (sorcières), coiffées de chapeaux sombres et portant des sacs de coca, passent parmi les stands et proposent aux passants (rarement aux étrangers) de leur prédire l'avenir.

À moins d'être client et d'obtenir l'autorisation, évitez de prendre des photos.

Museo de la Coca

Le **musée de la Coca** (carte p. 72 ; ☎ 231-1998 ; Linares 906 ; 1 $US ; ☺ 10h-19h) explore le rôle de cette feuille sacrée dans les sociétés traditionnelles, son utilisation par les industries du soda et de la pharmacie, et l'augmentation de la demande de cocaïne. L'exposition, pédagogique et plutôt objective, invite à la réflexion.

Museo Nacional del Arte

Proche de la Plaza Murillo, le **musée d'Art national** (carte p. 72 ; ☎ 240-8600 ; angle Comercio et Socabaya ; 1,25 $US ; ☺ 9h-12h30 et 15h-19h mar-ven, 9h-13h sam, 10h-13h dim) est installé dans

l'ancien Palacio de Los Condes de Arana. Construit en granit rose de Viacha en 1775, ce palais a été restauré et a retrouvé sa grandeur d'antan. Au centre d'une immense cour entourée de trois étages de galeries, se dresse une jolie fontaine en albâtre. Les différents niveaux accueillent les œuvres de divers artistes latino-américains, dont des sculptures contemporaines de Marina Núñez del Prado et les peintures fin Renaissance de Melchor Pérez de Holguín et des élèves de son école de Potosí. La salle la plus éloignée accueille des expositions temporaires.

Musées de la Calle Jaén

Quatre petits **musées** (carte p. 72 ; ☎ 237-8478 ; billet combiné 0,50 $US ; ☺ 9h30-12h30 et 15h-19h lun-ven, 9h-13h sam-dim) intéressants sont regroupés dans la Calle Jaén, la plus jolie rue coloniale de La Paz, et se visitent facilement à la suite. Achetez votre billet au Museo Costumbrista (voir ci-dessous).

Également appelé Museo del Oro, le **Museo de Metales Preciosos** (musée des Métaux précieux ; Jaén 777) comprend trois salles d'œuvres précolombiennes en argent, or et cuivre superbement présentées. Une quatrième salle, au sous-sol, renferme des poteries anciennes.

Le petit **Museo del Litoral** (Jaén 798), ou Museo de la Guerra del Pacífico, présente des reliques de la guerre de 1884, qui fit perdre à la Bolivie son accès à la mer après qu'elle a dû céder le département du Litoral au Chili. La collection se compose essentiellement de cartes historiques qui cautionnent les revendications boliviennes.

Ancienne résidence de Don Pedro Domingo Murillo, la **Casa de Murillo** (Jaén 790) contient des œuvres d'art et du mobilier colonial, des textiles, des potions médicinales, des instruments de musique, de la verrerie et de l'argenterie ayant appartenu à l'aristocratie bolivienne, ainsi qu'une collection de miniatures d'Alasitas (voir p. 81). L'un des tableaux les plus étranges est *L'Exécution de Murillo*.

Le **Museo Costumbrista Juan de Vargas** (angle Jaén et Sucre) expose des objets d'art, des photos ainsi que de superbes dioramas de figurines en céramique illustrant l'ancien La Paz. L'un d'eux représente l'*akulliko*, le moment où l'on mâche la coca ; un autre dépeint les festivités du *Día de San Juan Bautista* (Saint-Jean) le 24 juin ; un troisième décrit la pendaison de Murillo en 1810. On peut également admirer des objets de l'époque coloniale et des poupées vêtues de costumes traditionnels.

Museo Tambo Quirquincho

Ce curieux **musée** (carte p. 72 ; 0,15 $US ; ☺ 9h30-12h30 et 15h-19h mar-ven, 9h-13h sam-dim), près d'Evaristo Valle et de la Plaza Alonzo de Mendoza, occupe un ancien *tambo* (un marché-auberge). On y découvre des robes anciennes, de l'argenterie, des photos, des objets d'art et une collection de masques de carnaval.

Iglesia de San Francisco

La basilique en pierre de taille de San Francisco (carte p. 72), sur la place du même nom, offre un séduisant mélange de styles espagnol et *mestizo* du XVIe siècle. Fondée en 1548 par Fray Francisco de los Ángeles, sa construction démarra l'année suivante, mais la première structure s'effondra en 1610 sous le poids de la neige. L'église fut reconstruite entre 1744 et 1753 avec des pierres provenant de la carrière voisine de Viacha. Inspirées par la nature, les sculptures qui ornent la façade représentent notamment des *chirimoyas* (anones), des pommes de pin et des oiseaux tropicaux.

Dans le haut de la Plaza San Francisco, l'ensemble massif de piliers rocheux et de visages en pierre vise à représenter et honorer les trois grandes cultures du pays : Tiahuanaco, inca et moderne.

À côté de la basilique, les cloîtres et le jardin du **Museo San Francisco** (carte p. 72 ; ☎ 231-8472 ; Plaza

---

LA PRISON DE SAN PEDRO : UN CAS UNIQUE AU MONDE *Vesna Maric*

Autrefois site touristique le plus insolite de La Paz, la prison de San Pedro est aujourd'hui difficile à visiter. Le tourisme constituait une bonne affaire pour les prisonniers, mais le développement de la vente de cocaïne a provoqué un durcissement des règles.

San Pedro doit sa renommée à son fonctionnement unique : aucun gardien n'est présent à l'intérieur, il n'y a pas de couvre-feu, les détenus ne portent pas d'uniforme et doivent travailler pour payer leur cellule, qu'ils louent ou achètent selon leurs moyens (certaines coûtent 150 $US par mois !). Ils sont cuisiniers, menuisiers, coiffeurs ou vendent des bonbons et de la nourriture. Les prisonniers les plus riches ont de grandes cellules presque luxueuses, avec TV câblée et équipements haut de gamme. D'autres se contentent d'une cellule exiguë, avec un lit, une cuisinière et un miroir ; les plus pauvres partagent une chambrée avec une douzaine d'autres prisonniers. La plupart des détenus (environ 80%) ont été condamnés pour trafic de cocaïne et seuls 25% purgent une peine. Les autres attendent leur procès.

Semblable à une petite ville, la prison est divisée en huit secteurs, chacun portant un nom et organisé autour d'un patio avec de petits balcons. Une hiérarchie évidente les différencie. Certains sont plus riches, plus clairs et réputés plus sûrs ; d'autres sont sombres, miteux et durs. Pendant la journée, la violence est contenue et les prisonniers jouent aux cartes, au football ou travaillent. L'ambiance se durcit la nuit, quand les différends se règlent au couteau et que des vols interviennent.

Selon les chiffres de la prison, on déplore environ quatre décès par mois, de cause naturelle ou d'"accident". En l'absence de gardiens, les détenus s'organisent eux-mêmes, se choisissent des chefs et possèdent des syndicats. Des posters d'Evo Morales ornent les murs : représentant les pauvres, les opprimés et les peuples indigènes marginalisés, il est adulé.

Les prisonniers vivent avec leur famille, qui peut aller et venir à sa guise. La prison comprend deux crèches et une école maternelle. Bien que les enfants jouent sur le terrain de la communauté, ils sont loin d'être insouciants : quand ils sortent pour aller à l'école, ils sont victimes de discrimination et, dans la prison, on rapporte des cas de maltraitance et un taux de dépression infantile élevé, qui débouche parfois sur des tentatives de suicide.

Des matchs ont lieu régulièrement sur le terrain de football de la prison et les paris dépassent 20 000 $US par an. Chaque secteur possède sa propre équipe et les bons joueurs sont convoités. Les équipes des secteurs les plus riches procèdent même à des transferts. Lorsque nous avons enquêté sur le fonctionnement, un prisonnier nous a dit en riant : "C'est comme dehors : si vous êtes bon, vous pouvez gagner plus d'argent avec vos pieds qu'avec votre cerveau !"

de San Francisco ; 2,50 $US ; 🕑 9h-18h), récemment ouvert, font magnifiquement revivre l'histoire et l'art du monument. Le musée contient de superbes peintures religieuses, des objets historiques, une intéressante antichambre.

Museo de la Revolución Nacional

Si la Bolivie a vécu plus le 100 révolutions, le **musée de la Révolution nationale** (carte p. 66 ; Plaza Villarroel ; 0,15 $US ; 🕑 9h30-12h30 et 15h-19h mar-ven, 10h-13h sam-dim) s'intéresse à celle d'avril 1952, une révolte populaire de mineurs armés qui déboucha sur la nationalisation des mines boliviennes. Situé au bout de l'Av. Busch, il présente des photos et des peintures de l'époque.

Mercado Negro et quartiers alentour

Une population essentiellement indienne habite la partie de la ville qui grimpe vers l'ouest de la Plaza Pérez Velasco au cimetière, en passant par le Mercado Lanza et les Plazas Eguino et Garita de Lima. L'animation règne en permanence dans les étroites rues pavées, où les voitures tentent de se frayer un chemin à coups de klaxon entre les *cholitas* (femmes quechua ou aymará) en grande conversation, les passants et les vendeurs de rue. Sur les marchés, les étals proposent toutes sortes de produits et d'en-cas. L'activité atteint son paroxysme près du carrefour de Buenos Aires et Max Paredes, surtout le samedi.

Le **Mercado Negro** (marché Noir ; carte p. 72), installé autour de Max Parades, Tumusla, Tamayo et Santa Cruz, est le paradis des marchandises de contrebande. Les vendeurs de CD et de DVD annoncent ouvertement la couleur avec les couvertures photocopiées. On trouve également des contrefaçons de vêtements de marque et des pellicules photo à bas prix. Eloy Salmón est le meilleur endroit pour l'électronique. Soyez vigilant dans ce quartier, réputé pour ses pickpockets et autres malfrats.

Entre la Plaza Pérez Velasco et la Calle Figueroa, le **Mercado Lanza** (carte p. 72) est l'un des principaux marchés d'alimentation de la capitale avec le **Mercado Camacho** (p. 90). À côté des produits frais, des conserves et des pains, de nombreux étals offrent sandwichs, soupes, *salteñas*, *empanadas* ou repas complet.

Le **marché aux fleurs** (carte p. 66), en face du cimetière situé en haut de Batista, égaie de ses couleurs l'un des quartiers les plus mornes et les moins sûrs de la ville. Mais le parfum des fleurs ne parvient pas à couvrir l'odeur pestilentielle de l'égout à ciel ouvert qui le borde.

Museo de Etnografía y Folklore

Le **musée de l'Ethnographie et du Folklore** (carte p. 72 ; ☎ 235-8559 ; angle Ingavi et Sanjinés ; entrée libre ; 🕑 9h30-12h30 et 15h-18h30 lun-sam, 9h30-12h30 dim) enchantera les passionnés d'anthropologie. L'édifice, véritable trésor architectural construit entre 1774 et 1790, fut la résidence du Marqués de Villaverde. Clou du musée, la collection "Tres Milenios de Tejidos" rassemble 167 tissages exceptionnels provenant de tout le pays – demandez à un gardien d'ouvrir les tiroirs sous les tentures. Ne manquez pas la belle collection d'objets chipaya, un groupe ethnique de l'ouest du département d'Oruro dont la langue, les rites et les coutumes laissent penser qu'il pourrait descendre de la culture de Tiahuanaco.

Museo de Arte Contemporáneo

Si d'autres musées et galeries présentent des œuvres modernes plus séduisantes, le **musée d'Art contemporain** (MAC ; carte p. 72 ; ☎ 233-5905 ; www.museoplaza.com ; 16 de Julio 1698 ; 1,25 $US ; 🕑 9h-21h) mérite le détour pour son bâtiment. Il occupe une demeure restaurée du XIXe siècle (l'une des quatre dernières du Prado), agrémentée d'une verrière et de vitraux conçus par Gustave Eiffel. La collection éclectique de ce musée privé réunit des œuvres boliviennes et internationales.

Museo de Instrumentos Musicales

Fondé par Ernesto Cavour Aramayo, un maître du *charango* (sorte de petite mandoline), le **musée des Instruments de musique** (carte p. 72 ; ☎ 240-8177 ; Jaén 711 ; 0,60 $US ; 🕑 9h30-13h et 14h30-18h30) possède une collection complète de *charangos* et d'autres instruments indigènes des Andes. Si vous n'arrivez pas pas d'un concert improvisé, faites un tour à la **Peña Marka Tambo** (p. 92), de l'autre côté de la rue. Les cours de *charango* ou d'instrument à vent coûtent environ 6,25 $US l'heure.

Reportez-vous p. 40 pour plus de détails sur Cavour et les instruments de musique.

Museo de Textiles Andinos Bolivianos

Le petit **musée des Textiles andins boliviens** (☎ 224-3601 ; Plaza Benito Juárez 488, Miraflores ;

1,90 $US ; 🕑 9h30-12h et 15h-18h30 lun-sam, 9h30-12h30 dim) renferme des exemples des plus beaux textiles traditionnels du pays (dont certains provenant de la Cordillera Apolobamba et des régions de Jal'qa et de Candelaria dans les hauts plateaux du Centre), regroupés par région et décrits en espagnol. Tout le processus de création est expliqué, de la fibre au produit fini. La boutique vend des pièces originales dignes de figurer dans le musée et reverse 90% du prix de vente aux artistes. Du Prado, marchez 20 minutes en direction du nord-est ou prenez le *micro* 131 ou 135, ou bien le minibus signalé Av. Busch.

Templete Semisubterráneo (Museo al Aire Libre)

En face du stade, le **musée en plein air** (carte p. 72 ; entrée libre) présente des répliques de statues trouvées dans le Templete Semisubterráneo de Tiahuanaco (p. 104). Sa pièce maîtresse, le Megalito Bennetto Pachamama (mégalithe Bennett), a été transférée au nouveau musée de Tiahuanaco pour le protéger de la pollution. L'endroit mérite la visite si vous ne pouvez pas aller à Tiahuanaco.

El Alto

Un panneau annonce fièrement : "El Alto ne fait pas partie du problème bolivien. Il fait partie de la solution bolivienne". Si cette proclamation ne fait pas l'unanimité, explorer El Alto est une expérience. Peuplée à l'origine de *campesinos* (paysans) et de migrants venus des quatre coins du pays, El Alto est devenue une cité à part entière et compte aujourd'hui 650 000 habitants. Considérée comme la capitale mondiale des Aymará, elle affiche un taux de croissance annuel de 5 à 6%.

LA ROUTE LA PLUS PÉRILLEUSE DU MONDE

La route entre La Paz et Coroico a officiellement été classée "route la plus périlleuse du monde". Vu le nombre d'accidents mortels, ce palmarès sinistre n'est pas usurpé. En moyenne, 26 véhicules basculent chaque année dans le vide !

Les amateurs de sensations fortes seront dans leur élément. Cette piste gravillonnée, large de 3,20 m, permet tout juste le passage d'un véhicule. Si les à-pics vertigineux de 600 m, les énormes surplombs rocheux et les chutes d'eau qui arrosent et érodent la route vous effraient, fermez les yeux jusqu'à l'arrivée ! La sagesse populaire affirme que les minibus de jour sont plus sûrs que les bus et *camiones* de nuit.

Le voyage commence de manière assez anodine. En quittant La Paz en direction du col de La Cumbre, vous remarquerez des chiens qui attendent sur le bas-côté tous les 100 m environ ; les chauffeurs des *camiones* leur jettent de la nourriture dans l'espoir que les *achachilas* (esprits des ancêtres) les protègent durant le parcours. Au col, les conducteurs accomplissent une *cha'lla* pour les *apus* (esprits de la montagne) et arrosent d'alcool les pneus de leur véhicule avant d'entamer la descente.

Témoins de la fréquence des accidents, des croix jalonnent le parcours. Le plus meurtrier de toute l'histoire du transport bolivien eut lieu en 1983 lorsqu'un *camión* bascula dans le précipice avec une centaine de passagers.

Les accidents sont dus à plusieurs facteurs, au premier rang desquels la conduite en état d'ivresse, suivie par l'inattention et le non-respect des priorités. Une erreurs humaines semblent toutefois insignifiantes comparées à la fragilité du sol sous les dégagements précaires. En 1999, on a tenté de limiter le danger en instaurant une circulation alternée (dans le sens de la descente le matin et de la montée l'après-midi), mais les habitants des Yungas ont estimé que cette mesure restreignait l'accès aux marchés et le projet a été abandonné après quelques mois.

Ces dernières années, une nouvelle route goudronnée a été construite sur le versant opposé de la vallée. Elle devait ouvrir en 2003 mais, lors de notre passage, seuls quelques petits véhicules pouvaient officiellement l'emprunter. Une fois celle-ci totalement ouverte à la circulation, l'ancienne route devrait être réservée aux cyclistes et aux piétons.

Bien que la circulation se fasse à droite en Bolivie, sur les routes des Yungas, le trafic descendant passe toujours à l'extérieur, qu'il soit à droite ou à gauche. Le véhicule descendant doit se ranger sur les minuscules refuges en bord de précipice, tandis que le véhicule montant passe en rasant la paroi. Ainsi, c'est le chauffeur qui voit le mieux ses roues extérieures qui prend le plus de risques.

Si vous arrivez par avion, vous apercevrez des dizaines de flèches d'église blanches surgir de la terre brune. Elles ont été construites par le Padre Obermaier, un prêtre allemand renommé pour ses travaux passés et en cours (et pour sa longévité). Du bord du cañon en haut d'El Alto Autopista (à péage) ou du sommet de la route gratuite à la Plaza Ballivián, un bourdonnement incessant monte des rues – véritable dédale de maisons, boutiques, usines et marchés en pisé et briques orange.

Dans le quartier animé de La Ceja (Le Sourcil) – où les prix de l'immobilier sont parmi les plus élevés de la région –, vous trouverez toutes sortes de gadgets électroniques et d'autres marchandises. L'immense **Mercado 16 de Julio** (🕒 6h-15h jeu et dim) s'installe sur plusieurs pâtés de maisons le long de l'artère principale et sur la Plaza 16 de Julio. Paradis des chalands, il propose tous les articles imaginables à des prix raisonnables, des produits alimentaires à l'électronique et des véhicules aux animaux. Vous aurez du mal à vous frayer un chemin à travers la foule ; prenez garde à votre portefeuille !

L'une des attractions les plus appréciées d'El Alto, la **Lucha Libre** (1,25 $US ; 🕒 16h dim), ou match de catch, voit s'affronter des mâles aux postures théâtrales et des *cholitas* acrobates dans le stade Polifuncional de la Ceja de El Alto.

Pour avoir une vue superbe sur La Paz, prenez un taxi pour le belvédère Tupac Katari, situé au bord de la crête qui surplombe la vallée. Il se dresse sur un site inca sacré où Tupac Katari aurait été écartelé par les colons espagnols. Ceux-ci enterrèrent une statue du Christ sur le site, ce qui n'empêcha pas la population locale de continuer à accomplir ses rites spirituels.

Autour du belvédère, aussi loin que porte le regard, s'étend une longue rangée de petits kiosques bleus identiques, seulement différenciés par un numéro. Ils abritent des *curanderos* (guérisseurs) ou des *yatiris* (sorciers), grandement respectés par la population locale. Les photos et les attroupements de touristes sont mal vus – conduisez-vous en conséquence.

Bien qu'El Alto compte quelques hôtels, il est plus agréable de séjourner à La Paz et de prendre un transport pour rejoindre la crête en 20 minutes. Prenez n'importe quel minibus signalé La Ceja ou remontant l'Av. Montes (0,40 $US). Du centre, un taxi pour El Alto coûte de 3 à 5 $US.

Cimetière de La Paz

Comme dans la plupart des pays d'Amérique latine, les défunts sont d'abord enterrés ou placés dans une crypte, puis exhumés et incinérés dix ans plus tard. Ensuite, les familles achètent ou louent un casier vitré dans les murs du cimetière pour y déposer les cendres, fixer une plaque commémorative et placer des fleurs derrière la vitre. Chaque mur est percé de centaines de casiers et certains, rehaussés, ressemblent à des barres d'immeubles de trois ou quatre étages. Le va-et-vient permanent des familles fait du **cimetière** (carte p. 66) un endroit animé.

Il comprend également de majestueux mausolées familiaux, des sections consacrées aux mineurs et à leurs familles, ainsi que des fosses communes où reposent des soldats morts au combat. On aperçoit parfois des pleureuses professionnelles, vêtues de noir, qui accompagnent les enterrements.

Le 2 novembre, le **Día de los Muertos** (jour des Morts), la moitié de la ville vient rendre hommage à ses ancêtres.

VTT MORTEL

De nombreuses agences qui organisent la descente à VTT de La Cumbre à Coroico offrent à leurs clients des T-shirts proclamant qu'ils ont survécu à cette périlleuse aventure. Sachez que cette route gravillonnée est effectivement dangereuse, étroite (à peine plus de 3,20 m de large), avec des à-pics vertigineux de 600 m de dénivelé… et très fréquentée. À ce jour, 8 personnes (les chiffres varient en fonction de l'interlocuteur) ont trouvé la mort au cours de ce trajet de 64 km (avec une descente verticale de 3 600 m) et des lecteurs ont signalé des collisions et de graves accidents. Ils sont souvent dus à un défaut de consignes et de préparation et à la mauvaise qualité des VTT (attention aux vélos trafiqués). Certaines agences sont peu recommandables. Méfiez-vous de celles qui cassent les prix, souvent au détriment de la solidité des vélos. Un guide multilingue doit impérativement encadrer l'excursion. Une bonne agence vous montrera son équipement de secours (cordes, harnais, matériel d'assurage, oxygène) et organisera une réunion d'information avant le départ.

À FAIRE

Arpenter le Prado de haut en bas constitue un bon exercice et vous n'aurez pas à aller loin de la ville pour une vraie poussée d'adrénaline.

Ski, randonnée et alpinisme

La piste de ski la plus élevée au monde (de 5 320 m à 4 900 m), réservée aux mordus qui veulent la rajouter à la liste de leurs exploits, se situe sur les pentes du Chacaltaya, à 35 km au nord de La Paz par une mauvaise route (voir p. 101).

Créé en 1939, le **Club Andino Boliviano** (carte p. 72 ; México 1638, La Paz ; 9h30-12h et 15h-18h lun-ven) organise des sorties de ski (10-20 $US par personne, transport en sus) quand le temps le permet. Il gère le remonte-pente et un lodge rudimentaire, où l'on peut acheter des en-cas, louer des skis et passer la nuit (5 $US). Assurez-vous d'être bien acclimaté et emportez un bon écran solaire. Lors de notre passage, le club prévoyait d'ouvrir de nouvelles pistes sur d'autres sommets enneigés.

De nombreux tour-opérateurs de La Paz proposent des randonnées d'une journée au Chacaltaya, permettant ainsi d'escalader facilement un haut sommet.

VTT

Pour ressentir un grand frisson et accéder à des points de vue fabuleux sur La Paz et la Cordillera Real, dévalez la "route la plus périlleuse du monde" (voir l'encadré p. 77) entre La Cumbre et Coroico ou Chacaltaya et Zongo. Les amateurs de VTT auront le choix entre des itinéraires superbes dans les vallées autour de La Paz.

De nombreux tour-opérateurs proposent diverses randonnées à VTT. Compétent et professionnel, **Gravity Assisted Mountain Biking** (carte p. 72 ; 231-3849 ; www.gravitybolivia.com ; No 10, Edificio Avenida, 16 de Julio 1490), l'un des plus connus, est apprécié des voyageurs. Outre la descente à Coroico (55-75 $US par personne), il offre plusieurs randonnées aux alentours de La Paz, dont des parcours sur route et piste autour de la vallée du Zongo et au-delà (à partir de 65 $US ; 4 personnes minimum).

Également recommandé pour la descente à Coroico (50-65$US par personne), **Downhill Madness** (carte p. 72 ; 239-1810 ; www.madnessbolivia.com ; Sagárnaga 339) dispose de vélos Rocky Mountain canadiens à double suspension, de qualité supérieure.

PROMENADE À PIED

L'**Iglesia de San Francisco** (**1** ; p. 75) est un bon point de départ. Le matin, des marchands ambulants vendent des en-cas et des cortèges nuptiaux égaient la place le week-end. De la **Plaza San Francisco (2)**, remontez la **Calle**

INFORMATIONS PRATIQUES

Départ : Iglesia de San Francisco
Arrivée : Heladería Napoli (p. 90)
Distance : 2,5 km
Durée : 2 à 3 heures

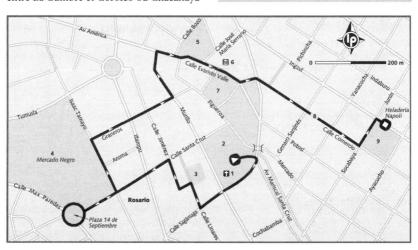

LA PAZ

Sagárnaga, bordée de boutiques et de stands de tissage, d'instruments de musique, d'antiquités, d'objets de Tiahuanaco "originaux" et de sacs en cuir faits main.

Tournez à droite dans la **Calle Linares** et faites un tour dans le **Mercado de Hechicería (3 ;** p. 74), plein d'herbes médicinales et de potions magiques. Une *yatiri* acceptera peut-être de mélanger les feuilles de coca pour vous prédire l'avenir, malgré l'habituelle réticence envers les gringos.

En remontant la Calle Santa Cruz vers la Plaza 14 de Septiembre et la Calle Max Paredes, vous arriverez au **Mercado Negro (4 ;** p. 76), un labyrinthe d'étals improvisés s'étendant sur plusieurs pâtés de maisons. De là, descendez au nord-est des marchés par des rues bondées de passants et de *micros* jusqu'à la **Plaza Alonso de Mendoza (5),** où vous pourrez vous asseoir et regarder l'animation alentour. À côté, le **Museo Tambo Quirquincho (6 ;** p. 75) mérite la visite pour sa collection de masques et de photos. Après avoir bu un jus de fruits frais au **Mercado Lanza (7 ;** p. 76), empruntez la **Calle Comercio (8),** piétonne et bordée de vendeurs de rue aux marchandises les plus diverses, puis rejoignez la **Plaza Murillo (9)** pour vous offrir une glace à l'Heladería Napoli (p. 90).

COURS
Langue
Tous ceux qui proposent des cours d'espagnol ne sont pas forcément agréés ou compétents. Adressez-vous à des professeurs recommandés et examinez leurs références avant de vous engager. Comptez environ 6 $US l'heure.

ie instituto exclusivo (carte p. 66 ; ☎ 242-1072 ; 20 de Octubre 2315, Sopocachi). Cours destinés aux voyageurs et aux professionnels.

Instituto de la Lengua Española (ILE ; ☎ 279-6074 ; www.spanbol.com ; Aviador 180, Achumani). Cours particuliers et collectifs.

SpeakEasy Institute (carte p. 72 ; ☎ /fax 244-1779 ; www.speakeasyinstitute.com ; Arce 2047). Cours pour voyageurs et professionnels (100 $US par mois).

Les professeurs mentionnés ci-dessous ont été recommandés par des lecteurs :
Cecilia C de Ferreira (☎ 248-7458 ; Camacho 1664, San Pedro)
Isabel Daza Vivado (☎ /fax 231-1471 ; maria_daza@ hotmail.com ; 3e ét, Murillo 1046)
William Ortiz (☎ 231-3721 ; www.studyspanish-lapaz-bolivia.tk ; Linares 980)

Musique
Pour des cours (en espagnol) d'instruments andins traditionnels – *zampoña, quena, charango,* etc. –, adressez-vous au professeur Heliodoro Niña de l'**Academía de Música Helios** (carte p. 72 ; ☎ 240-6498/99 ; Indaburo 1166) ou renseignez-vous au Museo de Instrumentos Musicales (p. 76).

Autres cours
La **Casa del Sol** (carte p. 72 ; ☎ 244-0928 ; Goitia 127 ; cours 3,20 $US) propose des cours de yoga, taï-chi et méditation. Le forfait mensuel revient à 30 $US. Réductions pour les étudiants.

AVEC DES ENFANTS
Le dimanche matin, l'artère principale est fermée à la circulation et le Prado se remplit de familles, de vendeurs de ballons et de barbe à papa, et de stands qui louent des cerfs-volants, des bicyclettes et des voitures à pédales. L'ambiance festive contribue à l'agrément de la promenade.

Le **complexe culturel Kusillo et musée des Enfants** (carte p. 72 ; Ejército) domine La Paz et comprend un impressionnant belvédère, le **Mirador Laikakota** (0,15 $US ; 9h-17h30), au cœur d'un parc tranquille. À côté, le **Museo Kusillo** (enfant/adulte 0,80/1 $US ; 9h-13h et 15h-19h mar-ven, 10h-19h sam-dim), un musée de science et de jeux interactif, abrite des boutiques d'artisanat ainsi qu'un théâtre en plein air et organise des spectacles de danse. Le complexe se situe à 20 minutes de marche à l'est du Prado, le long de Pérez Zapata qui devient l'Av. del Ejército.

CIRCUITS ORGANISÉS
La plupart des tour-opérateurs boliviens (au moins une centaine) sont installés à La Paz. Certains sont meilleurs que d'autres ou se spécialisent dans des domaines ou des régions particulières. La plupart des agences proposent des excursions d'une journée (10-60 $US par personne) à La Paz et aux alentours, au lac Titicaca, à Tiahuanaco, dans la vallée du Zongo, au Chacaltaya, dans la Valle de la Luna, etc. Reportez-vous p. 385 pour une liste d'agences installées essentiellement à La Paz.

Les transports bon marché pour Puno qu'offrent les agences sont le moyen le plus simple de se rendre au Pérou et permettent de s'arrêter à Copacabana. Les agences se révèlent également utiles pour organiser des sorties d'escalade dans les Cordilleras et beaucoup louent l'équipement.

Voici quelques bons tour-opérateurs :

America Tours (carte p. 72 ; ☎ 237-4204 ; www. america-ecotours.com ; 16 de Julio 1490, No 9). Cette agence anglophone, chaudement recommandée, offre un large éventail de projets d'écotourisme et de circuits autour de La Paz et dans le pays, dont un intéressant circuit à Tiahuanaco (22-45 $US par personne selon la taille du groupe – au moins 6 personnes ; entrée du site non comprise) comportant une halte à Callamarco, un village de l'Altiplano où l'on vous expliquera la culture locale et l'organisation de la communauté autour d'un déjeuner typique.

Calacoto Tours (carte p. 72 ; ☎ 211-5592 ; bureau 20, Galería Doryan, Sagárnaga 189). Des randonnées à cheval autour de La Paz, des excursions au lac Titicaca et des circuits à la carte.

Diana Tours (carte p. 72 ; ☎ 235-1158 ; hotsadt@ceibo. entelnet.bo ; Hotel Sagárnaga, Sagárnaga 326-328). Visites de La Paz d'un bon rapport qualité/prix, excursions d'une journée à Tiahuanaco, au Valle de la Luna, à Chacaltaya et aux Yungas ; circuits bon marché à Copacabana et Puno.

La Paz on Foot (☎ 243-3661, 7154-3918 ; www. lapazonfoot.com). Dirigée par Stephen Taranto, un écologiste passionné parlant parfait anglais, cette agence offre plusieurs randonnées pédestres à La Paz et dans ses alentours. Intéressant, amusant et interactif, le trek urbain dans La Paz (demi-journée 15-20 $US, journée 25-35 $US, selon la taille du groupe) conduit des hauteurs d' El Alto au fin fond de la Zona Sur, avec mise en contexte de l'histoire naturelle et culturelle du pays, de l'alimentation, l'agriculture et la gastronomie aux parcs et jardins urbains. L'Apolobamba Trek, de 6 jours, le Yungas Coca Tour (6 jours, 250-350 $US) et d'autres itinéraires dans la nature s'enfoncent plus loin dans le pays.

Zig-Zag (carte p. 72 ; ☎ 245-7814, 7152-2822 ; zigzagbolivia@hotmail.com ; bureau 5, Illampu 867). Tenue par Mario, un Bolivien très professionnel et parlant anglais, cette agence propose un choix de circuits au départ de La Paz (dont Tiahuanaco), des treks plus longs et des circuits d'aventure à la carte dans tout le pays.

Bus touristique

Viajes Planeta (☎ 279-1440, Calle 21, Calacoto, Zona Sur) organise des visites du centre-ville et de la Zona Sur dans un bus à impériale rouge (6 $US par personne). Parmi les brèves haltes figurent le mirador Killi Killi, San Miguel dans la Zona Sur et le Valle de la Luna. Le commentaire, enregistré en 7 langues, tient un peu de la promotion (et encourage à investir en Bolivie), mais vous découvrirez de nombreux sites en 4 heures.

FÊTES ET FESTIVALS

La Paz ne manque jamais une occasion de faire la fête. L'office du tourisme municipal (p. 69) vous fournira une liste complète des festivités.

Janvier
ALASITAS

À l'époque inca, **Alasitas** ("achète chez moi" en aymará, ou *comprame* en espagnol) coïncidait avec l'équinoxe de printemps (21 septembre) et célébrait l'abondance des cultures. Les colons espagnols changèrent la date et les *campesinos* décidèrent de tourner la fête en dérision. La notion d'abondance fut redéfinie pour s'appliquer non seulement aux récoltes mais aussi aux habitations, aux outils, à l'argent, aux vêtements et, plus récemment, aux voitures, aux camions, aux avions et même aux immeubles de 12 étages. Le petit dieu de l'Abondance, Ekeko ("nain" en aymará), fit son apparition et l'Alasitas moderne est désormais célébrée le 24 janvier.

Mai-juin
EL GRAN PODER

Célébrée fin mai ou début juin, la **Festividad de Nuestro Señor Jesús del Gran Poder** a vu le jour en 1939 et se résumait alors à une

---

EKEKO

Ekeko est le dieu du foyer, le gardien et le dispensateur des biens matériels. À l'occasion d'Alasitas, ses dévots achètent des miniatures des biens matériels qu'ils voudraient acquérir au cours de l'année à venir et les fixent sur des statuettes en plâtre du dieu. Ekeko se retrouve ainsi surchargé d'ustensiles ménagers, de paniers de coca, de portefeuilles pleins de coupures factices, de billets de loterie, d'alcool, de chocolat et d'autres produits de luxe. Les plus optimistes accrochent de minuscules *camiones* au moteur gonflé, des billets d'avion pour Miami et des pavillons de banlieue ! Tous ces objets doivent être bénis par un *yatiri* (chaman) certifié. Cette avidité apparente semble en contradiction avec les valeurs aymará – la communauté et l'équilibre en toute chose –, mais il faut savoir qu'Ekeko a le pouvoir d'offrir un bien qu'une famille peut partager avec la communauté.

procession aux chandelles derrière une effigie du Christ à travers les quartiers populaires du haut de La Paz.

L'année suivante, le syndicat local des brodeuses créa un groupe folklorique pour participer à l'événement. Au fil des ans, d'autres groupes folkloriques l'ont imité et la fête a pris de l'ampleur. Aujourd'hui, cette fête spécifique à La Paz rassemble des groupes de danse et de musique de toute la ville. Les brodeuses confectionnent de somptueux costumes et jusqu'à 25 000 artistes se préparent des semaines à l'avance.

Célébration à l'ambiance débridée, El Gran Poder donne un aperçu de la culture aymará sous son jour le plus festif. Parmi les danses traditionnelles figurent les *suri sikuri* (avec des danseurs parés de plumes d'autruche), les *kullasada*, *morenada* et *caporales endiablées*, et les *inkas*, anciennes danses cérémonielles incas.

Pour ne pas manquer la procession, placez-vous de bonne heure sur le trajet tout en évitant le jet, intentionnel ou hasardeux, de ballons remplis d'eau. L'office du tourisme municipal (p. 69) vous indiquera le programme des festivités.

NOUVEL AN AYMARÁ ET SAN JUAN (SOLSTICE D'HIVER)
Dans tout l'Altiplano, le **Nouvel An aymará** est fêté autour du 21 juin, la nuit la plus longue et la plus froide de l'année. Des feux de joie et des feux d'artifice illuminent les rues et la boisson coule à flots. **San Juan** (24 juin) est la version chrétienne de la célébration du solstice. Les festivités sont particulièrement animées à Tiahuanaco (p. 103).

Juillet
FIESTAS DE JULIO
Pendant tout le mois, le Teatro Municipal offre une série de manifestations culturelles faisant la part belle à la musique andine.

VIRGEN DEL CARMEN
La sainte patronne du département de La Paz a droit à son jour férié (16 juillet), avec défilés et danses.

ENTRADA FOLKLÓRICA DE UNIVERSITARIA
Le dernier samedi de juillet, dans une ambiance de carnaval, des étudiants de tout le pays, répartis en centaines de groupes, exécutent des danses traditionnelles dans les rues de La Paz.

Août
FÊTE DE L'INDÉPENDANCE
La Fête nationale (6 août), célébrée avec entrain, s'accompagne de pétarades, de tirs de canon et de défilés dans le centre-ville.

Novembre et décembre
DÍA DE LOS MUERTOS (JOUR DES MORTS)
Dans tous les cimetières du pays, des célébrations hautes en couleur honorent les ancêtres.

RÉVEILLON DU NOUVEL AN
Attention aux feux d'artifice – souvent tirés au niveau des yeux. Pour mieux profiter du spectacle, rejoignez des belvédères qui dominent la ville.

OÙ SE LOGER
La plupart des routards séjournent dans le centre-ville. Le triangle formé par les Plazas Mendoza, Murillo et 14 de Septiembre abrite de nombreux hôtels pour petits et moyens budgets, ainsi que les services utiles aux voyageurs. Plus proche des cinémas, le quartier de Sopocachi, autour de la Plaza San Pedro, offre un plus grand choix de restaurants et compte quelques bars. Le secteur autour du marché des Sorcières (entre Santa Cruz et Sagárnaga) a tout du ghetto de voyageurs. Ceux qui recherchent le luxe préféreront le bas du Prado et la Zona Sur.

La Paz possède des dizaines d'adresses bon marché, regroupées pour la plupart à Sagárnaga et à l'est du haut de Montes. Quelques-unes parmi les plus rudimentaires imposent un couvre-feu à minuit. Tous les établissements mentionnés ci-après affirment disposer d'eau chaude, au moins une partie de la journée.

Ouest du Prado et Mariscal Santa Cruz
PETITS BUDGETS
Hostal Cactus (carte p. 72 ; ☎ 245-1421 ; Jiménez 818 ; ch 3,15 $US/pers). Si la propreté laisse un peu à désirer, l'emplacement, en plein cœur du marché des Sorcières, compense les lits fatigués et le cadre négligé. La cuisine commune et le toit-"terrasse" séduiront les voyageurs impécunieux.

Alojamiento El Solario (carte p. 72 ; ☎ 236-7963 ; elsolariohotel@yahoo.com ; Murillo 776 ; dort/s/d/tr 2,50/4/7,50/11,25 $US ; 🖥). Un repaire douillet, avec des dortoirs un peu désordonnés mais corrects, des douches chaudes 24h/24, un service de blanchissage, une cuisine commune, une consigne à bagages et un toit-terrasse ensoleillé. Des voyageurs ont signalé des vols.

Hostal Dinastía (carte p. 72 ; ☎ 245-1076 ; hostel dinastia@yahoo.com ; Illampu 684 ; ch 4 $US/pers, avec sdb 7 $US). Bien situé au cœur de l'action, il offre des chambres défraîchies et un peu sales, dont certaines avec TV câblée.

Hotel Continental (carte p. 72 ; ☎ 245-1176 ; hotel continental626@hotmail.com ; Illampu 626 ; ch 5 $US/pers, s/d avec sdb 9/15 $US). Affilié HI, propre et bien situé, ce deux-étoiles plus ancien est apprécié des groupes au budget serré. L'architecture impersonnelle ne facilite pas la rencontre avec d'autres voyageurs. TV câblée dans les chambres.

Hostal Maya (carte p. 72 ; ☎ 231-1970 ; mayhost_in @hotmail.com ; Sagárnaga 339 ; ch 6,90 $US/pers, avec sdb 8,20 $US ; 🖥). Certaines chambres sont enfumées et sans fenêtre ; d'autres, dont celles avec balcon en façade, sont plus plaisantes mais un peu bruyantes. Des sons de *charango* s'échappent de la Peña Huari (p. 92) voisine. Petit déjeuner inclus.

Alojamiento El Viajero (El Lobo ; carte p. 72 ; ☎ 245-3465 ; angle Illampu et Santa Cruz ; dort 3,15 $US, ch avec sdb 8 $US ; 🖥). Semblable à un dortoir de collège, mais plus froid et avec une signalisation en hébreu. Les quelques sdb communes sont sales et les prix incluent le tapage nocturne de vos voisins.

CATÉGORIE MOYENNE

Hotel Majestic (carte p. 72 ; ☎ 245-1628 ; Santa Cruz 359 ; s/d/tr avec sdb et petit déj 11,50/16,50/20 $US). Les sdb roses et les jolis parquets font le charme de cet hôtel banal et bien tenu, en plein centre. Excellent rapport qualité/prix.

Hotel Milton (carte p. 72 ; ☎ 235-3511 ; Illampu 1126-1130 ; s/d/tr avec sdb et petit déj 12,50/16,50/20 $US). Dans cet hôtel des années 1970, des disques en vinyle, des peintures murales et du papier peint original ornent les murs. Les chambres les plus sombres, à l'arrière, manquent de charme, mais celles en façade des étages supérieurs, plus claires, jouissent d'une vue superbe sur La Paz. Sur place, Milton Tours propose des bus pour Tiahuanaco et Copacabana.

Hotel Sagárnaga (carte p. 72 ; ☎ 235-0252 ; reservas@hotel-sagarnaga.com ; Sagárnaga 326 ; s/d avec sdb et petit déj 15/20 $US). Le chevalier en armure rutilante de la réception et les miroirs sont les éléments les plus brillants de cet hôtel des années 1980, très plaisant quoiqu'un peu terne. De longs couloirs sans âme mènent à des chambres propres, aux lits corrects.

Arcabucero Hostal Inn (carte p. 72 ; ☎ /fax 231-3473 ; arcabucero-bolivia@hotmail.com ; Liluyo 307 ; s/d/tr avec sdb 15/24/35 $US). Dans une demeure coloniale restaurée, 10 chambres paisibles, avec douches électriques capricieuses et TV câblée, entourent un joli patio protégé d'une verrière. Celles en étage sont plus agréables et plus claires que celles du rez-de-chaussée. Le petit déjeuner (2,50 $US) est servi dans la salle commune.

Estrella Andina (carte p. 72 ; ☎ 245-6421 ; Illampu 716 ; s/d avec sdb et petit déj 18/28 $US). Si vous souffrez du mal des montagnes, reposez-vous dans cet établissement propre et bien tenu, où chaque chambre est ornée d'une ou plusieurs peintures murales et s'agrémente de la TV câblée. Bon rapport qualité/prix.

Hotel La Joya (carte p. 66 ; ☎ 245-3841 ; www. hotelajoya.com ; Max Paredes 541 ; s/d/tr 13/17/23 $US, avec sdb 20/27/34 $US). Un trois-étoiles de style années 1980, propre et chaleureux, au cœur de l'animation du Mercado Negro. Le petit déjeuner, compris, est servi dans une salle à manger à l'éclairage disco. Bonnes douches chaudes et TV câblée à disposition. En basse saison, les prix sont négociables. En soirée, montez sur le toit-terrasse pour voir la ville scintiller.

La Posada de la Abuela (carte p. 72 ; ☎ 233-2285 ; Linares 947 ; s/d 20/25 $US). Cet établissement flambant neuf est un plaisant refuge au centre du quartier des artisans et des touristes. Une cour remplie de plantes (parfois bruyante) apporte une touche de couleur aux chambres immaculées.

Hotel Galería (carte p. 72 ; ☎ 246-1015 ; hotelgaleria @hotmail.com ; Santa Cruz 583 ; s/d/tr avec sdb et petit déj 20/30/40 $US). Récent et agréable, il se dresse au-dessus des rues animées du Mercado Negro. À l'intérieur, des parois en verre, des balcons et des plantes vertes à l'agonie surplombent une petite galerie marchande moderne. Les chambres en façade, ensoleillées mais bruyantes, ne possèdent pas toutes une fenêtre donnant sur la rue. Prix négociables pour un séjour prolongé.

Hostal Naira (carte p. 72 ; ☎ 235-5645 ; www. hostalnaira.com ; Sagárnaga 161 ; s/d/tr avec sdb et petit déj

25/32/42 $US ; 🖥). Au bout de Sagárnaga, près de la Plaza San Francisco, le Naira est régulièrement recommandé pour son emplacement, sa propreté et son chauffage, qui font son succès auprès des groupes. Il peut néanmoins se révéler bruyant. Le petit déjeuner est servi dans le café du rez-de-chaussée.

▼ **Hotel Rosario** (carte p. 72 ; 🕿 245-1658 ; www. hotelrosario.com ; Illampu 704 ; s/d/tr avec sdb et petit déj 33/43/57 $US, ste 67-74 $US ; 🖥). Le personnel professionnel et anglophone du meilleur trois-étoiles de La Paz dorlote les clients avec un service cinq-étoiles. Dans cette résidence coloniale bien tenue, les chambres impeccables comprennent toutes une douche chauffée à l'énergie solaire, la TV satellite et un radiateur. Un accès Internet gratuit est à disposition. Le petit déjeuner-buffet, servi au Tambo Colonial (p. 88), mérite le détour, même si vous ne logez pas ici. De nombreuses expéditions le choisissent comme camp de base, aussi vaut-il mieux réserver.

Est du Prado et Mariscal Santa Cruz
PETITS BUDGETS

Hospedaje Milenio (carte p. 72 ; 🕿 228-1263 ; hospedajemilenio@hotmail.com ; Yanacocha 860 ; ch 3,15 $US/pers). Détendu et tenu par un personnel sympathique, il offre l'accès à la cuisine, l'eau chaude et un service de blanchissage. Les meilleures chambres, en étage, donnent sur la rue ; la plupart des simples ouvrent sur l'intérieur. Une agence de voyages est installée sur place.

Alojamiento Illimani (carte p. 72 ; 🕿 220-2346 ; Illimani 1817 ; 3,15 $US/ pers). Les images religieuses qui ornent les murs des chambres austères sont, avec le patio verdoyant dans lequel on peut cuisiner, les éléments les plus colorés de cette pension éloignée de tout.

Hostal Austria (carte p. 72 ; 🕿 240-8540 ; Yanacocha 531 ; dort 3,15 $US, s/d 4,50/6,50 $US ; 🖥). Vaste, défraîchi et accueillant, l'Austria reste une adresse prisée des voyageurs malgré le couvre-feu à 23h, les lits trop courts, certaines chambres microscopiques et sans fenêtre et des sdb communes inégales. Douches chaudes et cuisine à disposition.

Hotel Torino (carte p. 72 ; 🕿 240-6003 ; torinonet @hotmail.com ; Socabaya 457 ; s/d/tr 4/7,50/11,50 $US, avec sdb 7,50/12,50/19 $US). "Sombre, froid et venteux", tel est l'avis d'un voyageur sur ce grand bâtiment colonial, modernisé dans les années 1950. L'hôtel est en effet plus apprécié pour ses services – restaurant, échange de livres, consigne à bagages – que pour son confort.

Hotel La Valle (carte p. 72 ; 🕿 245 6085 ; www. lavallehotel.com ; Evaristo Valle 153 ; s/d avec sdb, TV et petit déj 8/12,50 $US). Prisé par une clientèle locale, il loue des chambres sans prétention d'un excellent rapport qualité/prix. Celles qui donnent sur la rue (doubles exclusivement) sont les plus agréables, mais la circulation peut les rendre bruyantes. Le petit déjeuner est servi dans l'un des deux restaurants de l'hôtel.

CATÉGORIE MOYENNE

Hostal República (carte p. 72 ; 🕿 220-2742 ; www. angelfire.com/wv/hostalrepublica ; Comercio 1455 ; s/d/tr/qua 10/16/21/28 $US, avec sdb 16/25/36/44 $US ; 🖥). À trois rues du centre historique de la ville, cet hôtel occupe un bel édifice ancien où vécut l'un des premiers présidents de Bolivie. Les deux grandes cours constituent de plaisantes oasis, mais auraient besoin d'une rénovation. Les chambres, assez simples, se révèlent agréables (évitez le rez-de-chaussée, humide et froid). Le República possède également ses chambres familiales et une spacieuse *casita* (appartement indépendant entièrement équipé ; à partir de 35 $US pour 2 personnes).

Tiquina Palace Hotel (carte p. 72 ; 🕿 245-7373 ; Pasaje Tiquina 150 ; s/d/tr avec sdb et petit déj 20/23/28 $US). Un endroit étonnamment tranquille en plein centre-ville. Les couloirs froids bleu pâle mènent à des chambres moquettées, datées mais très correctes, avec TV câblée et téléphone. Le personnel est extrêmement cordial et les transferts de l'aéroport (5,50 $US) sont offerts gratuitement aux clients séjournant au moins 3 nuits.

Hotel Gloria (carte p. 72 ; 🕿 240-7070 ; www. hotelgloria.com.bo ; Potosí 909 ; s/d/tr avec sdb et petit déj 36,30/48/55,50 $US ; 🍴). Dans une tour surplombant les embouteillages du Prado, cet hôtel a perdu de sa fraîcheur et sent un peu le renfermé, mais la gentillesse du personnel en fait une bonne adresse.

CATÉGORIE SUPÉRIEURE

Hotel Europa (carte p. 72 ; 🕿 231-5656 ; www.hoteleuropa .com.bo ; Tiahuanacu 64 ; s/d avec sdb 65/105 $US ; 🍴 🖥 📡). L'un des plus récents et rutilants hôtels d'affaires. Ses prestations, telles l'accès à Internet dans les chambres, le chauffage par rayonnement, le système d'humidification et le téléphone dans les sdb, justifient les prix élevés. Les deux suites du 12e étage jouissent d'une vue exceptionnelle sur la ville. Les non-résidents peuvent profiter du spa, de la piscine chauffée et du centre de remise en forme pour 10 $US par jour.

Hotel Plaza (carte p. 72 ; ☎ 237-8311 ; www.plazabolivia. com.bo ; 16 de Julio 1789 ; s/d avec sdb 99/119 $US ; ✗ 🖳 🖳). Accueil chaleureux, service efficace, bon emplacement et tout le confort attendu : TV câblée, petit déjeuner-buffet, piscine, salle de gymnastique et Jacuzzi.

Hotel Presidente (Carte p. 72 ; ☎ 240-6666 ; www. hotelpresidente-bo.com ; Potosí 920 ; s/d/tr/ste 115/135/155/ 185 $US ; ✗ 🖳 🖳). L'un des cinq-étoiles les plus hauts au monde (bouteilles d'oxygène à disposition), il comprend un petit casino. Oubliez les meubles involontairement rétro et profitez de la vue superbe qu'offrent les belles chambres avant de vous régaler dans l'un des restaurants – le Bella Vista, au 16e étage, ou La Kantuta, plus simple.

San Pedro et Sopocachi
PETITS BUDGETS
Residencial La Paz City Annex (carte p. 72 ; ☎ 236-8380 ; México 1539 ; ch 3,80 $US/pers). Guère reluisant, il loue quelques chambres acceptables avec balcon.

Residencial Sucre (carte p. 72 ; ☎ 249-2038 ; Colombia 340 ; s/d avec sdb 10/15 $US). La direction se montre serviable et les chambres, au sol très propre et dotées de la TV câblée, entourent une agréable cour fermée (pratique pour garer les vélos). À proximité de la Plaza San Pedro et de l'Heladería Splendid (voir p. 90).

CATÉGORIE MOYENNE
Hostal Astoria (carte p. 72 ; ☎ 215-4081 ; Almirante Grau 348 ; s/d avec sdb 12/18 $US). Si vous souhaitez éviter le quartier touristique de Sagárnaga, vous apprécierez cette adresse méconnue, d'un excellent rapport qualité/prix, aux chambres impeccables avec TV câblée. Proche des bars de Sopocachi, elle se trouve sur une jolie place paisible.

Hotel España (carte p. 72 ; ☎ 244-2643 ; 6 de Agosto 2074 ; s/d/tr avec sdb et petit déj 24/34/40 $US ; 🖳). Sympathique, original et un peu vieillot, cet hôtel colonial comprend un charmant patio ensoleillé et des chambres défraîchies, avec TV câblée, légèrement surévaluées. À courte distance des meilleures tables de la ville, il possède un restaurant qui sert des déjeuners bon marché (1,50 $US).

Hotel Max Inn (carte p. 72 ; ☎ 249-2247 ; Plaza San Pedro ; s/d avec sdb 35/47 $US). Sans doute le

seul trois-étoiles au monde avec vue sur une prison "cinq-étoiles", il propose de grandes chambres lumineuses, avec moquette ; celles en façade donnent sur la liberté et la place en contrebas.

Alcalá Apart Hotel (carte p. 66 ; ☎ 241 2336 ; alcalapt@zuper.ent ; Víctor Sanjines, Plaza España ; app s/d/tr avec sdb 50/60/70 $US ; ✗). D'un bon rapport qualité/prix, entièrement équipés et spacieux, ces appartements dominent la verdoyante Plaza España, loin du tohu-bohu du centre-ville. Les cafés de Sopocachi sont accessibles à pied.

La Loge (carte p. 66 ; ☎ 242 3561 ; www.lacomedie -lapaz.com ; La Comédie Art-Café Restaurant, Pasaje Medinacelli 2234, Sopocachi ; app 50 $US ; 🖳). Le souci du détail et le "bon goût" à la française font le charme de ces 4 appartements clairs et spacieux, superbement aménagés dans un style contemporain. La petite cuisine comprend un percolateur, un four à micro-ondes et des placards garnis de produits de base. Si vous n'avez pas envie de cuisiner, l'un des meilleurs restaurants se trouve à deux pas (voir p. 88). Les chambres confortables sont équipées de la TV câblée et d'un accès à Internet. Service de blanchissage.

CATÉGORIE SUPÉRIEURE
El Rey Palace (carte p. 72 ; ☎ 241-8541 ; www.hotel -rey-palace-bolivia.com ; 20 de Octubre 1947 ; s/d avec sdb 70/80 $US ; ✗ 🖳). Ce quatre-étoiles de 43 chambres vise plutôt une clientèle d'affaires avec ses prestations standard de niveau européen, comprenant petit déjeuner-buffet, téléphone et TV câblée. Certaines chambres ont un Jacuzzi privé. Le restaurant Rey Arturo sert des plats à la carte et le bar ouvre tous les soirs.

Hotel Radisson Plaza (carte p. 72 ; ☎ 244-1111 ; www.radisson.com/lapazbo ; Arce 2177 ; s/d/ste 160/180/260 $US ; ✗ 🖳 🖳). Le Radisson offre tout le confort attendu d'un cinq-étoiles et une ambiance impersonnelle qui peut déplaire à certains. La gamme d'options luxueuses grimpe jusqu'à la suite présidentielle, à 495 $US. Le restaurant du dernier étage jouit d'une vue splendide sur la ville et les montagnes alentour.

Près de la gare routière principale
PETITS BUDGETS
Hostal Maximiliano (carte p. 72 ; ☎ 246-2318 ; hostal maximiliano@yahoo.com ; Inca Mayta 531 ; s 5 $US,

LA PAZ (ZONA SUR) VERS VENTILLA

OÙ SE RESTAURER 🍴
Chalet La Suisse...............**4** G3
Chez Lacoste....................**5** F3
Coroico in Sur..................**6** F3
Furusato...........................**7** E3

RENSEIGNEMENTS
Avis....................................**1** F3

ACHATS 🛍
La Casa de la Llama...........**8** F3
Lillian Castellanos............**9** F3

OÙ SE LOGER 🏠
Camino Real.....................**2** E3
Hotel Calacoto.................**3** E3

Lumen Böhrt....................**10** F3
Millma..............................**11** F3

---

d avec sdb 7,50 $US). Un charmant couple âgé tient cet établissement simple, propre et sûr, non loin de la Plaza San Francisco et de la gare routière. La cour fait oublier les lits un peu avachis. Les doubles sont plus plaisantes.

Adventure Brew Hostel (carte p. 66 ; ☎ 246-1614 ; www.theadventurebrewhostel.com ; Montes 533 ; dort/ch avec sdb et petit déj 5/8 $US). Flambant neuf, il propose des chambres de style design, de superbes espaces communs, des pancakes au petit déjeuner, des barbecues et une ambiance joyeuse dans la microbrasserie installée sur place. Mieux vaut réserver *via* le site web.

Hostal Tambo del Oro (carte p. 66 ; ☎ 228-1565 ; Armentia 367 ; s/d 5/8 $US, avec sdb 9/12 $US). Hôtel de style colonial paisible et douillet, aux chambres moquettées un peu défaîchies et douches chauffées au gaz. Bon rapport qualité/prix.

Arthy's Guesthouse (carte p. 72 ; ☎ 228-1439 ; arthyshouse@gmail.com ; Montes 693 ; ch 6,25 $US/pers). Caché derrière une porte orange vif, cet établissement propre et confortable est, à juste titre, qualifié d'"oasis tranquille", malgré sa situation dans une des rues les plus animées de La Paz. Vous pourrez vous détendre dans le salon en regardant l'un des DVD à disposition. Les sympathiques propriétaires parlent anglais et sont aux petits soins pour leurs hôtes. Possibilité de faire la cuisine.

Zona Sur
CATÉGORIES MOYENNE ET SUPÉRIEURE

Calacoto Hotel (carte p. 86 ; ☎ 279-2524 ; www. hotel-calacoto-bolivia.com ; Calle 13 8099, Calacoto ; s/d/tr 32/38/45 $US). Excellent adresse pour les familles, le Calacoto est installé dans un grand jardin et accepte les animaux. Outre un choix de chambres et d'appartements équipés, il comprend un spa et une petite piscine. Sur place, une agence de voyages propose des circuits originaux et des randonnées à cheval.

Camino Real (carte p. 86 ; ☎ 279-2323 ; www. caminoreal.com.bo ; Ballivián 369, angle Calle 10, Calacoto ; ste s/d 128-168 $US). Moderne et luxueux, le cinq-étoiles le plus récent de La Paz correspond aux critères internationaux, avec tous les équipements standard : piscine, centre d'affaires, restaurants, etc.

LA PAZ

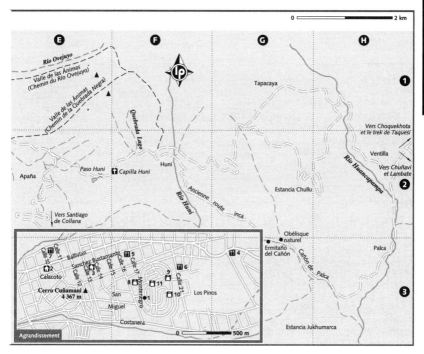

OÙ SE RESTAURER

La Paz compte d'innombrables restaurants, à tous prix et de toutes cuisines. Pour un repas local, le moins cher (et souvent le plus savoureux) est l'*almuerzo* (menu déjeuner) servi dans les multiples gargotes ; consultez le menu affiché en façade. En règle générale, plus vous grimpez en partant du Prado, plus les prix baissent.

Les végétariens trouvent de plus en plus facilement des plats qui leur conviennent (même les *salteñerías* préparent des chaussons aux légumes, voir l'encadré p. 90) et il existe d'excellents restaurants entièrement végétariens.

Les restaurants haut de gamme se multiplient. Ils servent des plats d'excellente qualité, concoctés avec des ingrédients dont la fraîcheur fait la renommée de La Paz. De nombreuses adresses de catégories moyenne et supérieure se trouvent dans le sud de la ville : dans le bas du Prado, près de 16 de Julio, et dans le bas de Sopocachi, autour des Avenidas 20 de Octubre et 6 de Agosto. La Zona Sur est l'endroit le plus prisé pour une sortie nocturne ou prendre un café le week-end. Si bon nombre de cafés et restaurants proposent de la cuisine bolivienne, les établissements les plus luxueux privilégient les saveurs occidentales.

Restaurants
PETITS BUDGETS

De nombreux restaurants bon marché corrects bordent Evaristo Valle, près du Mercado Lanza (p. 76), et plusieurs sont regroupés à l'extrémité est de la Calle Rodríguez. D'excellentes *cevicherías* de style péruvien, telle **Acuario** (carte p. 72 ; plats moins de 3 $US), sont installées dans le bloc 200 de Rodríguez.

Andrómeda (carte p. 72 ; Arce ; menu 2 $US ; ☺ déj). En bas de l'escalier d'Aspiazu. Recommandé pour ses *almuerzos*.

Coroico in Sur (carte p. 86 ; ☎ 279-5936 ; Juli Patino 1526 ; menu déj 1,80 $US, plats 1,60-2,50 $US ; ☺ déj et dîner lun-sam, déj seulement dim). Dans un paisible jardin, joignez-vous à la clientèle locale pour déguster un *plato paceño* (voir l'encadré p. 61) ou un *almuerzo*.

Les restaurants suivants servent aussi des repas à petits prix :

Restaurant Laza (carte p. 72 ; Bozo 244 ; déj 0,75 $US)
Restaurant Verona (carte p. 72 ; Colón près de Santa Cruz ; plats 2-3 $US)

CATÉGORIE MOYENNE

Le Pot Colonial (carte p. 72 ; ☎ 7154-0082 ; Linares 906 ; menu déj 2,25 $US, plats 2-4,50 $US). Une carte ambitieuse de plats boliviens traditionnels, toutefois parfois décevants, un service d'une sage lenteur et un cadre attrayant, au-dessus du musée de la Coca.

Yussef (carte p. 72 ; Sagárnaga 380 ; plats 2-4,50 $US ; ☺ déj et dîner). Excellent restaurant de cuisine moyen-orientale, il propose de succulentes assiettes de *mezze* végétariens – houmous, falafels, taboulé et *babaganoush* – ainsi que de nombreux plats de viande.

Ángelo Colonial (carte p. 72 ; ☎ 236-0199 ; Linares 922 ; plats 2,50-5 $US). Dans ce restaurant de style colonial, décoré d'antiquités hétéroclites – pistolets, épées et portraits d'époque –, vous vous régalerez de soupes et de salades délicieuses et de somptueuses lasagnes végétariennes (3 $US).

Casa de los Paceños (carte p. 72 ; ☎ 228-0955 ; Sucre 856 ; plats 3,40-4 $US ; ☺ déj et dîner lun-sam, déj seulement dim). Apprécié des familles locales et des touristes pour ses interprétations haut de gamme des classiques de la cuisine *paceña*, il mitonne à la perfection *saice*, *sajta*, *chairo* et *fritanga*. Ne vous laissez pas influencer par les plates traductions de la carte qui ne rendent pas justice à l'excellence de la cuisine, et goûtez la *ranga*, une langue de bœuf bouillie.

Tambo Colonial (carte p. 72 ; ☎ 245-1658 ; Hotel Rosario, Illampu 704 ; plats 3-6 $US ; ☺ petit déj et dîner). Réputé pour son buffet de salades et ses plats savoureux, comme la truite au vin blanc, les médaillons de lama avec une sauce aux champignons ou les lasagnes végétariennes. Au dessert, offrez-vous une mousse au chocolat, sans doute la meilleure du pays. Les non-résidents peuvent profiter du petit déjeuner-buffet (3 $US) de l'Hotel Rosario.

Chifa New Hong Kong (carte p. 66 ; Salinas 355 ; menu déj 1,25 $US, plats 2,80-7,50 $US ; ☺ déj et dîner). Pour éviter le glutamate dans les plats chinois bon marché servis ici, précisez : *sin agí-no-moto*.

Boomerang (carte p. 66 ; ☎ 242-3700 ; Pasaje Gustavo Medinacelli 2282). Ce nouveau bar-pizzeria attrayant est installé dans un lumineux atrium à ciel ouvert. Les pizzas, un peu trop cuites mais savoureuses, la mise à disposition de chargeurs de téléphone portable Entel et la presse espagnole à disposition incitent à revenir.

CATÉGORIE SUPÉRIEURE

El Arriero (carte p. 66 ; ☎ 243-5060 ; 6 de Agosto 2535 ; plats 4-7 $US ; ☺ déj et dîner). Dans ce grill argentin spacieux et chaleureux, la viande est maintenue au chaud sur des grils disposés à côté des tables. Les portions généreuses (10-12 $US) suffiront pour 3 ou 4 convives. Malgré un buffet de crudités correct, les végétariens ne trouveront pas leur bonheur ici. Bonne mais onéreuse carte de vins.

Pronto Dalicatessen (carte p. 66 ; ☎ 244-1369 ; Jáuregui 2248 ; plats 4-8 $US ; ☺ 19h-24h lun-sam). Sa cuisine expérimentale, résolument différente et étonnamment délicieuse, vous laissera un souvenir impérissable. Découvrez les raviolis de chèvre au curry asiatique ou les spaghettis de quinoa en sauce béchamel à la coca. Le clou de la carte reste la "Paranoïa de textures et de goûts de chocolat" (3,15 $US). Avec Madonna en fond sonore, vous ne regretterez pas l'expérience, malgré les prix élevés.

Restaurant Vienna (carte p. 72 ; ☎ 244-1660 ; Zuazo 1905 ; plats 4-10 $US ; ☺ déj et dîner lun-ven, fermé sam, déj seulement dim). Meilleur restaurant occidental de La Paz, l'élégant Vienna sert des plats d'Europe centrale et des classiques de la cuisine *criolla* bolivienne. On retiendra le généreux "plat du fermier autrichien" ou la légendaire mousse aux chocolats noir et blanc. Un pianiste joue en sourdine dans la salle ornée d'antiquités.

Wagamama (carte p. 66 ; ☎ 243-4911 ; Pinilla 2257 ; repas 4-10 $US ; ☺ déj seulement dim, fermé lun). Derrière Jalapeños, ce restaurant japonais à l'ambiance raffinée prépare des merveilles, comme le *teppanyaki* (viande grillée dans un poêlon en fer) et la truite de rivière.

⚑ La Comédie Art-Café Restaurant (carte p. 66 ; ☎ 242-3561 ; Pasaje Medinacelli 2234, Sopocachi ; plats 5-6,50 $US ; ☺ déj et dîner lun-ven, dîner sam). Montez à bord de ce bar-restaurant en forme de bateau (admirez le bâtiment), imbattable pour l'atmosphère, la cuisine et le style indéniablement français. La mousse au chocolat (2,50 $US) est un délice. Si les prix sont un peu élevés, l'endroit est plaisant à toute heure.

New Tokyo (carte p. 66 ; ☎ 243-3654 ; 6 de Agosto 2932 ; repas 5-10 $US ; ☺ déj et dîner lun-sam, déj seulement dim). Les meilleurs sushis de la ville après ceux du

Wagamama, dans un cadre moins luxueux et avec un moindre souci du détail.

Furusato (carte p. 86 ; ☎ 279-6499 ; Clemente Inofuentes 437 ; plats 5-11,50 $US ; ⊗ déj et dîner mar-dim, dîner seulement lun). Impeccable et très formel, il offre une délicieuse cuisine japonaise, mais l'accueil manque parfois de chaleur.

Chalet La Suisse (carte p. 86 ; ☎ 279-3160 ; www. chaletlasuisse.com ; Muñoz Reyes 1710, Calacoto ; plats 7,50-11,50 $US). Tenu par des Suisses, ce restaurant haut de gamme pratique des prix mirobolants selon les standards boliviens. Dans une atmosphère surannée, il sert une cuisine irréprochable, des fromages importés et d'excellents vins locaux. Les plats de truite sont particulièrement réussis.

Chez Lacoste (carte p. 86 ; 279-2616 ; Bustamante 1098, Calacoto ; plats 7-11,50 $US). Des chefs boliviens et français officient dans cet élégant restaurant et mitonnent des merveilles à base de bœuf, de lama et de poisson. Des spécialités locales, comme la quinoa et l'*huminta* (chausson de farine de maïs fourré de fromage et d'anis, cuit au four ou bouilli) figurent sur la carte. Si vous avez envie de poisson, commandez un filet de truite au beurre noir et aux câpres (7,50 $US) ou un plat de truite et de *pejerrey* (7,50 $US), au beurre noir et aux câpres.

Cafés

Les cafés ci-après ouvrent toute la journée et servent petits déjeuners et en-cas. Sauf mention contraire, ils ferment en début de soirée.

Kuchen Stube (carte p. 66 ; Gutiérrez 461 ; gâteaux 1-2 $US). Une adresse prisée pour ses succulentes pâtisseries allemandes, son café, ses jus de fruits frais et ses quiches lorraines. Elle propose chaque jour un menu déjeuner à 3 $US (italien le lundi, végétarien le jeudi).

Alexander Coffee & Pub (plats 1-3 $US ; ⊗ jusqu'à 23h) Le Prado (carte p. 72 ; 16 de Julio 1832) ; Sopocachi (carte p. 66 ; 20 de Octubre 2463). Ce lieu branché sert toutes sortes de cafés, de pâtisseries et de sandwichs. Idéal pour un cappuccino, il offre également un choix de jus de fruits et de savoureux en-cas, sucrés ou salés.

Café La Terraza (plats 1-3 $US ; ⊗ tard) Le Prado (carte p. 72 ; 16 de Julio 1615) ; Sopocachi (carte p. 66 ; 20 de Octubre 2331 ; Montenegro 1246). Bonne adresse pour les expressos et autres cafés, cette chaîne de qualité propose en outre un succulent gâteau au chocolat et des petits déjeuners complets avec pancakes et *huevos rancheros* (œufs brouillés épicés).

Pepe's Coffee Bar (carte p. 72 ; Jimenez 894 ; en-cas 1-3,50 $US). Chaleureux et séduisant, ce petit café bohème se niche dans un virage ensoleillé du marché des Sorcières. Plaisant pour un café ou un cocktail, il sert de copieux petits déjeuners et des plats végétariens au déjeuner. Bibliothèque de guides de voyage et magazines anglais à disposition.

Profumo di Caffé (carte p. 72 ; Museo San Francisco, Plaza San Francisco 503 ; en-cas 1,25-3,50 $US). Dans une annexe restaurée du Museo San Francisco, ce charmant café italien, gardé par des anges, sert tiramisu, pâtisseries et autres en-cas sur fond de jazz.

Confitería Club de La Paz (carte p. 72 ; angle Camacho et Mariscal Santa Cruz ; plats 1,40-3,50 $US). Pour un café ou une *empanada*, poussez la porte de ce café littéraire, repaire de politiciens et réputé pour son expresso serré et ses gâteaux.

Café Ciudad (carte p. 72 ; Plaza del Estudiante 1901 ; plats 1,50-3 $US). Si la nourriture est médiocre, tous les burgers, pâtes, steaks et pizzas figurant sur la carte sont servis – avec lenteur – 24h/24 et 7j/7.

Luna's Café (carte p. 72 ; Sagárnaga 289 ; en-cas 1,50-4 $US ; ⊗ jusqu'à 23h). Accueillant rendez-vous de gringos, avec jeux de société, TV, *happy hours* et en-cas. Petit déjeuner-buffet à 2,80 $US.

Café Banaís (carte p. 72 ; Sagárnaga s/n ; en-cas 1,50-3 $US). Les touristes de tous âges l'apprécient pour ses baies ensoleillées, son emplacement près de la Plaza San Francisco, ses petits déjeuners continentaux, son bon café et ses délicieux sandwichs.

Café Torino (carte p. 72 ; Hotel Torino, Socabaya 457 ; en-cas 0,60-2,50 $US ; ⊗ jusqu'à 23h). Un café vieillot avec de la musique des années 1980, un bon choix d'en-cas et de sandwichs, des jus de fruits et des pâtisseries.

Le Bistrot (carte p. 66 ; Guachalla 399 ; repas 1,20-2,50 $US ; ⊗ 8h30-24h). Détendez-vous en compagnie de la jeunesse branchée de Sopocachi dans ce bar chic, en dessous de l'Alliance française. Un éclairage original et des œuvres d'art sur les murs en font un endroit plaisant pour savourer une crêpe et un café malgré la fumée ambiante. Les plats sont un peu décevants.

Dumbo's (carte p. 72 ; 16 de Julio s/n ; plats 2,20-5 $US, glaces 2,50 $US). Les enfants – petits et grands – adoreront les portions généreuses, les plats en forme d'animaux, les salades et les glaces.

Sur le pouce

Peu d'adresses ouvrent avant 8h ou 9h. Les lève-tôt pourront se régaler de petits pains et de café sur les marchés pour 0,35 $US. Les *salteñas* et les *tucumanas* (semblables aux *salteñas*, avec une pâte plus légère), vendues sur les marchés et dans la rue, sont moins chères que dans les cafés et généralement excellentes.

Sergiu's (carte p. 72 ; 6 de Agosto 2040 ; en-cas moins de 2 $US ; ☺ à partir de 17h). Ouvert uniquement en soirée, ce bistrot animé, proche de l'escalier d'Aspiazu, prépare sans doute les meilleures pizzas de la ville, ainsi que des pitas, du chili et des lasagnes.

Eli's Pizza Express (carte p. 72 ; 16 de Julio 1491 et 1800 ; plats 1-2 $US ; ☺ déj et dîner). L'un des fast-foods favoris du Prado, il offre pizzas, pâtes, pâtisseries et glaces. À défaut de gastronomie, le service est rapide.

Pour une glace italienne, rendez-vous à l'**Heladería Napoli** (carte p. 72 ; Ballivián ; ☺ 8h30-22h30), du côté nord de la Plaza Murillo, ou à l'**Heladería Splendid** (carte p. 66 ; angle Nicolas Acosta), une institution cinquantenaire qui prépare également des petits déjeuners, des pâtisseries et autres en-cas. Plusieurs glaciers fréquentés bordent le Prado, comme le Dumbo's (voir p. 89).

Mama Naturaleza (carte p. 72 ; angle Sagárnaga et Murillo ; en-cas 1-3 $US ; ☺ 7h30-22h). Ce café bio est installé dans une petite cour, agrémentée d'une fontaine et entourée de boutiques d'artisanat. Vous pourrez déguster ses produits naturels sur l'agréable terrasse ou les emporter.

VÉGÉTARIEN

Armonía (carte p. 66 ; Ecuador 2284 ; buffet 3 $US ; ☺ déj lun-sam). Au-dessus de Librería Armonia à Sopocachi, il propose un excellent buffet végétarien, essentiellement composé de produits bio.

Confitería Manantial (carte p. 72 ; Hotel Gloria, Potosí 909 ; buffet 3 $US ; ☺ déj lun-sam). Mieux vaut arriver avant 12h30 pour savourer les meilleurs plats de son buffet végétarien.

FAIRE SES COURSES

Si la foule ne vous effraie pas, rendez-vous aux marchés pour les repas les moins chers. Au Mercado Camacho (carte p. 72), des stands vendent des empanadas et des sandwichs au poulet et des *comedores* servent de copieux menus. Le *comedor* du Mercado Uruguay (carte p. 72), près de Max Paredes, propose divers menus, comprenant tripes et *ispi* (semblable à la sardine) pour moins de 1 $US. Les marchés proches de l'Av. Buenos Aires offrent également des repas bon marché.

À Sopocachi, des stands de *salteñas* (voir l'encadré ci-dessous) bordent le côté nord-ouest de la Plaza Avaroa. Vous

---

SAVOUREUSES SALTEÑAS

L'un des en-cas les plus appréciés en milieu de matinée est la *salteña*, un délicieux chausson farci. Originaire de Salta en Argentine, les *salteñas* sont traditionnellement fourrées de viande ou de *pollo* (poulet), d'un œuf et d'une olive. Aujourd'hui, il en existe différentes versions, y compris végétariennes.

Elles sont en vente dans les échoppes et les stands de rue, mais on prend le temps de les déguster dans une *salteñería* le week-end. Tout le monde, des familles aux jeunes branchés, s'y retrouve pour discuter devant un *jugo con leche* (milk-shake aux fruits) et des *salteñas*.

Pour les savourer sans se tacher, il convient de croquer un coin du chausson, d'aspirer le jus et d'utiliser une cuillère pour récupérer la farce. À moins de 0,40 $US pièce, ces merveilles permettent de calmer sa faim sans se ruiner.

Les adresses suivantes font partie des meilleures *salteñerías* de La Paz.

Salteña Chic (carte p. 66 ; Plaza Avaroa, Sopocachi). Vente à emporter uniquement ; prix raisonnables.

Salteñería Chuquisaqueña (carte p. 66 ; Plaza Avaroa, Sopocachi ; ☺ 7h30-13h30). Plus modeste, avec une banquette en bois et une longue file d'attente pour la vente à emporter.

Salteñería El Hornito (carte p. 66 ; Edificio Hilda, 6 de Agosto 2455, Sopocachi ; ☺ 8h-14h). Délicieuses *salteñas* végétariennes, dont les saveurs raffinées compensent la taille modeste.

Paceña La Salteña (carte p. 66 ; 20 de Octubre 2379, Sopocachi ; ☺ 8h30-14h). Des murs couleur pêche, des rideaux en chintz et des dorures donnent le ton de cette *salteñería* primée. *Salteñas* végétariennes le week-end seulement.

pouvez aussi vous nourrir à peu de frais en achetant les nombreux produits vendus sur les marchés. Pour un en-cas sucré, allez dans la Calle Isaac Tamayo (carte p. 72), près de Manco Capac.

Les boutiques Irupana (vous en trouverez une à Murillo 1014, à l'angle de Tarija) vendent des produits bio locaux, dont du muesli sans sucre et un délicieux chocolat.

Si vous prévoyez un pique-nique, faites vos courses au **Ketal Hipermercado** (carte p. 66 ; Arce près de Pinilla, Sopocachi). **Ketal Express** (Plaza España) offre un choix plus limité. **Zatt** (carte p. 66 ; Sánchez Lima près de Plaza Avaroa) est une petite supérette à l'américaine. En face du marché de Sopocachi, **Arco Iris** (carte p. 66 ; Guachalla 554 ; 8h-20h lun-sam) abrite une grande *pastelería* et une épicerie fine qui vend des spécialités régionales, comme le salami de lama fumé, des produits laitiers, des cœurs de palmier frais et des fruits séchés du Beni.

OÙ PRENDRE UN VERRE ET DANSER

Une multitude de bistrots bon marché sont fréquentés par des hommes qui boivent du *singani* (eau-de-vie) jusqu'à l'ivresse en jouant aux *cachos* (dés). Les femmes, accompagnées ou non, se tiendront à l'écart de ces bouges, où seuls des inconscients se hasarderont.

De nombreux bars chic attirent une clientèle d'étrangers et de Boliviens aisés. La jeunesse dorée locale se mêle aux expatriés fortunés dans les clubs de l'Av. 20 de Octubre, en bas de Sopocachi, et dans la Zona Sur, où bars et discothèques ponctuent l'Av. Ballivián et la Calle 21. Les adresses varient au gré des modes et mieux vaut se renseigner sur place.

Ram Jam (carte p. 66 ; Presbítero Medina 2421 ; 18h-3h). Cet établissement branché a de nombreux atouts : cuisine et boissons délicieuses, éclairage tamisé et musique live. La carte comprend des plats végétariens, des petits déjeuners anglais et une bière brassée sur place. Vous pouvez ensuite aller respirer à l'Ozone, le bar à oxygène le plus original au monde, au 1er étage (10 $US les 5 min).

Oliver's Travels (carte p. 72 ; Murillo 1014). Pour la pire (ou la meilleure ?) expérience culturelle à La Paz, ce pub se vante d'offrir "rien d'original – juste de la bière, du football, des curries, de la cuisine typiquement anglaise, des blagues salaces et de la musique que

vous avez déjà entendue". Heureusement pour Olly, le propriétaire, une foule de fêtards apprécie le programme. Excellent service d'échange de livres.

Mongo's (carte p. 66 ; Manchego 2444 ; 18h-3h30 ; tapas gratuites 18h-19h30). Établi de longue date, branché et très fréquenté, il est apprécié des expatriés et des bénévoles des ONG. Certains soirs, des artistes cubains et colombiens s'y produisent.

Café Sol y Luna (carte p. 72 ; angle Murillo et Cochabamba). Ce bar détendu, tenu par un Hollandais, sert des cocktails et un bon café mais des repas très moyens. Aménagé sur trois niveaux, il comprend un échange de livres, une bibliothèque de guides de voyage (bien fournie en guides Lonely Planet), un jeu de fléchettes et des divans au rez-de-chaussée.

Dead Stroke (carte p. 66 ; 6 de Agosto 2460 ; à partir de 17h lun-sam). TV câblée, tables de billard, fléchettes, échecs et dominos attirent les noctambules dans ce bar joyeux et un peu louche, qui sert également des repas standard.

Thelonious Jazz Bar (carte p. 66 ; 20 de Octubre 2172 ; entrée 3,15 $US ; 19h-3h lun-sam). Les fondus de be-bop adorent ce bar au charme discret pour ses concerts et son ambiance.

Reineke Fuchs (carte p. 66 ; Jáuregui 2241 ; à partir de 18h lun-sam). La brasserie de Sopocachi propose des bières allemandes et de copieux plats de saucisses arrosés de schnaps. Également dans la Zona Sur.

La Choperia (carte p. 72 ; Pichincha près d'Ingavi). En face de l'église mormone, son cadre rustique, les photos des années 1920 et 1930, la musique pop occidentale et la bière servie en chope ou en pichet séduisent la classe moyenne locale.

Forum (carte p. 66 ; Víctor Sanjines 2908 ; entrée 2-10 $US). L'ancêtre des discothèques de La Paz plaît toujours à la jeunesse et offre un thème musical différent chaque soir.

Diesel Nacional (carte p. 66 ; 20 de Octubre 2271 ; à partir de 19h30 lun-sam). Les enfans gâtés de La Paz fuient la réalité, au prix d'une consommation exorbitante, dans ce refuge postmoderne qui s'anime tard dans la nuit.

Traffic (carte p. 66 ; www.trafficsanjorge.com ; Arce 2549). Une clientèle détendue vient ici pour les cocktails, la musique live – de la world au disco –, l'ambiance éclectique et la danse jusque tard.

OÙ SORTIR

Kaos, un mensuel gratuit disponible dans les bars et les cafés, recense de manière exhaustive les distractions à La Paz. Les panneaux d'affichage des hôtels indiquent les bars et les concerts et l'**Agenda Cultural** (www.utopos.org) donne la liste des expositions artistiques et des pièces de théâtre. L'office du tourisme municipal (p. 69) et la **Casa de la Cultura** (carte p. 72 ; Mariscal Santa Cruz et Potosí) publient un bulletin mensuel des événements culturels et artistiques. Le **Teatro Municipal** (carte p. 72 ; Sanjinés et Indaburo) propose un ambitieux programme de théâtre et de musique folklorique.

Peñas

Typiques des Andes, les *peñas* offrent essentiellement des concerts de musique andine, jouée avec des *zampoñas*, des *quenas* et des *charangos*, et accueillent parfois des guitaristes et des chanteurs. Si beaucoup annoncent des spectacles tous les soirs, la plupart n'en proposent que les vendredi et samedi soir. Les spectacles commencent habituellement à 21h ou 22h et se terminent vers 1h ou 2h. L'entrée, de 4 à 7 $US, comprend souvent une boisson. La presse quotidienne indique des *peñas* impromptues et d'autres événements musicaux.

El Calicanto (carte p. 72 ; Sanjinés 467 ; plats 3-6 $US ; dîner buffet 4 $US). Dans une ancienne demeure coloniale à deux rues de la Plaza Murillo, l'établissement comprend le café El Molino, qui sert cafés et déjeuners, un bar avec *peña* tous les soirs, et le restaurant Las Tres Parrillas, qui prépare une excellente cuisine à prix raisonnables.

Peña Marka Tambo (carte p. 72 ; ☎ 228-0041 ; Jaén 710 ; entrée 4 $US ; ☺ à partir de 20h jeu-sam). Moins chère et plus traditionnelle, selon certains. La musique vaut mieux que la cuisine.

Peña Huari (carte p. 72 ; ☎ 231-6225 ; Sagárnaga 339 ; entrée 12 $US, repas 10 $US ; ☺ à partir de 19h tlj). *Peña* la plus connue de la ville, elle attire une clientèle de touristes et d'hommes d'affaires boliviens. Le restaurant sert une cuisine bolivienne – steaks de lama, truite du lac Titicaca, *charque kan* et salades. Le spectacle commence à 20h.

Peña Parnaso (carte p. 72 ; ☎ 231-6827 ; Sagárnaga 189 ; entrée 10 $US, plats 3,15-5 $US ; ☺ à partir de 20h30 lun-sam). La carte offre de nombreuses spécialités locales, notamment de lama : *charque kan*, brochettes et même fondue. Le spectacle inclut des danses andines. Ouvert pour le déjeuner (2 $US), sans spectacle.

La Casa del Corregidor (carte p. 72 ; ☎ 236-3633 ; Murillo 1040 ; entrée 3,15 $US, dîner-spectacle 10 $US ; ☺ 19h-tard lun-sam). Installée dans un superbe bâtiment colonial, cette *peña* haut de gamme, appelée Rincón Colonial de La Paz, organise un spectacle régulier d'excellente qualité.

Cinéma

La Cinemateca Boliviana (carte p. 72 ; ☎ 244-4090 ; angle Zuazo et Rosendo Gutiérrez) programme une excellente sélection de films boliviens récents d'art et d'essai ainsi que des films étrangers sous-titrés (lors de notre passage, ce nouveau local de la cinémathèque était encore en construction ; téléphonez pour vérifier l'adresse).

Le Goethe Institut (p. 69) projette régulièrement des films allemands. Les cinémas modernes du Prado passent les derniers succès internationaux, généralement en version originale sous-titrée (billets 3,15 $US). Les salles suivantes sont recommandées : **Cine 6 de Agosto** (carte p. 66 ; ☎ 244-2629 ; 6 de Agosto). Entre les Calles Gutiérrez et Salinas. **Cine 16 de Julio** (carte p. 72 ; ☎ 244-1099 ; 16 de Julio) **Cine Monje Campero** (carte p. 72 ; ☎ 212-9033/34 ; angle 16 de Julio et Bueno)

Théâtre

Le **Teatro Municipal Alberto Saavedra Pérez** (carte p. 72 ; Sanjinés et Indaburo ; billets 3-5 $US) offre un ambitieux programme de spectacles folkloriques, de concerts de musique traditionnelle et de pièces de théâtre étrangères. Cet ancien édifice superbement restauré possède un auditorium circulaire, des balcons ouvragés et un immense plafond peint. Les journaux et l'office du tourisme municipal (p. 69) vous renseigneront sur les programmes.

Sport

Le *fútbol* est tout aussi populaire en Bolivie que dans les autres pays d'Amérique latine. Les matchs se disputent à l'Estadio Hernando Siles (carte p. 72) le mercredi, le samedi et, pour les plus importants, le dimanche. Les prix varient en fonction des sièges et selon qu'il s'agit d'un match local ou international (de 1,25 à 12,50 $US). On imagine aisément l'avantage dont profitent les équipes locales, habituées à l'altitude, par rapport à celles des plaines ; les joueurs venant d'ailleurs considèrent qu'il est suicidaire de jouer à La Paz ! Les horaires et les prix sont indiqués dans les journaux. Pour plus d'informations sur le football, consultez l'encadré p. 37.

ACHATS
Souvenirs et artesanía
La Paz est un paradis du shopping, aux prix très raisonnables et à la qualité souvent impressionnante. La principale zone touristique commerciale s'étend le long de la Calle Sagárnaga (carte p. 72), très escarpée, entre Santa Cruz et Tamayo, et déborde dans les rues adjacentes, telle la Calle Linares, bordée de boutiques d'artisanat.

Des magasins se spécialisent dans les sculptures sur bois et les poteries de l'Oriente ainsi que les objets en argent de Potosí ; d'autres proposent des tapis, des tentures, des ceintures et des sacs tissés. Parmi les beaux tissages et l'artisanat raffiné, vous découvrirez d'innombrables articles kitsch, du cendrier à motifs incas aux fausses figurines de Tiahuanaco et des bijoux fantaisie aux lainages industriels.

Vous trouverez CD et cassettes dans les petites échoppes d'Evaristo Valle et dans les magasins plus classiques de Linares. Le Mercado de Hechicería (p. 74) regorge de figurines et de porte-bonheur aymará, représentant entre autres des grenouilles.

Pour des pulls en lama ou en alpaga bon marché, des chapeaux melon et d'autres vêtements non touristiques, flânez dans les Calles Graneros et Max Paredes.

Comart Tukuypaj (carte p. 72 ; ☎ 231-2686 ; www. comart-tukuypaj.com ; Linares 958). Cette boutique de commerce équitable vend des articles en lama et en alpaga et de l'artisanat de qualité supérieure provenant de tout le pays. À l'étage, la coopérative de tisserandes Inca Pallay possède une galerie de splendides textiles jalq'a et candelaria.

Artesanía Sorata (carte p. 72 ; ☎ 239-3041 ; www.catgen.com/sorata ; Sagárnaga 363 et Linares 900). Poupées et lainages pour enfants, faits main et d'excellente qualité.

Waliki (www.waliki.com ; Víctor Sanjines 2866, Sopocachi). Spécialisée dans les vêtements en alpaga, elle fait travailler des artisans locaux et propose d'élégants modèles contemporains.

Joyas y Gemas (carte p.72 ; Boutique 1, 16 de Julio 1607, près de Campero). En dessous de Hungry Jacks, il vend des bijoux originaux, dont de superbes pendentifs avec une pierre boli-

vienne semi-précieuse, la *bolivianita* (une améthyste violette et jaune).

Vêtements
Quartier le plus huppé, la Zona Sur abrite des boutiques de créateurs. Plusieurs magasins vendent de superbes articles en lama et en alpaga. Voici quelques adresses :

Liliana Castellanos (carte p. 86 ; ☎ 212-5770 ; Montenegro 810, Bloque H, San Miguel)

Millma (carte p. 86 ; ☎ 231-1338 ; www.millmaalpaca. com ; angle Sagárnaga 225 et Claudio Aliaga 1202, San Miguel)

La Casa de la Llama (carte p. 86 ; ☎ 279-0401 ; Montenegro, Bloque E, No 2, Calacoto)

Lumen Böhrt (carte p. 86 ; ☎ 277-2625 ; Montenegro 910, San Miguel)

Instruments de musique
De nombreux artisans fabriquent des instruments à vent traditionnels, tels que *quenas*, *zampoñas*, *tarkas* et *pinquillos* ; beaucoup sont de piètre qualité ou simplement décoratifs. Rendez-vous dans un atelier réputé, où vous paierez bien moins cher que dans les boutiques et où votre argent profitera directement à l'artisan. Plusieurs bordent Juan Granier, près de la Plaza Garita de Lima. Des magasins recommandés sont installés dans Isaac Tamayo, près du sommet de Sagárnaga, et dans Linares aux n°855 et 859.

Photographie et pellicules
On trouve facilement des pellicules diapo (environ 5 $US) ou papier (2,50 $US les 36 poses). Évitez de les acheter sur les marchés, où elles restent exposées au soleil toute la journée. Des magasins de photo sont installés autour du croisement de Comercio et Santa Cruz, et le long de Buenos Aires. Rarement disponibles, les films supérieurs à 400 ASA riquent fortement d'être périmés.

Pour des appareils photo et du matériel électronique relativement bon marché, essayez les petites échoppes d'Eloy Salmón 849 et 929, près de l'extrémité ouest de Santa Cruz.

De nombreux laboratoires Kodak développent les photos en 1 heure dans les quartiers touristiques. Vous pouvez aussi vous adresser aux établissements suivants : **AGFA** (carte p. 72 ; ☎ 240-7030 ; Mariscal Santa Cruz 901). Parfait pour des photos d'identité en un clin d'œil.

Casa Kavlin (carte p. 72 ; ☎ 240-6046 ; Potosí 1130). Développement en 1 heure de diapos ou de photos papier.
Foto Linares (carte p. 72 ; ☎ 232-7703 ; Edificio Alborda, Loayza et Juan de la Riva). Le meilleur pour un développement professionnel.
Tecnología Fotográfica (☎ 242-7402, 7065-0773 ; 20 de Octubre 2255). En cas de problème avec votre appareil photo, Rolando fera des miracles.

Matériel de sport
Pour protéger votre sac à dos – treillis métallique, sacs en plastique, chaînes, cadenas etc. –, explorez les stands de rue de la Calle Isaac Tamayo.
Condoriri (carte p. 72 ; ☎ 241-9735 ; Sagárnaga 343). Bon choix de matériel neuf et d'occasion pour l'escalade, le trekking et le camping, des cordes et sacs à dos aux chaussures, boussoles et piles de lampes frontales, ainsi que des livres et des cartes. Il propose également du matériel de location et possède un atelier de réparation.
Camping Caza y Pesca (carte p. 72 ; ☎ 240-8095 ; Galería Handal, Mariscal, Local 9). Bonne adresse pour le matériel de camping, dont des recharges pour réchaud à gaz.
et-n-ic (carte p. 72 ; ☎ 246-3782 ; Illampu 863). Location d'équipement suisse de qualité supérieure et vente de recharges pour réchaud à gaz. Demandez Christian – il dénichera ce dont vous avez besoin.
Sarañani (carte p. 72 ; ☎ 237-9806 ; Galería Doryan, Sagárnaga 189, Local 30). Tentes, sacs à dos, sacs de couchage et ustensiles de cuisine.

Vin et alimentation
Breick Chocolate Shop (carte p. 72 ; Zuazo et Bueno). Le meilleur chocolat du pays à des prix défiant toute concurrence.
Bodega La Concepción (carte p. 72 ; ☎ 248-4812 ; Cañada Strongest 1620 et Otero de la Vega, San Pedro). La boutique de ce domaine viticole de Tarija vend des crus d'altitude primés à prix de gros.
Campos de Solana/Casa Real (carte p. 72 ; ☎ 249-1776 ; Otero de la Vega 1427). Autre domaine viticole de Tarija, renommé pour ses malbec et riesling.

DEPUIS/VERS LA PAZ
Avion
L'aéroport international El Alto (LPB ; ☎ 281-0240), le plus haut aéroport international au monde (4 050 m), s'étend sur l'Altiplano, à 10 km du centre-ville par la route à péage. Les gros avions ont besoin de 5 km de piste pour

décoller et doivent atterrir à une vitesse deux fois supérieure pour compenser la faible densité atmosphérique. Les distances de freinage sont également plus importantes et les appareils sont équipés de pneus spéciaux, capables de résister aux pressions extrêmes.

Dans l'aéroport, on trouve un kiosque à journaux, des DAB, un cybercafé, des boutiques de souvenirs, une librairie, un café, un fast-food, un bistrot et une boutique hors taxe dans le terminal international. Le bureau de change à l'extérieur du hall des arrivées internationales offre des taux peu avantageux sur les chèques de voyage ; si possible, attendez d'être en ville. La taxe de départ s'élève à 1,30/25 $US pour les vols nationaux/internationaux.

AGENCES DES COMPAGNIES AÉRIENNES
AeroSur (carte p. 72 ; ☎ 231-1333, 244-4930 ; www. aerosur.com ; Edificio Petrolero, 16 de Julio 1616)
Amaszonas (☎ 222-0840/48 ; Saavedra 1649, Miraflores)
American Airlines (carte p. 72 ; ☎ 235-1360 ; www. aa.com ; Edificio Hernann, Plaza Venezuela 1440)
Grupo Taca (carte p. 72 ; ☎ 231-3132 ; www.taca.com ; Edificio Petrolero, 16 de Julio 1616)
Lan Airlines (carte p. 72 ; ☎ 235-8377 ; www.lan.com ; Suite 104, Edificio Ayacucho, 16 de Julio 1566)
Lloyd Aéreo Boliviano (LAB ; carte p. 72 ; ☎ 237-1024 ; Camacho 1460). Lors de nos recherches, la compagnie était au bord de la faillite. Renseignez-vous avant d'effectuer une réservation.
TAM Mercosur (carte p. 72 ; ☎ 244-3442 ; www.tam. com.py, en espagnol ; Gutiérrez 2323)
Transportes Aéreos Militares (TAM ; carte p. 72 ; ☎ 212-1582, 212-1585, aéroport TAM ☎ 284-1884 ; Montes 738)

Bus
À 15 minutes de marche au nord du centre-ville, la **gare routière principale** (Terminal de Buses ; carte p. 66 ; ☎ 228-0551 ; Plaza Antofagasta ; accès 0,25 $US) dessert toutes les destinations au sud et à l'est de La Paz, ainsi que les lignes internationales ; les compagnies pratiquent des tarifs quasiment identiques. Les autres localités sont principalement desservies par des *micros* et des minibus qui partent du quartier du cimetière ou de Villa Fátima (voir ci-contre).

GARE ROUTIÈRE PRINCIPALE - SUD ET EST DE LA BOLIVIE
Les bus à destination d'Oruro partent environ toutes les demi-heures (2,50-7,50 $US, 3 heures 30), de 5h à 21h30.

Des bus Panasur rallient Uyuni (10 $US, 13 heures) tous les jours à 19h. Plusieurs compagnies se rendent quotidiennement à Cochabamba (3,15-7,50 $US, 7-8 heures). Les bus pour Santa Cruz (22,50 $US, 16 heures) démarrent généralement en fin de journée, à 17h ou 19h ; El Dorado offre un service direct.

La plupart des bus de nuit pour Sucre (6,50-11,50 $US, 14 heures) passent par Potosí (7-13 $US, 11 heures) et certains s'y arrêtent pour la nuit. Gardez des vêtements chauds à portée de main pour ce trajet particulièrement froid. Certains bus à destination de Potosí continuent vers Tarija (12,50-27 $US, 24 heures), Tupiza (12 $US, 20 heures) ou Villazón (12,50-25 $US, 23 heures).

GARE ROUTIÈRE PRINCIPALE - SERVICES INTERNATIONAUX

Plusieurs compagnies proposent des départs quotidiens pour Arica (12,50 $US, 8 heures) et Iquique (17,50 $US, 11-13 heures) ; pour Cuzco (15-20 $US, 12-17 heures) *via* Desaguadero ou Copacabana, avec des correspondances pour Puno (8-10 $US, 8 heures), Lima (82 $US, 27 heures) et Arequipa ; pour Buenos Aires (normal/*bus cama* 65/75 $US, 50 heures), *via* Villazón ou Yacuiba.

QUARTIER DU CIMETIÈRE – LAC TITICACA, TIAHUANACO ET PÉROU

Plusieurs compagnies, dont **Transportes 6 de Junio** (☎ 245-5258), **Trans Manco Capac** (☎ 245-9045) et **TransTurs 2 de Febrero** (☎ 245-3035), offrent des services fréquents pour Copacabana (2 $US, 3 heures) entre 5h et 20h, au départ de la Calle José María Aliaga (carte p. 66), près de la Plaza Felix Reyes Ortíz (Plaza Tupac Katari). À Copacabana, des *camiones* et des *colectivos* (minibus ou taxis collectifs) se rendent à Puno et au-delà. Sinon, des minibus touristiques (4-5 $US, 2 heures 30), plus confortables, viennent chercher les passagers à leur hôtel ; vous pouvez réserver auprès de n'importe quelle agence de voyages de La Paz. La plupart des compagnies proposent des services quotidiens pour Puno (avec changement à Copacabana) pour environ 10 $US, ramassage à l'hôtel compris. Le trajet dure de 9 à 10 heures, avec déjeuner à Copacabana et passage de la frontière. Les compagnies échangent parfois leurs passagers afin de remplir les bus ; toutes autorisent une escale à Copacabana.

Entre 5h et 18h, **Autolíneas Ingavi** (carte p. 66 ; José María Asín) offre un départ toutes les 30 minutes pour Desaguadero (1 $US, 2 heures), *via* Tiahuanaco (1 $US, 30 min) et Guaqui. Non loin, **Trans-Unificado Sorata** (carte p. 66 ; ☎ 238-1693 ; angle Kollasuyo et Bustillos) propose 2 bus quotidiens pour Sorata (1,50 $US, 4 heures 30). La réservation étant indispensable le week-end, mieux vaut s'y prendre à l'avance ; choisissez une place sur la gauche pour avoir une belle vue. Des bus à destination de Huarina et Huatajata (1 $US, 2 heures) partent du coin des Calles Bustillos et Kollasuyo.

Dans ce quartier, surveillez vos bagages, surtout en montant ou descendant des bus.

VILLA FÁTIMA - YUNGAS ET BASSIN AMAZONIEN

Plusieurs *flotas* (compagnies de bus longue distance) offrent des bus et des minibus quotidiens pour les Yungas et au-delà. **Flota Yungueña** (☎ 221-3513) possède deux agences : celle de Yanacachi 844, derrière l'ex-*surtidor* (ancienne station-service), dessert Coroico, et celle de Las Américas 341, au nord de l'ancienne station-service, rallie le Bassin amazonien. À proximité, **Trans Totaí** (San Borja) et **Trans San Bartolomé** (☎ 221-1674) se rendent à Chulumani. D'autres compagnies desservant la région sont regroupées dans Virgen del Carmen, à l'ouest de l'Av. Las Américas. À l'exception de Rurrenabaque, la plupart des lignes de l'Amazonie ne sont en service que pendant la saison sèche. Quelle que soit la destination, mieux vaut réserver à l'avance. Des *camiones* partent derrière la station-service de la Calle San Borja pour Riberalta et Caranavi, et de 15 de Abril pour Chulumani et Riberalta (avec les nombreux bus disponibles, cette option ne vaut aujourd'hui que pour son originalité).

Quelques exemples de tarifs et temps de trajet : Coroico (2 $US, 4 heures), Chulumani (2 $US, 4 heures), Guanay (8 $US, 8 heures), Rurrenabaque (7-10 $US, 18-20 heures), Guayaramerín (21,50 $US, 35-60 heures), Riberalta (18,50 $US, 35-60 heures) et Cobija (26,50 $US, 50-80 heures).

LA PAZ

Train

L'ancienne gare ferroviaire de La Paz est aujourd'hui fermée (on parle toutefois de mettre en service un *ferrobus* – bus sur rail – entre La Paz et Arica ou Tiahuanaco). Les trains à destination du Chili et de l'Argentine, *via* Uyuni et/ou Tupiza, partent tous d'Oruro (p. 179). Pour tout renseignement et réservation, adressez-vous à l'**Empresa Ferroviaria Andina** (FCA ; carte p. 66 ; ☎ 241-6545/46 ; www.fca.com.bo ; Guachalla 494 ; billetterie 🕑 8h-12h lun-sam).

Pour des informations sur les services ferroviaires au Pérou, consultez le site de **Peru Rail** (www.perurail.com).

COMMENT CIRCULER
Depuis/vers l'aéroport

Deux itinéraires mènent à l'aéroport international El Alto : l'*autopista* à péage (0,20 $US) et la route sinueuse et gratuite qui rejoint la Plaza Ballivián d'El Alto.

Le minibus 212 (0,50 $US) fait fréquemment la navette entre la Plaza Isabel la Católica (carte p. 72) et l'aéroport entre 7h et 20h. En sens inverse, il vous déposera n'importe où le long du Prado.

Un radio-taxi (6,25 $US jusqu'à 4 passagers, 1 $US de supplément pour une cinquième personne) viendra vous chercher à votre hôtel. Faites-vous confirmer le prix lors de la réservation, ou demandez au chauffeur de le vérifier avant de démarrer. Les vols de Transportes Aéreos Militares (TAM) partent de l'**aéroport militaire** (☎ 237-9286, 212-1585), à El Alto. Prenez un *micro* "Río Seco" dans le haut du Prado. Un taxi vous demandera sensiblement le même prix que pour l'aéroport international.

Depuis/vers les gares routières

La gare routière principale se trouve à 1 km au-dessus du centre-ville. Les *micros* "Prado" et "Av. Arce" passent par les principaux quartiers touristiques, mais sont habituellement trop bondés pour qu'on puisse les prendre avec des bagages. À pied, descendez jusqu'à l'artère principale, Av. Ismael Montes, et continuez à descendre 15 minutes pour rejoindre le centre.

Micros et minibus circulent constamment entre le quartier du cimetière et le centre. Prenez-les dans l'Av. Santa Cruz ou empruntez le *micro* n°2 dans l'Av. Yanacocha. Du cimetière, vous pouvez, durant la journée, prendre un *micro* en direction du centre-ville dans l'Av. Baptista. La nuit, appelez un radio-taxi. Refusez toute offre spontanée d'un conducteur (voir p. 70).

Du Prado ou de l'Av. Camacho, des *micros* et des minibus rallient Villa Fátima, à 1 km au-dessus de la Plaza Gualberto Villarroel.

Taxis

Si la plupart des sites de la capitale peuvent se rejoindre à pied depuis le centre-ville, les rudes grimpées qui mènent aux gares routières n'ont rien de réjouissant avec des bagages compte tenu de l'altitude et de la circulation.

Les radio-taxis, dont le numéro de téléphone figure sur le toit, constituent l'option la plus sûre. Ils facturent environ 0,80 $US dans le centre, 1 $US de Sagárnaga à Sopocachi ou de Sopocachi au quartier du cimetière, et 1,50 $US à la Zona Sur. Les prix, pour 4 personnes au maximum, augmentent un peu après 23h.

La plupart des taxis font aussi office de taxis collectifs, avec un tarif par passager. Ainsi, vous pouvez faire signe à un taxi déjà occupé. Comptez 0,40 $US par personne dans le centre.

Les taxis peuvent être hélés partout, sauf près des carrefours ou dans les secteurs interdits d'accès par la police. Si vous allez en dehors du centre-ville ou que le trajet implique une longue montée, convenez du prix avec le chauffeur avant le départ. Prévoyez des petites coupures pour faire l'appoint.

Les taxis commandés et les radio-taxis demandent de 5 à 8 $US pour l'aéroport.

Transports publics
MICROS ET MINIBUS

Peinant et fumant, les *micros* de La Paz défient les lois de la pesanteur et font souffrir freins et boîtes de vitesse en grimpant ou dévalant les rues escarpées de la capitale (0,15 $US le trajet). Des minibus suivent à peu près les mêmes itinéraires pour un prix légèrement plus élevé. Outre le numéro ou la lettre correspondant à la ligne, les *micros* indiquent leur destination et leur itinéraire sur un panneau placé sur le pare-brise. À bord des minibus, un jeune assistant crie généralement le nom des arrêts. On peut faire signe à ces véhicules n'importe où, sauf aux carrefours surveillés par des policiers.

TRUFIS

Les trufis sont des taxis collectifs empruntant des itinéraires fixes. Les destinations sont indiquées sur des pannneaux placés sur le toit ou le pare-brise. Comptez 0,20 $US en ville, 0,80 $US pour l'aéroport et 0,40 $US pour la Zona Sur.

Voiture et moto

Conduire dans les rues à sens unique, sinueuses et escarpées de la capitale peut effrayer les débutants. Toutefois, pour des excursions d'une journée dans l'arrière-pays, louer une voiture, avec ou sans chauffeur (voir p. 387), constitue une bonne option. Vous pouvez vous adresser aux agences suivantes :

Avis (carte p. 86 ; ☎ 211-1870 ; www.avis.com.bo ; bureau 101, Edificio Tango, Sanchez Lima, Zona Sur)

Kolla Motors (carte p. 66 ; ☎ 241-9141 ; www.kolla motors.com ; Gutiérrez 502)

Hertz (☎ 249-4921 ; www.hertzbolivia.com ; Colombia 539)

International Rent-a-Car (carte p. 72 ; ☎ 244-1906 ; Zuazo 1942)

Petita Rent-a-Car (☎ 242-0329 ; www.rentacarpetita. com ; Valentin Abecia 2031, Sopocachi Alto). Agence dirigée par des Suisses, spécialisée dans les 4x4.

ENVIRONS DE LA PAZ

VALLE DE LA LUNA

À 10 km du centre-ville en suivant le cañon du Río Choqueyapu, le **Valle de la Luna** (vallée de la Lune ; 2 $US), un peu surfait, offre néanmoins un agréable répit après l'agitation urbaine de La Paz. Il se visite facilement dans la matinée et peut se combiner à une autre excursion, comme la randonnée à la Muela del Diablo (p. 98). Contrairement à ce que laisse supposer son nom, il ne s'agit pas d'une vallée mais d'un étrange labyrinthe de gorges et de pitons érodés à flanc de colline, appelés "badlands" par les géologues. Plusieurs espèces de cactus poussent ici, dont le *choma* hallucinogène ou cactus de San Pedro. Le développement urbain a malheureusement rattrapé le site, aujourd'hui clôturé et doté d'un centre des visiteurs avec boutiques et toilettes.

Depuis/vers le Valle de la Luna

Si vous visitez le Valle de la Luna en circuit organisé, vous n'aurez que 5 minutes pour prendre des photos. En indépendant, vous aurez le temps de l'explorer à pied.

À La Paz, prenez n'importe quel transport signalé "Mallasa" ou "Zoológico" dans l'Av. México, parallèle au Prado ; il vous déposera à quelques mètres de l'entrée.

En taxi depuis le centre de La Paz, comptez environ 10 $US l'aller-retour jusqu'à 3 passagers, avec 1 heure d'attente sur place.

MALLASA

Après le Valle de la Luna, vous pouvez visiter le village de Mallasa, une destination de week-end appréciée des *Paceños*. À l'est de Mallasa, le vaste **zoo Vesty Pakos** (carte p. 86 ; ☎ 274-5992 ; 0,40 $US ; ⏰ 10h-17h) manque cruellement d'argent et les conditions de vie des animaux serrent le cœur. L'heure du repas des pensionnaires (10h) donne l'occasion de faire des photos.

Du point de vue situé derrière le zoo, on peut suivre le chemin de randonnée bien signalé qui descend vers le fétide Río Choqueyapu, le traverse et grimpe ensuite un dénivelé de 600 m jusqu'à la Muela del Diablo (p. 98).

Tenu par des Suisses, l'**Hotel Restaurant Oberland** (☎ 274-5040 ; Calle 2, Mallasa ; www.h-oberland.com ; s/d/ste avec sdb et petit déj 30/46/47 $US ; 🖥 🐾) est un établissement de style campagnard un peu défraîchi mais sympathique, à 30 minutes de *trufi* ou de minibus du centre de La Paz. À 3 200 m, il gagne 5°C par rapport à la capitale. Il possède un joli jardin de cactus et des équipements qui feront la joie des familles : piscine couverte, sauna, courts de squash et de beach-volley, tables de ping-pong. Le transfert de La Paz revient à 15 $US (ou 10,50 $US par personne pour deux). Particulièrement plaisant et prisé de la population locale pour les grandes occasions, le restaurant en plein air sert des spécialités suisses et régionales (4-9 $US).

À Mallasa, plusieurs échoppes vendent des en-cas, de la bière et des sodas. Devant le zoo, des stands d'en-cas ouvrent le week-end.

Pour rejoindre Mallasa depuis La Paz, prenez le minibus 11 dans Sagárnaga, le minibus 231, 253 ou 379 dans Sanchez Lima (San Pedro) ou tout transport signalé "Mallasa" ou "Zoológico". Du haut du Valle de la Luna, empruntez un *micro* qui descend ou continuez à pied jusqu'à Mallasa, à 2 ou 3 km.

LA PAZ

ENVIRONS DE LA PAZ

VALENCIA ET MECAPACA

À 30 km du centre de La Paz et à 15 km de Mallasa, deux villages pittoresques et peu visités méritent le détour pour leur authenticité. Mecapaca possède une superbe cathédrale en haut de se place qui offre une vue superbe sur la vallée fertile en contrebas (la señora Ninfa Avendaño de la boutique du coin vous fera entrer avec plaisir si vous achetez quelque chose et que vous glissez une pièce dans le tronc pour l'église). Elle doit sa couleur terre cuite, particulièrement remarquable, au cimentier local, désireux d'embellir le village. Le week-end, deux restaurants très simples ouvrent pour le déjeuner (plats 3,15 $US).

Au retour vers La Paz, vous pourrez faire halte à la **Trattoria Sant'Aquilina** (☎ 2-274-5707), un restaurant italien qui fait partie d'un programme de formation de l'Église catholique, à 14 km sur la route de Valencia. Réputé pour ses pizzas cuites au feu de bois, il est pris d'assaut par les *Paceños* branchés le dimanche (réservation conseillée).

Prenez le minibus 253 sur la Plaza Belso à San Pedro (0,50 $US) ou à Mallasa. Pour revenir à La Paz, empruntez le même minibus à Mecapaca. Ailleurs, prenez n'importe quel véhicule qui remonte le Valle.

MUELA DEL DIABLO

L'affleurement rocheux appelé la Molaire du Diable est en fait un ancien bouchon volcanique qui se dresse entre le Río Choqueyapu

et le récent faubourg de Pedregal. Une randonnée jusqu'à sa base constitue une marche agréable d'une demi-journée à partir de La Paz et peut facilement se combiner avec la visite du Valle de la Luna. Plusieurs agressions ont eu lieu dans le secteur ; renseignez-vous sur place avant de partir.

Du cimetière de Pedregal, le chemin grimpe fortement (et traverse plusieurs fois la nouvelle route desservant le hameau proche de la base de la Muela), offrant des points de vue splendides sur la ville et le paysage tourmenté alentour. Après 1 heure d'efforts, on atteint une dépression herbeuse d'où l'on aperçoit la dent et, plus à l'est, quelques pitons en équilibre instable.

À cet endroit, le sentier rejoint la route et descend jusqu'au hameau. Environ 300 m plus loin, une petite route part sur la gauche et grimpe jusqu'au pied de la Muela. Au bout de la route, on peut continuer, en faisant très attention, jusqu'à la crevasse séparant le double sommet, où s'élève une grande croix. Sans équipement ni expérience, ne grimpez pas plus haut.

Au retour sur le chemin principal, vous pouvez revenir sur vos pas ou emprunter le raidillon qui contourne la Muela dans le sens inverse des aiguilles d'une montre, puis descend jusqu'au Río Choqueyapu avant de monter sur l'autre versant de la vallée jusqu'au zoo de Mallasa. Si vous optez pour cette dernière solution, prévoyez la journée entière car la marche de Pedregal à Mallasa demande environ 6 heures.

LA POLLUTION DU RÍO CHOQUEYAPU

L'or qui causa autrefois la fondation de La Paz a disparu dans les coffres de la Couronne espagnole et le *río* qui le contenait n'est plus qu'un cloaque irrécupérable. Selon les chiffres qui circulent, s'y déverseraient chaque année 500 000 litres d'urine, 200 000 tonnes d'excréments humains et des millions de tonnes de détritus, de cadavres d'animaux et de toxines industrielles. Les tanneries y rejettent du cyanure, les usines textiles et les papeteries, toutes sortes de produits chimiques et de teintures qui colorent l'eau en orange vif ou rouge par endroits et la recouvrent de mousse blanche.

Souterrain en ville, le Río Choqueyapu refait surface dans la Zona Sur. En aval, les *campesinos* utilisent son eau pour leur consommation, la lessive et l'agriculture. Ils font souvent chauffer l'eau avant de la boire, mais la font rarement bouillir ; même bouillie, elle conserve certains des polluants chimiques de l'industrie. Il y a quelques années, les habitants de La Paz, victimes d'une épidémie de choléra, ont accusé les paysans de la vallée voisine.

À l'heure actuelle, personne ne peut être poursuivi pour avoir jeté des ordures dans la rivière, car aucune loi ne l'interdit ! En 2000, le service municipal de la Qualité de l'environnement a proposé des mesures pour contrôler la pollution de l'eau, les gaz d'échappement, les décharges et le bruit mais, comme toujours, leur application se heurte à un problème de financement. Le *río* continue de charrier des ordures et de les déverser dans le bassin amazonien.

Depuis/vers Pedregal

De La Paz, le mieux pour rejoindre le départ de la randonnée consiste à prendre le minibus 288, signalé "Pedregal", en bas du Prado. Le terminus se situe dans le parking à 200 m en contrebas du cimetière de Pedregal. Venant du Valle de la Luna, vous pouvez emprunter ce minibus sur la Plaza Humboldt dans la Zona Sur, ou suivre le difficile sentier partant près du zoo à Mallasa ; il descend vers le Río Choqueyapu, puis remonte péniblement sur 600 m jusqu'au flanc est de la Muela. Pour revenir à La Paz de Pedregal, prenez un minibus "Prado" sur le parking.

VALLE DE LAS ÁNIMAS

La vallée des Esprits désigne un ensemble de gorges érodées et d'orgues basaltiques aux formes étranges, qui s'étend au nord et au nord-est des *barrios* de Chasquipampa, Ovejuyo et Apaña (en voie d'intégration rapide à la Zona Sur). Le paysage ressemble à celui du Valle de la Luna, en plus grandiose.

Deux chemins de randonnée (d'une journée) traversent la vallée.

Itinéraire du Río Ovejuyo

Cet itinéraire (carte p. 86) part de la Calle 50, près du village d'Apaña, accessible de La Paz par le *micro* 42 signalé "Chasquipampa" ou "Ovejuyo". Après Apaña, la route bifurque à hauteur du poste de police. Prenez l'embranchement de gauche vers Palca, où les constructions urbaines se multiplient rapidement. Arrivé au petit Río Ovejuyo, tournez à droite et suivez sa rive sud en direction du nord-est en passant devant de spectaculaires formations rocheuses érodées.

Après 6 km environ, la vallée fluviale s'incurve vers le nord. Vous aurez besoin d'une boussole et des cartes topographiques *5944-II* et *5944-I* au 1/50 000 (voir p. 67). Remontez la pente sur votre droite et dirigez-vous vers le sud en franchissant le Cerro Pararani, jusqu'à ce que vous arriviez à l'embouchure de la Quebrada Negra. De là, vous pouvez suivre le chemin de la Quebrada Negra (décrit ci-dessous) et revenir à Ovejuyo, ou descendre vers le village de Huni (ou Uni). Cette dernière option peut être épuisante en raison de l'altitude. Emportez suffisamment d'eau pour la journée.

Itinéraire de la Quebrada Negra

L'itinéraire de 7 km (carte p. 86) qui remonte la Quebrada Negra franchit le Cerro Pararani et descend vers Huni représente une journée de marche fatigante de 6 ou 7 heures. Il part du ravin de la Quebrada Negra, qui coupe la route à l'extrémité supérieure (est) du village d'Ovejuyo. Les *micros* et *trufis* "Ovejuyo" s'arrêtent à 500 m du ravin. Le *micro* N, le minibus 385 "Ovejuyo" et le minibus 42 "Apaña" passent par l'embouchure du ravin.

Facile à suivre, le chemin de 4 km qui remonte la Quebrada Negra passe entre les pitons les plus spectaculaires du Valle de las Ánimas. Près de l'entrée du ravin, vous devez vous diriger vers le sud-est et contourner l'épaulement nord du Cerro Pararani pour trouver le chemin qui descend en pente raide vers le village de Huni (et non la chapelle de Huni, également indiquée sur la carte topographique). Par beau temps, on bénéficie d'une belle vue sur l'Illimani tout au long du parcours.

Pour revenir à La Paz, suivez la route qui grimpe au Paso Huni (col de Huni), à 2 km, et redescend sur 1,5 km jusqu'à Apaña, où vous trouverez des *micros* et des *trufis*.

Pour cette randonnée, vous aurez besoin d'une boussole et des cartes topographiques *5944-I* et *6044-III* au 1/50 000.

CAÑÓN DE PALCA (QUEBRADA CHUA KHERI)

Le splendide Cañón de Palca (carte p. 86 ; indiqué Quebrada Chua Kheri sur les cartes topographiques) offre des paysages dignes du Grand Canyon de l'Arizona à l'est de La Paz avec ses pics et ses amphithéâtres modelés par l'érosion. Bien que la piste soit désormais carrossable, la traversée à pied de cette gorge constitue une fabuleuse randonnée d'une journée à partir de La Paz. Partez à plusieurs car des agressions de promeneurs solitaires ont été signalées lors de nos recherches et renseignez-vous sur la sécurité.

Itinéraire

En allant vers l'est à partir du Paso Huni, à 2 km au-dessus d'Ovejuyo, vous passez par un petit lac, proche de l'endroit où la route commence à descendre sur l'autre versant. À plusieurs centaines de mètres du sommet, de splendides formations en "chœur d'église" se dressent sur la gauche ; les rangées de pitons ressemblent à une chorale en train de chanter.

À 2 km en contrebas du col, prenez l'embranchement de droite (sud) de la route qui traverse le village de Huni. Après moins de 1 km, la route commence à descendre abruptement et suit en grande partie une ancienne route inca ; ses antiques pavés ont été ôtés pour permettre le passage des voitures.

La route plonge lentement vers le fond gravillonneux du canyon, offrant en chemin des paysages spectaculaires. À l'approche du canyon, un obélisque naturel, haut de 100 m, fait face à la formation rocheuse Ermitaño del Cañón, sur la paroi opposée ; ce dernier ressemble à un ermite caché dans une énorme niche rocheuse. La route serpente ensuite sur 2 km le long du Río Palca, entre d'imposantes parois verticales. À la sortie du canyon, une douce grimpée de 3 km à travers champs mène à l'ancien village minier de Palca, autrefois riche en or.

Où se loger et se restaurer

Si vous ne trouvez pas de transport pour revenir à La Paz le jour même, vous pouvez passer la nuit dans l'*alojamiento* rudimentaire de Palca, ou camper à proximité ou près de Ventilla. Demandez la permission avant de planter votre tente dans un champ et n'utilisez pas l'eau, sérieusement polluée.

Petite bourgade dominant l'entrée du Cañón de Palca, Huni compte une boutique qui vend des produits de base, dont de l'eau en bouteille et des en-cas, et prépare des repas boliviens.

Localité plaisante et très simple, Palca se situe relativement près de la sortie du canyon. Fréquenté par des touristes boliviens le week-end, son **hostal** (2-4 \$US/pers) sans prétention sert des menus.

Depuis/vers le Cañón de Palca

Pour entreprendre cette randonnée, vous devez rejoindre Huni, uniquement desservie par des *micros* et des *trufis* à destination de Ventilla et de Palca. Ceux-ci partent au moins une fois par jour à proximité du carrefour de Boquerón et Lara, à deux rues au nord de la Plaza Líbano, dans le quartier San Pedro de La Paz. Sans horaire précis, ils partent généralement le matin. Vous aurez plus de chances le samedi et le dimanche, quand les familles vont se promener à la campagne. À défaut, prenez le *micro* 42 ou le minibus 385 "Ovejuyo/Apaña", descendez au terminus et rejoignez à pied le Paso Huni, à 1,5 km.

De Palca, des *camiones*, *micros* ou minibus font à l'occasion le trajet jusqu'à La Paz, surtout le dimanche après-midi. Sachez toutefois qu'aucun véhicule ne circule après 15h ou 16h. Vous pouvez aussi marcher jusqu'à Ventilla, 1 heure de montée à travers une jolie plantation d'eucalyptus, puis tenter de faire du stop pour rentrer.

Si vous arrivez à Palca équipé pour une longue randonnée, vous pouvez entreprendre le trek de Takesi (p. 140) à partir de Ventilla.

CHACALTAYA

Un glacier en voie de disparition coiffe le Cerro Chacaltaya (5 395 m), un but d'excursion prisé et le plus haut domaine skiable au monde (mais avec des infrastructures limitées). Après 1 heure 30 de voiture par une route escarpée depuis le centre de La Paz, une ascension facile de 200 m conduit au sommet.

Vous ferez le plein de sensations fortes et de panoramas superbes en dévalant à VTT la soixantaine de kilomètres entre Chacaltaya, le Zongo et au-delà, avec des dénivelés allant jusqu'à 4 100 m (une plongée verticale). Gravity Assisted (p. 79) propose cette excursion à partir de 65 \$US par personne.

Ceux qui arrivent des plaines par avion passeront quelques jours à La Paz avant de se rendre à Chacaltaya ou dans tout endroit élevé. Pour des conseils sur la manière d'éviter le mal des montagnes, reportez-vous p. 392.

Le lodge du Club Andino (voir ci-dessous) vend des en-cas et des boissons chaudes ; si vous souhaitez un repas plus substantiel, apportez des provisions. Prévoyez des vêtements chauds (et coupe-vent), des lunettes de soleil (filtrant les UV à 100%) et un écran total.

La plupart des tour-opérateurs de La Paz organisent des excursions à Chacaltaya pour 10 à 15 \$US par personne. Pour skier, adressez-vous au Club Andino Boliviano.

Ski

La piste abrupte de 700 m descend de 5 320 m (à 75 m du sommet) à 4 900 m. La saison – habituellement en février et mars – dépend de la présence de neige ; le recul rapide du glacier a provoqué la "cassure" de la piste. Les skieurs apprécieront surtout l'originalité de l'expérience et les débutants auront du mal à attraper le vieux remonte-pente (attention à ne pas trop y abîmer vos vêtements).

Le **Club Andino Boliviano** (carte p. 72 ; ☎ 2-231-2875 ; México 1638, La Paz ; ⏰ 9h30-12h et 15h-18h lun-ven) organise le transport à Chacaltaya le week-end toute l'année, en fonction de la demande. Les véhicules partent du bureau du club vers 8h, arrivent à Chacaltaya vers 11h et, après une visite de 2 heures, retournent à La Paz aux alentours de 14h. Appelez car les horaires peuvent varier.

Qu'il y ait ou non de la neige, le transport coûte de 10 à 20 \$US par personne. La location du matériel de ski revient à 10 \$US, y compris le *gancho* (crochet) pour le remonte-pente – en service quand l'enneigement le permet.

Randonnée

Apprécié des visiteurs et des randonneurs, Chacaltaya offre des points de vue spectaculaires sur La Paz, l'Illimani, le Mururata et le Huayna Potosí (6 088 m). Une ascension escarpée et relativement facile de 1 km conduit du lodge au sommet. Emportez des vêtements chauds, de l'eau et faites au moins une halte de 30 secondes tous les 10 pas, même si vous ne ressentez pas la fatigue. Si vous ressentez un vertige, asseyez-vous et reposez-vous jusqu'à ce qu'il passe. S'il persiste, vous souffrez probablement d'un léger mal d'altitude et mieux vaut redescendre.

De Chacaltaya, on peut rejoindre le Refugio Huayna Potosí, au pied du Huayna Potosí (p. 159), en une demi-journée de marche. Grimpez jusqu'au second faux sommet au-dessus de la piste de ski, puis redescendez en longeant un lac aux eaux turquoise jusqu'à la route qui passe au-dessus du village minier quasi abandonné de Milluni. Tournez à droite sur la route qui longe la Laguna Zongo avant d'arriver au barrage. Vous verrez alors le refuge sur votre gauche et le début du chemin de la Laguna Mamankhota (voir p. 102) sur la droite.

Où se loger et se restaurer

Pour passer la nuit à Chacaltaya, vous avez le choix entre le **refuge** (dort 5 \$US) bien ventilé du Club Andino, qui sert des repas, ou le centre de recherche La Paz UMSA, chauffé.

Un sac de couchage bien chaud, des provisions et des comprimés contre le *soroche* (mal de tête dû à l'altitude) vous seront utiles dans l'un ou l'autre hébergement.

Depuis/vers Chacaltaya

Aucun transport public ne dessert Chacaltaya. Il faut passer par le Club Andino Boliviano ou par un tour-opérateur de La Paz (p. 385). La route peut être impraticable pour les voitures classiques, notamment de mars à mai. Renseignez-vous sur la situation avant de choisir une excursion.

Si vous partez un samedi avec le Club Andino Boliviano, vous pourrez sans doute revenir avec le transport du dimanche. Les autres jours, quand il reste de la place, l'aller simple coûte la moitié du prix de l'excursion.

MILLUNI ET LA VALLÉE DU ZONGO

La spectaculaire vallée du Zongo plonge à partir du village minier déserté de Milluni – de 4 624 m à 1 480 m en 33 km. Au début de la vallée, entre Chacaltaya et le majestueux Huayna Potosí, la Laguna Zongo, d'un bleu glacé, a été créée pour alimenter la centrale hydroélectrique du Zongo.

Ensemble de cabanes et de bâtiments de la centrale, Milluni se situe à l'entrée du Paso Zongo (col de Zongo), sur la route qui suit la rive est de la Laguna Zongo, en contrebas du Huayna Potosí.

Randonnée de la Laguna Mamankhota

Auparavant, de belles grottes de glace, haut perchées au-dessus de la vallée, constituaient un but apprécié d'excursion ou de randonnée d'une journée. Elles ont entièrement disparu en 1992, sans laisser le moindre glaçon, et on grimpe désormais à cet endroit pour avoir une vue fabuleuse sur le Huayna Potosí, derrière la Laguna Mamankhota (Laguna Cañada).

Pour rejoindre le début du sentier, suivez la route au nord-est de Milluni sur 5 km. En chemin, vous verrez Milluni en contrebas sur la gauche et le curieux cimetière de mineurs, qui, en bord de route, surplombe le village. Si vous êtes en voiture, vous arriverez à la Laguna Zongo, un lac artificiel d'un bleu vert laiteux, puis, un peu plus loin, à la grille de la Compañía Minera del Sur. Sur votre droite, un sentier grimpe à flanc de montagne. De là, la route serpente en plongeant dans la vallée du Zongo.

La randonnée commence à 4 600 m. Du parking, grimpez à droite sur 100 m jusqu'à un aqueduc, que vous suivrez pendant environ 50 minutes en longeant un précipice. Sur la gauche, une plaque commémore la chute fatale d'un motocycliste israélien le long de cette route étroite et vertigineuse.

Environ 20 m plus loin, traversez un grand pont et tournez à droite sur une piste indis-tincte en suivant les cairns qui la balisent. Après une brève ascension, vous arriverez à la Laguna Mamankhota pour découvrir une vue fabuleuse sur le Huayna Potosí, le Tiquimani, le Telata et le Charquini, s'ils ne sont pas couverts de nuages. Grimpez encore pendant 25 minutes le long de ce chemin imprécis pour atteindre le site des anciennes grottes de glace.

Où se loger et se restaurer

Refugio Huayna Potosí (☎ 232-3538 ; dort avec petit déj 6/9 $US basse/haute saison). Au Paso Zongo, au-dessus du barrage et au début de la vallée du Zongo, ce refuge de montagne fournit un abri sommaire et de l'eau chaude aux alpinistes et aux randonneurs. Repas de 4 à 5 $US.

On peut camper à la station sismique, à l'extrémité ouest de la Laguna Zongo.

Depuis/vers Milluni et la vallée du Zongo

Quand ils sont pleins, des *micros* partent toutes les heures entre 5h et 7h pour la vallée du Zongo, *via* le Paso Zongo, de Kollasuyo dans le quartier du cimetière à La Paz et de la Plaza Ballivián à El Alto.

L'excursion d'une demi-journée en taxi coûte environ 35 $US (jusqu'à 5 personnes). Assurez-vous que le chauffeur a bien compris que votre destination est la vallée du Zongo *via* Milluni, sinon il vous emmènera à Chacaltaya. Il vous attendra au début du sentier pendant que vous montez au lac ; comptez au moins 3 heures de marche.

La location d'un 4x4 avec chauffeur de La Paz au Paso Zongo revient à 50 $US pour 9 passagers au maximum ; reportez-vous p. 388 pour une liste de chauffeurs privés.

LAJA

Ce petit village, autrefois appelé Llaxa ou Laxa, se situe à 38 km à l'ouest de La Paz. À peu près à mi-chemin de Tiahuanaco, les circuits organisés y font souvent une brève halte.

En 1548, le capitaine espagnol Alonzo de Mendoza fut chargé de fonder une ville-étape entre le Potosí et Callao, sur la côte péruvienne. Arrivé à Laxa le 20 octobre, il choisit cet emplacement, puis changea d'avis et construisit la cité dans le canyon de La Paz, alors riche en or.

Sur la place de Laja, une **église** majestueuse fut édifiée entre les années 1580 et 1610 pour commémorer les victoires espagnoles sur les Incas. Parmi les œuvres d'art colonial qui ornent l'intérieur, remarquez les belles sculptures sur bois, rehaussées d'or et d'argent. La façade de style baroque montre les visages indianisés du roi Ferdinand et de la reine Isabelle. En raison de pillages par le passé, l'église n'est ouverte que le dimanche matin (de 11h à 12h) et pendant les festivités du 20 octobre.

TIAHUANACO (TIWANAKU)

On sait peu de choses sur le peuple qui édifia le grand centre cérémoniel de Tiahuanaco, sur la rive sud du lac Titicaca, il y a plus de 1 000 ans. Les archéologues s'accordent néanmoins pour dater l'apparition de cette civilisation vers 600 av. J.-C. Le site fut construit vers 700, puis, aux alentours de 1200, cette société semble avoir disparu pour devenir une autre civilisation "perdue". On a découvert des traces de son influence, religieuse notamment, dans toute la région qui devint plus tard le vaste Empire inca.

Les trésors de Tiahuanaco ont été littéralement dispersés aux quatre coins du globe. L'or fut pillé par les Espagnols, des pierres et des poteries primitives furent brisées par des fanatiques religieux qui les considéraient comme des idoles païennes. Certaines œuvres prirent le chemin des musées européens, d'autres furent détruites par les paysans alors qu'ils retournaient le sol. L'Église conserva certaines statues ou les vendit comme curiosités. Les plus gros blocs de pierre servirent à bâtir des édifices coloniaux, voire à stabiliser le terre-plein de la ligne ferroviaire La Paz-Guaqui, qui passe juste au sud du site.

Heureusement, une partie de ce trésor a été sauvegardée et la Bolivie conserve quelques vestiges. De grandes statues de pierre anthropomorphes ont été laissées sur place, d'autres sont exposées au Museo National de Arqueología (p. 71) à La Paz. De nouvelles trouvailles des périodes les plus anciennes ont enrichi la collection du récent **Museo Lítico Monumental** (☺ 9h-17h; 10 $US), installé sur le site. Sa pièce maîtresse est l'énorme **Megalito Bennetto Pachamama**, transféré en 2002 du Templete Semisubterráneo (p. 104) à La Paz, où la pollution le menaçait.

Si des pièces des trois époques les plus récentes de Tiahuanaco sont éparpillées dans tout le pays, les musées archéologiques de La Paz et de Cochabamba en possèdent la majorité. Les ruines elles-mêmes ont tellement souffert des pilleurs que les informations qu'elles pouvaient livrer sur leurs bâtisseurs sont perdues à jamais.

Les explications dans les musées du site sont sommaires et presque exclusivement en espagnol. Le billet d'entrée unique donne accès au site, aux fouilles de **Puma Punku** (non comprises dans de nombreux circuits organisés), au nouveau musée et au centre d'accueil. Les vendeurs de bibelots en argile (tous faux heureusement ; ne payez pas plus de 0,25 $US pour un petit objet) ne peuvent plus entrer sur le site archéologique. Les guides doivent être enregistrés et il faut louer leurs services (jusqu'à 10 $US) avant d'entrer.

Un programme de fouilles majeur est en cours et certains monuments risquent d'être fermés au public lors de votre visite.

Histoire

S'il n'est pas certain que Tiahuanaco fut la capitale d'une nation, elle fut sans aucun doute un grand centre cérémoniel. À son apogée, la cité comptait 20 000 habitants et s'étendait sur environ 2,6 km². Bien que seule une toute petite partie du site original ait été fouillée, on peut affirmer que Tiahuanaco constitue la plus grande réalisation architecturale mégalithique de l'Amérique du Sud préinca.

Les chercheurs distinguent cinq périodes dans l'histoire de cette civilisation, numérotées Tiahuanaco I à V, chacune identifiable par de superbes édifices.

Tiahuanaco I s'étend de l'avènement de cette civilisation jusqu'au milieu du Vᵉ siècle av. J.-C. Cette période a produit des poteries multicolores et des statuettes d'argile peintes d'humains ou d'animaux. Tiahuanaco II, qui se termine vers le début de notre ère, se distingue par une vaisselle en céramique à poignées horizontales. Tiahuanaco III s'épanouit durant les trois siècles suivants et se caractérise par une poterie tricolore aux lignes géométriques, souvent ornée d'animaux stylisés.

Tiahuanaco IV, dite également période classique, s'est développée entre 300 et 700. Les imposantes structures en pierre qui dominent aujourd'hui le site datent de cette époque. L'usage du bronze et de l'or tend à prouver des contacts avec des groupes installés plus à l'est dans la vallée de Cochabamba et plus à l'ouest sur la côte péruvienne. La poterie de cette période est essentiellement anthropomorphe : on a découvert notamment des pièces en forme de têtes et de visages humains aux joues gonflées, signe que la feuille de coca était déjà mâchée à cette époque.

Tiahuanaco V, ou la période expansive, est marquée par le déclin qui conduisit à la disparition de cette culture vers 1200. La poterie se révèle moins sophistiquée, les constructions s'espacent puis cessent et aucun monument imposant ne vient s'ajouter aux premiers édifices de cette période.

Lors de l'arrivée des Espagnols, des légendes indiennes de la région évoquent Tiahuanaco, la capitale d'un dieu blanc barbu appelé Viracocha, qui régnait sur cette civilisation.

Visite du site archéologique

Des monticules de dalles de basalte et de grès, chacune pesant quelque 25 tonnes, parsèment le site. Étonnamment, les carrières les plus proches d'où proviendraient les mégalithes de basalte se situent sur la péninsule de Copacabana, à 40 km du lac. Quant aux blocs de grès, ils furent sans doute transportés sur plus de 5 km. Lorsque les Espagnols demandèrent aux Aymará comment ces édifices avaient été construits, ceux-ci mentionnèrent l'aide du souverain-dieu Viracocha, la seule explication plausible pour eux.

Structure la plus impressionnante, la **pyramide d'Akapana** se dresse sur une formation géologique. À sa base, une colline haute de 16 m de haut, presque carrée, couvre une surface d'environ 200 m². Au centre du sommet plat, une excavation ovale serait due, selon certains, à d'anciennes fouilles effectuées par les Espagnols. La présence d'un canal empierré conduit toutefois des archéoloques à penser qu'il s'agissait d'un réservoir d'eau. De nombreux éléments d'Akapana ont servi à construire des maisons et des églises aux alentours et la pyramide est aujourd'hui en piteux état.

Au nord d'Apakana, **Kalasasaya** est une plate-forme rituelle partiellement

reconstruite, de 130 m sur 120 m, dont les murs sont faits d'énormes blocs de grès rouge et d'andésite, parfaitement ajustés pour former un socle de 3 m de haut. Des montants monolithiques flanquent le monumental escalier d'entrée qui conduit au portique restauré de l'enceinte. Derrière, on découvre une cour intérieure et les ruines des quartiers des prêtres. Remarquez la taille de la dernière marche, constituée d'un énorme bloc.

D'autres escaliers mènent à des plates-formes secondaires, ornées d'autres monolithes dont le célèbre **El Fraile** (le Prêtre). À l'angle nord-ouest de Kalasasaya s'élève la structure la plus connue de Tiahuanaco, la **Puerta del Sol** (porte du Soleil). Ce portail, taillé dans un seul bloc d'andésite, était vraisemblablement associé à la divinité solaire. Des bas-reliefs ornent un côté de cette pierre volcanique au grain fin et quatre niches profondes sont creusées de l'autre côté. Selon certains, elles étaient utilisées pour des offrandes au soleil et d'autres pensent que la pierre, qui pèserait 44 tonnes, était une sorte de calendrier.

Près de l'extrémité ouest du site, un portail similaire et plus petit, appelé **Puerta de la Luna** (porte de la Lune), s'agrémente de sculptures zoomorphes.

À l'est de l'entrée principale de Kalasasaya, un escalier descend dans le **Templete Semisubterráneo**, une fosse acoustique en grès rouge de 26 m sur 28 m, avec une cour rectangulaire et des murs ornés de 175 visages sculptés dans la pierre. Dans les années 1960, des archéologues ont tenté de les restaurer en mettant du ciment entre les pierres.

À l'ouest de Kalasasaya, une zone rectangulaire de 55 m sur 60 m, nommée **Putuni** ou Palacio de los Sarcófagos, est en cours de fouilles. Une double rangée de murs l'entoure et on peut voir les fondations de plusieurs maisons.

Kantatayita, un monticule de dalles soigneusement sculptées, se situe à l'extrémité est du site et les archéologues tentent encore de deviner le plan originel de la structure ; un linteau savamment décoré et quelques gros blocs de pierre couverts de mystérieux dessins géométriques constituent les seuls indices. Selon certaines hypothèses affirmées comme "prouvées", ces motifs résulteraient de

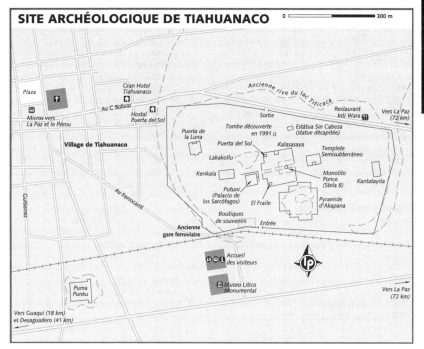

SITE ARCHÉOLOGIQUE DE TIAHUANACO

constantes mathématiques universelles telles que *pi*, mais des archéologues y voient simplement les plans d'un édifice vaste et bien conçu.

De l'autre côté de la voie ferrée, au sud-ouest des ruines, s'étend le site de fouilles de **Puma Punku** (porte du Puma). Aux alentours de ce temple, on a découvert des mégalithes de plus de 440 tonnes. À l'instar de Kalasasaya et d'Akapana, Puma Punku a été commencée avec un matériau et achevée avec un autre ; aux énormes blocs de grès du début de la construction sont venus s'ajouter des blocs de basalte, assemblés par joints et entailles.

Remarquez au loin, au nord du site, le *sukakollo,* un système hautement sophistiqué d'irrigation en terrasses.

Fêtes et festivals

Le 21 juin (solstice d'hiver de l'hémisphère sud), lorsque les rayons du soleil levant illuminent l'entrée du temple à l'est de l'ensemble architectural, le **Nouvel An aymará** (Machaj Mara) est célébré à Tiahuanaco. Quelque 5 000 visiteurs, dont de nombreux adeptes du New Age, viennent du monde entier et les Aymará, en costumes de cérémonie colorés, les invitent à se joindre aux festivités – le *singani* coule à flots, on mâche de la coca, on sacrifie des lamas et on danse jusqu'à l'aube. À cette occasion, les artisans organisent une foire.

Des bus spéciaux partent de La Paz vers 4h pour arriver au lever du soleil. Habillez-vous chaudement car il fait un froid glacial au petit matin. Les plus motivés arrivent quelques jours plus tôt et campent à l'extérieur du site.

Des fêtes traditionnelles, plus simples et moins touristiques, ont lieu lors des autres solstices et équinoxes.

Où se loger et se restaurer

Plusieurs petites gargotes sont installées près du site archéologique. Le village de Tiahuanaco, à 1 km à l'ouest des ruines, compte quelques restaurants quelconques et accueille un marché tout à fait pittoresque le dimanche. Si vous venez en circuit organisé, emportez un pique-nique pour éviter un repas surévalué dans un restaurant.

Gran Hotel Tiahuanacu (☎ 289-8548 ; La Paz 241-4154 ; Bolívar 903 ; ch avec ou sans sdb 10 $US/pers). C'est l'hébergement le plus agréable. Chambres propres, aérées et confortables. On y trouve un téléphone Entel et son restaurant ouvre tous les jours.

Hostal Puerta del Sol (ch 2,50 $US/ pers). À la sortie du village en direction de La Paz, cet établissement très spartiate est le plus proche des ruines (et semble en faire partie). L'étonnante *dueña* (propriétaire) propose des repas simples.

Inti Wara (☎ 289-8543 ; ⊙ déj 2,50 $US). Meilleure adresse pour un déjeuner ; du côté nord-est des ruines.

Depuis/vers Tiahuanaco

De nombreuses agences de La Paz proposent des circuits à Tiahuanaco d'une demi-journée ou d'une journée pour 10 à 20 $US par personne, transport et guide bilingue compris. La plupart des visiteurs choisissent cette formule pratique.

Si vous préférez vous y rendre en indépendant, **Autolíneas Ingavi** (carte p. 66 ; José María Asín, La Paz) dessert Tiahuanaco (1 $US, 1 heure 30) environ 8 fois par jour. La plupart des bus, bondés au-delà du supportable, continuent vers Guaqui et Desaguadero. Ils passent par le musée, proche de l'entrée de l'ensemble.

Pour revenir à La Paz, hélez un *micro* sur la route, au sud des ruines. Ou, pour éviter de grimper dans un véhicule plein à craquer, prenez-en un dans le village de Tiahuanaco. De la place du village, des *micros* partent pour Guaqui ; on peut aussi leur faire signe à l'ouest du village, mais, là encore, ils seront bondés.

À La Paz, les taxis demandent de 30 à 40 $US pour l'aller-retour à Tiahuanaco.

URMIRI

Urmiri se situe à 3 800 m dans le Valle de Sapahaqui, à 30 km à l'est de la route La Paz-Oruro et à 2 heures 30 au sud de La Paz. Le village est réputé pour ses sources d'eau minérales chaudes. Riches en ions et en minéraux, les eaux des **Termas de Urmiri** jaillissent de la source à 42°C.

L'Hotel Gloria de La Paz gère le rustique et charmant **Hotel Gloria Urmiri** (☎ La Paz 240-7070 ; ch avec/sans sdb à partir de 22,50/19,50 $US par pers, de luxe avec sdb 26-250 $US, camping 1,50 $US/pers), qui possède deux bassins thermaux en plein air, avec une eau à température agréable. L'établissement propose des bains aux herbes aromatiques et divers massages. Les chambres de luxe disposent d'un bain romain privé, alimenté par la source thermale. Les repas coûtent 12,50 $US. Hors saison, le forfait de deux nuits en pension complète, transport compris, commence à 19,50 $US par personne en semaine et 16,50 $US le week-end. Les campeurs et les non-résidents ont accès aux bassins moyennant 3 $US. Réservez au moins deux jours à l'avance auprès de l'Hotel Gloria à La Paz (p. 84) et sachez que les bassins sont fermés le lundi pour nettoyage.

De La Paz, le plus simple pour rejoindre Urmiri consiste à prendre la navette de l'Hotel Gloria (6 $US l'aller-retour par personne), qui part au moins deux fois par semaine à 8h et revient à 16h.

Sinon, prenez un bus ou un *camión* à destination d'Oruro et descendez près du pont à Villa Loza, à 70 km au sud de La Paz et à 15 km au nord de Patacamaya. De là, tournez à l'est sur la route de terre et priez pour qu'on vous prenne en stop afin d'éviter une très longue marche.

Lac Titicaca

Le lac Titicaca est associé à juste titre à un flot de clichés enthousiastes. Cette étonnante tache bleu saphir qui s'étend au cœur de l'austère Altiplano est indubitablement l'une des merveilles de la région. Souvent présenté, à tort, comme le lac navigable le plus haut du monde (on en trouve à des altitudes plus élevées au Pérou et au Chili), il se tient tout de même à l'altitude très honorable de 3 820 m. Long de plus de 230 km et large de 97 km, c'est la deuxième plus vaste étendue d'eau douce d'Amérique du Sud, derrière le lac Maracaibo, au Venezuela.

Le lac Titicaca, qu'on a longtemps dit sans fond, a une profondeur maximale de 457 m. La truite y a été introduite en 1939, mais son élevage se fait essentiellement aujourd'hui dans des fermes piscicoles.

Situé de part et d'autre de la frontière entre la Bolivie et le Pérou, le lac Titicaca est le vestige d'une ancienne mer intérieure, le Lago Ballivián, qui recouvrait une grande partie de l'Altiplano avant que des failles géologiques et l'évaporation ne provoquent un important recul des eaux.

Les villages traditionnels aymará qui bordent les rives du lac, avec en toile de fond les sommets enneigés de la Cordillera Real, composent un paysage magique. Tout aussi intéressante est la rencontre avec les communautés établies depuis longtemps sur les nombreux îlots qui parsèment le lac. Cette région est à découvrir avec ses légendes séculaires, qui rendront la visite plus passionnante encore.

À NE PAS MANQUER

- La visite de la petite île de **Pariti** (p. 125) et de son tout nouveau musée, pour voir les magnifiques pièces mises au jour lors de fouilles récentes
- Le coucher de soleil sur le lac depuis la paisible **Yumani** (p. 121), sur l'Isla del Sol
- Un baptême (ou même une bénédiction de véhicules !) à la **cathédrale de Copacabana** (p. 112)
- Une promenade dans les **villages au bord du lac** (p. 118), entre Copacabana et Sampaya, et une excursion sur un bateau en roseaux
- Une randonnée sur l'**Isla del Sol** (p. 119) et la vue magnifique sur les berges du lac, les ruines et le paysage grandiose

★ Yumani, Isla del Sol
★ Sampaya
★ Copacabana
★ Isla Pariti

■ INDICATIF TÉLÉPHONIQUE : 2	■ SUPERFICIE : 9 000 km²	■ ALTITUDE : 3 820 m

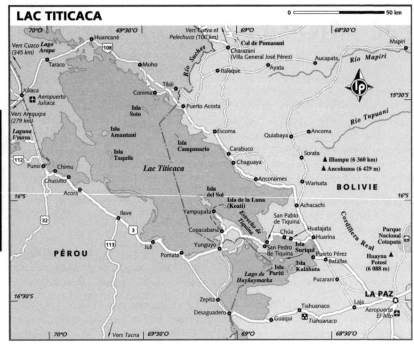

Histoire

Lorsqu'on aperçoit pour la première fois les eaux cristallines du lac Titicaca niché, tel un joyau, au pied de la Cordillera Real dans la lumière éclatante de l'Altiplano, on comprend aisément tout le mysticisme qui l'entourait chez les peuples préincas.

Les premiers habitants des lieux pensaient en effet que le soleil lui-même et le dieu-créateur Viracocha, blanc et barbu, étaient sortis de ses mystérieuses profondeurs. Quant aux Incas, ils considèrent le lac comme le berceau de leur civilisation.

Après l'arrivée des Espagnols, au milieu du XVIᵉ siècle, des histoires de trésors commencèrent à circuler. Selon certaines légendes, quelques Incas, désespérés, auraient jeté leur or dans le lac afin de ne pas en être dépouillés. D'après d'autres rumeurs – se fondant sur les fluctuations du niveau –, les ruines de cités entières dormiraient sous les eaux.

Si les preuves à cet égard restent peu concluantes, des archéologues ont mis au jour quelques trouvailles intéressantes près de l'Isla Koa, au nord de l'Isla del Sol, notamment 22 énormes coffres en pierre contenant des objets divers : lama en argent, figurines en coquillage et différents types de brûle-encens.

En 2004, le minuscule îlot de Pariti a fait la "une" des journaux du monde entier quand une équipe d'archéologues finlandais et boliviens y a découvert de superbes et délicates poteries, aujourd'hui exposées dans un petit musée sur place ainsi qu'à La Paz.

Climat

De février à novembre, le climat est généralement agréable et ensoleillé, mais un vent frais souffle souvent depuis le lac et les nuits peuvent être glaciales. Les précipitations se concentrent essentiellement au milieu de l'été (décembre et janvier).

Depuis/vers le lac Titicaca

Le lac Titicaca constitue un centre d'intérêt de tout premier plan pour les personnes qui voyagent au Pérou et en Bolivie. Que vous soyez seul ou en groupe, l'itinéraire entre La Paz et Copacabana vous impressionnera. Il suit une route panoramique qui traverse l'Altiplano et longe le littoral jusqu'à l'Estrecho de Tiquina. Des barges assurent le transport des véhicules sur le détroit, entre San Pablo et San Pedro, tandis que des vedettes acheminent les passagers.

Si votre temps est compté, vous pouvez "faire" le Titicaca assez rapidement : quelques agences de La Paz proposent des excursions guidées sur le lac à bord d'un hydroptère, d'un catamaran ou d'un bateau à moteur. Parmi les agences les plus connues, citons Balsa Tours (p. 125) et ses excursions autour du lac, Crillon Tours (p. 126), propriétaire du complexe Posada del Inca, sur l'Isla del Sol, qui assure un service haut de gamme avec hydrofoil, et Transturin (p. 126), qui organise des croisières d'un jour ou plus en catamaran couvert.

COPACABANA

54 300 habitants / altitude : 3 800 m

Nichée entre deux collines et surplombant la rive sud du Titicaca, Copacabana (Copa) est une petite ville animée pleine de charme. Elle fut pendant des siècles un lieu de pèlerinage religieux, mais les pèlerins d'aujourd'hui préfèrent converger vers ses *fiestas* (p. 113).

Un peu trop touristique au premier abord, Copacabana est néanmoins une ville où il fait bon flâner. Elle offre d'agréables promenades au cœur de superbes paysages et sert de base pour les touristes qui se rendent à l'Isla del Sol. Avec ses nombreux et excellents cafés, Copa est une halte agréable entre La Paz et Puno ou Cuzco (Pérou).

Histoire

Après la chute et la disparition de la culture de Tiahuanaco, les Kollas (ou Aymará) prirent le pouvoir dans la région. Parmi leurs principales divinités figuraient le Soleil et la Lune (considérés comme mari et femme), Pachamama (la Terre-Mère, déesse de la Fertilité), ainsi que des esprits appelés *achachilas* et *apus*. Les habitants érigèrent des idoles sur les berges de la péninsule Manco Capac, dont Kota Kahuaña (ou Copacahuana, qui signifie "vue sur le lac" en aymará), une statue dotée d'un visage d'homme et d'un corps de poisson.

Lorsque les Aymará furent intégrés à l'Empire inca, l'empereur Tupac Yupanqui fonda la colonie de Copacabana pour en faire une halte sur le chemin des pèlerins se rendant à la *huaca* (sanctuaire). Ce site dédié aux sacrifices humains se trouvait sur le rocher Titicaca (rocher du Puma), à l'extrémité nord de l'Isla del Sol.

Avant l'arrivée des prêtres espagnols au milieu du XVIe siècle, les Incas avaient divisé la population locale en deux groupes : les Haransaya, occupant de hautes fonctions en remerciement de leur allégeance, et les Hurinsaya, relégués aux tâches manuelles pour avoir résisté à l'Empire. Cette mesure allait totalement à l'encontre de la culture communautaire des Aymará ; les inondations et les mauvaises récoltes qui sévirent dans les années 1570 furent attribuées à cette aberrante partition sociale.

Le ressentiment à l'égard des Incas provoqua le rejet de leur religion et l'adoption partielle du christianisme. Se développa alors un syncrétisme mêlant coutumes traditionnelles et rituels chrétiens au sein du Santuario de Copacabana. La communauté choisit la Santísima Virgen de Candelaria comme sainte patronne et fonda une congrégation en son honneur. Pour combler l'absence de statue sur l'autel, Francisco Tito Yupanqui, petit-fils de l'Inca Tupac Yupanqui, façonna une figurine d'argile ; en dépit de ces efforts, la statue, jugée insuffisante pour représenter la sainte patronne du village, fut retirée de l'église.

Le sculpteur cependant ne s'avoua pas vaincu et se rendit à Potosí pour étudier les arts. En 1582, il entreprit la réalisation d'une statue de bois, achevée au bout de huit mois. En 1583, la Virgen Morena del Lago (la Vierge noire du lac) trônait sur l'autel en adobe de Copacabana. Peu après, des miracles, notamment des guérisons, se produisirent et Copacabana devint rapidement un haut lieu de pèlerinage.

En 1605, la congrégation des augustiniens conseilla à la communauté locale de construire une cathédrale à la hauteur des pouvoirs de la statue. L'autel fut achevé en 1614, mais les travaux durèrent encore pendant 200 ans. La cathédrale *mudéjare* (art chrétien avec des influences musulmanes) fut consacrée en 1805, mais la construction ne se termina qu'en 1820.

Orientation

Copacabana se niche entre deux collines dominant la ville et le lac. Tout se passe ici autour de la Plaza 2 de Febrero et de la Plaza Sucre d'où partent en général les transports en commun, à quelques minutes de marche des sites dignes d'intérêt. L'artère principale, 6 de Agosto, se déroule d'est en ouest. À son extrémité occidentale s'étend le lac ainsi qu'une promenade, la Costañera, qui longe la berge.

LAC TITICACA

LAC TITICACA

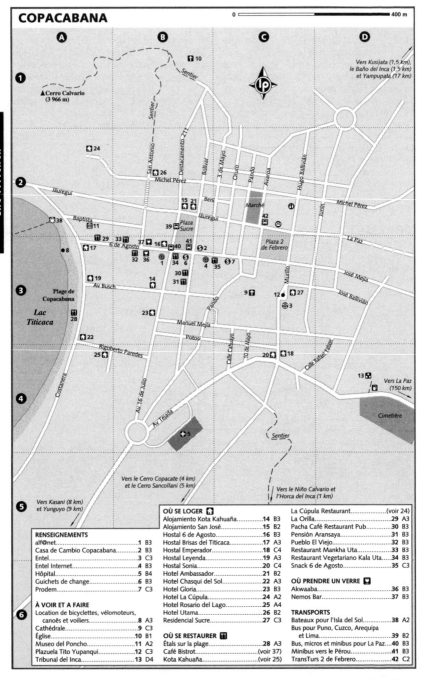

Cartes

La meilleure carte de Copacabana et du lac Titicaca est le *Lago Titikaka* (3 $US) de Freddy Ortiz, en vente dans les meilleurs hôtels.

Renseignements

ACCÈS INTERNET

alf@net (6 de Agosto ; 🕑 8h-22h ; 1,50 $US/h). Établissement chaleureux, très prisé par les jeunes voyageurs et offrant les meilleures connexions de la ville (et location de vidéos à bas prix).

Entel Internet (6 de Agosto ; 🕑 7h-23h ; 1,50 $US/h). Mêmes gérants qu'alf@net.

ARGENT

Attention : il n'y a pas de distributeur de billets à Copacabana. La Calle 6 de Agosto est l'artère "financière" de la ville. À la **Casa de Cambio Copacabana** (🕑 8h30-16h lun-ven, jusqu'à 13h30 sam et dim), à côté de l'Hotel Playa Azul, vous pourrez changer des espèces (à des taux proches du cours officiel) et la plupart des chèques de voyages (5% de commission). **Prodem** (6 de Agosto et Pando ; 🕑 14h30-18h mar, 8h30-18h mer-ven, 8h30-15h sam et dim) effectue des avances sur cartes de crédit Visa et Mastercard (5% de commission). Notez que l'établissement est fermé le lundi et que, lorsqu'il est ouvert, la machine n'est pas toujours fiable. De nombreuses boutiques d'artisanat changent également dollars américains et chèques de voyage ; prenez garde aux commissions démesurées. Vous pourrez vous procurer des *soles* dans la plupart de ces boutiques, mais les taux de change sont souvent plus intéressants à Yunguyo, juste après la frontière péruvienne.

CONSIGNE

La plupart des hôtels gardent gratuitement, pendant quelques jours, les bagages de leurs clients partis en excursion sur l'Isla del Sol.

ÉCHANGE DE LIVRES

L'**Hotel La Cúpula** (☎ 862-2029 ; www.hotelcupula.com ; Michel Pérez 1-3) et l'**Hotel Rosario del Lago** (☎ 862-2141, La Paz 2-245-1341 ; www.hotelrosario.com/lago ; Paredes au niveau de Costañera) proposent les meilleurs services d'échange et de prêt de livres.

LAVERIES

Les *lavanderías* sont plutôt rares, mais de nombreux hôtels proposent désormais un service blanchisserie (1 à 1,50 $US le kilo). Vous trouverez néanmoins des laveries sur 6 de Agosto. À savoir : pas de sèche-linge.

PHOTO

Vous pourrez vous procurer des pellicules photos de 36 poses pour 2 $US et des pellicules diapo pour 6 $US auprès des vendeurs devant la cathédrale. Le laboratoire situé sur Calle Pando propose des développements en couleur, en une heure, à un prix raisonnable. Pas de tirages numériques.

POSTE ET TÉLÉPHONE

Entel (Plazuela Tito Yupanqui ; 🕑 7h-23h). Dans un bâtiment moderne, derrière la cathédrale. Vous trouverez des *puntos* (centres téléphoniques privés) Entel, Cotel et Tigo sur 6 de Agosto et ailleurs en ville.

Poste (côté nord de la Plaza 2 de Febrero ; 🕑 9h-12h et 14h30-18h mar-sam, 9h-15h dim). Il vous faudra peut-être partir à la recherche de l'employé de service.

SERVICES MÉDICAUX

Un hôpital rudimentaire, avec équipements médicaux et dentaires, est installé dans la banlieue sud de la ville, mais en cas de problèmes sérieux mieux vaut se rendre à La Paz.

SITE INTERNET

Le site (en espagnol) www.copacabana-bolivia.com mérite une visite.

Désagréments et dangers

On a recensé en 2005-2006 divers incidents particulièrement alarmants subis par des voyageurs empruntant des *micros* (minibus publics) et des taxis – offrant la course – entre Desaguadero et La Paz, et Copacabana et La Paz. Des membres de bandes criminelles, se faisant passer pour des passagers, ont enlevé et séquestré des touristes qui sont restés attachés, les yeux bandés, pendant plus de 24 heures, tandis que leur compte bancaire était délesté du montant maximum. Même si la police affirme avoir arrêté la plupart des coupables, il est recommandé aux voyageurs d'emprunter les bus touristiques officiels et de ne pas accepter les propositions de transport qui leur sont faites à la frontière de Desaguadero. Les bus officiels déposent leurs passagers dans les principaux hôtels, notamment ceux de la Calle Illampu ; les réservations s'effectuent *via* n'importe quelle agence de voyages à Copacabana, pour un coût légèrement supérieur (3 $US) – un moindre mal face aux dangers potentiels.

PRÉCAUTIONS FESTIVES

Copacabana est globalement une ville très sûre. Malheureusement, lors des festivités (p. 113), notamment pendant la fête de l'Indépendance (première semaine d'août), les voleurs et agresseurs se déchaînent autant que les fêtards. Les habitants montrent souvent du doigt leurs voisins péruviens, qui viennent en masse à Copacabana pour effectuer des pèlerinages religieux. Mais pour les victimes, le plus souvent des touristes, l'identité des coupables importe peu. Hôteliers et commerçants affichent d'importantes mises en garde aux voyageurs, les invitant à la plus grande prudence avant et pendant les festivités : ne portez pas d'objets de valeur sur vous, ne prenez que l'argent dont vous aurez besoin et ne sortez jamais seul le soir.

Méfiez-vous des pickpockets, notamment lors des rassemblements. Tenez-vous, par exemple, à l'écart pendant les feux d'artifice : lorsque la fête bat son plein, la sécurité publique n'est plus une priorité.

La raréfaction de l'air et le rayonnement intense du soleil laissent passer des niveaux dangereux d'ultraviolets. Pour minimiser les risques, portez un chapeau, en particulier sur le lac.

À voir

La visite des principaux sites touristiques de Copacabana nécessite une bonne journée, à un rythme toutefois détendu.

CATHÉDRALE

Cette cathédrale mauresque d'un blanc éclatant domine la ville de ses dômes *mudéjars* et ses *azulejos* bigarrés (carreaux de céramique bleus de style portugais). Des baptêmes ont lieu tous les samedis à 16h. Pour les horaires des messes, consultez le panneau d'affichage à l'entrée.

La statue noire de la cathédrale de la Virgen de Candelaria, sculptée par Francisco Yupanqui, est enchâssée dans la **Camarín de la Virgen de Candelaria** (☺ 8h-midi et 14h-18h ; entrée sur don), une niche située au-dessus des escaliers de l'autel. La statue ne sort jamais de la cathédrale car, selon la superstition, tout déplacement entraînerait un débordement dévastateur du lac Titicaca.

Dans cette cathédrale qui rassemble de nombreuses pièces d'art religieux aussi bien européen que local, le **Museo de la Catedral** (☺ 8h-11h, 14h-17h ; 0,60 $US) compte quelques objets intéressants. Ne manquez pas les vases en œuf d'autruche ni les centaines de grues de chantiers en papier, dons d'une Japonaise souhaitant donner naissance à un enfant intelligent. Des visites sont organisées sur demande pour les groupes.

PLAGE DE COPACABANA

La seule plage publique de Bolivie ne soutient certes pas la comparaison avec celle de Rio de Janeiro, surtout parce que les eaux du lac sont glaciales. Toutefois, le week-end, il s'en dégage une atmosphère festive qui attire de nombreuses familles. Le long du rivage, vous pourrez vous asseoir au soleil, déguster des truites et boire des bières dans l'un des nombreux petits restaurants, ou encore louer vélos (1,25 $US/heure), motos (5 $US/heure) et toutes sortes d'embarcations (4 $US/heure).

CERRO CALVARIO

Une marche d'une heure et demie vous mènera au sommet du Cerro Calvario ; les efforts sont amplement récompensés, notamment en fin de journée lorsque le soleil se couche sur le lac. Le chemin, qui débute près de l'**église** à l'extrémité de la Calle Destacamento 211, passe devant les 14 stations du Chemin de croix.

NIÑO CALVARIO ET HORCA DEL INCA

La petite mais imposante colline du Niño Calvario ("petit calvaire"), au sud-est de la ville (à ne pas confondre avec le Cerro Calvario, à l'ouest), est également connue sous le nom de Seroka et sous son appellation d'origine, Kesanani. Cette étonnante formation aux roches déchiquetées vaut la visite. Près de l'extrémité de la Calle Murillo, un chemin signalé par un panneau grimpe jusqu'à la **Horca del Inca** (entrée libre), une porte constituée de trois pierres perchées à flanc de colline. Cet observatoire pré-inca est entouré de roches percées qui laissent filtrer les rayons du soleil jusqu'au linteau lors du solstice du 21 juin qui marque la nouvelle année aymará (si cela ne se produit pas, c'est de mauvais augure pour les récoltes de l'année). Ce jour-là, les habitants arrivent au sommet avant le lever du soleil pour célébrer l'événement.

Vous verrez peut-être un guide sur place : une modeste contribution vous fera bénéficier de ses lumières.

À 4 km de là, sur la route de Kasani, le **Cerro Copacate** abrite des vestiges préincas et l'on peut voir des pétroglyphes gravés sur les pierres. Le plus connu, bien que difficile à distinguer, est l'**Escudo de la Cultura Chiripa**, une représentation exceptionnelle attribuée à la civilisation préinca chiripa.

TRIBUNAL DEL INCA (INTIKALA)

Au nord du cimetière, à la périphérie sud-est de la ville, s'étend un champ de rochers sculptés, le **Tribunal del Inca** (entrée gratuite), dont la fonction originelle reste inexpliquée. Il renferme des pierres gravées avec *asientos* (sièges), bassins et *hornecinos* (niches) probablement pourvues d'idoles autrefois.

KUSIJATA ET BAÑO DEL INCA

Une promenade de 3 km au nord-est en bordure du lac, depuis l'extrémité de la Calle Junín ou de la Calle Hugo Ballivián, débouche sur un manoir colonial, **Kusijata** (entrée 0,60 $US), renfermant une modeste collection archéologique. Vous arriverez peut-être à distinguer dans la pénombre (les lumières ne sont pas allumées) le corps humain embaumé en position fœtale, tel qu'il fut enterré. Un jeune gardien devrait vous courir après pour vous donner la clé en vous voyant grimper la colline ; dans le cas contraire, demandez-la. Le tunnel précolombien à côté du manoir permettait initialement d'accéder aux nappes d'eau souterraines. Le réservoir d'eau en pierre taillée avec une rigole est connu sous le nom de **Baño del Inca** (bain de l'Inca), mais ses origines et sa signification restent floues.

MUSEO DEL PONCHO

Le **Museo del Poncho** (🕑 9h30-12h30 et 15h-18h lun-sam, 9h30-16h30 dim ; entrée 1,25 $US) est l'un des musées les plus récents, les mieux pensés et les plus charmants du coin. Ses collections, présentées de façon moderne sur deux niveaux, vous dévoileront les mystères des tissus de la région, et des ponchos, évidemment. Les cartouches, en anglais et en espagnol, fournissent des explications claires sur l'origine, la signification et l'appartenance régionale de ces vêtements. Fondé par *Jiwasax, Culturas y Educación*,

un organisme culturel chargé de la conservation et de la diffusion de l'art textile andin, ce musée est idéal pour commencer agréablement à démêler l'écheveau culturel de la région.

Circuits organisés

De nombreuses agences de voyages, la plupart regroupées à l'angle de 6 de Agosto et de 16 de Julio, organisent des circuits dans les environs de Copacabana. L'excursion la plus prisée est celle d'une demi-journée ou d'une journée sur l'Isla del Sol (p. 119), départs tous les jours à 8h30 et 13h30. Selon le bateau que vous prenez, vous serez déposé soit au nord soit au sud de l'île (renseignez-vous auprès de l'agence) : depuis le nord, vous devrez rallier la pointe sud de l'île à pied, mais si vous arrivez au sud, vous n'aurez qu'à vous occuper en attendant que l'on vienne vous chercher à l'Escalera del Inca. L'excursion aller-retour d'une journée coûte de 2,50 $US à 3,15 $US ; la demi-journée dans le sud ou l'aller simple 2 $US.

Fêtes et festivals

Chaque année, Copacabana accueille plusieurs fêtes de premier plan. La ville célèbre également l'**anniversaire du département de La Paz** le 15 juillet. Le marché se tient le mercredi et le dimanche.

JANVIER

La bénédiction d'objets miniatures – représentant par exemple voitures et maisons – est une tradition locale perpétuée lors de la **fête d'Alasitas** (24 janvier) dans l'espoir d'obtenir, l'année suivante, ces mêmes objets grandeur nature.

FÉVRIER

Du 2 au 5 février, la **Fiesta de la Virgen de Candelaria** rend hommage à la sainte patronne de la ville et du pays en général. Bien que célébrée partout, la fête connaît son point d'orgue à Copacabana, où pèlerins et danseurs affluent des quatre coins de la Bolivie. Des danses traditionnelles aymará sont exécutées au milieu de la musique et des réjouissances bien arrosées. L'euphorie atteint son apogée le troisième jour, lors du rassemblement de 100 taureaux dans une arène de pierre sur la route de Yampupata ; les hommes les plus courageux (et souvent les plus ivres) sautent dans l'enclos.

BENDICIÓN DE MOVILIDADES

Le terme de *cha'lla* désigne toute bénédiction rituelle, célébration et offrande en l'honneur des divinités incas, aymaras ou chrétiennes. Presque tous les matins, pendant la saison des fêtes (p. 113), à partir de 10h environ (et jusque tard les samedi et dimanche), voitures, camions et autobus se rassemblent devant la cathédrale de Copacabana, décorée d'une myriade de guirlandes de fleurs (artificielles ou non), de rubans colorés et de drapeaux. Tous sont là pour une *cha'lla* appelée **Bendición de Movilidades** (bénédiction des véhicules). C'est l'occasion d'implorer la protection de la Vierge et de verser en offrande de l'alcool sur les véhicules, afin de les bénir pour leur retour. Ce type de *cha'lla* est une pratique courante chez les pèlerins et les compagnies de bus longue distance, qui viennent faire bénir leur nouvelle flotte le Vendredi saint et le dimanche de Pâques. Le prêtre empoche les dons des automobilistes en moins de temps qu'il n'en faut pour dire un *Je vous salue Marie*, mais au bout du compte, cela revient bien moins cher qu'un contrat d'assurance !

MARS/AVRIL

Dans le cadre des festivités de la **Semaine sainte** (p. 371), la ville accueille, le **Vendredi saint**, une foule de pèlerins, dont certains ont parcouru à pied les 158 km qui séparent La Paz de Copa pour faire pénitence sur le chemin de croix du Cerro Calvario. Partant de la cathédrale à l'aube, les pèlerins se joignent à une procession solennelle à la bougie, avec une statue du Christ dans un cercueil de verre et une réplique de la Virgen de Candelaria ouvrant la marche. Au sommet, ils brûlent de l'encens et achètent des miniatures symbolisant des biens matériels, dans l'espoir que la Vierge leur accordera leur équivalent grandeur nature dans l'année.

MAI

La **Fiesta de la Cruz** (fête de la Croix) est célébrée la première semaine de mai tout autour du lac, mais les principales festivités ont lieu à Copacabana.

AOÛT

Durant la première semaine d'août, le **jour de l'Indépendance de la Bolivie** – le plus grand événement de l'année – est marqué par de nombreux pèlerinages, concerts incessants, parades, fanfares, feux d'artifice et consommation démesurée d'alcool. À la même époque, des milliers de Péruviens effectuent un pèlerinage traditionnel à Copacabana en hommage à la Vierge.

Où se loger

Les hôtels, souvent de piètre qualité, poussent comme des champignons. Lors des fêtes, l'ensemble des hébergements fait rapidement le plein et les prix sont parfois multipliés par trois. Malgré sa situation en bord de lac, Copacabana bénéficie d'un approvisionnement en eau très irrégulier. Les meilleurs hôtels font tout leur possible pour remplir leurs réservoirs le matin (l'eau est généralement coupée à 11h).

PETITS BUDGETS

Hostal Emperador (☎ 862-2083, La Paz 2-242 4264 ; Murillo 235 ; ch par pers 1,25 $US, avec sdb 2 $US, avec sdb et petit déj 2,50 $US). Ce repaire de voyageurs à petit budget est idéal pour faire des rencontres. C'est une adresse gaie et animée, tenue par une *señora* enjouée, avec douches chaudes et de nombreux petits "plus" : blanchisserie, petite cuisine commune, consigne à bagages et terrasse ensoleillée où il fait bon paresser. à l'arrière, une aile plus récente est dotée de salles de bains.

Alojamiento San José (☎ 7150-3760 ; Jáuregui 146 ; ch par pers 2 $US). Établissement spartiate mais propre comme un sou neuf : l'odeur de détergent est toujours bon signe. Il conviendra parfaitement aux voyageurs à budget serré, même si on peut douter de la constance annoncée de l'approvisionnement en eau chaude.

Alojamiento Kotha Kahuaña (Busch 15 ; ch par pers 2 $US, avec sdb 3 $US). Un petit Tiahuanaco vous accueille dans cette demeure chaleureuse et impeccable, où vous trouverez d'agréables chambres à l'étage, de l'eau chaude 24h/24 et une famille aux petits soins.

Hostal Sonia (☎ 7196-8441, 7196-5977 ; Murillo 256 ; ch par pers 2,50 $US). Les chambres sont ici aussi gaies et avenantes que la Dueña Sonia (qui n'est autre que la fille de la *señora* de l'Hostal Emperador). Avec ses chambres simples et lumineuses, sa cuisine, sa terrasse et sa blanchisserie, c'est une option de choix à prix modeste.

Hostal 6 de Agosto (6 de Agosto ; ch par pers 3 $US). Cette adresse très rose, qui donne sur un jardin, est dotée de chambres simples mais propres. Seul point faible, l'emplacement, au-dessus du Diego Pub, ne garantit pas une bonne nuit de sommeil. Sur place, un bon restaurant (menu du midi 1,50 $US).

Residencial Sucre (☎ 862-2080 ; Murillo 228 ; ch par pers avec sdb 3,15-4 $US). Cet établissement s'apparente plus à un hôtel de gamme moyenne qu'à une option petits budgets, avec TV couleur, chambres avec moquette, bon approvisionnement en eau chaude et restaurant (petit déjeuner en sus). Sans oublier une cour ensoleillée (qui fait parfois parking). Le soleil entre aussi à flots dans la chambre 38, à l'angle (souvent montrée aux clients potentiels), mais les autres chambres sont tout aussi correctes.

Hotel Ambassador (☎ 862-2216, La Paz 2-224-3382 ; Jáuregui au niveau de Bolívar ; ch par pers avec sdb 5 $US). L'épais tapis rouge à l'entrée donne d'emblée le ton : l'endroit est un peu rustique, mais charmant, avec des chambres défraîchies mais confortables et des installations un peu au-dessus de la moyenne locale de ce type d'établissements. Le restaurant typique vaut le détour, avec l'une des plus jolies vues du centre-ville et des menus le midi (1 $US).

Hostal Brisas del Titicaca (☎ 862-2178, La Paz 245-3022 ; www.hostellingbolivia.org ; 6 de Agosto au niveau de Costañera ; ch par pers 5 $US ; 💻). Située juste sur la plage, cette auberge de jeunesse offre des chambres agréables, un peu années 1970. Quelques-unes, avec salle de bains commune, ont des fenêtres minuscules sans vue, mais d'autres ont non seulement une salle de bains privative mais aussi une terrasse et une jolie vue sur le lac. Il s'avère difficile d'entrer à moins d'avoir la ferme intention de prendre une chambre.

Pour camper, vous pouvez envisager de vous installer sur le Niño Calvario ou le Cerro Sancollani. Mais attention : demandez toujours l'autorisation auprès des autorités locales avant de planter votre tente près d'un village.

CATÉGORIE MOYENNE ET SUPÉRIEURE

La Cúpula (☎ 862-2029 ; www.hotelcupula.com ; Michel Pérez 1-3 ; s 6-12 $US, d 8-17 $US, tr 20-32 $US, avec sdb s 14-20 $US, d 20-32 $US, tr 18-40 $US). Les voyageurs du monde entier vantent les mérites de cette accueillante oasis, remarquable à ses deux dômes immaculés sur les pentes du Cerro Calvario et à son magnifique panorama sur le lac. L'enthousiasme est justifié : les 19 chambres, toutes uniques et bien pensées (dont de jolies suites pour les jeunes mariés, deux avec cuisine, et un appartement pour les familles) offrent l'un des séjours les plus agréables et au meilleur rapport qualité/prix de tout le pays. Vous aurez accès à la salle TV/vidéo, à la bibliothèque, à une cuisine et une laverie communes. Sur place, le restaurant La Cúpula (p. 116) est très prisé, tant pour son cadre douillet et sa vue que pour sa cuisine. Les vastes jardins sont agrémentés de sculptures, de hamacs et de jolis coins ombragés. On n'oubliera pas le personnel, serviable, polyglotte et de très bon conseil. Mieux vaut réserver.

Hotel Utama (☎ 862-2013 ; Michel Pérez et San Antonio ; s 7-10 $US, d avec baignoire 10-20 US$). "Votre maison" (en aymará) est un hôtel confortable et d'un bon rapport qualité/prix, réputé pour son petit déjeuner. Très fréquenté par les groupes en circuit touristique, il accueille également souvent la clientèle excédentaire de La Cúpula. Au rez-de-chaussée, quelques-unes des chambres les moins chères donnent sur une cour intérieure, mais d'autres ont des fenêtres sur l'extérieur. À l'avant, les chambres avec vue sont un peu plus onéreuses. Des remises sont accordées aux étudiants disposant d'une carte.

Hotel Chasqui del Sol (☎ 862-2343 ; www. chasquidelsol.com ; Costañera 55 ; s/d avec sdb et petit déj 15/25 $US). Dans un style à fanfreluches typique des années 1980, des chambres spacieuses, des salles de bains plus vastes encore et une vue imbattable sur le lac. Le personnel est sympathique et les voyageurs satisfaits.

Hostal Leyenda (☎ 7192-6333, Costañera et Busch ; d avec sdb et petit déj 15 US$). Cet établissement compense ses défauts par son inventivité : chaque chambre y est personnalisée. La n°6 (une suite double) est particulièrement chaleureuse, avec sa décoration toute de bois. Le restaurant est tout proche des chambres, ce qui est à la fois un avantage et un inconvénient. Vous êtes juste au bord du lac, qui peut être très bruyant en haute saison. Certains voyageurs nous ont parlé de douches tièdes – cela en refroidira certains.

Hotel Rosario del Lago (☎ 862-2141, La Paz 2-245-1341 ; www.hotelrosario.com/lago ; Paredes et Costañera ; s/d/tr/ste avec sdb 33/44/59/87 $US ; 💻). Dans un édifice néocolonial, ce petit frère trois-étoiles de l'Hotel Rosario, à La Paz, mérite la dépense : ses chambres charmantes sont toutes équipées de douches chauffées à l'énergie solaire, de doubles vitrages et d'un coffre-fort. Le service est à la hauteur d'un cinq-étoiles, avec ce petit truc en plus que donnent les portes à carte magnétique. Inondé par la lumière de l'Altiplano, l'établissement est l'un des meilleurs de la ville. Le buffet du petit déjeuner, dans l'élégant restaurant Kota Kahuaña (ci-contre), est inclus.

Hotel Gloria (☎ 286-2294, La Paz 2-240-7070 ; 16 de Julio et Manuel Mejía ; www.hotelgloriabolivia.com.bo ; ch avec sdb et petit déj 35 $US par pers). Ce vaste hôtel, dans une ancienne préfecture, peut rappeler un internat, mais on y a une jolie vue sur le lac et les montagnes environnantes. Les chambres, quoique impersonnelles, sont propres et spacieuses, et la salle de jeux à l'étage est un avantage appréciable. Des forfaits tout compris, d'un bon rapport qualité/prix, sont parfois proposés.

Où se restaurer

Une fringale de poisson ? Vous n'auriez pas pu mieux tomber : ici, on est spécialisé en *trucha criolla* (truite arc-en-ciel) et *pejerrey* ("poisson roi") du lac Titicaca. La truite y fut introduite en 1939 pour augmenter l'apport de protéines dans l'alimentation locale. De nos jours, il s'agit essentiellement de produits de pisciculture, et les populations de *pejerrey* ont gravement diminué. Les poissons sont servis de mille façons, avec plus ou moins de bonheur : certains font triste mine, tandis que d'autres sont dignes des meilleurs restaurants gastronomiques français. Vous dégusterez les meilleurs plats de truite à La Orilla, à La Cúpula et au Kota Kahuaña.

La quasi-totalité des établissements en ville servent le petit déjeuner, qui peut être *americano* (avec un ou deux œufs), *continental* (boisson, pain, confitures) ou se résumer à du muesli avec des fruits.

RESTAURANTS

Restaurant Vegetariano Kala Uta (6 de Agosto et 16 de Julio ; menus à moins de 2 $US, plats 3 $US). Dans une ambiance bohème et pleine de charme andin, cette adresse végétarienne propose des petits déjeuners inventifs, notamment le *poder andino* (pouvoir des Andes), avec crêpes de quinoa garnies de confiture, de banane, de yaourt, de noix du Brésil, de raisins secs et de noix de coco, le tout arrosé d'une boisson à base d'une céréale locale. Ne

vous fiez pas aux horaires annoncés (petit déjeuner, midi et soir), c'est un peu au petit bonheur.

Restaurant Mankha Uta (6 de Agosto ; menus 2 $US, plats 2,50-6,50 $US). Une clientèle décontractée y paresse à l'extérieur, à table ou installée sur des canapés, et déguste des plats standard, du type pizza ou *pollo*. Autre option : la truite façon locale, Trucha del Patrón (5,50 $US), à découvrir devant un jeu de société ou un film.

La Cúpula (☎ 862-2029 ; www.hotelcupula.com ; Michel Pérez 1-3 ; plats 2,50-4 $US ; ☷ fermé mar petit déj et midi). Des produits locaux, exploités avec inventivité, composent une carte variée de spécialités locales et internationales. Les végétariens pourront opter pour les lasagnes, mais les carnivores ne sont pas oubliés. Pour un repas inoubliable, comptez environ 5 $US. Osez par exemple la fondue savoyarde avec du vrai gruyère, suivie d'une tout aussi délicieuse fondue au chocolat bolivien avec fruits. Grâce aux baies vitrées, l'endroit est inondé de lumière et offre un large panorama sur le lac.

La Orilla (☎ 862 2267 ; 6 de Agosto ; plats 3,50 $US ; ☷ 10h-22h, fermé dim). Cette adresse très créative, décorée avec goût, baigne dans une ambiance chaleureuse, accueillante et propice aux rencontres. Sans parler de la cuisine, internationale, avec notamment des portions gargantuesques de cannellonis, de truite farcie (3,50 $US ; chaudement recommandée) ou de curry de poisson à la noix de coco. Les végétariens auront eux aussi un large choix.

Kota Kahuaña (☎ 862-2141, La Paz 245-1341 ; Paredes et Costañera ; plats 2,50-5 $US). Tout est ¡muy rico! (délicieux !) au restaurant de l'Hotel Rosario del Lago. C'est l'un des plus chers de la ville, mais vous ne regretterez pas la dépense, ne serait-ce que pour la truite farcie à savourer en admirant la vue sur le lac. L'excellent bar à salades, des plats principaux inventifs et les vins de Bolivie ajoutent au plaisir.

Pensión Aransaya (6 de Agosto 121 ; menus 1-2 $US, poisson 3 $US ; ☷ midi et soir). Une institution locale, très accueillante, pour une bière bien fraîche et de la truite avec sa garniture habituelle.

Pacha Café Restaurant Pub (Bolívar ; plats 1,90-4 $US ; ☷ soir). On trouve un peu de tout dans cet établissement décoré dans un style rustique : une cheminée, des cocktails, des pizzas, de la *trucha* (préparée de neuf façons différentes). Un peu froid quand il est vide, mais très sympa dès qu'il y a du monde.

RESTAURATION RAPIDE

Snack 6 de Agosto (6 de Agosto). Repas bien cuisinés, avec notamment l'éventail habituel de petits déjeuners (1,50 $US) et des menus le soir (1,25 $US). Le patio est une merveille par beau temps.

Pueblo El Viejo (6 de Agosto 684 ; plats 2-5 $US). Nos lecteurs adorent ce café-bar rustique et décontracté, avec déco ethnique, lumières douces et ambiance relax. Tenu par des jeunes branchés, c'est probablement le seul endroit en ville où boire un café à peu près correct (merci à la machine à expresso importée d'Italie).

Café Bistrot (6 de Agosto et Zupana ; plats 1,15-2,20 $US). Une vraie caverne d'Ali Baba : des tables de couleur, un coin pour lire, écrire ou paresser devant un verre, divers instruments de musique (dont un didgeridoo australien). L'ensemble est un peu désordonné, et il faut attendre 20 minutes pour être servi (les plats sont préparés à partir de produits frais). Mais avec diverses distractions, dont des jeux de société et un propriétaire anglophone, c'est l'endroit idéal pour les petits Occidentaux qui ont le mal du pays.

Au bord de l'eau, **des étals** vendent en-cas et boissons, et en saison, l'inévitable *trucha* (environ 1,90 $US). Vous pouvez y prendre un verre en observant une plage typiquement bolivienne, à moins que vous ne soyez distrait par les égouts tout proches.

Vous ne mangerez nulle part moins cher qu'au *comedor* du marché, où de généreux plats de *trucha* ou de bœuf sont servis à des prix dérisoires. En cas de crise d'hypoglycémie, au petit déjeuner ou au goûter, rien de tel qu'un *api morado* (boisson chaude à base de maïs) accompagné de *buñuelos* (beignets) bien sucrés.

Où prendre un verre et sortir

Ici, les établissements nocturnes vont et viennent. Allez donc flâner sur 6 de Agosto pour jauger l'ambiance.

Akwaaba (6 de Agosto). Miles Davis aurait aimé cet endroit à l'ambiance douce et décontractée tenu par des Argentins. L'un des propriétaires est saxophoniste, et des concerts sont régulièrement programmés. Musique cubaine, salsa et *cumbia* attirent une clientèle bohème jeune et moins jeune, qui se presse sur les coussins disposés sur le sol.

Nemos Bar (6 de Agosto 684). Ce chaleureux repaire est idéal pour quelques verres tard dans la soirée sous une lumière tamisée.

Achats

Parmi les spécialités locales figurent des miniatures artisanales de bateaux en roseau *totora*, des variétés peu courantes de pommes de terre des Andes et la *pasankalla* (gros grains de maïs soufflé au caramel), une version sud-américaine du pop-corn. Vous trouverez également pléthore de boutiques de pulls en laine de lama et en alpaga à bons prix ; comptez environ 10 $US pour un magnifique article en alpaga. Les étals dressés devant la cathédrale vendent des décorations pour véhicules utilisées lors des *cha'lla*, des miniatures et des objets religieux.

Depuis/vers Copacabana
DEPUIS/VERS LA PAZ

Trans Manco Kapac (☎ 862-2234, La Paz ☎ 245-9045), **TransTurs 2 de Febrero** (☎ 862-2233, La Paz ☎ 245-3035) et **Transporte 6 de Junio** (La Paz ☎ 2-245-5258) assurent plusieurs navettes quotidiennes depuis le cimetière de La Paz pour Copacabana (2 $US, 3 heures 30), *via* Tiquina. Leurs guichets se trouvent près de la Plaza 2 de Febrero, mais les bus arrivent et partent parfois à proximité de la Plaza Sucre. Pour un bus direct pour touristes (plus confortable, mais souvent bondé) entre La Paz et Copacabana, comptez environ 3,15 $US en haute saison. Ils quittent La Paz vers 8h et Copacabana à 13h30 (3 heures 30). Vous pouvez acheter les billets auprès des agences d'excursions.

DEPUIS/VERS LE PÉROU

De nombreux bus de tourisme vont jusqu'à Puno (Pérou). Vous pouvez vous arrêter à Copacabana et continuer votre voyage avec la même agence, ne parcourir que le tronçon Copa-Puno (3,15 $US, 3 à 4 heures), ou encore vous rendre jusqu'à Cuzco (11 $US à 20 $US, 15 heures) ; réservez à l'avance. À Copacabana, les arrivées et les départs se font depuis l'Av. 6 de Agosto.

Empruntez un minibus public reliant la Plaza Sucre à la frontière au niveau de Kasani (0,40 $US, 15 min). Une fois au Pérou, vous n'aurez aucun mal à louer un transport pour Yunguyo (0,25 $US, 5 min) et Puno (2 $US, 2 heures 30). Pour gagner directement Cuzco, adressez-vous aux agences de Copacabana, qui proposent des billets sur les bus quotidiens, de même que des navettes fiables pour Arequipa (11,25 $US, 8 heures 30), Lima (50 $US, 18 heures) et d'autres localités péruviennes. Aucun bus ne partira tant que tous ses passagers n'en auront pas terminé avec les formalités d'immigration.

Le Pérou est en avance d'une heure par rapport à la Bolivie.

DEPUIS/VERS L'ISLA DEL SOL

Toutes les agences proposent des billets pour l'Isla Del Sol avec les compagnies Titicaca et Andes Amazonia. Vous pouvez aussi acheter vos billets le matin du départ (2,50-3,15 $US) auprès des bureaux sur la plage. Des bateaux locaux (Mallku et Sol Tours) font aussi le trajet, moins souvent. Pour en savoir plus, voir p. 113.

RANDONNÉE COPACABANA-YAMPUPATA

Une façon particulièrement agréable d'atteindre l'Isla del Sol consiste à partir en randonnée en longeant le lac depuis Copacabana jusqu'au village de Yampupata, à quelques coups de rames des ruines de Pilko Kaina sur l'Isla del Sol.

Itinéraire principal

Tout le trajet se fait sur route, ce qui en fait une randonnée assez pénible, dans la chaleur (près de sept heures), mais agrémentée de beaux panoramas et de jolis villages à visiter.

Depuis Copacabana, partez vers le nord-est sur la route qui fait le tour du lac : vous marcherez environ une demi-heure jusqu'à la **Gruta de Lourdes** (ou Gruta de Fátima), une grotte qui, selon les habitants, rappelle le lieu saint français ou celui du Portugal. Si vous cherchez un raccourci, prenez à droite juste après le petit pont qui mène à la Vierge et empruntez le sentier inca. Quand le chemin s'efface, montez directement la colline pour rejoindre, sur la crête, la route principale. À savoir : pour gagner environ une heure et éviter les faubourgs de la ville, plats et jonchés de détritus, vous pouvez prendre un taxi de Copa jusqu'à la Gruta de Lourdes (6,25 $US l'aller, 7,50 $US l'aller-retour ; 9 km), où commence la partie la plus agréable de la randonnée.

À la fourche située sous la crête, prenez à gauche et descendez jusqu'à la berge, dans le village de **Titicachi** où une *tienda* (magasin) vend des sodas et des denrées de base.

Titicachi et ses environs renferment plusieurs sites intéressants, notamment le **cimetière inca de Tiahuanacota**, quelques murailles préincas et, sur l'îlot de Jiskha Huata, le **Museo de Aves Acuáticos** (musée des Oiseaux aquatiques), qui présente une petite exposition ornithologique sur le lac Titicaca ; on y accède uniquement en bateau (cherchez le *señor* Quiroga, qui vous y emmènera).

Dans le village suivant, **Sicuani**, l'accueillante famille Mamani dirige l'**Hostal Yampu** (ch par pers 1,25 $ US ; repas 1 $US), qui propose un hébergement sommaire (seau pour la douche). Les randonneurs se contenteront d'une bière ou d'un soda. Un peu plus loin, toujours à Sicuani, ne manquez pas la rencontre avec un homme original, et très photogénique, le sympathique Hilario Paye. Il vous montrera sans doute sa collection de cartes postales du monde entier et, avec un peu de chance, vous fera traverser la baie sur un bateau en *totora* (roseau) ou à moteur (tarifs à négocier), jusqu'à la péninsule, de l'autre côté : il y a mis en place de jolis sentiers de randonnée menant à une "grotte". Si vous souhaitez passer la nuit à l'écart du monde, Hilario Paye pourra vous louer des *chullhas* (tentes à ossature en bambou). Il propose également des excursions vers l'Isla del Sol (environ 7,50 $US ; 30 minutes) ou en canot à rames (2 $US ; 1 heure 30). Un hébergement en *hostal* est en train de voir le jour.

À cinq ou six heures de marche de Copacabana, **Yampupata** est un hameau de quelques maisons en adobe au bord du lac ; une nouvelle auberge y est en construction. L'*Asociación Transporte Yampupata Tours* vous propose de traverser l'**Estrecho de Yampupata** en bateau à moteur (minimum 8 $US) ou canot à rames (deux personnes 3 $US) pour rejoindre les ruines de Pilko Kaina (à droite). Veillez à bien préciser si vous voulez aller à l'Escalera del Inca (ci-contre). Comptez minimum 19 $US pour aller au nord et au sud de l'île, ou pour rejoindre le Sud ainsi que l'Isla de la Luna.

Autres itinéraires

Une autre solution, notamment pour les randonneurs qui ne veulent pas se rendre sur l'Isla del Sol, consiste à parcourir en taxi (17,50 $US) la route principale depuis Copacabana avec haltes dans les villages en chemin. Vous terminerez votre périple dans le superbe village préservé de **Sampaya**, à 5 km de Yampupata. Vous pouvez ensuite rentrer à pied à Copacabana par l'itinéraire oriental, plus élevé (quatre heures). Bien qu'il ne passe pas par de gros villages, il traverse des paysages magnifiques et offre l'occasion d'une randonnée dans la nature.

Les marcheurs aguerris peuvent opter pour la route préhispanique qui part du **Cruce Paquipujio**, près de l'Estrecho (détroit) de Tiquina. Elle passe par le village de **Chisi**, où se trouve un Templete Semisubterráneo (littéralement "temple semi-souterrain") datant de la civilisation de Chavín, antérieure à Tiahuanaco. Le chemin traverse ensuite San Francisco, Chachacoyas, Kollasuyos, Santa Ana et Sampaya, avant de rejoindre à Titicachi l'itinéraire Copacabana-Yampupata.

Depuis/vers Yampupata

Pour ceux qui ne souhaitent pas marcher, le meilleur moyen de relier Yampupata à Copacabana est le *camión* (peu fréquent) ou le minibus (0,50 $US, 30 min) circulant essentiellement les jours de marché (dim et jeu). Presque tous les jours, un bus part de Copacabana (à l'angle de Junín et de Michel Pérez) vers 11h, et de Yampupata dans l'après-midi.

ISLA DEL SOL

Les premiers habitants connaissaient l'Isla del Sol (île du Soleil) sous le nom de Titi Khar'ka (rocher du Puma), d'où dérive le nom "Titicaca". L'île constitue le berceau de plusieurs êtres vénérés, tels que le Soleil. C'est là que le dieu blanc et barbu Viracocha ainsi que les premiers Incas (Manco Capac et sa femme/sœur Mama Ocllo) apparurent mystérieusement à la demande du Soleil. Aujourd'hui encore, pour la plupart des Aymará et des Quechua péruviens et boliviens, cette légende relate l'histoire de la création.

Les 2 500 habitants permanents de l'Isla del Sol se répartissent entre les communes de **Cha'llapampa**, vers le nord de l'île, **Cha'lla** (avec sa charmante plage de sable sur la côte centre-est) et **Yumani**, à cheval sur la crête surplombant l'Escalera del Inca.

Avec son lot de vestiges anciens, ses minuscules villages traditionnels, ses magnifiques circuits de randonnée et ses airs d'île grecque, l'Isla del Sol mérite qu'on y dorme une nuit ou deux. En une journée, vous aurez déjà un bon aperçu de l'île et de ses principaux sites.

Si vous avez un peu plus de temps, vous pourrez explorer les ruines aux pointes nord et sud de l'île, arpenter les flancs arides tapissés de broussailles exhalant une odeur douceureuse de *koa* (encens), et les antiques *pampas* (terrasses) encore cultivées.

UNE ATLANTIDE BOLIVIENNE ?

Lorsque le niveau de l'eau baisse au nord de l'Isla del Sol, une colonne rocheuse d'aspect insignifiant dépasse de la surface du lac de quelques centimètres. La population locale considère qu'il s'agit là d'une colonne naturelle comparable aux nombreuses autres qui bordent la berge. Pourtant, en 1992, des coffres en pierre contenant des objets (dont plusieurs en or massif) ont été découverts sur le site sous-marin de Marka Pampa (ou La Ciudad Submergida). En août 2000, des fouilles complémentaires menées à proximité ont permis de mettre au jour un imposant temple en pierre, un réseau de sentiers ainsi qu'un mur d'enceinte, le tout immergé à environ 8 m de profondeur. Si l'origine de ces structures n'est pas établie avec précision, il se pourrait toutefois qu'elles datent de l'époque inca. Les recherches se poursuivent.

Aucun véhicule ne circulant sur l'île, les déplacements s'effectuent à pied ou en bateau. Les principaux ports se situent à **Pilko Kaina**, à l'**Escalera del Inca** (Yumani), et près des ruines du **Templo del Inca** et de **Chincana** (Cha'llapampa). Un petit port est aménagé à **Japapi** sur la côte sud-ouest.

Le réseau de sentiers très développé facilite l'exploration, mais l'altitude (4 000 m) se fait sentir. Prévoyez d'emporter vivres et provisions d'eau en quantité. N'oubliez pas que le soleil – natif des lieux – tape fort et qu'un écran solaire avec un indice de protection élevé est indispensable, notamment en bateau.

Partie sud de l'île
PILKO KAINA

Cet important **ensemble de vestiges** (entrée 0,60 $US), près de la pointe sud, se cache sur le flanc d'une colline escarpée en terrasses. Le site le plus connu, le **Palacio del Inca**, construit sur deux niveaux, serait l'œuvre de l'empereur inca Tupac Yupanqui. Les fenêtres rectangulaires et les portes se rétrécissent au sommet, si bien que les rebords et les seuils sont plus larges que les linteaux les plus élevés. La voûte en arc était autrefois recouverte de bardeaux de pierre et renforcée par une couche de terre et de paille.

LAC TITICACA

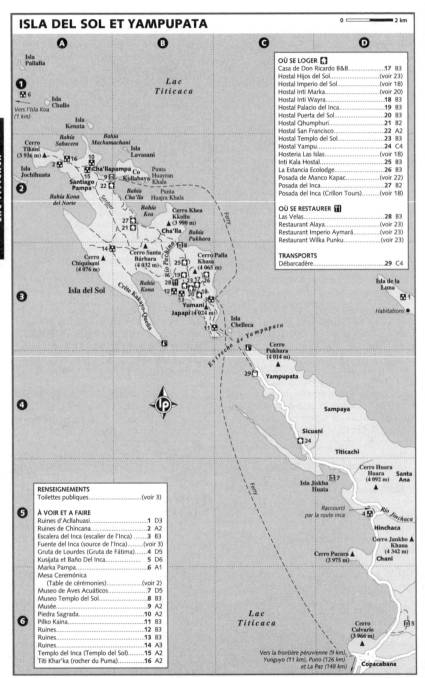

ISLA DEL SOL ET YAMPUPATA

0 ———— 2 km

OÙ SE LOGER
Casa de Don Ricardo B&B.....................**17** B3
Hostal Hijos del Sol.............................(voir 23)
Hostal Imperio del Sol.........................(voir 18)
Hostal Inti Marka...............................(voir 20)
Hostal Inti Wayra...............................**18** B3
Hostal Palacio del Inca........................**19** B3
Hostal Puerta del Sol...........................**20** B3
Hostal Qhumphuri...............................**21** B2
Hostal San Francisco............................**22** A2
Hostal Templo del Sol..........................**23** B3
Hostal Yampu.....................................**24** C4
Hosteria Las Islas...............................(voir 18)
Inti Kala Hostal.................................**25** B3
La Estancia Ecolodge...........................**26** B3
Posada de Manco Kapac.......................(voir 22)
Posada del Inca..................................**27** B2
Posada del Inca (Crillon Tours)..............(voir 18)

OÙ SE RESTAURER
Las Velas..**28** B3
Restaurant Alaya................................(voir 23)
Restaurant Imperio Aymará...................(voir 23)
Restaurant Wilka Punku.......................(voir 23)

TRANSPORTS
Débarcadère......................................**29** C4

RENSEIGNEMENTS
Toilettes publiques.............................(voir 3)

À VOIR ET A FAIRE
Ruines d'Acllahuasi.............................**1** D3
Ruines de Chincana.............................**2** A2
Escalera del Inca (escalier de l'Inca) **3** B3
Fuente del Inca (source de l'Inca)...........(voir 3)
Gruta de Lourdes (Gruta de Fátima).......**4** D5
Kusijata et Baño Del Inca.....................**5** D6
Marka Pampa....................................**6** A1
Mesa Ceremónica
  (Table de cérémonies)....................(voir 2)
Museo de Aves Acuáticos.....................**7** D5
Museo Templo del Sol.........................**8** B3
Musée..**9** A2
Piedra Sagrada...................................**10** A2
Pilko Kaina..**11** B3
Ruines..**12** B3
Ruines..**13** B3
Ruines..**14** A3
Templo del Inca (Templo del Sol)...........**15** A2
Titi Khar'ka (rocher du Puma)................**16** A2

Vous trouverez un restaurant juste à côté, mais il est impératif de réserver à l'avance. Lors de notre passage, son propriétaire faisait construire des chambres d'hôtel avec salles de bains privatives.

FUENTE DEL INCA ET ESCALERA DEL INCA

À 30 minutes de marche au nord de Pilko Kaina, d'étonnants jets d'eau fraîche jaillissent d'une source naturelle, la Fuente del Inca, puis s'écoulent par trois canaux en pierre construits le long d'un magnifique escalier inca, l'Escalera del Inca ; l'eau alimente un charmant jardin aquatique en terrasses.

Les premiers Espagnols considéraient cette source, située à Yumani, comme une fontaine de jouvence, tandis que pour les Incas ces trois ruisseaux symbolisaient leur devise nationale : *Ama sua, ama llulla, ama khella* ("Ne vole pas, ne mens pas, ne sois pas paresseux"). Aujourd'hui, la fontaine constitue un point d'approvisionnement en eau essentiel pour les habitants, qui viennent chaque jour y chercher de l'eau à dos d'âne avant de remonter le sentier escarpé.

YUMANI

La petite église de Yumani, l'**Iglesia de San Antonio**, accueille la population du sud de l'île. À proximité, vous trouverez un chapelet de pensions, dont le nombre s'accroît sans cesse, offrant une vue magnifique sur le lac, jusqu'à l'Isla de la Luna. Grimpez au sommet de la crête pour découvrir les eaux bleu saphir de la **Bahía Kona** sur la berge occidentale. De là, divers sentiers conduisent au village de **Japapi**, au pied de la colline, et longent la crête jusqu'aux ruines de Cha'llapampa et Chincana.

À mi-chemin de la colline, entre la Fuente del Inca et la crête, un court sentier mène vers le nord au **complexe culturel Inti Wata**, ouvert uniquement aux clients participant aux sorties en catamaran de l'agence Transturin (p. 126). Si vous avez un peu de temps, traversez l'isthme jusqu'au sommet de la **crête Kakayo-Queña**, à la pointe sud-ouest de l'île. Comptez au moins une demi-journée depuis Yumani pour l'aller-retour sur le paisible chemin qui longe la crête jusqu'au **phare**, à l'extrémité méridionale.

CHA'LLA

Cet agréable village, qui abrite le seul collège de l'île, s'étend le long d'une magnifique plage sablonneuse qui semble tout droit sortie d'une brochure sur les îles grecques. Le village s'étend de l'autre côté de la colline, au sud. Vous y trouverez un petit kiosque et quelques pensions (voir p. 123).

Dans les plaines champêtres qui entourent le col peu élevé entre Cha'lla et Yumani se trouve le **Museo Templo del Sol** (entrée 1,25 $US), où l'on peut voir des collections poussiéreuses, notamment de poteries incas. Le billet vous donne aussi accès aux vestiges qui sont au nord. L'ensemble est à une heure de marche au nord de Yumani (ou sur l'itinéraire de l'ouest, si vous venez du nord). La balade vaut pour le superbe panorama sur la baie et la vallée, mais le musée est décevant.

Partie nord de l'île

Deux routes principales relient le nord et le sud de l'Isla del Sol. La plus basse serpente à travers champs, hameaux et villages, embrassant baies et caps du littoral oriental. L'autre, plus spectaculaire, débute à Yumani sur la crête et se dirige vers le nord en longeant le sommet désert jusqu'aux vestiges de Chincana. Ces routes offrent de superbes perspectives sur les deux côtes de l'île. À environ une demi-heure de Yumani, vous parviendrez à un croisement : prenez à gauche pour descendre jusqu'au rivage de la Bahía Kona, à droite pour rejoindre la Bahía Kea, ou encore tout droit pour suivre la crête jusqu'aux ruines.

CHA'LLAPAMPA

La plupart des bateaux qui emmènent les visiteurs aux ruines du nord de l'île accostent à Cha'llapampa, à cheval sur un isthme étroit.

Un excellent **petit musée** (entrée 1,25 $US), principal point d'intérêt du village, regroupe les objets mis au jour en 1992 à Marka Pampa, que la population locale appelle *la Ciudad Submergida*, la cité engloutie (voir l'encadré p. 119).

Ce musée fait l'objet d'une vive controverse. Ses précieuses collections (coffrets en pierre de Marka Pampa et les objets en or qu'ils contiennent) auraient été volées aux habitants de Cha'lla à la suite d'une sombre querelle concernant le partage des droits sur les ruines de Chincana. On y trouve une collection époustouflante, et poussiéreuse : figurines anthropomorphes, ossements d'animaux, objets de l'ère Tiahuanaco, morceaux de crânes, brûle-encens à *koa* en céramique (en forme de puma) et calices. Conservez votre billet, qui donne également accès aux ruines de Chincana (et inversement).

PIEDRA SAGRADA ET TEMPLO DEL INCA

Depuis Cha'llapampa, la route de Chincana, parallèle à la plage, monte doucement le long d'une ancienne voie, jusqu'à l'isthme de **Santiago Pampa** (Kasapata).

À l'est du sentier, un étrange rocher sculpté se dresse au milieu d'un petit champ : cette **Piedra Sagrada** (pierre sacrée) était, selon certains, un billot d'exécution pour les malfaiteurs.

En chemin, au sud-ouest de la Piedra Sagrada, vous découvrirez les anciennes murailles du **Templo del Inca**, ou Templo del Sol. Les rares vestiges de ce temple, dont la fonction reste méconnue, renferment les seuls spécimens d'ouvrages spécialisés en pierre construits par des Incas boliviens, comparables aux célèbres murailles de Cuzco.

LES SITES ARCHÉOLOGIQUES DE CHINCANA ET DU TITI KHAR'KA

Les **ruines de Chincana** (entrée 1,25 $US), vestiges archéologiques les plus impressionnants de l'île, s'étendent près de la pointe nord. La structure la plus intéressante, le **Palacio del Inca**, est également appelée El Laberinto (le labyrinthe) ou encore Incanotapa en aymará. Dans le labyrinthe se trouve un petit puits, qui pour les pèlerins incas contiendrait une eau sacrée purificatrice.

À environ 150 m au sud-est des ruines se dresse la **Mesa Ceremónica** (table de cérémonies), où se déroulaient probablement des sacrifices d'hommes et d'animaux ; il sert aujourd'hui de lieu de pique-nique. À l'est de la table se dresse un énorme rocher, le Titicaca – plus exactement le **Titi Khar'ka**, ou rocher du Puma –, mentionné dans la légende de la création inca. Il tire sans doute son nom de sa forme qui, vue du sud-est, évoque un puma.

Trois éléments naturels figurant sur la façade occidentale du rocher font également partie intégrante de la légende. Près de l'extrémité nord se trouve la **Cara de Viracocha**, ou visage de Viracocha, difficile à distinguer (il pourrait tout aussi bien s'agir de la gueule du puma). À l'extrémité sud, on voit quatre niches allongées. Les deux de droite sont surnommées **Refugio del Sol** (refuge du Soleil) et celles de gauche **Refugio de la Luna** (refuge de la Lune). D'après la mythologie, c'est là que

le Soleil fit sa première apparition pendant le Chamaj Pacha (ère d'inondations et de ténèbres), suivi de Manco Capac et Mama Ocllo, les fondateurs de l'Empire inca.

Sur le rocher au sud s'étendent les **Huellas del Sol** (empreintes du Soleil), marques naturelles semblables à des traces de pas qui, selon la légende, auraient été laissées par le soleil après sa naissance sur le rocher Titicaca.

Le billet pour le musée de Cha'llapampa couvre également l'entrée aux ruines de Chincana, et réciproquement. Si vous débarquez au nord, à Cha'llapampa, vous pouvez emprunter le grand chemin inca qui passe par la Piedra Sagrada et le Templo del Inca et rejoint les ruines de Chincana. En venant du sud, prenez à gauche lorsque vous êtes au-dessus de Cha'llapampa. Encore un peu d'énergie ? Grimpez au sommet du Cerro Uma Qolla : la vue y est magnifique.

Circuits organisés

De nombreuses agences de Copacabana proposent des formules assez souples pour l'Isla del Sol (demi-journée/journée 2/3,15 $US). Les navettes partent de la plage vers 8h30 et s'arrêtent à l'Escalera del Inca pour déposer les passagers, avant de poursuivre vers le nord jusqu'à Cha'llapampa. Vous aurez le temps de grimper aux vestiges de Chincana, puis de revenir à l'Escalera del Inca et au Pilko Kaina. Les excursions d'une demi-journée ne vont généralement qu'au sud.

En débarquant à Cha'llapampa le matin, il est possible de marcher jusqu'à l'Escalera del Inca au sud, pour revenir en bateau l'après-midi. Vous pouvez également passer une nuit ou plus sur l'île, puis acheter un aller simple pour rejoindre Copacabana (2 $US) avec n'importe quelle compagnie de bateaux, y compris l'association locale.

Turisbus (www.travelperubolivia.com), à l'Hotel Rosario del Lago (p. 115), propose des circuits d'une demi-journée dans le sud de l'Isla del Sol (45 $US, minimum deux personnes) et d'une journée entière (75 $US, minimum deux personnes) pour le nord et le sud.

Où se loger

À Yumani, le site le plus spectaculaire, au sommet de la crête, les pensions poussent plus vite que les plants de coca. Cha'llapampa et Ch'alla comptent de nombreux hébergements simples. Vous pouvez aussi faire du camping sauvage sur toute l'île : mieux vaut demander l'autorisation auprès des autorités locales et, ensuite, vous installer un peu à l'écart des villages, en évitant les terres cultivées.

YUMANI
Petits budgets
Hostal Imperio del Sol (☎ 7196-1863 ; ch par pers sans/avec sdb 2,50/25 $US). Une adresse quasiment sans rivale : située en plein centre, d'une propreté impeccable, elle propose un choix de chambres modernes avec salles de bain et d'autres, plus simples, sans. Le charmant jardin et ses tables vous inviteront sans doute à écrire quelques cartes postales. Il est possible d'y prendre des repas.

Hostal Templo del Sol (☎ 7122-7616 ; ch par pers 3,80 $US). Ce repaire de globe-trotters, simple et accueillant mais défraîchi, est installé sur la crête et offre une vue inégalable sur les deux versants de l'île, avec notamment le panorama impressionnant du Kakayo-Queña. Repas sur place, vente de provisions et installations pour cuisiner.

Hostal Inti Wayra (☎ 7194-2015, La Paz 2-246-1765 ; ch par pers 5 $US). Dans ce sympathique dédale, la plupart des chambres offrent une vue superbe, mais les nouvelles, à l'étage, sont plus spacieuses et aérées. On semble y effectuer constamment des travaux de rénovation. Le petit déjeuner américain est à 1 $US et les autres repas (avec des plats végétariens) à 2 $US.

Les voyageurs à petit budget pourront aussi opter pour l'**Hosteria Las Islas** (☎ 7128-1710 ; ch par pers 3,15 $US), l'**Hostal Puerta del Sol** (☎ 7195-5181 ; ch par pers 3,15 $US), ou le tout nouveau **Hostal Palacio del Inca** (☎ 7151-1046 ; ch par pers 3,15 $US), qui offre un excellent rapport qualité/prix et est l'un des rares établissements d'où l'on peut admirer les deux versants de l'île.

Catégories moyenne et supérieure
Casa de Don Ricardo B&B (☎ 7193-4427 ; birdyzehnder@hotmail.com ; s/d avec sdb et petit déj 12/20 $US). Cette adresse couleur terre cuite et ses chambres à coupole semblent avoir perdu de leur lustre ces derniers temps. La salle commune, à l'avant, baigne dans une ambiance alternative un peu artiste. Malheureusement, la douche est tiède, voire froide.

Inti Kala Hostal (☎ 7194-4013 ; javierintikala@hotmail. com ; par pers avec sdb et petit déj 15 $US). Dans un cadre à couper le souffle, ce nouvel établissement, propre et très couru, notamment par les groupes, offre une vaste terrasse, de petites chambres et des toilettes étrangement conçues.

La Estancia Ecolodge (☎ 7156-7287, La Paz 2-244-2727 ; www.ecolodge-laketiticaca.com ; s/d avec sdb et petit déj 55/80 $US). Les adorables maisonnettes en adobe de Magri Turismo surplombent des terrasses préincas, face au sommet enneigé de l'Illampu. C'est une véritable adresse écolo, avec douches et chauffage à l'énergie solaire et toits de chaume aymará. Le prix comprend le petit déjeuner et le dîner. La Estancia est à 15 minutes à pied de Yumani.

Posada del Inca (☎ La Paz 2-233-7533 ; www.titicaca. com ; s/d avec sdb 49/58 $US). L'hébergement le plus luxueux de l'Isla del Sol, dans un ensemble datant de l'ère coloniale, à côté de l'église San Antonio, accueille exclusivement les clients de Crillon Tours (p. 126). Petit déjeuner et dîner compris.

CHA'LLA
Sur la colline derrière la plage, l'**Hostal Qhumphuri** (prix à négocier) est un établissement simple et familial dans un bâtiment couleur moutarde doté de chambres propres (pas de douche). Vous pouvez également tenter la très défraîchie **Posada del Inca** (ch 1,25 $US), si elle est ouverte – l'endroit ne semble pas accueillir grand monde ces derniers temps.

CHA'LLAPAMPA
Les meilleurs choix sont la **Posada de Manco Kapac** (☎ 7128-8443 ; ch 2,50 $US), tenue par le très aimable Lucio, et l'**Hostal San Francisco** (ch 2,50 $US), très fleuri. Tous deux sont à gauche du débarcadère. Vous trouverez de nombreux autres hébergements à prix modeste sur la plage, derrière le musée. Pour des navettes en bateau autour de l'île, mais aussi pour l'Isla del Luna (25 $US, minimum deux personnes), demandez le *señor* Choque, au restaurant Wara.

Où se restaurer
C'est à Yumani que vous mangerez le mieux : on y trouve davantage de cafés qu'il n'y a de truites dans le Titicaca. En haut de l'Escalera del Inca, l'Hosteria Las Islas est bien située, mais le service et la qualité de la cuisine laissent à désirer (3,15 $US le menu à midi, hors truite). Sur les hauteurs de Yumani, les **restaurants Imperio Aymará, Alaya** et **Wilka Punku** préparent midi et soir de bons plats de *pejerrey*. Au sommet également, **Las Velas** est une petite pizzéria avec une très belle vue. Il y a enfin à Cha'llapampa de jolis endroits ensoleillés où l'on peut manger simplement.

Comment s'y rendre et circuler

BATEAU

Depuis la plage de Copacabana, des *lanchas* (petits bateaux) privées et des tour-opérateurs assurent la navette jusqu'à l'Isla del Sol (3,15 \$US/pers pour l'aller-retour, 2 \$US l'aller). Outre les bateaux des voyagistes, ceux de la localité de Mallku effectuent la traversée plusieurs fois par jour depuis Cha'llapampa et l'Escalera del Inca.

Les billets s'achètent dans les guichets situés sur la plage ou auprès des agences de Copacabana. Les bateaux pour le nord de l'île accostent à Cha'llapampa, ceux pour le sud à Pilko Kaina ou à l'Escalera del Inca.

À PIED

Vous pouvez rejoindre à pied Yampupata, juste de l'autre côté du détroit, et y louer un bateau pour rallier le nord ou le sud de l'île. Pour l'itinéraire, voir p. 118.

ISLA DE LA LUNA (KOATI)

Selon la légende, c'est sur ce paisible îlot entouré d'une eau couleur aigue-marine que Viracocha ordonna à la Lune de s'élever dans le ciel. Empruntez le sentier conduisant au sommet à une forêt d'eucalyptus, où les bergers viennent faire paître leurs troupeaux ; vos efforts seront récompensés par la vue spectaculaire sur le lac, le Cerro Illampu et la Cordillera Real recouverte de neige.

Connues sous le nom d'Acllahuasi ou Iñak Uyu, les **ruines** (0,75 \$US) d'un couvent inca qui abritait autrefois les Vírgenes del Sol (vierges du Soleil) se dressent sur la berge nord-est, dans une vallée en forme d'amphithéâtre. C'est dans cette architecture en pierre de taille et mortier d'adobe que des petites filles (d'environ huit ans, pense-t-on) étaient présentées en offrande au Soleil et à la Lune.

Il est possible de camper un peu partout (à l'écart), mais il faut demander une autorisation et participer à la vie des habitants (une dizaine de familles) en leur achetant des produits locaux. Vous devez apporter de l'eau en quantité, car l'île n'a d'autre approvisionnement que le lac.

Après avoir déposé quelques touristes à Cha'llapampa, sur l'Isla del Sol, certaines sorties organisées poursuivent jusqu'à l'Isla de la Luna. Il vous faudra louer une embarcation à Yampupata ou à l'Escalera del Inca pour environ 19 \$US l'aller-retour (jusqu'à 12 personnes), ou tenter votre chance en canot à rames depuis Sampaya.

ISLAS DE HUYÑAYMARKA

Suriqui, Kalahuta et Pariti, les trois îles les plus visitées du Lago de Huyñaymarka, l'extension méridionale du lac Titicaca, peuvent se découvrir en une demi-journée. Le tourisme y est devenu essentiel à l'économie, ce qui n'a pas que des conséquences positives pour les habitants de Kalahuta et Suriqui. Aussi, adoptez un comportement respectueux : demandez l'autorisation de prendre des photos et refusez toute demande d'argent ou de cadeaux.

Vous pouvez camper une nuit, en particulier sur Pariti, très peu peuplée ; mais le camping est plutôt déconseillé sur Kalahuta : vous seriez sans doute vu d'un mauvais œil par les habitants, qui craignent les esprits nocturnes.

Isla Suriqui

Suriqui, la plus connue des îles Huyñaymarka, est renommée dans le monde entier pour ses embarcations en roseau *totora* dont, il y a peu encore, les habitants se servaient quotidiennement (voir l'encadré ci-contre). L'île semble aujourd'hui lasse du tourisme : les embarcations en roseau ont été abandonnées au profit de la construction de bateaux en bois, plus rentable. Autour de Suriqui ne voguent plus guère que des détritus et des bouteilles vides. De ce fait, de nombreuses agences ne font pas figurer cette île sur leurs itinéraires. Inutile d'y faire halte, à moins d'avoir du temps à tuer avant de rejoindre les autres îles.

Isla Kalahuta

Lorsque le niveau est bas, Kalahuta ("maisons de pierre" en aymará) se transforme en péninsule. Ses rives peu profondes sont bordées de roseaux *totora*, un matériau de construction polyvalent qui fait la renommée du Titicaca. Dans la journée, les pêcheurs parcourent l'anse principale à bord de leurs barques en bois – il y a quelques années encore, on

---

ISLA INCAS

Selon la légende, ce minuscule îlot inhabité, situé près de Suriqui (et qui apparaît rarement sur les cartes), faisait partie du réseau de passages souterrains incas qui – assertion douteuse – aurait relié plusieurs régions de l'Empire inca à la capitale, Cuzco.

pouvait voir les hommes pagayer à bord de leurs embarcations en *totora* pour récolter les roseaux, mais ces canots sont désormais en bois.

À l'époque inca, l'île servait de cimetière et, aujourd'hui encore, elle est jalonnée de *chullpas* (tours funéraires en pierre). Selon de nombreuses légendes, quiconque oserait profaner ce cimetière serait promis à une funeste destinée ; depuis longtemps, la population locale refuse de s'installer dans les environs du seul village de l'île, Queguaya, aujourd'hui presque abandonné.

Isla Pariti

Ce minuscule îlot entouré de marécages à *totoras* fit la "une" des journaux du monde entier en 2004 quand une équipe d'archéologues boliviens et finlandais y découvrit, dans un petit cratère, des poteries de Tiahuanaco. L'archéologue américain Wendell Bennet fut le premier à mener des fouilles à Pariti, en 1934, mais les travaux récents ont mis au jour des céramiques et tessons extraordinaires et pour beaucoup intacts, dont on pense qu'ils étaient donnés lors d'offrandes rituelles. Aujourd'hui, nombre de ces poteries et *ch'alladores* (vases) étonnants sont exposés au récent **Museo de Pariti** (entrée 2 $US), le reste se trouvant au Museo Nacional de Arqueología de La Paz (p. 71). L'ensemble témoigne

---

UN SAVOIR-FAIRE ANCESTRAL POUR UN EXPLOIT D'AUJOURD'HUI

Au début des années 1970, Thor Heyerdahl, un explorateur norvégien peu ordinaire, sollicita l'aide des frères Limachi et Paulino Esteban, artisans navals de Suriqui, pour concevoir et construire son bateau, le *Ra II*. Heyerdahl souhaitait vérifier sa théorie selon laquelle migrations et contacts auraient eu lieu entre les anciennes populations d'Afrique du Nord et d'Amérique. Son objectif : démontrer que l'on pouvait parcourir de longues distances sur les bateaux tels qu'ils étaient conçus à l'époque, et plus précisément sur une embarcation en papyrus. Il avait donc besoin du savoir-faire des quatre artisans navals aymará, qui l'ont aidé à construire le bateau, avant de l'accompagner pour un périple couronné de succès, du Maroc à La Barbade.

---

des prouesses artistiques des potiers de Tiahuanaco. La visite est incontournable, ne serait-ce que pour la céramique du *Señor de los patos* (littéralement, "l'homme aux canards").

Comment s'y rendre et circuler

Calacoto Tours (☎ 2-279-2524 ; www.hotel-calacoto -bolivia.com ; circuit d'une journée environ 55 $US, minimum 2 pers) propose des excursions d'une journée vers ces îles (Suriqui incluse) au départ de La Paz, avec des guides très bien informés, un transport en bus de luxe et un délicieux déjeuner au bord du lac. Les frères Catari (voir p. 126) sont les guides les plus expérimentés.

Toutes ces excursions seront l'occasion de bénéficier de précieuses explications (en espagnol) sur les légendes, les coutumes, la population, l'histoire et les caractéristiques du lac. Vous pourrez passer autant de temps que vous le souhaitez sur chaque île et, si vous campez, vous n'avez qu'à vous organiser pour qu'on vienne vous chercher le lendemain.

Les moins pressés engageront la conversation avec les pêcheurs aymará de Huatajata, qui accepteront peut-être de se libérer pour les promener d'une île à l'autre moyennant un prix convenu à l'avance.

ENVIRONS DU LAC TITICACA
Puerto Pérez

Fondé dans les années 1800 par des entrepreneurs anglais pour assurer le service des bateaux à vapeur sur le lac Titicaca, Puerto Pérez se situe à 67 km au nord-ouest de La Paz. Aujourd'hui, le port accueille **Balsa Tours** (☎ 2-244-0620 ; www.turismobalsa.com) et son complexe cinq-étoiles, le **Complejo Náutico Las Balsas** (☎/fax 244-0620, La Paz ☎ 2-243-3973 ; ch par pers 25-40 $US). Les chambres, moquettées, sont spacieuses ; de votre lit en bambou, vous jouirez d'une jolie vue sur le lac. Depuis l'hôtel, Balsa propose des circuits aux îles de Kalahuta, Suriqui et Pariti (environ 25 $US/pers).

La plupart des visiteurs arrivent au Complejo Náutico Las Balsas par le biais de Balsa Tours. Si vous voyagez seul, empruntez n'importe quel transport pour Copacabana ou Sorata et descendez à Batallas. Il vous restera 7 km à parcourir à pied si personne ne vous prend en stop ou si aucun des rares minibus publics (20 $US) ne passe sur la route.

LAC TITICACA

Huarina

Ce village plutôt insignifiant situé à la croisée des chemins, à mi-parcours entre Copacabana et La Paz, permet notamment de rejoindre Sorata. Si vous souhaitez relier Sorata à Copacabana, vous devrez descendre à l'intersection avec la route principale et attendre le prochain bus desservant votre destination.

Huatajata

Ce petit village alangui en bordure du lac et de la route principale sert essentielle-ment de base pour les sorties vers les Islas de Huyñaymarka (p. 124) et les croisières touristiques sur le Titicaca (ci-contre). Le tourisme mis à part, le quotidien de Huatajata s'écoule selon des modèles ancestraux. Les hommes sortent leurs bateaux de pêche le matin et s'en reviennent l'après-midi avec leur prise.

Installé dans l'Hotel Inca Utama, le **Museo El Altiplano** (5 $US, gratuit pour les clients de l'hôtel) porte sur l'anthropologie et l'archéologie des civilisations de l'Altiplano, ainsi que sur l'histoire de la région du Titicaca. Il s'inté-resse tout particulièrement aux traditions, à l'agriculture, à la médecine et aux techniques de construction des Empires tiahuanaco, inca et espagnol, aux civilisations chipaya et uros, et aux médecines traditionnelles kallawaya. Le personnel compte même un guérisseur traditionnel, dont les services sont réservés aux clients de l'hôtel. Vous pourrez rencontrer les frères Limachi, qui participèrent à la construction du radeau en roseau de Thor Heyerdahl. L'observatoire aymará (ou *Alajpacha*), équipé par la NASA, propose un programme nocturne pour regarder les étoiles.

Le **Museo Paulino Esteban** est en réalité un petit magasin d'artisanat qui renferme des objets divers ayant trait au *Ra II* et aux périples de Heyerdahl effectués à bord d'em-barcations de conception antique, telles que le *Ra I*, le *Tigris* et le *Kon Tiki*. Vous verrez devant la maison du propriétaire un imposant bateau en roseau *totora* (le *señor* Esteban ne manquera pas de vous demander de prendre une photo). À l'Hostal Puerto Inti Karka (voir p. 127) se trouve un musée plus informatif où l'artisan naval Maximo Catari expose de superbes maquettes de bateaux en roseau illustrées d'excellents résumés des expéditions.

CIRCUITS ORGANISÉS

Les **frères Catari** (☎ 7197-8959 ; Hostal Puerto Inti Karka) proposent de très enrichissantes excursions d'une journée à l'Isla del Sol, l'Isla de la Luna et Copacabana pour 150 $US (minimum cinq personnes). Les circuits vers Suriqui, Kalahuta et Pariti sont plus pratiques, à 40 $US (minimum deux personnes). Voir *Islas de Huyñaymarka* (p. 124) pour en savoir plus.

Crillon Tours (☎ 233-7533 ; www.titicaca.com ; environ 140 $US/pers) organise des sorties en hydrofoil depuis l'Inca Utama Hotel de Huatajata. L'excursion classique comprend le voyage en bus de La Paz à Huatajata et une visite du musée El Altiplano, puis la croisière proprement dite avec un arrêt à l'Estrecho de Tiquina. Le bateau repart ensuite pour Copacabana avant d'accoster à l'Isla de la Luna, puis à l'Isla del Sol pour une rapide halte au Pilko Kaina et un déjeuner à Yumani. Il rentre sur Huatajata, où les passagers prennent le bus pour La Paz. L'agence organise également des excursions de deux jours autour du lac et des passages de la frontière entre la Bolivie et le Pérou pour la journée (bus et hydrofoil).

Une autre possibilité consiste à prendre un catamaran de la compagnie **Transturin** (☎ 242-2222 ; www.transturin.com ; 86 $US/demi-journée, 124 $US/journée), installé non loin de là, à Chúa. Le catamaran le plus spacieux, d'une capacité de 150 passagers, propose des croisières d'une

---

DE L'ART DE CONSTUIRE UN BATEAU EN TOTORA

La construction d'un bateau en *totora* est tout un art. Les roseaux verts sont cueillis sur les hauts fonds du lac et mis à sécher au soleil. Une fois bien secs, ils sont assemblés en fagots épais noués à l'aide d'une herbe solide. Jadis, on ajoutait à l'ensemble une voile en roseau. Mais ces petits canoës trapus ont une durée de vie réduite : au bout de quelques mois, ils sont imbibés d'eau et commencent à pourrir, avant de couler. Auparavant, pour les rendre plus durables, on les rangeait à l'écart de l'eau. Mais de nos jours, ils sont fabriqués et utilisés surtout pour les touristes : les habitants leur préfèrent les bateaux en bois, à la fois plus rentables et plus pratiques.

demi-journée à l'Isla del Sol ou une nuit avec arrêt à Copacabana, l'Isla del Sol et le complexe culturel d'Inti Wata.

OÙ SE LOGER

Hostal Puerto Inti Karka (☎ 7197-8959 ; ch sans/avec sdb 4/6 $US). Tenu par les frères Catari, il offre cinq chambres simples dont deux avec salle de bains, tout au bord de l'eau, avec une vue magnifique sur le lac, en particulier au coucher du soleil. Il abrite aussi un musée du radeau en *totora* très bien pensé. Renseignez-vous ici sur les excursions aux Islas de Huyñaymarka.

Kantuta Hostal (ch par pers 4,50 US$). Option simple mais correcte au bord du lac, à côté de la station-service.

Inca Utama Hotel & Spa (☎ 213-6614 ; iutam@entelnet.bo ; Camacho 1223 ; s/d 60/100 $US). C'est dans ce cinq-étoiles (attention, classement régional, et non international) que Crillon Tours loge les participants à ses croisières en hydroptère sur le lac Titicaca. Vous pourrez vous détendre au spa naturel et au bar flottant La Choza Nautica. Le petit déjeuner est correct.

Hotel Titicaca (☎ à La Paz 2-242-2222). À mi-chemin entre Huatajata et Huarina, une adresse haut de gamme avec piscine couverte chauffée, sauna et courts de racquetball.

OÙ SE RESTAURER

Nombre de restaurants n'ouvrent qu'en haute saison ou le week-end. Sur la route principale, la meilleure adresse est **Inti Raymi**, qui sert de la truite et une cuisine bolivienne typique. La majorité des établissements du rivage proposent truites et plats simples, notamment **La Playa**, **La Kantuta**, **Inti Karka**, **Kala-Uta** ou **Panamericano**. Le week-end, le Yacht Club Boliviano est ouvert à tous au déjeuner.

Depuis/vers les environs du lac Titicaca

Les petites communes du lac entre La Paz et Copacabana sont desservies par des *micros* (1 $US, 1 heure 30) partant en moyenne toutes les 30 minutes entre 4h et 17h, à l'angle de la Calle Manuel Bustillos et de la Calle Kollasuyo, près du cimetière de La Paz (voir *Désagréments et dangers*, p. 70).

Pour revenir à La Paz, faites signe aux bus se dirigeant vers l'est sur la route principale. Le dernier *micro* traverse Huatajata à 18h.

ESTRECHO DE TIQUINA

L'étroit détroit de Tiquina sépare la partie principale du lac Titicaca du Lago de Huyñaymarka, de taille plus modeste. Sur les rives occidentale et orientale se dressent respectivement les villages de San Pedro et San Pablo. Les véhicules traversent le détroit sur des *balsas* (radeaux), et les passagers sur de petits canots (0,20 $US, 10 minutes). Ces transports donnant du travail aux habitants, il est peu probable que l'on construise un pont. Si vous voyagez en bus, prenez vos objets précieux avec vous.

Sur chaque rive, un grand nombre de petits restaurants et étals de nourriture ravitaillent les visiteurs pris dans les embouteillages. Sachez que les étrangers doivent présenter leur passeport à San Pedro, siège de la plus importante base navale de Bolivie.

RIVE NORD-OUEST

Quelques sites de moindre intérêt se succèdent au nord-ouest de Huatajata, le long de la route peu fréquentée menant à la frontière entre le Pérou et la Bolivie, au-delà de Puerto Acosta. À environ 90 km au nord de La Paz, avant la bifurcation pour Sorata, vous rencontrerez le gros bourg d'**Achacachi**, nœud stratégique en matière de transport (privilégié par le leader politique local Felipe Quispe, ou El Mallku, pour l'organisation de barrages routiers). **Ancoraimes**, à 20 km d'Achacachi, possède une église dotée d'une magnifique tenture ornementale au-dessus de l'autel. Le dimanche, vous apercevrez des *cholitas* (Indiennes portant le costume traditionnel) jouer au football. La localité coloniale d'**Escoma**, reliée par une route à la Cordillera Apolobamba (p. 162), accueille un marché dominical animé.

Depuis/vers les environs de Huatajata

Des *micros* bon marché relient parfois les environs du cimetière de La Paz à Puerto Acosta, près de la frontière péruvienne. Au-delà, il vous faudra compter sur les *camiones* (presque) quotidiens qui se rendent de Puerto Acosta à Moho, au Pérou, où vous trouverez chaque jour un *alojamiento* et plusieurs bus. Des *micros* peu fréquents (3/sem environ) font la navette entre Tilali, près de la frontière (4 heures de marche depuis Puerto Acosta) et le gros bourg de Huancané, au Pérou.

Sachez que si vous pénétrez au Pérou par cet itinéraire hasardeux, vous devrez vous présenter au bureau de l'immigration de Puerto Acosta en Bolivie. Dans un hameau du côté péruvien de la frontière, des policiers peu accommodants vérifieront vos papiers et vous ordonneront de vous rendre à Puno (sur la rive opposée du lac), où la *migración* tamponnera votre passeport avant de vous laisser entrer au Pérou. Si vous prenez cet itinéraire, il vous sera plus facile d'obtenir le tampon de sortie à La Paz.

GUAQUI ET DESAGUADERO

La petite localité endormie de **Guaqui** se situe en bordure (et légèrement en contrebas) du Lago Huyñaymarka, l'extension méridionale du lac Titicaca, à 25 km de Tiahuanaco (p. 103) et 30 km environ de la frontière péruvienne, à Desaguadero. Elle possède une adorable église dotée d'un autel en argent et de quelques œuvres d'art de style colonial. La ville s'anime essentiellement durant l'exubérante **Fiesta de Santiago**, la dernière semaine de juillet.

Quant aux **marchés** du mardi et du vendredi, certains visiteurs, frappés par leur taille et leur dimension multiculturelle, les ont comparés au marché de Kashgar en Chine.

Le seul hébergement de Guaqui est le **Residencial Guaqui** (ch par pers 1,50 $US), près du port, doté de chambres peu sûres, mais d'une cour et d'un restaurant attenant fort agréables. Vous trouverez une gargote sommaire sur la place.

La partie péruvienne de Desaguadero compte quantité de petits hôtels bon marché. Si vous vous retrouvez coincé du côté bolivien, après la fermeture de la frontière, essayez l'**Hotel Bolivia** (s/d 6/9 $US), avec ses chambres propres et son restaurant.

Depuis/vers Guaqui et Desaguadero

La plupart des bus reliant La Paz à Tiahuanaco poursuivent leur route jusqu'à Guaqui. De Guaqui à Tiahuanaco et La Paz, les premiers *micros* démarrent de l'avenue principale, dans la partie basse de la ville, à partir de 5h30, puis à peu près toutes les heures jusqu'à 16 ou 17h.

Les bus directs pour Desaguadero (1,50 $US, 3 heures) partent du bureau de Transportes Ingavi près du cimetière de La Paz.

Depuis Guaqui, des minibus desservent également Desaguadero (0,40 $US, 30 min), où vous pourrez traverser la frontière à pied, puis attraper un bus pour Yunguyo (d'où vous pourrez revenir en Bolivie par Copacabana) ou Puno.

Cordilleras et Yungas

Deux des paysages emblématiques de l'Amérique du Sud, la jungle amazonienne et les sommets andins, se rencontrent dans cette région fabuleuse de hauts plateaux et de vallées brumeuses. Elle offre au voyageur d'exceptionnelles possibilités d'aventure, de l'escalade de pics vertigineux à plus de 6 000 m au trekking dans de hautes terres isolées.

Ce territoire réunit d'innombrables attraits. Si certaines destinations paraissent proches de La Paz à vol d'oiseau, attendez-vous à de longs parcours en bus sur des routes sinueuses. Une atmosphère de bout du monde imprègne les localités, qu'elles soient enfouies dans la jungle comme le port fluvial de Guanay ou perdues dans les montagnes comme la somnolente Caranavi.

La Cordillera Real comprend la plupart des hauts sommets boliviens et, si leur ascension n'est jamais facile, certains, comme le Huayna Potosí, sont accessibles à toute personne en bonne forme physique.

D'impressionnants à-pics ponctuent la descente de l'Altiplano vers la jungle et des routes plongent littéralement sur des dénivelés stupéfiants jusqu'aux villes des Yungas. Les arbres semblent foncer à votre rencontre et l'humidité se transforme en touffeur sous la végétation luxuriante. Dévaler ces routes à vélo laisse des souvenirs impérissables et, à l'arrivée, vous décompresserez dans un hamac dans une chaude bourgade de jungle.

De fabuleux itinéraires de trekking sillonnent la région : paysages andins et villages aymará dans la majestueuse Apolobamba, routes incas pavées sur les treks d'El Choro ou de Takesi, promenades aux alentours de Coroico ou de Chulumani, parcours aventureux sur le trek de Mapiri.

CORDILLERAS ET YUNGAS

À NE PAS MANQUER

- La descente des chemins pavés et les paysages somptueux des treks d'**El Choro** (p. 137), de **Takesi** (p. 140) ou de **Yunga Cruz** (p. 143)
- La détente dans un hamac ou au bord d'une piscine à **Coroico** (p. 131)
- Un séjour à **Sorata** (p. 149), une ville propice au trekking et au farniente
- La rencontre avec des vigognes sauvages et des guérisseurs kallahuaya dans la lointaine **Cordillera Apolobamba** (p. 162)
- L'ascension de l'un des fabuleux pics de la **Cordillera Real** (p. 158)

| INDICATIF TÉLÉPHONIQUE : 2 | POPULATION : 547 600 hab | ALTITUDE : 600 à 6 429 m |

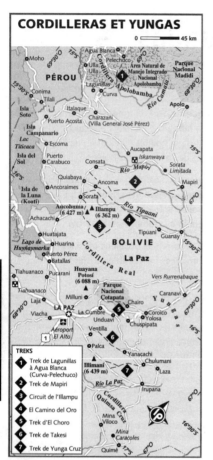

CORDILLERAS ET YUNGAS

0 — 45 km

TREKS

1. Trek de Lagunillas à Agua Blanca (Curva-Pelechuco)
2. Trek de Mapiri
3. Circuit de l'Illampu
4. El Camino del Oro
5. Trek d'El Choro
6. Trek de Takesi
7. Trek de Yunga Cruz

Histoire

Les premiers colons s'installèrent dans les Yungas pour des raisons économiques. Sous l'Empire inca, on découvrit de l'or dans les vallées des Ríos Tipuani et Mapiri. Les Espagnols ne tardèrent pas à s'en emparer, obligeant la population locale à des travaux forcés. La région devint alors l'une des plus prolifiques sources d'or du continent. Aujourd'hui, les rivières des basses Yungas sont ravagées par des orpailleurs indépendants et par de grandes compagnies minières, et leur eau est polluée par le mercure utilisé pour extraire les fines particules aurifères des sédiments.

L'agriculture a également joué un rôle dans le développement des Yungas. Aujourd'hui, la plupart des cultures s'étagent entre 600 m et 1 800 m d'altitude. La production de sucre, d'agrumes, de bananes et de café couvre largement les besoins des hauts plateaux. La région qui s'étend entre le village de Coripata et Chulumani, au sud, est l'une des premières pour la culture de la coca. La coca des Yungas est essentiellement destinée à la consommation locale, tandis que celle du Chapare (p. 330) alimente des circuits plus douteux.

Des menaces planent sur la coca des Yungas depuis de nombreuses années, mais la géographie de la région (il n'y a qu'une seule route à l'entrée et à la sortie) permet d'anticiper les raids. Les habitants espèrent que le gouvernement d'Evo Morales leur permettra de continuer à cultiver en paix cette plante traditionnelle.

Climat

À la beauté naturelle des Yungas s'ajoute un climat chaud et humide, généralement mieux supporté que la froidure de l'Altiplano. Faibles en hiver, les précipitations culminent entre novembre et mars. Si la température moyenne annuelle avoisine 18°C, le thermomètre peut grimper à 32°C en été. De telles conditions en font une destination privilégiée pour les Boliviens des hauts plateaux et pour les étrangers. En revanche, des conditions rudes, voire extrêmes, règnent dans les montagnes élevées des cordillères.

Comment s'y rendre et circuler

Transports, commerces et administrations se concentrent à Coroico et Chulumani, alors que des localités excentrées telles Sorata, Caranavi et Guanay sont des centres commerciaux régionaux. L'accès se fait uniquement par voie terrestre et pendant la saison des pluies les routes de terre se transforment parfois en bourbier. Peu de transports publics réguliers desservent les départs des treks et les camps de base des alpinistes ; mieux vaut louer un transport privé à partir de La Paz.

Se déplacer d'une ville à l'autre implique souvent de retourner à La Paz. Si vous êtes téméraire et robuste, que vous avez du temps et que vous ne redoutez pas de vous salir à l'arrière d'un *camión*, vous parviendrez normalement à circuler entre des bourgades de jungle isolées.

COUPE TRANSVERSALE DE LA BOLIVIE

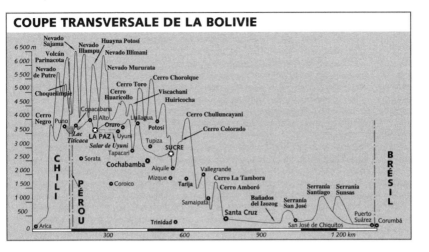

YUNGAS

Les Yungas – une zone de transition entre les hauts plateaux arides et les plaines tropicales humides – se situent à la limite des Andes et du Bassin amazonien. Au-dessus des profondeurs étouffantes, couvertes de forêts, se dressent les versants quasi verticaux de la Cordillera Real et de la Cordillera Quimsa Cruz, qui font obstacle aux nuages et provoquent de bienfaisantes précipitations. La végétation est luxuriante et les fruits tropicaux, le café, la coca, le cacao et le tabac poussent à foison. Les Yungas comprennent deux provinces du département de La Paz, les Nor et les Sud Yungas (paradoxalement, la majeure partie des Sud Yungas se trouve au nord des Nor Yungas !), ainsi que des parties d'autres provinces. Coroico et Chulumani sont les principales agglomérations.

COROICO

4 500 habitants / altitude 1 750 m

Métropole selon les standards des Yungas, Coroico ressemble plutôt à un village de montagne et conserve sa tranquillité malgré l'affluence des *Paceños* (habitants de La Paz) le week-end et de voyageurs en quête de détente. Perchée tel un nid d'aigle sur un épaulement du Cerro Uchumachi, elle offre une vue dégagée sur des gorges tapissées de forêts, des sommets enveloppés de nuages, une mosaïque de parcelles agricoles, des plantations d'agrumes et de café et plusieurs dizaines de villages. Par temps clair, on distingue les pics enneigés du Mururata, du Huayna Potosí et du Tiquimani dans la Cordillera Real. La ville doit son nom au terme quechua *coryguayco*, qui signifie "colline dorée".

Le rythme paisible de Coroico incite à prendre le temps de paresser dans un hamac, de se baigner ou de lézarder au soleil. Une marche dans les montagnes environnantes s'apparente davantage à une promenade qu'à un trek et permet de se détendre après le périple d'El Choro ou la folle descente à VTT depuis La Paz. Le climat est relativement chaud toute l'année et les orages d'été provoquent de violentes averses. Sa position sur une crête vaut à Coroico d'être souvent noyée dans le brouillard, notamment l'après-midi lorsque la brume monte des vallées. La fête de la ville a lieu le 20 octobre. Le samedi et le dimanche sont les jours de marché. La plupart des commerces et des restaurants ferment le lundi.

Renseignements

ACCÈS INTERNET

Únete (Plaza García Lanza ; 1,25 $US/h ; 🕑 10h-22h30). Offre les connexions les plus fiables.

ARGENT

Aucun DAB n'accepte les cartes étrangères. **Prodem** (☎ 213-6009 ; Plaza García Lanza ; 🕑 8h30-12h et 14h30-18h mar-ven, 8h30-16h sam-dim) change les dollars à un taux correct et effectue des avances sur les cartes de crédit moyennant 5% de commission. Vous pourrez changer

CORDILLERAS ET YUNGAS

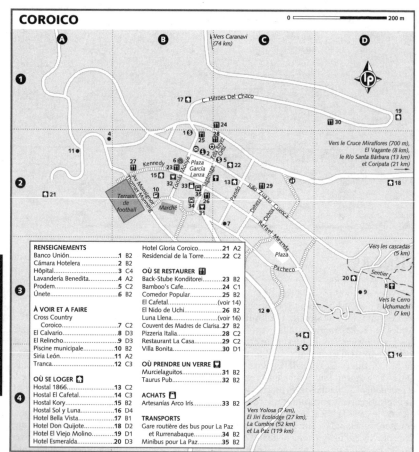

COROICO

RENSEIGNEMENTS	
Banco Unión	1 B2
Cámara Hotelera	2 B2
Hôpital	3 C4
Lavandería Benedita	4 A2
Prodem	5 C2
Únete	6 B2

À VOIR ET A FAIRE	
Cross Country Coroico	7 C2
El Calvario	8 D3
El Relincho	9 D3
Piscine municipale	10 B2
Siria León	11 A2
Tranca	12 C3

OÙ SE LOGER	
Hostal 1866	13 C2
Hostal El Cafetal	14 C3
Hostal Kory	15 B2
Hostal Sol y Luna	16 D4
Hotel Bella Vista	17 B1
Hotel Don Quijote	18 D2
Hotel El Viejo Molino	19 D1
Hotel Esmeralda	20 D3

Hotel Gloria Coroico	21 A2
Residencial de la Torre	22 C2

OÙ SE RESTAURER	
Back-Stube Konditorei	23 B2
Bamboo's Cafe	24 C1
Comedor Popular	25 B2
El Cafetal	(voir 14)
El Nido de Uchi	26 B2
Luna Llena	(voir 16)
Couvent des Madres de Clarisa	27 B2
Pizzeria Italia	28 C2
Restaurant La Casa	29 C2
Villa Bonita	30 D1

OÙ PRENDRE UN VERRE	
Murcielaguitos	31 B2
Taurus Pub	32 B2

ACHATS	
Artesanías Arco Irís	33 B2

TRANSPORTS	
Gare routière des bus pour La Paz et Rurrenabaque	34 B2
Minibus pour La Paz	35 B2

des chèques de voyage au Banco Unión ou à l'Hostal Kory, qui prélève un généreux pourcentage.

LAVERIE
La **Lavandería Benedita** (0,15 $US pièce), près de l'Hotel Gloria (repérez la petite enseigne) lavera votre linge, de même que la plupart des hôtels.

OFFICE DU TOURISME
Coroico ne possède pas d'office du tourisme. Sur la place, la **Cámara Hotelera** (☎ 7157-9438 ; ☺ mar-sam) vous renseignera avec plaisir et vous remettra une carte gratuite de la ville. Ne manquez pas de consulter le nouveau site web d'information, www.vivecoroico. com.bo.

URGENCES
Un **hôpital régional sommaire** avoisine l'Hostal El Cafetal ; pour un problème sérieux, mieux vaut se rendre à La Paz.

Désagréments et dangers
Si la tranquillité règne à Coroico, les insectes s'en donnent à cœur joie. Leurs piqûres ne transmettent pas le paludisme, mais les démangeaisons peuvent durer des jours, voire des semaines. Munissez-vous de répulsif.

À faire
RANDONNÉE
Pour découvrir de belles vues, montez vers l'**Hotel Esmeralda** et continuez jusqu'à **El Calvario**, une marche facile de 20 minutes.

DESCENTES VERTIGINEUSES

Les à-pics vertigineux de la Cordillera Real feront le bonheur des vététistes, amateurs de sensations fortes. Les parcours suivants comptent parmi les plus spectaculaires. Pour de plus amples informations sur le VTT en Bolivie et sur les tour-opérateurs, reportez-vous à la rubrique VTT des chapitres *Activités de plein air* (p. 54) et *La Paz* (p. 79).

De La Cumbre à Coroico

À juste titre le plus renommé, ce trajet fait le bonheur des voyageurs qui veulent combiner le plaisir d'une descente interminable avec une arrivée dans un site enchanteur. Il traverse une incroyable diversité de paysages et dévale un dénivelé de 3 600 m, des sommets enneigés de l'Altiplano à la touffeur des Yungas. Cette descente spectaculaire, à flanc de falaise, est réputée être l'une des routes les plus périlleuses au monde et exige la plus grande prudence. Lorsque la circulation sera déviée sur la nouvelle route de Coroico, le trajet sera plus sûr et plus plaisant. Après cette journée d'émotion, vous pourrez vous détendre au bord d'une piscine à Coroico, puis continuer vers Rurrenabaque, dans la plaine amazonienne, ou retourner à La Paz en transport public.

Pour rejoindre La Cumbre à partir de La Paz, prenez n'importe quel bus à destination des Yungas à Villa Fátima. De nombreuses agences de La Paz organisent cette excursion d'une journée, vous laissant à Coroico ou vous ramenant à La Paz.

Sorata

Capitale bolivienne du trekking, Sorata offre également de nombreuses possibilités de circuits à VTT, dont la descente vers la ville depuis les montagnes qui dominent le lac Titicaca. De La Paz, prenez un bus pour Sorata jusqu'au col au nord d'Achacachi, puis choisissez la grand-route ou l'une des pistes qui descendent. Presque toutes mènent à Sorata ou à proximité, mais il est plus prudent de se munir d'une carte. Le long du parcours, vous découvrirez de superbes vues sur les sommets enneigés, les vallées encaissées et les hameaux. Ce circuit et bien d'autres sont proposés par Andean Biking (voir p. 151).

Vallée du Zongo

Cet itinéraire démarre de la base du magnifique Huayna Potosí (6 088 m), passe par le barrage de Zongo, puis entame une descente mémorable de 40 km, avec 3 600 m de dénivelé, jusqu'aux luxuriantes Yungas. Il s'agit d'un cul-de-sac, sans destination sublime à l'arrivée, mais la circulation automobile est limitée et vous pourrez profiter d'une route peu fréquentée.

Pour plus d'informations et des détails sur l'accès au point de départ, reportez-vous p. 102.

De Chacaltaya à La Paz

Le parcours débute par une montée jusqu'à la plus haute piste de ski au monde (5 345 m). Après avoir admiré l'époustouflant panorama sur la Cordillera Real, les cyclistes descendent par des routes minières abandonnées. En chemin, d'autres échappées grandioses dévoilent les chaînes de montagnes, l'Altiplano et la ville de La Paz, nichée au fond du canyon de Choqueyapu. La route descend presque tout du long, avec un dénivelé de plus de 2 000 m entre le Chacaltaya et le centre de La Paz. Pour plus d'informations sur Chacaltaya et l'accès depuis La Paz, reportez-vous p. 101.

CORDILLERAS ET YUNGAS

À El Calvario, les stations du chemin de croix mènent à un tertre herbeux et à une chapelle. Deux bons sentiers partent d'El Calvario. Celui de gauche mène aux **cascadas**, trois chutes d'eau à 5 km (2 heures) de la chapelle. Celui de droite conduit au **Cerro Uchumachi** (5 heures aller-retour), qui offre un panorama époustouflant sur la vallée.

Prévoyez la journée pour la randonnée jusqu'à **El Vagante**, un ensemble de bassins de pierre naturels dans le Río Santa Bárbara. Suivez la route de Coripata jusqu'à Cruce Miraflores, 750 m après l'Hotel Don Quijote, puis tournez à gauche à la bifurcation et descendez le chemin pentu qui passe par l'Hacienda Miraflores. À la fourche suivante, prenez à droite (l'embranchement de gauche mène à Santa Ana). Après 2 heures de marche sur ce chemin, en partie bordé de terrasses précolombiennes, vous arrivez à un pont de béton. Tournez à droite avant le pont et suivez la rivière en aval pendant 20 minutes jusqu'à la série de cascades et de piscines naturelles. Emportez de l'eau en bouteille ou des pastilles pour purifier celle de la rivière (non potable). N'oubliez pas qu'au retour le chemin monte tout du long !

Prévoyez suffisamment d'eau car la chaleur peut être implacable sur les sentiers.

RANDONNÉE ÉQUESTRE

Recommandé pour les promenades à cheval, **El Relincho** (☎ 7192-3814) propose des excursions guidées à 6,25 $US l'heure par personne, avec parfois un bon barbecue au déjeuner. Reynaldo, le propriétaire, organise également un circuit de 2 jours dans l'Uchumachi à 150 $US par personne, tout compris. El Relincho se trouve à 10 minutes de marche de la ville, entre les hôtels Esmeralda et Sol y Luna.

VTT

Les environs de Coroico se prêtent idéalement au VTT. Le sympathique **Cross Country Coroico** (CXC ; ☎ 7127-3015 ; www.mtbbolivia.com ; Pacheco 2058) offre des excursions d'une journée vers les sites de la région pour cyclistes de tout niveau à 20 $US par personne, guide et panier repas compris. Des lecteurs ont apprécié l'ambiance bon enfant de ces sorties, malgré un léger manque d'organisation.

NATATION

La **piscine municipale** (0,65 $US) se situe en contrebas du marché. Plusieurs hôtels dotés d'une piscine acceptent les non-résidents moyennant une petite contribution.

RAFTING

À 3 heures de la ville, le **Río Coroico** traverse les Nor Yungas. Rivière la plus appréciée des tour-opérateurs de rafting et la plus facilement accessible de La Paz, elle compte plus de 30 rapides, de superbes bassins écumants, de spectaculaires dénivelés et des passages très techniques (que l'on peut souvent reconnaître de la berge ou de plusieurs ponts). Le parcours fait alterner plans d'eau calmes et rapides de 50 m à 900 m, avec des courbes serrées, des remous, des trous profonds, des courants et des rochers acérés.

Les rapides, de classe II à IV, peuvent atteindre la classe V en période crue (la rivière est alors trop dangereuse pour le rafting). Il existe peu d'endroits pour s'arrêter et se reposer pendant la descente.

On accède à la rivière par la nationale entre Yolosa et Caranavi. Les meilleurs points de départ se situent à 20 minutes au nord de Yolosa et près de la confluence avec le Río Santa Bárbara, à 50 minutes de route au nord de Yolosa. Repérez les pistes qui descendent de la route vers la rivière et choisissez celle qui offre un accès pratique. Le parcours dure en moyenne de 3 à 5 heures. Pour débarquer, cherchez sur la rive droite un pont en acier délabré (détruit par une inondation en 1998), de l'autre côté d'un ruisseau. Ne le manquez pas car, après le pont, la grimpée à travers la jungle escarpée jusqu'à la route est pratiquement impossible et la prochaine sortie se trouve très, très loin.

Le **Río Huarinilla** coule du Huayna Potosí et du Tiquimani jusqu'aux Yungas, où il rejoint le Río Coroico près de Yolosa. Chairo, à l'arrivée du trek d'El Choro, offre le meilleur accès. Normalement de classes II et III, les rapides peuvent atteindre les classes IV et V durant la période de crue. La descente d'une journée convient mieux aux kayaks et aux rafts à rames étroits. La nouvelle route des Yungas passe à côté du point de débarquement, au confluent des Ríos Huarinilla et Coroico.

Les rapides sont superbes mais, malheureusement, la haute saison touristique coïncide avec la saison sèche. Plusieurs agences autour de la place proposent des sorties de rafting d'une journée pour 35 à 50 $US par personne. À La Paz, des tour-opérateurs expérimentés organisent des descentes d'une journée sur le Río Coroico et le Río Huarinilla (voir p. 80 et 385 pour une liste d'agences à La Paz et dans le pays).

Cours et stages

Charmante et détendue, Coroico est idéale pour apprendre l'espagnol. Professeur recommandé, **Siria León** (☎ 7195-5431 ; siria_leon@yahoo.com ; Tomás Manning s/n) habite sur la route au-dessus de l'Hotel Gloria et facture 4 $US l'heure de cours particulier.

Ninfa, au café Villa Bonita (p. 136), propose des cours de yoga et des séances de méditation, habituellement le lundi après-midi. Ils sont gratuits, mais on appréciera que vous apportiez des fruits.

Où se loger

De juin à août, les hôtels affichent souvent complet le week-end et ne tiennent pas toujours compte des réservations. Les week-ends de fête, les prix peuvent doubler. Reportez-vous p. 139 pour de charmants hébergements dans les forêts de la région.

PETITS BUDGETS

Residencial de la Torre (Cuenca s/n ; ch 2 $US/pers). Propre et ensoleillé, c'est le moins cher des hébergements acceptables.

Hostal El Cafetal (☎ 7193-3979 ; danycafetal@hotmail. com ; Miranda s/n ; ch 3,10 $US/pers, sam-dim 4,50 $US ; ☒). Outre un superbe restaurant, il possède quelques chambres propres et sûres, agrémentées d'une vue splendide. Le jardin verdoyant invite à paresser dans un hamac ou à plonger dans la piscine.

Hostal 1866 (☎ 289-5546 ; www.hostal1866.fadlan.com ; Cuenca s/n ; s/d 3,75/6,25 $US, avec sdb 6,25/10 $US). Cette étrange bâtisse proche de la place constitue un choix correct. Si les chambres intérieures sont sombres et peu reluisantes, celles avec sdb sont spacieuses, lumineuses et aérées, en particulier dans les étages supérieurs.

Hostal Kory (☎ 7156-4050 ; Kennedy s/n ; s/d 5,60/11,20 $US, avec sdb 12,50/20 $US ; ☒). En plein centre-ville, une adresse correcte malgré des prix excessifs, avec une grande piscine (ouverte aux non-résidents pour 1,25 $US) et des vues somptueuses sur la vallée et les sommets de la Cordillera. Les chambres avec sdb, propres, vastes et modernes, sont particulièrement séduisantes. N'hésitez pas à négocier les prix, étrangement variables. Souvent vide, le restaurant sert une cuisine correcte en portions modestes.

CATÉGORIE MOYENNE

Hostal Sol y Luna (☎ 7156-1626, à La Paz 244-0588 ; www. solyluna-bolivia.com ; camping 2 $US, s/d 5/8 $US, avec sdb à partir de 7/14 $US, app/cabaña avec sdb s 10-20 $US, d 14-30 $US ; ☒). Sur une colline tapissée de jungle au-dessus de la ville, ce bel établissement propose un hébergement rustique dans de ravissantes *cabañas* (bungalows) disséminées sur un terrain pentu. Elles varient en taille et en style ; la Jatata, coiffée de palmes, est l'une des plus charmantes. Le Sol y Luna comprend également des appartements (dont un avec un four !), des chambres confortables avec sdb commune et un pré où planter sa tente. Cette retraite romantique semble à mille lieues de la civilisation et vous vous balancerez dans votre hamac en contemplant le paysage superbe et les oiseaux innombrables. Parmi

les délices à disposition, citons les massages shiatsu (12 $US), deux piscines, un petit bain de vapeur en plein air (6,25 $US la séance), un bon restaurant un échange de livres. Une remise de 20% est consentie à ceux qui apprennent l'espagnol à Coroico. Le Sol y Luna se trouve à 20 minutes de marche de la ville (1,90 $US en taxi depuis la place).

Hotel Bella Vista (☎ /fax 213-6059, ☎ 7156-9237 ; Héroes del Chaco s/n ; ch 5 $US/pers, avec sdb 10 $US). Proche de la place, cet hôtel à flanc de colline offre un court de squash, un salon vidéo et loue des vélos. Parmi les chambres, modernes et bien tenues, certaines bénéficient d'une vue splendide depuis leur véranda.

Hotel Esmeralda (☎ 213-6017 ; www.hotel-esmeralda. com ; Julio Suazo s/n ; ch 5 $US/pers, avec balcon 7 $US, avec sdb 12 $US, ste 15 $US ; ☐ ☒). Au-dessus de la ville, ce complexe hôtelier très apprécié ressemble à un club de vacances, avec piscine, sauna et fréquentation assidue de groupes organisés. Les chambres varient, des moins chères, minuscules et sombres, aux suites somptueuses, avec balcon, vue superbe et hamacs. Bien équipé, l'hôtel dispose d'une salle de billard, d'un accès Internet (1,10 $US l'heure) et wi-fi, d'une laverie et d'un restaurant qui prépare des buffets midi et soir (3-4 $US) et organise des soirées pizza. Le transfert à La Paz/aéroport El Alto revient à 6/7,50 $US et on viendra vous chercher gracieusement sur la place de Coroico (à 7 minutes de marche).

Hotel Gloria Coroico (☎ /fax 289-5554, à La Paz 240-7070 ; www.hotelgloria.com.bo ; s/d 6,25/12,50 $US, avec sdb et petit déj 12,50/25 $US ; ☒). En bas de la ville, ce complexe défraîchi et charmant conserve son cachet colonial avec ses salons spacieux, ses hauts plafonds et ses halls majestueux. Souvent vide, il s'agrémente d'une piscine et de chambres simples et confortables ; celles avec sdb possèdent de grandes baies vitrées de miroir sans tain. Toutes partagent une grande véranda, qui donne d'un côté sur la piscine et la vallée, de l'autre sur le parking. Le restaurant, très correct, jouit aussi d'une vue magnifique.

Hotel Don Quijote (☎ 213-6007 ; Iturralde s/n ; s/d avec petit déj 10/15 $US ; ☒). À 10 minutes (1 km) de marche à l'est de la place, cet hôtel accueillant, prisé des familles boliviennes, constitue une bonne alternative aux hébergements du centre-ville. Bien tenu et d'un bon rapport qualité/prix, il offre tout le confort d'un établissement de catégorie moyenne, y compris une belle piscine. On viendra vous chercher gratuitement sur la place.

Hotel El Viejo Molino (☎ /fax 220-1519 ; www.valmartour.com ; s/d 18/25 $US, supérieure 25/35 $US ; 🖭). L'hôtel haut de gamme de Coroico se trouve à 15 minutes de marche au nord-est de la ville, en descendant la route qui mène au Río Santa Bárbara. Toutes les chambres disposent d'une sdb et d'une TV ; les tarifs incluent le petit déjeuner et l'accès au sauna, au Jacuzzi et à la grande piscine.

Où se restaurer et prendre un verre

Autour de la place, plusieurs restaurants et pizzérias bon marché proposent des cartes standard, une cuisine correcte et un service à la décontraction tropicale. Des bénévoles affirment que la **Pizzeria Italia** (C Ortiz) est la meilleure de ces adresses médiocres. Si vous êtes pressé et si votre budget est limité, les nombreux stands de restauration du mercado municipal et du Comedor Popular feront l'affaire, à condition d'avoir l'estomac solide.

El Nido de Uchi (☎ 289-5539 ; angle Sagárnaga et Plaza García Lanza ; café 0,40 $US). Sur la place, ce café au cadre soigné, tenu par la coopérative locale de café, possède des tables en forme de moulin à café et présente les diverses étapes du traitement des grains.

Villa Bonita (☎ 7192-2917 ; Héroes del Chaco s/n ; plats 1-2 $US ; 🕑 10h-18h). À 600 m de la ville, ce charmant café dans un jardin est un havre de paix. Les agréables propriétaires proposent de délicieux sorbets et glaces maison, des coupes glacées arrosées de liqueurs locales et un choix éclectique de plats végétariens, à déguster en plein air en contemplant la vallée.

Luna Llena (☎ 7156-1626 ; plats 1,50-3 $US ; 🕑 8h-22h). Tenu par Doña María, le petit restaurant en plein air de l'Hostal Sol y Luna sert de savoureux plats boliviens et européens à prix raisonnables, dont certains végétariens. Si vous venez à plusieurs, vous pourrez vous régaler d'un buffet indonésien pour 8 à 20 personnes (3,25 $US par personne), à commander la veille.

Restaurant La Casa (☎ 213-6024 ; Cuenca s/n ; plats 2-4 $US). Bien qu'il ait perdu un peu de son allure, ce restaurant chaleureux, éclairé aux bougies et installé dans un nouveau local, reste conseillé pour son accueil sympathique et son choix de fondues et de raclettes (3,75 $US par personne, au moins 2 convives), ses steaks, ses pâtes et ses pancakes succulents. Les gourmands apprécieront l'exquise fondue au chocolat.

Back-Stube Konditorei (Kennedy s/n ; plats 2-4,40 $US ; 🕑 8h30-12h lun, 8h30-14h30 et 18h30-22h mer-ven, 8h30-22h sam-dim). De loin la meilleure adresse du centre-ville, cette chaleureuse boulangerie-restaurant est idéale à toute heure. Outre d'excellents petits déjeuners et cafés, elle offre d'alléchantes pâtisseries (goûtez les petits pains à la cannelle !), des pâtes, des plats végétariens et un succulent *sauerbraten* (rôti de bœuf mariné) aux *spätzle* (pâtes de la région allemande de la Souabe). Elle possède une agréable terrasse et un service d'échange de livres.

El Cafetal (☎ 7193-3979 ; Miranda s/n ; plats 2-5 $US). Isolé à flanc de colline, El Cafetal jouit d'une vue exceptionnelle, à contempler dans un confortable fauteuil en rotin devant une table couverte d'ardoise en savourant l'une des meilleures cuisines des Yungas. La carte propose un large choix de plats préparés à la française, dont des crêpes sucrées et salées, des soufflés, des steaks, des sandwichs, des curries, des lasagnes végétariennes et des plats du jour, tel le goulasch de lama. El Cafetal avoisine l'hôpital, à 15 minutes de marche de la place.

Bamboo's Café (Iturralde 1047 ; plats 3-4 $US ; 🕑 repas 11h-22h). Ce café sympathique prépare une cuisine mexicaine *picante* (relevée) d'un bon rapport qualité/prix – tacos, burritos et haricots sautés. En soirée, l'endroit est plaisant pour boire un verre à la lueur des bougies en bavardant avec José, l'aimable propriétaire.

Couvent des Madres de Clarisa (🕑 8h-20h). Le couvent vend des produits maison : brownies, gâteaux à l'orange, biscuits aux saveurs originales et vins. Il se trouve en bas des marches, près de l'angle sud-ouest de la place ; sonnez pour entrer dans la boutique.

Les meilleurs endroits pour prendre un verre sont le Bamboo's et le **Taurus Pub** (☎ 7355-4237 ; Linares s/n), un bar détendu qui possède une bibliothèque de guides de voyage et accueille des musiciens de temps à autre. Après minuit, rejoignez le **Murcielaguitos** ("Petites chauves-souris" ; ☎ 7122-9830 ; Sagárnaga s/n ; 🕑 ven et sam soir), dans le Residencial 20 de Octubre, où des étudiants du collège agricole agronomie et d'autres noctambules se pressent pour danser sur de la musique latino.

Achats

Artesanías Arco Iris, sur le côté sud de la place, vend des bijoux faits main de qualité ; les prix sont élevés mais la plupart des pièces sont

Transport familial, bassin amazonien (p. 327)

Paré pour fêter le Nouvel An aymará, Tiahuanaco (p. 105)

Un petit en-cas, La Paz (p. 64)

Violoniste accompagné par un joueur de *charango*, un instrument à cordes traditionnel (p. 40)

Le carrefour animé des Calles Linares et Sagárnaga, La Paz (p. 93)

La Paz depuis les hauteurs d'El Alto (p. 77)

TOM COCKREM

Le Prado de nuit, La Paz (p. 79)

RICHARD I'ANSON

Détail de l'Iglesia de San Francisco,
La Paz (p. 75)

Fruits, légumes et chapeau melon, La Paz (p. 64)

BRENT WINEBRENNER

BRETT SHE...

Le lac Titicaca depuis le sommet du Cerro Calvario (p. 112)

Les ruines de Chincana (p. 122), Isla del Sol, lac Titicaca

JANE SWEENEY

Laguna Glacial (p. 150), Cordillera Real

La vallée du Zongo (p. 102), qui grimpe jusqu'à la crête sud du Huayna Potosí (p. 159)

Ancohuma (p. 161), Cordillera Real

Volcán Sajama, Parque Nacional Sajama (p. 181)

Vigognes au pied du Volcán Tunupa (p. 195)

Lever du soleil au geyser de Sol de Mañana (p. 198)

Casa Nacional de la Moneda (p. 257), Potosí

RAFAEL ESTEFANIA

Fête de Phujllay (p. 248), Tarabuco

ERIC L WHEATER

Artesanía (artisanat local), Sucre (p. 234)

RAFAEL ESTEFANIA

RAFAEL ESTEFA

Traversée du fleuve, Rurrenabaque (p. 334)

Parque Nacional Madidi (p. 340)

RAFAEL ESTEFA

uniques. En haute saison, des marchands ambulants s'installent sur la place et proposent une grande variété d'artisanat.

Autour de la place, plusieurs cafés vendent des paquets de café des Yungas, aux arômes de noisette.

Depuis/vers Coroico

Lorsque vous lirez ces lignes, la nouvelle route La Paz-Coroico (en construction depuis plus de 10 ans) sera sans doute ouverte et rendra la descente bien plus sûre et confortable.

Lors de notre passage, il fallait emprunter la "route la plus périlleuse du monde" (voir l'encadré p. 77), une descente épique le long d'une piste étroite à flanc de montagne avec des à-pics vertigineux de plus de 1 000 m et un dénivelé de plus de 3 000 m en 75 km – l'un des trajets les plus spectaculaires et dangereux au monde !

Cette dernière restera ouverte comme itinéraire de secours (des coulées de boues risquent de bloquer fréquemment la nouvelle route) et les tour-opérateurs de descentes à VTT continueront de l'emprunter (voir ci-dessous).

VTT

La descente à VTT de La Paz à Coroico constitue une expérience mémorable, réservée aux plus intrépides. Elle part du sommet de La Cumbre et dure la journée. Un nombre croissant de tour-opérateurs la propose (voir p. 80), mais choisissez avec discernement : si l'itinéraire emprunte des raccourcis, les risques de chute se multiplient. Cette route a fait de nombreuses victimes, souvent à cause d'une vitesse excessive. En faisant preuve de bon sens et en respectant les instructions, vous limiterez les risques. Avec l'ouverture de la nouvelle route, cet itinéraire deviendra plus sûr du fait de la diminution de la circulation.

Vous pouvez aussi louer un VTT à La Paz, faire la descente en indépendant, puis charger votre vélo dans un *camión* pour la longue montée vers la capitale.

BUS

Du quartier de Villa Fátima à La Paz, des bus et des minibus partent pour Coroico (2 $US, 3 heures 30) au moins toutes les heures de 7h30 à 20h30, plus souvent le week-end et les jours fériés. À Coroico, ils partent de la place. **Flota Yungueña** (☎ 289-5513, à La Paz 221-3513) est la compagnie la plus fiable. Les minibus s'arrêtent à Yolosa, où l'on peut prendre un bus ou un *camión* pour Rurrenabaque (13 $US, 15-18 heures) au nord et vers l'Amazonie bolivienne.

Pour Chulumani, l'option la plus rapide consiste à rebrousser chemin jusqu'à La Paz. Bien que la bifurcation vers Chulumani se situe à Unduavi, les minibus arrivent généralement bondés à cet endroit.

CAMIÓN

Les *camiones* qui relient La Paz et Coroico partent le matin et jusqu'au milieu de l'après-midi derrière la station-service de Villa Fátima. Attendez-vous à être mouillé pendant le voyage.

Pour rejoindre le Bassin amazonien, vous devez d'abord aller à Yolosa, où les chauffeurs font toujours halte pour un en-cas. Tous les véhicules qui descendent doivent s'arrêter à la *tranca* (poste de contrôle), un bon endroit pour faire du stop. Lorsque les routes sont praticables, on trouve facilement un transport pour Caranavi, Rurrenabaque ou La Paz.

Pour Chulumani, revenez sur La Paz et descendez à Unduavi pour attendre un *camión* de passage. Vous pouvez aussi traverser la plus grande région productrice de coca : empruntez un *camión* de Coroico à Arapata, puis un autre d'Arapata à Coripata et un troisième jusqu'à Chulumani. Le parcours est plaisant, à condition d'avoir le temps et de ne pas l'entreprendre pendant la saison des pluies, quand la route se transforme en bourbier.

TAXI

Pour éviter l'éprouvant voyage en camion jusqu'à Chulumani, vous pouvez réserver un taxi ; comptez environ 37,50 $US jusqu'à 4 passagers.

TREK D'EL CHORO

Le trek de La Cumbre à Coroico (Choro) est l'un des plus empruntés du pays. Il commence à La Cumbre (4 725 m), le point culminant de la route La Paz-Coroico, grimpe jusqu'à 4 859 m puis descend un dénivelé de 3 250 m jusqu'à la touffeur des Yungas et le village de Chairo. Durant cet itinéraire de 70 km (à parcourir de préférence pendant la saison sèche, d'avril à septembre), vous remarquerez le changement rapide de climat, de végétation et de faune en quittant l'Altiplano

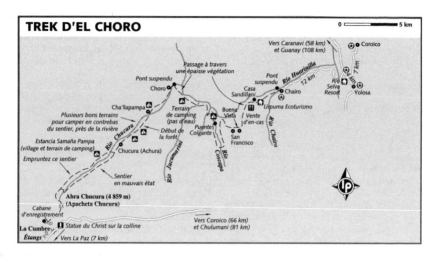

TREK D'EL CHORO

pour plonger dans la forêt. Vous traverserez de jolis villages de *campesinos* (paysans) et pourrez bavarder avec les habitants.

Les marcheurs énergiques peuvent effectuer le trek en 2 jours, mais 3 jours autorisent une allure plus paisible. De nombreux randonneurs s'accordent plus de temps ou font halte quelques jours à l'*albergue* (auberge) de Sandillani.

Soyez prêt à affronter des climats divers. Il peut faire froid, voire neiger, le premier jour, puis le temps devient rapidement plus clément. En basse altitude, prévoyez un pantalon en coton léger pour vous protéger de la végétation acérée et des insectes. Les pavages incas peuvent être glissants ; portez des chaussures à semelle antidérapante.

Désagréments et dangers

Des voyageurs isolés ont parfois été victimes de vols, notamment au-delà de Choro. Ces incidents semblent toutefois occasionnels et le trek reste généralement sûr. Mieux vaut cependant camper à l'abri des regards et ne rien laisser à l'extérieur des tentes. Partir avec un guide est toujours préférable.

Circuits organisés

À La Paz, un nombre croissant de prestataires propose le trek d'El Choro pour 80 à 120 $US par personne. Ces tarifs comprennent habituellement les repas, les services d'un guide, le matériel de camping et parfois des porteurs. Pour des adresses d'agences, reportez-vous p. 80 et 385.

Accès

Une fois parvenu au point de départ, le chemin est facile à suivre. De Villa Fátima à La Paz, prenez n'importe quel transport à destination des Yungas. S'il y reste de la place (les passagers à destination des Yungas sont prioritaires), vous paierez environ 1 $US en bus ou minibus, ou 0,75 $US en *camión* jusqu'à La Cumbre, signalée par une statue du Christ et point de départ du trek.

Après Villa Fátima, la route grimpe fortement et, en moins d'une heure, on atteint la crête de La Cumbre (4 725 m). Partez le plus tôt possible pour profiter de la vue, avant que la brume monte des Yungas.

Vous pouvez emprunter un taxi (30 minutes) qui vous déposera directement au col d'Abra Chucura, vous évitant ainsi la première ascension et d'éventuels problèmes dus à l'altitude.

Itinéraire

De la **statue du Christ** (où vous devrez vous enregistrer dans la cabane prévue à cet effet), suivez le chemin bien tracé sur votre gauche pendant 1 km. Bifurquez ensuite sur le petit sentier qui tourne à droite et passe entre deux plans d'eau (dont l'un souvent asséché). Grimpez-le jusqu'à ce qu'il tourne à gauche et commence à descendre.

À cet endroit, empruntez la piste qui monte la pente caillouteuse sur votre droite et se dirige vers une entaille dans la colline aride devant vous : il s'agit de l'**Abra Chucura** (4 859 m), d'où le sentier descend tout du long jusqu'à Chairo. Au point le plus haut, un empilement de pierres est appelé Apacheta Chucura. Depuis des siècles, les voyageurs ont marqué leur passage en y ajoutant une pierre (provenant de préférence d'une altitude inférieure) en guise d'offrande aux *apu* (esprits) de la montagne. À une heure en contrebas d'Abra Chucura apparaissent les vestiges d'un *tambo* (auberge) de l'époque inca.

Ensuite, 1 heure de marche mène au hameau d'Estancia Samaña Pampa où l'on trouve une boutique qui vend de l'eau, un terrain de camping herbeux, un refuge et une autre cabane d'enregistrement.

Un peu plus loin, on peut se procurer des produits de base au village de **Chucura** (3 600 m), où l'on paie un droit de 1,25 $US pour l'entretien du sentier. De charmants emplacements de camping (1,25 $US) longent la rivière, à 1 heure de marche du village, mais vous préférerez peut-être continuer sur le beau chemin inca pavé jusqu'à **Cha'llapampa** (2 825 m), un joli village avec un bon terrain de camping couvert (0,60 $US par personne), un autre sans toit (0,30 $US), des refuges sommaires (1,25 $US) et des toilettes. Vous pourrez vous approvisionner en eau dans le ruisseau qui passe sous un pont près du village.

Après 2 heures de marche sur de superbes et glissants pavés précolombiens, un **pont suspendu** enjambe le Río Chucura à **Choro** (2 200 m). Le sentier continue à descendre le long de la rive gauche (ouest) du Río Chucura, où l'on trouve quelques emplacements de camping (1 $US) et une échoppe de boissons et d'en-cas.

De la crête qui surplombe Choro, le chemin plonge et grimpe des versants ensoleillés vers des vallées luxuriantes en traversant ruisseaux et cascades. Il faut passer à gué le **Río Jucumarini**, assez impressionnant durant la saison des pluies. Plus loin, on franchit la gorge profonde du **Río Coscapa** par le Puente Colgante, un pont suspendu relativement robuste.

Le chemin passe ensuite par de petits hameaux, dont **San Francisco** et **Buena Vista**, séparés par la montée et la descente escarpées de la "Subida del Diablo". À 5 ou 6 heures de Choro, vous pouvez camper (1,25 $US) à l'étonnante **Casa Sandillani** (2 050 m), une maison entourée de superbes jardins japonais avec vue, ou loger à l'**Urpuma Ecoturismo** (☎ 7355-1377 ; urpuma@yahoo.com ; dort 7 $US, s/d 14/24 $US), un nouveau lodge géré par la communauté ; mieux vaut réserver. Les chambres sont confortables et les prix comprennent le petit déjeuner et une promenade guidée dans le parc national voisin de Cotapata. Il est également possible de dîner sur place. Les non-résidents peuvent utiliser les toilettes pour une somme modique. Plusieurs échoppes vendent des en-cas et des boissons. Une arrivée d'eau potable est installée à la diagonale de la maison (sur la droite, à 20 m le long du chemin).

De la Casa Sandillani, une descente facile de 7 km (2 heures 30) conduit à **Chairo**, où l'on peut camper sur un petit pré plat sans infrastructure, près du pont au-dessus du village.

Ensuite, on peut parcourir à pied douze kilomères relativement plats en passant par le Río Selva Resort (p. 140) ou prendre un transport de Chairo à **Yolosa** (16 km), puis une correspondance pour **Coroico** (p. 131), à 7 km. Quelques véhicules privés desservent Yolosa et Coroico presque tous les jours, mais certains pratiquent des tarifs scandaleux : ne payez pas plus de 25 $US – pour une somme inférieure, un taxi viendra vous chercher de Coroico ! Le week-end, des minibus effectuent le trajet (0,40 $US).

YOLOSA
Altitude 1 200 m

En allant de La Paz au Beni, ou de tout autre endroit à Coroico, vous passerez par Yolosa, située au carrefour de la route de Coroico. La *tranca de Yolosa* ferme entre 1h et 4h, empêchant la circulation nocturne entre les Yungas et La Paz. Les camions et les taxis qui desservent Coroico (20 minutes) stationnent à proximité du poste de contrôle.

Où se loger et se restaurer

Restaurant El Conquistador (ch 1,40 $US/pers). L'option la moins chère si vous devez passer la nuit sur place.

La Senda Verde Refugio Natural (☎ 7153-2701 ; www.lasendaverde.com ; camping 5 $US, s/d/qua avec petit déj 18/30/45 $US ; 🖳). Cet endroit charmant se situe à courte distance de la ville par la route Yolosa-La Paz. Dans un cadre verdoyant et propice à la détente, au bord de deux rivières, il offre d'excellentes *cabañas* en duplex, de beaux emplacements de camping et loue des tentes. Divers animaux rescapés vivent dans le refuge. Le restaurant, installé dans une maison ronde ouverte à toit de palme, est une halte appréciée des randonneurs à VTT pour le déjeuner. Le reste du temps règne un calme souverain.

El Jiri Ecolodge (☎ 7155-8215, à La Paz ☎ 2-278-8264 ; www.eljiri.com ; forfait 2 jours 24 $US/pers ; 🔊). Près de Charobamba, de l'autre côté de la vallée en venant de Coroico, ce lodge ne manque pas d'attraits avec ses ponts suspendus, son circuit en tyrolienne dans les arbres, sa piscine et ses bons repas à déguster sous un toit de palme. Outre des promenades dans le parc national de Cotapata, il propose de nombreuses activités ; demandez à visiter les ruines d'un ancien village juif. Réservez en appelant à La Paz.

Río Selva Resort (☎ 241-2281, 241-1561 ; www.rioselva.com.bo ; ch/ste/app/bungalow 50/60/85/100 $US ; 🔊 🔊). À environ 5 km de l'arrivée du trek d'El Choro, à Pacollo, ce beau cinq-étoiles en bord de rivière peut constituer une bonne affaire pour un groupe. Il offre un choix d'hébergements, des chambres doubles aux bungalows pouvant accueillir jusqu'à 6 personnes et de nombreux équipements, dont des courts de squash, un sauna et une piscine. La direction peut organiser votre transport depuis La Paz, mais il revient moins cher de rejoindre Coroico ou Yolosa et de prendre un taxi.

À Yolosa, des stands de rue vendent des en-cas et des repas bon marché.

TREK DE TAKESI (TAQUESI)

Également appelé "chemin de l'Inca", le trek de Takesi est l'un des plus itinéraires les plus empruntés et impressionnants des Andes. Utilisé autrefois par les premiers Aymará, les Incas et les Espagnols, il demeure une importante voie d'accès aux Yungas et passe par un col relativement bas dans la Cordillera Real. Près de la moitié des 45 km du parcours suit un pavage préinca soigneusement construit et ressemble plus à une route qu'à un chemin. Certains pensent que ce tronçon pavé faisait partie d'une longue route qui reliait la région de La Paz à celle de l'Alto Beni.

La marche elle-même dure de 10 à 15 heures, mais il faut prévoir 2 ou 3 jours à cause des transports aléatoires à chaque extrémité du chemin. Près de 5 000 randonneurs le parcourent chaque année et les déchets qui le jalonnent témoignent de sa popularité croissante.

La saison sèche, de mai à octobre, est la meilleure période pour entreprendre ce trek. Durant la saison des pluies, le froid, l'humidité et la boue rendent l'expédition peu plaisante. Dans les Yungas, attendez-vous à de la pluie, quelle que soit l'époque.

Mieux vaut vous acclimater quelques jours à La Paz avant votre départ car le trek commence par une grimpée à 4 700 m.

L'intégralité du parcours figure sur la carte topographique au 1/50 000 de l'IGM, *Chojlla – 6044-IV*. La **Fundación Pueblo** (☎ 212-4413 ; www.fundacionpueblo.org ; PO Box 9564, La Paz), une ONG qui soutient des projets de développement rural visant à l'autosuffisance, constitue une bonne source d'information ; elle a travaillé avec les villageois le long du parcours pour améliorer les infrastructures. La fondation propose un forfait de 60 à 100 $US par personne, comprenant le transport depuis/vers les extrémités du chemin, les repas, l'hébergement et les services d'un guide.

Accès

En transports publics, vous devez d'abord aller à **Ventilla**. Chaque jour, un *micro* part de La Paz (1,90 $US, 3 heures), du quartier du marché au-dessus de la Calle Sagárnaga, au coin des Calles Rodríguez et Luis Lara. Des minibus *trufis* (transports collectifs) font également ce trajet. Les groupes peuvent aussi louer un minibus ou un taxi (environ 40 $US jusqu'à 4 passagers) pour rejoindre le début du sentier à Choquekhota. Adressez-vous à l'une des agences de voyages de La Paz ou à la Fundación Pueblo.

Une autre solution consiste à prendre un *micro* ou un *trufi* urbain de La Paz à Chasquipampa ou Ovejuyo, puis à traverser à pied le splendide canyon de Palca (et, éventuellement, le Valle de las Ánimas ; voir p. 99) jusqu'à Palca et Ventilla. Comptez au moins une journée supplémentaire, qui vous mettra en jambes pour la suite du trek.

Peu de transports circulent entre Ventilla et la mine de San Francisco, point de départ du chemin. Avec de la chance, un véhicule vous prendra en stop. Dans le cas contraire, vous devrez payer de 10 à 15 $US pour un taxi ou grimper à pied pendant 3 heures.

Le lodge équipé, installé aux deux tiers de l'itinéraire, permet d'entreprendre la randonnée avec un sac léger. Si vous le souhaitez, des agences de La Paz ou la Fundación Pueblo pourront vous procurer guides et mules.

Itinéraire

À 150 m après Ventilla, tournez à gauche et suivez la route qui grimpe le long du Río Palca. Après 60 ou 90 minutes de marche, vous arrivez au village de **Choquekhota**. Montez

TREK DE TAKESI (TAQUESI)

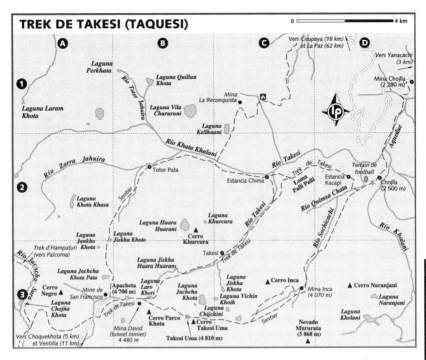

0 —————— 4 km

ensuite 1 ou 2 heures (selon les effets de l'altitude) le long de la route d'accès à la **mine de San Francisco** ; après la traversée d'un cours d'eau, vous verrez un panneau indiquant le début du sentier. À cet endroit, la route de la mine tourne vers la gauche, tandis que les randonneurs doivent emprunter le chemin balisé. Des *campesinos* proposent parfois des mules pour la grimpée de Choquekhota jusqu'au sentier.

Après 1 heure de montée commence l'ascension finale en lacets (30 minutes) jusqu'au col d'**Apacheta** (Abra Takesi ; 4 700 m), qui suit en partie une magnifique section pavée préinca. Au col, vous découvrirez l'*apacheta* (sanctuaire de pierres) et une vue spectaculaire sur le Nevado Mururata (5 868 m) à droite et les vallées encaissées des Yungas dans le lointain. Juste après le col s'ouvre une **galerie de mine** abandonnée dans laquelle mieux vaut ne pas s'aventurer – le tungstène et l'étain sont exploités dans la région.

À partir du col, le chemin commence à descendre dans la vallée et passe par plusieurs campements miniers désertés et de hauts lacs glaciaires. S'il fait encore jour, faites un

détour par la **Laguna Jiskha Huara Huarani**, un autre lac à gauche du sentier, à mi-chemin entre le col et Takesi. Ce tronçon comprend de superbes pavages incas. À **Takesi**, un vieux village de chaume, vous trouverez un refuge et un **terrain de camping** (0,75 $US/pers), ainsi que des repas à base de pommes de terre et de truite. Attention aux chiens errants en vous promenant dans le village.

Après Takesi, le chemin descend en serpentant jusqu'à un pont sur le **Río Takesi**, longe la rivière tourbillonnante, puis grimpe et s'en éloigne pour la longue traversée de la **Loma Palli Palli**, où un mur précolombien protège des à-pics vertigineux. Au fur et à mesure de la descente, la campagne devient plus verdoyante. Peu après un impressionnant *mirador*, on arrive au village d'**Estancia Kacapi**, le centre de l'ancienne *estancia* (ranch) coloniale qui contrôlait autrefois toute la vallée de Takesi. La plupart des habitations ont été envahies par la végétation, mais on voit encore les ruines de la Capilla de las Nieves. À Kacapi, l'**Albergue Turístico** (dort 3,10 $US), de 10 lits, et le terrain de camping sont équipés de douches à l'énergie solaire et servent des repas simples.

TOUT VA MIEUX AVEC LA COCA

La cocaïne, la marijuana, le haschisch et les autres drogues sont interdits en Bolivie. En revanche, de nombreux Boliviens mâchent chaque jour la feuille de coca (dont on tire la cocaïne et les drogues dérivées), vénérée dans certaines tribus.

Les Quechua et les Aymará font des offrandes de feuilles de coca lorsqu'ils plantent ou exploitent une mine, afin de s'assurer une bonne récolte ou un bon filon. Les *yatiri* (chamans aymará) les utilisent pour soigner et pour des rituels d'exorcisme. Dans des régions reculées, les feuilles de coca remplacent souvent l'argent. Avant de partir en voyage, on place plusieurs feuilles sous un rocher en offrande à Pachamama dans l'espoir qu'elle lève tous les obstacles. Les randonneurs pourront faire de même, ou emporter quelques feuilles pour les offrir aux habitants, un cadeau toujours apprécié.

Constatant que les ouvriers qui mâchaient de la coca travaillaient avec plus d'ardeur, les conquérants espagnols en encouragèrent la consommation. Après la fermeture des mines d'étain, de nombreuses familles de mineurs migrèrent dans le Chapare pour cultiver la coca, rentable et facile à faire pousser, avec jusqu'à quatre récoltes annuelles.

Sur le plan thérapeutique, la coca sert de coupe-faim et de stimulant du système nerveux central. Elle réduit également les effets de l'altitude. Les Boliviens la mâchent aussi pour le plaisir, comme d'autres fument ou boivent du café. Chez les mineurs, la "pause coca" est une institution.

La feuille elle-même pousse sur des arbustes cultivés dans les Yungas et le haut Chapare, entre 1 000 m et 2 000 m d'altitude. Les feuilles se vend au kilo sur presque tous les marchés de Bolivie à côté de la *legía*, un alcaloïde généralement composé de bicarbonate de soude, de pomme de terre et de cendre de quinoa qui sert à extraire la drogue de la feuille lorsqu'on la mâche. Il existe deux sortes de *legía* : l'*achura* (sucrée) et la *cuta* (salée).

La coca ne provoque pas d'effets majeurs : elle rend un peu détaché, perdu dans ses pensées, mélancolique et satisfait. Les Indiens mâchent habituellement 30 à 35 feuilles à la fois. On place une dizaine de feuilles entre les gencives et la joue pour les faire ramollir, puis on répète l'opération en déposant un peu de *legía* entre les feuilles. On ne mâche pas avant d'avoir en bouche la quantité désirée. Lorsque vous obtenez une consistance pulpeuse, avalez le jus amer qui vous insensibilisera la bouche et la gorge. La novocaïne et les produits anesthésiants dérivés sont extraits de la coca.

Après Kacapi, le sentier plonge vers un pont sur le **Río Quimsa Chata** (régulièrement endommagé à la saison des pluies), puis monte en longeant un terrain de football sur la gauche jusqu'à un col, au hameau de **Chojlla**. De là, il descend pour franchir une dernière fois le Río Taquesi sur un pont en béton. Ensuite, une marche éprouvante de 3 km (1 heure 30) le long d'un **aqueduc** mène au village minier délabré de **Mina Chojlla** (2 280 m), qui compte un *alojamiento* (hébergement sommaire) bon marché.

De Mina Chojlla, des bus bondés partent tous les jours pour Yanacachi (0,15 $US) et La Paz (1,25 $US) à 5h30 et vers 12h ; achetez le billet dès votre arrivée. Pour éviter de passer la nuit à Mina Chojlla, descendez la route qui passe devant les bureaux de la centrale hydroélectrique jusqu'au village plus plaisant de Yanacachi (5 km, 1 heure).

YANACACHI
1 300 habitants / altitude 2 000 m

À 87 km au sud-est de La Paz, Yanacachi se situe à l'orée des Yungas et annonce les tropiques avec son air chargé d'humidité et ses volées de perroquets. L'une des plus anciennes localités de la région, elle fut l'un des premiers centres marchands sur la route de Takesi, construite il y a plus de 800 ans pour acheminer la coca et les produits tropicaux.

Durant la période coloniale, son importance commerciale s'accrut avec l'installation de propriétaires d'*haciendas*. En 1522, ils avaient déjà construit l'**Iglesia de Santa Bárbara**, aujourd'hui la plus vénérable église des Yungas ; ses cloches datent de 1735 et 1755. Dans la partie basse de la ville, les épais murs de pierre et les balcons témoignent de son passé colonial.

Des centres téléphoniques Cotel et Entel sont installés sur la Plaza Libertad et la ville compte un centre médical. Pour des informations sur le trekking, contactez la **Fundación Pueblo** (☎ 288-9524 ; Plaza Libertad s/n), qui dispose d'un bureau sur la place ; elle peut organiser votre transport et vous procurer guides et mules.

Où se loger et se restaurer

L'**Hostal Metropoly** (☎ à La Paz 245-6643 ; 3 $US/pers), l'hébergement le plus plaisant, offre des chambres rénovées et une table de billard.

L'**Alojamiento Tomás** (ch 2 $US/pers ; 🔌), en face de la grande carte du sentier, s'agrémente d'une piscine et d'un joli jardin. S'il n'y a personne, adressez-vous à l'épicerie voisine portant l'enseigne Fanta. Vous pouvez le contacter en appelant le bureau Entel au ☎ 213-7414. Les chambres n°5, 6 et 7 de l'**Hostal San Carlos** (☎ à La Paz 223-0088 ; ch 4 $US/pers), plus grand, jouissent d'une vue superbe.

Le Tomás et le San Carlos possèdent des restaurants corrects. Les propriétaires du Metropoly tiennent un restaurant recommandé, sur la place.

Depuis/vers Yanacachi

Les bus Veloz del Norte partent tous les jours à 5h30 et 13h de Mina Chojlla pour La Paz (1,25 $US) et s'arrêtent devant l'Hostal San Carlos à Yanacachi à 6h et à 13h30. Mieux vaut acheter son billet à Mina Chojlla, mais on trouve habituellement de la place dans le bus du matin. Des minibus plus fréquents partent de la place de Yanacachi pour La Paz (1,50 $US) ; renseignez-vous sur place sur les horaires. Vous pouvez aussi descendre le chemin qui rejoint la grand-route (1 heure 30 de marche), où vous pourrez héler un transport pour La Paz ou Chulumani.

À La Paz, des bus Veloz del Norte partent tous les jours à 8h et 14h pour Yanacachi du **bureau de la compagnie** (☎ 421-7206 ; Ocabaya 489-495, Villa Fátima).

TREK DE YUNGA CRUZ

Relativement peu fréquenté, cet itinéraire relie le village de Chuñavi et Chulumani, le chef-lieu des Sud Yungas, et comporte d'importants tronçons pavés précolombiens. Il existe des variantes au trek standard, dont un col sur le versant nord de l'Illimani et un itinéraire bien plus spectaculaire par le Cerro Khala Ciudad, qui commence après Lambate. Certains guides proposent de faire le trek en sens inverse, en partant de Chulumani,

mais c'est beaucoup plus fatigant. Traversant plusieurs cols à plus de 5 000 m, ce trek est le plus difficile des chemins incas et demande habituellement 5 ou 6 jours. Attendez-vous à voir nombre de condors, aigles, vautours et colibris en chemin.

La carte présentée dans ce guide n'a qu'une valeur indicative : vous aurez besoin des cartes topographiques au 1/50 000 *Palca – 6044-I, Lambate – 6044-II* et *Chulumani – 6044-III* ou des services d'un guide. De nombreuses agences de La Paz organisent ce trek avec guides, cuisinier et animaux de bât ; voir les adresses d'agences p. 80 et 385.

Accès

Mieux vaut louer un 4x4 pour rejoindre le sentier à Lambate. Sinon, vous devrez d'abord rejoindre Ventilla (p. 140). Après Ventilla, la route est mauvaise et les véhicules rares ; avec un peu de chance, vous trouverez quelqu'un qui vous emmènera à Lambate.

De la Plaza Belzu à La Paz, un micro Bolsa Negra vous conduira jusqu'à Tres Ríos, à 40 km après Ventilla, où il tournera au nord en direction de la mine de Bolsa Negra. De Tres Ríos, vous pouvez continuer à pied sur la route vers Ikiko ou contourner le contrefort nord de l'Illimani jusqu'à Estancia Totoral (à ne pas confondre avec Totoral Pampa, à 3 km à l'ouest de Tres Ríos). Voir page suivante le paragraphe *Parcours de l'Illimani*.

Vous pouvez aussi aller directement de La Paz à Chuñavi en *micro*, soit une journée de voyage. Des bus partent de la Calle Venancio Burgoa, près de la Plaza Líbano, au moins deux fois par semaine à 9h (souvent le lundi et le vendredi). Il est difficile d'obtenir des informations et les réservations sont impossibles : arrivez vers 7h et renseignez-vous sur un éventuel départ. À défaut, allez à Ventilla et attendez un *camión* faisant route vers l'est ou commencez à marcher le long de la route vers l'Abra Pacuani (4 524 m).

Un taxi de La Paz (70 $US) n'est pas idéal compte tenu de la distance et de l'état de la route. Comptez au moins 5 heures jusqu'au sentier à Chuñavi et 6 heures ou plus jusqu'à Lambate. Mieux vaut louer un 4x4 avec chauffeur (voir le chapitre *Transports*, p. 388), qui fera le trajet La Paz-Lambate en 3 ou 4 heures.

Le retour à La Paz ne pose aucun problème grâce aux nombreux bus et *camiones* qui passent tous les jours par la *tranca* de Chulumani.

Itinéraire

PARCOURS DE L'ILLIMANI

Arrivé à **Tres Ríos**, franchissez le pont sur le **Río Khañuma** et longez le **Río Pasto Grande** en amont vers la **mine de Bolsa Blanca**, à la lisière de l'Illimani. Après 2 km, un chemin descend et traverse la rivière (et le contrefort le plus septentrional de l'Illimani), mais mieux vaut continuer sur la rive ouest jusqu'au **terrain de camping de Pasto Grande**, proche de bâtiments abandonnés à l'entrée de la vallée. Ici commence un chemin escarpé et direct qui grimpe la paroi de la vallée jusqu'au col (4 900 m) situé sous la mine de Bolsa Blanca, que dominent les trois pics de l'Illimani. Comptez près de 2 heures du fond de la vallée au col.

Du col, le sentier, plus visible, plonge brutalement dans la Quebrada Mal Paso. Une fois dans la vallée, traversez dès que possible le **Río Mal Paso** pour suivre la rive sud qui descend abruptement vers le village d'**Estancia Totoral**, sur la route de Lambate, où vous trouverez une petite boutique.

Même les marcheurs aguerris ont besoin de 2 jours entre Tres Ríos et Estancia Totoral à cause de l'altitude et de l'épuisante succession de montées et de descentes abruptes. Le meilleur emplacement de camping se trouve à Pasto Grande, au début de la vallée, en dessous de la mine de Bolsa Blanca.

AU DÉPART DE CHUÑAVI

À environ 5 km à l'est d'Estancia Totoral, tournez vers le nord-est (gauche) sur le chemin qui descend à travers le village de **Chuñavi**. Il compte un *refugio*, l'**Albergue Kala Pukara** (☎ 7253-6943 ; felixquenta@yahoo.es), où vous pourrez trouver un guide ; appelez avant de vous y rendre. Après le village, le sentier traverse une longue pente au-dessus du **Río Susisa**, à une altitude d'environ 4 200 m pendant 30 km. Il franchit ensuite le versant ouest du **Cerro Khala Ciudad**, mais les fantastiques paysages de cirques et de pics ne sont pas visibles.

À 2 km après le Cerro Khala Ciudad, le chemin de Lambate s'embranche sur la droite. Un bon site de camping se trouve juste après un petit cours d'eau : faites le plein d'eau car vous risquez de ne plus en trouver. À 4 km après la jonction des chemins, le sentier contourne le pic du **Cerro Yunga Cruz** avant d'entamer une descente le long d'une crête à travers une épaisse forêt de nuages.

Un grand terrain de camping, le dernier avant l'arrivée, se tient à l'orée de la forêt mais ne compte aucun point d'eau. Malgré l'humidité et la végétation, le chemin reste au-dessus des bassins hydrographiques et les eaux de ruissellement sont rares à moins qu'il ne pleuve.

Par la suite, le sentier se rétrécit et entame une descente abrupte. La végétation se fait plus dense et obscurcit le chemin, marqué de flèches vertes. Environ 3 heures après l'entrée dans la forêt, on arrive à une petite prairie devant le **Cerro Duraznuni** ; traversez-la et prenez à droite la branche du chemin qui grimpe et contourne le versant droit du pic. Vous entamez ensuite une longue descente, escarpée par endroits, à travers une campagne de plus en plus peuplée jusqu'à l'**Estancia Sikilini**, une plantation d'agrumes. Vous pouvez prendre le raccourci par la **gorge de Huajtata** – une perspective qui peut sembler épouvantable à ce stade – ou suivre la route plus longue et plate jusqu'à **Chulumani**.

AU DÉPART DE LAMBATE

Cet itinéraire est plus difficile et plus beau que celui de Chuñavi. Lambate se situe à 2 heures 30 de marche à l'est d'Estancia Totoral et à 2 km après le raccourci de Chuñavi. Le village offre une vue exceptionnelle et possède une *tienda* (épicerie), le dernier endroit où vous pourrez acheter des sodas et des en-cas.

De Lambate, continuez sur la route de La Paz vers le village de **San Antonio**, à 2 ou 3 km, jusqu'à une petite maison sur la gauche, au bord d'un précipice. Rejoignez-la par un des sentiers, puis juste après tournez à droite pour suivre un chemin qui serpente entre des champs de haricots jusqu'à une ouverture dans un mur de pierre. Après le mur, prenez la branche gauche pour descendre jusqu'à une passerelle sur le tumultueux **Río Chunga Mayu**. De là, tournez vers l'aval dans un sentier qui passe à côté d'une petite maison surmontée d'une croix. Après avoir franchi le **Río Colani** (faites provision d'eau !), montez jusqu'au village de **Quircoma** (*ranchería*).

Suivez la piste principale à travers Quircoma. Au-dessus du village se trouve le dernier camping du parcours (sans point d'eau). Grimpez l'unique sentier qui sort du village et, quand vous arrivez à une barrière, traversez le pâturage pour reprendre le chemin de l'autre côté. À partir de là, l'itinéraire est assez facile à suivre, mais épuisant : 10 km et 2 000 m de dénivelé à gravir de la **Laguna Kasiri** au **col**.

Après 2 heures de marche, la chaleur se fait moins lourde. Deux heures plus tard, vous atteindrez une prairie bien arrosée où vous pourrez camper près du Río Kasiri, que vous avez suivi. Ensuite, le chemin grimpe un éperon montagneux à l'ouest, s'aplanit puis grimpe à nouveau jusqu'à la **Laguna Kasiri**, qui serait hantée par un esprit malin. Cet endroit charmant et mystérieux se niche dans un cirque entouré des pics enneigés du **Cerro Khala Ciudad**.

Contournez le lac par la droite. Le sentier traverse le cours d'eau puis grimpe en lacets pendant 2 heures 30 jusqu'au col de Cerro Khala Ciudad (4 300 m), où l'on découvre un *apacheta* et une vue fabuleuse de la Cordillera Real aux Yungas. Tout de suite après le col, tournez à gauche et suivez un sentier très étroit, bordé d'un à-pic sur la droite. Après ce tronçon, à 20 ou 30 minutes du col, prenez la branche gauche entre deux gros rochers de l'autre côté de la crête, sans quoi vous descendrez dans la mauvaise vallée.

Après cet embranchement, le sentier descend et se dégrade. À 2 km du col, on rejoint le chemin de Chuñavi, où il faut tourner à droite. Pour la suite du parcours, reportez-vous à au paragraphe *Au départ de Chuñavi* (voir ci-contre).

CHULUMANI
3 000 habitants / altitude 1 700 m

Joliment perchée à flanc de colline, Chulumani est la capitale des Sud Yungas et un centre important pour les communautés agricoles de la région. Les sols fertiles des environs favorisent la culture de la coca, des agrumes, de la banane, du café et du cacao. Paradis des oiseaux et des papillons, les Sud Yungas en abritent d'innombrables espèces. Les papillons volent par nuées et on dénombre plusieurs espèces d'oiseaux rares, dont divers types de quetzals. Chulumani marquait la fin de la route et conserve une atmosphère de bout du monde. Avec son climat subtropical, souvent humide, et des vues splendides, la bourgade est une excellente base de trekking et une destination de week-end appréciée. Elle sort de sa douce léthargie durant la semaine qui suit le 24 août, quand la **Fiesta de San Bartolomé** attire bon nombre des habitants des hauts plateaux par des célébrations endiablées.

Durant la révolte de La Paz en 1781, les rebelles s'enfuirent dans les Yungas et se cachèrent dans les vallées autour de Chulumani. Aujourd'hui, une importante population afro-boliviennne vit dans la région (voir l'encadré p. 148). Les habitants affirment que le nom de la ville provient du terme *cholumanya* (rosée du tigre), qui commémore le passage d'un jaguar dans la localité.

Renseignements

L'office du tourisme de Chulumani, sur la place, est en train d'être reconverti en stand de hamburgers : mieux vaut s'informer auprès de propriétaires d'hôtels comme Xavier Sarabia, à la Country House (p. 146). Il n'y a pas de DAB à Chulumani ; Banco Unión change les chèques de voyage moyennant une commission de 5%. Prodem change les dollars US et délivre des avances sur les cartes de crédit (5% de commission). Plusieurs centres téléphoniques sont installés dans le centre-ville, dont Cotel, sur la Plaza Libertad. Un centre Entel alimente la *tranca*, en haut de la ville. Les connexions Internet sont aléatoires : essayez **Enternet** (Sucre s/n) ou le sympathique **El Wasquiri** (Bolívar s/n).

À voir et à faire

Peu visitée, Chulumani constitue une bonne base pour plusieurs excursions intéressantes. La **piscine municipale** était à sec lors de notre passage. Plusieurs hôtels donnent accès à leur piscine aux non-résidents moyennant 1,25 $US.

L'**Apa-Apa Reserva Ecológica** (☎ 213-6106, 7202-1285 ; apapayungas@hotmail.com), à 8 km de Chulumani, constitue une excellente excursion d'une journée. Cette propriété privée de 500 ha comprend une forêt sèche et l'un des derniers vestiges de forêt de nuage primaire des Yungas. Riche en arbres, orchidées, papillons et oiseaux, elle abrite plus de 300 espèces de ces derniers, dont deux de quetzals. Vous pouvez séjourner dans la superbe hacienda coloniale ou camper sur le terrain bien équipé (voir p. 146). La réserve propose des promenades guidées de 4 heures dans la forêt (5 $US par personne, avec un minimum de 25 $US). Sur place, un café sert des repas et des glaces maison. De Chulumani, la course en taxi revient à 3,10 $US.

Plusieurs jolies promenades permettent de découvrir les alentours de Chulumani. Une marche de 5 heures (aller) parmi les

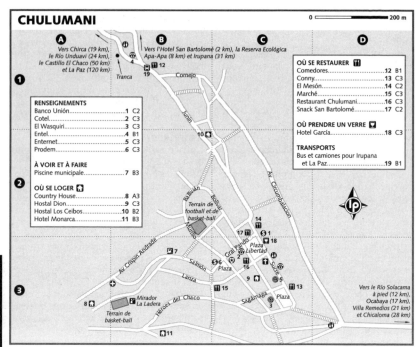

CHULUMANI

0 ——— 200 m

Vers Chirca (19 km), le Río Unduavi (24 km), le Castillo El Chaco (50 km) et La Paz (120 km)

Vers l'Hotel San Bartolomé (2 km), la Reserva Ecológica Apa-Apa (8 km) et Irupana (31 km)

Tranca

Cornejo

Junín

RENSEIGNEMENTS
Banco Unión...............................1 C2
Cotel...2 C3
El Wasquiri..................................3 C3
Entel...4 B1
Enternet......................................5 C3
Prodem..6 C3

À VOIR ET À FAIRE
Piscine municipale......................7 B3

OÙ SE LOGER
Country House.............................8 A3
Hostal Dion.................................9 C3
Hostal Los Ceibos.....................10 B2
Hotel Monarca..........................11 B3

OÙ SE RESTAURER
Comedores...............................12 B1
Conny......................................13 C3
El Mesón..................................14 C2
Marché.....................................15 C3
Restaurant Chulumani.............16 C3
Snack San Bartolomé..............17 C2

OÙ PRENDRE UN VERRE
Hotel García.............................18 C3

TRANSPORTS
Bus et camiones pour Irupana
et La Paz..................................19 B1

Bolivián

Bolívar

Terrain de football et de basket-ball

Av. Circumbalación

Murillo

Av. Crispín Andrade

Salmón

Gral Pando

Plaza Libertad

Sucre

Lanza

Plaza

Sagárnaga

Héroes del Chaco

Mirador La Ladera

Terrain de basket-ball

Plaza

Vers le Río Solacama à pied (12 km), Ocabaya (17 km), Villa Remedios (21 km) et Chicaloma (28 km)

---

papillons descend jusqu'au **Río Solacama**, puis vous trouverez facilement un bus ou un micro pour revenir en ville. Ocabaya se situe à 3 ou 4 heures de marche ; d'autres itinéraires relient le village haut de Villa Remedios et le village bas, ou Chicaloma et Ocabaya. Une belle randonnée de 4 heures conduit de Chulumani à Chirca, où l'église renferme une Vierge révérée (voir à droite *Depuis/vers Chulumani* pour plus de détails).

Où se loger

Hostal Los Ceibos (☎ 7301-9213 ; Junín s/n ; ch sans/avec sdb 3,10/4,40 $US par pers). Entre la *tranca* et la place, cette adresse correcte est tenue d'une main de fer par une patronne maternelle. La vue sur la vallée est séduisante et le café en façade sert d'alléchantes douceurs.

Hostal Dion (☎ 213-6070 ; Bolívar s/n ; ch sans/avec sdb 3,75/5 $US par pers). Essentiellement fréquenté par des commerçants, cet établissement accueillant et bien tenu, proche de la place, constitue le meilleur choix pour les petits budgets. Il peut toutefois être bruyant le week-end, quand le bar à karaoké voisin fait le plein. Petit déjeuner compris.

Hotel Monarca (☎ 213-6121, à La Paz 235-1019 ; ch 6,90 $US/pers ;). Comme nombre d'anciens camps de vacances, le Monarca est un peu défraîchi et dépourvu de charme, mais il offre un bon rapport qualité/prix et le personnel est charmant. La gigantesque piscine est ouverte aux non-résidents pour 1,50 $US.

Apa-Apa Reserva Ecológica (☎ 213-6106, 7202-1285 ; apapayungas@hotmail.com ; ch avec petit déj 7,50 $US, empl camping 10 $US plus 1,25 $US par pers et par nuit ;). Dans un cadre somptueux, à 8 km de Chulumani, cette superbe hacienda coloniale en adobe comprend 5 chambres, un café-restaurant, une jolie piscine, ainsi qu'un excellent terrain de camping verdoyant avec des tables protégées par un toit de chaume, des barbecues et de bons sanitaires. Les sympathiques propriétaires entretiennent parfaitement l'ensemble et veillent au bien-être de leurs hôtes.

Country House (Tolopata 13 ; s/d 8/12 $US ;). Cette maison douillette et détendue se niche dans un endroit splendide, à 10 minutes de marche (sur du plat) de la place. Xavier, le propriétaire, est un personnage haut en couleur, amoureux de sa région et toujours prêt à bavarder. Les chambres, joliment décorées dans le style rustique et ornées de fleurs fraîches, sont impeccables et disposent de sdb avec eau chaude. Autres atouts : les petits déjeuners délicieux (3 $US), les oiseaux innombrables, la table de billard, une grande collection de vidéos et le calme ambiant constituent ses autres atouts, de même que les succulents dîners maison et la piscine en pierre. Xavier organise toutes sortes d'excursions aux alentours. Pour rejoindre la Country House, de la place, empruntez la Calle Lanza ; elle se trouve à deux pas du terrain de basket.

Castillo el Chaco (☎ à La Paz 241-0579 ; ch 20-30 $US/pers ; 🏊). Sur la route de Chulumani (20 km après Unduavi), ce château en bord de rivière, perché à 1 934 m, a quelque chose d'incongru au cœur des Yungas. À la fois hôtel et restaurant, sa piscine, ses cascades et son climat subtropical en font une escapade de week-end prisée à seulement 2 heures de La Paz. Téléphonez pour vous assurer qu'il est ouvert

Hotel San Bartolomé (☎ 213-6114, à La Paz 244-0208 ; d à partir de 30 $US ; 🏊). Propriété du luxueux Plaza Hotel à La Paz, ce refuge plutôt élégant se distingue par son étonnante piscine en forme de Z. Les *cabañas* pour 4 personnes à 60 $US et les forfaits week-end tout compris à partir de 60 $US par personne constituent de bonnes affaires. L'hôtel organise le transport en minibus depuis La Paz pour la clientèle du week-end. Il se tient sur la route d'Irupana, à 2 km de Chulumani.

Où se restaurer et sortir

Les possibilités de restauration sont limitées. Sur la place, vous pourrez vous régaler de poulet rôti à moindres frais au sympathique **Snack San Bartolomé** (portion 0,90 $US). Quelques modestes *comedores* sont installés près de la *tranca*.

Pour un bon *almuerzo* (menu déjeuner), choisissez **El Mesón** (Plaza Libertad s/n ; déj 0,90 $US ; 🍴 déj) ou **Conny** (Sucre s/n ; déj 0,90 $US, plats 1,50-3 $US), qui possède une salle agréable avec vue et ouvre également le soir. Le Restaurant Chulumani, sur la place, comprend une terrasse à l'étage. Le marché, reluisant de propreté, offre de bons repas à petits prix.

Sur commande quelques heures à l'avance, le Country House et la Reserva Apa-Apa préparent de savoureux dîners et quelques hôtels disposent de restaurants médiocres.

La vie nocturne reste limitée ; les vendredi et samedi soir, la discothèque bruyante de l'**Hotel García** (Plaza Libertad) s'adonne au karaoké.

Depuis/vers Chulumani

La route superbe qui relie La Paz et Chulumani et continue jusqu'à Irupana est plus large, moins impressionnante et statistiquement plus sûre que celle de Coroico. Le trek de Yunga Cruz s'achève à Chulumani, facilement accessible de Yanacachi, le terme du trek de Takesi. À Yanacachi, descendez jusqu'à la grand-route et attendez un transport dans le sens de la descente (1 heure 30 jusqu'à Chulumani).

De Villa Fátima à La Paz, au coin des Calles San Borja et 15 de Abril (à deux pâtés de maisons au nord de l'ancienne station-service), plusieurs compagnies desservent Chulumani (2,25 $US, 4 heures) de 8h à 16h ; les bus partent quand ils sont pleins. Des *camiones* (1,25 $US, 9 heures) effectuent ce trajet entre 5h et 14h. À Chulumani, les bus à destination de La Paz stationnent près de la *tranca* jusqu'à ce qu'ils aient fait le plein de passagers, ce qui peut être long.

Si vous venez de Coroico ou de Guanay, descendez à Unduavi et prenez une correspondance. Attendez-vous à voyager debout ; pour avoir une place assise, vous devrez retourner à La Paz.

On peut également rejoindre Coroico via Coripata : prenez un bus en direction de La Paz et descendez au carrefour situé juste après Puente Villa, au km 93. À cet endroit, attendez un bus ou un *camión* pour Coripata, puis changez pour Coroico. Très long et poussiéreux, ce trajet ne manque pas d'intérêt. Plus pratique, un taxi jusqu'à Coroico vous reviendra à 37,50 $US (jusqu'à 4 passagers).

ENVIRONS DE CHULUMANI

Chulumani se trouve au cœur d'une région fertile de toute beauté, composée de forêts et d'exploitations agricoles de coca, de café, de bananes et d'agrumes. Certains villages sont des merveilles coloniales méconnues. La région se distingue aussi par son importante population d'Afro-Boliviens (voir l'encadré page suivante), les descendants des esclaves jadis forcés à travailler dans les mines de Potosí.

Un beau circuit à partir de Chulumani passe par la **réserve Apa-Apa** (voir p. 145) et rejoint les hameaux supérieur et inférieur de **Villa Remedios**, entourés de vergers ; celui du bas possède une jolie petite église. Vous verrez sans doute la récolte et le séchage des feuilles de coca.

La grand-route serpente en descendant vers le **Río Solacama**, aux rives peuplées d'innombrables papillons : l'endroit est charmant pour une baignade. Juste après le pont, un embranchement sur la gauche grimpe une colline escarpée jusqu'à **Laza**. Une *via crucis* (chemin de croix) mène à la jolie place et à l'église, qui renferme un beau retable et un baldaquin en bois sombre et or. Une statue du Christ révérée, le Señor de la Exaltación, est le but d'une importante *romería* (fête et pèlerinage) le 14 septembre.

Principale localité de ce côté de la rivière, **Irupana** est une jolie bourgade coloniale assoupie, fondée au XVIIIe siècle sur l'un des rares terrains plats de la région pour devenir une importante place forte. Non loin, **Pasto Grande**, une forteresse en ruine, joua un rôle identique à l'époque de Tihuanaco et des Incas.

D'Irupana, vous pouvez revenir à Chulumani par un itinéraire différent en passant à gué le Río Puri, puis en traversant **Chicaloma,** la principale localité afro-bolivienne connue pour sa fête annuelle le 27 mai, qu'accompagnent des concerts de *saya* traditionnelle. Franchissez la rivière Solacama et, sur le chemin du retour, faites halte à **Ocabaya**, un ravissant village de carte postale qui abrite l'une des plus anciennes églises du pays. Devant elle se dressent une cloche et un mémorial à deux martyrs locaux de la lutte pour les droits des *campesinos*. Des habitants vous proposeront sans doute un repas.

Xavier Sarabia, à la Country House de Chulumani, vous renseignera volontiers sur la région (même si vous ne séjournez pas dans son hôtel) et pourra réserver un taxi pour vous déposer ou venir vous chercher.

Rafting

La route de Chulumani suit en partie le **Río Unduavi**, une rivière qui se prête au rafting. La partie supérieure se compose essentiellement de rapides impraticables de classes V et VI, avec des chutes verticales, des courants puissants, de gros rochers, des angles morts et des cascades. En aval, le cours s'assagit avec quelques rapides périlleux de classe IV, puis de classes II et III. L'accès est limité, mais la route de Chulumani offre plusieurs possibilités de mise à l'eau et de sortie. Les meilleurs points d'accès ont été laissés par des ouvriers du bâtiment qui ont extrait du sable et du gravier des berges. Puente Villa, à 3 ou 4 heures des meilleurs lieux de mise à l'eau, constitue un bon site de sortie. Reportez-vous p. 80 et 385 pour des adresses de tour-opérateurs.

Où se loger

Outre quelques *alojamientos* bon marché (le Sarita, dans l'artère principale, est le plus propre), Irupana compte deux hébergements séduisants. L'**Hotel Bouganvillea** (☎ 213-6155 ; Sucre 243 ; ch 10 $US/pers ; ☒) occupe un joli bâtiment chaulé et modernisé, construit autour d'une piscine. Il offre des chambres propres et plaisantes, mais l'accueil manque de chaleur.

Pour un séjour mémorable dans les Yungas, choisissez le **Nirvana Inn** (☎ 213-6154 ; www.posadanirvanainn.cjb.net ; cabañas avec petit déj 20 $US/pers ; ☒), dans le barrio de Chiriaca, en haut d'Irupana (tournez à droite après le terrain de football). Dans un jardin à flanc de colline planté d'orangers et de mandariniers (servez-vous !), il comprend 5 *cabañas* récentes,

LES AFRO-BOLIVIENS

Les villages des collines de la région de Chulumani abritent une forte proportion de la population afro-bolivienne. Selon une estimation, quelque 35 000 Boliviens descendraient des esclaves africains amenés pour travailler dans les mines d'argent de Potosí et qui, pour la plupart, y périrent. La *morenada*, une danse traditionnelle bolivienne, s'inspire de l'arrivée d'un train d'esclaves africains dans les mines.

L'esclavage fut aboli en Bolivie en 1851. Aujourd'hui, les Afro-Boliviens des Yungas cultivent la coca et d'autres produits locaux. À les voir en costume typique de *cholita*, on les croirait parfaitement intégrés, mais ils forment une communauté un peu à part : malgré de bonnes relations avec les Aymará, les mariages entre les deux communautés sont rares. Au niveau politique, leur existence en tant que peuple est fondamentalement ignorée.

Bien que les Afro-Boliviens fassent preuve d'un intérêt croissant pour leurs racines, la plupart de ceux qui vivent aux alentours de Chulumani ignorent tout de leurs origines. Pourtant, leur obsédante musique *saya* et leurs rites funéraires renvoient incontestablement à l'Afrique.

confortables et romantiques, toutes avec cheminée et kitchenette, ainsi qu'une piscine et un sauna. La vue sur la vallée est splendide. Les hôtes, charmants et attentionnés, organisent des promenades en forêt et préparent déjeuners et dîners à la demande.

Depuis/vers les environs de Chulumani

Des bus réguliers relient Chulumani et Irupana (31 km, 0,40 $US, 1 heure). De La Paz, quelques liaisons directes desservent Irupana. De Chulumani et d'Irupana, des minibus rallient les petits villages.

Sauf pendant la saison des pluies (de décembre à février), louer un taxi à Chulumani est l'un des moyens les plus confortables de visiter les alentours. Comptez de 30 à 40 $US pour un circuit d'une journée et privilégiez un chauffeur qui connaît bien la région, comme **Walter Haybar Escobar** (☎ 7208-1972) ou **David Monte Villa** (☎ 7252-2364).

SORATA

2 500 habitants / altitude 2 670 m
De nombreux voyageurs considèrent Sorata comme la ville la plus détendue du pays. Perchée à flanc de colline dans une vallée que dominent les sommets enneigés de l'Illampu et de l'Ancohuma, elle bénéficie d'un cadre naturel époustouflant et conserve un charme colonial désuet. Camp de base prisé des randonneurs et des alpinistes, Sorata est une destination idéale pour quelques jours de repos.

À l'époque coloniale, la ville donnait accès aux mines d'or et aux plantations d'hévéas de l'Alto Beni, ainsi qu'au bassin amazonien. En 1791, elle fut assiégée par le dirigeant indigène Andrés Tupac Amaru et ses 16 000 soldats ; ils construisirent des digues au-dessus de la cité et, lorsque les bassins de retenue furent remplis par les eaux de ruissellement de l'Illampu, ils ouvrirent les vannes et la ville fut balayée.

Sorata fit la "une" de la presse bolivienne en septembre 2003 : un barrage de pierre sur la route de La Paz, expression du profond mécontentement des *campesinos* qui aboutit à la chute du gouvernement, coinçat alors des centaines de touristes boliviens et étrangers à Sorata. Dans une démonstration de force malvenue, l'armée les libéra, tuant un *campesino* et provoquant une émeute. Par la suite, la ville a souffert d'une désaffection des touristes, qui commencent aujourd'hui à revenir.

La principale **fiesta de la ville**, très animée, a lieu le 14 septembre.

Renseignements

Le marché a lieu le dimanche. La plupart des commerces ferment le mardi, considéré comme le *domingo sorateño* (dimanche de Sorata). À défaut d'office du tourisme, votre meilleure source d'information sera Pete's Place (p. 152) ou votre hôtel.

Sorata ne compta pas de DAB. **Prodem** (☎ 213-6679 ; Plaza Enrique Peñaranda 136 ; ☺ 14h30-18h mar, 8h30-12h et 14h30-18h mer-ven, 8h30-16h sam, 8h30-15h dim) change les dollars US et délivre des avances sur les cartes de crédit moyennant 5% de commission. **Buho's Internet & Café** (2,50 $US/h), sur le côté sud de la place, offre de lentes connexions à Internet.

À voir

Sorata compte peu de bâtiments remarquables mais charme par son ambiance coloniale et son dédale d'escaliers escarpés et de ruelles pavées. Jetez un œil à la **Casa Günther**, une demeure ancienne qui abrite aujourd'hui le Residencial Sorata (p. 151). Construite en 1895 par la famille Richter, des marchands de quinine, elle fut rachetée par la suite par les Günther, exploitants de caoutchouc jusqu'en 1955.

La **Plaza General Enrique Peñaranda**, la grand-place de Sorata, est la vitrine de la ville. Agrémentée de hauts dattiers et de jardins soignés, elle jouit d'une vue splendide sur les *nevados*. À l'étage de l'hôtel de ville, sur la plaza, le **musée Alcaldía** (entrée libre ; ☺ 8h-12h et 14h-17h mar-lun) présente des objets provenant du site d'Inca Marka, près de la Laguna Chillata, et une collection d'anciens costumes de fête.

GRUTA DE SAN PEDRO

Si elle n'a rien d'exceptionnel, la **Gruta de San Pedro** (grotte de San Pedro ; 1,25 $US ; ☺ 8h-17h) est un but d'excursion prisé à 12 km de la ville. Vous pouvez nager dans un lac à l'intérieur de la grotte, moins froid qu'on ne l'imagine. Si le garde fournit une lampe, mieux vaut emporter une torche, surtout si vous êtes plusieurs. Prévoyez un antimoustique et beaucoup d'eau.

Une belle randonnée de 12 km le long d'une piste mène à la grotte (2 heures 30-3 heures dans chaque sens). Les taxis effectuent l'aller-retour pour 5 à 6 $US, attente comprise. Lors de notre passage, le village de San Pedro construisait deux *albergues* sommaires pour les hôtes de passage.

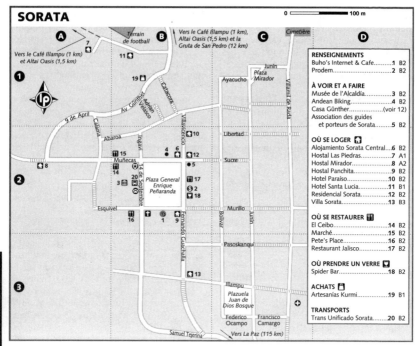

SORATA

0 |————| 100 m

RENSEIGNEMENTS
Buho's Internet & Cafe............1 B2
Prodem............................2 B2

À VOIR ET A FAIRE
Musée de l'Alcaldía...............3 B2
Andean Biking.....................4 B2
Casa Günther..................(voir 12)
Association des guides
  et porteurs de Sorata........5 B2

OÙ SE LOGER
Alojamiento Sorata Central....6 B2
Hostal Las Piedras................7 A1
Hostal Mirador....................8 A2
Hostal Panchita...................9 B2
Hotel Paraíso....................10 B2
Hotel Santa Lucia................11 B1
Residencial Sorata...............12 B2
Villa Sorata.....................13 B3

OÙ SE RESTAURER
El Ceibo.........................14 B2
Marché...........................15 B2
Pete's Place.....................16 B2
Restaurant Jalisco...............17 B2

OÙ PRENDRE UN VERRE
Spider Bar.......................18 B2

ACHATS
Artesanías Kurmi.................19 B1

TRANSPORTS
Trans Unificado Sorata.......20 B2

À faire

RANDONNÉE

Sorata constitue une base pratique pour les randonneurs et les alpinistes qui viennent découvrir les superbes paysages alentour. La haute saison de randonnée s'étend de mai à septembre.

L'itinéraire le plus apprécié mène à la **Laguna Chillata**, un bel endroit avec des vues splendides sur la sierra environnante et le lac Titicaca. Le chemin, assez escarpé, grimpe un dénivelé de 1 500 m en 5 heures ; si l'on peut faire l'aller-retour dans la journée, beaucoup préfèrent camper dans ce lieu plaisant. Mieux vaut partir avec un guide, car on se perd facilement. Si vous souhaitez passer la nuit sur place, louez une mule pour transporter votre équipement.

Vous pouvez prolonger cette randonnée d'une journée. Laissez votre matériel et votre tente à la Laguna Chillata (votre guide demandera à quelqu'un de les surveiller ; sinon, ne comptez pas les retrouver) et entamez une montée raide vers la **Laguna Glacial**, un site magnifique à 5 100 m où l'on voit des pans de glacier s'effondrer dans l'eau. Prenez votre temps, car l'altitude peut rendre la grimpée éprouvante.

Les plus sportifs entreprendront le **trek d'El Camino del Oro** (p. 153), une ancienne voie commerciale entre l'Altiplano et les gisements aurifères du Río Tipuani qui se parcourt en 7 jours. On peut aussi opter pour l'exigeant **chemin de Mapiri** (5 jours ; p. 155) ou pour le circuit de l'Illampu (7 jours), devenu dangereux ces dernières années en raison de la présence de voleurs armés ; bien que des guides l'effectuent avec un peu de marche de nuit, nous vous recommandons d'insister pour éviter la zone risquée.

Les marcheurs de l'extrême choisiront le **circuit Trans Cordillera** de 20 jours : 8 jours de Sorata à Lago Sistaña, avec des prolongations possibles de 4 jours jusqu'au Huayna Potosi et de 8 jours jusqu'à l'Illimani.

Vous trouverez des renseignements succincts sur l'escalade de quelques sommets de la région dans la section *Cordillera Real* (p. 158). Les randonneurs emporteront la carte au 1/50 000 *Alpenvereinskarte Cordillera Real Nord* (Illampu), disponible au Buho's Internet Café.

S'il est possible d'effectuer une randonnée en indépendant, mieux vaut engager un guide pour éviter de se perdre et pour ne pas froisser les susceptibilités locales, parfois très chatouilleuses.

La solution la moins coûteuse consiste à louer les services d'un guide indépendant, parlant espagnol, auprès de la **Sorata Guides & Porters Association** (☎ /fax 213-6698 ; guiasorata@hotmail.com ; Jurídica 159), qui loue également du matériel de qualité variable et organise différents treks. Comptez de 10 à 20 $US par jour pour le guide, plus 5 $US environ pour une mule. Le matériel de cuisine est compris dans ces tarifs, mais pas la nourriture. Vous devrez également prendre en charge les repas de votre guide.

Louis Demers, le directeur du Residencial Sorata, connaît très bien la région et vous renseignera sur les divers itinéraires de trek.

VTT

La région de Sorata, avec ses descentes vertigineuses et ses paysages spectaculaires, est une destination idéale pour les cyclistes. La course à VTT Jach'a Avalancha (Grande Avalanche) a lieu tous les ans à Sorata. Jach'a signifie grand en aymará et c'est la plus grande course de descente d'Amérique du Sud, inspirée de la Mégavalanche. Les participants, venus de tout le pays et du monde entier, partent en ligne pour dévaler un dénivelé de 2 000 m.

Andean Biking (Ciclismo Andino ; ☎ 7127-6685 ; www.andeanbiking.com ; Plaza Peñaranda s/n), professionnel et enthousiaste, propose un éventail d'excellents circuits à VTT pour des cyclistes de tous niveaux, de la promenade tranquille d'une demi-journée à l'aventure de plusieurs jours dans les sierras alentour. Travis, le propriétaire, ne cesse d'établir de nouveaux itinéraires ; parmi ses spécialités figure un circuit de 5 jours de Sorata à Rurrenabaque, qui débute par 2 jours de Sorata à Mapiri *via* Consata (une descente de près de 4 000 m à partir du point de départ dans les montagnes), suivis d'un périple en bateau de 3 jours avec des randonnées aux escales. Un minimum de 4 participants est requis pour les itinéraires les plus longs ; les prix s'échelonnent de 50 à 70 $US. La saison s'étend d'avril à novembre ; le terrain est trop boueux le reste de l'année.

Où se loger

Alojamiento Sorata Central (ch 1,35 $US/pers). Simple et accueillant, l'hébergement le moins cher de la ville offre la vue sur la place et des douches communes (eau froide). Il se trouve sur le coté nord de la place.

Hostal Mirador (☎ 289-5008 ; hostellingbolivia@yahoo.com ; Muñecas 400 ; s/d 1,90/3,80 $US). L'agréable représentant d'Hostelling International à Sorata dispose d'une terrasse ensoleillée, d'un café, de chambres correctes avec sdb communes et d'un joli panorama sur la vallée. Les membres bénéficient d'une remise de 10%.

Residencial Sorata (☎ 279-3459 ; ch 1,90-5 $US/pers). À l'angle nord-est de la place, cette belle demeure de style colonial ne manque pas de caractère. Les chambres à l'ancienne sont un régal pour les yeux, mais votre dos appréciera sans doute davantage les nouvelles (avec sdb). Sur place, vous trouverez un restaurant, un service de blanchissage, un vaste salon, une table de ping-pong et un accueil chaleureux. Louis Demers, le gérant polyglotte, est une mine d'informations sur les itinéraires de trek de la région.

Hostal Las Piedras (☎ 7191-6341 ; Ascarrunz s/n ; ch 2,50 $US/pers, s/d avec sdb 5/7,50 $US). Hostal le plus plaisant et le plus douillet de Sorata, il dispose de très jolies chambres avec un beau mobilier en bois et lits confortables agrémentés de couettes ; certaines jouissent d'une belle vue sur la vallée. Le petit déjeuner (1 ou 2 $US) comprend pain complet maison et yaourt maison. Petra vous réservera un accueil chaleureux. Proche du terrain de football, l'établissement se situe à 7 minutes de marche de la place en descendant la Calle Ascarrunz (une piste), près du raccourci menant à la grotte.

Hostal Panchita (☎ 213-4242 ; s/d 2,50/5 $US). Sur le côté sud de la place, l'agréable Panchita propose des chambres spacieuses avec sdb commune (eau chaude), réparties autour d'une cour propre et ensoleillée. Certains matelas sont plus récents que d'autres : demandez à voir plusieurs chambres. La direction est sympathique et le café-restaurant sert les meilleures pizzas de la ville.

Hotel Santa Lucía (☎ 213-6686 ; ch sans/avec sdb 2,50/5 $US par pers). De l'autre côté du terrain de football près du raccourci vers la grotte, cette adresse avenante, peinte en jaune vif, dispose de chambres moquettées et de bacs à lessive. Serafín, l'aimable propriétaire, est aux petits soins.

Villa Sorata (Guachalla 238 ; ch sans/avec sdb 3,10/4,75 $US par pers). Cette belle demeure coloniale un peu négligée est construite autour d'une cour et possède un toit-terrasse pour contempler les étoiles et l'Illampu. Les chambres, plaisantes, disposent pour la plupart d'une sdb correcte avec eau chaude. Malgré l'enseigne B&B, le petit déjeuner n'est pas servi, mais vous pouvez utiliser la cuisine et profiter de l'agréable salon-salle à manger. S'il n'y a personne, adressez-vous à l'Hotel Paraíso : le gardien s'occupe des deux établissements.

Altai Oasis (☎ 7151-9856 ; www.altaioasis. lobopages.com ; camping 1,90 $US, s/d 3,10/7,50 $US, ch avec sdb 10-13 $US, bungalows 2-5 pers 45-60 $US). L'endroit ressemble effectivement à une oasis, avec son jardin verdoyant, ses hamacs, ses aras en cage, son joli café-restaurant en terrasse et son choix d'hébergement. Johny et Roxana vous accueilleront avec chaleur dans leur belle propriété en bord de rivière, qui comprend de verdoyants emplacements de camping, des chambres avec ou sans sdb et de charmantes *cabañas* rustiques, dont une aux peintures originales. Vous trouverez aussi d'attachants animaux de ferme, un échange de livres, une service de blanchissage, des douches chaudes et une cuisine commune. Suivez le chemin qui longe le terrain de football et descend jusqu'à la rivière, remontez ensuite sur la route et tournez à gauche avant le Café Illampu. Un trajet plus direct et plus pénible consiste à descendre au bout de la Calle Muñecas et à remonter de l'autre côté. La course en taxi revient à 1,90 $US.

Hotel Paraíso (☎ 213-6671 ; Villavicencio s/n ; ch 4,40 $US/pers). Central, il possède un patio fleuri, une terrasse et des chambres correctes avec sdb et matelas un peu minces. Lors de notre passage, le restaurant n'ouvrait que sur demande.

Vous pouvez également camper au sympathique Café Illampu.

Où se restaurer

Autour du marché et de la place, des petits restaurants bon marché servent des *almuerzos* roboratifs à prix modiques. Sorata compte un nombre étonnant de pizzérias quasi identiques, dont certaines partagent une cuisine commune. Elles ne diffèrent guère et facturent 2,50/3,75/5 $US la pizza petite/moyenne/grande.

Café Illampu (en-cas 1-2 $US ; ☺ 9h-19h mer-lun). À 15 minutes de marche (descente puis montée) de la ville, ce café charmant se situe sur le chemin de la grotte de San Pedro. Faites plutôt halte au retour, sinon vous risquez de ne plus en partir, séduit par la tranquillité, la vue, le jardin et les lamas. Le propriétaire suisse, boulanger hors pair, propose un bon café, des sandwichs au pain maison et de succulents gâteaux. Vous pouvez aussi camper sur place (1 $US par personne).

Pete's Place (Esquivel s/n ; menu déj/dîner 1,75/2,10 $US, plats 2-5 $US ; ☺ 8h30-22h). Dans un nouveau local au-dessus d'un *hostal* proche de la place, ce restaurant chaleureux et confortable offre de copieux petits déjeuners, un grand choix de plats végétariens bien préparés et joliment présentés, du poulet au curry et de savoureuses grillades. Le propriétaire met à disposition une bibliothèque fournie de cartes et de guides et vous donnera des renseignements actualisés sur le trekking.

El Ceibo (Muñecas 339 ; plats 2-3 $US). L'une des gargotes sans prétention qui s'alignent dans Muñecas et servent des plats boliviens roboratifs.

Restaurant Jalisco (plats 2-4 $US). Sur le côté est de la place, le Jalisco présente une carte ambitieuse : pizzas, plats boliviens, pâtes et spécialités mexicaines (tacos et burritos).

Altai Oasis (☎ 7151-9856 ; plats 3-6,25 $US ; ☺ 8h-20h30). Ce paisible restaurant en terrasse, à 15 minutes de marche de la ville (voir l'hôtel ci-contre), bénéficie d'un cadre séduisant, avec vue sur la vallée et tintement des carillons à vent. Vous pourrez vous contenter d'un café ou d'une boisson ou vous régaler d'un plat végétarien, d'un steak épais ou d'une spécialité d'Europe de l'Est, comme le bortsch ou le savoureux goulasch.

Où prendre un verre

Les soirées sont calmes à Sorata. Sur la place, le Spider Bar propose un choix correct de boissons et dispose d'une terrasse, mais ferme assez tôt. Dans la Calle Muñecas, quelques bars ordinaires et sympathiques conviennent pour prendre une ou deux bières.

Achats

Pour de l'artisanat local, rendez-vous à **Artesanías Kurmi** (Günther 107), une boutique accueillante installée dans une maison blanche rustique à deux niveaux. Wilma Velasco vend ici de superbes vêtements, chapeaux, poupées, sacs et tentures faits main à prix raisonnables. Demandez à goûter le vin d'orange maison. Il n'y a pas d'enseigne : sonnez et l'on vous ouvrira.

Depuis/vers Sorata

Très éloignée des autres villes des Yungas, Sorata n'est pas reliée par une route directe à Coroico, ce qui oblige à passer par La Paz. La piste qui mène à la capitale était en cours d'asphaltage lors de notre visite, mais les travaux avancent lentement.

À La Paz, **Trans Unificado Sorata** (carte p. 66 ; ☎ 238-1693 ; angle Kollasuyo et Bustillos) part du quartier du cimetière 10 fois par jour (1,60 $US, 4 heures). De Sorata, les bus pour La Paz quittent la place toutes les heures de 4h à 17h. Pour Copacabana, descendez à la ville-carrefour de Huarina et attendez une correspondance, sans doute bondée. De même, vous devrez changer à Achacachi pour rejoindre Charazani, mais vous devrez partir très tôt de Sorata. Des minibus, plus rapides et plus confortables, circulent aussi entre La Paz et Sorata (1,75 $US).

La seule route entre Sorata et les plaines est une piste de 4x4 cahoteuse qui mène à la cité minière de Mapiri. Elle commence à Sorata et passe par Quiabaya, Tacacoma, Itulaya et Consata, suivant plus ou moins les cours des Ríos Llica, Consata et Mapiri. La boue, les travaux et des traversées de rivière uniquement possibles en 4x4 rendent cet itinéraire éprouvant. Des *camionetas* quittent Sorata tous les jours pour le parcours épuisant jusqu'à Consata (3,50 $US, 4 heures) et la mine de Sorata Limitada (5 $US, 7 heures). À Sorata Limitada, d'autres *camionetas* rallient Mapiri en 3 heures.

EL CAMINO DEL ORO (LE CHEMIN DE L'OR)

Trek andin classique et éprouvant le long d'une ancienne voie inca pavée, El Camino del Oro a été dégradé ces dernières années par des travaux routiers et une activité minière non contrôlée. Si la construction de la route se poursuit, ce célèbre trek entre Sorata et les champs aurifères du Río Tipuani risque de disparaître.

Pendant près d'un millénaire, cette route inca fut utilisée comme voie marchande entre l'Altiplano et les terrains aurifères de la plaine. Jadis, les vallées de Tipuani et de Mapiri fournissaient la majeure partie de l'or qui ornait Cuzco, la capitale inca.

Aujourd'hui, les gisements sont principalement exploités par des coopératives minières. Les bulldozers creusent et labourent le paysage à la recherche du précieux métal et déversent des gravats, triés par des réfugiés aymará venus des hauts plateaux. De misérables masures faites de plastique, de feuilles de bananier et de tôles ont surgi le long des rivières, dont les berges sont peuplées d'orpailleurs clandestins. L'exportation de l'or devrait bientôt rapporter plus que celle de l'étain.

Par chance, la partie supérieure de l'itinéraire a conservé sa beauté et presque tous les vestiges entre Ancoma et Chusi ont été préservés, notamment de superbes escaliers incas et d'anciennes chaussées délabrées.

Ce trek est plus difficile que ceux de Takesi et d'El Choro. Pour en profiter pleinement, prévoyez 6 ou 7 jours de Sorata à Llipi, moins si vous prenez une Jeep jusqu'à Ancoma. À Llipi, prenez un transport pour Tipuani ou Guanay pour éviter la pénible traversée d'un secteur dévasté.

Accès

La plupart des randonneurs effectuent le chemin dans le sens de la descente, de Sorata vers Tipuani et Guanay. Si les montées ne vous effraient pas, faire le trajet en sens inverse permet de garder le meilleur pour la fin.

Trois options s'offrent entre Sorata et Ancoma. Tout d'abord, vous pouvez louer un 4x4 à Sorata et raccourcir le trek de 2 jours. Après négociation, vous paierez 3,50 $US par personne ou 40 $US pour le véhicule. Une solution plus éprouvante consiste à emprunter le chemin escarpé qui commence près du cimetière de Sorata, longe le Río Challasuyo, traverse le village de Chillkani et serpente au pied du col Abra Chuchu (4 658 m) – c'est également la voie d'accès au chemin de Mapiri (p. 155), une marche de 4 heures à partir d'Ancoma. Le troisième itinéraire, plus court et plus pittoresque, suit la chemin qui passe par le village de Lakathiya et franchit le col Abra de Illampu (4 741 m), puis rejoint la route à 1 heure 30 au-dessus d'Ancoma. Les étrangers paient 1,25 $US par personne pour camper aux alentours d'Ancoma et 0,40 $US pour passer le pont.

Comptez 2 jours pour l'un ou l'autre des *abras* et, avant le départ, renseignez-vous auprès de Louis Demers au Residencial Sorata sur les itinéraires et l'état des chemins. Mieux vaut partir avec un guide.

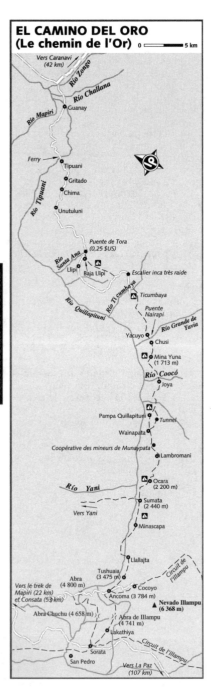

EL CAMINO DEL ORO
(Le chemin de l'Or) 0 ⎯⎯ 5 km

Vers Caranavi
(42 km)

Río Zongo

Río Challana

Río Mapiri

Guanay

Ferry

Tipuani

Gritado

Chima

Río Tipuani

Unutuluni

Puente de Tora
(0,25 $US)

Río Santa Ana

Llipi

Baja Llipi

Escalier inca très raide

Río Quillapituni

Río Ti cumbaya

Ticumbaya

Puente
Nairapi

Río Grande de
Yavia

Yacuyo

Chusi

Mina Yuna
(1 713 m)

Río Coocó

Joya

Pampa Quillapituni

Túnnel

Wainapata

Coopérative des mineurs de Munayapata

Lambromani

Río Yani

Ocara
(2 200 m)

Sumata
(2 440 m)

Vers Yani

Minascapa

Llallajta

Circuit de
l'Illampu

Tushuaia
(3 475 m)

Abra
(4 800 m)

Cocoyo

Vers le trek de
Mapiri (22 km)
et Consata (53 km)

Ancoma (3 784 m)

Nevado Illampu
(6 368 m)

Abra-Chuchu (4 658 m)

Abra de Illampu
(4 741 m)

Lakathiya

Sorata

San Pedro

Vers La Paz
(107 km)

Circuit de l'Illampu

Itinéraire

Une fois à **Ancoma**, l'itinéraire est assez direct. Quittez la piste de 4x4 et longez la rive sud du **Río Quillapituni** (qui devient plus loin le Río Tipuani). Au niveau d'une vaste clairière appelée **Llallajta**, à 4 heures 30 d'Ancoma, le chemin franchit un pont et suit brièvement la rive nord avant de traverser à nouveau la rivière en direction de Sumata. Un passage inca vers la rive nord a été détruit quand le pont a été emporté par les crues, nécessitant un bref détour au-dessus de la berge sud.

Juste après, on arrive à **Sumata**. Passé ce village, un sentier tourne vers le nord, franchit la rivière et mène à **Yani** (point de départ du chemin de Mapiri). On rejoint bientôt **Ocara** et le chemin grimpe la pente (ne suivez pas la rivière). Après 1 heure 30 de marche, on arrive à **Lambromani**, où les étrangers doivent parfois payer 0,40 $US par personne pour passer. Vous pouvez camper dans la cour de l'école.

À 1 heure de Lambromani, on parvient à **Wainapata**, où la végétation devient plus luxuriante. À cet endroit, le chemin bifurque (les deux branches se rejoignent à Pampa Quillapituni). Prenez la branche inférieure, celle du haut étant très raide et dangereuse. Non loin, le sentier inférieur traverse un tunnel creusé dans la roche. Une légende populaire l'attribue à la période inca. En réalité, il a été percé à la dynamite et probablement par la compagnie minière Aramayo au début du XXᵉ siècle pour faciliter l'accès aux gisements aurifères de Tipuani. À **Pampa Quillapituni**, à 30 minutes, vous trouverez un bon site de camping. À l'est, un sentier s'embranche sur la droite vers le col de Calzada, à plusieurs jours de marche sur le circuit de l'Illampu.

Quatre heures après le passage du pont tournant du **Río Coocó**, vous atteindrez le village de **Mina Yuna**, où vous pourrez acheter des produits de base et **camper** sur le terrain de football.

À 1 heure en contrebas, **Chusi** se situe à 4 heures de la route. Vous ne pourrez pas camper, mais il est possible de loger à l'école. **Puente Nairapi**, sur le Río Grande de Yavia, est un endroit propice à la baignade.

Une fois arrivé à la route, le paysage devient désolé. Pour avoir un dernier aperçu d'une nature relativement préservée, suivez le raccourci qui commence par un **escalier inca** escarpé et serpente vers **Baja Llipi** et le **Puente de Tora**, un pont à péage (0,25 $US) sur le **Río Santa Ana**.

Après avoir franchi le pont, grimpez la colline et attendez une *camioneta* ou un 4x4 pour **Tipuani** ou **Guanay**. Le trajet en *camioneta* entre le pont du Río Santa Ana et **Unutuluni** revient à 0,75 $US par personne et 2 $US de plus pour continuer jusqu'à Tipuani ou Guanay.

Vous pourrez acheter des produits de base à Ancoma, Wainapata, Mina Yuna, Chusi et Llipi, ainsi que dans les villages situés plus bas le long de la route. Des hébergements spartiates existent à Unutuluni, Chima (rudimentaire et déconseillé), Tipuani et Guanay, tous en bord de route.

CHEMIN DE MAPIRI

Plus long et plus aventureux que le Camino del Oro, le chemin de Mapiri, un trek de 6 ou 7 jours, suit une route précolombienne, restaurée il y a 100 ans par la famille Richter de Sorata pour relier le siège de l'exploitation aux plantations de *cinchona* (quinine) du haut bassin amazonien.

Il s'agit d'un trek difficile et exigeant, qui nécessite de nombreux exercices physiques autres que la marche : vous devrez escalader des troncs d'arbres ou ramper en dessous, tailler la végétation à la machette, supporter l'assaut des insectes et accepter la détérioration de vos vêtements ! L'expédition n'en est pas moins fabuleuse, au cœur d'une nature intacte et, pour l'essentiel, à mille lieues des routes et des villages.

Si le point de départ proprement dit se trouve au village d'Ingenio, vous pouvez partir de Sorata, grimper l'Abra Chuchu (4 658 m), puis monter et descendre les versants herbeux du massif de l'Illampu jusqu'à Ingenio. Les 3 jours suivants, le sentier descend le long d'une longue crête à travers des herbages, une épaisse forêt de nuages et la pampa jusqu'au village de Mapiri. Avec l'approche depuis Sorata, le trek dure de 6 à 8 jours, selon le temps, votre forme physique et le moyen de transport utilisé jusqu'à Ingenio (à pied ou en voiture).

Une excellente excursion à effectuer avant le départ conduit d'Ingenio à **Yani**, un charmant hameau médiéval noyé dans la brume qui possède un *alojamiento* rudimentaire. Les plus aventureux ne regretteront pas le détour jusqu'à cet endroit hors du commun.

Vu l'importance des mines, aucune carte ne décrit cet itinéraire. Par ailleurs, des glissements de terrain modifient souvent le tracé des chemins, que la végétation envahit par endroits ; une machette est indispensable et nous vous recommandons fortement de louer les services d'un guide à Sorata (p. 151). Pour ce trek, les guides demandent environ 100 $US par groupe et les porteurs 70 $US ; une fois parti, vous apprécierez de ne pas avoir à porter votre équipement !

Accès

Le chemin de Mapiri débute au village d'**Ingenio**, qui compte des *alojamientos* rudimentaires. On peut le rejoindre en 4x4 de Sorata (35-50 $US pour 5 passagers, de 3-4 heures) ou à pied par l'Abra Chuchu (4 658 m). Si vous optez pour la dernière solution, partez du cimetière de Sorata et suivez le sentier qui grimpe vers les hameaux de Manzanani et Huaca Milluni et atteint le village de Chillkani 3 heures plus tard. De là, comptez 5 heures de montée ininterrompue sur les versants partiellement boisés jusqu'à l'Abra Chuchu. Vous rejoindrez la route par un chemin sinueux, à 4 km en dessous du col.

Peu après la crête, prenez le sentier à gauche (le chemin qui continue tout droit conduit à Ancoma et au trek du Camino del Oro) qui descend vers un petit lac. Il mène au col de Paso Pechasani (4 750 m) puis descend par Mina Suerte jusqu'à Ingenio et le départ du chemin de Mapiri, à 3 550 m.

Itinéraire

Après Ingenio, traversez le **Río Yani**. Le chemin file vers l'aval, avant de remonter 30 minutes plus tard le long d'un petit cours d'eau. Vous trouverez un bon site de camping à l'endroit où le chemin le franchit. Le sentier grimpe ensuite pendant 1 heure 30 jusqu'à un **col** à 4 000 m. Au cours des 2 heures suivantes, vous passerez trois autres crêtes, avant de descendre vers la **Cueva Cóndor**, une grotte parfaite pour bivouaquer, et un petit lac. De là, le chemin monte vers le **Paso Apacheta Nacional** (3 940 m), puis descend **El Tornillo**, un sentier en spirale sur un dénivelé de 150 m. Après moins de 1 heure, vous franchirez le **Río Mamarani**, où une agréable aire de camping est protégée par de gros rochers.

Le prochain bivouac se situe à 3 heures, à côté d'une traversée d'un ruisseau, au pied d'une longue montée. Au cours d'eau suivant (faites des réserves d'eau), à 30 minutes, se tient un autre site de camping. À cet endroit, le chemin grimpe un long escalier, puis descend dans une autre vallée avant de remonter jusqu'au col suivant, l'**Abra Nasacara** (4 000 m).

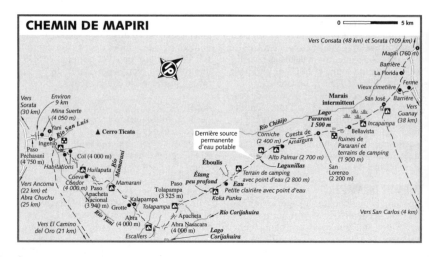

CHEMIN DE MAPIRI

À ce stade, vous êtes sur la crête qui domine la majeure partie du trek de Mapiri, avec de belles vues sur le massif de l'Illampu. Les trois jours suivants, vous suivrez les montées et descentes de cette crête qui perd peu à peu de l'altitude et traverse une jungle luxuriante ; remplissez votre gourde à chaque opportunité. Le premier point d'eau sur cette étape se trouve à **Tolapampa**, où l'on peut camper.

La progression se fait ensuite dans une épaisse forêt et nécessite par endroits l'usage de la machette. À 6 heures de l'Abra Nasacara, un site de camping très agréable est perché sur une corniche à **Koka Punku**, à 50 m d'un étang peu profond. Environ 3 heures plus tard, juste avant un éboulement, repérez le point d'eau à 3 m à droite du sentier. Quatre heures et trois crêtes plus loin, vous arrivez à la dernière source d'eau permanente et au site de camping de **Lagunillas**. Une heure plus tard, vous trouverez des emplacements de bivouac (sans eau) sur la colline d'**Alto Palmar**.

Après Alto Palmar, le sentier se faufile à travers une épaisse végétation le long de la **Cuesta de Amargura** (crête de l'Amertume). Au bout de 3 heures, la jungle cède la place à d'épaisses broussailles. Six heures plus tard, on atteint **Pararaní** (1 900 m), où l'on peut puiser de l'eau (qu'il faut purifier) dans un petit étang, près d'une maison en ruine. Une heure de marche conduit à un lac semi-permanent et, juste après, le chemin quitte la végétation dense et débouche sur une crête herbeuse bordée d'une épaisse forêt. Il faut ensuite compter 4 heures 30 jusqu'à **Incapampa**, doté d'un

marécage intermittent et d'un site de camping. Sur ce tronçon, les insectes pullulent – abeilles, fourmis, tiques, mouches et moustiques, ainsi que de nombreux papillons.

À 3 heures d'Incapampa, le hameau de **San José** (1 400 m) offre un terrain de camping et une belle vue sur le village de Santiago. On trouve parfois de l'eau à 300 m en contrebas, sur la droite du chemin. Après un espace dégagé – un ancien cimetière –, l'embranchement de gauche constitue un raccourci pour Mapiri.

De San José, 4 à 5 heures de marche conduisent à **Mapiri**, que l'on aperçoit 1 heure 30 avant l'arrivée. Le village possède plusieurs *alojamientos* corrects (évitez l'Alojamiento Sorata) et des pirogues motorisées qui parcourent 80 km en aval jusqu'à **Guanay** (4 $US, 3 heures) ; cette dernière semble une métropole après une semaine d'isolement ! Les bateaux partent vers 9h, mais arrivez 1 heure plus tôt pour obtenir une place. Vous pouvez aussi prendre une *camioneta* sur la piste de 4x4 jusqu'à Santa Rosa (n'essayez pas de faire le trajet à pied car il faut traverser deux grandes rivières), qui possède un *hostal* correct avec piscine, puis pour Sorata, à 175 km (6 $US, 12 heures).

CONSATA

Cité minière en partie abandonnée, Consata est desservie tous les deux jours de Sorata (7,50 $US, 7 heures). Ignoré des touristes, ce charmant village s'agrémente de grands jardins tropicaux. Bon marché et plaisant, l'**Hotel de Don Beto** (ch 2,50 $US/pers) est tenu par un octogénaire à la forte personnalité.

AUCAPATA ET ISKANWAYA
Altitude 2 850 m

Joyau méconnu, le petit village isolé d'**Aucapata** se juche sur un épaulement rocheux d'un pic spectaculaire et se révèle idéal pour un ou deux jours de détente. Les rares visiteurs viennent pour explorer Iskanwaya – surnommé avec une pointe d'exagération le "Machu Picchu de Bolivie" –, mais ils risquent de changer d'avis en découvrant le dénivelé de 1 500 m jusqu'aux ruines. Si vous n'avez pas le courage d'affronter cette épreuve, contentez-vous du petit musée d'Iskanwaya, qui présente des objets provenant du site. L'entrée est gratuite, mais un don est attendu.

Les ruines majeures et quasiment oubliées d'**Iskanwaya**, sur les versants ouest de la Cordillera Real, se nichent dans une gorge remplie de cactus à 250 m au-dessus du Río Llica. Attribué à la culture mollu, le site daterait de 1145 à 1425.

Bien qu'Iskanwaya n'égale pas Machu Picchu, ce site de 13 ha est extérieurement plus imposant que Tiahuanaco. Cette vaste citadelle fut érigée sur deux plateformes bordées de cultures en terrasses et d'un réseau de canaux d'irrigation. Elle contient plus de 70 bâtiments, des frêles murailles, des rues étroites, des petites places, des entrepôts, des sites et des niches funéraires.

Aucune carte précise ne décrit le secteur et emprunter ce chemin exposé pendant la saison des pluies est dangereux.

Pour plus d'informations, adressez-vous au señor Jorge Albarracín, un habitant passionné de sa région et des ruines d'Iskanwaya, ou à Marcelo Calamani, qui pourra vous guider jusqu'aux ruines et parle un peu anglais. Vous pouvez l'appeler au téléphone du village (☎ 213-5519). *Iskanwaya: La Ciudadela que Solo Vivía de Noche*, de Hugo Boero Roja (Los Amigos del Libro, 1992), renferme des photos, des cartes et des schémas du site, ainsi que des renseignements sur les villages voisins.

Où se loger et se restaurer
Hotel Iskanwaya (ch 2,50 $US/pers). Ce petit hôtel plaisant, le seul d'Aucapata, offre des chambres propres et des douches chaudes. Il n'a pas de téléphone ; vous pouvez tenter de réserver en appelant le point Entel du village (☎ 213-5519).

Un **alojamiento** (ch 1,25 $US/pers) est installé derrière l'église. Pour vous restaurer, la seule option est une petite gargote à l'angle de la place, qui sert des plats du jour. Prévoyez suffisamment de monnaie pour faire l'appoint.

Depuis/vers Aucapata
Aucapata se situe à 20 km au nord-est de Quibaya et à 50 km au nord-ouest de Sorata ; on le rejoint toutefois plus facilement de La Paz. Le vendredi, un camión part de la Calle Reyez Cardona, dans le quartier du cimetière à La Paz, et revient le dimanche. Comptez environ 4 $US pour ce voyage spectaculaire (et exténuant), qui peut durer plus de 24 heures. Vous trouverez peut-être plus facilement un transport à partir de Charazani (p. 162), plus accessible, ou en descendant d'un bus à destination de Charazani au *cruce* (carrefour) pour Aucapata.

On peut également accéder à Aucapata depuis Sorata, une randonnée de 4 jours assez difficile *via* Payayunga. Pour louer les services d'un guide, adressez-vous à la Sorata Guides & Porters Association (p. 151). Un autre itinéraire, assez ardu et très intéressant, est un trek peu connu qui part du village d'Amarete, dans la Cordillera Apolobamba. Un guide est indispensable sur ce parcours et vous pourrez en trouver un à Amarete, Curva ou Charazani.

GUANAY
Localité isolée, Guanay constitue un bonne base pour visiter les sites d'extraction d'or le long des Ríos Mapiri et Tipuani. Si la vision du paysage dévasté ne vous rebute pas, bavarder avec des mineurs et des *barranquilleros* (orpailleurs) représente une expérience singulière. Frontaliers, cette région et les sites en amont évoquent le légendaire Far West. Le jeu, la prostitution et les steaks épais font partie de la culture locale et l'or s'échange légalement dans les magasins et les bars.

Renseignements
Aucun établissement ne change les chèques de voyage, mais tous ceux qui arborent l'enseigne "Compro Oro" changent les dollars US. Le bureau Entel est installé dans le hall de l'Hotel Minero.

Excursions fluviales
L'accès aux mines se fait en Jeep par la route de Llipi, ou en pirogue motorisée remontant le Río Mapiri. Le trajet jusqu'à Mapiri est plus facile à organiser car des

bateaux circulent à peu près tous les jours et remontent le fleuve en 5 heures (environ 5 $US par personne) ; lors de l'étiage, ils sont remplacés par des Jeep. En sens inverse, la descente exaltante vers Guanay dure 3 heures (3,50 $US). Malgré la destruction de la forêt, les insectes continuent de sévir et vous aurez besoin d'un répulsif. Mapiri compte plusieurs *alojamientos* qui facturent environ 1,25 $US par personne.

Où se loger et se restaurer

Hotel Pahuichi (ch 2,50 $US/pers). À un pâté de maisons en contrebas de la place, cet hôtel plutôt spartiate offre le meilleur rapport qualité/prix. Il possède en outre le restaurant le plus apprécié de Guanay.

Hotel Minero (ch 2,50 $US/pers). Une bonne alternative à côté du Pahuichi.

Hospedaje Los Pinos (d avec sdb et ventil 4,50 $US). Une adresse accueillante, près du quai.

Autour de la place, plusieurs *alojamientos* facturent 1,25 $US par personne ; l'Alojamiento Plaza et l'Alojamiento Santos ont été recommandés. Pour des steaks épais et des jus de fruits frais, essayez Las Parrilladas, sur la route menant au port. La Fuente de Soda Mariel, sur la place, sert empanadas, pâtisseries, glaces, *licuados* (fruits mixés à l'eau ou au lait) et autres en-cas.

Depuis/vers Guanay

Pour des informations sur les randonnées au départ de Sorata, reportez-vous aux descriptions des treks du Camino del Oro (p. 153) et de Mapiri (p. 155). Une piste de 4x4, cahoteuse et parfois impraticable, relie Mapiri et Sorata *via* Consata.

BATEAU

Des bateaux partent pour Mapiri tous les jours à 9h (3-4 heures) de Puerto Mapiri. En période d'étiage (d'août à septembre), le trajet se fait en Jeep (5 $US, 5 heures).

Des bateaux de location emmènent les voyageurs à Rurre pour un prix élevé (300 $US pour un bateau de 10 à 15 passagers, 8-10 heures en période de crue). N'oubliez pas que le batelier doit effectuer un trajet de retour de 3 jours à ses frais, avec une lourde facture de carburant. Emportez des provisions et le matériel nécessaire. Certaines agences de La Paz organisent ce circuit (reportez-vous p. 80 et 385 pour les adresses d'agences).

BUS ET CAMIÓN

Les bureaux des compagnies de bus sont installés autour de la place, mais les bus partent d'une rue plus loin, en direction de la rivière. Quatre compagnies proposent des départs quotidiens depuis/vers La Paz via Caranavi et Yolosa (5 $US, 10 heures). Pour Coroico, descendez à Yolosa et faites du stop. Si vous allez à Rurrenabaque (7,50 $US, 14 heures), descendez à Caranavi et prenez une correspondance en direction du nord. De nombreux *camiones* desservent Caranavi, Yolosa et La Paz ; ils sont moins chers, mais le trajet est plus long.

CARANAVI
altitude 976 m

Tous les bus qui circulent entre La Paz et les plaines passent par Caranavi, une bourgade banale à mi-chemin entre Coroico et Guanay. Les voyageurs dénigrent facilement cette bourgade, à tort. Si vous y faites halte, ne manquez pas le **pont suspendu d'Untucala**, qui enjambe un passage utilisé depuis la période inca. Pour vous connecter à Internet, rendez-vous à **DumboNet** (☎ 823-2071 ; angle Santa Cruz et Ingenieros).

Plusieurs hôtels bon marché sont installés près de la nationale. L'**Hotel Landivar** (☎ 823-2052 ; Calama 15 ; ch 5 $US/pers ; 🅿), l'un des meilleurs, possède une agréable piscine. Recommandé et plus élégant, l'**Hostal Caturra Inn** (☎ 823-2209 ; www.hostalcaturra.cjb.net ; s/d avec sdb et petit déj 15/20 $US ; 🅿) offre des douches chaudes, des ventilateur, un jardin charmant, un bon restaurant et une piscine propre : un luxe bienvenu si vous descendez d'un *camión* boueux ! L'**Hotel Avenida** (Santa Cruz s/n ; ch 2,50 $US/pers) et le sommaire **Residencial Caranavi** (ch 2,50 $US/pers) constituent des choix corrects. El Tigre prépare des repas simples à moins de 1 $US.

CORDILLERA REAL

La Cordillera Real compte plus de 600 sommets dépassant 5 000 m, pour la plupart relativement accessibles. À la différence de leurs homologues himalayens, entreprendre leur ascension n'exige pas de fastidieuses formalités. Cette section décrit les ascensions les plus courantes, mais bien d'autres sommets séduiront les grimpeurs expérimentés.

La meilleure saison pour l'escalade dans la Cordillera Real s'étend de mai à septembre. Sachez que la plupart des ascensions détaillées ici sont techniques, requièrent de l'expérience, les services d'un guide qualifié et un équipement adéquat. Avant de vous lancer, vous devrez être pleinement acclimaté à l'altitude. Pour des informations sur l'alpinisme en Bolivie, reportez-vous p. 51. Le site www.andeshandbook.cl fournit des renseignements sur les voies d'accès à plusieurs sommets de la Cordillera Real en espagnol et, bientôt, en anglais.

Guides et équipement

Une ascension guidée est de loin le moyen le plus facile de grimper ces montagnes. Plusieurs agences de La Paz proposent des forfaits qui incluent le transport, l'hébergement en *refugio*, la location du matériel et un guide. Certaines louent également des équipements aux grimpeurs indépendants. Les prix commencent à 120 $US pour l'ascension du Huayna Potosí et sont sensiblement plus élevés pour des parcours plus techniques – à partir de 400 $US pour l'Illimani. Plusieurs agences locales et des prestataires étrangers spécialisés offrent des forfaits combinant l'ascension de plusieurs sommets de la Cordillera Real. Pour plus de détails, voir p. 385.

Vous pouvez aussi louer vous-même les services d'un guide. Le **Club Andino Boliviano** (carte p. 72 ; ☎ 2-231- 2875 ; México 1638, La Paz ; 9h30-12h et 15h-18h lun-ven) fournit une liste de guides recommandés. L'**Asociación de Guías de Montaña** (☎ 2-235-0334 ; Chaco 1063, La Paz) est une association de guides de montagne certifiés.

Si vous êtes en groupe, mieux vaut partir avec deux guides ; ainsi, l'ascension ne sera pas compromise si l'un des participants souffre du mal des montagnes.

HUAYNA POTOSÍ

Le Huayna Potosí est le plus couru des hauts sommets boliviens. Sa majesté, sa facilité d'accès et son altitude, supérieure de 88 m à la barre symbolique des 6 000 m, expliquent sa popularité. À condition d'être en bonne forme physique, les débutants pourront entreprendre cette escalade avec un guide qualifié et l'équipement adéquat. Sachez néanmoins que c'est une rude montée, particulièrement escarpée près du sommet.

Certains essaient de grimper le Huayna Potosí en une journée, une tentative déconseillée. Avec un dénivelé de 1 500 m depuis le Paso Zongo (un col à 4 700 m et le début de l'ascension) et de plus de 2 500 m entre La Paz et le sommet, les risques d'œdème cérébral sont réels en cas de montée rapide. Mieux vaut passer la nuit au Paso Zongo, rejoindre le camp de base (5 200 m) le lendemain, puis entamer l'ascension du sommet dans la nuit.

Deux *refugios* sont installés près du Paso Zongo. Le **Huayna Potosí Refugio** (☎ à La Paz 2-232-3584 ; www.huayna.com ; dort avec petit déj 6/9 $US basse/haute saison), le mieux équipé, appartient à un tour-opérateur de voyages de La Paz. Accueillant, confortable et chauffé, il est parfait pour s'acclimater ; vous pourrez y glaner une foule de conseils et faire d'agréables marches aux alentours. Réservation indispensable. Le **Refugio San Calixto** (Casa Blanca ; dort 1,90 $US), plus simple et chaleureux, borde la route La Paz-Zongo (des bus vous y déposeront) ; on peut également y camper. L'un ou l'autre organise sur demande le transport jusqu'au refuge, les guides, les porteurs et les rations alimentaires.

Accès

Un 4x4 de La Paz au Paso Zongo revient à 40 $US environ jusqu'à 5 passagers. Un taxi coûtera un peu moins cher après négociation – assurez-vous que le chauffeur connaît le chemin. Des bus partent aussi tous les jours à 6h de la Plaza Ballivián, à El Alto (2 $US, 2 heures).

Étant donné la popularité du Huayna Potosí, de nombreux grimpeurs empruntent cette route en saison. Si vous souhaitez simplement faire le trajet, contactez les tour-opérateurs spécialisés ; vous trouverez sans doute un transport en 4x4 le jour qui vous convient et pourrez l'emprunter en participant aux frais.

Ascension

Du *refugio*, traversez le barrage et longez l'aqueduc jusqu'au troisième sentier partant sur la gauche. Suivez-le jusqu'à un ruisseau, où un panneau indique la direction. Empruntez ce chemin à travers les rochers jusqu'à la crête d'une moraine. Près du bout de la moraine, descendez légèrement sur la droite, puis grimpez les ravines escarpées d'éboulis. Au sommet, tournez vers la gauche et suivez les cairns jusqu'au glacier et au **Campamento Rocas** (5 200 m), qui comprend une hutte dortoir et des emplacements secs où camper. La plupart des ascensions organisées font halte à cet endroit pour la nuit avant de partir à l'assaut du sommet vers 2h. D'autres grimpeurs préfèrent continuer jusqu'au Campo Argentino.

Le glacier est crevassé, surtout après juillet, aussi faut-il s'encorder pour le traverser. Escaladez les premiers contreforts, puis suivez une longue traversée qui monte progressivement sur la droite, avant de virer à gauche pour grimper jusqu'à un replat entre 5 500 m et 5 700 m, le **Campo Argentino**. Comptez environ 4 heures pour parvenir à cet endroit. Campez à droite du sentier, mais sachez que plus loin sur la droite la zone est fortement crevassée, surtout en fin de saison.

Le lendemain matin, levez le camp entre 4h et 6h. Suivez le sentier/tranchée qui part du Campo Argentino et grimpez sur la droite jusqu'à une crête. Tournez à gauche et traversez un terrain plat pour atteindre la **crête du Polonais** (en souvenir d'un Polonais qui périt à cet endroit en 1994), escarpée et exposée. Vous traversez ensuite une série de collines glaciaires et de crevasses pour arriver en dessous du sommet. Vous pouvez alors grimper directement la paroi ou contourner la base et rejoindre la crête qui monte par la gauche. Cette dernière offre une vue époustouflante sur la face ouest, un à-pic de 1 000 m. L'un ou l'autre itinéraire mène au sommet en 5 à 7 heures depuis le Campo Argentino.

La descente jusqu'au Campo Argentino se fait en 2 heures, puis il faut compter 3 heures pour retourner au *refugio* de Paso Zongo.

ILLIMANI

L'Illimani, ce géant de 6 439 m qui surplombe La Paz, a été vaincu pour la première fois par une expédition conduite par W. M. Conway, l'un des premiers alpinistes du XIXe siècle. Si l'ascension ne pose pas de véritable difficulté technique, l'altitude et la glace sont à prendre sérieusement en considération. Un équipement adapté est indispensable au-dessus de la limite des neiges éternelles ; soyez plus particulièrement prudent sur le tronçon exposé juste au-dessus du Nido de Cóndores, où plusieurs alpinistes ont perdu la vie.

Accès

Pour accéder au premier camp de l'Illimani, **Puente Roto**, le mieux consiste à passer par Estancia Una, un trajet de 3 heures en 4x4

de La Paz (environ 125 $US). De là, 3 ou 4 heures de marche mènent à Puente Roto. À **Estancia Una**, vous pouvez louer des mules qui transporteront votre équipement jusqu'à Puente Roto pour 5 $US. Vous trouverez des porteurs à Estancia Una ou à Pinaya (10 $US) pour porter vos sacs à dos de Puente Roto au camp d'altitude à Nido de Cóndores.

Un bus (1,25 $US) part tous les jours à 5h des alentours du Mercado Rodríguez à La Paz pour le village de **Quilihuaya**, d'où vous devrez monter 2 heures (400 m de dénivelé) pour rejoindre Estancia Una. Des bus retournent de Quilihuaya à La Paz plusieurs fois par semaine vers 8h30, mais mieux vaut prévoir des rations supplémentaires en cas de retard.

On peut aussi passer par Cohoni pour rejoindre le camp de base. Du coin de General Luis Lara et de la Calle Boquerón à La Paz, des bus et des *camiones* partent pour Cohoni (1,50 $US, 4 heures) en début d'après-midi du lundi au samedi. En sens inverse, ils quittent Cohoni vers 8h30 et le trajet peut durer entre 4 heures et la journée selon l'itinéraire.

Ascension

La voie habituelle jusqu'au Pico Sur, le plus haut des cinq sommets de l'Illimani, est directe mais très crevassée. Si vous n'avez pas l'expérience technique des glaciers, louez les services d'un guide professionnel.

La montée jusqu'au **Nido de Cóndores**, une plateforme rocheuse à côté du glacier, représente une grimpée fatigante de 4 à 6 heures le long d'une crête rocheuse. Il n'y a pas d'eau à Nido de Cóndores et vous devrez faire fondre de la neige ; prévoyez suffisamment de combustible.

Il faut partir de Nido de Cóndores vers 2h. Suivez le chemin qui grimpe dans la neige, se rétrécit et devient plus escarpé, puis s'aplanit avant de redevenir très raide. Il franchit ensuite une série de crevasses, puis s'élève sur la droite pour déboucher sur un replat. De là, visez la grande brèche sur la ligne d'horizon à gauche du sommet, en faisant attention les deux grandes crevasses, et traversez une section abrupte, glacée à partir de juillet. Après avoir franchi la brèche, tournez à droite et continuez à monter la crête qui mène au sommet. Les trois derniers mètres, verticaux, obligent à longer cette arête sur 400 m, à plus de 6 400 m d'altitude.

Prévoyez de 6 à 10 heures du Nido de Cóndores au sommet et 3 à 4 heures pour redescendre au camp.

Si possible, continuez jusqu'à Puente Roto le même jour. Si cette descente de 1 000 m peut sembler épuisante à la fin d'une longue journée, vous vous sentirez mieux le lendemain et récupérerez plus vite à une altitude moindre. Cela vous évitera également de faire fondre de la neige la seconde nuit.

Le quatrième jour, la marche de Puente Roto à Estancia Una se fait en 2 ou 3 heures.

MASSIF DE CONDORIRI

Ce massif regroupe 13 sommets de 5 100 m à 5 648 m. Le plus haut, la **Cabeza del Cóndor** (tête du condor), possède des crêtes jumelles, Las Alas (les ailes), de part et d'autre du sommet, et le pic ressemble à un condor qui prend son envol.

Sa difficile ascension emprunte une crête exposée et ne doit être entreprise que par des grimpeurs expérimentés. Plusieurs autres pics du massif de Condoriri, dont le superbe Pequeño Alpamayo, sont accessibles aux débutants accompagnés d'un guide compétent.

Accès

De La Paz, aucun transport public ne dessert Condoriri. Le trajet en 4x4 jusqu'au point de départ de l'ascension, au barrage de **Laguna Tuni**, revient à 55 $US. À défaut, vous pouvez marcher de Milluni au barrage de Laguna Yuni, soit 24 km sur la route du Paso Zongo (voir *Huayna Potosí*, p. 159).

De Laguna Tuni, suivez la piste qui contourne le lac par le sud et longez une canalisation qui monte vers le nord. Une fois dans la vallée, vous apercevrez la Cabeza del Condor et Las Alas.

Après le barrage, une grille ferme la route à la circulation. Certains chauffeurs savent comment la contourner. Si vous souhaitez louer des animaux de bât, vous devrez le faire avant le barrage ; comptez 7 $US par jour pour une mule, un peu moins pour un lama. Vous devrez peut-être vous enregistrer dans le Parque Nacional Condoriri.

Ascension

Au bout de la route, suivez les sentiers qui grimpent le versant droit de la vallée jusqu'à un grand lac. Marchez le long de la rive droite du lac jusqu'au **camp de base**, à 3 heures de Laguna Tuni.

Quittez le camp vers 8h et suivez le chemin qui monte le versant nord de la vallée à travers des rochers, puis la pente d'une moraine. Obliquez

à gauche au sommet et descendez légèrement jusqu'à la partie plate du glacier, au-dessus d'une section très crevassée. Comptez 1 heure 30 de marche depuis le camp de base.

À partir de là, il faut s'encorder et mettre des crampons. Traversez le glacier sur la gauche avant de grimper jusqu'au col (le point le plus bas de la crête), en prenant soin d'éviter les crevasses. Escaladez sur la droite le sommet rocheux dénommé **Tarija** – qui offre une vue impressionnante sur le Pequeño Alpamayo – avant de descendre une pente d'éboulis et de rochers pour atteindre un glacier de l'autre côté. De là, vous pouvez gravir directement la crête jusqu'au sommet ou suivre une traversée qui monte sur la gauche avant de reprendre à droite et de grimper au sommet. L'arête sommitale est très exposée.

ANCOHUMA

À la lisière nord de la Cordillera Real, l'Ancohuma est le point culminant du massif de Sorata. Escaladé pour la première fois en 1919, son ascension reste difficile.

Pendant longtemps, diverses sources ont estimé la hauteur de l'Ancohuma à quelque 7 000 m, en faisant un sommet plus élevé que l'Aconcagua, en Argentine. En 2002, un étudiant américain l'a escaladé avec un GPS et déterminé sa hauteur précise à 6 425 m, soit quelques mètres de moins que le Sajama, le point culminant de Bolivie.

Accès

On accède à l'Ancohuma par Sorata (p. 149). Dans cette charmante bourgade, vous pouvez louer un 4x4 pour la longue traversée jusqu'à **Cocoyo**, où commence l'aventure. On peut aussi louer un 4x4 de La Paz à Cocoyo, une solution pratique mais coûteuse. Si vous êtes très chargé, louez des mules à Sorata pour transporter votre équipement jusqu'au camp de base, situé à 4 500 m dans le bassin lacustre à l'est des sommets. Comptez au moins 2 jours pour organiser le transport jusqu'aux lacs. Vous pouvez aussi gravir l'Ancohuma par l'ouest en utilisant la **Laguna Glacial** (p. 150) comme camp de base. Vous obtiendrez plus de renseignements et de conseils à Sorata.

Ascension

Des lacs, grimpez vers l'ouest jusqu'au glacier en suivant le fossé de drainage qui traverse une moraine instable. Campez sous la crête nord, l'itinéraire classique. Après un chemin sinueux qui traverse un champ de crevasses, une ou deux montées escarpées sur la glace conduisent à l'arête nord. Une marche assez facile, quoique exposée, le long de la crête qui mène au sommet.

Si vous choisissez l'itinéraire ouest, plus facile d'accès, marchez de Sorata au camp de base de la Laguna Glacial. De là, le chemin escalade une moraine, puis gravit le glacier, au-dessus de périlleux champs de crevasses, jusqu'à un bivouac à 5 800 m. Il grimpe ensuite vers la rimaye et franchit un plateau de glace assez plane jusqu'à la pyramide du sommet. Son ascension est plus facile par l'arête nord ; la première partie est assez abrupte et gelée, puis la grimpée devient plus aisée à l'approche du sommet.

CORDILLERA APOLOBAMBA

Le long de la frontière péruvienne, au nord du lac Titicaca, la lointaine Cordillera Apolobamba attire de plus en plus de randonneurs et d'alpinistes. Les grimpeurs découvriront des sommets séduisants, dont certains non conquis, et de nouvelles voies à découvrir. Le trek de Lagunillas à Agua Blanca, au cœur de sublimes paysages andins, est l'un des plus beaux du pays.

Si l'accès s'améliore, la région reste isolée et pauvre en infrastructures touristiques. Les services sont rares, les transports irréguliers et la population conserve un mode de vie très traditionnel. Seuls quelques habitants, surtout des hommes, possèdent des rudiments d'espagnol. Le respect des coutumes locales aidera à préserver l'authenticité de ces communautés quechua et aymará.

Chaque localité de la région organise sa fête annuelle, le plus souvent entre juin et septembre. L'une des plus intéressantes, la **Fiesta de La Virgen de las Nieves**, se déroule à Italaque, au nord-est d'Escoma, vers le 5 août et s'accompagne de danses andines traditionnelles.

CHARAZANI
Altitude 3 250 m

Centre administratif et commercial et carrefour des transports de la province de Bautista Saavedra, Charazani est de loin la plus grande ville de la région. De là,

on peut rejoindre à pied le début du trek Lagunillas-Agua Blanca. En ville, les services se sont multipliés ces dernières années et plusieurs ONG travaillent dans la région sur des projets de développement durable, tels l'énergie solaire, la production de textiles et la promotion du tourisme responsable. Charazani séduit par son ambiance détendue et les randonneurs fatigués apprécieront les sources thermales.

La ville organise deux **fiestas**, la plus importante le 16 juillet et une autre le 6 août. Un superbe **festival de danse d'enfants** se déroule vers le 16 novembre.

Renseignements
Vous trouverez des téléphones au bureau de **Transportes Altiplano** (☎ 213-7439), sur la place, et à l'**alcaldía** (hôtel de ville ; ☎ 213-7282), à un pâté de maisons en contrebas de la place. La **station-service** (une *tienda* en face de l'église, qui vend du carburant stocké dans des bidons) change les dollars en espèces à un taux correct. La **bibliothèque Nawiriywasi**, aux heures d'ouverture fantaisistes, renferme des ouvrages sur la culture Kallahuaya et les plantes médicinales, des cartes et des informations sur les randonnées, les treks et les escalades. Le marché se tient le dimanche.

À voir et à faire
En longeant la rivière en amont, à 10 minutes de marche de la ville, on arrive aux **Termas de Charazani Phutina** (0,60 $US ; ☺ 7h-21h, fermé lun jusqu'à 14h pour nettoyage), un complexe thermal où l'on peut se baigner et profiter d'une douche chaude. D'autres **thermes naturels**, avec une chute d'eau chaude, se situent sur la route d'Apolo, le long du Río Kamata, à 2 heures de marche en descendant la vallée depuis Charazani. L'endroit est charmant.

Village kallahuaya traditionnel à 1 heure 30 de marche de Charazani, **Chari** est un bel ensemble de terrasses, de fleurs et de jardins potagers. Un anthropologue allemand a lancé le projet Tuwans, qui permet de commercialiser les tissages locaux, teints à la main. Le village abrite également un **musée de la Culture kallahuaya**, un bâtiment en pierre et chaume qui présente des expositions sur les plantes médicinales et l'artisanat du textile. À 1 heure de marche du village, quelques **ruines préincas** méritent le coup d'œil. Traversez la localité et tournez à

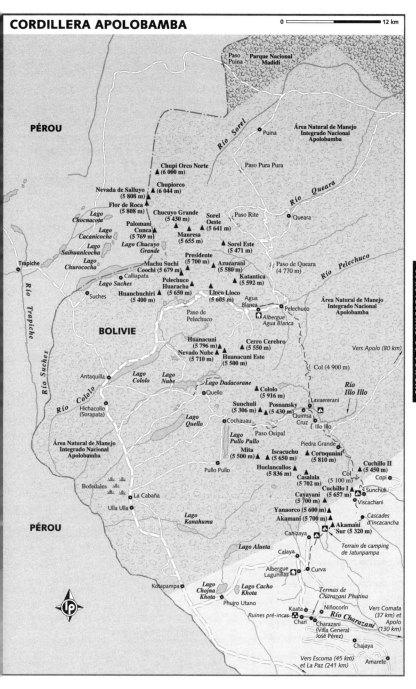

CORDILLERA APOLOBAMBA

0 _____ 12 km

Paso Puina
Parque Nacional Madidí

PÉROU

Área Natural de Manejo
Integrado Nacional
Apolobamba

Río Sorel

Puina

Paso Pura Pura

Chupi Orco Norte
▲ (6 000 m)

Río Queara

Chupiorco
▲ (6 044 m)

Nevada de Salluyo
(5 808 m) ▲

Flor de Roca
(5 808 m) ▲

Lago
Chocnacota

Chucuyo Grande
(5 430 m)

Sorel
Oeste
(5 641 m)

Paso Rite

Queara

Lago
Cacanicoche

Palomani
Cunca ▲
(5 769 m)

Manresa
(5 655 m)

Lago
Saihuanlcocha

Lago Chucuyo
Grande

▲ Sorel Este
(5 471 m)

Lago
Churococha

Presidente
▲ (5 700 m)

Río Pelechuco

Trapiche

Machu Suchi
Coochi (5 679 m) ▲

▲ Azucarani
(5 580 m)

Calliapata

Paso de Queara
(4 770 m)

Lago Suches

Pelechuco
Huaracha ▲
(5 650 m)

Katantica
▲ (5 592 m)

Suches

Huanchuchiri ▲
(5 400 m)

Lloco Lloco
(5 605 m)

Agua
Blanca

Río
Trapiche

Pelechuco

Área Natural de Manejo
Integrado Nacional
Apolobamba

BOLIVIE

Paso de
Pelechuco

Albergue
Agua Blanca

Huanacuni
(5 796 m) ▲

Cerro Cerebro
▲ (5 550 m)

Nevado Nube ▲
(5 710 m)

Huanacuni Este
▲ (5 500 m)

Vers Apolo (80 km)

Río
Suches

Antaquilla

Lago
Cololo

Lago
Nube

Lago Dadacorane

▲ Cololo
(5 916 m)

Col (4 900 m)

Río
Illo Illo

Quello

Sunchuli
(5 306 m) ▲

Posnansky
▲ (5 430 m)

Lavaererani

Río
Cololo

Hichacollo
(Sorapata)

Cochauau

Quimsa
Cruz

Illo Illo

Lago
Quello

Paso Osipal

Piedra Grande

Área Natural de Manejo
Integrado Nacional
Apolobamba

Lago
Pullo Pullo

Mita
(5 500 m) ▲

Iscacuchu
▲ (5 650 m)

▲ Coruqunini
(5 810 m)

Cuchillo II
▲ (5 450 m)

Pullo Pullo

Huelancallos
(5 836 m) ▲

Casalala
(5 702 m) ▲

Col
(5 100 m)

Copi

Bofedales

Cuchillo I ▲
(5 657 m)

Sunchuli

La Cabaña

Cayayani
(5 700 m) ▲

Viscachani

Ulla Ulla

Yanaorco (5 600 m) ▲

Cascades
d'Incacancha

Akamani (5 700 m) ▲

PÉROU

Lago
Kanahuma

Canizaya

▲ Akamani
Sur (5 320 m)

Lago Alueta

Calaya

Terrain de camping
de Jatunpampa

Kotapampa

Lago
Chojna
Khota

Lago Cacho
Khota

Albergue
Lagunillas

Curva

Termas de
Charazani Phutina

Phujro Utano

Kaata

Niñocorin

Vers Comata
(37 km) et
Apolo
(130 km)

Ruines pré-incas

Río Charazani

Chari

Charazani
(Villa General
José Pérez)

Chajaya

Vers Escoma (45 km)
et La Paz (241 km)

Amarete

CORDILLERAS ET YUNGAS

gauche à l'énorme rocher qui forme une petite grotte. Suivez ce chemin jusqu'au cimetière, continuez sur la gauche jusqu'à la crête, puis montez 200 m jusqu'aux ruines. Pour éviter tout malentendu, prévenez au village avant de partir.

Où se loger et se restaurer

Trois des cinq hébergements disponibles offrent un confort correct.

Hotel Akhamani (ch 1,25 $US/pers, app 5 $US). À un pâté de maisons en contrebas de la place, l'Akhamani propose les meilleures prestations et le plus grand choix, dont un mini-appartement de 4 lits avec sdb et kitchenette.

Hotel Charazani (ch 1,25 $US/pers). Près de la place, à droite sur la route de Curva, il compte 2 chambres assez sommaires, mais jouit d'une vue somptueuse sur la vallée. Sur place, vous vous régalerez de la délicieuse cuisine bolivienne mitonnée par la *dueña* (propriétaire), Doña Sofia.

Residencial Inti Wasi (ch 2,65 $US/pers). Non loin, cet établissement aménagé autour d'une cour pavée traditionnelle bénéficie d'une ambiance plaisante.

Autour de la place, plusieurs *pensiones* servent des menus composés d'une soupe, d'un plat et d'un café au goût rappelant souvent l'eau des *chuños* (pommes de terres lyophilisées) à moins de 1 $US. Forte femme, Doña Sofia, à l'Horel Charazani, sert l'*almuerzo* à 12h30 tapantes et la *cena* (dîner) à 18h ou 19h ; réservez à l'avance, arrivez à l'heure, restez humble et terminez votre assiette ! Le soir, votre odorat vous conduira au Tu Esnack Kiosko, près de la place, qui propose du *pollo al broaster* (poulet à la broche).

Vous trouverez des produits de base (blé, flocons d'avoine, poisson en conserve, pâtes, riz, pain et quelques fruits et légumes talés) dans les *tiendas* autour de la place. Si vous partez en trek, mieux vaut acheter des provisions à La Paz.

Depuis/vers Charazani

De La Paz (3,25 $US, 6-8 heures), les bus **Trans Norte** (☎ à La Paz 2-238-2239) et **Trans Altiplano** (☎ à La Paz 2-238-0859), compagnie plus fiable, partent tous les jours à 6h30 de la Calle Reyes Cardona, la quatrième rue en montant l'Avenida Kollasuyo du cimetière proche de Cancha Tejar. En sens inverse, les bus quittent Charazani tous les jours à 18h. Achetez votre billet à l'avance.

De Charazani, une piste de 4x4 descend jusqu'à Apolo, un village des Yungas à la lisière du bassin amazonien où vous pourrez passer la nuit au monastère. Pendant la saison sèche, des *camiones* l'empruntent fréquemment. Durant la saison des pluies, mieux vaut la parcourir à pied ou à VTT en raison des risques de glissement de terrain et des périlleuses traversées de cours d'eau.

ÁREA NATURAL DE MANEJO INTEGRADO NACIONAL (ANMIN) APOLOBAMBA

À la fin des années 1990, la Reserva Nacional de Fauna Ulla Ulla a été rebaptisée Área Natural de Manejo Integrado Nacional (Anmin) Apolobamba et agrandie de 300 000 à 484 000 ha. Elle englobe désormais la totalité de la Cordillera Apolobamba et la majeure partie du célèbre **trek de Lagunillas à Agua Blanca** (voir ci-contre), le long des versants est de la cordillère. À l'extrême nord, elle jouxte le Parque Nacional Madidi pour former l'une des plus grandes zones protégées de l'hémisphère ouest.

Le parc d'origine, une réserve de vigognes aux limites mal définies le long de la frontière péruvienne, fut créé en 1972, puis promu au rang de réserve de la biosphère et de l'humanité par l'Unesco en 1977. Au cours de la même année, l'Instituto Nacional de Fomento Lanero (Infol) fut fondé pour représenter les producteurs de laine et chargé de protéger la réserve de camélidés et d'empêcher la dégradation de leur habitat. Devenu par la suite l'Instituto Boliviano de Tecnología Agropecuaria (IBTA), il se préoccupe essentiellement de développement agricole et de services sociaux.

Le parc abrite aujourd'hui plusieurs milliers de vigognes et d'alpagas, ainsi que la plus importante population de condors du pays. Outre des itinéraires de randonnée les plus courus, vous pourrez effectuer des treks plus sauvages autour des Lagos Cololo, Nube, Quello, Kanahuma et Pullopullo, tous entourés de sommets enneigés et peuplés de nombreux oiseaux aquatiques, dont des ibis noirs, des flamants roses et diverses espèces d'oies sauvages.

Renseignements

Une équipe de gardes sillonne le parc entre plusieurs **casas de guardaparques**, éloignées et reliées entre elles par radio, mais

LES KALLAHUAYA

Provenant de six villages autour de Curva dans la région d'Apolobamba, les Kallahuaya sont une ethnie de guérisseurs qui se transmettent leurs traditions de génération en génération, habituellement de père en fils. Toutefois, des maîtres renommés forment parfois des aspirants guérisseurs. Près du quart de ces villageois pratiquent la médecine traditionnelle. Dans les Andes, un nombre bien plus important d'usurpateurs tentent de se faire passer pour d'authentiques Kallahuaya.

Les origines et l'ancienneté de la tradition kallahuaya restent inconnues ; certains Kallahuaya prétendent descendre du peuple de Tiahuanaco, aujourd'hui disparu. Le dialecte kallahuaya, utilisé uniquement dans la pratique des soins, dérive du quechua, la langue des Incas.

Les premiers Kallahuaya étaient renommés pour leurs pérégrinations et parcouraient le continent entier à la recherche de plantes médicinales. De nos jours, le plus compétent des praticiens connaît les propriétés et les vertus de 600 à 1 000 plantes et recourt également à la magie et aux incantations. Les Kallahuaya attribuent les maladies au déplacement ou au déséquilibre de l'*ajallu* (force vitale). Les incantations et les amulettes doivent l'inciter à retrouver son équilibre.

Les Kallahuaya se reconnaissent à l'*alforja* (sac à médecines) que portent les hommes. Les femmes ne sont pas guérisseuses, mais jouent un rôle important dans la collecte des herbes.

À Lagunillas, le Museo Interpretativo présente une petite exposition sur les Kallahuaya. Plusieurs anthropologues et médecins ont étudié la culture kallahuaya et consigné par écrit leurs recherches, dont l'Allemande Ina Rössing (*El mundo de las Kallahuaya*) et le Français Louis Girault (*Kallawaya, guérisseurs itinérants des Andes*, IRD/Orstom, 1984).

rarement habitées dans la journée. Pour tout renseignement préalable, contactez le **Sernap** (☎ 244-2870 ; 20 de Octubre 2782, La Paz). En cas d'urgence, envoyez un appel radio sur la fréquence 8335 USB.

Le village de **Curva** (3 780 m) compte quelques échoppes de base. Non loin, à Lagunillas, le **Museo Interpretativo** fournit des renseignements limités sur la région et présente une exposition sur les traditions kallahuaya. Dans le cadre du même projet, Agua Blanca, près de Pelechuco, possède un petit **musée** et un **atelier de tissage**. La grande fête de Curva, haute en couleur, a lieu le 29 juin.

Où se loger et se restaurer

Si vous n'avez pas de matériel de camping, vous pourrez habituellement loger chez l'habitant pour quelque 2 $US par personne ; renseignez-vous sur place. Ulla Ulla abrite la plus grande *tienda*. À **La Cabaña**, à 5 km d'Ulla Ulla, l'IBTA possède un petit hôtel ; mieux vaut réserver auprès du Sernap à La Paz.

À Lagunillas et Agua Blanca, deux **albergues** (☎ 241-3432 ; 2,50 $US/pers) associés constituent les meilleurs hébergements de la région. Ils offrent des lits en dortoir, des douches chaudes, une cuisine commune et un âtre, ainsi que de simples repas à 2,50 $US. Réservez à l'avance ou, sur place, partez en quête du gardien des clés.

Des **postes de rangers** sont installés à Antaquilla, Charazani, Curva, Kotapampa, Pelechuco, Pullo Pullo, Suches et Hichacollo. Les trois derniers ont été conçus par un architecte de La Paz et associent murs en adobe, toits de chaume et panneaux solaires, combinaison réussie des styles moderne et traditionnel.

Les randonneurs peuvent camper dans chacun de ces sites, voire loger dans les postes s'il y a de la place et s'ils parviennent à se faire comprendre.

TREK DE LAGUNILLAS A AGUA BLANCA (DE CURVA À PELECHUCO)

Ce trek fabuleux de 4 à 5 jours (115 km) traverse des paysages splendides et quasi inhabités. L'itinéraire, en majeure partie au-dessus de 4 000 m, inclut cinq cols élevés. Vous verrez immanquablement des lamas et des alpagas, ainsi qu'une faune andine plus rare, comme les viscaches, les vigognes et les condors, voire un ours à lunettes.

Le trek peut s'effectuer dans les deux sens, avec des transports relativement fiables, bien que limités, vers La Paz aux deux extrémités. La plupart des randonneurs optent pour le sens sud-nord, mais partir d'Agua Blanca ajoute une journée de descente et réserve un final grandiose aux sources thermales de Charazani.

Vous pouvez louer des animaux de bât et les services d'un guide aux deux extrémités. Comptez de 3 à 4 $US par jour pour des lamas, de 5 à 7 $US pour des mules et de 5 à 7 $US pour des guides/muletiers. Les randonneurs doivent souvent porter leur nourriture et leur réchaud et prévoir les repas des guides, des porteurs et des muletiers. Si possible, achetez le ravitaillement à La Paz, Curva et Pelechuco n'offrant que des produits de base à prix exagérés.

Accès

Aucune carte détaillée ne décrit ce territoire frontalier. **Trans Altiplano** (carte p. 66 ; ☎ à La Paz 2-238-0859) propose 4 bus par semaine de La Paz à Lagunillas. Ils partent de Reyes Cardona, dans le quartier du cimetière, à 6h30 les mardi, mercredi, vendredi et samedi (3 $US, 8 heures) et reviennent à 16h les mercredi, jeudi, samedi et dimanche. **Trans Norte** (☎ La Paz 2-238-2239) dessert Agua Blanca et Pelechuco au départ d'El Alto (de l'ex-*tranco* Río Seco) les mercredi, jeudi et dimanche à 7h (3,15 $US, 12 heures). Selon l'humeur du chauffeur, le bus s'arrête parfois en chemin au marché de Huancasaya, à la frontière péruvienne, avant de poursuivre vers Ulla Ulla, Agua Blanca et Pelechuco. Au retour, il part à des heures différentes : 24h le lundi, 3h le vendredi et 8h le samedi. Vérifiez les horaires à La Paz car ils changent fréquemment. Reportez-vous p. 164 pour la desserte de Charazani.

Plus coûteuse, mais beaucoup plus pratique et confortable, la location d'un 4x4 avec chauffeur permet en outre de voyager de jour et d'apprécier le paysage exceptionnel. Comptez 250 $US de La Paz à Lagunillas (7 heures) ou de 250 à 300 $US jusqu'à Agua Blanca (10 heures). Vous pouvez aussi choisir un tour-opérateur spécialisé (voir p. 385), qui s'occupera de toute la logistique.

Itinéraire

L'itinéraire est décrit ici du sud au nord, de Lagunillas (ou Tilinhuaya) à Agua Blanca, le sens le plus couramment emprunté. Si vous partez de **Charazani**, vous pouvez suivre la longue route sinueuse durant 4 ou 5 heures ou prendre le raccourci de 3 heures 30 à 4 heures. Traversez la rivière à hauteur des thermes, grimpez sur l'autre berge et revenez sur la route. Après 1 heure, vous devriez longer un chemin qui grimpe vers une église jaune et blanche sur la gauche.

Après l'église, descendez l'autre versant de la montagne jusqu'à proximité du village de **Niñocorín**. Vous apercevrez bientôt un sentier évident sur la gauche, que vous emprunterez. Il traverse des champs avant de descendre pour franchir une rivière, puis entame la montée escarpée vers **Curva**.

La majorité des randonneurs partent de **Lagunillas**, avec son joli lac peuplé d'oiseaux aquatiques. Sur place, l'*albergue* (voir *Où se loger* p. 165) peut vous procurer guides et animaux de bât. De là, une courte marche mène au village de **Curva**, centre de la communauté kallahuaya. De Curva, dirigez-vous vers la croix qui domine le village au nord et contournez le versant droit de la colline. À 1 heure de Curva, vous traverserez un ruisseau. Continuez à monter, le long de la rive droite. Au niveau d'un lopin de terre cultivé, à environ 200 m avant la vallée qui prolonge le flanc droit du sommet enneigé, franchissez le ruisseau pour rejoindre un chemin bien tracé partant sur la gauche. En le continuant, vous arriverez à un excellent site de camping plat au bord d'un cours d'eau. Vous pouvez aussi poursuivre sur ce chemin pendant 1 heure 30 jusqu'à l'excellent terrain de camping de **Jatunpampa** (4 200 m).

De Jatunpampa, remontez la vallée et traversez un petit replat jusqu'à un **col à 4 700 m**, signalé par un cairn, que vous atteindrez en 2 heures. Il offre une vue fabuleuse sur l'Akamani et le nord-ouest. Après 1 ou 2 heures de marche, vous déboucherez sur une aire de camping (4 100 m), près de la cascade d'**Incacancha** (ou Incachani).

La grimpée du matin suivante est moins intimidante qu'il n'y paraît. Franchissez le pont sous la cascade d'Incacancha et montez les lacets dans le ravin d'éboulis. En chemin, admirez ae loin l'Ancohuma et l'Illampu. Après 2 heures d'effort, vous atteindrez un **col à 4 800 m**.

Du col, montez doucement vers la gauche jusqu'à la corniche, qui offre une vue magnifique sur la Cordillera Real au sud et le Cuchillo II au nord. À cet endroit, le sentier descend et passe par un petit lac avant d'arriver à un lac plus grand avec une belle vue sur l'Akamani.

Grimpez jusqu'à la prochaine crête, puis descendez en 1 heure jusqu'au petit village minier de **Viscachani**, où vous croiserez la piste de 4x4 qui mène à Illo Illo (ou Hilo Hilo). Une heure de montée sur cette piste conduit à un

col à 4 900 m, avec des vues splendides sur la Cordillera Real au sud et la vallée de Sunchuli au nord et à l'ouest.

Au col, la route plonge dans la vallée. Lorsqu'elle tourne à droite, repérez le sentier qui part sur la gauche. Il passe au-dessus de la **mine d'or de Sunchuli**. De Sunchuli, suivez la courbe qui passe au-dessus de l'aqueduc pendant 1 heure environ, jusqu'à ce que vous aperceviez un site de camping idyllique (4 600 m) sous le Cuchillo I.

Le quatrième jour est certainement le plus passionnant, car il passe par des chemins utilisés depuis des siècles par des mineurs et des *campesinos*. Du camping, le chemin grimpe en lacets pendant 2 heures jusqu'à un **col à 5 100 m**. Poussez jusqu'à un cairn au-dessus de la piste pour une vue magnifique sur le **Cololo** (5 916 m), le point culminant du sud de la Cordillera Apolobamba.

Descendez la piste pendant quelques minutes, puis prenez à droite un sentier abrupt et bien tracé qui franchit un ruisseau en face du lac glaciaire, en contrebas du Cuchillo II, puis descend au fond de la vallée. Si vous suivez la vallée, vous rejoindrez la route, à quelques minutes de **Piedra Grande**, un pittoresque village aux maisons de pierre et de chaume, à 3 heures du col.

Restez sur cette route pendant 1 heure environ, puis longez le chemin précolombien qui descend sur votre droite. Après un pont, empruntez le chemin bien visible sur la droite qui grimpe jusqu'au village d'**Illo Illo** en 1 heure. Des échoppes vendent des provisions de base, parfois de la bière et des piles.

En quittant Illo Illo, ne vous engagez pas sur le sentier de gauche qui part vers Ulla Ulla, à l'ouest. Sortez du village au-dessus de la nouvelle école, entre les toilettes publiques et le cimetière. De là, traversez les pâturages à lamas jusqu'à ce que vous retrouviez le chemin. Après la traversée d'un pont, à 1 heure d'Illo Illo, vous commencerez à monter une vallée dominée par un pic rocheux acéré. Si le rocher n'est pas visible en raison de la météo, repérez le groupe de petites maisons sur la gauche et bifurquez à cet endroit. Vous arriverez alors dans un endroit idéal pour bivouaquer, à un tournant de la vallée parmi de gros éboulis rocheux.

Du bivouac, remontez la vallée pendant 1 heure 30 jusqu'à un pont sur le cours d'eau. À cet endroit, le chemin grimpe vers le **dernier col (4 900 m)**, que vous devriez atteindre en 1 heure 30. Après le col, il redescend jusqu'à un

lac, traverse des pâturages de camélidés et suit quelques tronçons précolombiens pavés. En moins de 2 heures, vous arriverez à **Pelechuco**, un charmant village colonial fondé par des jésuites en 1560. Il compte un bureau **Entel** (☎ 213-7283) et quelques *alojamientos* sans prétention.

En continuant à marcher pendant 30 minutes, vous arriverez, après deux étonnants sites précolombiens, au village minier d'**Agua Blanca** et à son accueillant *albergue* (voir *Où se loger* p. 165).

CORDILLERA QUIMSA CRUZ

Bien que proche de La Paz, la Cordillera Quimsa Cruz reste une chaîne sauvage, largement méconnue, de pics de plus de 5 000 m, dont certains n'ont été conquis que ces dernières années. Le magazine d'escalade basque *Pyrenaica* l'a même surnommée le "Karakoram d'Amérique du Sud". En 1999, près du sommet du Santa Veracruz, l'Espagnol Javier Sánchez a découvert les vestiges d'un site funéraire vieux de 800 ans contenant divers objets et tissages.

La chaîne de Quimsa Cruz n'est pas très grande – 50 km d'un bout à l'autre – et ses sommets sont moins élevés que ceux des autres cordillères boliviennes. Le plus haut, le Jacha Cuno Collo, culmine à 5 800 m et les autres pics glaciaires s'échelonnent de 4 500 m à 5 300 m. Cimes de granit, glaciers et campings en bord de lac font de la Quimsa Cruz une expérience andine inoubliable, loin des sentiers battus. Elle s'étend au sud-est de l'Illimani, séparée de la Cordillera Real par le Río La Paz, et constitue sur le plan géologique le prolongement méridional de cette dernière.

La cordillère de Quimsa Cruz se trouve à la lisière nord de la ceinture d'étain, où les gisements sont exploités depuis la fin du XIXe siècle. Supplanté par le plastique et l'aluminium, l'étain a vu son cours s'effondrer et l'exploitation du minerai dans des sites aussi éloignés n'est plus rentable. Les quelques mineurs qui persistent sont organisés en coopératives ou gardent les installations que les compagnies minières ne souhaitent pas abandonner. Les principales zones minières de la région – toutes les vallées du versant ouest de la Quimsa Cruz – sont toujours peuplées.

À FAIRE

La Quimsa Cruz offre certaines des ascensions les plus exaltantes du pays et, dans toutes les vallées, les routes minières donnent accès aux imposants pics glaciaires. Bien que tous les *nevados* de la Quimsa Cruz aient été escaladés, de nombreuses voies restent à découvrir et les alpinistes croiseront rarement d'autres expéditions. Si vous manquez d'expérience, mieux vaut louer les services d'un guide auprès d'une agence de La Paz et vous assurer qu'il connaît vraiment la région et le sommet convoité.

La cordillère, détaillée sur des cartes IGM, se prête également au trekking. Le principal itinéraire est le **trek de Mina Viloco à Mina Caracoles**, qui traverse le massif d'ouest en est en 2 ou 3 jours. Le long de ce trek, on peut voir le site d'un crash aérien survenu en 1971 ; à l'arrivée des secours, 2 jours plus tard, les mineurs avaient déjà récupéré toutes les pièces ! Mina Viloco, à 70 km au sud-est de La Paz, se situe près d'une mine d'étain autrefois importante. À 13 km au nord-ouest de Quime, Mina Caracoles est exploitée par des coopératives.

Vous pourrez vous ravitailler à Mina Viloco et à Quimé, mais mieux vaut apporter tout le nécessaire de La Paz.

DEPUIS/VERS LA CORDILLERA QUIMSA CRUZ

L'accès routier est relativement facile à cause des nombreuses mines de la région et on peut se rendre en voiture jusqu'à 30 minutes de marche de certains glaciers. D'autres se situent à 4 heures de marche de la route la plus proche. Des bus **Flota Trans-Inquisivi** partent tous les jours de la gare routière principale de La Paz pour le versant est de la cordillère (à destination de Quimé, Inquisivi, Cajuata, Circuato, Suri, Mina Caracoles et, moins souvent, Yacopampa et Frutillani). Vous pouvez aussi prendre un bus pour Oruro et descendre 70 km avant Oruro, à la *tranca* de Khonani où s'embranche la route de Quimsa Cruz ; il suffit alors d'attendre un camion ou un bus allant vers la cordillère.

Un service de bus dessert les localités et les mines du versant ouest de la chaîne. Des bus rallient Viloco, Araca ou Cairoma presque tous les jours de la semaine, le plus difficile étant de trouver le bureau à El Alto, car il semble déménager régulièrement ; renseignez-vous sur place.

Si votre budget le permet, louez un 4x4 avec chauffeur pour ce trajet de 5 à 7 heures (de 150 à 250 $US). Toutes les agences de trekking et d'escalade peuvent organiser ce circuit.

Sud de l'Altiplano

Les paysages austères du sud de l'Altiplano séduiront ceux qui apprécient les lieux solitaires et désolés. S'étendant vers le sud, cette région englobe de majestueux pics volcaniques, de vastes étendues à la végétation rase, des lacs aux couleurs surprenantes piquetés de flamants roses et de féeriques déserts de sels d'une blancheur immaculée, quasiment dépourvus de vie.

Les vibrations des brumes de chaleur, les étranges formations rocheuses, les fumerolles et les bouillonnements dus à l'activité géothermique renforcent encore le sentiment d'irréalité qui se dégage de ces paysages. La nuit, l'incroyable beauté du ciel étoilé aide à supporter le froid glacial. Dès que le soleil disparaît, les vents récurrents combinés à l'altitude et à l'absence d'abri ou de végétation peuvent en effet faire sérieusement chuter le thermomètre, faisant du voyage une épreuve d'endurance, d'autant que les hébergements sont rarement chauffés.

L'économie de la région repose traditionnellement sur l'exploitation minière, l'agriculture et l'élevage des lamas. Cité minière par excellence, Oruro est habitée par des gens durs au travail, directs et honnêtes. Bien qu'elle mérite la visite, de nombreux voyageurs se contentent de la traverser pour rejoindre Uyuni et les fantastiques paysages du Sud-Ouest. C'est le domaine des 4x4, que l'on emprunte pour un périple de plusieurs jours dans un territoire accidenté et inoubliable.

Au sud-est d'Uyuni, Tupiza se niche au cœur d'un paysage déchiqueté et érodé, parsemé de cactus, qui évoque les westerns de Sergio Leone. L'endroit est idéal pour grimper en selle et se remémorer Butch Cassidy et le Kid, qui reposent non loin, dans le village isolé de San Vicente.

À NE PAS MANQUER

- Les paysage incroyables de **Los Lípez** (p. 197), à la pointe sud-ouest du pays
- Le **Parque Nacional Sajama** (p. 181) et son majestueux volcan coiffé de neige, point culminant de la Bolivie
- La blancheur éblouissante de l'immensité salée du **Salar de Uyuni** (p. 193)
- Les fabuleux costumes du trépidant **carnaval** (p. 175) d'Oruro
- Une randonnée à cheval dans les étroits canyons et les paysages de western aux alentours de **Tupiza** (p. 200)

| INDICATIF TÉLÉPHONIQUE : 2 | POPULATION : 623 800 habitants | ALTITUDE : 3 500 à 6 542 m |

SUD DE L'ALTIPLANO

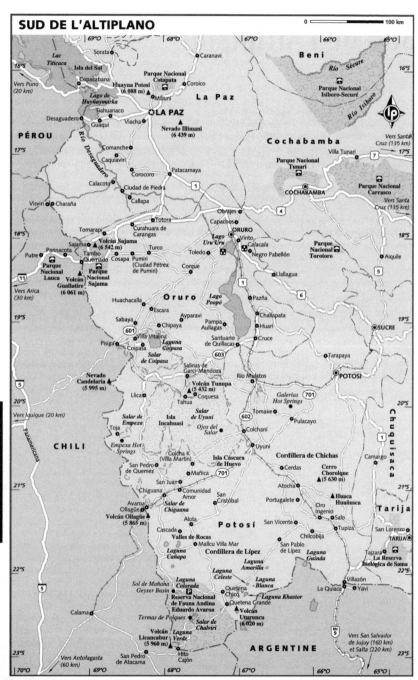

0 ⊏⊐ 100 km

Histoire

Pendant la préhistoire, les lacs Minchín et Tauca recouvraient autrefois la majeure partie de ce haut plateau ; ils se sont évaporés voici environ 10 000 ans, laissant la place à un paysage désolé de mares saumâtres et de déserts de sel. Les hommes n'ont pas laissé beaucoup de traces dans la région. Au cours du XVe siècle, l'empereur inca Pachacuti envoya son fils Tupac Yupanqui conquérir tous les territoires disponibles au sud. Yupanqui et son armée marchèrent à travers les déserts jusqu'à la rive nord du Río Maule, au Chili, où la résistance farouche des Araucan les incita à cesser leur avancée et à retourner à Cuzco.

Aujourd'hui, en dehors des principales villes, la population se regroupe essentiellement autour des campements miniers. Les mines ont eu une importance primordiale dans la majeure partie de la région et, depuis la fermeture de nombreuses grandes exploitations pendant la crise des mines boliviennes, les mineurs se sont regroupés en coopératives pour continuer à travailler.

Climat

La meilleure période s'étend d'août à octobre, après les grands froids de l'hiver et avant les pluies d'été. De mai à début juillet, les températures nocturnes et les vents violents peuvent faire chuter le thermomètre jusqu'à -40°C. Les étés sont plus chauds mais, malgré l'aridité de la région, les précipitations sont assez importantes de novembre à mars. Tout au long de l'année, vous devrez vous protéger du soleil, du vent et du froid.

Parcs nationaux

Le Parque Nacional Sajama (p. 181), le premier parc national du pays, jouxte le Parque Nacional Lauca (p. 184), au Chili, et préserve des pics majestueux, des plaines et les habitats d'une faune diversifiée. Le Sajama abrite la plus haute forêt du monde et certaines des sources thermales les plus élevées d'Amérique du Sud. Même si vous n'êtes pas un passionné de montagne, une trempette nocturne dans une source cristalline au pied du Volcán Sajama en compagnie de quelques camélidés justifie le trek. La Reserva Nacional de Fauna Andina Eduardo Avaroa (p. 193) constitue un point fort du circuit du Sud-Ouest et c'est l'entrée au Chili pour ceux qui font route vers San Pedro de Atacama.

Depuis/vers le sud de l'Altiplano

De La Paz, le sud de l'Altiplano est facilement accessible en bus, malgré de longs et cahoteux trajets dès que l'on quitte les nationales asphaltées. La route en provenance de Potosí et de Sucre, dans les hauts plateaux du Centre, est en piteux état. Par contre, une bonne route vient d'Arica au Chili, et traverse un beau paysage de montagne. Villazón permet de passer facilement la frontière avec l'Argentine.

Évitant d'épuisants trajets en bus, le train qui circule d'Oruro à Villazón fait halte à Uyuni et à Tupiza. Il est toujours question de liaisons aériennes vers Uyuni, mais les vents capricieux de l'Altiplano empêchent une desserte régulière.

ORURO

216 600 habitants / altitude 3 702 m

De loin la plus grande localité du sud de l'Altiplano, Oruro est une cité minière au climat rude et, à bien des égards, la plus bolivienne des neufs capitales provinciales du pays. Dans cette ville étonnante, 90% de la population est d'origine indienne pure. Les habitants se surnomment eux-mêmes *quirquinchos* (tatous), du nom de la carapace utilisée pour fabriquer leurs *charangos* (instruments à cordes traditionnels). Les *Orureños* sont des gens au caractère trempé, francs et travailleurs, endurcis par les années de déclin de l'exploitation minière et les rigueurs extrêmes du climat.

Oruro, dont le nom signifie "où le soleil est né", s'adosse à une chaîne de basses collines riches en minerais à l'extrémité nord des lacs salés Uru Uru et Poopó, reliés par une rivière au lac Titicaca. Souvent dédaignée par les voyageurs, la ville compte d'intéressants musées, de bons restaurants et de nombreux sites à visiter aux alentours. Très pittoresque sur le plan culturel, elle possède un riche patrimoine de danses et de musiques, particulièrement évident lors des festivités débridées du carnaval, célèbre dans toute l'Amérique du Sud pour ses costumes somptueux et ses traditions complexes.

Histoire

Fondée au début du XVIIe siècle, Oruro doit son existence à la chaîne de collines riches en minerais qui s'élève à 350 m derrière la ville et s'étend sur 10 km^2. Le cuivre, l'argent et l'étain qu'elle recèle forment toujours le fondement de l'économie locale.

ORURO

0 — 700 m

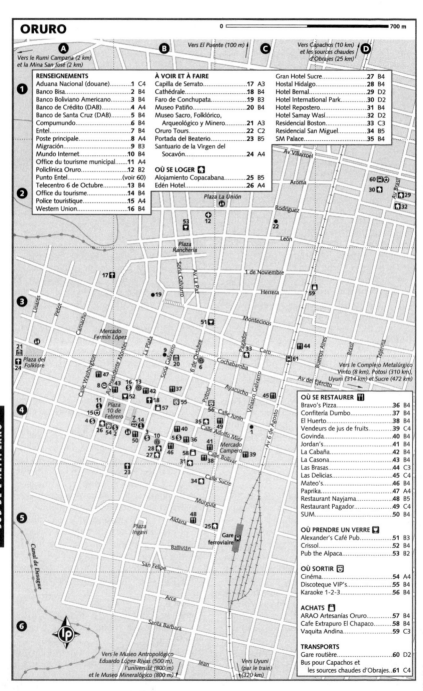

Vers le Rumi Campana (2 km)
et la Mina San José (2 km)

Vers El Puente (100 m)

Vers Capachos (10 km)
et les sources chaudes
d'Obrajes (25 km)

RENSEIGNEMENTS
Aduana Nacional (douane)............**1** C4
Banco Bisa.........................**2** B4
Banco Boliviano Americano.......**3** B4
Banco de Crédito (DAB)............**4** A4
Banco de Santa Cruz (DAB).......**5** B4
Compumundo....................**6** B4
Entel..............................**7** B4
Poste principale.................**8** A4
Migración.........................**9** B3
Mundo Internet..................**10** B4
Office du tourisme municipal....**11** A4
Policlinica Oruro................**12** B2
Punto Entel.....................(voir 60)
Telecentro 6 de Octubre........**13** B4
Office du tourisme...............**14** B4
Police touristique...............**15** A4
Western Union...................**16** B4

À VOIR ET À FAIRE
Capilla de Serrato.................**17** A3
Cathédrale.......................**18** B4
Faro de Conchupata..............**19** B3
Museo Patiño.....................**20** B4
Museo Sacro, Folklórico,
 Arqueológico y Minero.......**21** A3
Oruro Tours......................**22** C2
Portada del Beaterio..............**23** B5
Santuario de la Virgen del
 Socavón.......................**24** A4

OÙ SE LOGER 🏠
Alojamiento Copacabana.........**25** B5
Edén Hotel......................**26** A4

Gran Hotel Sucre.................**27** B4
Hostal Hidalgo...................**28** B4
Hotel Bernal.....................**29** D2
Hotel International Park..........**30** D2
Hotel Repostero..................**31** B4
Hotel Samay Wasi................**32** D2
Residencial Boston...............**33** C3
Residencial San Miguel..........**34** B5
SM Palace........................**35** B4

Av Villarroel

Aroma

60 🍴 🛒
30 🏠
🍴 **29**
32

Plaza La Unión

Rodríguez

53
12

22

León

Plaza
Ranchería

Sora Calvario

Av La Paz

1 de Noviembre

17

●**19**

Herrera

59

51

Montecinos

Linares

Petot

Camacho

Mercado
Fermín López

La Plata

Presidente Montes

Sora Calvario

9 de Octubre

Pagador

33 Caro

Cochabamba

44

61

Buenos Aires

Brasil

Tejerina

Vers le Complejo Metalúrgico
Vinto (8 km), Potosí (310 km),
Uyuni (314 km) et Sucre (472 km)

Av del Ejército

21
24

Plaza del
Folklore

8

43 16 13
52

47

9
20

6

Potosí

Ayacucho

Velasco Galvarro

45

Av 6 de Agosto

11
15
4
26 54 2

Plaza
10 de
Febrero

7 14

3 10
50

28
27

42

18
57

55

40
49

35

5 9 36

41
46 58
31

Mercado
Campero

38

39

56 Calle Junín

Calle Adolfo Mier

Calle Bolívar

23

34 Calle Sucre

Murguía

48

25

Aldana

OÙ SE RESTAURER 🍴
Bravo's Pizza....................**36** B4
Confitería Dumbo................**37** B4
El Huerto........................**38** B4
Vendeurs de jus de fruits.......**39** C4
Govinda.........................**40** B4
Jordan's.........................**41** B4
La Cabaña.......................**42** B4
La Casona.......................**43** B4
Las Brasas.......................**44** C3
Las Delicias......................**45** C4
Mateo's.........................**46** B4
Paprika..........................**47** A4
Restaurant Nayjama.............**48** B5
Restaurant Pagador.............**49** C4
SUM.............................**50** B4

OÙ PRENDRE UN VERRE 🍷
Alexander's Café Pub.............**51** B3
Crissol..........................**52** B4
Pub the Alpaca..................**53** B2

OÙ SORTIR 🎭
Cinéma..........................**54** A4
Discoteque VIP's.................**55** B4
Karaoke 1-2-3...................**56** B4

ACHATS 🛍
ARAO Artesanías Oruro..........**57** B4
Cafe Extrapuro El Chapaco......**58** B5
Vaquita Andina.................**59** C3

TRANSPORTS
Gare routière.....................**60** D2
Bus pour Capachos et
 les sources chaudes d'Obrajes...**61** C4

Plaza
Ingavi

Gare
ferroviaire

Ballivián

San Felipe

Arce

Santa Barbara

Canal de Desague

Vers le Museo Antropológico
Eduardo López Rivas (500 m),
l'université (800 m)
et le Museo Mineralógico (800 m)

Jean

Vers Uyuni
(par le train)
(320 km)

LP

Dans les années 1920, la florissante industrie minière de l'étain était aux mains de trois puissants magnats, dont Simon Patiño, un métis de la vallée de Cochabamba qui devint l'un des hommes les plus riches au monde. En 1897, Patiño acquit la mine de La Salvadora, une source d'étain inépuisable près du village d'Uncia, à l'est d'Oruro. La fortune de Patiño ne cessa de s'accroître et, en 1924, il contrôlait près de la moitié de la production d'étain du pays.

Fortune faite, Patiño émigra au Royaume-Uni, où il commença à acheter des participations dans les fonderies et les mines d'étain d'Europe et d'Amérique du Nord. Ainsi, la Bolivie exportait à la fois son métal précieux et ses bénéfices. La grogne publique se traduisit par une série de manifestations ouvrières et aboutit à la nationalisation des mines en 1952 et à la création de la Corporación Minera de Bolivia (Comibol), gérée par le gouvernement.

Des décennies d'impéritie gouvernementale, la corruption et la faiblesse du cours mondial de l'étain conduisirent à la *capitalización* ("fiscalisation", une variante de la privatisation) et à la dissolution de la Comibol au milieu des années 1980.

La plupart des mines de la région ont fermé, mais elles continuent d'être exploitées par des coopératives locales. Le gouvernement Morales cherche des investissements pour en rouvrir certaines, l'augmentation du prix des matières premières en garantissant la rentabilité. C'est aussi une démarche importante sur le plan symbolique, la richesse en minerais étant depuis longtemps un sujet de fierté nationale. Les *Orureños* sont également fiers que Morales soit originaire de leur province : il est né à Isallavi, une petit village aymará sur la rive ouest du lac Poopó, et a fait ses études secondaires à Oruro.

Renseignements

ACCÈS INTERNET

Un bâtiment sur deux semble abriter un cybercafé. Les prix s'échelonnent de 0,25 à 0,40 $US l'heure. La plupart des cybercafés offrent également des appels internationaux bon marché.

Compumundo (6 de Octubre). L'un des nombreux cybercafés de cette rue ; très fréquenté par les étudiants.

Mundo Internet (Bolívar 573). D'excellentes connexions.

Telecentro 6 de Octubre (angle Junín et La Plata).

ARGENT

Plusieurs banques, dotées de DAB, ainsi que les guichets de change des gares routière et ferroviaire changent plusieurs devises, dont des euros à un taux peu favorable. Western Union compte plusieurs agences, dont une à une centaine de mètres au nord de la place. Les banques ci-dessous changent les devises et les chèques de voyage (moyennant 4 à 6% de commission).

Banco Bisa (Plaza 10 de Febrero). Change les chèques de voyage Amex en bolivianos sans commission (ou en dollars US avec une commission de 6%).

Banco Boliviano Americano (angle Bolívar et S Galvarro).

Banco de Crédito (Plaza 10 de Febrero). Le DAB délivre des bolivianos ou des dollars US.

Banco de Santa Cruz (Bolívar 460).

CARTES

La meilleure carte de la ville est le *Plano Turístico* (0,65 $US), vendu avant et après le carnaval (jusqu'à épuisement des stocks). Le reste de l'année, les offices du tourisme proposent une carte gratuite correcte.

IMMIGRATION

Migración (☎ 527-0239 ; S Galvarro entre Ayacucho et Cochabamba ; ☉ 8h30-16h30 lun-ven). Pour les prorogations de visa (dernière porte à gauche).

LAVERIE

Gran Hotel Sucre (angle Sucre et 6 de Octubre). Comptez 1,90 $US pour une douzaine d'articles, lavés et séchés.

OFFICES DU TOURISME

L'excellente brochure *Oruro – Destino Turístico*, de Juan Carlos Vargas, est parfois en vente à l'office du tourisme.

Office du tourisme (Caseta de Información Turistica ; ☎ 525-7881 ; angle Bolívar et S Galvarro ; ☉ 8h-12h et 14h-18h lun-ven). Kiosque accueillant près d'Entel ; il ouvre aussi le week-end pendant deux semaines avant le carnaval.

Office du tourisme municipal (☎ 525-0144 ; Plaza 10 de Febrero). Peut être utile, mais n'est pas vraiment conçu pour les gens de passage. Dans la Galería Prefectural.

POSTE ET TÉLÉPHONE

La **poste principale** se situe juste au nord de la Plaza 10 de Febrero. Les colis doivent être d'abord inspectés par l'**Aduana Nacional** (Douane narionale ; Velasco Galvarro et Junín), installée sur le site de l'ancien fort. Le **bureau Entel** se tient à l'ouest du coin de Soña Galvarro et Bolívar. Outre de nombreux centres téléphoniques partout en ville, vous trouverez un Punto Entel et un guichet postal au rez-de-chaussée de la gare routière.

SERVICES MÉDICAUX

Policlínica Oruro (☎ 524-2871 ; Rodríguez). Meilleur établissement hospitalier d'Oruro, près de la Plaza La Unión.

URGENCES

Police touristique (☎ 525-1923 ; Plaza 10 de Febrero). Un autre bureau est installé dans la gare routière.

Désagréments et dangers

Soyez vigilant, en particulier aux abords des gares routière et ferroviaire. Des lecteurs se sont fait dérober leurs sacs à dos par des groupes de jeunes gens qui prétendaient les aider à acheter leurs billets ou à charger leurs bagages dans un bus. Le carnaval voit sévir d'habiles pickpockets, coupeurs de sacs et autres artistes du genre.

À voir

MUSÉES

Le **Museo Sacro, Folklórico, Arqueológico y Minero** (☎ 525-0616 ; Plaza del Folklore s/n ; les 2 musées 1,25 $US, app photo 0,40 $US ; 9h-13h et 15h-18h, dernière visite 17h30) est un excellent musée double, attenant au Santuario de la Virgen del Socavón. De l'église, on descend dans une ancienne galerie minière qui présente divers équipements et méthodes des époques coloniale et moderne. Elle contient deux représentations d'El Tío, l'esprit démoniaque du monde souterrain. Ensuite, on remonte dans l'autre partie du musée, qui renferme des objets très divers, des têtes en pierre de lama de la période Wankarani aux costumes de la *diablada* et à une intéressante vue en coupe de la colline montrant les nombreuses galeries minières. La visite se fait uniquement en compagnie de guides compétents, dont certains parlent anglais. Face au sanctuaire se dresse un monument aux mineurs de style socialiste-héroïque.

À la lisière sud de la ville, à côté du zoo, le **Museo Antropológico Eduardo López Rivas** (☎ 527-4020 ; España s/n ; 0,40 $US ; 8h-12h et 14h-18h) est un passionnant musée anthropologique et archéologique qui mérite le détour. Comme souvent, les collections sont hétéroclites, des mastodontes aux costumes de carnaval. Il possède plusieurs superbes têtes de lama taillées dans la pierre ; parmi les objets mis au jour dans une multitude de sites figurent diverses momies provenant des *chullpares* (tours funéraires) qui émaillent la région, ainsi que des crânes témoignant des effarantes déformations jadis pratiquées sur les enfants. Prenez n'importe quel *micro* (minibus) signalé "Sud" à l'angle nord-ouest de la Plaza 10 de Febrero ou en face de la gare ferroviaire, et descendez juste après l'ancienne fonderie d'étain.

Complexe culturel géré par l'université, le **Museo Patiño** (☎ 525-4015 ; S Galvarro 5755 ; 1 $US ; 9h-12h et 15h-18h lun-ven) est l'ancienne résidence du magnat de l'étain Simon Patiño. Les collections comprennent ses meubles, ses effets personnels et de jolis jouets. Remarquez le bel escalier Art nouveau. Des expositions temporaires sont présentées dans le vestibule. Les visites, obligatoirement guidées, commencent toutes les heures (jusqu'à 11h le matin et 17h l'après-midi).

Dans le campus universitaire au sud du centre-ville, le **Museo Mineralógico** (☎ 526-1250 ; Ciudad Universitaria ; 1 $US ; 8h-12h et 14h-19h lun-ven, 8h-12h sam) contient une collection remarquable de plus de 5 000 minéraux, pierres précieuses, fossiles et cristaux du monde entier. Prenez le minibus 102 ou n'importe quel micro signalé "Sud" ou "Ciudad Universitaria" en face de la gare ferroviaire ou sur la Plaza 10 de Febrero.

ÉGLISES

À l'est de la place principale, la **cathédrale** possède de beaux vitraux au-dessus de l'autel. Son clocher fut construit par les jésuites pour une église érigée avant la fondation d'Oruro. Lorsque les jésuites furent expulsés, celle-ci devint la **cathédrale de l'évêché d'Oruro**. En 1994, le porche originel, de style baroque, fut déplacé et reconstruit au **Santuario de la Virgen del Socavón** (Vierge de la grotte), qui offre une vue superbe sur la ville. À cet endroit, au XVIe siècle, les mineurs commencèrent à vénérer la Virgen de Candelaria, leur sainte patronne. En 1781, une église du nom de Virgen del Socavón, fut érigée en son honneur sur cette colline. L'actuel sanctuaire, reconstruit au XIXe siècle sur le modèle de celui d'origine (1781), joue un rôle important lors du carnaval d'Oruro en tant que site ultime du mal (voir l'encadré ci-contre).

Une montée escarpée au bout de la Calle Washington mène à la **Capilla de Serrato**, où l'on découvre un splendide panorama de la cité. À deux pâtés de maisons au sud-est de la place principale, la **Portada del Beaterio** mérite le détour pour sa façade ornée de motifs végétaux et d'oiseaux.

UNE FÊTE ENDIABLÉE

Le **carnaval** d'Oruro est devenu la fête annuelle la plus renommée et la plus importante de Bolivie. C'est un moment idéal pour visiter cette ville minière un peu hors du temps, qui est alors le centre du pays. À première vue, ces festivités peuvent être décrites comme une reconstitution du triomphe du bien sur le mal, mais elles mêlent tant de mythes, de fables, de divinités et de traditions indiennes et chrétiennes qu'on ne peut les réduire à une explication aussi simpliste.

Les origines d'une fête similaire remontent au royaume médiéval d'Aragón (aujourd'hui une province espagnole), mais les *Orureños* (habitants d'Oruro) affirment que leur fête commémore un événement survenu peu après la fondation de leur ville. Selon la légende, un voleur appelé Chiruchiru fut une nuit sérieusement blessé par un voyageur qu'il tentait de détrousser. Prise de pitié pour le malfaiteur, la Vierge de Candelaria l'aida gentiment à regagner sa maison, près de la mine située au pied du Cerro Pié del Gallo, et le secourut jusqu'à sa mort. Lorsque les mineurs le trouvèrent, une effigie de la Vierge était suspendue au-dessus de sa tête. Aujourd'hui, la mine porte le nom de Socavón de la Virgen (grotte de la Vierge) et une grande église, le Santuario de la Virgen del Socavón (voir ci-contre), a été érigée pour abriter la statue. La Virgen del Socavón, son nom actuel, est la patronne de la ville. Dans le spectacle présenté durant le carnaval d'Oruro, cette légende est associée à l'ancien culte uru de Huari (ville de la région) et à la lutte de l'archange Michel (San Miguel) contre les sept péchés capitaux.

Les cérémonies commencent plusieurs semaines avant le carnaval même, par un serment solennel de fidélité à la Vierge, dans le sanctuaire. À partir de cette date, diverses processions aux flambeaux et des groupes de danseurs animent les rues de la ville.

À côté des danses boliviennes traditionnelles, telles que les *caporales*, les *llameradas*, les *morenadas* et les *tinkus*, le carnaval d'Oruro se caractérise par la **diablada** (danse des démons), où les danseurs revêtent des costumes extravagants. La création et la fabrication de ces costumes constituent désormais une forme d'art à part entière à Oruro. Plusieurs clubs de *diablada*, qui rassemblent des citadins de tous les milieux sociaux, sont financés par des entreprises locales. Ces groupes comptent entre 40 et 300 danseurs et leurs costumes peuvent coûter plusieurs centaines de dollars pièce.

Les principales festivités débutent le samedi précédant le mercredi des Cendres par une spectaculaire *entrada* (procession d'ouverture), menée par l'archange Michel, brillamment paré. Derrière lui, dansant ou marchant, viennent les fameux démons et une cohorte d'ours et de condors. Le maître des ténèbres, Lucifer, arbore le costume le plus extravagant, agrémenté d'une cape de velours et d'un masque richement orné. Deux démons paradent à ses côtés, dont Supay, le dieu andin du mal qui vit dans les collines et les puits de mine.

La procession est suivie par d'autres groupes de danse et des véhicules ornés de bijoux, de pièces de monnaie et d'argenterie (en souvenir des rites *achura* au cours desquels les Incas offraient leurs trésors à Inti, le soleil, lors de la fête d'Inti Raymi). Les mineurs font l'offrande du meilleur minerai de l'année à El Tío, le démon qui possède tous les minéraux et métaux précieux souterrains. Viennent ensuite les Incas et un groupe de conquistadors, dont Francisco Pizarro et Diego de Almagro.

Quand l'archange et les démons arrivent au stade de football, ils entament une série de danses qui symbolisent l'ultime lutte entre le bien et le mal. Lorsque la victoire du bien est manifeste, les danseurs se retirent dans le Santuario de la Virgen del Socavón à l'aube du dimanche et une messe en l'honneur de la Vierge consacre le triomphe du bien.

Une autre *entrada* moins spectaculaire a lieu le dimanche après-midi et des danses continuent le lundi. Le lendemain, Mardi gras, est marqué par des réunions familiales et des libations de *cha'lla*, avec aspersions de biens temporels pour obtenir leur bénédiction. Le lendemain, on se rend dans la campagne alentour pour pratiquer le *cha'lla* en offrande à Pachamama sur quatre formations rocheuses – le Crapaud, la Vipère, le Condor et le Lézard. L'alcool coule à flots dans la gorge des participants.

Le jeudi est un grand jour de fête, avec manèges et amusement général. Le samedi, des groupes de danse donnent une représentation finale dans le stade. Le dimanche, une procession d'enfants célèbre l'"enterrement" du carnaval.

FARO DE CONCHUPATA

Le drapeau bolivien rouge, or et vert – rouge pour le courage de l'armée, or pour les richesses minérales et vert pour les ressources agricoles – fut levé pour la première fois le 17 novembre 1851 au **Faro de Conchupata**, qui domine la ville. À cet endroit se dressent aujourd'hui une plateforme et une colonne surmontée d'un énorme globe de verre, éclairé la nuit.

MINES

Les nombreuses mines de la région d'Oruro sont pour la plupart abandonnées ou exploitées par des *cooperativos* (petits groupes de mineurs qui achètent des droits temporaires). L'une des plus importantes, la **Mina San José**, a fonctionné pendant plus de 450 ans. Vous pouvez vous promener autour des monticules de débris de minerai ; pour visiter la mine, adressez-vous à un mineur ou à Oruro Tours (voir plus loin). Prenez un *micro* jaune signalé "San José" au coin nord-ouest de la Plaza 10 de Febrero.

Le **Complejo Metalúrgico Vinto** (☎ 527-8078/8091 ; entrée libre ; ☽ 9h-12h lun-ven) est une fonderie d'étain construite au début des années 1970, durant la présidence du général Hugo Banzer Suárez. Au moment de sa mise en service, l'industrie bolivienne de l'étain avait commencé à décliner, mais elle continue de fondre près de 20 000 tonnes de minerai chaque année. Vinto se trouve à 8 km à l'est d'Oruro. Mieux vaut téléphoner avant de venir pour avoir l'autorisation de la visiter. Prenez un *micro* signalé "Vinto ENAF" à l'angle nord-ouest de la Plaza 10 de Febrero ou dans la Calle Bolívar.

À faire

Une grimpée facile mène au **Rumi Campana** (rocher de la cloche), qui doit son nom à un curieux phénomène acoustique et se situe à 2 km au nord-ouest de la ville. Le week-end, le sympathique **Club de Montañismo Halcones** (cmh_oruro@yahoo.com) organise diverses escalades sur des voies déjà assurées. Essayez le difficile surplomb de la *Mujer Amante* ou le superbe itinéraire coté 7 du Sueño.

Circuits organisés

Le département d'Oruro compte de nombreuses merveilles nichées en pleine nature. Des tour-opérateurs peuvent organiser des excursions à la carte ou d'autres circuits vers des sites proches comme Calacala (p. 180) et les sources thermales d'Obrajes (p. 180).

Oruro Tours (☎ 524-2274 ; orurotours@hotmail.com ; Pagador 659), une agence correcte, propose des excursions à la carte en 4x4 confortables. Si elle est fermée, pressez la sonnette du haut. Une journée d'excursion coûte de 15 à 25 $US par personne, selon l'itinéraire.

Où se loger

Pendant le carnaval, les hôtels affichent souvent complet. Pour cette période, réservez au moins trois jours à l'avance ou renseignez-vous à l'office de tourisme sur les chambres chez l'habitant. Attendez-vous à payer cinq à six fois plus cher qu'en temps normal.

Vous trouverez de bonne possibilités d'hébergement près de la gare routière, d'autres moins attrayantes près de la gare ferroviaire. Le centre reste de loin le quartier le plus agréable.

PETITS BUDGETS

Alojamiento Copacabana (☎ 525-4184 ; V Galvarro 6352 ; ch 2 $US, avec sdb 2,50 $US par pers). Une série d'*alojamientos* (hébergements sommaires) en marché jalonnent Velasco Galvarro, en face de la gare ferroviaire. La plupart sont assez sinistres, mais celui-ci se distingue nettement. Lumineux, propre et sûr, il est habitué à la clientèle de voyageurs.

Pub the Alpaca (☎ 527-5715 ; wcamargo_gallegos@hotmail.com ; La Paz 690 ; ch 3,75 $US/pers). Signalé seulement par un alpaga de bois sur la porte, c'est l'un des meilleurs établissements de cette catégorie, avec des chambres simples, spacieuses et ensoleillées et une cuisine commune. En prime, on bénéficie du pub le plus plaisant de la ville (p. 178) ! Téléphonez avant de venir.

Hotel Bernal (☎ 527-9468 ; Brasil 701 ; s/d 3,75/5,65 $US, avec sdb 7,50/11,30 $US). En face de la gare routière, cet hôtel sympathique, d'un bon rapport qualité/prix, offre des chambres plaisantes, dotées de lits confortables. Évitez celles en façade, bruyantes, froides et parfumées aux effluves de moteur diesel. Douches chaudes correctes et TV câblée.

Residencial San Miguel (☎ 527-2132 ; Sucre 331 ; s/d 3,75/7,50 $US, avec sdb 5/10 $US). Pratique pour la gare ferroviaire et le centre, cet endroit curieux est tenu par des gens sympathiques ; on peut presque se perdre entre les chambres, relativement chaudes, disséminées çà et là. Le calme règne et les douches sont chaudes à partir de 10h.

Residencial Boston (☎ 527-4708 ; Pagador 1159 ; s/d 4,40/6,25 $US, avec sdb 6,25/8,75 $US). Un cran au-dessus de la plupart des *residenciales* d'Oruro, cet établissement accueillant, construit autour d'une cour, s'agrémente d'un pimpant carrelage jaune et bleu. Les chambres sont un peu sombres mais élégantes et confortables, avec de bons lits.

CATÉGORIE MOYENNE

Hotel Repostero (☎ 525-8001 ; Sucre 370 ; s/d 10/15 $US). Si le rapport qualité/prix n'a rien d'exceptionnel, cet hôtel désuet et défraîchi ne manque pas de charme et la direction est aux petits soins. Il propose des chambres diverses, le plus souvent avec des lits un peu effondrés, toutes avec douche chaude et TV câblée. Essayez d'en obtenir une rénovée. Parking privé.

Hostal Hidalgo (☎ 525-7516 ; 6 de Octubre 1616 ; s/d 10/17 $US). Très central, il loue des chambres modernes et spacieuses, dont certaines un peu sombres. Il en existe de moins chères sans sdb (5 $US), mais elles devraient être améliorées.

Hotel Samay Wasi (☎ 527-6737 ; samaywasioruro@hotmail.com ; Brasil 232 ; s/d 18,75/26,25 $US ; 🖳). Un hôtel agréable de style européen à côté de la gare routière. Les chambres, avec carrelage au sol, disposent de lits fermes, d'une sdb correcte et de la TV câblée. Un agréable salon permet d'observer l'animation du quartier. Le personnel se montre serviable et professionnel. Affilié HI, l'hôtel consent en principe une réduction de 15% aux membres. Possibilité de parking.

Hotel International Park (☎ 527-6227 ; Bakovic s/n ; s/d/ste avec petit déj 20/35/45 $US ; 🖳). Construit au-dessus de la gare routière (accès par la gare), cet hôtel moderne offre un bon confort, le chauffage et un accueil plaisant. La plupart des chambres jouissent d'une vue splendide. À cela s'ajoutent un restaurant correct et un parking.

SM Palace (☎ 527-2121 ; Mier 392 ; s/d avec sdb et petit déj 25/30 $US). Central et moderne, sympathique et sans grand caractère, il possède d'agréables chambres claires avec TV.

Gran Hotel Sucre (☎ 527-6320, 527-6800 ; hotelsucreoruro@hotmail.com ; Sucre 510 ; s/d/ste 25/35/45 $US ; 🖳). Vénérable établissement, il ne manque pas de caractère et combine le confort moderne et le charme d'une grandeur passée. Toutes récemment rénovées, les chambres comprennent des sdb correctes avec eau chaude et des lits assez confortables. Les suites, dont une avec un terminal Internet, sont excellentes. Orné de peintures murales du carnaval et d'une fontaine, le Pukara, restaurant et salle de bal, sert un copieux petit déjeuner-buffet, ainsi que de bons repas. Parking privé.

CATÉGORIE SUPÉRIEURE

En construction lors de notre passage, l'Eden Hotel, un spectaculaire établissement moderne sur la place, sera peut-être achevé quand vous lirez ces lignes.

Où se restaurer

Comme partout, les marchés offrent de bonnes possibilités. Dans le Mercado Campero et le Mercado Fermín López, des rangées de gargotes servent des déjeuners et des stands proposent du *mate* (infusion de coca, camomille ou autre) et du café. Parmi les spécialités locales figurent le *thimpu de cordero* (mouton et légumes cuits à l'étouffée avec de la *llajhua,* une sauce tomate épicée) et le *charque kan* (viande de lama séchée avec du maïs, des pommes de terre, des œufs et du fromage). Par temps chaud, les habitants prennent d'assaut les stands de délicieux jus de fruits qui bordent l'Av Velasco Galvarro, en face du Mercado Campero.

Les *almuerzos* les moins chers sont servis aux abords de la gare ferroviaire et au Mercado Campero. Le **Restaurant Pagador** (Pagador 1440 ; menu déj 0,80 $US) jouit d'une popularité justifiée auprès des *Orureños.* Pour déguster un *charque kan,* essayez l'une des gargotes autour de la gare routière ou, mieux, **El Puente** (angle Teniente Villa et 6 de Octubre), près de la plaza Pagador, où une assiette pantagruélique revient à 2 $US.

Confitería Dumbo (Junín, près de 6 de Octubre ; en-cas 0,15-0,50 $US). Une adresse correcte pour une pâtisserie, une empanada, une *salteña* (pâté à la viande et aux légumes), une boisson chaude ou un *helado* (glace).

SUM (angle Bolívar et S Galvarro ; en-cas 0,25-0,75 $US). Entrez par la petite *salteñería* (échoppe de salteñas) du rez-de-chaussée pour rejoindre ce paisible café en étage, en face du kiosque touristique. Plus fréquenté par les locaux que par les touristes, il offre un choix très limité et un accueil sympathique.

Jordan's (☎ 525-5268 ; Bolívar 380 ; cafés 0,75 $US ; 🕑 lun-sam ; 🖳). On trouve un peu de tout à cet endroit : un magasin de vêtements en façade, des terminaux Internet à l'étage et une zone wi-fi dans le café. Ce dernier, moderne et chic, sert d'excellents cafés et de moelleux gâteaux un peu chers.

El Huerto (Bolívar près de Pagador ; burgers 0,50 \$US, déj 1,25 \$US ; ☿ fermé sam). Minuscule, sympathique et un peu loufoque, il propose des en-cas et des déjeuners préparés à la commande.

Mateo's (angle Bolívar et 6 de Octubre ; repas 0,50-2 \$US). Sur un carrefour animé, au cœur de la ville, ce café-restaurant traditionnel offre un bon choix d'en-cas et de repas légers, un café convenable et des bières fraîches.

Govinda (6 de Octubre 6089 ; plats 1-2 \$US). Restaurant végétarien de la secte Hare Krishna.

La Casona (Montes 5969 ; salteñas 0,25-0,40 \$US, pizzas à partir de 3 \$US). Accueillante et animée, elle sert toute la journée des *salteñas* qui sortent du four, ainsi que des sandwiches à midi et des pizzas en soirée.

Paprika (Junín 821 ; menu déj 1,25 \$US). Apprécié des hommes d'affaires locaux à l'heure du déjeuner, cet élégant restaurant en étage bénéficie d'un cadre clair, relativement formel, d'un service et d'une cuisine de qualité.

Las Brasas (6 de Agosto 1050 ; plats 2-3 \$US). Honnête restaurant de grillades sans prétention, il cuit ses savoureux *churrascos* (steaks) sur le trottoir, au nez des passants.

Las Delicias (☎ 527-7256 ; 6 de Agosto 1278 ; menu déj 1 \$US, plats 2-4 \$US). Parmi les divers grills qui bordent cette longue rue, celui-ci est peut-être le meilleur avec son service attentif et ses *parrilladas* (assiettes de diverses viandes grillées) qui grésillent sur une desserte. À midi, les *almuerzos* sont servis dans le patio couvert.

La Cabaña (Junín 609 ; plats 2,50-3,50 \$US). Dans ce joli restaurant tapissé de bambou, vous savourerez les meilleurs steaks d'Oruro, servis par un personnel empressé et aimable. À moins d'être affamé, optez pour les demi-portions. La carte comporte également des omelettes, des pâtes et des plats de poisson.

Bravo's Pizza (Bolívar près de Potosí ; petites/grandes pizzas 2/4,50 \$US). Dans ce refuge cosy (quand le grand écran n'est pas branché sur la chaîne de musique latina), vous pourrez commander un petit déjeuner correct (2 \$US), un bon café ou des pizzas copieuses et délicieuses. Prisé des habitants et des visiteurs, il accueille volontiers les enfants, qui disposent d'une salle de jeu.

Nayjama (☎ 527-7699 ; Aldana et Pagador ; plats 3-5,50 \$US). Grand voyageur, le chef Roberto règne sur ce séduisant restaurant en étage et mitonne une succulente cuisine traditionnelle,

agrémentée d'une pointe d'innovation. Si les plats végétariens sont exquis, la spécialité de l'établissement est la *colita,* une selle d'agneau tendre et succulente. Vous pouvez aussi essayer la *cabeza* (tête de mouton), un plat traditionnel d'Oruro, servi avec de la salade et des pommes de terre déshydratées.

Où prendre un verre et sortir

Pub the Alpaca (☎ 527-5715 ; La Paz 690). Tenu par des Boliviens et des Finlandais, ce pub étonnamment plaisant bénéficie d'un joli cadre blanc intime, d'un bon choix de boissons et d'une ambiance joyeuse. Si la porte est fermée, frappez ou sonnez. Le bar ouvre en principe à 20h30, mais cela dépend du bon vouloir des patrons.

Alexander's Café Pub (☎ 525-0693 ; 6 de Octubre, près de Montecinos). Sa pénombre et son éclairage tamisé en font un lieu favori des amoureux. Il sert bière, café et diverses boissons jusque tard dans la nuit.

Crissol (☎ 525-3449 ; Plaza 10 de Febrero). Décoré sur le thème de la voiture, le Crissol fait le plein grâce à sa table de billard, son restaurant, son bar convenable. On y écoute de la musique live et on y danse en soirée le week-end.

Cinéma (Plaza 10 de Febrero). Aménagé dans une superbe salle de concert baroque de l'époque coloniale, ce cinéma sans nom passe tous les soirs des films récents (1 \$US).

Pour le karaoké, vous ne trouverez pas mieux que la **Discoteque VIP's** (Junín et 6 de Octubre) et le **Karaoke 1-2-3** (Potosí et Junín).

Achats

La conception et la fabrication des masques et des costumes de la *diablada* constitue la principale activité artisanale d'Oruro. L'Avenida La Paz, entre León et Villarroel, est bordée de petits ateliers qui vendent des masques, des coiffures, des costumes de diable et d'autres objets inspirés de ce thème, de 2 \$US à plus de 200 \$US.

ARAO Artesanías Oruro (☎ 525-0331 ; arao@coteor. net.bo ; angle S Galvarro et Mier). Il offre la meilleure sélection d'artisanat de grande qualité, fabriqués en coopérative dans le département d'Oruro et au-delà. Les tapis et les tentures murales en laine aux teintures naturelles ainsi que les sacs à bandoulière venant de Challapata, ville de la région, sont particulièrement remarquables.

Les *artesanías* (boutiques d'artisanat) du centre et de la gare routière vendent des sacs et des vêtements en laine de lama et d'alpaga, mais on trouve les articles les moins chers dans le coin nord-est du Mercado Campero. Près de la gare ferroviaire, des marchands ambulants vendent des *zampoñas* (flûtes de Pan en roseau), des *charangos* et d'autres instruments de musique traditionnels à petits prix.

Dans l'allée centrale du Mercado Fermín López, le Mercado Tradicional vend des fœtus de lamas séchés, des ailes de flamants et autres articles de sorcellerie. Les affables vendeurs se feront un plaisir de vous en expliquer l'usage.

Cafe Extrapuro El Chapaco (Potosí près de Bolívar) vend du café en grains des Yungas ; vous pourrez le goûter chez Mateo's (à gauche). **Vaquita Andina** (☎ 528-2233 ; 6 de Agosto) vend de savoureux fromages locaux.

Depuis/vers Oruro
BUS
Tous les bus longue distance partent de la **gare routière** (☎ 527-9535 ; droit d'accès 0,20 $US), à 15 minutes de marche ou une courte course en taxi au nord-est du centre. Elle abrite un *cambio* (bureau de change), une consigne et un bureau de la police touristique, qui peut parfois fournir des cartes et des informations.

De nombreuses compagnies desservent La Paz (1,25-3 $US, 3 heures) environ toutes les 30 min. Chaque jour, plusieurs bus rallient Cochabamba (2,50 $US, 4 heures), Potosí (normal/*bus cama* 3,75/8,20 $US, 8 heures) et Sucre (5,75/12 $US, 10 heures). Plusieurs services de nuit quotidiens se rendent à Uyuni (3,20 $US, 8 heures), par une route cahoteuse et froide, souvent impraticable après les pluies. Pour Santa Cruz (12 $US, 18-20 heures), il faut changer à Cochabamba.

Au moins 5 bus partent tous les jours pour Arica, au Chili (10-12 $US, 8-10 heures), *via* Tambo Quemado et Chungará (Parque Nacional Lauca). Ils continuent vers Iquique, mais plusieurs bus, plus rapides et moins confortables (10-14 $US, 12-14 heures), passent par le poste-frontière de Pisiga.

TRAIN
Grâce à ses mines, Oruro possède l'une des gares ferroviaires les mieux organisées du pays. Elle offre uniquement des services en direction du sud, jusqu'à Uyuni et au-delà. Depuis 1996, le chemin de fer est géré par la compagnie chilienne **Empresa Ferroviaria Andina** (FCA ; www.fca.com.bo) qui respecte plutôt

les horaires. Lors de notre passage, il était question de la nationaliser ; ne manquez pas de vérifier les horaires. Achetez vos billets, de préférence la veille, à la **gare** (☎ 527-4605 ; ☯ 8h15-11h30 et 14h30-18h lun et jeu, 8h15-18h mar et ven, 8h15-12h et 14h30-19h mer, 8h15-11h et 15h-19h dim) ; apportez votre passeport. Une consigne est installée sur place.

Le service principal dessert Uyuni au sud et continue jusqu'à Tupiza et Villazón à la frontière argentine. Très emprunté, il évite le trajet cahoteux et froid de bus de nuit jusqu'à Uyuni. De là, des trains lents rallient le Chili (voir p. 192).

L'*Expreso del Sur*, avec sièges inclinables, chauffage, vidéos et wagon-restaurant, comprend des classes *popular, salón* et *ejecutivo*. Il part d'Oruro à 15h30 les mardi et vendredi pour Uyuni (*popular/salón/ejecutivo* 4,15/6,50/12,60 $US, 7 heures), Tupiza (7,25/11,50/25,25 $US, 12 heures 30) et Villazón (9/13,60/29,50 $US, 16 heures 30). Il repart de Villazón à 15h30 les mercredi et samedi. De La Paz, un service de bus assure la correspondance avec le train et part d'El Alto à 10h.

Le *Wara Wara del Sur* part à 19h les mercredi et dimanche pour Uyuni (*popular/salón/ejecutivo* 4/5/10,75 $US, 7 heures 30), Tupiza (6,75/8,60/19 $US, 13 heures 30) et Villazón (8/10,75/23,10, 17 heures). Il repart de Villazón les lundi et jeudi à 15h30.

Comment circuler
Les *micros* (0,15 $US) et les minibus (0,20 $US) relient le centre et les quartiers périphériques. Leur itinéraire est indiqué par une lettre, une couleur et un panneau (et un numéro pour les minibus). Le système est assez complexe ; vérifiez auprès du chauffeur avant de monter. Avec des bagages, évitez d'emprunter les *micros* et les minibus, petits et bondés.

Un course en taxi dans le centre, y compris depuis/vers les gares, coûte invariablement 0,40 $US par personne. Un **radio taxi** (☎ 527-6222/3399) revient à 0,75 $US.

ENVIRONS D'ORURO
Aux alentours d'Oruro, de nombreux sites méritent la visite, notamment le long de la route d'Uyuni, au sud, où d'anciennes mines et les vestiges d'antiques cultures lacustres émaillent un paysage d'une austère grandeur. On peut les explorer en bus à partir d'Oruro ou en circuit organisé (voir p. 176).

Termas de Obrajes

À 25 km au nord-est de la ville, ces **sources thermales** (1,25 $US) sont une destination prisée. Le complexe bien tenu comprend un bassin entouré de bains privés, que l'on réserve pour une demi-heure et qui se remplissent progressivement d'eau riche en magnésium. Sur place, on peut acheter (mais pas louer) des serviettes et il faut un maillot de bain pour accéder au bassin public.

En matière d'**hébergement** (☎ 525-0646, 513-6106 ; ch par pers 10,60 $US, d luxe 27,50 $US), vous aurez le choix entre des chambres confortables et dépouillées autour d'une cour herbue ou d'autres plus belles, avec bain thermal privé, dans l'hôtel. Le restaurant est un peu décevant. Une imposante *chullpa* se dresse sur la colline au-dessus.

Tous les jours de 7h30 à 17h, des *micros* partent pour Obrajes (0,75 $US, 30 min) de l'angle de Caro et de l'Av 6 de Agosto. Ils passent par les **sources thermales Capachos**, à 10 km à l'est de la ville, dont la propreté laisse à désirer.

Calacala

Belle excursion à partir d'Oruro, ce **site** (2 $US/ pers) pittoresque se compose d'un ensemble de **peintures rupestres**, tracées sous un surplomb rocheux à 2,5 km après le village de Calacala, à 15 km au sud-est d'Oruro. Prenez l'embranchement sur la gauche de la grand-route juste avant la fonderie de Vinto.

Arrêtez-vous dans le village pour chercher la gardienne qui a les clés ; on la trouve souvent dans un petit café signalé par une enseigne Pepsi rouillée. Le site se trouve à 30 min de marche du village, près de l'ancienne brasserie.

Les peintures représentent essentiellement des lamas rouge et ocre et l'on distingue aussi des humains et un puma peints en blanc ou en noir. Des archéologues supposent qu'elles datent du premier millénaire avant notre ère, mais leur signification reste obscure.

Du site, une vue spectaculaire dévoile la superbe vallée qui alimente en partie la ville en eau. Sur le chemin de Calacala, vous passerez par **Sepulturas**, qui possède une église coloniale délabrée mais pittoresque.

Le week-end, des *micros* relient Oruro et Calacala. En semaine, vous devrez prendre un taxi (9 $US l'aller-retour) ou venir en circuit organisé.

Le 14 septembre, Calacala accueille un pèlerinage et une fête en l'honneur du Señor de la Laguna (seigneur du lac).

Sud d'Oruro

La belle route asphaltée qui part d'Oruro vers le sud et Uyuni suit plus ou moins les rives orientales du Lago Uru Uru et du Lago Poopó, plus grand. Ces lacs peu profonds ont beaucoup rétréci et, de la route, on voit des jetées et des rampes pour bateaux à 10 km, voire plus, de l'eau.

La route, excellente, passe par de nombreuses mines abandonnées et de spectaculaires collines pelées, sur lesquelles on peut voir des vestiges de terrasses incas.

PAZÑA ET CHALLAPATA

Quelques sources thermales jaillissent à **Pazña**, à 80 km au sud d'Oruro (repérez le bâtiment vert sur la gauche en entrant dans le village). Après 38 km, on arrive à **Challapata**, la plus importante localité du trajet et jadis un important centre d'extraction de chaux ; aujourd'hui, ses habitants vivent de la contrebande de voitures provenant du Chili.

La fête de Challapata, mi-juillet, correspond à celle de la Virgen del Carmen.

LA CHULLPA OU TOUR FUNÉRAIRE

Une *chullpa* est une tour funéraire que construisaient divers groupes aymará pour abriter les restes momifiés de certains membres de leur société, sans doute des notables ou des personnes particulièrement estimées. La province d'Oruro est particulièrement riche en *chullpares*, notamment le long des rives du Lago Poopó et dans la région du Sajama. Construite en pierre ou en adobe, une *chullpa* se caractérise par son ouverture en forme de ruche presque toujours orientée vers l'est, en direction du soleil levant. Le défunt (ou parfois les défunts) était placé en position fœtale accompagné de ses divers biens. Certaines communautés ouvraient rituellement les *chullpares* les jours de fête pour faire des offrandes aux ancêtres momifiés. Les Chipaya (voir l'encadré p. 196) pratiquent toujours ce rite. Toutefois, la plupart des tombes ont été pillées et les momies se trouvent aujourd'hui dans des musées, tel le Museo Antropológico Eduardo López Rivas à Oruro (p. 174).

Le **Restaurant Potosí** (☎ 557-2359 ; Beneméritos de la Patria et Alto de Alianza ; ch 2,50 $US/pers) constitue un bon endroit pour se loger et se restaurer, avec des chambres simples et correctes. L'imposante salle à manger rappelle la prospérité passée et sert des spécialités locales ainsi que des plats plus recherchés.

De la gare routière d'Oruro, 6 bus partent chaque jour pour Challapata (0,80 $US) ainsi que de nombreux micros. Les trains en direction du sud y font une brève halte.

HUARI ET AU-DELÀ

La petite ville de **Huari**, à 13 km de Challapata, possède une grande brasserie qui fournit en bière toute la province. Sur la grand-place, derrière l'*alcaldía* (hôtel de ville), un charmant petit **musée** (1 $US ; ⏱ 9h-16h lun-ven) est consacré à la culture locale uru-llapallapari. Également sur la place, un luxueux office du tourisme, rarement ouvert.

De nombreuses *chullpares* en ruine jalonnent la route entre Challapata et Huari ; une autre, particulièrement belle, se dresse sur la gauche à 7 km de Huari, sur la route d'Uyuni.

À 30 km de Huari (où s'achève la section asphaltée), la route bifurque à Cruce : la grand-route file vers le sud jusqu'à Uyuni, à 150 km. La branche ouest mène au Salar de Coipasa (p. 197) et à Chipaya (p. 196).

À 24 km à l'ouest de Cruce, le village de **Santuario de Quillacas**, niché parmi des collines rocheuses, vit de la culture de la quinoa et de l'élevage des lamas. Il compte une église superbe et inhabituelle, le Santuario, et un petit musée. On peut loger à l'**Albergue Quillacas** (☎ 513-4701 ; Plaza Avaroa ; ch 3 $US/pers) qui offre des lits convenables avec des couvertures colorées et un restaurant. Téléphonez à l'avance car l'auberge n'ouvre que sur réservation.

À 14 km au nord-ouest de Quillacas, sur la route Orinoca-Andamarca, le minuscule village de **Pampa Aullagas** comprend quelques fortifications et canaux préincas. Un théoricien farfelu a affirmé qu'il s'agissait du site du royaume de l'Atlantide. Pour en savoir plus, consultez le site www.geocities.com/webatlantis.

De la gare routière d'Oruro, 6 bus desservent chaque jour Huari (1,50 $US, 2 heures). Du coin de Caro et Tejerina à Oruro, des minibus partent pour Salinas et font halte à Santuario de Quillacas (2 $US, 3 heures 30). Aucun transport public ne relie Quillacas et Pampa Aullagas, mais vous trouverez sans doute une place dans un pick-up.

PARQUE NACIONAL SAJAMA

Le premier parc national de Bolivie couvre 80 000 ha et jouxte la frontière chilienne. Il fut créé le 5 novembre 1945 pour la protection de la faune exceptionnelle qui habite ce prolongement septentrional du désert d'Atacama. Malheureusement, la dégradation a déjà fait disparaître plusieurs espèces et seul survit un nombre limité de vigognes, de condors, de flamants roses, de nandous et de tatous.

La plus haute forêt au monde couvre les contreforts de l'énorme **Volcán Sajama** (volcan Nevado Sajama), le point culminant du pays à 6 542 m. La forêt se compose de *queñuas* nains, une espèce endémique de l'Altiplano, adaptée à la haute altitude.

Orientation et renseignements

La meilleure carte du parc, la *Nevado Sajama* au 1/50 000 publiée par Walter Guzmán Córdova, est vendue dans les bonnes librairies de La Paz.

Le droit d'entrée (1,90 $US) se paie au siège du Sernap à Sajama (4 200 m), l'un des deux principaux villages du parc – l'autre est Tomarapi. Ce droit s'applique à tous les étrangers, même s'ils se contentent de visiter le village. Le Sernap aidera les alpinistes à trouver des mules et des porteurs pour transporter leur équipement jusqu'au camp de base. À Sajama, le señor Telmo Nina, possède un registre des voies qui mènent au sommet du volcan.

Sajama est un village somnolent avec quelques *alojamientos* et de jolies promenades aux alentours. Un peu plus loin, Tomarapi possède un nouvel écolodge plus confortable (voir p. 184).

Volcán Sajama

Pic majestueux couvert de neige, ce volcan domine toute la région environnante et inspire le respect. Nombre de grimpeurs tentent son ascension et ses contreforts offrent des randonnées sportives.

Relativement simple, l'ascension est compliquée par l'altitude et la glace et se révèle plus difficile qu'il n'y paraît. La plupart des glaciers reculent, transformant la majeure partie de l'itinéraire en un chemin instable, criblé de crevasses. Plusieurs agences de La Paz organisent cette expédition ; voir p. 385 une liste de tour-opérateurs recommandés. Ne tentez pas l'aventure sans guide si vous n'avez pas l'expérience des ascensions en haute altitude.

SUD DE L'ALTIPLANO

PARQUES NATIONALES SAJAMA ET LAUCA (CHILI)

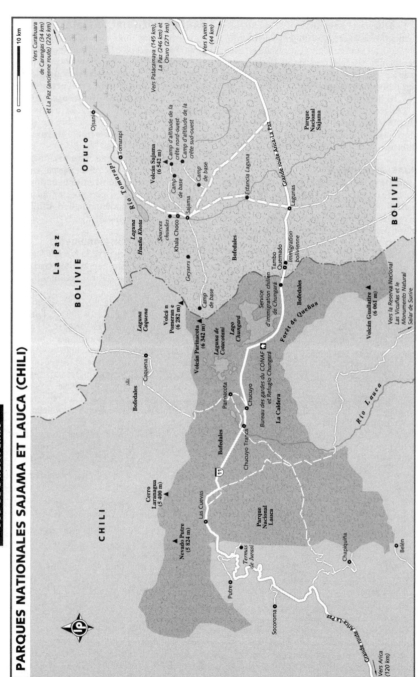

En 2001, le sommet a figuré dans le livre des records en tant que terrain du plus haut match de football ; pour des détails sur ce défi insolite et impressionnant, consultez le site www.geocities.com/zubie taippa/sajama-soccer.html.

L'accès le plus facile passe par le village de Sajama, à 18 km au nord de la route qui relie Arica à La Paz. De là, il faut environ 3 heures de marche pour rejoindre le camp de base à Río Aychuta. Ensuite, 6 heures de grimpée conduisent à un campement relativement abrité à 5 700 m, d'où l'on peut attaquer le sommet. Préparez-vous à un froid extrême et à des vents violents. N'oubliez pas d'emporter beaucoup d'eau. Près du sommet, vous pourrez faire fondre de la neige et de la glace.

Sources thermales et geysers

À 7 km au nord du village de Sajama, vous pourrez vous baigner dans d'agréables sources thermales à 35°C. Elles sont assez faciles à trouver et les habitants vous indiqueront le chemin. À environ 1 heure 30 de marche à l'ouest de Sajama s'étend un étonnant champ de geysers.

Où se loger et se restaurer

Dans cette région peu peuplée, on peut camper presque partout ; emportez une tente et un sac de couchage très chaud. Sinon, adressez-vous à la **Junta de Vecinos** (☎ 513-5525 via Entel ; Cruz s/n, Sajama), qui possède une liste de chambres chez l'habitant (1,25 $US par personne) et organise une rotation entre 14 habitations. Le confort est sommaire ;

CAMÉLIDÉS ANDINS

Contrairement à l'Ancien Monde, peu de ruminants ont subsisté après le pléistocène dans le Nouveau Monde, lorsque les mammouths, les chevaux et les autres grands herbivores disparurent des Amériques. Durant des millénaires, les peuples andins ont entièrement tiré leur subsistance et leurs vêtements des camélidés : le guanaco et la vigogne, deux espèces sauvages, ainsi que le lama et l'alpaga, qu'ils ont domestiqués.

Le guanaco (*Lama guanicoe*) et la vigogne (*Vicugna vicugna*), aujourd'hui relativement rares, sont probablement les ancêtres du lama (*L. glama*) et de l'alpaga (*L. pacos*). Les camélidés figuraient parmi les rares animaux d'Amérique pouvant être apprivoisés, alors que les fermes de l'Ancien Monde élevaient bovins, chevaux, moutons, chèvres, ânes et cochons, ensuite introduits dans le Nouveau Monde. Si dans certaines régions des Amériques, les camélidés ont cédé du terrain face aux moutons et aux bovins, ils restent malgré tout très présents.

Les guanacos, au pelage fauve, vivent du niveau de la mer jusqu'à 4 000 m et plus. Il n'en reste qu'une petite population en Bolivie, visible dans les hautes plaines de la Reserva Nacional de Fauna Andina Eduardo Avaroa (p. 193).

La vigogne occupe une région beaucoup plus réduite, bien au-delà des 4 000 m, dans les hauts plateaux, du sud du Pérou au nord-ouest de l'Argentine. Moins nombreuses que les guanacos, elles ont joué un rôle déterminant dans la vie culturelle du Pérou précolombien. Sa laine dorée, d'une finesse extrême, était la propriété exclusive des empereurs incas.

L'autorité des Incas protégeait les vigognes, mais l'invasion espagnole détruisit cette autorité. Au milieu du XXe siècle, le braconnage avait réduit le nombre des vigognes de 2 millions à 10 000 têtes, en en faisant une espèce menacée. Les efforts de protection de l'espèce dans le Parque Nacional Lauca au Chili et dans le Parque Nacional Apolobamba en Bolivie ont porté leurs fruits, si bien que les vigognes peuvent à nouveau constituer une ressource pour certaines communautés.

Les Indiens de l'Altiplano dépendent toujours des lamas et des alpagas pour leur subsistance. Ces deux espèces se ressemblent beaucoup, mais diffèrent sur quelques points. Plus grand, plus élancé et plus robuste, le lama possède une laine assez grossière utilisée pour confectionner des couvertures, des cordes et d'autres articles ménagers. Il sert aussi de bête de somme, mais les *camiones* tendent à le remplacer.

Les lamas peuvent survivre et de se reproduire sur des pâturages maigres et arides. L'alpaga, plus petit et plus délicat, a besoin de prairies bien grasses pour produire sa laine, plus fine et plus recherchée que celle des lamas. La viande des deux espèces est consommée et vendue sur tous les marchés de Bolivie.

vous aurez besoin, ici aussi, d'un sac de couchage et de plusieurs couches de vêtements pour résister aux nuits glaciales et venteuses.

Albergue Ecoturístico Tomarapi (☎ à La Paz 2-241- 4753 ; ecotomarapi@hotmail.com ; s/d 25/50 $US). À Tomarapi, à la lisière nord du parc et à 12 km de Sajama, cet écolodge tenu par la collectivité a reçu de nombreux éloges et sert de modèle aux projets touristiques gérés par un village. Dans un joli bâtiment à toit de chaume, il offre des chambres simples et confortables, avec sdb et eau chaude, une agréable cheminée qui réchauffe les soirées et d'excellents repas. Les employés viennent du village ; il travaillent à tour de rôle et se montrent très accueillants. Les tarifs comprennent le petit déjeuner et un copieux dîner et, sur commande, on vous préparera un déjeuner.

Depuis/vers le Parque Nacional Sajama

Tous les bus La Paz-Arica passent par le parc national de Sajama, mais vous devrez payer l'intégralité du trajet. Descendez à Tambo Quemado, où vous trouverez facilement un moyen de transport pour le village de Sajama.

Une fois arrivé dans cette région reculée, continuez jusqu'à l'époustouflant **Parque Nacional Lauca** (ci-dessous), au Chili. Pour continuer jusqu'à La Paz ou vers le Chili, rejoignez la nationale Arica-La Paz et faites signe à un bus ou à un *camión* ; la circulation est plus importante dans l'après-midi, mais les bus sont souvent pleins et vous devrez persuader le chauffeur de vous laisser monter. Entre **Tambo Quemado** (Bolivie) et **Chungará** (Chili), la frontière se passe sans difficulté.

ENVIRONS DU PARQUE NACIONAL SAJAMA

Au pied des monts Jank'l Khollo (joli petit paradis), **Curahuara de Carangas** fut le site de la dernière bataille entre la tribu autochtone des Paka Jakhes (hommes aigles) et l'armée conquérante de l'Inca Tupac Yupanqui. Après une lutte acharnée, les défenseurs furent vaincus à la forteresse de **Pukara Monterani**, construite sur une colline en terrasses où plusieurs combattants sont ensevelis. Le chef inca célébra sa victoire en plantant un bâton doré (*kori wara* en quechua) au sommet de la colline, d'où son nom hispanisé de Curahuara. On peut grimper

jusqu'à la forteresse, en cours de fouilles archéologiques. Elle conserve des pans de remparts et plusieurs *chullpares* se dressent aux alentours.

Dans le village, la charmante **église** aux murs d'adobe et coiffée de chaume a été surnommée "la chapelle Sixtine de l'Altiplano", un surnom quelque peu exagéré. Elle contient néanmoins une profusion de ravissantes fresques naïves du XVIe siècle, représentant des thèmes *mestizos* et des scènes bibliques. Le long de la route qui court à l'est vers Totora, le **site archéologique de Yaraque** compte plusieurs ruines en pierre, de nombreuses peintures rupestres et une *chullpa* de l'époque inca à la belle maçonnerie comparable à celle de Cuzco. Le site, non clôturé, se visite gratuitement.

Signalé et accessible par tout bus qui circule entre Oruro et Arica (Chili), l'embranchement se trouve à 100 km à l'ouest de Patacamaya. Descendez au croisement et parcourez à pied 5 km au sud jusqu'au village, qui possède un petit **alojamiento** (1,25 $US/pers) et des gargotes. La région offre de fabuleuses escalades de rochers. Des transports directs relient Patacamaya et Curahuara (1 $US).

Perdue à 185 km à l'ouest d'Oruro, la fascinante **Ciudad Pétrea de Pumiri** est un étrange ensemble de grottes et de formations rocheuses érodées. Elle évoque un village préhistorique, d'où son nom de "cité de pierre". Le site se trouve à 20 km à l'ouest du village de Turco, près du centre de recherche sur les camélidés de Thica Utha, et à 80 km au sud-est de Sajama. S'y rendre n'est pas chose facile. Des *camiones* et des bus circulent entre Oruro et Turco ; certains continuent jusqu'au *cruce* (croisement) pour Pumiri, à environ 4 km du site. Vous pourrez sans doute trouver un logement rudimentaire **chez l'habitant** (1,25 $US/pers) à Turco, qui compte aussi un restaurant modeste.

PARQUE NACIONAL LAUCA (CHILI)

De l'autre côté de la frontière, en face de Sajama, s'étend le Parque Nacional Lauca, une réserve chilienne de 138 000 ha d'écosystèmes andins merveilleusement préservés, traversée par la grand-route La Paz-Arica. Classé parc national en 1970, il protège une multitude d'espèces animales et végétales : flamants, foulques, mouettes des Andes, oies des Andes, condors, vigognes, guanacos, lamas, alpagas, nandous,

ARICA, CHILI

Port le plus septentrional du Chili, Arica est une plaisante cité balnéaire et un point d'accès pratique depuis la Bolivie au Chili et au Pérou, à seulement 20 km.

Dans le centre, de nombreux hébergements pour voyageurs à petit budget se regroupent dans et près de l'Av 21 de Mayo, la rue centrale en partie piétonne, et dans la Calle Sotomayor, parallèle à deux rues au nord. L'**Hotel Savona** (☎ 058-231-000 ; www.hotelsavona.cl ; Yungay 380 ; s/d 50/60 $US ; 🖳 🖳), le plus plaisant au centre, offre des lits immenses et confortables et la connexion wi-fi. Plus loin dans la même rue, le sympathique **Terra Amata** (☎ 058-259-057 ; Yungay 201 ; plats 7-14 $US ; 🕑 11h30-15h30 et 19h-1h lun-sam), un nouveau superbe restaurant au décor d'inspiration mauresque, prépare une cuisine méditerranéenne raffinée et propose une belle carte de vins.

La plupart des bus arrivent à la gare routière, à 1 km au nord-est du centre. De là, des bus partent le matin pour La Paz (13 $US, 9 heures) ; on peut changer à Patacamaya pour prendre une correspondance en direction du sud vers Oruro. Des services réguliers rallient des destinations plus au sud au Chili. À côté, le terminal des minibus dessert Tacna, au Pérou (3,50 $US, 1 heure). De la gare ferroviaire, dans le centre, des trains rejoignent également Tacna (1,50 $US). Une course en taxi dans le centre coûte de 1,50 à 2,50 $US et de 8 à 10 $US jusqu'à l'aéroport, à 18 km au nord.

viscaches, renards des Andes, tatous, cerfs des Andes et même pumas, ainsi que des plantes rares comme l'étrange *queñua* et une mousse dure comme de la pierre appelée *llareta*. La Reserva Nacional Las Vicuñas et le Monumento Natural Salar de Surire jouxtent le parc, mais sont plus difficiles d'accès. Pour plus d'informations, consultez le site www.conaf.cl (en espagnol) et le guide Lonely Planet *Chili et île de Pâques*.

Lago Chungará

Près de la frontière bolivienne, au pied des volcans Pomerata et Parinacota, tous deux à plus de 6 000 m, s'étend le superbe Lago Chungará. À 4 517 m, ce lac andin est l'un des plans d'eau les plus hauts au monde, formé quand une coulée de lave barra le cours d'un ruisseau alimenté par la fonte des neiges. Les visiteurs peuvent se promener à leur guise, à condition de supporter l'altitude ; le terrain marécageux et un climat souvent très rigoureux. L'endroit est d'une beauté envoûtante, en particulier en fin d'après-midi quand le soleil déclinant illumine le paysage.

Parinacota

Ce charmant village de pierre précolombien se situe à 4 400 m sur l'ancienne route de l'argent entre Potosí et la côte. Derrière s'étirent la Laguna de Cotacotani et ses *bofedales* (marécages peu profonds parsemés de touffes de végétation). La Conaf gère ici un **centre des visiteurs** (🕑 9h-12h30 et 13h-17h30), qui présente une exposition, se double d'une station de

recherche génétique de haute altitude et propose des sentiers nature.

L'imposante **église** de pierre chaulée, fut érigée au XVIIe siècle, puis reconstruite en 1789. À l'intérieur, des fresques naïves du XVIIe siècle, réalisées par des peintres de l'école de Cuzco. Demandez la clef au gardien et faites un petit don à l'église.

Circuits organisés

Plusieurs tour-opérateurs d'Arica, dont **Turismo Lauca** (☎ 058-252-322 ; turismolauca@gmail. com ; Thompson 200), organisent des excursions d'une longue journée à Lauca (à partir de 30 $US par personne) ; la rapide montée en altitude provoque facilement le mal des montagnes. Mieux vaut d'abord se rendre à Putre et prendre le temps de s'acclimater avant d'entreprendre cette excursion. Plusieurs agences la proposent, telle **Cali Tours** (☎ 8-856-6091 ; krios_team@hotmail.com ; Baquedano 399, Putre). Tenu par des Américains, **Alto Andino Nature Tours** (☎ 9-282-6195 ; www.birdingaltoandino.com ; Baquedano 294, Putre) offre d'excellents circuits à la carte dans le parc national ; réservation indispensable.

Où se loger et se restaurer

Putre se trouve à 3 500 m, nettement moins haut que la majeure partie du parc, ce qui en fait une base confortable.

Hostal Cali (☎ 8-856-6091 ; Baquedano 399 ; 7 $US/ pers). L'un des hébergements les moins chers, il offre des chambres correctes avec sdb et eau chaude.

Residencial La Paloma (Baquedano s/n ; ch 8 $US/pers). Outre des douches chaudes, il propose de bons repas simples dans son restaurant, dans l'Avenida O'Higgins, parallèle.

Casa Barbarita (☎ 9-282-6195 ; www.birdingaltoandino.com ; Baquedano 294 ; d sans/avec petit déj 55/60 $US ; 🖳). Alto Andino Nature Tours gère ce confortable B&B, avec cuisine et bibliothèque d'ouvrages sur la nature. Installé dans une jolie maison de Putre, il peut accueillir jusqu'à 5 personnes et, en réservant à l'avance (indispensable), vous l'aurez tout à vous. Séjour minimum de 2 nuits.

Hostería Las Vicuñas (☎ 058-224-997 ; s/d pension complète 55/80 $US). Construit à l'origine pour les employés des mines, ce vaste hôtel s'étend aux abords de la ville et compte plus de 100 bungalows avec moquette et bien chauffés.

À l'intérieur du parc, la Conaf possède deux refuges : le **Refugio Chungará** (lits 6 $US, empl tente 8 $US), au bord du Lago Chungará, doté de 6 lits, d'un poêle, d'emplacements de camping et de tables de pique-nique, ainsi que le rudimentaire **Refugio Parinacota** (lits 6 $US, empl tente 8 $US), dans le village de Parinacota. Prévoyez du ravitaillement et un bon sac de couchage. À Parinacota, des familles louent également des chambres sommaires et acceptent les campeurs.

Depuis/vers le Parque Nacional Lauca

La route d'Arica à La Paz (*via* Tambo Quemado) est entièrement goudronnée. À la sortie d'Arica, elle suit la vallée de Lluta, charmante oasis, puis grimpe dans les collines d'Atacama, parsemées de cactus candélabres ; ils croissent de 5 mm par an et leur floraison ne dure que 24 heures.

Se rendre en indépendant à Lauca ne présente pas de difficultés insurmontables. D'Arica, plusieurs compagnies de bus partent de la gare routière principale le matin et passent par Chungará (6-8 $US, 3 heures 30), dans le parc national de Lauca, sur le chemin de La Paz (10-17 $US, 8 heures). Tous ces bus vous déposeront au *cruce* de Putre, à 30 minutes de marche du village. **La Paloma** (☎ 058-222-710) propose un bus quotidien direct pour Putre (4 $US, 2 heures 30), qui part de German Riesco 2071 à 6h30 et revient à Arica à 13h. Pour les bus entre la Bolivie et Arica, voir p. 179 et La Paz (p. 94).

SUD-OUEST DE LA BOLIVIE

Avec ses rudes paysages de montagne, ses geysers bouillonnants et ses couleurs minérales hallucinantes, le Sud-Ouest est peut-être la région la plus magique du pays. Malgré l'afflux de visiteurs, elle reste sauvage et isolée, avec des pistes cahoteuses, des villages éparpillés près des mines et peu de transports publics.

La principale ville, Uyuni, est un avant-poste militaire à l'ambiance de bout du monde, que renforcent la rigueur du climat et les vents violents. C'est le point de départ des expéditions dans la région, des étendues désolées des *salares* aux collines escarpées de Los Lípez, qui se dressent parmi les hauts sommets andins le long de la frontière chilienne. Nombre d'entre eux sont des volcans en activité qui surplombent un paysage irréel de phénomènes géothermiques et de lacs peuplés de flamants roses.

UYUNI
14 000 habitants / altitude 3 669 m

Tel un défi au paysage désertique, Uyuni se dresse courageuse et solitaire dans le coin sud-ouest de la Bolivie. Mentionnez son nom devant un Bolivien et il vous parlera immédiatement du *harto frío* – froid extrême. Cependant, malgré son climat glacial (d'autant que l'on semble toujours arriver à 2h du matin, quel que soit le transport choisi), la ville bénéficie d'une animation joyeuse. Les voyageurs qui arrivent s'empressent d'organiser le circuit du Sud-Ouest ; ceux qui en reviennent considèrent Uyuni comme un paradis, dispensateur des conforts qui leur ont manqué au quotidien.

Bien que la ville ne compte guère de curiosités et que le vent vous glace jusqu'aux os quand vous arpentez ses larges rues, son isolement et son cadre naturel inspirent un affectueux respect aux Boliviens et aux visiteurs étrangers.

Fondée en 1889 par le président Aniceto Arce, Uyuni reste une importante base militaire. Le tourisme et l'industrie minière constituent deux autres principales sources d'emplois.

Renseignements
ACCÈS INTERNET

Plusieurs cybercafés sont installés dans le centre. **Cibernet** (Potosí entre Bolívar et Arce ; 0,60 $US/h), l'un des plus fiables, fait face du centre d'information Ranking Bolivia.

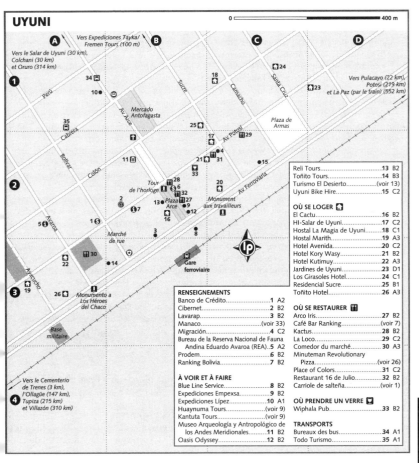

UYUNI

0 ———————— 400 m

ARGENT

Lors de notre passage, Uyuni ne comptait pas de DAB, mais le **Banco de Crédito** (angle Potosí et Bolívar) en attendait l'installation imminente. Cette banque délivre des avances sur les cartes de crédit au meilleur taux et change les dollars US. **Prodem** (Plaza Arce ; ☽ lun-ven et sam matin) et plusieurs autres agences similaires offrent des prestations identiques. Pour les chèques de voyage, rendez-vous à **Manaco** (Potosí près d'Arce), à côté du pub Wiphala. Dans Potosí, plusieurs établissements changent les pesos chiliens et argentins

IMMIGRATION

Migración (angle Sucre et Potosí ; ☽ 8h30-12h et 14h-19h30 lun-ven).

LAVERIES

La plupart des hôtels offrent un service de blanchissage pour 0,50 à 1 $US le kilo. **Lavarap** (Ferroviaria 253) facture 1 $US le kilo.

OFFICES DU TOURISME

Bureau de la Reserva Nacional de Fauna Andina Eduardo Avaroa (REA ; ☎ 693-2400 ; www.bolivia-rea.com ; Avaroa 584 ; ☽ 9h-12h30 et 14h-19h lun-ven). Efficace bureau administratif du parc du même nom. Vous pouvez y acheter votre billet d'entrée si vous allez au parc en indépendant.

Ranking Bolivia (☎ 693-2102 ; rankingbolivia@hotmail.com ; Potosí 9 ; ☽ 8h30-20h). De loin le meilleur endroit pour des informations générales ou spécifiques, cette excellente organisation collecte des avis de voyageurs pour vous aider à choisir un circuit qui réponde à vos exigences.

CHOISIR UNE AGENCE POUR LE CIRCUIT DU SUD-OUEST

Avant-poste éloigné, Uyuni vit essentiellement du tourisme et les agences fleurissent. Au dernier recensement, près de 80 agences proposaient des circuits dans le salar. Cette concurrence acharnée est à double tranchant : si le choix est plus vaste, de nombreux opérateurs se montrent peu soucieux des intérêts de leurs clients et de l'environnement.

Le marché est volatile et il est impossible de recommander des opérateurs en toute confiance. La meilleure solution consiste à se renseigner en arrivant à Uyuni. Les voyageurs qui reviennent d'un circuit sont une bonne source d'information et Ranking Bolivia (p. 187) entretient une impressionnante base de données qui regroupe les opinions des voyageurs sur les divers aspects de leur périple. Une visite à cet organisme est chaudement recommandée avant de choisir votre circuit.

Ces données constituent un ensemble de statistiques plutôt qu'un classement. Déterminez vos critères importants et entrez-les dans le système pour voir le résultat. Réfléchissez soigneusement à vos priorités : un guide parlant votre langue vous semble-il indispensable, sachant qu'il passera la majeure partie du temps à conduire et que le paysage se passe d'explications ?

L'état du véhicule est particulièrement important. Le *salar* met les voitures à dure épreuve, leur entretien est donc essentiel. Toutefois, même les opérateurs les plus fiables ont souvent des problèmes mécaniques ; l'important est de savoir comment elles résolvent les problèmes.

Le prix est aussi un critère important. S'il est souvent possible d'obtenir un rabais, vous devrez souvent réduire vos exigences. Vu la concurrence, les prix sont très serrés et les bénéfices maigres. Si vous réussissez à faire baisser le tarif de 20 $US, demandez-vous comment l'agence essaiera de les récupérer : peut-être en ajoutant un septième passager écrasé contre vous, en écourtant une partie du circuit ou en servant des repas plus simples et moins copieux. Quelques dollars justifient-ils de gâcher une expérience unique ? Les opérateurs les moins chers sont aussi souvent ceux qui connaissent et respectent le moins l'environnement unique du Sud-Ouest.

Les meilleurs opérateurs disposent d'itinéraires écrits précisant les repas, les hébergements et d'autres détails du périple. Faites noter par écrit toute modification acceptée, car on reproche souvent aux agences de ne pas effectuer les "extras" promis.

Impartiale et indépendante, elle fournit d'innombrables renseignements sur la région et le pays. Elle gère également un café-bar très plaisant (voir p. 191).

À voir et à faire

En ville, le **Museo Arqueología y Antropológico de los Andes Meridionales** (Arce et Colón ; 0,60 $US ; ⊙ 8h30-12h et 14h-18h mar-ven, 9h-13h sam-dim) présente des momies et des crânes allongés, ainsi que la description (en espagnol) des techniques de momification et de déformation crânienne.

Seule autre véritable attraction touristique d'Uyuni, le **Cementerio de Trenes** (cimetière de trains) est une importante collection de locomotives à vapeur et de wagons qui se dégradent dans un champ à 3 km au sud-ouest de la gare, le long de l'Av Ferroviaria. On parle depuis longtemps de les transférer dans un musée du chemin de fer, qui stagne à l'état de projet. De nombreux circuits organisés font halte au cimetière ferroviaire au début ou à la fin du périple de 4 jours au *Salar*.

Pour explorer les alentours, ou même le Salar pour les plus intrépides, vous pourrez louer une bicyclette à **Uyuni Bike Hire** (☎ 693-2731 ; Ferroviaria entre Sucre et Camacho ; ⊙ 8h-19h).

Circuits organisés

S'il est possible de visiter en indépendant le Salar de Uyuni et les sites du circuit du Sud-Ouest, la plupart des voyageurs choisissent un circuit organisé à partir d'Uyuni ou de Tupiza (p. 200).

Le plus apprécié est le circuit de 4 jours qui comprend le Salar de Uyuni, la Laguna Colorada, Sol de Mañana, la Laguna Verde et d'autres sites en chemin. Comptez de 80 à 130 $US par personne, avec 6 passagers dans une Jeep. Les avantages de ce circuit sont les nombreux sites naturels de toute beauté qu'il fait découvrir et, vu sa popularité, la facilité de constituer un groupe. Les inconvénients sont le côté "file indienne" (il n'est pas rare de voir deux dizaines de Landcruiser stationnées près des principaux sites) et le long trajet de retour à Uyuni le quatrième jour.

Une autre possibilité offerte par diverses agences consiste à effectuer les trois premiers

SUD DE L'ALTIPLANO

Un circuit revient moins cher si vous formez un groupe de 4 à 6 personnes. Les agences se chargent de trouver des équipiers, mais dans la pratique, mieux vaut les choisir vous-même. Ceci évite de passer d'une compagnie à l'autre pour compléter un 4x4 (il est courant de s'inscrire auprès d'une compagnie et d'échouer dans le circuit d'une autre) et permet de planifier un itinéraire à la carte plutôt que de suivre le circuit classique – une option vivement recommandée car de nombreux sites intéressants autour du *salar* ne figurent pas sur le circuit classique et cela laisse la possibilité de choisir de meilleurs hébergements. Cela évite également la déconvenue de découvrir l'une des régions les plus sauvages au monde en convoi de plus d'une vingtaine de 4x4, suivant tous le même itinéraire.

Nous ne pouvons vous recommander aucune agence et nous vous suggérons fortement de discuter avec plusieurs d'entre elles après avoir mené votre propre enquête. Lors de nos recherches, les opérateurs suivants avaient satisfait les voyageurs :

Blue Line Service (☎ 693-2415 ; blueday_54@hotmail.com ; Ferroviaria s/n).

Expediciones Empexsa (☎ 7241-3728 ; expedicion_empexsa@hotmail.com ; Arce s/n). Bons guides.

Expediciones Lípez (☎ 693-2388 ; Arce s/n).

Expediciones Tayka/Fremen Tours (☎ 693-3543 ; www.andes-amazonia.com ; Sucre s/n). Propose des excursions sur mesure dans des endroits moins connus, avec hébergement dans d'excellents hôtels faisant partie d'un projet touristique bénéficiant aux villages.

Hidalgo Tours (☎ 693-3089 ; www.salardeuyuni.net). Agence basée à Potosí qui possède plusieurs hôtels luxueux le long du circuit du Sud-Ouest. Réservation auprès de l'hôtel Jardines de Uyuni.

Huaynuma Tours (☎ 693-2428 ; huaynumatours@hotmail.com ; Arce s/n). Un nouveau venu.

Kantuta Tours (☎ 693-3084 ; kantutatours@hotmail.com ; Arce s/n).

Oasis Odyssey (☎ 693-2308 ; oasistours2002@yahoo.com ; Arce s/n).

Reli Tours (☎ 693-3209 ; relitours@relitours.com ; Arce 42).

Toñito Tours (☎ 693-2094 ; tonitotours@yahoo.com ; Ferroviaria 162). Un opérateur chevronné, plus haut de gamme.

Tupiza Tours (☎ 694-3003 ; www.tupizatours.com). Opérateur fiable, basé à Tupiza, il propose le circuit de Tupiza à Uyuni ou en sens inverse (voir p. 202).

Turismo El Desierto (☎ 693-3087 ; turismoeldesiertouyuni@bolivia.com ; Arce 42).

jours du circuit puis à prendre un autre transport à la Laguna Verde pour rejoindre la jolie ville de San Pedro de Atacama, au nord-est du Chili. C'est aujourd'hui un itinéraire prisé pour passer de Bolivie au Chili. Lors de la réservation, vérifiez que le prix du transfert jusqu'à San Pedro est inclus.

Des excursions plus courtes (2 jours) se limitent essentiellement au *salar et* coûtent de 45 à 60 $US par personne. Celles d'une journée sont mal vues par les riverains du *salar*, qui n'en tirent aucun bénéfice.

Au vu du nombre croissant de visiteurs sur l'itinéraire classique et de l'augmentation des hébergements autour du Salar de Uyuni et le long du circuit du Sud-Ouest, l'idéal consiste à organiser son propre circuit, en passant par des endroits moins connus ou en ajoutant ascensions ou randonnées. Certaines agences acceptent plus volontiers de le faire que d'autres ; méfiez-vous de celles désireuses de compléter un circuit "standard" et qui vous promettront tout ce que vous voulez juste pour vous amener à signer !

Le circuit typique s'effectue en 4x4 en plus ou moins bon un état, avec 6 passagers (voire 7 ; ce que nous vous déconseillons), un cuisinier et un chauffeur-guide qui parle ou non anglais.

On loge habituellement dans des auberges rudimentaires et glaciales. Si vous n'avez pas un sac de couchage bien chaud, assurez-vous que l'agence vous en fournira un ; n'entreprenez pas l'excursion sans cela. Actuellement, des hébergements plus séduisants sont installés autour du *salar* et certains tour-opérateurs peuvent les réserver. Vérifiez toujours si l'hébergement et l'entrée dans le parc national sont compris dans le tarif proposé.

La nourriture, variable en qualité et en quantité, s'est améliorée ces dernières années. Certaines agences tiennent compte des régimes végétariens.

Sachez que seules les grandes agences d'Uyuni acceptent les cartes de crédit. La ville ne comptant pas de DAB, prévoyez suffisamment d'argent liquide.

Choisissez avec soin votre tour-opérateur : un circuit bien organisé vous laissera de

SUD DE L'ALTIPLANO

fabuleux souvenirs, alors que des accompagnateurs maussades et négligents en feront un désastre. Pour plus de conseils, reportez-vous à l'encadré page précédente.

Fêtes

La grande **fête** d'Uyuni a lieu le 11 juillet et célèbre la fondation de la ville. Les festivités comprennent des défilés aux flambeaux, des discours, des danses, de la musique et moult libations.

Où se loger

L'essor touristique d'Uyuni provoque l'apparition incessante de nouveaux hôtels. Les meilleurs se remplissent vite en haute saison aussi vaut-il mieux réserver, surtout si vous arrivez en train à 2h du matin ! Les hôtels bon marché proches de la gare sont pratiques pour une arrivée ou un départ à des heures incongrues, mais les allers et venues ne favorisent pas le sommeil. Peu d'établissements bénéficient du chauffage.

PETITS BUDGETS

Hostal Marith (☎ 693-2174 ; Potosí 61 ; ch par pers 2,50 $US, avec sdb 5 $US). Calme et plaisant, ce favori des routards affiche souvent complet. Disposé autour d'une cour, il possède de correctes douches communes, avec eau chaude toute la journée. Certaines chambres sont un peu sombres et le service varie.

Hotel Avenida (☎ 693-2078 ; Ferroviaria 11 ; s/d 3/5 $US, avec sdb 5/10 $US). Près de la gare ferroviaire, Il est apprécié pour ses chambres propres et rénovées, ses bacs à lessive et ses douches chaudes (de 7h à 13h). Si la porte reste fermée à l'arrivée du train, c'est qu'il est complet.

HI-Salar de Uyuni (☎ 693-2228 ; www.hostellingbolivia .org ; angle Potosí et Sucre ; dort/d 3,10/7,50 $US ; 🖳). Affiliée HI, elle offre de bons lits et les prestations habituelles des auberges de jeunesse. Un peu sombres, les chambres varient beaucoup ; demandez à en voir plusieurs. Elle appartient à un tour-opérateur, mais les propriétaires n'en font pas une promotion effrénée.

Autres possibilités :

El Cactu (☎ 693-2032 ; Arce 46 ; ch 2,50 $US/pers). Près de la gare ferroviaire, accueillant, pratique et récemment rénové. Couvertures en abondance.

Residencial Sucre (☎ 693-2047 ; Sucre 132 ; ch 2,50 $US/pers). Des chambres sommaires et propres.

CATÉGORIE MOYENNE

Toñito Hotel (☎ 693-3186 ; www.bolivianexpeditions. com ; Ferroviaria 60 ; ch 5 $US/pers, s/d/ste avec sdb et petit déj 20/30/40 $US). Bel hôtel construit autour d'une cour centrale, il possède des chambres colorées aux lits spacieux et en construisait de nouvelles à l'arrière lors de notre passage. Apprécié des groupes, il affiche souvent complet ; réservez à l'avance.

Hostal La Magia de Uyuni (☎ 693-2541 ; magia_ uyuni@yahoo.es ; Colón 432 ; s/d avec sdb et petit déj 20/30 $US). L'un des plus jolis hôtels de la ville et prisé des groupes hauts de gamme, il dispose de chambres simples et douillettes, réparties autour d'une cour intérieure où trône un couple de tatous empaillés. La direction se montre très serviable et arriver de nuit ne pose pas de problème.

Jardines de Uyuni (☎ 693-3089 ; hidalgohuyuni@entelnet.bo ; Potosí 113 ; s/d 35/55 $US ; 🖳🖳). Très séduisant sur le plan esthétique, il est construit dans un charmant style rustique autour d'une cour. Les murs et les lits en adobe, les peintures murales et toutes sortes d'outils et d'objets donnent l'impression que le confort a été un peu sacrifié à l'ambiance ; les chambres sont un peu sombres et légèrement surévaluées. Un joli bar, des hamacs, un Jacuzzi, un sauna et une piscine couverte comptent parmi ses nombreux atouts.

Los Girasoles Hotel (☎ 693-3323 ; girasoleshotel@hotmail.com ; Santa Cruz 155 ; s/d 35/60 $US). Ce nouvel hôtel, spacieux et attrayant, offre un service diligent et des chambres particulièrement plaisantes avec de grands lits confortables, des lambris en bois de cactus et des sdb parfaites, chauffées au gaz. À deux détails près (pas de téléphones et un supplément de 5 $US pour la TV), c'est la meilleure adresse d'Uyuni.

Deux hôtels médiocres mais fréquentés pratiquent des tarifs légèrement inférieurs à la sélection ci-dessus :

Hotel Kory Wasy (☎ 693-2670 ; Potosí 304 ; ch 10 $US/pers). Une direction sympathique, mais des chambres un peu exiguës et sombres. Toutes avec sdb, parfois à l'extérieur de la chambre.

Hotel Kutimuy (☎ 693-2391 ; angle Potosí et Avaroa ; ch 25 $US). Un service défaillant mais des chambres spacieuses.

Où se restaurer et prendre un verre

Pour un repas rapide et bon marché, rendez-vous au *comedor* du marché ou aux stands de restauration des rues avoisinantes. Le prix de la "meilleure salteña d'Uyuni" revient à la petite carriole qui s'installe le matin dans Potosí devant le Banco de Crédito, près du croisement avec Bolívar.

Wiphala Pub (☎ 693-3545 ; Potosí 325 ; plats 2-3 $US ; ☾ 16h-23h). Du nom du drapeau aymará multicolore, ce pub se révèle accueillant avec ses tables en bois, ses jeux de société et son service affable. Apprécié pour boire un verre, il sert également de savoureux plats boliviens.

Place of Colors (Potosí entre Sucre et Arce ; plats 2,50-3 $US ; ☾ 9h-13h et 16h-23h). Ce café sympathique propose divers petits déjeuners, des sandwiches (pain de mie ou baguette) et en soirée un excellent *pique* (un plat consistant composé de bœuf, de saucisses, de frites et d'une sauce épicée). Vous apprécierez le vin chaud après avoir grelotté sur le *salar*.

Kactus (☎ 7242-6864 ; angle Potosí et Arce ; plats 3 $US). Dans son nouveau local en étage, ce restaurant prisé prépare de bonnes pâtes, des soupes simples, des plats internationaux et quelques spécialités boliviennes, qui constituent le meilleur choix. Le service laisse à désirer et il est difficile de rester insensible au triste état de l'ara relégué dans un coin.

Restaurant 16 de Julio (☎ 693-2171 ; Arce 35 ; déj 1,90 $US, plats 2-5 $US). Derrière une façade sans charme se cache une agréable salle à l'étage où savourer un bon déjeuner ou une pizza et des pâtes en soirée.

La Loco (☎ 693-3105 ; Potosí entre Sucre et Camacho ; en-cas 1,25 $US, plats 3-4 $US ; ☾ 16h-2h). Accueillant bar et restaurant tenu par un Français, il ressemble à une grange avec son confortable mobilier en bois massif réparti autour d'une cheminée et son éclairage tamisé. Il propose un grand choix de boissons et une carte limitée et raffinée – croque-monsieur, crêpes et steaks de lamas revisités dans un esprit gourmet. Le patron se montre plus empressé que le personnel.

Café Bar Ranking (☎ 693-2102 ; Potosí 9 ; plats 3-4 $US ; ☾ 8h30-tard). Ce café détendu finance Ranking Bolivia, le bureau d'information touristique adjacent. Il est idéal pour un thé ou un café (le choix est immense), un repas ou un verre tard dans la nuit (essayez le "llama sperm"). Le sol en sel, le service sympathique et les splendides photos du *salar* ajoutent au charme de l'endroit. C'est aussi une bonne adresse pour apprendre les jeux de dés boliviens classiques.

Arco Iris (☎ 693-3177 ; Arce 27 ; pizzas 3-6 $US). Animé, fréquenté et accueillant, l'Arco Iris est une institution pour une pizza ou un verre malgré la lenteur du service. Parfait pour lier connaissance et rencontrer d'autres voyageurs.

Minuteman Revolutionary Pizza (☎ 693-2094 ; Ferroviaria 60 ; ☾ 7h30-10h et 17h-22h ; pizzas 3,75-7,50 $US, pâtes 2,50-3 $US, petit déj 2-2,50 $US). Adresse favorite des voyageurs, ce lieu convivial jouit, à juste titre, d'une excellente réputation. On peut s'y régaler d'un copieux petit déjeuner, d'une pizza délicieuse et généreusement servie ou siroter un verre de vin à la lueur des bougies. Entrée par le Toñito Hotel.

Depuis/vers Uyuni

Partir de la lointaine Uyuni peut être difficile. Achetez votre billet de bus la veille et votre billet de train le plus tôt possible. La liaison aérienne, toujours en projet, reste une vague perspective en raison du coût de la construction de pistes en haute altitude et de la traîtrise des vents sur l'Altiplano.

Si vous allez au Chili, mieux vaut obtenir le tampon de sortie de Bolivie à la *migración* (p. 187), car les horaires du poste-frontière bolivien de Hito Cajón (juste après la Laguna Verde) ne sont pas fiables. Même si un dépassement est rarement sanctionné, vous devez quitter la Bolivie dans les 3 jours après le délivrance du tampon.

BUS ET JEEP

Une nouvelle gare routière (financée par une taxe de 0,20 $US par voyageur) est en construction, mais lors de notre passage, tous les bus continuaient de partir de l'extrémité ouest de l'Av Arce, à quelques minutes de marche de la place. Plusieurs compagnies desservent la plupart des destinations ; renseignez-vous sur les meilleurs tarifs et services. Ranking Bolivia (p. 187) dispose d'horaires à jour pour tous les services.

Plusieurs compagnies proposent des bus de nuit quotidiens pour Oruro (2-3 $US, 8 heures), où vous pourrez changer pour La Paz. La route étant glaciale et cahoteuse, vous préférerez peut-être prendre le train ou opter pour **Todo Turismo** (☎ 693-3337 ; www.touringbolivia.com ; Cabrera s/n, entre Bolívar et Arce), qui offre les meilleurs bus du pays, luxueux avec un personnel attentif et repas à bord. Il relie Uyuni et La Paz (25 $US, 10 heures) *via* Oruro (20 $US, 7 heures), les mardi, jeudi et samedi à 20h. Ce service cher présente deux avantages : les bus sont chauffés et ils évitent de débarquer à Oruro au milieu de la nuit glaciale (où des voyageurs se sont fait détrousser alors qu'ils attendaient une correspondance pour La Paz).

Plusieurs bus partent vers 10h et 19h pour Potosí (3 $US, 6 heures), avec des correspondances pour Sucre (5 $US, 9 heures) et Tarija. À 15h, un bus direct se rend à Tarija (12 $US, 18 heures) quand les conditions le permettent.

Tous les jours vers 10h30, des 4x4 desservent Tupiza (6,25 $US, 6-8 heures). Même serrés à 10 à l'arrière d'un Landcruiser, le trajet *via* Atocha, où l'on passe au moins 1 heure, reste mémorable. Des bus empruntent la même route deux fois par semaine, et de temps à autre un *camión*.

Les lundi et jeudi, des bus partent à 3h30 pour Avaroa (3,75 $US, 5 heures), à la frontière chilienne, où l'on peut changer pour Calama.

Vous pouvez aussi rejoindre le Chili avec un circuit organisé qui vous déposera à San Pedro de Atacama. Certains tour-opérateurs, dont **Turismo El Desierto** (☎ 693-3087 ; turismoeldesiertouyuni@bolivia.com ; Arce 42) et **Colque Tours** (☎ 693-2199 ; www.colquetours.com ; Potosí 56), proposent des transferts directs en Jeep jusqu'à San Pedro (15-30 $US/pers, 7-10 heures ; départ vers 15h). Toutefois, ces transferts sont arrangés peu avant le départ car ils dépendent de réservations faites en sens inverse, à partir de San Pedro.

TRAIN

Uyuni possède une **gare ferroviaire** (☎ 693-2153) moderne et bien organisée. Achetez votre billet plusieurs jours à l'avance ou adressez-vous à une agence.

Le confortable *Expreso del Sur* part pour Oruro (*popular/salón/ejecutivo* 4,15/6,50/12,.60 $US, 7 heures) les jeudi et dimanche à 0h05 (soit dans la nuit du mercredi et du samedi) et vers le sud-est pour Tupiza (3,10/5/12,60 $US, 5 heures 30) et Villazón (4,75/7/16,90 $US, 8 heures 30) les mardi et vendredi à 22h40.

Régulièrement en retard et poussif, le *Wara Wara del Sur* est censé partir les mardi et vendredi à 1h45 (soit dans la nuit du lundi et du jeudi) pour Oruro (*popular/salón/ejecutivo* 4/5/10,75 $US, 7 heures 30) et les lundi et jeudi à 2h50 pour Tupiza (2,75/3,60/8,25 $US, 6 heures) et Villazón (4,25/5,75/12,40 $US, 10 heures).

Selon la taille de votre bagage, vous devrez peut-être l'enregistrer dans le fourgon à bagages. Attention aux voleurs à l'arraché au départ des trains.

S'il n'y a plus de billets de train disponible, prenez un bus jusqu'à Atocha, à 111 km au sud, où vous trouverez des bus de correspondance et où les trains s'arrêtent 2 heures avant/après Uyuni. Sur place, vous aurez quelque chance de trouver des billets de train alors que la gare d'Uyuni a vendu tous les siens.

Le lundi à 3h30, un train part à l'ouest pour Avaroa (3,90 $US, 5 heures) à la frontière chilienne, que vous traverserez pour rejoindre Ollagüe et où le passage de la douane chilienne peut entraîner une attente de quelques heures. Ensuite, un autre train continue jusqu'à Calama (11,40 $US depuis Uyuni, 6 heures depuis Ollagüe). Le trajet total, inconfortable et spectaculaire, peut demander 24 heures.

ENVIRONS D'UYUNI
Pulacayo

Dans cette localité semi-désertée, à 22 km au nord-est d'Uyuni, des rochers aux couleurs vives se dressent à côté de la route et un cours d'eau riche en minerais révèle des veines bleues, jaunes, rouges et vertes. Au nord du village, les **mines de Pulacayo**, qui produisaient principalement de l'argent, furent ouvertes à la fin du XVIIᵉ siècle (on peut voir la tombe du fondateur de la compagnie, A. Mariano Ramírez), puis fermèrent en 1832 après la guerre d'indépendance. La Compañía Huanchaca de Bolivia (CHB) reprit la mine en 1873 et relança l'extraction d'argent. Lors de sa fermeture définitive en 1959, elle employait 20 000 mineurs. Aujourd'hui, seules quelques centaines de mineurs organisés en coopératives continuent d'exploiter la mine.

On peut explorer plusieurs kilomètres de **galeries minières**. La **filature**, qui tisse la laine de lama en étoffe, et la **maison** d'Aniceto Arce Ruíz, le 22ᵉ président de Bolivie, méritent également la visite.

Pulacayo possède également plusieurs **locomotives à vapeur rouillées**, autrefois importées pour le transport du minerai. *El Chiripa*, la première machine à vapeur bolivienne, date de 1890 et d'autres locomotives portent des noms tels que *El Burro*, *El Torito* et *Mauricio Hothschild*. On peut aussi voir le train de minerai dévalisé par les légendaires bandits Butch Cassidy et le Sundance Kid, dont le wagon de bois percé par les balles lors de l'attaque.

Pulacayo tient une place importante dans l'histoire bolivienne et une communauté active de résidents et d'expatriés s'efforce d'installer des infrastructures touristiques. Rien n'a encore vu le jour, mais l'endroit est intéressant à visiter et vous devriez trouver un guide local pour vous montrer les galeries minières. Par le passé, des agences d'Uyuni ont organisé des excursions à Pulacayo ; renseignez-vous sur place. Sinon, tous les transports entre Uyuni et Potosí passent par Pulacayo et l'aller-retour en taxi d'Uyuni devrait coûter de 8 à 12 $US.

Pulacayo compte deux hôtels simples, fermés lors de notre passage ; renseignez-vous à Uyuni.

Colchani

En bordure du Salar de Uyuni (voir ci-dessous), Colchani est le point d'accès le plus facile à cette superbe étendue de sel et l'endroit idéal pour en avoir un aperçu sans participer à un circuit organisé. Il reste au moins 10 milliards de tonnes de sel dans le Salar de Uyuni et, autour de Colchani, les *campesinos* en extraient avec des pics et des pelles et l'entassent en petits monticules coniques, typiques du paysage du salar.

La majeure partie du sel est vendue à des raffineurs et transportée par le rail. Le reste est échangé dans les villages voisins contre de la laine, de la viande et de la graisse. Lors de notre passage, des habitants installaient un nouveau **musée** dédié au *salar*, au commerce du sel et aux caravanes de lamas, aujourd'hui quasiment disparues.

Au sud-ouest de Colchani, l'extraordinaire **atelier de la Cooperativa Rosario**, également appelé Bloques de Sal (blocs de sel), taille des blocs de sel dans le *salar* pour les transformer en meubles et en objets d'art. L'atelier fait désormais partie des attractions touristiques sur les circuits au Salar de Uyuni.

À la lisière du sel, l'**Hotel Palacio de Sal** (☎ 622-5186 ; www.palaciodesal.com ; ch demi-pension 80 $US/pers ; 🏊), un luxueux complexe presque entièrement construit dans cette substance, offre toutes sortes de prestations, de la piscine et du sauna au parcours de golf en sel. Les réservations s'effectuent auprès d'Hidalgo Tours à Potosí (voir l'encadré p. 188) ou de l'hôtel Jardines de Uyuni (p. 190) ; il revient moins cher dans le cadre d'un forfait.

DEPUIS/VERS COLCHANI

Colchani se situe à 20 km au nord d'Uyuni, sur la route de tous les bus qui relient Uyuni et Oruro. Tous les jours, des *camiones* partent pour Colchani de l'Av Ferroviaria à Uyuni, surtout entre 7h et 9h. Des employés des salines habitent à Uyuni et se rendent quotidiennement à Colchani en voiture ou à moto ; ils vous emmèneront peut-être moyennant une petite participation. En taxi, comptez de 5 à 7 $US.

CIRCUIT DU SUD-OUEST

La pointe sud-ouest de la Bolivie est un exceptionnel ensemble de paysages âpres et divers, des étendues salines d'une blancheur aveuglante du Salar de Uyuni au foyer d'activité géothermique de Los Lípez, l'une des régions sauvages les plus rudes de la planète et un refuge pour de nombreuses espèces andines. Ici, le sol déborde littéralement de minéraux qui produisent une extraordinaire palette de couleurs. Un circuit à partir d'Uyuni fait traverser des paysages époustouflants et constituent pour beaucoup le point fort d'un voyage en Bolivie.

Officiellement protégée, la majeure partie de la région se situe dans la **Reserva Nacional de Fauna Andina Eduardo Avaroa** (REA ; www.bolivia-rea.com ; 3,75 $US), créée en 1973 et couvrant 7 150 km². Elle reçoit chaque année plus de 50 000 visiteurs. Son rôle principal est la protection des vigognes et de la *llareta*, deux espèces menacées en Bolivie, ainsi que d'autres espèces endémiques et des écosystèmes uniques.

La plupart des visiteurs viennent en circuit organisé d'Uyuni (p. 186) ou de Tupiza (p. 200) ; consultez l'encadré p. 195 pour d'autres sites à découvrir.

Hormis deux cabines Entel, il n'y a pas de téléphone sur le circuit du Sud-Ouest. Toutes les communications s'effectuent par radio. Les numéros de téléphone indiqués dans cette rubrique correspondent à des bureaux installés à Uyuni.

SALAR DE UYUNI

Plus vaste réserve de sel au monde, le Salar de Uyuni s'étend sur 12 106 km² à 3 653 m d'altitude et couvre la majeure partie de la province de Daniel Campons. Quand il est asséché, le *salar*, d'un blanc aveuglant, est une étendue désolée d'une incomparable

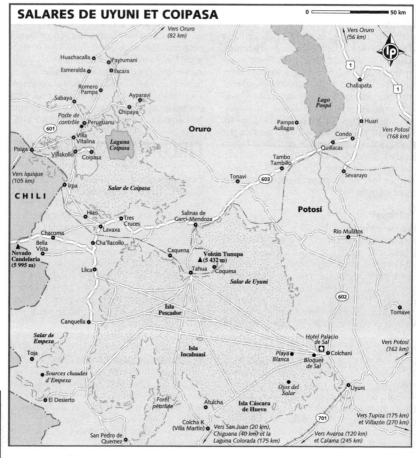

SALARES DE UYUNI ET COIPASA

beauté – juste le ciel bleu, le sol blanc et vous. Dès qu'il retient un peu d'eau, la surface reflète à la perfection les nuages et le ciel bleu de l'Altiplano, au point de masquer l'horizon. Circuler alors sur le *salar* donne l'impression de voler parmi les nuages.

Le Salar de Uyuni est actuellement un centre d'extraction et de traitement du sel, notamment autour du village de Colchani (voir p. 193). La production annuelle est estimée à près de 20 000 tonnes, dont 18 000 tonnes destinées à la consommation humaine et le reste au bétail.

Formation
Il y a 40 000 à 25 000 ans, le Lago Minchín, dont le niveau maximum atteignit 3 760 m,

recouvrait la majeure partie du sud-ouest de la Bolivie. Lorsqu'il s'évapora, l'endroit resta sec pendant 14 000 ans avant l'apparition du Lago Tauca, qui ne subsista que 1 000 ans et dont le niveau grimpa à 3 720 m. Il laissa deux grands plans d'eau, les Lagos Poopó et Uru Uru, et deux vastes concentrations de sel, les Salares de Uyuni et de Coipasa.

Cette partie de l'Altiplano est endoréique (ses cours d'eau se perdent dans les terres) ; les dépôts de sel proviennent des minéraux lessivés des montagnes et accumulés au point le plus bas.

Isla Incahuasi
Pour la plupart des circuits au Salar de Uyuni, la principale destination est la ravissante Isla

Incahuasi (à ne pas confondre avec l'Isla del Pescado, plus à l'ouest), au cœur du *salar*, à 80 km à l'ouest de Colchani.

Avant-poste vallonné et couvert de cactus Trichoreceus au milieu du *salar*, l'Isla Incahuasi est entourée d'une mer blanche et plane de plaques de sel de forme hexagonale. Autrefois totalement isolée, elle semblait appartenir à un autre monde. À l'indignation de certains et pour le plaisir d'autres, elle abrite aujourd'hui un café-restaurant géré par Mongo's de La Paz. Les groupes de touristes arrivent tous à la même heure et se bousculent sur les sentiers pour prendre la photo parfaite.

L'île est administrée par la province de Daniel Campos ; un droit d'accès de 1,25 $US peut être ou non inclus dans votre circuit.

Isla Cáscara de Huevo

La petite **île de la Coquille d'œuf**, près de l'extrémité sud du Salar de Uyuni, doit son nom aux coquilles d'œufs d'oiseaux brisées qui jonchent le sol. On la visite pour ses étranges cristallisations de sel, dont certaines ressemblent à des roses.

Volcán Tunupa, Coquesa et Tahua

À la diagonale de Colchani, un promontoire arrondi que surmonte le **Volcán Tunupa** (5 432 m) jaillit du Salar de Uyuni. Selon la légende, Atahualpa lacéra la poitrine d'une femme appelée Tunupa sur les pentes du volcan, et le lait qui en coula forma le *salar*. Hormis l'altitude, cette massive montagne jaune est assez facile à gravir.

Au pied du volcan, le village de **Coquesa** se situe dans une région constellée de ruines d'anciens hameaux et de cimetières. Des vêtements, des céramiques et des objets en or et

---

HÔTELS DE SEL

Autour du *salar* (désert de sel), plusieurs hôtels sont construits en sel, dont les luxueux Palacio de Sal à Colchani (voir p. 193) et Ecohotel de Sal à Tahua (ci-dessous). Uniques et confortables, ils sont presque entièrement constitués de blocs de sel (à quelques exceptions évidentes près). Sachez qu'il est interdit de construire sur le *salar* même ; l'hôtel de sel Playa Blanca, où de nombreux circuits s'arrêtent le matin, tombe sous le coup cette interdiction. Les écologistes locaux recommandent vivement qu'on ne le fasse pas travailler.

---

en cuivre ont été découverts sur certains sites, confirmant la présence d'une culture développée, mais peu connue. Malheureusement, l'isolement a favorisé le pillage des trésors archéologiques.

Au modeste **Hospedaje Chatahuana** (ch 1,25 $US/pers), l'un des quatre hébergements de ce petit village, vous pouvez demander les clés du **Museo Coquesa** (1,25 $US) qui présente un collection de poteries et de momies. À Coquesa, il est également possible d'organiser une visite de nuit à l'**observatoire** voisin pour apprécier le ciel étoilé. Renseignez-vous au Chatahuana ; les prix varient de 1,25 à 5 $US par personne selon la taille du groupe et le transport choisi (25 min de marche ou en voiture). Les boissons chaudes, bienvenues, sont comprises.

Des hébergements plus haut de gamme sont installés non loin à **Tahua**, à l'ouest en bordure du *salar*. Le superbe **Ecohotel de Sal** (☎ à Uyuni 693-3543 ; d/t/qua 75/80/85 $US) fait partie

---

SORTEZ DU LANDCRUISER

Dans la région du Sud-Ouest, vous aurez maintes fois l'occasion de descendre du 4x4 et de vous dégourdir les jambes. Diverses montagnes invitent à l'escalade et on trouve facilement des guides dans les villages. L'altitude constitue la principale difficulté de ces ascensions. Engager un guide local bénéficie à la communauté, souvent ignorée par les circuits au départ d'Uyuni. Si l'ascension du **volcán Licancabur** (voir p. 195) est devenue un classique, celle du **Nevado Candelaria** (5 995 m), à l'ouest du Salar de Coipasa, est tout aussi exaltante. Grimper au sommet du **volcán Ollagüe** (5 865 m), un volcan en activité sur la frontière chilienne, au sud-ouest de San Pedro de Quemez, permet d'approcher du cratère quand il n'y a pas de vent et offre une vue spectaculaire.

Des habitants de la région s'efforcent d'organiser d'intéressantes alternatives aux circuits classiques. Lors de nos recherches, **Mateo Huayllani** (☎ 613-7290), installé à Mañica, mettait sur pied un circuit de 3 jours avec une caravane de lamas traditionnelle transportant du sel dans l'ouest du *salar* – une perspective enthousiasmante !

d'un projet mixte communauté-investisseurs et, à terme, reviendra entièrement au village. Entièrement construit en sel, à l'exception du toit de chaume et des pierres noires des sdb, il offre un grand confort et constitue une bonne base pour des excursions dans le *salar* ou l'ascension de pics tel que le Nevado Candelaria. Les chambres disposent de radiateurs et d'eau chauffée à l'énergie solaire. Le restaurant sert le petit déjeuner (3 $US) et de savoureux plats typiques (comme la viande de lama avec de la quinoa et des pommes de terres déshydratées ; 6 $US).

Parmi les autres hébergements, signalons les Jardines de Tahua, habituellement réservé dans le cadre d'un forfait avec **Hidalgo Tours** (☎ 693-3089 ; www.salardeuyuni.net) à Potosí, et un hôtel géré par Mongo's de La Paz (voir p. 91), qui devait bientôt ouvrir lors de notre passage.

Llica

De l'autre côté du *salar* en venant de Colchani, le village de Llica abrite étonnamment un collège d'enseignants. Il compte deux hébergements très spartiates, qui demandent chacun 2 $US par personne ; renseignez-vous

---

LES CHIPAYA

Les Chipaya vivent sur le delta du Río Sabaya, au nord du Salar de Coipasa. Ils occupent deux villages (Chipaya et Ayparavi) de huttes de terre circulaires recouvertes de chaume, appelées *khuya* ou *putucu*, dont les portes en bois de cactus font toujours face à l'est. Les Chipaya se reconnaissent à leurs vêtements de couleur beinge et à la coiffure caractéristique des femmes. Elles tressent leurs cheveux en 60 petites nattes, rassemblées en deux grandes nattes ornées d'une *laurake* (barrette) au niveau de chaque tempe.

Certains chercheurs pensent que les Chipaya furent les premiers habitants de l'Altiplano et qu'ils descendraient de la civilisation disparue de Tiahuanaco. Cette hypothèse est essentiellement fondée sur leur langue, totalement différente du quechua et de l'aymará, sans doute une survivance de l'uru.

Selon la tradition chipaya, leur peuple apparut alors que le monde était encore dans la nuit et il descendait des "Hommes de l'eau", peut-être les Uru. Leur religion, fondée sur le culte de la nature, divinise les représentations phalliques, les pierres, les rivières, les montagnes, les carcasses d'animaux et les ancêtres. Le clocher de l'église, symbole phallique, est vénéré comme un démon – l'un des 40 esprits malins connus, qui représentent la haine, la colère, la vengeance, la gloutonnerie et d'autres péchés mortels. Les démons habitent dans les cônes de terre chaulés répartis dans un rayon de 15 km autour des villages, où on les apaise par des libations, des sacrifices et des rituels afin que leur présence maléfique ne se manifeste pas au sein de la communauté.

La commémoration des ancêtres culmine le 2 novembre, le **Día de los Muertos** (jour des Morts), quand les corps sont exhumés des *chullpares*. Les célébrations s'accompagnent d'un festin bien arrosé et de consommation de feuilles de coca. On informe les morts des récents événements et des besoins des vivants. Les anciens chefs, guérisseurs et autres notables sont portés à l'église, où l'on sacrifie des animaux en leur honneur.

Visiter Chipaya

En général, les touristes ne sont pas les bienvenus et doivent payer un droit pour entrer dans la "nation" chipaya (de 1 à 50 $US par personne ; bien moins si vous n'arrivez pas en 4x4 !). Les Chipaya n'apprécient pas d'être photographiés. Le village de Chipaya possède un modeste *alojamiento* et une petite échoppe.

On peut rejoindre Chipaya depuis Llica, de l'autre côté du Salar de Coipasa, ou depuis Oruro *via* Huachacalla. Presque tous les jours, des *micros* partent d'Uyuni pour Llica (2,50 $US, 4 heures) vers 12h. À Llica, vous pouvez attendre un *camión* ou prendre une moto-taxi jusqu'à Pisiga (15 $US environ), où des bus Iquique-Oruro font halte à Sabaya (où l'on trouve un *alojamiento* et des repas simples) et à Huachacalla.

D'Oruro, des bus partent tous les jours pour Huachacalla ; ensuite, vous devrez trouver un moyen de transport jusqu'à Chipaya, à 30 km. Vous pouvez aussi rejoindre Sabaya ou Huachacalla par n'importe quel bus reliant Oruro et Iquique. Quelques tour-opérateurs organisent la visite du village ; renseignez-vous auprès de **Viajeros del Tiempo** (☎ 527-1166 ; S Galvarro 1232, Oruro).

à l'*alcaldía*. Les *pensiones* Inca Wasi, Bolívar et El Viajero servent des soupes à 0,20 \$US et des repas complets à 0,90 \$US. D'Uyuni, des micros partent presque tous les jours vers 12h pour Llica (2,50 \$US, 4 heures). Des *camiones* effectuent ce trajet et continuent parfois plus loin au sud-ouest – prévoyez ravitaillement, eau et matériel de camping.

San Pedro de Quemez

Hors des sentiers battus à la pointe sud-ouest du *salar,* cet endroit isolé recèle un hôtel séduisant, construit en pierre brute locale, l'**Ecohotel de Piedra** (☎ à Uyuni 693-3543 ; d/t/qua 75/80/85 \$US). Faisant partie du même projet que l'Ecohotel de Sal à Tahua (voir plus haut), il offre des prestations identiques. Le personnel peut organiser d'intéressantes excursions vers des sites peu connus des alentours.

SALAR DE COIPASA

Ce grand désert de sel isolé au nord-ouest du Salar de Uyuni s'étend sur 2 218 km² à 3 786 m d'altitude. Il provient du même réseau de lacs préhistoriques que le Salar de Uyuni, qui couvrait la région voici 10 000 ans. La piste de 4x4 défoncée mène au Salar de Coipasa. Sur une île au milieu du *salar*, le village de Coipasa, essentiellement construit en sel, vit de l'extraction de cette substance. On peut aussi rejoindre le Salar de Coipasa depuis la province d'Oruro (voir p. 180).

LOS LÍPEZ
Du Salar de Uyuni à la Laguna Colorada

Le circuit classique au départ d'Uyuni passe par **Colchani**, puis traverse le *salar* jusqu'à l'**Isla Incahuasi** (p. 194), à 80 km à l'ouest. Après une halte pour explorer l'île, l'itinéraire se dirige vers le sud et atteint la lisière du *salar*, à 45 km, où Atulcha abrite l'**Hotel de Sal Marith** (ch 10 \$US/pers), l'un des hôtels de sel les moins chers.

Après 22 km, on passe par un poste de contrôle militaire au village de Colcha K (*colcha-ka*), qui possède une jolie église en adobe et des hébergements spartiates en dortoir.

Environ 15 km plus loin, **San Juan** (3 660 m), un village de 1 000 habitants, se consacre à la culture de la quinoa. Il compte une charmante église en adobe, plusieurs tombes en pierre volcanique et des *chullpares* funéraires aux alentours. Vous pourrez loger chez l'habitant ou dans des *alojamientos* sommaires pour 2,50 \$US par personne. Les clients

des agences séjournent au **Magia de San Juan** (barronhumberto@hotmail.com ; s/d avec sdb et petit déj 15/20 \$US), où le pub accueillant, doté d'une cheminée, est ouvert aux non-résidents. À proximité, une cabine Entel est l'un des rares téléphones de la région. Géré par le village, le **Museo Kausay Wasi** (1,25 \$US) présente des objets archéologiques trouvés dans la région.

À cet endroit, la route tourne à l'ouest et s'engage dans le **Salar de Chiguana**, où l'horizon s'élargit. Au loin, l'**Ollagüe** (5 865 m), un volcan actif coiffé de neige, enjambe la frontière boliviano-chilienne.

La route se dirige ensuite vers le sud et grimpe vers des hautes terres toujours plus sauvages, passant par des lacs riches en minéraux, peuplés de flamants (voir l'encadré p. 198). Après quelque 170 km de piste cahoteuse à travers de fabuleux paysages, la route descend en serpentant jusqu'à l'**Árbol de Piedra** (arbre de pierre) dans le Desierto Siloli, à 18 km au nord de la Laguna Colorada.

À 30 minutes avant l'arbre, l'**Ecohotel del Desierto** (☎ à Uyuni 693-3543 ; d/t/qua 75/80/85 \$US), entouré d'un paysage aux prodigieuses couleurs ocre, est l'un des quatre hôtels d'un projet mixte communauté-investisseurs. Il offre des chambres d'un excellent standard, avec chauffage et eau chaude, et de savoureux repas locaux.

Laguna Colorada

Ce lac rouge vif (4 278 m) couvre approximativement 60 km² et sa profondeur ne dépasse pas 80 cm. Son intense coloration provient des algues et du plancton qui prospèrent dans l'eau riche en minéraux. De brillants dépôts blancs de sodium, de magnésium, de borax et de gypse ourlent la rive. Les sédiments du lac abondent en diatomées, ces microfossiles utilisés dans la fabrication d'engrais, de peinture, de dentifrice et de plastique, et qui servent également d'agent filtrant pour l'huile, les produits pharmaceutiques, le kérosène, la bière et le vin. Plus visibles, les trois espèces de flamants d'Amérique du Sud nichent ici (voir l'encadré page suivante).

À 6 km du lac, le vaste **Huayllajara Hostal Altiplano** (dort 2,50 \$US) possède des dortoirs bien tenus de 6 lits avec de nombreuses couvertures et sert de la bière et des en-cas. Au bord du lac, le **refugio du señor Eustaquio Berna** (2,50 \$US) est apprécié malgré son confort sommaire. Lors de notre passage, il construisait de nouvelles chambres, dont des doubles avec sdb.

Plus haut de gamme, l'Hospedería Hidalgo Laguna Colorada de Hidalgo Tours est habituellement réservée aux participants des circuits organisés de cette agence (voir p. 189). Elle dispose de chambres rustiques, avec chauffage, sdb et eau chaude.

L'air est pur, le froid vif et, en hiver, les températures nocturnes peuvent descendre jusqu'à -20°C. Cela vaut mieux, car des températures plus élevées rendraient les émanations du lac insupportables.

Champ de geysers de Sol de Mañana

Hormis les véhicules des circuits organisés, la plupart de ceux qui empruntent les pistes autour de la Laguna Colorada desservent des mines, des camps militaires ou le centre géothermique de Sol de Mañana, à 50 km au sud. Son principal intérêt est le champ de geysers à 4 850 m d'altitude, avec ses mares de boue bouillonnante, ses fumerolles et l'odeur nauséabonde des vapeurs sulfureuses. Avancez avec précaution : toute parcelle de terre humide ou craquelée peut être dangereuse et des effondrements peuvent causer de graves brûlures.

Termas de Polques et Salar de Chalviri

Au pied du Cerro Polques, les **Termas de Polques,** un petit bassin où l'eau jaillit à 30°C, constituent un véritable paradis après les nuits glaciales du *salar*. On peut se baigner

dans cette eau riche en minéraux, réputée soulager les rhumatismes et l'arthrite. Sur place, vous trouverez un nouveau restaurant, des cabines de bain et des toilettes (0,40 $US).

À l'est, des flamants et des canards peuplent le **Salar de Chalviri** qui jouxte les thermes. Une entreprise extrait le borax au milieu du *salar*.

Laguna Verde

Ce magnifique **lac** bleu-vert (4 400 m) se niche à la pointe sud-ouest de la Bolivie, à 52 km au sud de Sol de Mañana. Son extraordinaire couleur verte est due à l'importante concentration en carbonates de plomb, de soufre, d'arsenic et de calcium. Un vent glacé fouette en permanence la surface du lac, le couvrant d'une brillante écume vert et blanc.

Derrière le lac se dresse le cône du **Volcán Licancabur** (5 960 m), dont le sommet aurait abrité une ancienne crypte inca. L'ascension du Licancabur ne présente pas de difficulté technique, mais le vent, le froid, l'altitude et l'instabilité des cailloux volcaniques la rendent épuisante. Plusieurs agences d'Uyuni et de Tupiza l'incluent volontiers dans le circuit du Sud-Ouest, le rallongeant d'un jour. Aux abords de la Laguna Verde, on trouve facilement des guides qui demandent de 25 à 30 $US pour cette ascension réalisable dans la journée.

LES FLAMANTS DU FROID

Trois espèces de flamants vivent sur les hauteurs désolées du Sud-Ouest bolivien. Quand vous aurez vu ces fiers échassiers au plumage rose se pavaner dans des lacs glaciaux à 5 000 m d'altitude, vous oublierez vite le tableau classique associant flamants, palmiers et tropiques. La vision de ces oiseaux blanc-rosé au bec et à la queue noire ajoute une touche de couleur à une palette déjà spectaculaire.

Les flamants sont dotés d'un système de filtration complexe et sophistiqué qui leur permet de purifier l'eau de ces lacs saumâtres et très alcalins. Ils filtrent les algues et les diatomées en aspirant et rejetant l'eau vigoureusement par le bec plusieurs fois par seconde. Les minuscules particules sont piégées par de fines aspérités semblables à des cheveux, alignées à l'intérieur des mandibules. La succion est provoquée par l'épaisse langue charnue de l'oiseau, qui repose dans un creux de la mandibule inférieure et se déplace d'avant en arrière comme un piston.

Le flamant du Chili peut mesurer plus d'un mètre de haut et possède un bec blanc à bout noir, des pattes bleu terne, des genoux rouges et un plumage saumon. Le flamant de James est le plus petit des trois, avec des pattes rouge foncé et un bec jaune et noir ; les Boliviens l'appellent *jututu*. Le flamant des Andes, le plus grand, arbore un plumage rose, des pattes jaunes et un bec jaune et noir.

Les écologistes s'inquiètent depuis quelques années pour ces oiseaux, car le tourisme perturbe leur reproduction. Ne vous approchez pas d'eux pour une meilleure photo et surtout ne les faites pas s'envoler et dissuadez les guides qui suggéreraient de le faire.

À 20 km au sud de Sol de Mañana, la route bifurque ; la branche gauche, plus spectaculaire, grimpe jusqu'à un col à 5 000 m, puis continue à monter sur un versant dénudé que parsèment les énormes **Rocas de Dalí** – ils semblent avoir été soigneusement disposés par le maître du surréalisme en personne.

Au pied de l'autre versant, on découvre deux mines de soufre, un camp militaire et un nouvel **albergue** (dort 5 $US) attrayant, qui offre de confortables dortoirs à 6 lits et de bons repas. Derrière les bâtiments, une source chaude jaillit dans un ruisseau et compense l'absence de douche.

DEPUIS/VERS LA LAGUNA VERDE
La plupart des agences offrent désormais des liaisons transfrontalières jusqu'à San Pedro de Atacama, en collaboration avec des tour-opérateurs chiliens. Renseignez-vous au préalable au service de l'immigration à Uyuni ; le tampon de sortie accorde un délai de trois jours pour quitter le pays. Le poste-frontière de Hito Cajón, proche de la Laguna Verde, est beaucoup plus fiable qu'auparavant, bien qu'il ait la réputation de prendre des congés impromptus.

Laguna Celeste
Le "lac bleu", ou "lac céleste", reste une destination très marginale pour la plupart des agences d'Uyuni, mais il séduit un nombre croissant de voyageurs, prêts à un détour d'une journée. Une légende locale évoque l'existence d'une ruine, peut-être une *chullpa,* immergée dans le lac. Derrière le lac, une route serpente sur les flancs du Volcán Uturuncu (6 020 m) jusqu'à la mine de soufre d'Uturuncu, perchée sur un col à 5 900 m, entre les deux cônes du volcan. Plus haute de 200 m que la route qui passe par le Khardung La au Ladakh (Inde), c'est sans doute la voie carrossable la plus haute au monde.

Autres lacs
Les vastes étendues des confins orientaux du **Sud Lípez** comptent bien d'autres lacs superbes, riches en minéraux et nommés d'après leur couleur. Ainsi, divers lacs aux eaux laiteuses portent le nom de **Laguna Blanca** ; d'autres, colorés par le soufre, sont appelés **Laguna Amarilla**, et ceux couleur bordeaux, **Laguna Guinda**. Vous pouvez les inclure dans un circuit à la carte

Quetena Chico et alentour
À 120 km au nord-est de la Laguna Verde et à 30 km au sud-ouest de la Laguna Celeste, le petit village minier de Quetena Chico compte quelques services et échoppes, un poste militaire et deux modestes *albergues.* Il abrite le **Centro de Ecología Ch'aska** (1,25 $US) qui présente une exposition sur la géologie et la biologie de la région de Los Lípez et la vie des éleveurs locaux de lamas.

À 6 km au sud-est, le joli village abandonné de **Barrancas** se blottit contre un falaise déchiquetée.

Au nord-est, bien à l'écart du circuit classique mais visité par certains groupes en provenance de Tupiza, le village de **San Pablo de Lípez** construit l'Ecohotel de Barro, qui offrira les mêmes prestations que l'Ecohotel de Sal à Tahua (p. 195) et se réservera de la même façon. Il sera sans doute ouvert quand vous lirez ces lignes.

En revenant vers Uyuni, le village de **Mallcu Villa Mar** possède un intéressant *mercado artesanal* (marché d'artisanat) qui mérite la visite. Une promenade de 4 km vous permettra de découvrir de spectaculaires *pinturas rupestres* (peintures rupestres), dont d'imposantes représentations humaines portant des coiffes et des animaux gravés. Mallcu possède plusieurs modestes *albergues* et un hôtel haut de gamme géré par Hidalgo Tours (p. 189).

Valles de Rocas et San Cristóbal
La route qui revient vers Uyuni tourne au nord-est à quelques kilomètres au nord de la Laguna Colorada et serpente à travers des hautes terres plus isolées et plusieurs vallées d'insolites formations rocheuses, appelées **Valles de Rocas**. Du village d'Alota, comptez 6 heures de trajet pénible et cahoteux jusqu'à Uyuni.

Si vous en avez l'énergie, faites une courte excursion au village de **San Cristóbal**, dans une petite vallée au nord-est d'Alota. Sa charmante église, vieille de 350 ans, se dresse sur un antique site rituel dédié à Pachamama. Sur les murs, des peintures illustrent la vie du Christ et un orgue du XVIIe siècle, superbement préservé, se tient derrière l'autel en argent. À l'extérieur, un ange curieux déploie ses ailes de métal.

L'**Hotel San Cristóbal** (s/d 6/8 $US) possède de l'électricité, des douches fonctionnant à l'énergie solaire et un restaurant à la structure unique. Bâti grâce aux dédommagements de l'énorme exploitation minière voisine, cet ensemble comprend un centre médical et de communications.

D'Uyuni à Tupiza

La piste accidentée au sud d'Uyuni traverse d'abord des hauteurs désertiques. D'imposantes dunes de sable se succèdent à la lisière nord du bourg marchand de Cerdas. Après avoir plongé abruptement de l'Altiplano, la route descend dans une vallée fluviale, remplie de minerais aux roches de couleurs insolites.

Au nord d'**Atocha**, une ville minière en activité qui rappelle le Far West, s'étend un pittoresque cimetière de mineurs. Au centre d'Atocha, vous remarquerez le Cessna empalé sur un poteau dans l'artère principale. Si vous souhaitez passer la nuit sur place, trois *residenciales* bon marché sont installés sur la place. Atocha est desservie par la ligne ferroviaire Oruro-Uyuni-Tupiza.

Après Atocha, la route traverse une belle campagne et offre des vues magnifiques sur le cône majestueux du **Cerro Chorolque** (5 630 m). Ensuite, elle serpente pendant 4 heures à travers une région montagneuse, passe par **Huaca Huañusca** (p. 206), haut lieu des exploits de Butch Cassidy et du Sundance Kid, puis plonge dans la fertile **vallée du Río Tupiza**, flanquée de cactus et de roches rouge vif.

TUPIZA
20 000 habitants / altitude 2 950 m

> "En arrière-plan se détache la chaîne tupizaine, d'un rouge éclatant, ou plutôt de couleur sépia rougeâtre, aussi nette qu'un paysage peint par un artiste aussi doué que Delacroix ou Renoir. [...] Dans cet air tranquille et translucide flotte le souffle d'une grâce souriante..."
>
> *Carlos Medinaceli, écrivain bolivien*

Son cadre spectaculaire et son rythme de vie, plus paisible que dans tout autre ville bolivienne, font de la capitale du Sud Chichas un lieu idéal pour se reposer quelques jours. Nichée dans la vallée du Río Tupiza, elle est entourée d'un paysage déchiqueté – d'étranges rochers érodés aux multiples couleurs, coupés par de sinueuses *quebradas* (ravins généralement à sec) aux pentes parsemées de cactus.

Le climat est doux toute l'année, avec des précipitations maximales entre novembre et mars. De juin à août, les journées sont chaudes, sèches et claires et, la nuit, le thermomètre peut descendre en dessous de 0°C.

Économiquement, Tupiza dépend de l'agriculture et de l'extraction minière. Une raffinerie, au sud de la ville, fournit des emplois, tandis que l'unique fonderie d'antimoine (métalloïde qui augmente la dureté des métaux) du pays fonctionne par intermittence.

Tupiza ne manque pas d'attrait. Vous pourrez explorer à cheval les collines et les canyons environnants, visiter l'endroit où s'acheva l'histoire de Butch Cassidy et du Sundance Kid (voir l'encadré p. 207) ou simplement paresser sur la jolie place centrale ou au bord de la piscine d'un hôtel. Tupiza est également un excellent point de départ pour effectuer le circuit du Sud-Ouest vers Uyuni, un itinéraire qui séduit un nombre croissant de voyageurs.

Histoire

La première tribu qui habita la région s'appelait elle-même Chichas. Malgré les vestiges archéologiques attestant son existence, on sait peu de chose sur sa culture et sa langue. On suppose qu'elle était ethniquement distincte des tribus des régions voisines au sud de la Bolivie et au nord de l'Argentine. Malheureusement, tout ce qui pouvait la caractériser fut détruit entre 1471 et 1488, quand Tupac Yupanqui annexa la région à l'Empire inca.

Après la chute de l'Empire inca, la moitié sud de la vice-royauté de l'Alto Peru fut attribuée à Diego de Almagro par un décret du roi Charles V d'Espagne. Lorsque Almagro vint en reconnaissance en octobre 1535, la culture chichas avait déjà disparu. Officiellement, Tupiza fut fondée le 4 juin 1574 par le capitaine Luis de Fuentes (qui établit également Tarija), mais cette date est purement hypothétique.

Durant la tumultueuse rébellion paysanne de 1781, le chef des *campesinos*, Luis de la Vega, mobilisa la milice locale, se proclama gouverneur et encouragea la résistance au gouvernement espagnol. Le soulèvement fut bientôt écrasé, mais la foule réussit à exécuter le *corregidor* (magistrat en chef) espagnol de Tupiza.

De la fondation de Tupiza à la guerre d'indépendance, la population espagnole, séduite par le climat et les terres fertiles, augmenta régulièrement. Plus tard, la découverte

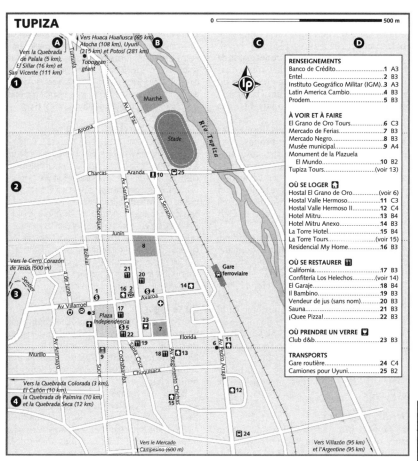

de minéraux attira d'autres colons. Plus récemment, des *campesinos* ont migré des campagnes et sont venus s'ajouter aux mineurs sans emploi.

Renseignements
ACCÈS INTERNET ET TÉLÉPHONE
Sur la place, plusieurs établissements font payer la connexion Internet 0,40 $US l'heure. **Entel** (angle Avaroa et Santa Cruz) offre également un service téléphonique.

ARGENT
Vous pourrez changer des devises ou obtenir des avances au Banco de Crédito ou au Prodem, sur la place. Le **Latin America Cambio** (Avaroa 160) change également plusieurs devises.

L'Hotel Mitru change les chèques de voyage moyennant 6% de commission.

CARTES
Essayez l'**Instituto Geográfico Militar** (IGM ; ☎ 694-2785), à l'étage de la Municipalidad, sur la place.

LAVERIES
Tous les hôtels proposent un service de blanchissage, habituellement pour 0,80 $US le kilo.

OFFICE DU TOURISME
Il n'y a pas d'office du tourisme à Tupiza. Les hôtels et les agences de voyages seront vos principales sources d'information.

À voir et à faire

Le principal atout de Tupiza est la campagne environnante, à découvrir à pied ou à cheval. La courte montée jusqu'au **Cerro de Corazón de Jesús**, jalonnée d'un chemin de Croix, constitue une plaisante promenade le matin ou en fin d'après-midi, quand la lumière rasante fait ressortir les couleurs flamboyantes des alentours.

Le **Mercado Negro** occupe un pâté de maisons entre Santa Cruz et Chicas et propose tous les produits de consommation courante. Des **marchés** animés s'installent près de la gare ferroviaire le jeudi et le samedi matin. Similaire, le **Mercado Campesino** se tient à 1 km au sud de la ville le jeudi et le samedi. Central, le **Mercado de Ferias** compte de nombreux étals et des *comedores* à l'étage.

Le **musée municipal** (Sucre, près de la place) renferme divers objets historiques et culturels, dont une ancienne carriole, des photos d'époque, des vestiges archéologiques, de vieilles armes et d'antiques outils agricoles. Il était fermé pour rénovation lors de notre passage.

Les non-résidents peuvent profiter de la superbe **piscine** chauffée à l'énergie solaire de l'Hotel Mitru moyennant 1,25 \$US par jour. Plusieurs agences, dont Tupiza Tours, louent des **bicyclettes** pour 8 \$US par jour.

Reportez-vous à la rubrique *Environs de Tupiza* (p. 204) pour des suggestions de randonnées.

Circuits organisés

Un nombre croissant d'agences de Tupiza proposent le circuit du Sud-Ouest jusqu'à Uyuni (parfois San Pedro de Atacama au Chili) ou avec retour à Tupiza. Partir de Tupiza présente l'avantage d'explorer les régions sauvages et moins connues du Sud Lipez et de visiter les sites du circuit classique en dehors des horaires des convois de 4x4 qui arrivent d'Uyuni. Par contre, vous devrez peut être attendre qu'un groupe se forme (les grandes agences ont néanmoins des départs presque tous les jours). Le circuit standard de 4 jours coûte de 100 à 160 \$US par personne, selon la taille du groupe et la saison.

Si la plupart des tours-opérateurs affichent des commentaires enthousiastes de clients satisfaits, les prestations varient grandement. Renseignez-vous dans plusieurs agences avant de faire votre choix. Professionnalisme, honnêteté et flexibilité sont les critères à retenir plutôt qu'un rabais facilement consenti.

Opérateurs recommandés :

El Grano de Oro Tours (☎ 694-4763 ; elgranodeorotourrs@hotmail.com ; Arraya 492). Cette société nouvellement établie bénéficie d'un bon service personnel et d'une bonne connaissance du pays. Elle propose des itinéraires à la carte du circuit du Sud-Ouest, qui peuvent inclure des escalades, une belle randonnée équestre de 2 jours avec une nuit dans le joli *hostal* d'une exploitation agricole (35 \$US) et des excursions à vélo ou en Jeep.

Tupiza Tours (☎ 694-3003, à La Paz 2-224-4282 ; www.tupizatours.com ; Hotel Mitru, Chichas 187). Cette agence professionnelle et bien gérée a ouvert de nombreux itinéraires dans la région de Tupiza, aujourd'hui également offerts par la concurrence. Ses circuits du Sud-Ouest sont constamment recommandés par des lecteurs et partent tous les jours en haute saison. Outre des randonnées équestres, elle organise un "triathlon" (de 25 à 30 \$US par personne), une excursion d'une journée dans les alentours en jeep, à cheval et à VTT. Les fans de Butch Cassidy et du Sundance Kid choisiront l'excursion à Huaca Huañusca ou à San Vicente, ou le circuit qui comporte les deux avec une nuit dans le charmant village colonial délabré de Portugalete (de 45 à 80 \$US par personne).

Où se loger

On vous proposera souvent une chambre à prix réduit dans l'espoir que vous choisissiez un circuit auprès de l'agence de l'hôtel. En face de la gare ferroviaire, plusieurs *residenciales* sommaires constituent les hébergements les moins cher.

Hostal Valle Hermoso (☎ 694-2370 ; www.bolivia.freehosting.net ; Arraya 478 et Arraya 554 ; ch par pers 2,50 \$US, avec sdb 4,40 \$US). Cette auberge de jeunesse affiliée à HI occupe deux bâtiments séparés, à un pâté de maisons l'un de l'autre. Le plus proche de la gare routière est un peu plus moderne, avec des chambres nettement plus spacieuses. Propre et pratique, il met une cuisine à disposition. Des lecteurs disent plus de bien de l'*hostal* que de ses circuits organisés.

Hotel Mitru Anexo (☎ 694-3002 ; Avaroa et Serrano ; ch par pers 3,10 \$US, avec sdb 5,60 \$US). Annexe de l'Hotel Mitru, il offre un excellent rapport qualité/prix avec ses chambres confortables, dotées d'une TV câblée et d'un téléphone. Les sdb sont modernes et les clients ont accès à une cuisine ainsi qu'à la piscine du Mitru.

Hostal El Grano de Oro (☎ 694-4763 ; elgranodeorotours@hotmail.com ; Arraya 492 ; ch 3,10 \$US/pers). Tenu par une famille sympathique, il comprend 4 chambres simples et ensoleillées aux confortables matelas neufs et aux meubles en bois de cactus, ainsi que des sdb communes avec eau chaude. L'ambiance chaleureuse et le jardin ajoutent à son attrait.

Residencial My Home (☎ 694-2947 ; Avaroa 288 ; ch par pers 3,10 $US, avec sdb 4,40 $US). Lumineux, propre et douillet, cet établissement d'un bon rapport qualité/prix est tenu par des gens charmants et intéressants.

Hotel Mitru (☎ 694-3001 ; www.tupizatours.com ; Chichas 187 ; ch par pers 3,75 $US, avec sdb 5-8 $US, ste 15-25 $US ; 🖳 🕿). Meilleur hôtel de la ville, le sympathique Mitru appartient à la même famille depuis des générations. Fiable, détendu et animé, il est construit autour d'une piscine et propose des chambres diverses et toutes plaisantes, dont de nouvelles suites avec minibar particulièrement séduisantes. Parmi les services offerts figurent le change de devises, le blanchissage et l'échanges de livres. Petit déjeuner compris

La Torre Hotel (☎ 694-2633 ; latorrehotel@yahoo.es ; Chichas 220 ; s/d 5/10 $US, avec sdb 10/15 $US). Ce bel hôtel central propose de grandes chambres propres, dotées de bons lits et de sdb avec eau chaude ; celles en façade, plus claires et plus fraîches, n'ont pas de rideaux. Une cuisine et un salon TV sont à disposition. Petit déjeuner correct. Les prix se négocient facilement.

Où se restaurer

Les restaurants sont moins séduisants que les hôtels, mais la ville compte quelques adresses convenables.

Pour un repas copieux le matin, rendez-vous au Mercado Negro à partir de 8h, quand la bien connue Doña Wala commence à servir ses délicieux *tamales* au *charque* (chaussons de farine de maïs farcis de viande séchée ; 0,15 $US) – ne traînez pas car le stock est rapidement épuisé. Son stand se trouve à l'extérieur, à droite de l'entrée. Deux **échoppes de jus de fruits** (Santa Cruz) sans nom préparent d'excellents jus et de milk-shakes avec toutes sortes de fruits et de légumes. Dans l'après-midi, les stands installés devant la gare ferroviaire proposent des repas simples et copieux pour moins de 1 $US.

El Garaje (Chichas ; repas léger 1-2,50 $US). Installé dans un ancien garage en face de l'Hotel Mitru, cet établissement détendu s'évertue à séduire les gringos avec une carte standard : omelettes, pâtes, burgers, salades de fruits et jus divers. Les plats sont mieux réussis certains jours que d'autres, mais l'endroit reste plaisant.

Il Bambino (Florida et Santa Cruz ; almuerzos 1,25 $US). Cette sympathique gargote propose de délicieuses *salteñas* le matin et fait le plein à midi pour ses copieux *almuerzos*.

California (Plaza Independencia s/n ; plats 2-3 $US). Sur la place, une adresse prisée pour un verre, un repas ou une partie de cartes. Steak de lamas, burgers, pizzas et bière, ainsi que des plats végétariens honnêtes, mais trop chers.

Sauna (Santa Cruz 318 ; plats 2-3 $US). À l'écart et meilleur que la façade ne le laisse supposer, il est tenu par un patron direct qui se spécialise dans la bonne et belle viande cuite à la *parrilla* (barbecue).

Confitería Los Helechos (Avaroa s/n ; plats 2-3 $US ; 🕙 7h-22h). Attenant au Mitru Anexo, cet établissement spacieux offre de savoureux petits déjeuners, un buffet de salades, des burgers, des plats végétariens et des jus de fruits et de légumes. L'ambiance est tout aussi somnolente que le service.

¡Quee Pizza! (Florida près de la Plaza Independencia ; pizzas 2-6,30 $US). Meilleure pizzéria de la ville, elle sert dans un cadre douillet de délicieuses pizzas à pâte fine, cuites au feu de bois, ainsi que des pâtes, des plats de viande ou de la cuisine chinoise.

Où prendre un verre et sortir

Club d&b (Santa Cruz et Florida ; 🕙 22h-tard). L'endroit où sortir en soirée ! Dans ce club très bolivien, l'accueillant patron a réussi à recréer une ambiance seventies avec du papier d'aluminium. La soirée démarre avec des classiques rock et pop classiques qui cèdent la place au karaoké quand tous les box confortables sont occupés.

Depuis/vers Tupiza
BUS, CAMIÓN ET JEEP

De la **gare routière** (taxe 0,20 $US), plusieurs *flotas* partent matin et soir pour Potosí (4-6 $US, au moins 8 heures) et Villazón (1,25 $US, 2 heures 30) et la nuit pour Tarija (4 $US, 8 heures), avec des correspondances pour Villamontes et Santa Cruz. Tous les jours, des bus partent pour La Paz (12 $US, 16 heures) *via* Potosí et Oruro à 10h et 15h30. **O Globo** (☎ 624-3364) dessert Cochabamba tous les jours à 10h30 et 20h30.

Des 4x4 rallient quotidiennement Uyuni (6,25 $US, 6-8 heures), avec un départ vers 10h30. Serrés à 10 à l'arrière d'un Landcruiser, le trajet n'en reste pas moins mémorable et passe par Atocha, où la halte dure au moins 1 heure. Des bus empruntent la même route 2 fois par semaine (5 $US) et des *camiones* partent parfois tôt le matin juste à l'est de la Plazuela El Mundo, un rond-point reconnaissable à un énorme globe.

TRAIN

Voyager en train fait manquer la majeure partie des paysages grandioses qu'offre la route d'Uyuni, ce qui peut vous pousser à choisir la desserte en Jeep, moins confortable, à partir de la gare routière. La **billetterie** (☎ 694-2529) de la gare ferroviaire ouvre irrégulièrement les jours où passe un train. Mieux vaut s'adresser à une agence de voyages et payer un léger supplément.

L'*Expreso del Sur* rallie au nord Uyuni (*popular/salón/ejecutivo* 3,10/5/12,60 $US, 5 heures 30) et Oruro (7,25/11,50/25,25 $US, 12 heures 30), à 18h25 le mercredi et le samedi. Il rejoint au sud Villazón (1,60/2,10/4,25 $US, 2 heures 45) à 4h10 le mercredi et le samedi.

Souvent en retard, le *Wara Wara del Sur* part à 19h05 le lundi et le jeudi pour Uyuni (*popular/salón/ejecutivo* 2,75/3,60/8,25 $US, 6 heures) et Oruro (6,75/8,60/19 $US, 13 heures 30), et à 9h05 le lundi et le jeudi pour Villazón (1,40/2,10/4 $US, 3 heures).

ENVIRONS DE TUPIZA

L'attrait de Tupiza réside essentiellement dans la beauté du paysage environnant, un stupéfiant univers de *quebradas,* de rivières asséchées et de cactus qui évoque les westerns-spaghetti. La région se prête idéalement à la randonnée à pied, à cheval ou à la découverte en 4x4. Plusieurs tour-opérateurs de Tupiza offrent ce genre d'excursions (voir p. 202).

Si vous partez en randonnée sans guide, vous ne risquez guère de vous perdre, mais mieux vaut emporter une carte ; vous en trouverez au bureau de l'IGM, sur la place de Tupiza. Dans ce climat désertique, prévoyez au moins 3 litres d'eau par jour. Portez de bonnes chaussures de marche qui résisteront à la végétation acérée et prenez une boussole ou un GPS si vous comptez sortir des sentiers tracés. Les crues soudaines constituent un danger, essentiellement en été. Évitez de camper dans les *quebradas*, surtout s'il risque de pleuvoir.

La plupart des excursions de Tupiza à Uyuni passent par la Quebrada de Palala et El Sillar au cours de la première matinée. Louer un taxi pour explorer les environs (là où il y a une route d'accès) revient à 4 $US l'heure jusqu'à 4 passagers.

Quebrada de Palala

Au nord-ouest de Tupiza, cette large ravine est flanquée d'impressionnantes roches rouges, appelées ailerons. Durant la saison des pluies, un affluent du Río Tupiza coule dans cette gorge qui, en hiver, sert de voie de communication avec l'arrière-pays et fait partie de la route du sel entre le Salar de Uyuni et Tarija. Au-delà des roches rouges, le ravin monte doucement dans des collines aux reflets bleu canard et violet, provoqués par le plomb et d'autres minerais.

De Tupiza, suivez vers le nord l'Av La Paz depuis la Plazuela El Mundo et passez devant le toboggan géant. Après 2 km, le long de la voie ferrée, vous verrrez l'entrée de la *quebrada*. Au bout de 5 km, la route longe des formations rocheuses en ailerons et continue à grimper dans la *quebrada* au paysage de plus en plus désolé de cactus et de broussailles.

El Cañón

Une charmante promenade d'une demi-journée à l'ouest de Tupiza conduit dans un étroit et tortueux canyon, flanqué de spectaculaires formations en ailerons. Le chemin monte progressivement sur 2,5 km le long du lit sablonneux d'une rivière et aboutit à une cascade.

À Tupiza, suivez la Calle Chuquisaca et dirigez-vous vers l'ouest en passant devant une caserne militaire et le cimetière (l'itinéraire est bien visible du sommet du Cerro Corazón de Jesús). Le chemin devient alors une étroite piste sablonneuse parallèle aux montagnes, d'où vous découvrirez de superbes ailerons rocheux et des ravins encaissés remplis de cactus qui se détachent sur des collines rouges. Tournez ensuite à gauche et suivez la *quebrada* qui s'étrécit à travers les montagnes.

El Sillar (La Selle)

À 2,5 km après les premières grandes formations en ailerons de la Quebrada de Palala, la route tourne brusquement à gauche et grimpe dans la **Quebrada Chiriyoj Waykho**, plus abrupte et étroite. Après 10 km de montée sinueuse, on arrive à **El Sillar**, où le chemin franchit une crête étroite entre deux pics et deux vallées. Dans cette région, des cirques accidentés ont été taillés à flanc de montagne et érodés en aiguilles qui ressemblent à une forêt de pierre.

El Sillar se trouve à 15 km de Tupiza. En continuant cette route sur 95 km, on parvient à

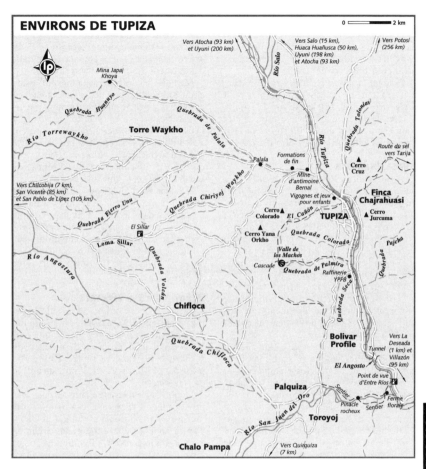

ENVIRONS DE TUPIZA

0 ⊏═══╸ 2 km

Mina Japaj Khoya

Vers Atocha (93 km) et Uyuni (200 km)

Vers Salo (15 km), Huaca Huañusca (50 km), Uyuni (198 km) et Atocha (93 km)

Vers Potosí (256 km)

Río Salo

Quebrada Huanuyo

Quebrada de Palala

Torre Waykho

Río Torrewaykho

Río Tupiza

Quebrada Totonias

Route du sel vers Tarija

Palala

Formations de fin

Cerro Cruz

Vers Chilcobija (7 km), San Vicente (85 km) et San Pablo de Lípez (105 km)

Quebrada Chiriyoj Waykho

Mine d'antimoine Bernal

Vigognes et jeux pour enfants

Finca Chajrahuasi

Quebrada Fierro Unu

El Sillar

Cerro Colorado

El Cañón

TUPIZA

Cerro Jurcuma

Loma Sillar

Cerro Yana Orkho

Quebrada Colorada

Pajcha

Río Angostura

Quebrada Volcán

Valle de los Machos

Quebrada

Cascade

Quebrada de Palmira

Raffinerie YPFB

Chifloca

Quebrada Seca

Quebrada Chifloca

Bolívar Profile

Vers La Deseada (1 km) et Villazón (95 km)

Tunnel

El Angosto

Point de vue d'Entre Ríos

Palquiza

Río San Juan del Oro

Sentier

Ferme florale

Pinacle rocheux

Sentier

Toroyoj

Chalo Pampa

Vers Quiriquiza (7 km)

San Vicente, où se sont illustrés Butch Cassidy et le Sundance Kid. Cet itinéraire fait partie d'une antique route marchande. De mai à début juillet, des caravanes de lamas, d'alpagas et d'ânes (et plus souvent des *camiones*), chargés de blocs de sel extraits du Salar de Uyuni, l'empruntent jusqu'à Tarija, à 300 km.

Quebrada de Palmira

Entre Tupiza et la Quebrada Seca s'étend une magnifique ravine, généralement asséchée, flanquée de hautes et délicates formations en ailerons. La fourche de droite est surnommée Valle de los Machos (vallée des Mâles) ou Valle de los Penes (vallée des Pénis), des sobriquets dus à ses nombreuses formations en colonnes.

Au début de la fourche principale de la *quebrada*, vous pouvez grimper le long d'un ruisseau riche en calcium, franchir des rochers et des grottes et découvrir un monde secret, au fond d'un canyon encaissé. Environ 300 m plus haut, vous trouverez d'excellents emplacements de camping, avec de l'eau presque toute l'année.

Quebrada Seca (gorge asséchée)

Près de la rafinerie, à 9 km au sud de la ville, une route se dirige vers le sud-ouest dans un lit asséché. Malheureusement, la partie inférieure de la Quebrada Seca sert de décharge mais, plus haut, les déchets disparaissent pour laisser place à un magnifique paysage de roches rouges. À l'intersection, le sentier de droite monte vers le village de Palquiza, tandis que celui de gauche traverse le Río San Juan del Oro pour se perdre dans des canyons secondaires. Ce bel itinéraire est idéal pour observer des condors.

Pendant la saison sèche, les randonneurs peuvent tourner à gauche juste avant le pont du Río San Rafael, à 10 km au sud de Tupiza, et suivre la rive nord de la rivière jusqu'à Entre Ríos. En traversant alors le Río Tupiza, on peut revenir en ville par la route de Villazón.

Huaca Huañusca

Le 4 novembre 1908, Butch Cassidy et le Sundance Kid commirent leur ultime délit au pied de cette colline, lorsqu'ils détroussèrent Carlos Peró des salaires de la société Aramayo, soit 90 000 \$US. Huaca Huañusca (vache morte) doit probablement son nom à sa ressemblance avec un bovin abattu.

D'un col évident sur la crête, un sentier de randonnée descend les pentes escarpées vers l'ouest sur environ 2 km jusqu'à la rivière, où l'on voit une petite prairie, une grotte minuscule et quelques affleurements rocheux, où les bandits se sont probablement cachés en attendant Carlos Peró.

Le long de cet itinéraire de 65 km à partir de Tupiza, faites halte au village de **Salo** pour vous régaler d'une délicieuse empanada au fromage et aux oignons ou d'un succulent *asado de chivo* (chèvre grillée au charbon de bois) dans la première maison sur la droite en venant de Tupiza. En chemin, admirez les flèches rouges, les pinacles (le plus élevé s'appelle La Poronga, expression argentine populaire désignant une partie de l'anatomie masculine), les canyons, les hauts cactus et les hameaux en adobe.

Plusieurs agences de Tupiza proposent des excursions en Jeep à Huaca Huañusca.

SAN VICENTE
Altitude 4 800 m

> Kid, la prochaine fois que je dis "Allons dans un endroit comme la Bolivie, allons dans un endroit comme la Bolivie !"
>
> *Paul Newman,*
> *dans Butch Cassidy et le Kid (1969)*

Ce village perdu et quasi désert resterait méconnu s'il n'avait été associé au destin des hors-la-loi Robert LeRoy Parker et Harry Alonzo Longabaugh – mieux connus sous les noms de Butch Cassidy et du Sundance Kid (voir l'encadré ci-contre). La mine de San Vicente est aujourd'hui fermée et San Vincente ressemble à une ville fantôme. Ceux qui restent sont pour la plupart des soldats, des gardiens des mines et leur famille.

Même les fans les plus passionnés de Cassidy et du Kid sont un peu déçus par cet endroit poussiéreux, pauvre en infrastructures touristiques. Néanmoins, on peut toujours voir la maison d'adobe où se cachèrent et moururent les bandits, le cimetière où ils sont enterrés et le panneau accueillant les visiteurs : "*Here death's Butch Kasidy Sundance the Kid*" (Ici, sont morts Butch Cassidy et le Sundance Kid).

El Rancho Hotel (ch 1,90/pers) et le restaurant attenant constituent le seul choix, à moins de camper dans le froid. Le village compte quelques échoppes, mais ne comptez pas vous ravitailler car les denrées, acheminées par camions, sont vendues en un clin d'œil. Sur la place, un stand sert parfois une fricassée de lama.

Depuis/vers San Vincente

Aucun transport public ne circule régulièrement entre Tupiza et San Vincente. À l'occasion, un camión part pour San Vincente, le jeudi en début de matinée, de la Plazuela El Mundo à Tupiza. L'itinéraire passe par El Sillar et va vers le nord au village de Nazarenito.

Le plus facile consiste à faire le trajet avec une agence de Tupiza. L'excursion d'une journée à San Vincente est longue et chère. Tupiza Tours (p. 202) propose un circuit de 2 jours plus intéressant, qui comprend Huaca Huañusca et une nuit dans le charmant village de Portugalete.

VILLAZÓN
28 000 habitants / altitude 3 440 m

Le côté bolivien du principal poste-frontière avec l'Argentine est une localité anarchique, tentaculaire et poussiéreuse, remplie d'échoppes d'articles à prix réduits, pour la plupart de contrebande. Autour de la gare ferroviaire, de nombreux entrepôts stockent les produits passés en fraude, souvent par des *campesinos* qui vont et viennent de part et d'autre de la frontière. La gare routière et le poste-frontière sont animés en permanence car de nombreux Boliviens travaillent en Argentine.

Malgré la contrebande, Villazón n'a rien d'un coupe-gorge. Faites cependant attention aux

LES DERNIERS JOURS DE BUTCH CASSIDY ET DU SUNDANCE KID
Anne Meadows et Daniel Buck

Butch et Sundance arrivèrent dans le sud de la Bolivie en août 1908 et s'installèrent chez le Britannique A.G. Francis, qui transportait un dragueur d'or sur le Río San Juan del Oro. Alors qu'ils avaient des visées sur les banques pour financer leur retraite, les deux hors-la-loi eurent vent d'un butin bien plus juteux, la paye des employés d'une société minière, soit 480 000 $US transférés sans gardes armés à dos de mule de Tupiza à Quechisla.

Le 3 novembre 1908, le directeur de la mine Carlos Peró prit un paquet de billets à l'Aramayo, Francke & Compañía à Tupiza et partit vers le nord avec son fils de 10 ans et un serviteur, discrètement filés par Butch et Sundance. Les Peró passèrent la nuit à Salo, puis repartirent à l'aube. Alors que le trio grimpait la colline de Huaca Huañusca, les bandits les observaient du sommet avec des jumelles. Dans un endroit accidenté sur l'autre versant, ils délestèrent Peró de sa mule et des fonds qu'il transportait, qui se limitaient à 90 000 $US – la paye devait être acheminée par bateau la semaine suivante.

Dépités, les deux compères retournèrent chez leur hôte à Tomahuaico, qui les mena le lendemain à Estarca, où tous trois passèrent la nuit. Le matin du 6 novembre, les deux bandits firent leurs adieux à Francis et partirent vers l'ouest, en direction de San Vicente.

Pendant ce temps, Peró avait déclenché l'alerte et des détachements de l'armée sillonnaient la région. Un contingent de quatre hommes en provenance d'Uyuni arriva dans l'après-midi à San Vicente. Butch et Sundance y parvinrent au crépuscule et louèrent une chambre chez Bonifacio Casasola, qu'ils envoyèrent leur chercher un dîner. Les soldats entreprirent de fouiller les lieux. Ils entrèrent dans la cour et Butch tua l'un d'eux. Durant le bref échange de coups de feu qui suivit, Sundance fut grièvement blessé. Réalisant qu'il leur était impossible de s'enfuir, Butch abrégea les souffrances de son ami en lui tirant une balle en plein front, puis se tira une balle dans la tempe.

Lors de l'enquête, Carlos Peró identifia les cadavres de ceux qui l'avaient détroussé. Bien qu'enterrés comme *desconocidos* (inconnus) dans le cimetière du village, les deux hors-la-loi correspondaient aux descriptions de Butch et de Sundance et de nombreuses preuves indirectes semblent indiquer qu'ils sont bien morts à San Vicente. Ainsi, on a récemment trouvé le nom de Santiago Lowe, une identité fréquemment empruntée par Butch, dans la liste des clients de l'hôtel publiée dans le journal de Tupiza quelques jours avant le hold-up, ce qui confirme les témoignages oculaires de leur présence sur place. Néanmoins, des rumeurs sur leur retour aux États-Unis laissent planer le doute sur leur véritable sort.

En 1991, lorsqu'une équipe dirigée par l'anthropologue expert en médecine légale Clyde Snow voulut résoudre le mystère en exhumant les corps des deux bandits, personne ne put lui indiquer leurs tombes. Celle qu'un vieillard désigna contenait en fait le corps d'un mineur allemand !

Anne Meadows est l'auteur de *Digging Up Butch and Sundance,*
University of Nebraska Press, 2003

habituelles escroqueries qui prospèrent près des frontières ; faux billets et petits larcins.

D'octobre à avril, la Bolivie a une heure de retard sur l'Argentine. Le reste de l'année, l'Argentine et la Bolivie vivent à la même heure.

Renseignements

Le **consulat d'Argentine** (Plaza 6 de Agosto 123 ; 🕒 10h-13h lun-ven) se trouve sur la grand-place. Près du pont, dans l'Av. República Argentina, de nombreuses *casas de cambio* pratiquent des taux raisonnables pour les dollars US et les pesos argentins, moins intéressants pour les bolivianos. La Casa de Cambio Beto change les chèques de voyage à des taux similaires,

moins 5% de commission. Le **Banco Mercantil** (JM Deheza 423) change les espèces ; son DAB délivre des dollars US et des bolivianos. **Prodem** (Plaza 6 de Agosto 125) change les dollars et délivre des avances sur les cartes de crédit. Plusieurs établissements offrent des connexions Internet, dont **ChatMania** (20 de Mayo 130 ; 0,40 $US/h) et **Punto Entel** (angle La Paz et 20 de Mayo), qui possède également des cabines téléphoniques.

Où se loger

Si vous passez la frontière, mieux vaut loger du côté argentin (voir La Quiaca, p. 210), moins anarchique et doté d'hôtels plus plaisants.

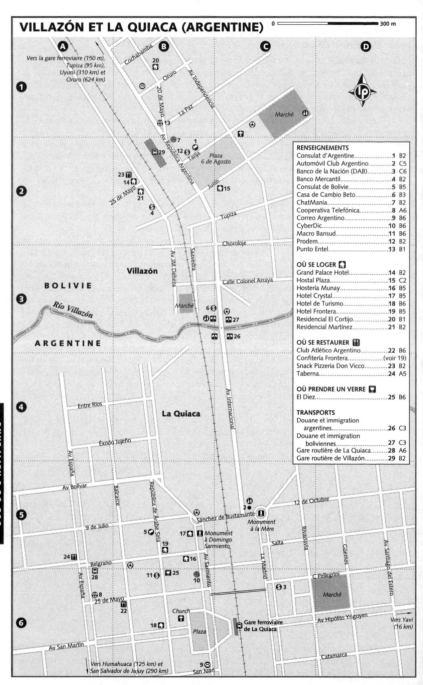

VILLAZÓN ET LA QUIACA (ARGENTINE)

0 — 300 m

RENSEIGNEMENTS

Consulat d'Argentine	**1** B2
Automóvil Club Argentino	**2** C5
Banco de la Nación (DAB)	**3** C6
Banco Mercantil	**4** B2
Consulat de Bolivie	**5** B5
Casa de Cambio Beto	**6** B3
ChatMania	**7** B2
Cooperativa Telefónica	**8** A6
Correo Argentino	**9** B6
CyberDic	**10** B6
Macro Bansud	**11** B6
Prodem	**12** B2
Punto Entel	**13** B1

OÙ SE LOGER

Grand Palace Hotel	**14** B2
Hostal Plaza	**15** C2
Hostería Munay	**16** B5
Hotel Crystal	**17** B5
Hotel de Turismo	**18** B6
Hotel Frontera	**19** B5
Residencial El Cortijo	**20** B1
Residencial Martínez	**21** B2

OÙ SE RESTAURER

Club Atlético Argentino	**22** B6
Confitería Frontera	(voir 19)
Snack Pizzeria Don Vicco	**23** B2
Taberna	**24** A5

OÙ PRENDRE UN VERRE

El Diez	**25** B6

TRANSPORTS

Douane et immigration argentines	**26** C3
Douane et immigration boliviennes	**27** C3
Gare routière de La Quiaca	**28** A6
Gare routière de Villazón	**29** B2

Residencial Martínez (☎ 596-3353 ; 25 de Mayo 13 ; ch 2 $US/pers). En face de la gare routière, cet hôtel accueillant possède des douches chauffées au gaz, ce qui en fait le meilleur choix de Villazón. Il dispose également d'une chambre avec sdb.

Grand Palace Hotel (☎ 596-5333 ; 25 de Mayo 52 ; ch par pers 2,50 $US, avec sdb 5,60 $US). Ni grand ni "palace" mais pratique pour la gare routière, cet hôtel un peu institutionnel offre des chambres propres et correctes. Le niveau de service varie selon le membre de la famille à qui l'on a affaire. Entrée par la petite rue.

Residencial El Cortijo (☎ 596-2093 ; 20 de Mayo 338 ; ch 2,50 $US/pers, d avec sdb 10,50 $US). Bien tenu et fiable, il se situe dans une rue tranquille derrière le centre Entel, à deux pâtés de maisons au nord de la gare routière. Si la piscine est toujours vide, les chambres sont convenables et dotées de la TV câblée. Pour celles sans sdb, comptez un supplément de 0,65 $US pour une douche chaude.

Hostal Plaza (☎ 596-3535 ; Plaza 6 de Agosto 138 ; s/d 4,40/6,25 $US, avec sdb 6,25/12,50 $US). Sur la place, cet établissement moderne et bien situé loue des chambres décentes avec sdb et TV câblée. Celles sans sdb sont acceptables, mais les sdb communes n'incitent guère à prendre une douche.

Où se restaurer

Villazón n'a rien d'un paradis pour les gourmets ; mieux vaut franchir le pont jusqu'à La Quiaca (p. 210). À Villazón, des gargotes de poulet bon marché font face à la gare routière et quelques restaurants médiocres se regroupent dans la Calle La Paz, non loin. Le **Snack Pizzeria Don Vicco** (25 de Mayo 56 ; pizzas 2-3 $US ; ☺ 6h-23h) reste le meilleure option avec son décor en vinyle rouge ; il conviendra pour un burger, une pizza ou une bière. À l'étage du marché principal, près de la place, des stands de restauration offrent un choix limité, à petits prix. Ne manquez pas les délicieux *licuados* (milk-shakes aux fruits) et jus de fruits frais.

Depuis/vers Villazón

BUS

Tous les bus à destination du nord partent de la **gare routière de Villazón** (taxe 0,25 $US). À l'exception de ceux qui se rendent à Tarija, ils passent tous par Tupiza (1,25 $US, 2 heures 15) ; essayez de faire ce beau trajet dans la journée et d'obtenir un siège côté fenêtre. Des services réguliers desservent La Paz (20-30 $US, environ 20 heures) *via* Potosí (9 $US, 10 heures) et Oruro.

Des bus quotidiens partent à 11h et 20h pour Tarija (3,15 $US, 7-8 heures) et continuent vers Bermejo et Yacuiba, un parcours cahoteux et superbe. Les compagnies de bus argentines disposent de billetteries en face de la gare routière de Villazón, mais tous les bus argentins partent de la gare routière de La Quiaca.

Malgré le harcèlement des rabatteurs des compagnies argentines et boliviennes, ne vous précipitez pas pour acheter votre billet ; prenez le temps de vérifier s'il n'y a pas un départ plus tôt. On peut facilement obtenir un rabais sur les trajets longue distance ; en contrepartie, les vendeurs peuvent essayer de gonfler le prix des trajets plus courts.

TRAIN

La gare ferroviaire de Villazón se situe à 1,5 km au nord du poste-frontière (2 $US en taxi). L'*Expreso del Sur* part les mercredi et samedi à 15h30 pour Tupiza (*popular/salón/ejecutivo* 1,60/2,10/4,25 $US, 2 heures 45), Uyuni (4,75/7/16,90 $US, 8 heures 30) et Oruro (9/13,60/29,50 $US, 16 heures 30), un voyage plaisant et de superbes paysages pendant les premières heures. Moins confortable et souvent bondé, le *Wara Wara del Sur* part le lundi et le jeudi à 15h30 pour Tupiza (1,40/2,10/4 $US, 3 heures), Uyuni (4,25/5,75/12,40 $US, 10 heures) et Oruro (8/10,75/23,10 $US, 17 heures 30). Après Tupiza, la nuit tombe et le trajet devient fastidieux.

DEPUIS/VERS L'ARGENTINE

Pour une simple escapade de l'autre côté de la frontière, vous n'aurez pas besoin de passer par l'immigration ; traversez simplement le pont. Le passage de la frontière ne pose généralement pas de difficulté ; pour ne pas patienter des heures, évitez la file de marchands dont les bagages sont fouillés.

Du côté nord du pont international, **l'immigration et la douane boliviennes** (☺ 24h/24) délivrent les tampons d'entrée (le séjour est habituellement limité à 30 jours) et de sortie – il n'y a pas de taxe officielle pour ces services. L'immigration argentine ouvre 24h/24, mais la douane n'est ouverte que de 7h à 24h. Les formalités sont réduites mais, plus au sud, plusieurs postes de contrôle peuvent effectuer des fouilles minutieuses.

LA QUIACA (ARGENTINE)

☎ (54) 03885

Ville jumelle de Villazón, La Quiaca (3 442 m) se trouve de l'autre côté du Río Villazón, à 5 121 km au nord d'Ushuaia, Tierra del Fuego. Contrastant avec la frénésie du côté bolivien, La Quiaca est une ville soignée, aux avenues bordées d'arbres et aux rues tranquilles. Hormis l'agitation autour de la gare routière, il ne se passe pas grand-chose dans cette localité, qui compte d'agréables hôtels et restaurants.

Renseignements

Il n'y a pas d'office du tourisme. Vous trouverez des cartes du pays à l'**Automóvil Club Argentino** (ACA ; angle Internacional (RN9) et Sánchez de Bustamante). Vous pouvez aussi vous procurer le guide *Argentine* de Lonely Planet.

Le **consulat de Bolivie** (☎ 422-283 ; Árabe Siria 531 ; ⏰ 7h-18h30 lun-ven) délivre les visas pour 15 $US ; il ouvre également de façon irrégulière le samedi matin.

Le **Banco Nacional** (La Madrid et Pellegrini) change les dollars US et dispose d'un DAB. Le **Macro Bansud** (Árabe Siria près de Belgrano) possède un DAB. On peut facilement échanger des dollars contre des pesos à un taux intéressant.

Correo Argentino (San Juan et Sarmiento ; ⏰ 8h-13h et 17h-20h lun-ven, 9h-13h sam), la poste, et la **Cooperativa Telefónica** (España et 25 de Mayo), le centre téléphonique, offrent des services plus fiables qu'en Bolivie. De nombreux cybercafés restent ouverts jusque tard, tel **CyberDic** (Sarmiento 439 ; 0,30 $US/h).

Où se loger

Hotel Frontera (Belgrano et Árabe Siria ; s/d/tr 4,50/8/12 $US). Sommaire et sympathique, cet *hostal*-restaurant offre des chambres froides et des sdb communes avec douches électriques.

Hostería Munay (☎ 42-3924 ; www.munayhotel.jujuy. com ; Belgrano 51-61 ; ch par pers avec petit déj 5 $US, avec sdb 6,50 $US). Hébergement le plus plaisant de la ville, il propose de spacieuses chambres modernes en retrait de la rue.

Hotel Crystal (☎ 45-2255 ; Sarmiento 543 ; s/d/t avec sdb 6,50/9,90/13 $US). Dans une galerie marchande, cet hôtel un peu défraîchi conserve un aspect cosy avec ses miroirs décoratifs et son bar

dans le lobby. Il possède des chambres plus spartiates à l'arrière, sans sdb, à 3,25 $US par personne.

Hotel de Turismo (☎ /fax 42-2243, ☎ 42-3390 ; Árabe Siria et San Martín ; s/d avec sdb, TV et petit déj 10/16 $US ; 🖳). Confortable et un peu institutionnel, le plus bel hôtel de la ville appartient au ministère du Tourisme.

Où se restaurer

La Quiaca offre plus de choix que Villazón. L'Hotel de Turismo possède une salle à manger haute de plafond et agrémentée d'une cheminée ; un *bife de chorizo* (rumsteak) avec frites et œufs au plat revient à 4 $US. Un café fast-food est installé dans la gare routière.

Confitería La Frontera (Belgrano et Árabe Siria ; plats 2-5 $US). Accueillant et bon marché, le café de l'Hotel La Frontera sert des plats de viande, des *tortillas* (omelettes espagnoles), des *tallarines al pesto* (pâtes au basilic) et un *menu económico* de 4 plats à 3 $US. Le service est plaisant et l'endroit, apprécié des habitants.

Taberna (España et Belgrano). En face de la gare routière, une bonne adresse pour des *parrilladas*.

Club Atlético Argentino (Balcarce et 25 de Mayo ; ⏰ déj). Il mérite le détour pour une pizza, une parillada, un *pancho* (hot-dog) ou une glace.

Où prendre un verre et sortir

Le calme règne le soir à La Quiaca. **El Diez** (Árabe Siria près de Belgrano), une boîte de nuit qui passe des succès récents, peut être assez animé.

Depuis/vers La Quiaca

Les bus partent de l'effervescente **gare routière de La Quiaca** (Terminal de Omnibuses ; consigne 0,35 $US), à l'angle d'España et de Belgrano. Les services de bus argentins comptent parmi les meilleurs au monde ; la plupart offrent chauffage, clim, toilettes, vidéos et repas à bord. En direction du sud, plusieurs bus partent presque toutes les heures pour Humahuaca (2,20 $US, 2 heures) et San Salvador de Jujuy (4,80 $US, 5-6 heures). La route traverse des paysages étonnamment colorés, parsemés de cactus. Des services directs rallient régulièrement Buenos Aires (38 $US, environ 24 heures). La courte course en taxi jusqu'à la frontière ne devrait pas dépasser 0,50 $US.

Hauts plateaux du Centre

Comme leur nom l'indique, les hauts plateaux du Centre se situent au milieu du pays et constituent, à bien des égards, le cœur spirituel de la nation bolivienne. Sucre, la plus jolie ville de Bolivie avec ses élégantes maisons chaulées et ses églises majestueuses, reste la capitale constitutionnelle du pays. C'est ici que fut déclarée l'indépendance en 1825, ce qui lui vaut le surnom de "Berceau de la liberté".

Quant à Potosí, elle est le symbole des richesses naturelles du pays. Le Cerro Rico continue de dominer la cité, malgré une exploitation effrénée de l'argent qu'il contient depuis des siècles et l'on s'étonne presque que la montagne ne se soit pas effondrée ! Aujourd'hui encore, des mineurs organisés en coopérative tentent de gagner leur vie en travaillant dans des conditions inhumaines.

À une altitude bien moins élevée, entourée de vallées fertiles, Cochabamba est l'une des villes les plus plaisantes de Bolivie et jouit d'un climat idéal. Malgré une ambiance très moderne, des cinémas multiplex et des chaînes de restauration américanisées, elle a su préserver son caractère.

Pour autant, la région ne se résume pas aux grandes villes. De charmantes bourgades coloniales, vieillissantes et peu connues, jalonnent les hauts plateaux et représentent autant d'étapes qui méritent le détour. Si les ruines incas de la vallée de Cochabamba évoquent un passé plus lointain, le Parque Nacional Torotoro demeure inégalé quant à l'ancienneté : dans ce parc accidenté, très intéressant du point de vue géologique, nombreux sont les empreintes de dinosaures et les fossiles, dont certains vieux de 300 millions d'années.

À NE PAS MANQUER

- Les églises de **Potosí** (p. 253), remplies de belles œuvres d'art sacré
- L'architecture coloniale de **Sucre** (p. 234), la plus belle ville de Bolivie
- Les restaurants et les bars de **Cochabamba** (p. 213), qui comptent parmi les meilleurs du pays
- La découverte du **Parque Nacional Torotoro** (p. 231), l'ancien terrain de jeu des dinosaures, sauvage et isolé
- Une randonnée dans la **Cordillera de los Frailes** (p. 249), berceau des surprenants tissages jalq'a

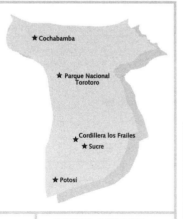

- INDICATIF TÉLÉPHONIQUE : 4
- POPULATION : 2 273 000 habitants
- ALTITUDE : 1 600-5 400 m

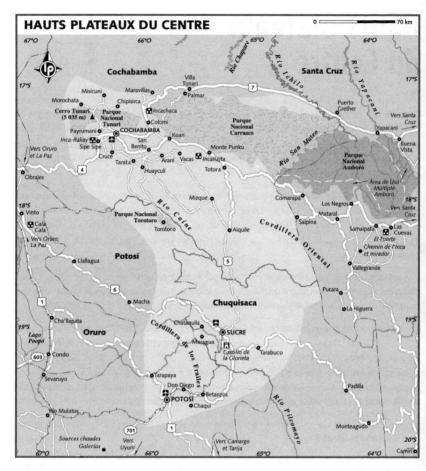

HAUTS PLATEAUX DU CENTRE

0 ———— 70 km

Histoire

Avant la domination espagnole, la ville de Charcas, le site de l'actuelle Sucre, était la capitale indienne de la vallée de Choque-Chaca. Résidence des chefs religieux, militaires et politiques, sa juridiction englobait plusieurs milliers d'habitants. À l'arrivée des Espagnols, la région qui s'étend du sud du Pérou au Río de La Plata (aujourd'hui en Argentine) fut appelée Charcas.

Au début des années 1530, Francisco Pizarro, le conquistador qui s'empara de l'Empire inca, envoya son frère Gonzalo dans la région du Charcas afin de superviser les exploitations minières indiennes susceptibles d'enrichir la Couronne espagnole. Gonzalo dédaigna l'Altiplano et concentra son atten-

tion sur les hauts plateaux situés à l'est des Andes. Pour cette raison, une nouvelle capitale espagnole du Charcas fut fondée en 1538. À l'instar de leurs prédécesseurs indiens, les conquistadors choisirent la chaude vallée fertile de Choque-Chaca pour construire La Plata, la future Sucre. Son nom (*plata* veut dire argent) évoque l'importance de ce métal à cette époque.

Alors que tous les territoires de la région étaient jusque-là gouvernés par Lima, le roi Philippe II créa en 1559 l'Audiencia (cour royale) de Charcas – qui siégeait dans la nouvelle capitale – pour administrer les territoires de l'Est. Les circonscriptions du département furent placées sous la juridiction d'agents royaux appelés *corregidores*.

En 1776, une nouvelle vice-royauté fut établie dans l'actuelle Buenos Aires et contrôla le Charcas. Devant la multiplication de villes appelées La Plata, la capitale changea de nom pour Chuquisaca (une déformation espagnole de Choque-Chaca).

Siège de l'archevêché depuis 1609 en raison de son autonomie théologique, la cité vit la création de l'université de San Xavier en 1622 et l'ouverture de l'Academía Carolina (une école de droit) en 1681, des institutions qui favorisèrent le développement d'idées progressistes et révolutionnaires. Le 25 mai 1809, Chuquisaca devint le théâtre des premières revendications pour l'indépendance des Amériques. Cette minirévolution mit le feu aux poudres dans toute l'Amérique hispanique et, l'une après l'autre, les Républiques du nord-ouest de l'Amérique du Sud furent libérées par les armées du héros militaire Simón Bolívar (voir l'encadré p. 238).

Après les batailles de Junín et d'Ayacucho (le 6 août et le 9 décembre 1824) qui libérèrent définitivement le Pérou, l'Alto Perú, historiquement lié au gouvernement de Lima, se trouva dans les faits débarrassé du joug espagnol. En pratique, il restait toutefois gouverné par Buenos Aires et des conflits surgirent sur l'avenir du territoire.

Le 9 février 1825, le maréchal Antonio José de Sucre, commandant en second de Bolívar, fit une déclaration rejetant l'autorité de Buenos Aires et proposant que l'avenir politique de la région soit décidé par les provinces elles-mêmes.

Bolívar, mécontent de cet acte de souveraineté non autorisé, refusa l'idée, mais Sucre resta sur ses positions, persuadé du soutien de l'Alto Perú, largement séparatiste. Comme il l'escomptait, les habitants refusèrent d'attendre la décision du nouveau congrès qui devait être nommé à Lima l'année suivante et n'acceptèrent pas la férule du gouvernement de Buenos Aires.

Le 6 août, premier anniversaire de la bataille de Junín, l'indépendance fut proclamée dans la Casa de la Libertad à Chuquisaca et la nouvelle République fut appelée "Bolivia", du nom de son libérateur. Le 11 août, la ville prit le nom de Sucre, en l'honneur du maréchal qui encouragea le mouvement indépendantiste.

La république de Bolivie connut ensuite des années difficiles et Bolívar dit du pays qui porte son nom : "Cette pauvre Bolivie a connu quatre présidents en moins de deux semaines ! Seul le royaume de l'Enfer pourrait offrir une image plus affligeante de l'humanité !"

Pour en savoir plus sur le passé mouvementé de cette région, consultez les rubriques *Histoire* de Cochabamba (p. 215) et Potosí (p. 253).

Climat

Le dicton *Las golondrinas nunca migran de Cochabamba* (les hirondelles ne migrent jamais de Cochabamba) correspond parfaitement à l'idée que se font les *Cochabambinos* de leur climat, qu'ils considèrent comme le plus agréable au monde : aux journées chaudes, sèches et ensoleillées succèdent des nuits fraîches. Les habitants de Sucre soutiennent à juste titre que leur climat n'a rien à envier à celui de Cochabamba. En hiver (de juin à août), la saison la plus fraîche, le ciel est clair et les températures modérées. Potosí est l'une des rares grandes villes boliviennes qui connaisse la neige.

Parcs nationaux

Parmi les zones protégées de la région figurent le Parque Nacional Torotoro (p. 231), éloigné et parsemé de milliers d'empreintes de dinosaures, et le Parque Nacional Tunari (p. 224), facilement accessible de Cochabamba.

Depuis/vers les hauts plateaux du Centre

Les principales localités des hauts plateaux sont bien desservies par des bus interurbains. Aller d'une ville à l'autre est un peu plus difficile si l'on s'écarte de la nationale goudronnée Potosí-Sucre ; le trajet entre Cochabamba et Sucre est particulièrement long.

Cochabamba possède l'aéroport le plus actif. Pour rejoindre Potosí, il faut prendre un vol pour Sucre, relativement proche.

COCHABAMBA

586 800 habitants / altitude 2 558 m

Animée et bruyante, Cochabamba est l'une des villes les plus florissantes de Bolivie. Son agréable climat explique peut-être son dynamisme particulier, presque méditerranéen. Bien que la majeure partie de la population soit pauvre, certains quartiers témoignent d'une prospérité évidente. Le long des larges avenues de la ville nouvelle, de nombreux restaurants attirent les gourmets locaux et des bars animés sont fréquentés

COCHABAMBA

0   500 m

Vers le magasin d'usine
de Fotrama (1 km)

A   B   C   D

Av America
Av Buenos Aires
Parc
Av Portales
Portales
Parc
P Blanco
Beni
Av Aniceto Padilla
Parc
Stade
Av Oblitas
Av del Ejército
Parc
Av Ramón Rivero
Plaza Quintanilla
Río Rocha
Av Humboldt
Av Villazón
Av Ballivián
La Paz
Chuquisaca
Salamanca
La Paz
José de la Reza
México
Major Rocha
Junín
Tumusla
Hamiraya
Tarapacá
Achá
Santivañez
Méndez Arcos
Vers Quillacollo (15 km)
et Sipe-Sipe (27 km)
Plaza San
Sebastián
Waynakapac
Falaise
Tahuantinsuyo
Av Aroma
Falaise
Monument
Heroïnes de
la Coronilla
Colina San
Sebastián
Falaise
Vers l'aéroport (3 km)

Aguirre
Av Ayacucho
Calle Arce
25 de Mayo
Montes
Av de la Independencia
Totora
Quillacollo
Tapacarí
Lliza
Arani
Av Barrientos

Ancienne
gare
ferroviaire
Pulacayo
Barzola
Guayaramerín
Chipiri
Manupiri
Vers le Mercado
de Ganado (3 km)

Plaza
Bolívar
Sucre
Jordan
Calama
Ladislao Cabrera
Uruguay
Av Aroma
Brasil
Av República
Honduras
Punata
Tarata
Av 9 de Abril

Universidad Mayor de San Simón
Julián M López
Mariano R Terrazas
Av Guillermo Urquidi
J A Méndez

Laguna
Alalay

Av Aniceto Arce
Vers l'Apart Hotel
Concordia (1 km) et
la Migración (2 km)
Station du
téléphérique
(Teleférico)
Itinéraire
du téléphérique
Av Rubén Darío

Voir l'agrandissement

Paccieri
Plaza
Colón
Venezuela
Baptista
España
Ecuador
Colombia
Av de las Heroínas
Plaza 14 de
Septiembre
Marché

Agrandissement

José de la Reza
Chuquisaca
Plaza
Colón
Iglesia del
Hospicio
España
Baptista
25 de Mayo
Av San Martín
Salamanca
Paccieri
Venezuela
Lanza
Ecuador
Colombia
Av de las Heroínas
Bolívar
Sucre
Plaza 14 de
Septiembre
Pasaje
Catedral
Marché
Jordán
Av Ayacucho

0   500 m

par une jeunesse estudiantine ou salariée. Toutefois, Cochabamba demeure une ville très abordable, avec des prix nettement inférieurs à ceux de Sucre ou de La Paz.

Le nom de la ville vient des termes quechua *khocha pampa,* qui signifient "plaine marécageuse". Cochabamba s'étend dans une cuvette fertile et verdoyante, longue de 25 km et large de 10 km, entourée de champs et de basses collines. Au nord-ouest se dresse le Cerro Tunari (5 035 m), le plus haut sommet du centre du pays. La région produit d'abondantes récoltes de maïs, d'orge, de blé, de luzerne, de fruits et d'agrumes. Cochabamba est réputée pour sa *chicha,* une boisson rafraîchissante, souvent alcoolisée, à base de maïs fermenté. Les *campesinos* (paysans) en boivent en quantité lors des fêtes de village.

Histoire

Fondée en janvier 1574 par Sebastián Barba de Padilla, Cochabamba fut d'abord appelée Villa de Oropeza en l'honneur du comte et de la comtesse d'Oropeza, parents du vice-roi Francisco de Toledo qui ordonna la colonisation de la ville.

Pendant l'apogée du boom de l'argent à Potosí, une ville qui ne possédait pratiquement aucune ressource agricole, la vallée de Cochabamba devint la principale source de nourriture pour les mineurs, ainsi que le grenier à blé et à maïs du pays. Le déclin de Potosí au début du XVIIIe siècle entraîna celui de Cochabamba et la production céréalière de la région de Chuquisaca (Sucre), bien plus proche de Potosí, suffit alors à la demande décroissante.

HAUTS PLATEAUX
DU CENTRE

Vers le milieu du XIXᵉ siècle, la ville retrouva son statut de grenier national et les grands propriétaires terriens de la vallée profitèrent de leur opulence pour investir dans les mines des hauts plateaux. Peu après, les mines de l'Altiplano attirèrent des capitaux internationaux et le centre minier se déplaça de Potosí vers le sud-ouest du pays. Cochabamba se développa et fut réputée pour sa prospérité.

En 2000, la presse internationale a relaté les manifestations des citoyens de Cochabamba contre l'augmentation du prix de l'eau – une lutte qui, pour beaucoup, soulignait un problème mondial croissant (voir l'encadré ci-contre).

Orientation

Dans cette ville tentaculaire, le quartier commerçant central, ramassé, s'étend du Río Rocha, au nord, à la Colina San Sebastián, au sud-ouest, et à la Laguna Alalay, au sud-est.

Les principaux marchés se tiennent dans et au sud de l'Avenida Aroma, entre la Colina San Sebastián et la Laguna Alalay. La gare routière longue distance et la plupart des terminus des bus qui desservent la vallée se trouvent également dans ce quartier.

La Plaza 14 de Septiembre, la place centrale que bordent l'office du tourisme et la cathédrale, bourdonne d'activité dans la journée.

Les adresses de Cochabamba sont mesurées à partir du croisement de deux grandes avenues, Heroínas (axe est-ouest) et Ayacucho (axe nord-sud). Les numéros de rues sont précédés de "N" (*norte ; nord*), "S" (*sur ; sud*), "E" (*este ; est*) ou "O" (*oeste ; ouest* – pour éviter la confusion avec zéro, on utilise parfois "W"). Le numéro qui suit la lettre indique le nombre de pâtés de maisons séparant cette adresse du croisement.

CARTES

L'office du tourisme fournit une bonne carte gratuite de la ville. Pour les cartes topographiques du département de Cochabamba, adressez-vous à l'**Instituto Geográfico Militar** (IGM ; ☎ 425-5563 ; 16 de Julio S-237).

Renseignements

ACCÈS INTERNET

Chaque pâté de maisons abrite au moins un cybercafé. Ils facturent, pour la plupart, de 0,25 à 0,40 $US l'heure.

ARGENT

Des changeurs de rue sont installés près du bureau Entel et dans l'Av. de las Heroínas. Ils pratiquent des taux concurrentiels mais n'acceptent que les dollars US en espèces. Vous trouverez de nombreux DAB. Les principales banques délivrent des avances sur les cartes de crédit. La **Banco Unión** (25 de Mayo et Sucre) abrite l'un des nombreux bureaux Western Union. Les meilleures adresses pour changer des espèces ou des chèques de voyage (2% à 3% de commission) sont les suivantes :

American (☎ 422-2307 ; Baptista S-159)

Efex (☎ 412-8963 ; Plaza 14 de Septiembre ; ☺ 9h-18h lun-ven). Bien situé, mais ne change pas les chèques de voyage (malgré le panneau).

Exprint-Bol (☎ 425-4413 ; Plaza 14 de Septiembre O-252). Lent mais sympathique.

CENTRES CULTURELS

Les centres suivants proposent des activités culturelles et des cours de langue :

Alliance française (☎ 425-2997 ; Santivañez O-187)

Centro Boliviano-Americano (CBA ; ☎ 422-1288/2518 ; www.cbacoch.org ; 25 de Mayo N-365). Peut recommander des professeurs de langue privés.

Instituto Cultural Boliviano-Alemán (ICBA ; ☎ 422-8431 ; icbacbba@supernet.com.bo ; Lanza 727, entre La Paz et Chuquisaca). Cours collectifs d'espagnol.

Volunteer Bolivia (☎ 452-6028 ; www.volunteerbolivia. org ; Ecuador 342). Gère le Café La Republika, un centre culturel, organise du bénévolat à court ou long terme, des programmes d'étude et de séjour chez l'habitant dans le pays et propose aussi des cours de langue.

CONSULATS

Les coordonnées des consulats étrangers de Cochabamba figurent p. 367.

IMMIGRATION

Migración (☎ 422-5553 ; General Galindo et Torrez ; ☺ 8h30-16h lun-ven). Prorogation de visa ou de permis de séjour. Au nord-est de la ville, à 2 km du centre. Ignorez les files d'attentes : elles concernent d'autres services.

LAVERIES

Presque tous les hôtels disposent d'un service de blanchissage.

Lavaya (Salamanca et Antezana)

Tintorería (Cabrera E-163). Sans enseigne. Nettoyage à sec et blanchisserie au kilo.

LIBRAIRIES

Dans une ruelle derrière la poste, de nombreux stands vendent des livres en espagnol et d'autres langues à des prix raisonnables et négociables.

Los Amigos del Libro (☎ 425-4114 ; Ayacucho près de Bolívar ; ☎ 425-6471 ; Oquendo E-654 ; également à l'aéroport). Meilleur choix de livres de poche en français, anglais et allemand, littérature bolivienne et guides Lonely Planet.

OFFICES DU TOURISME

Bureau du Sernap (☎ 448-6452/53 ; Portales 353). Informations sur les Parques Nacionales Torotoro, Carrasco et Isiboro Sécure.

Office du tourisme (☎ 425-8030 ; Plaza 14 de Septiembre ; ☽ 8h-12h et 14h30-18h30 lun-ven). Sur la place, à l'étage dans l'hôtel de ville. Très accueillant, il fournit une bonne documentation. Plusieurs kiosques d'information, derrière la cathédrale dans le Pasaje Catedral, à la gare routière et à l'aéroport, ouvrent aussi le samedi matin.

POSTE ET TÉLÉPHONE

Les principaux bureaux de **poste** et d'**Entel** (Ayacucho et Heroínas ; ☽ 6h30-22h) sont regroupés dans un grand complexe. Le service postal est fiable et ses équipements comptent parmi les meilleurs du pays. En dessous du hall central se trouve un bureau de poste express. Dans l'allée derrière le complexe, le bureau des douanes est pratique pour envoyer des colis : ils sont oblitérés sur place, ce qui évite

qu'on les ouvre par la suite, et les tarifs sont moins élevés qu'à la poste.

De nombreux établissements, comme **Punto Viva Estación** (Arce près de Cabrera), proposent des appels internationaux bon marché : 0,10 $US ou moins la minute pour l'Europe.

SERVICES MÉDICAUX

Centro Medico Boliviano Belga (☎ 422-9407 ; Antezana N-455). Clinique privée.
Hospital Viedma (☎ 422-0223). Hôpital public.

URGENCES

Police touristique (☎ 120 ou 222-1793 ; Achá O-142)

Désagréments et dangers

Plusieurs escroqueries sont couramment rapportées. De faux policiers peuvent demander à voir vos papiers : insistez pour ne les montrer qu'au poste de police. De faux touristes, appareil photo et guide touristique à la main, prétendent être perdus et vous demandent de les accompagner ; une fois votre confiance gagnée, ils profitent de la situation pour vous piéger avec un complice.

La Colina San Sebastián est aujourd'hui considérée (même par la population locale) comme dangereuse. Évitez soigneusement de vous promener dans ce quartier.

LA GUERRE DE L'EAU

La rapide croissance de Cochabamba à la fin du XXᵉ siècle provoqua des pénuries d'eau persistantes et la ville rechercha des financements pour creuser un tunnel dans les montagnes pour faire passer une canalisation permettant de faire venir l'eau d'une autre région. La Banque mondiale, qui contrôlait alors plus ou moins l'économie de la Bolivie, refusa que le gouvernement bolivien soutienne ce projet et l'obligea à vendre le service provincial de l'eau au géant américain Bechtel, qui augmenta rapidement les tarifs.

La compagnie n'avait pas compté avec les citoyens, qui bientôt créèrent une association pour s'opposer à la vente. La population, mécontente de la hausse des prix, appela à la grève en février 2000. Les habitants descendirent dans la rue et, après de violents affrontements avec la police, obligèrent le gouvernement à négocier. Celui-ci refusa tout contact avec l'association populaire et proposa une augmentation progressive. Cette proposition fut rejetée avec colère et une grève générale fut organisée début avril. Près de cent mille personnes de tout milieu social descendirent dans la rue ; lorsque la police arrêta le chef du mouvement, la situation se détériora rapidement et un homme fut abattu par un militaire. Les choses se calmèrent mais, deux jours plus tard, une énorme manifestation força Bechtel à se retirer, non sans qu'il ait demandé une compensation démesurée. Les militants antimondialisation du monde entier virent là une victoire populaire hautement symbolique sur une multinationale qui avait manœuvré le gouvernement bolivien avec la complicité de la Banque mondiale.

Aujourd'hui, le prix de l'eau a retrouvé le niveau d'avant la privatisation, mais, bien que la compagnie des eaux municipale améliore le service, les fonds continuent de manquer pour construire la canalisation indispensable. Cependant, les *Cochabambinos* restent, à juste titre, fiers de leur victoire.

À voir

MARCHÉS

Cochabamba est le plus grand centre commerçant de Bolivie. Le marché principal, l'immense **La Cancha**, est l'un des plus bondés, chaotiques, étouffants et amusants du pays. Les marchés vendent tous les produits imaginables et attirent aussi les pickpockets.

Le plus vaste et le plus accessible, le **Mercado Cancha Calatayud**, s'étend le long de l'Av. Aroma et au sud, vers l'ancienne gare ferroviaire. Vous verrez sans doute des passants en costume local, très différents de ceux de l'Altiplano. Le **Mercado Incallacta** et le **Mercado de Ferias** entourent la vieille gare ferroviaire. Des échoppes d'artisanat local se regroupent près du carrefour de Tarata et de la Calle Arce, vers l'extrémité sud du quartier du marché où des stands bordent les allées et vendent des articles à prix raisonnables.

En raison de l'affluence, le marché de fruits et légumes a été transféré sur la rive de la Laguna Alalay, dans le sud-est de la ville. L'intéressant **Mercado de Ganado**, un marché au bétail, s'installe le mercredi et le dimanche au bout de l'Avenida Panamericana, loin au sud du centre-ville. Prenez un taxi pour le découvrir et essayez de venir tôt.

MUSÉES

Le **Museo Arqueológico** (☎ 425-0010 ; Jordán E-199, angle Aguirre ; 1,90 $US ; ☼ 8h-18h lun-ven, 8h-12h sam) offre un excellent aperçu des diverses cultures indigènes de Bolivie. Il possède une étonnante collection d'objets : urnes funéraires ornées de chauves-souris et de serpents, imposants fossiles, poteries peintes, momies et crânes trépanés. Ne manquez pas la section consacrée aux Tiwanaku : leurs chamans prisaient de la poudre hallucinogène à l'aide de jolis tubes en os. Le musée comporte de bonnes explications en espagnol et un guide anglophone est habituellement disponible du lundi au vendredi, de 13h30 à 18h.

Le **Centro Cultural Simón Patiño** (☎ 424-3137 ; Potosí 1450 ; 1,25 $US avec guide ; ☼ jardins 14h30-18h30 lun-ven, 10h30-12h30 sam-dim ; visites guidées espagnol/ anglais 17h/17h30 lun-ven, 11h/11h30 sam), dans le *barrio* (quartier) de Queru Queru, témoigne de l'extravagance du baron de l'étain Simón Patiño. La construction de cette opulente demeure de style français débuta en 1915 et s'acheva en 1927. Les cheminées sont en marbre de Carrare, les boiseries et le mobilier en essences importées de France et les murs,

couverts de brocard de soie – l'un des tableaux est en fait une tapisserie en soie. Les jardins et l'extérieur, inspirés du château de Versailles, reflètent l'invraisemblable fortune de Patiño. Jamais habitée, cette maison fastueuse abrite aujourd'hui un centre artistique et culturel, ainsi qu'un centre pédagogique. Prenez un *micro* E en direction du nord à l'est de l'Av. San Martín.

ÉGLISES

Édifice le plus intéressant de Cochabamba, le majestueux **Convento de Santa Teresa** (Baptista et Ecuador ; 2,50 $US ; ☼ 9h-12h et 15h-18h, visites ttes les heures environ) vieillit bien. La municipalité souhaiterait le transformer en musée. Lors de notre passage, les visites guidées de ce superbe ensemble étaient conduites par des étudiants de l'école de restauration installée sur place. Vous pourrez admirer le paisible cloître, des retables et des sculptures de belle facture (des écoles espagnoles et de Potosí), l'église du couvent et même monter sur le toit. Le couvent, fondé en 1760, fut détruit par un tremblement de terre ; la nouvelle église, démesurée, était trop grande pour supporter un dôme et l'église existante fut bâtie à l'intérieur de celle-ci en 1790. Le couvent appartient toujours à une communauté de carmélites, mais les 13 religieuses logent dans un bâtiment voisin, plus moderne et confortable. La visite, passionnante, rappelle l'ambiance des romans de García Márquez.

Sur la Plaza 14 de Septiembre bordée d'arcades, la **cathédrale** (☼ 8h-12h et 17h-19h lun-ven, 8h-12h sam-dim), dont la construction commença en 1571, est le plus ancien édifice religieux de la vallée. Les ajouts et les rénovations ultérieurs lui ont ôté un peu de caractère, mais elle conserve un beau portail occidental. L'intérieur, vaste et lumineux, comprend diverses peintures médiocres au plafond, des statues de plusieurs saints, un retable doré et l'*Inmaculada* (l'Immaculée Conception) y est toujours vénérée.

Construite en 1581, l'**Iglesia y Convento de San Francisco** (25 de Mayo et Bolívar ; ☼ 7h30-11h) fait partie des plus anciennes églises de Cochabamba. Amplement restaurée et rénovée en 1782 et 1925, elle conserve peu d'éléments de sa structure d'origine. Le couvent et le cloître mitoyens datent du XVIIe siècle. Le cloître est en bois, une exception à cette époque où l'on utilisait plutôt la pierre. La chaire s'orne de beaux exemples de motifs *mestizos* (métis) et l'église possède un superbe rétable en or.

L'**Iglesia de Santo Domingo** (Santivañez et Ayacucho), de style rococo, fut fondée en 1612, mais sa construction ne débuta qu'en 1778. L'étonnante façade en brique comporte des colonnes anthropomorphes. L'intérieur, qui abrite une Trinité révérée, est moins intéressant.

La construction de l'**Iglesia de la Recoleta**, au nord du fleuve, commença en 1654. De style baroque, elle renferme le beau Cristo de la Recoleta, en bois.

CRISTO DE LA CONCORDIA

Cette immense statue se dresse sur le Cerro de San Pedro, derrière Cochabamba. Elle dépasse de quelques centimètres le célèbre Cristo Redentor de Rio de Janeiro (haut de 33 m pour symboliser l'âge du Christ). Les *Cochabambinos* se justifient en affirmant que le Christ a vécu *"33 años y un poquito"* (33 ans et quelques…).

Un sentier part du pied de la montagne (1 250 marches). Attention : plusieurs agressions ont été rapportées, notamment au crépuscule. Plus sûr et moins fatigant, le *teleférico* revient à 0,80 $US l'aller-retour (fermé le dimanche). Le dimanche, on peut monter au sommet de la statue (0,20 $US) pour profiter du panorama sur la ville.

En transport public, prenez le *micro* LL à l'angle de Heroínas et de 25 de Mayo. L'aller-retour en taxi revient à 4,50 $US, avec une demi-heure d'attente sur place.

Cours

Cochabamba est un endroit apprécié pour apprendre pendant quelques semaines l'espagnol ou le quechua. Plusieurs centres culturels offrent des cours à environ 5 $US l'heure. Consultez également la rubrique *Centres culturels*, p. 216.

L'**Escuela Runawasi** (☎ /fax 424-8923 ; www.runawasi.org ; Blanco s/n, Barrio Juan XXIII) associe programme linguistique et immersion culturelle avec une excursion dans un refuge de la forêt tropicale du Chapare.

De nombreux enseignants privés proposent des cours, généralement à 5 $US l'heure, mais tous ne sont pas expérimentés et vous devrez peut-être en essayer plusieurs avant de trouver celui qui vous convient. Le **Centro Boliviano-Americano** (p. 216) possède une liste de professeurs recommandés.

Circuits organisés

Diverses agences organisent des activités variées, dont des excursions dans les sites intéressants de la province :

AndesXtremo (☎ 452-3392 ; www.andesxtremo. com ; La Paz 138). Escalade, rafting, canyoning, trekking et parapente.

Fremen Tours (☎ 425-9392 ; www.andes-amazonia. com ; Tumusla N-245). Agence recommandée, qui peut organiser des excursions aux alentours ou des circuits de grande qualité dans le Chapare, l'Amazonie et le Salar de Uyuni. Essayez de discuter avec le patron.

Sol Viajes (☎ 450-8451 ; Pasaje Catedral). Organise des circuits à Incallajta et dans la région environnante. Personnel sympathique et serviable.

Todo Turismo (☎ 450-5292 ; tturismo@entelnet.bo ; Jordán E-280). Excursions à Incallajta à 80 $US par personne pour 2 ou 3 participants, 60 $US à partir de 4 participants.

Villa Etelvina (☎ 424-2636 ; www.villaetelvina.com ; Juan de la Rosa 908, Torotoro ; voir p. 233). Le meilleur tour-opérateur pour le parc national de Torotoro.

Fêtes et festivals

Grande manifestation annuelle, **Las Heroínas de la Coronilla** (27 mai) commémore les femmes et les enfants qui défendirent la ville pendant la bataille de 1812. Lors de la fête de **Santa Veracruz Tatala** (2 mai), les fermiers se rassemblent dans une chapelle à 7 km sur la route de Sucre et prient pour la fertilité des sols durant la prochaine saison ; musique et danses folkloriques ainsi que réjouissances accompagnent leurs prières. Pour la **Fiesta de la Virgen de Urcupiña** (du 15 au 18 août), la plus grande fête de la vallée, des pèlerins convergent vers le village de Quillacollo, à 13 km à l'ouest de Cochabamba.

Où se loger

PETITS BUDGETS

Plusieurs *alojamientos* (hébergements sommaires), défraîchis mais très bon marché, bordent l'Av. Aroma. Pour un lit et une douche, comptez environ 2 $US par personne. Spartiate mais décent, l'**Alojamiento Cochabamba** (☎ 422-5067 ; Aguirre S-591), le plus plaisant, a la faveur des voyageurs à petit budget et dispose d'eau chaude le matin.

Hostal Oruro (☎ 424-1047 ; López S-864 ; ch 3,15 $US/pers). Un peu moins chère que l'Elisa voisine, cette pension tenue par une famille loue des chambres spacieuses, avec douche chauffée à l'énergie solaire (l'eau semble chaude plus de la moitié du temps). Une adresse sûre, proche de la gare routière.

Hostal Ossil (☎ 425-4476 ; López S-915 ; s/d 3,15/5 $US). Une pension gaie et moderne près de la gare routière, avec des chambres correctes et une sdb commune bien tenue. Des chambres plus confortables s'agrémentent d'une sdb et toutes sont grandes et claires.

Hostal Versalles (☎ 422-1096 ; Ayacucho S-714 ; ch 3,25 $US/pers, avec sdb 4,40 $US). Meilleur choix de cette catégorie à proximité de la gare routière, cette auberge accueillante offre des chambres propres et calmes (quand elles ne donnent pas sur la rue) et un petit déjeuner compris. Un petit supplément donne droit à la TV câblée. Réduction de 15% pour les membres HI.

Hostal Elisa (☎ 425-4406 ; www.hostalelisa.com ; López S-834 ; s/d 3,75/6,25 $US, avec sdb 7,50/12,50 $US). Malgré son emplacement sans charme près de la gare routière, cette adresse est une véritable aubaine. De la rue poussiéreuse on entre dans une cour verdoyante et paisible, qui semble à mille lieues de ce quartier. La direction est sympathique et les chambres, correctes. Une TV câblée et des réfrigérateurs sont à disposition. Service de blanchissage et petit déjeuner proposés.

Hostal Florida (☎ /fax 425-7911 ; floridahostal@latinmail.com ; 25 de Mayo S-583 ; ch 3,75 $US/pers, avec sdb, tél et TV câblée 6,25 $US). Option pleine de caractère et très prisée, elle possède un patio tranquille avec des meubles de jardin et une terrasse ensoleillée au dernier étage. Bien située entre le centre-ville et la gare routière, c'est une excellente adresse pour rencontrer d'autres voyageurs. Le personnel aimable vous renseignera amplement sur la ville. Bon petit déjeuner de 1 à 2 $US.

Residencial Familiar (☎ 422-7988 ; Sucre E-554 ; ch 3,75 $US, s/d avec sdb 6,25/10 $US). Installée dans un beau bâtiment ancien, cette résidence décatie s'organise autour d'un joli patio qu'agrémente une fontaine. Elle ne manque pas de charme mais ses matelas sont trop minces.

Residencial Familiar Anexo (☎ 422-7986 ; 25 de Mayo N-234 ; ch 3,75 $US, s/d avec sdb 6,25/10 $US). Semblable au Residencial Familiar, l'annexe est un peu plus confortable mais n'a pas autant de caractère.

Hostal Buenos Aires (☎ 425-3911 ; hostalbuenosaires @yahoo.com ; 25 de Mayo N-329 ; s/d 4,40/7,50 $US, avec sdb 8,75/12,50 $US). Extrêmement accueillant et très bien situé pour profiter du centre-ville et de la vie nocturne, cet établissement est aménagé autour d'une cour fraîche et loue des chambres correctes bien qu'un peu sombres ; les plus chères disposent d'une TV câblée et du téléphone.

Hostal Colonial (☎ 422-1791 ; Junín N-134 ; s/d 5/8,80 $US). Accueillant, propre et sûr, il est apprécié des voyageurs malgré des matelas trop mous. Les meilleures chambres, à l'étage, donnent sur la cour verdoyante.

Hostal Jardín (☎ 424-7844 ; Hamiraya N-248 ; s/d 5/10 $US). Dans un quartier calme, ce favori de longue date entoure un joli jardin désordonné où pousse un énorme carambolier. Les chambres comprennent sdb et eau chaude. L'accueil peut manquer de chaleur.

CATÉGORIES MOYENNE ET SUPÉRIEURE

Apart Hotel Concordia (☎ 422-1518 ; hotelconcordia@hotmail.com ; Arce 690 ; app 10 $US/pers ; 🖵). Tenu par une famille, cet établissement vieillissant mais plaisant convient aux personnes voyageant avec des enfants. Les appartements, de 3 à 4 personnes, comportent sdb, kitchenette (vaisselle fournie à la demande) et téléphone. Piscine et service de blanchissage à disposition. Dans le nord de la ville, près de l'université, il est desservi par le *micro* B.

City Hotel (☎ 422-2993 ; cityhotel42@hotmail.com ; Jordán E-341 ; s/d/f 12,50/17,50/22,50 $US ; 🖵). Propre, sympathique et central, il présente un excellent rapport qualité/prix avec ses chambres lumineuses et bien équipées, des douches performantes et des lits fermes et confortables. Service de blanchissage, TV câblée et petit déjeuner inclus.

Monserrat Hotel (☎ 452-1011 ; hotelmonse@supernet.com.bo ; España N-342 ; s/d 15/25 $US ; 🖵). Ouvert mi-2006, l'hôtel le plus séduisant de Cochabamba occupe un bâtiment ancien superbement rénové en plein cœur du quartier des restaurants et des cafés. Paisible et détendu, il est construit autour d'une cour ombragée et propose des chambres élégantes et confortables, joliment décorées dans des tons ocre ; leur relative obscurité les protège de la chaleur. Le service, attentif et enthousiaste, contribue au charme exceptionnel de l'endroit.

Hotel Boston (☎ 422-4421 ; hboston@supernet.com. bo ; 25 de Mayo N-167 ; s/d avec sdb, TV câblée et petit déj 16/26 $US). Surpassé depuis quelques années par d'autres hôtels de même catégorie, le Boston reste malgré tout fiable, central et vous réservera un accueil chaleureux.

Hotel Americana (☎ 425-0552 ; www.americanahotel. net ; Arce S-788 ; s/d/ste avec sdb et petit déj 25/35/35-65 $US). Cet accueillant trois-étoiles constitue un bon choix. Outre un bon service, il offre des chambres claires, impeccables et bien équipées, avec TV câblée. Seul son emplacement laisse un peu à désirer.

Hotel Diplomat (☎ 425-0687 ; www.hdiplomat. com ; Ballivián 611 ; s/d 63/73 $US ; 🖳). Parmi les hôtels d'affaires haut de gamme de Cochabamba, le Diplomat allie un service correct et un emplacement privilégié dans l'Av. Ballivián, surnommée "le Prado" et bordée de boutiques et de bars. Certaines des chambres, bien aménagées, jouissent d'une belle vue et l'hôtel dispose d'excellentes infrastructures.

Hotel Portales (☎ 448-5150 ; www.hotel-portales. com ; Pando 1271 ; s/d/ste 77/95/155 $US ; 🍴 🖳 🖥). Dans le quartier huppé de Recoleta, cet hôtel chic, orné de bustes et de lustres, est construit autour d'une piscine. S'il possède un jardin plaisant, il n'a rien d'un cinq-étoiles, contrairement à ce qu'il proclame. Les chambres sont assez confortables et le service affable (et un peu lent). Le restaurant et le bar ne semblaient guère animés lors de notre passage. Consultez les offres promotionnelles sur le site Internet.

Où se restaurer

Les *Cochabambinos* se targuent d'être les plus gourmets des Boliviens. Ils font facilement halte à un stand pour un en-cas ou un jus de fruit et discutent sans fin de la meilleure adresse pour trouver de bonnes *empanadas* (chaussons salés).

Sur les marchés (p. 218), vous pourrez déguster de savoureux repas simples à petits prix et d'excellentes et copieuses salades de fruits. Vous y trouverez également le café le moins cher et le délicieux *arroz con leche* (riz au lait), le petit déjeuner local. Méfiez-vous toutefois des pickpockets.

RESTAURANTS – CUISINE LOCALE

Sabor Limeño (Pasaje Catedral ; déj 1 $US). Niché dans une ruelle derrière la cathédrale, cet endroit paisible possède une agréable terrasse fermée. La carte, essentiellement péruvienne, comprend un bon *ceviche* (poisson cru mariné dans du citron).

Restaurant Marvi (Cabrera et 25 de Mayo ; déj 1,50 $US). Tenu par une famille, il propose l'un des meilleurs *almuerzos* (menus du déjeuner) traditionnels des environs. Au dîner, une copieuse assiette de *comida criolla* (cuisine créole) vous reviendra à 2 ou 3 $US.

Savarín (☎ 425-7051 ; Ballivián 626 ; déj 1,65 $US). Fréquenté et établi de longue date, il comprend une grande terrasse qui se remplit à l'heure de l'*almuerzo* et le soir pour siroter une bière.

Sucremanta (☎ 422-2839 ; Esteban Arce 340 et Ballivián 560 ; plats à partir de 1 $US ; 🕐 11h-16h). Ces deux établissements sympathiques servent une cuisine traditionnelle de Sucre : soupes consistantes et plats de viande, dont le *mondongo* (travers de porc) et le *menudito* (ragoût de porc, de poulet et de bœuf). Les *almuerzos* traditionnels sont aussi bons que les plats à la carte.

Tunari (☎ 452-8588 ; Ballivián 676, plats 2-4 $US). Cette institution fait partie des adresses favorites localement et se spécialise dans les rognons grillés, les tripes et le chorizo épicé. Si les abats ne vous tentent pas, vous pourrez opter pour d'autres plats typiques de Cochabamba. À ne pas confondre avec la médiocre Tunari Churrasquería, qui (comme ce restaurant) compte plusieurs succursales.

Paprika (Ramón Rivero et Lanza ; plats 3-5 $US). Restaurant branché, il se situe à un pâté de maisons de l'agitation de l'Av. Ballivián et bénéficie d'un cadre verdoyant et paisible. Prisé pour sa cuisine bolivienne et internationale (dont de délicieuses pommes de terre au four et des fondues), il se transforme en bar en fin de soirée et l'on peut y rencontrer de jeunes Boliviens.

Casa de Campo (☎ 424-3937 ; Pasaje Boulevar 618 ; plats 4-5 $US). Ce restaurant bruyant et chaleureux, en partie en plein air, est un lieu traditionnel où se retrouver, déjeuner ou dîner et jouer au *cacho* (jeu de dés). Si la carte offre un grand choix de plats boliviens et de viandes grillées, bien préparés et généreusement servis, l'ambiance animée et détendue reste son principal attrait.

RESTAURANTS – CUISINE INTERNATIONALE

Kabbab (☎ 424-9149 ; Potosí N-1392 ; plats 1,50-3 $US ; 🕐 18h-24h). À côté du Palacio de Portales, dans un cadre intime, il offre d'innombrables variétés de brochettes, un délicieux pain plat cuit dans un four en argile, du café turc et de bons baklavas.

Rodizio Grill Americano (près de l'Hotel Americana ; déj 2 $US, plats 2-4 $US). Si ses grillades ravissent les carnivores, le Rodizio propose des soupes excellentes et un buffet de salades pour les végétariens. Il sert 3 repas tous les jours, dont des *almuerzos* d'un bon rapport qualité/prix.

Casablanca (☎ 452-9328 ; 25 de Mayo entre Ecuador et Venezuela ; plats 2-5 $US). Apprécié des habitants et des touristes, ce bar-restaurant reste animé en permanence malgré un service médiocre. Bien sûr, des portraits d'Humphrey Bogart ornent les murs... La carte comprend un grand choix de plats internationaux et l'on peut commander des boissons jusque tard.

La Estancia (☎ 424-9262 ; Uyuni E-786, près de la Plaza Recoleta ; plats 3-5 $US). Parmi un groupe de restaurants spacieux installés de l'autre côté du fleuve dans Recoleta, ce grill de style argentin est une bonne adresse. Les steaks épais et tendres (choisissez de la viande d'Argentine), les travers de porc, les rognons, le poulet et les poissons sont tous préparés sur le gril, au milieu de la salle. Un bon buffet de salades et un service excellent ajoutent à l'attrait du lieu.

Sole Mio (☎ 428-3379 ; América E-826 ; pizzas 3-6 $US ; ⏰ dîner lun-ven, déj et dîner sam-dim). Les propriétaires napolitains importent les ingrédients de leurs succulentes pizzas à pâte fine, cuites au feu de bois. La musique d'opéra en sourdine, les bons vins italiens et le service irréprochable invitent à s'attarder. Grand choix de viandes et de pâtes.

La Cantonata (☎ 425-9222 ; España et Rocha ; plats 4-5 $US ; ⏰ fermé lun). Cet élégant restaurant italien est l'une des meilleures tables de la ville. Une cheminée réchauffe la salle douillette où l'on dégustera de succulents plats de viande, des pâtes fraîches et un bon vin. Les entrées sont un peu décevantes.

Búfalo's Rodizio (☎ 425-1597 ; Torres Sofer, Oquendo N-654 ; buffet 5 $US ; ⏰ déj seulement dim, dîner seulement lun). Dans ce grill de style brésilien, des serveurs apportent à votre table d'énormes morceaux de viandes savoureuses jusqu'à satiété. Malgré le grand buffet de salades, l'établissement s'adresse essentiellement aux carnivores. Il se trouve au 1er étage d'une galerie marchande (prenez l'ascenseur).

CAFÉS

Le long de Calle España, près d'Ecuador et de Venezuela/Major Rocha, plusieurs cafés branchés semblent changer de nom tous les quinze jours.

Mosoj Yan (☎ 450-7536 ; Bolívar et Plaza Busch ; menu déj 0,90 $US ; ⏰ 10h30-18h lun-ven). Plaisant, clair et spacieux, cet agréable café offre des déjeuners bon marché, de délicieux desserts et de bons cafés. De plus, il fait partie d'un centre de réhabilitation de jeunes prostituées ; les jeunes filles tiennent l'établissement, font la cuisine

et créent certains des objets artisanaux en vente dans la boutique voisine. Un service d'échange de livres est à disposition.

Espresso Café Bar (☎ 425-6861 ; Esteban Arce 340). Juste derrière la cathédrale. Il remporte la palme du "meilleur café de Cochabamba". Dans un joli cadre traditionnel, le personnel sympathique sert également de bons jus de fruits.

Café Francés (España N-140 ; ⏰ 8h-20h30 lun-sam). Intime et très fréquenté, il propose d'excellents cafés, thés, gâteaux, quiches et crêpes sucrées ou salées dans un cadre parisien.

Co Café Arte (Venezuela, près d'España ; ⏰ 18h-23h). Un café détendu, avec des tables en bois et des reproductions d'œuvres d'art sur les murs. L'aimable propriétaire prépare des cafés, des jus de fruits et quelques en-cas.

Tea Room Zürich (☎ 448-5820 ; Pando 1182 ; ⏰ fermé mar). Élégant salon de thé à l'ancienne, c'est l'endroit où boire un thé accompagné d'un strudel ou d'un éclair dans le quartier de la Recoleta.

SUR LE POUCE

De délicieux en-cas sont en vente dans toute la ville, comme les *papas rellenas* (pommes de terre fourrées de viande ou de fromage) – particulièrement bonnes à l'angle d'Achá et de Villazón –, les *salteñas* (chaussons fourrés) et les *empanadas*. Pour ces dernières, essayez **Cochalita** (Esteban Arce S-362 ; empanadas 0,30 $US), qui propose un bon choix de garnitures, ainsi que des glaces. Les habitants raffolent des *anticuchos* (brochettes de cœur de bœuf) qui grésillent toute la nuit au coin des Avenidas Villaroel et América.

Dumbo (plats 2-5 $US) ; Heroínas E-345 (☎ 450-1300) ; Ballivián 55 (☎ 423-4223) et **Cristal** (Heroínas E-352, petit déj américain 2 $US) proposent divers snacks toute la journée, des pancakes aux burgers, ainsi que des plats, mais ils sont surtout prisés pour un *helado* (glace) et un café en fin d'après-midi. Similaire, **Globo's** (angle Beni et Santa Cruz) séduit les petits avec ses ballons, ses glaces, ses jus de fruits et ses repas pour enfants.

VÉGÉTARIEN

Uno's (Heroínas et San Martín ; déj 1,10 $US). Sans doute la meilleure cuisine végétarienne de Cochabamba. Son déjeuner de 4 plats comprend un buffet de salades fraîches. Il propose également de bonnes salades de fruits et des burgers de soja, mais ne sert pas d'alcool. Il ouvre du petit déjeuner au dîner.

Ganesha Comida Vegetariana (☎ 452-2534 ; Mayor Rocha 375 ; menu déj 1,10 $US ; ☽ 12h-15h). Près de la Plaza Colón, cet établissement remporte un franc succès avec son choix de plats savoureux, moins important en fin de service.

Gopal (España N-250 ; plats 1,50-2 $US ; ☽ déj tlj, dîner lun-ven). Accueillant et bien situé au bout d'une galerie paisible, il possède une terrasse plaisante. L'emplacement est plus intéressant que la carte, qui comprend des plats boliviens où le soja remplace la viande et quelques curries.

FAIRE SES COURSES

IC Norte (América et Pando). Supermarché de style nord-américain bien approvisionné, avec des produits importés ou nationaux de qualité export.

Super Haas (Heroínas E-585). Supérette pratique mais chère, avec rayon traiteur et comptoir d'en-cas.

Super Natural (Pando 1270). Bel *eco-mercado* de produits locaux, naturels et biologiques.

Où prendre un verre

Parmi les nombreux bars qui bordent El Prado (Avenida Ballivián), Top Chopp est un bar à bières bolivien typique. Dans la Calle España sont regroupés des cafés-bars bohèmes, qui changent régulièrement.

Cerebritos (España N-251 ; ☽ 20h-tard). Un bar négligé mais sympathique, avec des enrouleurs de câbles en guise de tables et du rock et du hip-hop en musique de fond (assourdissante). La spécialité de la maison est un assortiment d'alcools colorés, que les étudiants avalent en tant que gages lors des parties de *cacho*.

Prikafé (España et Rocha). Ce bar douillet, intime et éclairé aux chandelles, est apprécié des amoureux. Les boissons – café, vins, cocktails – sont meilleures que les plats remplis d'additifs (de 2 à 3,75 $US).

Ecla (☎ 448-5406 ; Beni 558 ; ☽ 16h-2h mer-sam, 12h-22h dim). Dans le quartier de la Recoleta, ce bar très accueillant, à l'ambiance plaisante, sert des plats corrects et offre de la musique *live* le vendredi soir. Il organise parfois des soirées au Club Social, près de la Plaza Colón.

Brazilian Coffee Bar (Ballivián 55). Chaîne brésilienne, il offre une étrange combinaison de café, sushis et alcool. Évitez les deux premiers et choisissez plutôt les cocktails, chers mais excellents. L'endroit se targue d'être ouvert 24h/24.

Marka (☎ 7271-7935 ; Ecuador 342). Niché derrière la Calle Ecuador près de La Republika, ce bar plaisant à l'ambiance détendue est idéal pour écouter de la musique en sirotant un bon cocktail. Des musiciens de jazz et de blues se produisent de temps à autre. Service sympathique.

La Republika (☎ 945-2459 ; Ecuador 342). Ce café confortable appartient à l'association Volunteer Bolivia. Agréable et fréquenté par les étrangers, il propose des plats mexicains (2 $US), un échange de livres, et des concerts réguliers dans sa cour verdoyante.

Où sortir

Pour des informations sur les distractions, consultez les rubriques spécialisées des journaux. Immense multiplex récent, le **Cine Center** (Ramón Rivero s/n) comprend plusieurs salles. Le **Cine Heroínas** (Heroínas s/n) et le **Cine Astor** (Sucre et 25 de Mayo) sont plus séduisants.

Parmi les boîtes de nuit fréquentées, la **Lujo's Discoteca y Karaoke** (Beni E-330) ouvre tous les soirs du mercredi au dimanche. Plusieurs discothèques bordent l'Av. Ballivián, dont **La Pimienta Verde** (Ballivián s/n), installée en sous-sol.

Achats

Quelques boutiques vendent des lainages de production locale : la coopérative **Fotrama** (☎ 422-2980 ; Bolívar 439), établie de longue date, son **magasin d'usine** (☎ 424-0567 ; Circunvalación 1412), bon marché, et **Asarti** (☎ 425-0455 ; Edificio Colón n°5, Paccieri et 25 de Mayo), qui offre des articles en alpaga de première qualité et plus coûteux. **Arte Andino** (Pasaje Catedral s/n) propose également une belle sélection de lainages. Sur les marchés, vous trouverez des *chompas* (pulls) en laine d'alpaga et de lama à des prix moins élevés. Pour des souvenirs à petits prix, explorez les stands d'artisanat, derrière la poste.

La Concepción (☎ 412-1967 ; Aguirre 577) est la boutique de détail d'un des domaines viticoles boliviens les plus réputés. Demandez à goûter avant d'acheter ; sinon, évitez les vins rouges les moins chers, souvent âpres.

Depuis/vers Cochabamba

AVION

L'**aéroport Jorge Wilstermann** (CBB ; taxe de départ national/international 1,90/3,10 $US) de Cochabamba est desservi quotidiennement par **AeroSur** (☎ 440-0909/0910 ; Villarroel 105) et **LAB** (☎ 425-0750 ; agence à l'aéroport) depuis La Paz (48,50 $US), Santa Cruz et Sucre. Le vol La Paz-Cochabamba survole des paysages fabuleux : au départ de La Paz, asseyez-vous sur la gauche pour admirer la somptueuse Cordillera Quimsa Cruz et quasiment frôler le sommet de l'Illimani. **AeroCon** (☎ 448-7665 ; agence à l'aéroport) propose un vol quotidien pour Trinidad.

TAM (☎ 458-1552 ; Hamiraya N-122) décolle de l'aéroport militaire à destination de Santa Cruz le mardi matin et de La Paz (27 $US) le mardi après-midi. **TAM Mercosur** (☎ 458-2166 ; Heroínas 0-130) relie Cochabamba à Asunción, Buenos Aires et São Paulo tous les jours sauf le dimanche. AeroSur rallie Miami *via* Santa Cruz trois fois par semaine.

BUS

La **principale gare routière** (☎ 155 ; Ayacucho près d'Aroma ; taxe 0,40 $US) abrite un kiosque d'information, un bureau de la police touristique, des distributeurs de billets, une consigne et un bureau de change.

Des *bus camas* (couchettes) circulent sur la plupart des itinéraires longue distance ; leurs prix sont deux fois plus élevés que ceux indiqués ci-dessous.

Au moins une vingtaine de bus partent chaque jour pour La Paz (5 $US, 7 heures), pour la plupart entre 7h et 21h. Une douzaine de *flotas* (compagnies de bus longue distance) proposent des services quotidiens pour Oruro (2,50 $US, 4 heures) entre 7h et 22h. Les bus à destination de Santa Cruz (6-8 $US, 10-13 heures) démarrent presque tous avant 9h ou après 17h ; certains empruntent l'ancienne route du Chapare et d'autres la nouvelle. Des *flotas* desservent Trinidad (8 $US, 24-30 heures) *via* Santa Cruz à 6h30 et 19h30.

Des bus fréquents partent tous les jours pour Sucre (5,70 $US, 10 heures) entre 16h30 et 18h30 et certains continuent jusqu'à Potosí (7 $US, 15 heures). De l'angle de 9 de Abril et d'Oquendo, des *micros* et des bus partent à peu près toutes les heures pour Villa Tunari (1,90 $US, 3-4 heures) et moins fréquemment pour Puerto Villarroel (2 $US, 7 heures), dans la région du Chapare.

Flechabus et Almirante Brown exploitent une ligne internationale à destination de Buenos Aires (68 $US, 72 heures), avec des départs quotidiens à 5h30 et 18h30.

Les *trufis* (taxis collectifs) et *micros* à destination des villages de l'est de la vallée de Cochabamba stationnent au coin de República et de 6 de Agosto et ceux qui desservent l'ouest

de la vallée se regroupent à l'angle d'Ayacucho et d'Aroma. Les *micros* pour Torotoro partent le jeudi et le dimanche vers 6h de República et 6 de Agosto.

Comment circuler

DEPUIS/VERS L'AÉROPORT

Le *micro* B (0,20 $US) fait la navette entre l'aéroport et la place principale. En taxi, comptez 2,50 $US depuis/vers le centre-ville.

BUS

Les *micros* et les *trufis* signalés par une lettre indiquent leurs destinations et rallient tous les quartiers de la ville (0,20 $US).

VOITURE

Localiza Rent-a-Car (Avis ; ☎ 428-3132 ; Pando 1187), près de l'Hotel Portales, n'est pas l'agence de location la moins chère, mais elle reste la meilleure et possède un bureau à l'aéroport Jorge Wilstermann.

TAXI

Une course dans le centre revient à 0,50 $US par personne. Comptez un boliviano supplémentaire si vous traversez la rivière ou si vous allez loin au sud. Pour un radio-taxi, appelez **CBA** (☎ 422-8856).

PARQUE NACIONAL TUNARI

Facilement accessible, ce parc de 300 000 ha a été créé en 1962 pour protéger les versants boisés qui surplombent Cochabamba et la cime sauvage du Cerro Tunari. Le bureau du Sernap à Cochabamba (p. 217) dispose de cartes des chemins de randonnée du parc.

Secteur de Cochabamba

Une bonne piste serpente à flanc de montagne depuis l'entrée du parc (ouverte jusqu'à 16h). À 3 km de l'entrée, on atteint une **aire de pique-nique** dotée de barbecues et d'une aire de jeu. Commence ensuite un *sendero ecológico* (sentier nature). S'il n'apporte pas grand-chose en matière d'écologie, il est bien tracé et grimpe rapidement dans une épaisse forêt. Il offre une vue superbe sur Cochabamba, en contrebas, et sur le Cerro Tunari et d'autres sommets de la Cordillera, dans la direction opposée. En partant tôt avec suffisamment d'eau, vous pourrez atteindre quelques-uns des pics les plus proches en une longue journée de marche.

ENVIRONS DE COCHABAMBA

Vers Santa Cruz (320 km)

Vers Totora

Vers Samaipata (200 km) et Sucre (200 km)

0   10 km

Villa Tunari

Monte Punku

Colpa

Palmar

Incallajta

Pocona

Parque Nacional Carrasco

Vacas

Ancienne route du Chapare

Koari

Maravillas

Vers Mizque (73 km) et Aiquile (122 km)

Arani

Villa Rivero

Malca Monte

Incachaca

Colomi

Cotani

Tiraque

Punata

Corani

Ucuchi

San Benito

Cliza

Huayculi

Chipsirca

Larati

Laguna Larati

Sacaba

La Angostura Tolata

Tarata

Vers Torotoro (98 km)

Laguna de Huarahuara

Aire de pique-nique

Chacacollo

La Abra

Santa Veracruz

Las Carmelitas

La Angostura

Laguna Angostura

La Pirámide ▲

La Cumbre

Brasserie Taquiña

Tranca

Laguna Alalay

Misicuni

Tiquipaya

El Paso

COCHABAMBA

Quillacollo

Alba

Pukará

Molle Molle

Cruce

Santiváñez

Tawa Cruz

Cruce Liriuni

Payrumani

Vinto

Sipe Sipe

Inca-Rakay

4

Vers La Paz (360 km)

Morochata

Laguna Macho

Cerro Tunari ▲ (5 035 m)

Parque Nacional Tunari

Vers Independencia (20 km)

À Cochabamba, prenez le *micro* F2 ou le *trufi* n°35 dans l'Av. San Martín, qui vous déposeront à 3 minutes de l'entrée du parc, une grande arche en bois dotée d'un panneau expliquant les risques d'incendie. Vous devrez sans doute présenter votre passeport et vous enregistrer pour pénétrer dans le parc. À l'entrée, tournez à droite, puis à gauche après 100 m ; la piste monte en lacets avant d'atteindre l'aire de jeu et les lacs.

Secteur du Cerro Tunari

Saupoudré de neige, le Cerro Tunari (5 035 m) est le point culminant du centre du pays – c'est le second à partir de la gauche sur l'étiquette de la bière Taquiña ! Ses versants se dressent à 25 km à l'ouest de Cochabamba, le long de la route d'Independencia. Cette région aux paysages spectaculaires, difficile d'accès, offre d'excellentes possibilités de camping et de randonnée. Pour l'escalade, munissez-vous de la carte *Cordillera de Tunari* (feuille 6342III) au 1/50 000 de l'IGM (voir p. 216).

Prenez d'abord un *micro* jusqu'à Quillacollo (ci-dessous), puis marchez ou prenez le *trufi* n°35 de la Plaza Bolívar à Cruce Liriuni, à 5 km au nord de Quillacollo. De là, une ascension pénible de 4 à 5 heures mène au sommet et quelques sections requièrent un équipement technique. Les grimpeurs expérimentés parviendront à effectuer l'aller-retour en une longue journée. Toutefois, compte tenu de l'altitude, mieux vaut s'accorder 2 jours et camper en chemin. Un guide vous aidera à choisir le meilleur itinéraire.

Une ascension plus facile part d'Estancia Chaqueri ou de Tawa Cruz, à 12 km après Cruce Liriuni (où l'on peut loger dans l'école du village), à 4 200 m. À Quillacollo, à 3 pâtés de maisons de la grand-place, des *micros* et des *camiones* partent pour Morochata les lundis, jeudis et samedis à 7h et retournent à Cochabamba les mardis, vendredis et dimanches dans l'après-midi. Relativement facile, le sentier qui monte par la face nord se parcourt en 5 heures environ.

Fremen Tours (p. 219) propose une excursion de 2 jours tout compris par l'itinéraire nord.

VALLÉE DE COCHABAMBA
Quillacollo

Après Cochabamba, Quillacollo, à 13 km à l'ouest de cette dernière, est la localité la plus importante de la vallée de Cochabamba d'un point de vue commercial. Ces dernières années, elle a toutefois perdu son atmosphère particulière pour devenir une sorte de banlieue de Cochabamba. Hormis le **marché du dimanche** et le **tumulus funéraire préinca** découvert sous la Plaza Bolívar, son principal attrait est la **Virgen de Urkupiña**, dans l'**église**. Selon la tradition, la Vierge Marie serait apparue plusieurs fois à une jeune bergère au pied du mont Calvario. Les parents de l'enfant et une foule de villageois auraient également vu la Vierge s'élever dans les airs alors que la fillette criait *Orkopiña* ("Là, sur la colline !"). Au sommet de la colline, les villageois découvrirent la statue de pierre de la Vierge qui trône désormais dans l'église, à droite de l'autel, entourée d'offrandes et d'ex-voto.

À Qillacollo, ne manquez pas de goûter la *garapiña*, un mélange corsé de *chicha*, cannelle, noix de coco et *ayrampo*, un mystérieux ingrédient local qui donne à la boisson sa couleur rouge.

FÊTE

La plus grande fête annuelle du département de Cochabamba, la **Fiesta de la Virgen de Urkupiña**, se déroule du 14 au 18 août. Des troupes de musique et de danse folkloriques viennent de tout le pays et la *chicha* coule à flots durant trois jours. La ville se remplit à cette occasion et la foule semble plus préoccupée de libations que de dévotions !

OÙ SE LOGER ET SE RESTAURER

À Estancia Marquina, à 5 km au nord de Quillacollo, l'**Eco-Hotel Planeta de Luz** (☎ 426-1234 ; www.planetadeluz.com ; pension complète s/d 20/30 $US, de luxe 65/75 $US, bungalows 3-4 pers 75 $US, ste 120 $US ; 🖵), un établissement étrange à l'ambiance New Age dont l'architecture rappelle celle de Gaudí, comprend un centre thermal, une piscine et des animaux domestiques qui gambadent alentour. Il possède divers hébergements, huttes rondes, lits circulaires et suites luxueuses. Tous les tarifs incluent la pension complète et l'utilisation de la piscine et du sauna.

DEPUIS/VERS QUILLACOLLO

Les *micros* et les *trufis* pour Quillacollo (0,20 $US, 30 min) partent du coin d'Ayacucho et d'Aroma, à Cochabamba. À Quillacollo, les *trufis* s'arrêtent sur la Plaza Bolívar.

Sipe Sipe

Ce village tranquille et accueillant, à 27 km au sud-ouest de Cochabamba, est le point de départ de la visite d'**Inca-Rakay**, le site archéologique le plus accessible de la région de Cochabamba. Si vous venez à Sipe Sipe un dimanche entre février et mai, goûtez la spécialité locale, une liqueur de raisin appelée *guarapo*.

Le mercredi et le samedi, des *micros* se rendent directement à Sipe Sipe depuis l'angle d'Ayacucho et d'Aroma à Cochabamba. Les autres jours, prenez au même endroit un *micro* jusqu'à la Plaza Bolívar de Quillacollo, puis un *micro* ou un *trufi* pour Sipe Sipe.

Inca-Rakay

Les ruines d'Inca-Rakay, dans la Serranía de Tarhuani, se résument essentiellement à des murs effondrés et il faut de l'imagination pour se représenter leur ancienne majesté. On a longtemps cru qu'Inca-Rakay était un avant-poste administratif inca, chargé de superviser les colonies agricoles de la fertile vallée de Cochabamba, une estimation aujourd'hui remise en question compte tenu de l'isolement et de la difficulté d'accès du lieu.

Ce site comprend les vestiges de plusieurs grands édifices ainsi qu'une vaste place surplombant la vallée. Dans un étrange affleurement rocheux, semblable à une tête de condor, un passage naturel mène au sommet. Près de la place, on peut explorer une grotte à l'aide d'une lampe électrique. Selon la légende, elle ferait partie d'un tunnel inca qui reliait Inca-Rakay à la lointaine Cuzco. Par temps clair, la place offre un panorama spectaculaire sur la vallée.

L'ouvrage en espagnol *Inkallajta & Inkaraqay*, de Jesús Lara, difficile à trouver, contient de bons plans du site et des théories sur ses origines et ses fonctions ; Los Amigos del Libro, à Cochabamba (p. 217), dispose parfois de quelques exemplaires.

AVERTISSEMENT

Ne passez pas la nuit dans les ruines non surveillées. Un couple étranger a été assassiné alors qu'il dormait dans son véhicule et plusieurs lecteurs ont signalé des incidents violents alors qu'ils campaient dans le site d'Inca-Rakay.

DEPUIS/VERS INCA-RAKAY

Inca-Rakay se rejoint à pied depuis Sipe Sipe. Passer la nuit sur place étant dangereux, il faut partir tôt de Cochabamba, car le trajet prend une bonne partie de la journée et l'exploration du site demande du temps.

Une montée abrupte bien signalée de 5 km (2 heures 30) traverse la campagne à partir de Sipe Sipe jusqu'aux ruines. De l'angle sud-ouest de la grand-place de Sipe Sipe, suivez la rue qui passe devant l'école secondaire, puis se transforme en sentier et traverse un petit fossé. Après celui-ci, tournez à gauche dans un chemin plus large. À quelques centaines de mètres du village, suivez un conduit d'eau qui monte jusqu'à la première grande crête, où vous verrez un grand ravin sur votre gauche ; de là, marchez vers la droite en suivant la crête jusqu'à un petit ravin sur la droite. À cet endroit, vous devriez distinguer au loin le site d'Inca-Rakay sur une colline rougeâtre, mais la distance le rend difficile à voir.

Traversez le petit ravin et suivez-le jusqu'à ce que vous aperceviez, de l'autre côté, deux maisons en adobe, devant lesquelles se dresse une petite colline coiffée de quelques ruines : grimpez cette colline, traversez le plat, puis grimpez deux fausses crêtes pour découvrir Inca-Rakay.

Tiquipaya

La bourgade de Tiquipaya, à 11 km au nord-ouest de Cochabamba, est renommée pour son **marché dominical** et ses fêtes insolites. Fin avril ou début mai se tient la **fête de la Chicha**, puis la **fête de la Truite** la deuxième semaine de septembre et la **fête des Fleurs** vers le 24 septembre. La première semaine de novembre, la **fête de la Wallunk'a** attire des femmes de tout le département de Cochabamba, revêtues de costumes traditionnels colorés.

L'élégant **Cabañas Tolavi** (☎ 428-8599/8370 ; www.cabanas-tolavi.com ; s/d/lits jum avec petit déj-buffet 30/38/48 $US, cabañas 55-85 $US ; 🐾) propose des *cabañas* en bois odorant, réparties parmi les arbres du jardin. Les non-résidents peuvent profiter des repas de cuisine allemande, y compris le petit déjeuner-buffet. L'établissement se situe à 500 m en contrebas de l'arrêt des *trufis* à Tiquipaya.

Des *micros* partent toutes les demi-heures de l'angle des Avenidas Ladislao Cabrera et Oquendo à Cochabamba.

Villa Albina

Si vous n'avez pas visité les demeures de Simón Patiño à Oruro et Cochabamba, vous pourrez explorer la **Villa Albina** (☎ 424-3137 ; entrée et visite guidée gratuites ; ☺ 15h-15h45 lun-ven, 9h-13h sam), la maison où vécut le baron de l'étain dans le village de Pairumani. Cette immense bâtisse blanche, digne des séries télévisées américaines, porte le nom de l'épouse du magnat, Albina, dont le goût pour le faste se manifeste à travers l'élégant décor français et le mausolée en marbre de Carrare. Le jardin classique, en partie topiaire, n'évoque en rien la Bolivie.

Pour rejoindre Pairumani, prenez le *trufi* 211Z ou les *micros* nº7 ou 38 dans l'Av. Aroma à Cochabamba, ou sur la Plaza Bolívar à Quillacollo, et descendez à la Villa Albina. Bien qu'il ne soit qu'à 18 km de Cochabamba, il faut compter environ 2 heures de trajet. Vous préférerez peut-être emprunter un taxi.

La Angostura

Sur la route de Tarata, à 18 km de Cochabamba, ce village s'étend sur la rive du lac artificiel du même nom. Au bord de l'eau, de nombreux restaurants de poisson, prisés des *Cochabambinos*, servent de copieuses assiettes de *trucha* (truite) ou de *pejerrey* (thazard barré), avec riz, salade et pommes de terre, pour 3 à 4 $US. Las Gaviotas est l'un des meilleurs. Le week-end, on peut également louer des canots et des kayaks. À Cochabamba, près de l'angle de Barrientos et de 6 de Agosto, prenez n'importe quel *micro* (0,15 $US) à destination de Tarata ou de Cliza et descendez au pont d'Angostura ; si vous voyez le barrage sur la droite, c'est que vous êtes allé un peu trop loin. À proximité, **Las Carmelitas**, un établissement en plein air, borde la nationale ; la señora Carmen López cuit de délicieuses *empanadas* au fromage et aux oignons (0,40 $US) dans un grand four.

Punata

Cette petite ville-marché, à 50 km à l'est de Cochabamba, est réputée produire la meilleure *chicha* du pays. Le marché se tient le mardi. L'exubérante **fête de la ville** a lieu le 18 mai. De Cochabamba, des *micros* (0,40 $US) partent dès qu'ils sont pleins de l'angle de República (la partie sud d'Antezana) et de Pulacayo, au niveau de la Plaza Villa Bella.

Si vous recherchez un pull en alpaga irréprochable, renseignez-vous à l'*alcaldía* (mairie) sur **Alpaca Works** (☎ 457-7922 ; Bolivia 180 ; www.geocities.com/alpacaworks/home.html), une coopérative de femmes où vous pourrez choisir parmi les lainages en stock ou en commander un à votre goût.

Tarata et Huayculi

À 35 km au sud-est de Cochabamba, Tarata, l'une des plus charmantes localités de la région, mérite la visite pour ses édifices majestueux à la beauté fanée, ses rues pavées et sa place superbe, plantée de palmiers et de jacarandas. Elle a vu naître Mariano Melgarejo, un général fou qui présida le pays de 1866 à 1871. Si les citoyens ne tirent aucune gloire de son mandat, ils sont en revanche assez fiers que leur petite bourgade ait donné le jour à plusieurs présidents ; le chef militaire populiste René Barrientos, qui dirigea le pays de 1964 à 1969, est également natif de Tarata et une immense statue équestre à son effigie se dresse dans l'artère principale.

La ville doit son nom à ses nombreux *taras*, des arbres dont les fruits servent à tanner le cuir. L'immense **Iglesia de San Pedro**, de style néoclassique, fut construite en 1788 et restaurée entre 1983 et 1985 ; à l'intérieur, plusieurs panneaux en cèdre comprennent des motifs de style *mestizo*. Le **couvent franciscain San José**, fondé en 1792 pour former des missionnaires, renferme un beau mobilier colonial et une bibliothèque de 8 000 volumes. Il abrite également les cendres de saint Severino, le saint patron de Tarata, fêté en grande pompe le 30 novembre.

Le village compte plusieurs autres **édifices historiques** : le Palacio Consistorial (palais gouvernemental) du président Melgarejo, construit en 1872, et les résidences du président Melgarejo, du général Don Esteban Arce et du général René Barrientos. Un petit office du tourisme est installé sur la place.

Huayculi, à 7 km de Tarata, est un village de potiers et de vitriers. L'eucalyptus brûlé dans des fours à céramique cylindriques emplit l'air d'un parfum entêtant. Le style et la technique locaux se transmettent de génération en génération et restent uniques.

Des *trufis* partent de Cochabamba toutes les heures de l'angle des Av. Barrientos et Manuripi (0,45 $US, 1 heure 30). Aucun *micro* ne dessert Huayculi, mais les minibus qui relient Tarata et Anzaldo peuvent vous y déposer.

Cliza

Le dimanche, quand tout est fermé à Cochabamba, le **marché dominical** de Cliza constitue une bonne alternative et l'on peut s'y régaler d'un *pichón* (pigeon), la spécialité locale. En semaine, la bourgade retrouve son calme et reste agréable pour une promenade. Près de l'arrêt de bus, le **Restaurant El Conquistador** (Plaza de Granos s/n) possède un joli patio ; il sert des plats traditionnels et un *almuerzo* correct à 1 $US. À Cochabamba, des *micros* partent pour Cliza de l'Av. República et 6 de Agosto (0,45 $US, 30-60 min).

Cliza s'anime également à l'occasion de la **fête du Pain** (la deuxième semaine d'avril) et lors de la fête de la **Vierge de Carmen** (le 16 juillet).

INCALLAJTA

Isolé et peu visité, Incallajta ("terre de l'Inca") est ce qui, en Bolivie, rappelle le plus le Machu Picchu (Pérou). À 132 km à l'est de Cochabamba, il surplombe le Río Machajmarka du haut d'un éperon montagneux. Avant-poste oriental de l'Empire inca, après Tiahuanaco, le site archéologique le plus important du pays. L'immense fortification de pierre qui traverse les terrasses alluviales au-dessus du fleuve constitue son élément principal et une cinquantaine d'autres structures s'éparpillent dans le site, qui s'étend sur plus de 12 ha.

Incallajta fut probablement fondé par l'empereur inca Tupac Yupanqui, qui avait auparavant envahi l'actuel Chili pour étendre son empire vers le sud. Sa construction remonterait aux années 1460 et aurait visé à protéger le territoire des attaques des Chiriguanos, au sud-est. En 1525, dernière année du règne de l'empereur Huayna Capac, cet avant-poste fut abandonné – peut-être en raison d'une attaque chiriguano, mais plus vraisemblablement à cause des pressions espagnoles sur l'empire en déclin qui devait s'effondrer 7 ans plus tard.

Le site est d'une ampleur monumentale. Des chercheurs pensent que, outre sa fonction défensive, il fut conçu comme réplique cérémonielle de Cuzco, la capitale inca. L'édifice le plus important, le *kallanka,* mesure 80 m sur 25 m. D'énormes colonnes soutenaient le toit. À l'extérieur, un grand rocher servait sans doute de plateforme aux orateurs. À l'extrémité ouest du site, une curieuse tour hexagonale servait peut-être d'observatoire astronomique. Au sommet de la montagne, l'immense mur de défense en zigzag comporte une porte défensive en chicane.

Les ruines furent découvertes en 1914 par Ernest Nordenskiöld, zoologiste et ethnologue suédois, qui passa une semaine sur place à les mesurer et les cartographier. Pourtant, le site demeura largement ignoré – sauf des pillards – durant les 50 années qui suivirent, jusqu'à ce que l'université San Simón de Cochabamba entreprenne des fouilles. Aujourd'hui, elle espère qu'Incallajta sera inscrit au patrimoine mondial par l'Unesco.

À Pocona, à 17 km des ruines, se tiennent un centre d'information et une petite exposition d'objets trouvés lors des fouilles.

Circuits organisés

Les agences de Cochabamba organisent des excursions d'une journée à Incallajta quand la demande est suffisante. Nous recommandons Fremen Tours (p. 219). Les circuits étonnamment bon marché ou qui comprennent du "trekking" impliquent généralement de prendre un taxi jusqu'au *cruce* (embranchement) puis de marcher jusqu'au site – ce que vous pouvez faire vous-même !

Où se loger et se restaurer

Sans moyen de transport individuel, il est difficile de visiter Incallajta. En outre, si vous ne trouvez pas à loger chez l'habitant, vous devrez probablement camper 2 ou 3 nuits. Dans ce cas, prévoyez suffisamment d'eau et de nourriture, des vêtements chauds et le matériel de camping. Le Centro de Investigaciones à Pocona propose des emplacements de camping et des abris sommaires.

Depuis/vers Incallajta

À Cochabamba, prenez le *micro* à destination de Pocona (1,90 $US, 3 heures), qui part tous les jours à 6h de l'angle de República et Manuripi à 6h, et descendez à l'embranchement pour le site, à Collpa. De là, vous devrez grimper 8 km à pied. À Pocona, à 9 km après Collpa, vous aurez peut-être la chance de vous faire emmener au site en voiture par des archéologues.

TOTORA

Totora, à 142 km à l'est de Cochabamba, se niche dans une vallée au pied du Cerro Sutuchira. Bien que sur la grand-route

Cochabamba-Sucre, peu de voyageurs découvrent ce charmant village colonial car la plupart des bus le traversent de nuit. Fortement endommagé en mai 1998 par un séisme de 6,7 sur l'échelle de Richter, il a été en grande partie joliment rénové. Si de nombreux dommages restent visibles, des bâtiments colorés et des arcades entourent sa belle place et l'église paroissiale a rouvert en novembre 2006.

Le 2 février, la **fête du bourg** s'accompagne de corridas. Un **festival de piano** a lieu fin septembre, mais la fête la plus connue et la plus plaisante est celle de **San Andrés** : le 2 novembre, d'immenses balançoires sont installées dans les rues et, durant le mois, les jeunes filles qui espèrent se marier s'y balancent vigoureusement. Elles aideraient également les âmes errantes, descendues sur terre pour la Toussaint, à retourner au paradis.

L'**Hotel Municipal** (☎ 413-6464 ; Plaza Ladislao Cabrera s/n ; ch 3,75 $US/pers), belle reconstruction de ce qui était jadis l'hôpital municipal, est l'un des deux bons hôtels de Totora. Il offre des chambres spacieuses et confortables, de style ancien. Le village compte aussi deux *alojamientos* sans prétention.

À Cochabamba, au coin de República et de 6 de Agosto, des *micros* partent tous les jours pour Totora (1 $US, 3 heures 30) entre 13h et 16h.

MIZQUE

Cette jolie petite ville coloniale bénéficie d'un beau cadre champêtre au bord du Río Mizque. Fondé en 1549 sous le nom de Villa de Salinas del Río Pisuerga, elle fut rapidement surnommée la Ciudad de las 500 Quitasoles (ville des 500 Parasols), en raison des parasols utilisés par les habitants. Mizque offre un répit bienvenu après les villes et les sites touristiques. Les rares visiteurs qui s'y arrêtent entre Sucre et Cochabamba sont séduits par la beauté des vallées de Mizque et de Tucuna, où l'on peut voir des volées d'aras rouges – une espèce menacée – tôt le matin.

À voir et à faire

L'**Iglesia Matríz**, légèrement endommagée lors du séisme de 1998 et joliment restaurée, fut le siège de l'évêché de Santa Cruz jusqu'à son transfert à Arani en 1767. Le village possède un petit **musée** d'archéologie et d'histoire. Le **marché** a lieu le lundi.

En collaboration avec des bénévoles du Peace Corps, l'*alcaldía* (du côté nord de la place) organise des **randonnées autoguidées** et des **excursions guidées** vers plusieurs sites locaux, intéressants du point de vue écologique ou historique. Moises Cardozo, au bureau Entel ou au Restaurant Plaza, propose la visite de son exploitation apicole aux abords du village.

Renommé pour son fromage et son miel, Mizque est également connu pour sa **Feria de la Fruta** (19 avril), qui coïncide avec la récolte des *chirimoyas* (anones), et pour sa **Semana Santa**. Du 8 au 14 septembre, la **Fiesta del Señor de Burgos** s'accompagne de nombreuses festivités, de corridas et de combats de coqs.

Où se loger et se restaurer

Hotel Bolivia (ch 1,90 $US/pers, avec sdb 2,50 $US). Près du marché *campesino* sur la route menant à la rivière, cet hôtel aux lits fermes est sans doute le plus plaisant. Il ne possède pas le téléphone, mais on peut le contacter par le bureau **Entel** (☎ 413-4512/14).

Residencial Mizque (☎ 413-5617 ; 1,50 $US). Entouré d'un jardin, cet établissement bien tenu est le plus facile à trouver quand on arrive de nuit – repérez l'enseigne Prodem.

Hospedaje Graciela (☎ 413-5616 ; ch avec sdb 2,50 $US/pers). Cette bonne adresse, dotée de chambres avec terrasse, est associée au Restaurant Plaza.

À proximité de la place, plusieurs *pensiones* bon marché, sponsorisées par la bière Taquiña, servent des repas boliviens classiques. Des étals de restauration sont installés à côté de l'église.

Depuis/vers Mizque

À Cochabamba, un *micro* (2 $US, 4 heures) part tous les jours à 12h de l'angle des Avenidas 6 de Agosto et República. À Mizque, des *micros* rallient Cochabamba les mardis et vendredis à 8h et Aquile tous les jours à 15h. Des *micros* circulent parfois sur les 31 km de route cahoteuse entre Mizque et Totora.

AIQUILE

Florissante et accueillante, la petite ville d'Aiquile, également ravagée par le séisme de 1998, est renommée pour ses *charangos* (petit instrument à cordes de type mandoline), qui comptent parmi les meilleurs du pays, et célèbre fin novembre la **Feria del Charango**. Un **marché** animé se tient le dimanche.

Le petit **Museo del Charango** (1,25 $US) renferme une collection de ces instruments, dont ceux primés lors de la fête, et quelques objets archéologiques. La **cathédrale**, un bâtiment central de forme originale flanqué de deux tours indépendantes, est spectaculaire.

Vous pouvez loger à l'**Hotel Los Escudos** (ch 2,50 $US/pers), rudimentaire, ou à l'agréable **Hostal Campero** (ch 1,90 $US/pers), qui servent tous deux des repas simples. Le Campero occupe un ancien bâtiment colonial construit autour d'une jolie cour et son sympathique propriétaire aime bavarder avec les clients. Le prix des chambres augmente pendant la fête du *Charango*.

Aiquile se situe sur la grand-route Cochabamba-Sucre et la plupart des bus la traversent à l'aube, quand tout dort. À Cochabamba, les bus pour Aiquile (2,50 $US) partent tous les jours vers 15h à l'Av. 6 de Agosto, entre Barrientos et República.

Chaque jour, quelques *micros* relient Aiquile et Mizque (environ 1 heure 30). Vous pouvez aussi faire signe aux *camiones* de passage, mais préparez-vous à un bain de poussière !

PARQUE NACIONAL TOROTORO

Torotoro, l'un des parcs nationaux les plus remarquables de Bolivie, évoque un cours pratique de géologie à grande échelle. Les couches sédimentaires d'argilite, de grès et de calcaire, parsemées de fossiles marins et d'empreintes de dinosaures, ont été soulevées et tordues pour former le paysage montagneux, escarpé et inhospitalier de la Serranía de Huayllas et de la Serranía de Cóndor Khaka. Par endroits, les différentes couches laissent apparaître des fossiles enfouis sous une centaine de mètres ou plus de strates sédimentaires, donnant une idée de l'immensité du temps géologique.

Dans le parc, le village colonial de Torotoro (2 720 m) ne manque pas de charme malgré sa pauvreté. Bien que la route d'accès soit régulièrement améliorée, il reste l'une des localités les plus isolées de la région.

Renseignements et inscriptions

Le bureau du Sernap, à Cochabamba (p. 217), vous informera sur le parc. Dans la rue principale de Torotoro, l'**office du tourisme** (Charcas s/n ; ☽ tlj) est installé dans l'entrée de l'*alcaldía*. C'est ici que vous pourrez louer les services d'un guide et vous inscrire pour visiter le parc (2,50 $US). Conservez votre billet sur vous car les gardes du parc le contrôleront.

Dans la grand-rue du village, un bureau Entel offre l'accès à Internet et possède le seul **téléphone** (☎ 413-5736) de Torotoro.

GUIDES

Afin de protéger les merveilles géologiques du parc, toute excursion en dehors du village doit obligatoirement se faire avec un guide. Adressez-vous au bureau du parc et demandez *"un guía confiable"* (un guide fiable). L'un des meilleurs est Félix González ; précisez bien que vous souhaitez le guide et non le maire, qui porte le même nom !

PARQUE NACIONAL TOROTORO

Comptez environ 6 $US pour une excursion d'une demi-journée (jusqu'à 4 personnes), plus pour la visite de la Gruta de Umajalanta. Une brosse peut se révéler utile pour enlever la poussière sur les empreintes de dinosaures ; si votre guide n'en a pas, achetez-en une. Si vous allez dans la grotte, assurez-vous que votre guide emporte des lampes frontales et une corde.

Les guides ne parlent généralement qu'espagnol.

Empreintes de dinosaures

Le village, niché dans une vallée de 20 km de long à 2 600 m d'altitude, est flanqué d'énormes formations pentues d'argilite qui portent des empreintes de dinosaures bipèdes et quadrupèdes du crétacé (de -135 à -65 millions d'années).

De nombreuses empreintes (*huellas*) parsèment les alentours et beaucoup n'ont pas encore été étudiées. Elles correspondent à diverses espèces de dinosaures, herbivores et carnivores.

Les plus proches se situent à l'entrée du village, de l'autre côté de la rivière. Entre l'eau et la route, on peut voir les plus grandes, laissées par un énorme dinosaure quadrupède (du genre diplodocus) : elles mesurent 35 cm de large, 50 cm de long et 20 cm de profondeur. Non loin, juste au-dessus de la route, un rocher plat en angle porte une multitude de traces différentes, dont une longue série d'un gros dinosaure quadrupède, un ankylosaurus (semblable au tatou) selon certains scientifiques.

Sur le chemin de la grotte d'Umajalanta, la plaine appelée site de Carreras Pampa comporte plusieurs séries d'empreintes très nettes des deux côtés du sentier. Elles sont dues à des dinosaures bipèdes à trois doigts, herbivores (doigts arrondis) et carnivores (doigts pointus), avec parfois la trace des griffes).

Toutes les empreintes aux alentours de Torotoro se sont inscrites dans un sol meuble, plus tard solidifié en argilite. Elles ont ensuite été soulevées et inclinées par des poussées tectoniques et beaucoup semblent, pour une raison, se diriger vers le haut. La plupart des guides locaux pensent qu'elles se sont imprimées dans la lave alors que les dinosaures fuyaient une éruption volcanique.

Fossiles marins

À 1 heure de marche au sud-ouest de Torotoro, sur le Cerro de las Siete Vueltas

(mont aux Sept Tournants – qui doit son nom aux sept virages du sentier qui mène au sommet), une petite ravine latérale contient un grand nombre de fossiles marins. Au fond, on aperçoit des dents de requin pétrifiées ; plus haut, les couches de calcaire et de sédiment renferment des fossiles de trilobites, d'échinodermes, de gastropodes, d'arthropodes, de céphalopodes et de brachiopodes. Le site daterait de quelque 350 millions d'années. Un autre site majeur de fossiles marins se trouve dans la **Quebrada Thajo Khasa**, au sud-est de Torotoro.

Pachamama Wasi

Cette superbe **maison-musée** (Sucre s/n ; 0,40 $US) est l'étrange demeure d'un homme qui a passé une bonne partie de sa vie à arpenter les montagnes à la recherche de cailloux. Sa maison ressemble à un jardin botanique… de pierres : fossiles, bizarreries géologiques et rochers aux formes inhabituelles forment un ensemble exceptionnel et paisible. Située en hauteur, au-dessus de l'artère principale, la maison est ouverte quand le propriétaire ou un membre de sa famille est présent.

Cañón de Torotoro et El Vergel

À 3 km de Torotoro, le sol plonge soudainement pour former un canyon spectaculaire de plus de 250 m de profondeur. Le mirador, au sommet, offre un superbe point de vue sur la gorge et les vautours qui y tournoient. Des *parabas de frente roja* (aras de Lafresnaye) nichent dans la falaise et vous aurez de bonnes chances d'apercevoir ces oiseaux menacés.

De là, en suivant le canyon sur la gauche, on arrive à un escalier de 800 marches qui descend jusqu'à El Vergel (ou Huacasenq'a – "narines de vache" en quechua), jamais asséché et rempli de mousse, de lianes et d'autres plantes tropicales. Au fond, une rivière cristalline coule en cascades, formant d'idylliques piscines naturelles.

Peintures rupestres de Batea Cocha

Au-dessus du troisième méandre du Río Torotoro, à 1,5 km en aval du village, plusieurs parois de peintures rupestres sont collectivement appelées Batea Cocha, les bassins en contrebas ressemblant à des lavoirs. Ces peintures, réalisées avec des pigments rouges, représentent des humains, des motifs géométriques et divers animaux, dont des serpents et des tortues.

Gruta de Umajalanta

Le Río Umajalanta, qui disparaît sous une couche de calcaire d'environ 22 m d'épaisseur, a creusé cette grotte impressionnante, dont 4,5 km de galeries ont été explorés.

La descente est excitante et un peu physique. Attendez-vous à vous salir et à vous mouiller : plusieurs passages se franchissent en rampant et en se faufilant et deux courtes descentes se font à la corde. Prévoyez de bonnes chaussures antidérapantes.

À l'intérieur, vous découvrirez de spectaculaires stalagmites et stalactites, ainsi qu'une colonie de chauves-souris vampires (qui ne s'attaquent pas aux hommes) ; un épais tapis d'excréments s'est accumulé au fil des ans.

Ensuite, vous descendrez jusqu'à un lac et une rivière souterrains, peuplés de petits poissons-chats blancs et aveugles. La remontée, assez facile, suit un chemin plus direct.

Du village, comptez 2 heures de marche pour rejoindre l'entrée de la grotte, à 8 km. En chemin, vous pourrez observer de nombreuses empreintes de dinosaures.

Il existe une multitude d'autres grottes dans la région, pour la plupart inexplorées.

Llama Chaqui

Une difficile randonnée de 19 km dans le Cerro Huayllas Orkho conduit de Torotoro aux ruines de Llama Chaqui (Pied du lama). Cet ensemble architectural à plusieurs niveaux, qui date de l'époque inca, s'étend sur des terrasses distinctes et comprend un labyrinthe de murs rectangulaires et semi-circulaires, ainsi qu'une tour de guet assez bien préservée. Compte tenu de son emplacement stratégique, il devait s'agir d'un fortin militaire, peut-être relié à Incallajta (p. 229), plus au nord.

Circuits organisés

À Cochabamba, quelques tour-opérateurs (p. 219) proposent des circuits avec visite des principaux sites. Villa Etelvina, le meilleur, connaît parfaitement la région de Torotoro, le parc national et le village. Il propose un confortable trajet en 4x4 depuis Cochabamba et loge les visiteurs dans son excellent lodge (voir ci-contre), au village de Torotoro. Fremen Tours organise aussi de bonnes excursions.

Fête

Du 24 au 27 juillet, la **Fiesta del Señor Santiago**, où les participants portent des costumes colorés, s'accompagne de sacrifices de moutons, de pétards, de *chicha* à gogo et de quelques *tinku* (combats traditionnels ; voir l'encadré p. 266). Les transports publics sont alors plus nombreux et c'est une bonne époque pour visiter le village, mais les sites naturels sont bondés.

Où se loger et se restaurer

Torotoro compte plusieurs *residenciales* (hébergements spartiates) bon marché, qui ne sont guère plus que des cabanes avec une enseigne. Supérieur aux autres, l'**Hostal Las Hermanas** (Cochabamba ; ch 4,40 $US), simple, propre et confortable, dispose d'eau chaude ; il se trouve à l'entrée du village, sur la gauche.

Villa Etelvina (☎ 424-2636, 7072-1587 ; www.villaetelvina .com ; Sucre s/n ; ch 15 $US/pers, pension complète supp 8 $US). Meilleure option de Torotoro, cette oasis agréable et accueillante est tenue par un couple charmant qui adore la région. Les habitations de style bungalow, extrêmement confortables et élégantes, peuvent loger un groupe ou une famille. Les propriétaires concoctent une succulente cuisine maison et préparent à la demande de délicieux plats végétariens. Outre les transferts depuis Cochabamba, ils organisent des excursions dans la région (essayez de partir avec Ramiro, plus savant sur la géologie que les autres guides) et peuvent inclure une descente à VTT. Réservation indispensable.

Il est également possible de camper à la Villa Etelvina. Si vous souhaitez planter votre tente ailleurs, fixez le prix avant de vous installer (environ 1 $US par groupe et par nuit) et payez à la famille qui contrôle le terrain.

Depuis/vers Torotoro

Le Parque Nacional Torotoro se trouve à 138 km au sud-est de Cochabamba dans le département de Potosí. La route a été grandement améliorée ces dernières années et les travaux continuent. D'ici quelques années, elle sera entièrement asphaltée ou gravillonnée. En attendant, elle peut être difficilement praticable durant la saison des pluies (de novembre à février) et mieux vaut alors prendre l'avion.

AVION

Aucune ligne régulière ne dessert Torotoro, mais on peut parfois louer un avion. L'aller simple revient à 140 $US environ pour 5 passagers au maximum – un vol spectaculaire de 30 minutes.

Eugenio Arbinsona (☎ 422-7042, 424-6289). Pilote privé.

Grupo Aéreo 34 (☎ 423-5244). Armée de l'air locale. Peut vous conduire si elle a du temps libre.

Misión Nuevas Tribus (☎ 424-2057, 424-7489, 425-7875). Mission dotée d'un avion.

BUS ET CAMIÓN

À Cochabamba, des bus **Trans del Norte** (☎ 456-1496) partent le jeudi et le dimanche vers 6h de l'angle des Avenidas República et 6 de Agosto (2,50 $US, 6-8 heures). En sens inverse, ils quittent Torotoro, près de la place, tôt le matin les lundi et vendredi. Appelez la compagnie car elle propose souvent des bus supplémentaires, notamment pendant les vacances.

Durant la saison sèche, des *camiones* effectuent le même trajet et partent à peu près aux mêmes heures. Comptez 1,25/2 $US pour une place à l'arrière/dans la cabine.

VOITURE ET MOTO

Le 4x4 et la moto sont de loin les moyens de transport terrestres les plus confortables pour rejoindre Torotoro. Les tour-opérateurs (voir p. 233) organisent le transfert depuis Cochabamba (5 heures environ).

Vous pouvez louer un 4x4 à Cochabamba (p. 224). Faites le plein d'essence avant de partir, car vous n'en trouverez pas à Torotoro. Sortez de Cochabamba par la route de Sucre et, quand vous voyez le panneau indiquant La Angostura, prenez la route qui monte sur la droite et suit le lac au-dessus du village. Si vous arrivez au barrage d'Angostura (sur votre droite), vous avez dépassé ce croisement de quelque 200 m.

Suivez cette route jusqu'à la ville de Totora, reconnaissable à sa grande statue équestre. Traversez un pont, puis tournez à droite juste avant un second pont. Au bout de 500 m environ, vous devez traverser le lit de la rivière sur votre gauche ; de l'autre côté commence une bonne route pavée qui conduit au village de potiers de Huaycalí. Continuez sur cette route en traversant Anzaldo, la dernière localité où l'on trouve de l'essence. Après 10 km, tournez à gauche sur une piste, signalée mais facile à manquer. Spectaculaire, elle descend dans une vallée fluviale avant de monter en lacets jusqu'à Torotoro.

La route étant en réfection, renseignez-vous sur son état avant de quitter Cochabamba.

VTT

Villa Etelvina (voir p. 233) propose de faire une bonne partie du trajet à VTT. Sans être aussi vertigineuse que celle de Coroico, c'est néanmoins une descente mémorable à travers des paysages splendides et une circulation quasiment nulle. Les vélos sont en bon état et le tour-opérateur veille à votre sécurité.

SUCRE

247 300 habitants / altitude 2 790 m

Fière et distinguée, Sucre est la plus belle ville de Bolivie et le cœur symbolique de la nation. C'est ici que fut déclarée l'indépendance et, si La Paz est désormais le siège du gouvernement et des finances, Sucre demeure la capitale constitutionnelle du pays. Magnifique ensemble de bâtiments chaulés construits autour de jolis patios, cette cité pimpante préserve sa belle architecture coloniale et un contrôle strict du développement lui a permis de conserver sa splendeur ; Sucre est inscrite au patrimoine mondial de l'Unesco depuis 1991 (reportez-vous p. 212 pour un aperçu de son histoire).

Nichée dans une vallée entourée de basses montagnes, Sucre jouit d'un climat doux et agréable. Centre d'enseignement, la ville et son université sont réputées pour leurs idées progressistes. Pour cette raison, Sucre a été choisie comme siège de l'Asamblea Constituyente (assemblée constituante), qui s'est réunie en 2006 pour rédiger une nouvelle Constitution, plus représentative.

Avec son excellent choix d'hébergements, ses multiples églises et musées, de nombreux sites et activités aux alentours, Sucre retient facilement les visiteurs plus longtemps qu'ils ne l'avaient prévu.

Orientation et cartes

Sucre est une ville compacte dans laquelle on se repère facilement grâce à son plan en damier. Les offices du tourisme donnent une bonne carte de la ville et les brochures des meilleurs hôtels et des agences de voyages comprennent des cartes.

L'**Instituto Geográfico Militar** (☎ 645-5514 ; Arce 172) publie des cartes topographiques du département de Chuquisaca.

Renseignements
ACCÈS INTERNET

Les innombrables cybercafés offrent généralement des connexions correctes et facturent de 0,25 à 0,40 $US l'heure.

ARGENT

De nombreux distributeurs sont installés dans le centre-ville, mais aucun à l'aéroport ou à la gare routière. La **Casa de Cambio Ambar** (☎ 646-0984 ; San Alberto 7) et la **Casa de Cambio El Arca** (☎ 646-0189 ; España 134) changent les chèques de voyage, la seconde à des taux souvent plus avantageux. Le **Banco Nacional de Bolivia** (España et San Alberto) change les chèques de voyage contre des dollars (commission de 3%) et délivre des avances sur les cartes de crédit moyennant une commission. De nombreuses boutiques affichent le panneau "*Compro Dólares*", mais n'acceptent que les espèces. Les changeurs de rue, qui opèrent près du marché dans l'Av. Hernando Siles, se révèlent pratiques le week-end quand les banques sont fermées.

CENTRES CULTURELS

Une brochure mensuelle, disponible dans les offices du tourisme, les bars et les restaurants, répertorie les événements culturels.

Alliance française (☎ 645-3599 ; Arce 35). Bibliothèque d'ouvrages en français, films étrangers et restaurant La Taverne (p. 245).

Casa de la Cultura (☎ 645-1083 ; Argentina 65). Expositions artistiques, concerts, un café et une bibliothèque publique.

Centro Boliviano-Americano (CBA ; ☎ 644-1608 ; cba@mara.scr.entelnet.bo ; Calvo 301). Bibliothèque de livres en anglais. Recommande des professeurs d'espagnol.

Instituto Cultural Boliviano Alemán (ICBA ; ☎ 645-2091 ; www.icba-sucre.edu.bo ; Avaroa 326). Listes de chambres à louer et Kulturcafé Berlin (p. 245). Propose aussi des cours d'espagnol (voir p. 241).

IMMIGRATION

Migración (☎ 645-3647 ; Pasaje Argandoña 4 ; ☺ 8h30-16h30 lun-ven). Proroge facilement les visas et les permis de séjour.

LAVERIES

Hostal Charcas (☎ 645-3972 ; hostalcharcas@yahoo.com ; Ravelo 62 ; non-résidents 0,90 $US/kg). Lave dans la journée le linge déposé tôt le matin.

Lavandería Laverap (☎ 644-2598 ; Bolívar 617 ; 2,50 $US jusqu'à 4,5 kg ; ☺ 8h30-20h lun-sam, 9h-13h dim). Blanchissage en 90 min.

Lavandería LG (☎ 642-1243 ; Loa 407 ; 1 $US/kg ; ☺ lun-dim). Livre dans les hôtels.

OFFICES DU TOURISME

Outre ceux indiqués ci-dessous, des offices du tourisme – souvent plus compétents – sont installés à l'aéroport et à la gare routière.

Kiosque touristique municipal (Plazuela Zudáñez, Bustillos et Olañeta). Ouvert aux époques de forte demande.

Office du tourisme municipal (☎ 643-5240 ; Argentina 65). Dans la Casa de la Cultura. Peu efficace mais le personnel peut généralement répondre à des questions spécifiques.

Office du tourisme régional (☎ 645-5983 ; Argentina 50). Sur le côté du bâtiment de la Prefectura, à l'étage. Fournit des informations sur la région de Chuquisaca.

Oficina Universitaria de Turismo (☎ 644-7644 ; Estudiantes 49). Tenu par des étudiants, dont certains peuvent proposer une visite guidée de la ville (10 $US par groupe de 4 personnes au maximum). Le meilleur endroit pour obtenir des informations générales sur la ville.

POSTE ET TÉLÉPHONE

La **poste principale** (Estudiantes et Junín) possède un bureau d'*aduana* (douane) au rez-de-chaussée pour les *encomiendas* (colis), ouvert sans interruption jusque tard le soir. De nombreux centres d'appel Entel et Punto Viva, dont un situé **Arenales 117** (0,13 $US/min vers un téléphone fixe à l'étranger), pratiquent des tarifs avantageux pour l'étranger. Le principal **bureau Entel** (España et Urcullo) ouvre à 8h.

SERVICES MÉDICAUX

Hospital Santa Bárbara (☎ 646-0133 ; Destacamento 111). Bon hôpital.

Désagréments et dangers

Sucre a longtemps eu la réputation d'être une des villes les plus sûres du pays. À l'occasion, des visiteurs sont harcelés par de faux policiers ou de prétendus "touristes". En cas de problème, adressez-vous à la **police touristique** (☎ 648-0467 ; Plazuela Zudáñez).

À voir

Sucre compte plusieurs musées et églises coloniales imposants, ainsi que le nouveau Parque Cretácico pour les passionnés de dinosaures. Pour avoir une belle vue sur la ville, rendez-vous au bureau de la police nationale, dans la **Prefectura de Chuquisaca**, un bâtiment tarabiscoté proche de la cathédrale. Si un policier a le temps, il vous conduira jusqu'à la coupole de l'édifice. En montant, remarquez les peintures murales qui décrivent la lutte pour l'indépendance.

CASA DE LA LIBERTAD

Pour se plonger dans l'histoire bolivienne, cette **maison** (☎ 645-4200 ; www.casadelalibertad.com.

SUCRE

Ⓐ   Ⓑ   Ⓒ   Ⓓ

Vers l'aéroport (5,5 km)
et la Cordillera de los
Frailes (20 km)

Vers El Huerto (200 m)

Parque
Bolívar

Rosenda Villa

Cour
suprême

Plaza Pizarro

Vers La Glorieta (7 km)
et Potosí (162 km)

Vers le Teatro al Aire
Libre (350 m)

RENSEIGNEMENTS
Alliance Française........................**1** D3
Banco Nacional de Bolivia (DAB)..**2** E3
Consulat du Brésil.......................**3** C2
Casa de Cambio Ambar...............**4** D3
Casa de Cambio El Arca...............**5** E3
Casa de la Cultura......................**6** C4
Centro Boliviano-Americano.......**7** F5
Bureau d'Entel...........................**8** E2
Consulat d'Allemagne.................**9** B1
Hospital Santa Bárbara..............**10** B6
Instituto Cultural Boliviano Alemán
(ICBA)....................................**11** E4
Instituto Geográfico Militar........**12** E2
Consulat d'Italie.......................**13** D5
Lavanderiá Laverap...................**14** E4
Lavanderiá LG..........................**15** D1
Migración................................**16** D6
Kiosque d'information................**17** C4
Office du tourisme municipal....(voir 6)
Officina Universitario de
Turismo...................................**18** D3
Consulat du Pérou.....................**19** E5
Punto Viva...............................**20** D3
Office du tourisme régional........**21** D4
Police touristique......................**22** C4
Unidad Departamental de
Turismo................................(voir 6)

À VOIR ET À FAIRE
Academia Latinoamericana de
Español...................................**23** D4
Bolivia Specialist......................**24** E4
Candelaria Tours.......................**25** D4
Capilla de la Virgen de
Guadalupe............................(voir 39)
Casa Capellanicá......................**26** F4
Casa de la Libertad...................**27** D3
Cathédrale...............................**28** D4
Cementerio Municipal................**29** A6
Convento de San Felipe Neri.......**30** C4
Convento de Santa Teresa.........**31** F4
Eclipse Travel...........................**32** E4
Fox Language Academy..............**33** E3
Iglesia de la Merced...................**34** D5
Iglesia de San Francisco.............**35** D2
Iglesia de Santa Mónica.............**36** C3
Iglesia de Santo Domingo..........**37** E4
Locot's Aventura.....................(voir 80)
Museo et Convento de Santa
Clara.......................................**38** F4
Museo de la Catedral.................**39** D4
Museo de la Recoleta.................**40** G6
Museo de los Niños
Tanga-Tanga..........................**41** G6
Museo Gutiérrez Valenzuela.......**42** D4
Museo Textil-Etnográfico
(ASUR)................................(voir 26)
Museos Universitarios...............**43** D4
Patricia de Roo.......................(voir 47)
Prefectura de Chuquisaca..........**44** D3
Sofía Sauma.............................**45** B3
Solarsa Tours.........................(voir 3)
Sur Andes................................**46** C4
Unlimited Adventure Tours.......**47** F4

Iglesia de San
Miguel

Iglesia
de San
Agustín

Plazuela
Zudáñez

Iglesia
de San
Agustín

Plaza 25
de Mayo

Plaza

Ⓐ Ⓑ Ⓒ Ⓓ
1 2 3 4 5 6

**HAUTS PLATEAUX
DU CENTRE**

0 ⊏⊐ 200 m

Vers Mitos (200 m),
le Kon-Tiki Beach Club (200 m),
le Mercado Campesino (800 m) et
le Mercado Americano (800 m)

Vers la gare routière (1 km),
Residencial Gloria Sur (1 km),
l'Austria Hostal (1 km),
l'Hi Sucre Hostel (1 km),
l'Alojamiento Central (1 km) et
le Parque Cretácico (5 km)

Vers Churrasquería
Cumaná (1 km)

Plaza

Iglesia
de San
Lázaro

Plaza
Anzures

Vers les bus pour Tarabuco,
l'arrêt des camiones via
les micros B et C

Vers Tarabuco
(65 km)

OÙ SE LOGER
Alojamiento El Turista..............48	D2
Alojamiento San José................49	D2
Casa de Huéspedes Colón 220...50	B4
Casa de Huéspedes Finita.........51	F5
Casa de Huéspedes San Marcos.52	E2
Casa Kolping........................53	G6
Grand Hotel.........................54	D3
Hostal Charcas......................55	D2
Hostal Colonial.....................56	D3
Hostal Cruz de Popayán..........57	B4
Hostal de Su Merced...............58	D5
Hostal Las Torres...................59	D3
Hostal Libertad.....................60	D3
Hostal Patrimonio...................61	E4
Hostal Sucre.........................62	C4
Hostal Veracruz.....................63	D2
Hotel Real Audiencia..............64	F4
La Posada............................65	D4
Parador Santa María la Real......66	D4
Premier Hotel.......................67	E3
Residencial Bolivia..................68	E3
Villa de la Plata....................69	E1

OÙ SE RESTAURER
Anita.................................70	E2
Arco Iris............................71	E4
Bibliocafé..........................72	D4
Cafe Mirador....................(voir 41)	
Cafe Tertulias.....................73	D3
Chifa New Hong Kong............74	E3
El Germen..........................75	E3
Freya................................76	C3
Joy Ride Cafe......................77	D4
Kulturcafé Berlin.................(voir 11)	
La Repizza..........................78	D4
La Taverne..........................79	D3
Locot's..............................80	E3
Marché..............................81	D2
Para Ti Chocolates.................82	D3
Pastelería Amanecer...............83	C4
Pizza Napolitana...................84	D4
Restaurant La Plaza................85	D3
Salteñería (sans enseigne).......86	C4
Super Abasto Sur...................87	C4

OÙ PRENDRE UN VERRE
Salfari...............................88	C5

OÙ SORTIR
Centro Cultural los Masis..........89	E4
Cine Universal....................(voir 85)	
Teatro Gran Mariscal de Ayacucho..........................90	B2

ACHATS
Ananay.............................(voir 41)	
Doña Máxima.......................91	D2
Inka Pallay.........................92	D4

TRANSPORTS
AeroSur.............................93	D3
Imbex...............................94	C6
LAB (bureau).......................95	E3
TAM (bureau) 96	C3
Trans-Real Audiencia.............(voir 67)	

SIMÓN BOLÍVAR – EL LIBERTADOR

Né en 1783 à Caracas de parents basques, Simón Bolívar, le plus grand des libérateurs d'Amérique du Sud, fut envoyé en Espagne et en France à 15 ans pour parfaire son éducation. Les œuvres de Rousseau et de Voltaire inspirèrent au jeune homme des idéaux progressistes qui joueront un rôle déterminant dans sa vie et dans le destin d'un continent.

En 1802, Bolívar épousa une Espagnole qui mourut à Caracas de la fièvre jaune quelques mois plus tard. S'il eut ensuite de nombreuses maîtresses, Bolívar ne se remaria jamais et le décès de son épouse marqua un tournant décisif dans sa vie. Il retourna alors en France, où il rencontra des acteurs de la Révolution française, puis se rendit aux États-Unis pour étudier le nouveau régime mis en place après la Révolution américaine. En 1807, il rentra à Caracas, la tête pleine de théories et d'expériences révolutionnaires provenant de ces deux modèles. Peu de temps après, il rejoignit les cercles clandestins militant en faveur de l'indépendance.

L'Espagne était alors en pleine confusion, Napoléon, profitant de l'impuissance de Charles IV affaibli par des dissensions familiales, mit son propre frère, Joseph Bonaparte, sur le trône espagnol. L'Espagne se révolta en 1808 et l'envoi de l'armée française déclencha la Guerra de la Independencia (guerre d'indépendance). Devant combattre pour leur propre liberté, les Espagnols n'étaient pas en mesure de contrer les mouvements d'indépendance qui surgissaient outre-Atlantique.

À cette époque, le mécontentement à l'égard du régime espagnol était sur le point de se transformer en révolte. Le 19 avril 1810, la Junta Suprema fut installée à Caracas et, le 5 juillet 1811, le Congrès proclama l'indépendance. Ce fut le début d'une guerre longue et âpre, en grande partie orchestrée par Bolívar.

Sa carrière militaire commença avec le mouvement indépendantiste vénézuélien, dont il prit bientôt le commandement. Les batailles, personnellement menées par Bolívar, se succédèrent à un rythme hallucinant jusqu'en 1824. Les forces indépendantistes remportèrent 35 victoires, dont la bataille de Boyacá (7 août 1819), qui apporta l'indépendance à la Colombie, la bataille de Carabobo (24 juin 1821), qui libéra le Venezuela et la bataille de Pichincha (24 mai 1822), qui consacra la libération de l'Équateur.

En septembre 1822, le général José de San Martín, le libérateur de l'Argentine, abandonna la ville de Lima aux Espagnols. Bolívar se lança alors à l'assaut du Pérou. Le 6 août 1824, son armée remporta la bataille de Junín. Le 9 décembre 1824, le maréchal Antonio José de Sucre infligea la

---

bo ; Plaza 25 de Mayo 11 ; 1,25 $US ; 9h-12h30 et 14h30-18h lun-ven, 9h30-12h30 sam-dim), où fut signée la déclaration d'indépendance le 6 août 1825, reste inégalée. Devenue monument historique, elle représente le cœur symbolique de la nation.

Le premier Congrès bolivien se tint dans le Salón de la Independencia, une ancienne chapelle jésuite où les candidats au doctorat venaient soutenir leur thèse. Derrière la chaire, on reconnaît les portraits de Simón Bolívar, Hugo Ballivián et Antonio José de Sucre. Le général Bolívar affirmait que son portrait, dû à l'artiste péruvien José Gil de Castro, était le plus ressemblant jamais réalisé. La déclaration d'indépendance, posée sur un socle de granit, occupe la place d'honneur. Un beau plafond *artesonado* (en bois marqueté) et les stalles travaillées méritent également le coup d'œil.

Le musée renferme des portraits de présidents, des décorations militaires, des œuvres d'art et des souvenirs reliés à la guerre et à l'indépendance, ainsi que d'anciens documents administratifs. L'objet le plus remarquable est un immense buste en bois de Bolívar, sculpté par Mauro Núñez. Des visites guidées son proposées en français.

MUSEO TEXTIL-ETNOGRÁFICO

Le superbe **musée du Textile et des Arts indigènes** (ASUR ; ☎ 645-3841 ; www.bolivianet.com/asur ; San Alberto 413 ; 2 $US ; 8h30-12h et 14h30-18h lun-ven, 8h30-12h sam) passionnera ceux qui s'intéressent aux peuples indigènes de la région de Sucre. Géré par une fondation anthropologique, il se consacre principalement aux textiles tissés des cultures jalq'a et candelaria (tarabuco). Cette intéressante exposition a eu une conséquence heureuse : la redécouverte de techniques de tissage ancestrales oubliées a aidé les communautés à retrouver leur fierté et leur dynamisme.

défaite finale lors de la bataille d'Ayacucho. Le Pérou, dont faisait partie l'Alto Perú, était libéré et la guerre terminée. Le 6 août 1825, premier anniversaire de la bataille de Junín, la Bolivie déclara son indépendance à l'égard du Pérou à Chuquisaca (Sucre) ; la nouvelle république fut appelée Bolivia, du nom du libérateur.

Toutefois, Bolívar savait que la liberté ne suffisait pas et il rêvait de créer un État unifié dans le nord de l'Amérique du Sud, tout en sachant que la tâche serait difficile. "Je redoute la paix plus que la guerre", écrivait-il dans une lettre, conscient des obstacles.

Fonder la Gran Colombia (qui devait comprendre les actuels Venezuela, Colombie, Panama et Équateur) était facile, mais maintenir l'union en tant que président fut impossible pour Bolívar. Ne voulant pas renoncer à son rêve d'union, alors même que l'État se désagrégeait, il perdit son influence ; sa gloire et son charisme s'estompèrent. Il tenta alors d'instaurer une dictature, affirmant : "Notre Amérique ne peut être dirigée que par un despote éclairé". Il se considérait alors, sans doute à juste titre, comme le meilleur dirigeant de ces jeunes nations. Après avoir survécu à une tentative d'assassinat à Bogotá, Bolívar démissionna en 1830, désenchanté et souffrant. Sa Grande Colombie se désagrégea presque immédiatement.

Le Venezuela fit sécession en 1830, élut un nouveau congrès et bannit Bolívar de son pays natal. Un mois plus tard, Antonio José de Sucre, son ami le plus proche, fut assassiné dans le sud de la Colombie. Bolívar apprit ces deux nouvelles alors qu'il embarquait pour la France. Déprimé et malade, il accepta l'invitation d'un Espagnol, Joaquín de Mier, et séjourna chez lui à Santa Marta, en Colombie.

Bolívar mourut le 17 décembre 1830 de la tuberculose, sans un ami à son chevet : seuls un prêtre, un médecin et quelques officiers assistèrent à sa fin. Joaquín de Mier donna l'une de ses chemises pour habiller le défunt qui ne possédait plus rien. Ainsi disparut l'un des personnages les plus importants de l'histoire du continent sud-américain. "L'Histoire a connu trois grands fous : Jésus, Don Quichotte et moi." Ainsi Simón Bolívar résumait-il sa vie peu de temps avant de mourir.

Sa mort solitaire surprend en regard de son énorme popularité actuelle en Amérique du Sud. Symbole de la liberté sud-américaine et dépourvu dans sa carrière de toute attache politique partisane, le Libertador est de nouveau un héros.

À la fin de son journal intime, Bolívar notait : "Mon nom est désormais entré dans l'Histoire. Elle me rendra justice." Il ne s'était pas trompé !

On peut admirer des tisserands à l'ouvrage. La boutique attenante vend des céramiques et des tissages, mais mieux vaut les acheter dans les villages qui les produisent (voir p. 248 et 251).

PARQUE CRETÁCICO (CAL ORCK'O)

Il y a 65 millions d'années, le site de l'usine de ciment Fancesa, à 6 km du centre-ville, semble avoir été fréquenté par de gros animaux écailleux. Lorqu'ils dégagèrent le terrain en 1994, les employés de l'usine découvrirent une paroi argileuse pratiquement verticale portant plus de 6 000 empreintes – dont certaines jusqu'à 80 cm de diamètre – de plus de 150 espèces de dinosaures.

Alors qu'on pouvait s'approcher des empreintes il y a quelques années, on doit aujourd'hui se contenter de les observer depuis le **parc du Crétacé** (www.parquecretacico.com ; 3,75 $US, 🕙 10h-18h lun-ven, 10h-15h sam-dim), flambant neuf. Le centre d'accueil des visiteurs, apprécié des familles, renferme une vingtaine de reproductions grandeur nature de dinosaures, une exposition audiovisuelle et un restaurant. De la terrasse, on peut contempler à l'aide de jumelles les empreintes dans la paroi rocheuse en face. Un bus devrait bientôt faire la navette entre le centre de Sucre et le parc (6 km). Lors de notre passage, il fallait prendre le *micro* A et parcourir à pied 2 km jusqu'au site. L'aller-retour en taxi coûte environ 7 $US, temps d'attente compris.

CATEDRAL ET CAPILLA DE LA VIRGEN DE GUADALUPE

La **cathédrale** (☎ 645-2257 ; Plaza 25 de Mayo) date du milieu du XVIe siècle et marie harmonieusement une architecture Renaissance et des ajouts baroques tardifs. Cet édifice majestueux comporte un clocher, qui sert de point de repère. À l'intérieur, l'unique nef blanche contient des tableaux représentant les apôtres, une chaire et un retable ouvragés.

Les anges suspendus au plafond lui donnent une touche kitsch. Ouverte le dimanche, la cathédrale peut également se visiter en même temps que le Museo de la Catedral.

MUSEO DE LA CATEDRAL

À côté de la cathédrale, ce **musée** (☎ 645-2257 ; Ortiz 61 ; 1,90 $US ; ☺ 10h-12h et 15h-17h lun-ven, 10h-12h sam) possède l'une des plus belles collections de reliques religieuses du pays. La première salle renferme une série de belles peintures religieuses de l'époque coloniale. À côté, une chapelle présente des reliques de saints et de beaux calices en or et en argent. Le point d'orgue de la visite est la **Capilla de la Virgen de Guadalupe**, achevée en 1625. Enchâssée dans l'autel, une peinture représente la Vierge, patronne de la ville, et une femme fortunée. Peinte à l'origine par le frère Diego de Ocaña en 1601, l'œuvre a été ensuite couverte d'or et d'argent et ornée de robes incrustées de diamants, d'améthystes, de perles, de rubis et d'émeraudes offertes par de riches paroissiens. À elles seules, ces pierres sont estimées à plusieurs millions de dollars.

IGLESIA DE LA MERCED

La façade banale de l'**Iglesia de la Merced** (☎ 645-1483 ; Pérez 512 ; 0,75 $US ; ☺ 10h-12h et 15h-17h lun-ven) cache un intérieur somptueux, le plus beau des églises de Sucre, voire de Bolivie. L'ordre de La Merced partit pour Cuzco en 1826 en emportant ses archives et la date de fondation de l'église demeure incertaine. On pense qu'elle se situe au début des années 1550 ; les travaux furent achevés au tournant des années 1580.

Des filigranes et des incrustations d'or ornent l'autel baroque et la chaire sculptée de style *mestizo*. Outre des sculptures de différents artistes, on remarquera plusieurs tableaux de l'excellent peintre Melchor Pérez de Holguín, dont *El Nacimiento de Jesús*, *El Nacimiento de María* et un autoportrait de l'artiste émergeant des profondeurs du purgatoire. Le clocher offre une vue splendide.

MUSEO DE LA RECOLETA

Construite par l'ordre des franciscains en 1601, **La Recoleta** (☎ 645-1987 ; Plaza Pedro Anzures ; 1,25 $US ; ☺ 8h30-11h30 et 14h30-16h30 lun-ven) domine la ville en haut de la Calle Polanco. Couvent et musée, elle a également fait office de caserne et de prison. Dans l'un des escaliers, une plaque commémore

l'endroit où le général Pedro Blanco, alors président, fut assassiné en 1829. À l'extérieur, dans le jardin verdoyant et fleuri, le célèbre Cedro Milenario (cèdre millénaire), un arbre énorme, est l'unique survivant de cette espèce autrefois abondante à Sucre.

Le musée mérite la visite pour ses sculptures et peintures anonymes, du XVIᵉ au XXᵉ siècle, dont de nombreuses représentations de saint François d'Assise.

Ne manquez pas le chœur de l'église et ses magnifiques sculptures en bois des années 1870, chacune unique et ouvragée. Elles représentent les martyrs franciscains, jésuites et japonais crucifiés en 1595 à Nagasaki, au Japon.

MUSEO DE LOS NIÑOS TANGA-TANGA

Près de La Recoleta dans un beau bâtiment, cet excellent **musée** (☎ 644-0299 ; Plaza La Recoleta ; adulte/enfant 1/0,65 $US ; ☺ 9h-12h et 14h30-18h mar-dim) interactif, destiné aux enfants, s'intéresse aux énergies renouvelables. Il comprend un jardin botanique et des explications sur l'écologie bolivienne. Il accueille également des programmes culturels et environnementaux, dont des représentations théâtrales et des cours de poterie. Sur place, le Café Mirador (p. 245) est un endroit plaisant où se détendre en profitant d'une vue exceptionnelle sur la ville. La boutique d'artisanat Ananay (p. 246), contiguë, vend des pièces uniques et de qualité supérieure, notamment de ravissants vêtements pour enfants.

CONVENTO DE SAN FELIPE NERI

La montée au clocher et sur le toit de tuiles du **couvent de San Felipe Neri** (☎ 645-4333 ; Ortiz 165 ; 1,25 $US ; ☺ 16h30-18h lun-ven, sam haute saison) explique mieux qu'un discours le surnom de "Ville blanche des Amériques" donné à Sucre.

Lorsque l'édifice servait de monastère, l'ascétisme n'interdisait pas aux moines de profiter de la vue, comme en témoignent les sièges en pierre sur les toits-terrasses. Construite en pierre, l'église fut par la suite recouverte de stuc. Des poinsettias et des roses égayent le jardin et une belle peinture de La Cène orne l'escalier.

Dans les catacombes, des tunnels permettaient aux prêtres et aux religieuses de se rencontrer clandestinement et, durant les périodes troublées, aux guérilleros de se cacher et de circuler dans la ville.

Le couvent est aujourd'hui une école paroissiale. Il faut sonner pour entrer et on peut parfois le visiter en dehors des horaires prévus.

MUSEO DE SANTA CLARA

Installé dans le couvent de Santa Clara, ce **musée d'Art sacré** (☎ 645-2295 ; Avaroa 290 ; 1,25 $US ; ☺ 9h-12h et 15h-17h lun-ven, 9h30-12h sam), fondé en 1639, contient plusieurs œuvres du maître bolivien Melchor Pérez de Holguín et de son professeur italien, Bernardo de Bitti. Lors d'un cambriolage en 1985, plusieurs tableaux et ornements en or ont disparu. Une toile, apparemment trop grande pour être emportée, a été découpée au centre et, malgré une restauration, elle porte les traces de cette mutilation. Les guides vous feront sans doute entendre l'orgue, fabriqué en 1664.

CONVENTO DE SANTA TERESA

D'un blanc étincelant, ce **couvent** (☎ 645-1986 ; San Alberto près de Potosí ; ☺ 10h-12h) appartient à un ordre de religieuses cloîtrées. Elles vendent chaque jour des oranges, des pommes, des figues et des citrons verts confits à travers un guichet rotatif. À la salutation rituelle *"Ave María purísima"*, il convient de répondre *"Sin pecado concebida"*. Ne manquez pas de flâner dans le **callejón de Santa Teresa**, une charmante ruelle adjacente éclairée aux lanternes. Autrefois elle était en partie pavée d'ossements humains disposés en croix afin de rappeler aux passants le caractère inexorable de la mort. Elle a été rénovée dans les années 1960 et revêtue des pavés actuels.

IGLESIA DE SAN FRANCISCO

L'**église de San Francisco** (☎ 645-1853 ; Ravelo 1 et Arce ; ☺ 7h-9h et 16h-19h lun-ven, offices seulement sam-dim) fut fondée en 1538 par Francisco de Aroca, peu après la création de cité. Commencée comme une structure de fortune, l'église actuelle ne fut achevée qu'en 1581. En 1809, durant la lutte pour l'indépendance, le maréchal Sucre fit voter une loi pour transférer la communauté religieuse de San Francisco à La Paz et attribua le bâtiment à l'armée. L'église servit alors de garnison, de marché et de salle de douane. En 1838, l'étage supérieur s'effondra, puis fut reconstruit pour loger les soldats. San Francisco ne retrouva son caractère sacré qu'en 1925.

Sur le plan architectural, l'élément le plus intéressant est le plafond *mudéjar*. Dans le clocher, la Campana de la Libertad (cloche de la liberté) appela les patriotes à la révolution en 1825.

IGLESIA DE SANTA MÓNICA

L'**église de Santa Mónica** (Junín 601 et Arenales), de style *mestizo*, fut fondée en 1574 pour servir de monastère aux Ermitañas de San Agustín. Toutefois, les difficultés financières que connut l'ordre au début des années 1590 conduisirent à sa fermeture et à sa transformation en école jésuite. À l'intérieur, des sculptures de style *mestizo* représentent des coquillages, des animaux et des humains ; de superbes boiseries ornent le plafond. La cour, avec ses pelouses et ses plantes semi-tropicales, est l'une des plus belles de la ville. Faisant aujourd'hui office d'auditorium municipal, l'église n'ouvre qu'à l'occasion d'événements particuliers.

MUSEOS UNIVERSITARIOS ET MUSEO GUTIÉRREZ VALENZUELA

Les **Museos Universitarios** (Musées universitaires ; ☎ 645-3285 ; Bolívar 698 ; 1,25 $US ; ☺ 8h30-12h et 14h30-18h lun-ven, 8h30-12h sam) se composent de trois salles séparées contenant des reliques de l'époque coloniale, des objets anthropologiques et de l'art moderne. Dans l'angle sud-est de la place principale, le **Museo Gutiérrez Valenzuela** (☎ 645-3828 ; Plaza 25 de Mayo ; 1,35 $US ; ☺ 8h30-12h et 14h-18h lun-ven, 8h30-12h sam), également géré par l'université et consacré à l'histoire naturelle, occupe une ancienne demeure aristocratique au décor du XIXᵉ siècle.

CEMENTERIO MUNICIPAL

L'enthousiasme que suscite le **cimetière** (entrée libre ; ☺ 8h30-12h et 14h-17h30) semble fortement exagéré. Si l'on y découvre quelques peupliers taillés en arche, de beaux palmiers et les tombeaux de riches familles de l'époque coloniale, la ferveur qu'il inspire demeure un mystère. La visite sera plus intéressante le week-end, lorsqu'affluent les familles, ou en compagnie d'un des jeunes guides qui proposent leurs services pour quelques bolivianos. De la place, parcourez à pied huit pâtés de maisons en direction du sud le long de Junín, ou bien prenez un taxi ou le *micro* A.

Cours

On vient aussi à Sucre pour apprendre l'espagnol ; les tarifs sont corrects et le climat, très agréable. Nous recommandé l'**Instituto**

Cultural Boliviano Alemán (ICBA ; ☎/fax 645-2091 ; www.icba-sucre.edu.bo ; Avaroa 326), qui propose des cours d'espagnol et de quechua, avec la possibilité d'un séjour chez l'habitant. L'**Academia Latinoamericana de Español** (☎ 646-0537 ; www.latinoschools.com/bolivia ; Dalence 109) offre un programme complet comprenant des cours culturels et un éventuel séjour chez l'habitant. À la **Fox Language Academy** (☎ 644-0688 ; www.foxacademysucre.com ; San Alberto 30), les professeurs d'espagnol et de quechua changent fréquemment ; l'école consacre une partie de ses bénéfices à des cours d'anglais pour les enfants défavorisés.

De nombreux professeurs privés dispensent des cours particuliers (de 4 à 5 $US l'heure). Recommandée par des lecteurs, **Patricia de Roo** (☎ 7116-0848 ; Potosí 237) allie cours et visites de la ville, mettant son enseignement en situation pratique. **Sofía Sauma** (☎ 645-1687 ; fsauma@hotmail. com ; Loa 779) offre un programme similaire.

Circuits organisés et activités

Si les visiteurs viennent principalement à Sucre pour sa splendide architecture coloniale et ses nombreux musées, la région environnante offre des possibilités croissantes de découverte des cultures indigènes ou d'activités sportives.

En ville, de nombreuses agences proposent des excursions à Tarabuco pour le marché dominical (p. 248 ; environ 3 $US par personne) – de même que la plupart des hôtels –, ainsi que des circuits d'une journée dans la Cordillera de los Frailes (p. 249). Toutefois, en restant plus longtemps sur place, vous aiderez mieux les communautés locales (voir l'encadré p. 252).

Plusieurs tour-opérateurs organisent des excursions d'une demi-journée à plusieurs jours, à cheval, à VTT ou à pied, dans la Cordillera de los Frailes (p. 249). Comptez de 15 à 25 $US pour une randonnée pédestre d'une journée, de 20 à 30 $US à VTT et de 25 à 50 $US à cheval. Les prix seront un peu plus élevés si vous êtes le seul participant.

Parmi les agences, citons :
Bolivia Specialist (☎ 643-7389 ; www. boliviaspecialist.com ; Bolívar 525). Une agence fiable qui organise des circuits aux environs de Sucre ou ailleurs dans le pays.

Candelaria Tours (☎ 646-1661 ; www.candelariatours. com ; Audiencia 1). Sûre et compétente, elle propose divers types d'excursions, dont d'excellentes à Tarabuco et Candelaria.

Eclipse Travel (☎ /fax 644-3960 ; eclipse@mara.scr. entelnet.bo ; Avaroa 310). Un tour-opérateur fiable.

Joy Ride Bolivia (☎ 642-5544 ; www.joyridebol.com ; Ortiz 14). Ses randonnées prisées, à pied, à cheval ou à VTT, partent presque tous les jours. Propose aussi du parapente : sauts en tandem et cours. Réservations et renseignements au café du même nom (p. 244).

Locot's Aventura (☎ 691-5958 ; www.locotsadventure. com ; Bolívar 465). Randonnées à pied, à VTT, à cheval et en parapente.

Solarsa Tour (☎ 644-0839 ; asolares@entelnet.bo ; Arenales 212). Agent de voyages fiable ; organise aussi des circuits culturels dans les villages jalq'a (voir l'encadré p. 252).

Sur Andes (☎ 645-3212 ; surandeses@hotmail.com ; Junín 855). Visites de la ville et bons treks.

Unlimited Adventure Tours (☎ 7116-0848 ; www. unlimited-adventure.com). Recommandé pour ses excursions à pied, à cheval et à VTT. Offre également un superbe circuit de 2 jours au village d'Icla, avec la rencontre des habitants et plusieurs activités, dont une descente de rivière en chambre à air.

Fêtes et festivals

Le soir du 8 septembre, les *campesinos* des alentours célèbrent la **Fiesta de la Virgen de Guadalupe** par des chants et des poèmes. Le lendemain, vêtus de costumes colorés, ils défilent sur la place principale en portant des statues religieuses et des arches en argent.

En septembre, le **Festival de la Cultura** donne lieu à de nombreux spectacles organisés ou impromptus, notamment de danse, de théâtre et de musique, avec des artistes locaux et internationaux. Le 2 novembre, **Todos Santos** est fêté avec ferveur.

Où se loger

Les hébergements de Sucre comptent parmi les plus chers du pays. Beaucoup occupent de beaux bâtiments d'adobe chaulés, construits autour d'un joli patio central.

PETITS BUDGETS

La plupart des hôtels qui facturent en *bolivianos* plutôt qu'en dollars se regroupent près du marché et le long des Calles Ravelo et San Alberto.

Alojamiento San José (☎ 645-1475 ; Ravelo 86 ; ch 2,50 $US/pers). Dans un ancien bâtiment intéressant, cet établissement sommaire accueille plus de marchands forains que de voyageurs.

Alojamiento El Turista (☎ 645-3172 ; Ravelo 118 ; s/d 2,50/3,70 $US). Caché derrière une rôtisserie de poulet, le Turista est médiocre et humide, mais il conviendra aux voyageurs à budget serré et l'accueil y est sympathique. Pour ne pas vous retrouver à côté des sdb communes (accessibles au public pour une somme dérisoire), demandez une chambre au dernier étage.

Casa de Huéspedes San Marcos (☎ 646-2087 ; Arce 233 ; ch 3,10 $US/pers, avec sdb 4,40 $US). Les voyageurs apprécient cette adresse pour ses propriétaires chaleureux, ses chambres propres et calmes, l'accès à la cuisine et à la buanderie. Les lits manquent un peu de confort.

HI Sucre Hostel (☎ 644-0471 ; www.hostellingbolivia. org ; Loayza 119 ; dort 3,50 $US, s/d 4,90/9,80 $US, avec sdb 12,50/20 $US ; 🖳). Dans un bâtiment aux jolis éléments originaux, l'auberge de jeunesse de Sucre se situe à proximité de la gare routière (en sortant de la gare, traversez la rue, tournez à gauche et prenez la première à droite). Propre et accueillante, elle comprend une cuisine commune et même quelques chambres avec sdb et TV câblée. C'est l'une des rares auberges de jeunesse de Bolivie construite à cet effet, et elle dispose d'excellents équipements.

Hostal Cruz de Popayán (☎ 644-0889 ; www. boliviahostels.com ; Loa 881 ; dort 3,50 $US, s/d 4,50/8 $US, avec sdb 15/20 $US ; 🖳). Ce charmant édifice du XVIIᵉ siècle, agrémenté de trois patios, offre plusieurs types d'hébergement dans un cadre superbe. De nombreux lecteurs adorent cette auberge, d'un bon rapport qualité/prix malgré des chambres un peu froides. Toutefois, le personnel morose et des additions gonflées lui ont valu une désaffection ces derniers temps.

Casa de Huéspedes Colón 220 (☎ 645-5823 ; colon220@bolivia.com ; Colón 220 ; ch 3,75 $US/pers, s/d avec sdb et petit déj 10/14 $US). Petite pension paisible construite autour d'une cour tapissée de plantes grimpantes, elle loue des chambres décentes et très propres, aux lits un peu défoncés. Le personnel parle anglais, allemand et italien.

Hostal Veracruz (☎ 645-1560 ; Ravelo 158 ; s/d 3,75/6,25 $US, avec sdb 8,75/12,50 $US ; 🖳). Central et toujours populaire, il propose une belle diversité de chambres, certaines jolies et ensoleillées, d'autres souffrant un peu du bruit du couloir central. Petit déjeuner et service de blanchissage à disposition. Les réservations par téléphone ne sont pas toujours prises en compte.

Residencial Bolivia (☎ 645-4346 ; res_bol@cotes.net. bo ; San Alberto 42 ; s/d 4,40/7,50 $US, avec sdb 7,50/12,50 $US). Bien situé et accueillant, il possède un patio triple qu'entourent des chambres de qualité inégale, mais toutes impeccables, d'un bon rapport qualité/prix et égayées de jolis couvre-lits. Un petit déjeuner simple est compris et les clients ont accès à la cuisine.

Hostal Charcas (☎ 645-3972 ; hostalcharcas@yahoo. com ; Ravelo 62 ; s/d 5/8,10 $US, avec sdb 8,10/12,50 $US). Un emplacement central et un personnel affable et attentionné font du Charcas, en face du marché, une adresse prisée à juste titre. Aux jolies chambres, sans prétention bien tenues, s'ajoutent des services appréciables, comme le bus pour le marché de Tarabuco, le blanchissage et l'eau chaude 24h/24. On peut y prendre le petit déjeuner.

Villa de la Plata (☎ 642-2577 ; isis208@yahoo. com ; Arce 369 ; ch 5 $US/pers). Cette pension loue à long terme des appartements modernes, avec salons spacieux et cuisines communes équipées, aux étudiants des écoles de langue et aux employés en déplacement. Aéré, le toit-terrasse est idéal pour contempler les étoiles. La propriétaire accueille avec autant d'enthousiasme les voyageurs vagabonds et les chats errants.

Casa de Huéspedes Finita (☎ 645-3220 ; Padilla 233 ; ch 5 $US/pers). D'un bon rapport qualité/prix, cette adresse chaleureuse vous réserve un bon accueil et met à disposition eau chaude et cuisine. Vous pourrez bénéficier de la pension complète pour un séjour prolongé.

À 10 minutes du centre avec le *micro* A, deux adresses correctes font face à la gare routière :

Austria Hostal (☎ 645-4202 ; Ostria Gutiérrez 506 ; ch 4,40-5,60 $US/pers). Élégant et confortable. Bon rapport qualité/prix.

Residencial Gloria Sur (☎ 645-2847 ; ch 2,50 $US/pers)

CATÉGORIE MOYENNE

Hostal Las Torres (☎ 644-2888 ; www.lastorreshostal.com ; San Alberto 19 ; s/d avec petit déj 12,50/18,75 $US). Flambant neuf, lumineux et plaisant, il se situe au bout d'une petite rue. Les chambres aux lits confortables, avec dessus-de-lit à fanfreluches et coussins en forme de cœur, sont dotées de la TV câblée et d'une bonne sdb.

Grand Hotel (☎ 645-1704 ; grandhotel_sucre9@hotmail. com ; Arce 61 ; s/d avec sdb, petit déj et TV 12,50/17,50 $US). Très central et tenu par un personnel irréprochable, il fait partie des adresses favorites. Outre des chambres confortables patinées par le temps, dont certaines avec salon, il comprend un bon restaurant et un patio superbe, rempli de plantes.

Hostal Libertad (☎ 645-3101 ; www.hostallibertad -bo.com ; Arce 99 ; s/d/ste avec sdb 18/20-25/30 $US ; 🖳). Central et un peu à l'écart, ce vaste établissement, auquel on accède en passant sous une arcade, possède des chambres plaisantes, avec minibar, TV câblée, musique d'ambiance et, pour beaucoup, salon séparé. Certaines souffrent un peu du bruit de la circulation, d'autres sont très calmes. L'accueil est chaleureux et un service de restauration est à disposition.

Hostal Sucre (☎ 645-1411 ; www.hostalsucre.com ; Bustillos 113 ; s/d/tr avec sdb 19/25/32 $US ; 🖳). Ce bel hôtel blanc typique comporte un double patio particulièrement séduisant, avec puits et fontaine. Les chambres, aux beaux meubles anciens défraîchis, manquent un peu de lustre, mais restent acceptables. Les voyageurs apprécient le service attentif. Le petit déjeuner est servi dans l'antique salle à manger.

Casa Kolping (☎ 642-3812 ; www.grupo-casas-kolping. net ; Pje Iturricha 265 ; s/d 22/30 $US ; 🖳). Haut perché sur une colline près de la Plaza Recoleta, ce nouvel hôtel jouit d'une vue superbe sur la ville. S'il accueille principalement des conférences, il reste plaisant pour un séjour. Outre un service efficace et un bon restaurant, il offre des chambres un peu petites, mais très confortables et bien équipées. Un supplément de 5 $US vous vaudra un minibar et la vue. Les appartements familiaux, l'espace et la table de ping-pong séduiront les enfants. L'hôtel subventionne une fondation catholique caritative, Kolping Verein.

Hostal Patrimonio (☎ 644-8101 ; www.hostalpatrimonio .com.bo ; Grau 154 ; s/d 25/35 $US). Central et récemment rénové, il s'agrémente d'un charmant patio et de beaux lits en bois.

Premier Hotel (☎ 645-2097 ; premierhotel@hotmail. com ; San Alberto 43 ; s/d/ste 25/40/50 $US ; 🖳). Ce bel hôtel moderne, construit autour d'une cour centrale, séduit les voyageurs d'affaires boliviens. D'une propreté irréprochable et calme malgré sa situation centrale, il offre des chambres aux lits confortables, avec minibar.

Hostal Colonial (☎ 644-0312 ; www.hostalcolonial -bo.com ; Plaza 25 de Mayo 3 ; s/d/tr/ste 27/38/45/55 $US). Bel établissement accueillant, le Colonial séduit par son élégance discrète, en accord avec les édifices majestueux qui l'entourent. Les suites avec moquette et le toit-terrasse dominent la place. Une cheminée réchauffe le hall.

Hostal de Su Merced (☎ 644-2706 ; www.boliviaweb .com/companies/sumerced ; Azurduy 16 ; s/d/tr et ste 30/45/60 $US). Dans le plus pur style de Sucre,

ce charmant hôtel s'orne d'antiquités et de tableaux. Parmi les chambres qui entourent un joli patio carrelé, la n°7 est particulièrement séduisante. Le toit-terrasse offre une vue époustouflante. Le personnel, particulièrement serviable, parle anglais. Un restaurant est installé sur place.

La Posada (☎ 646-0101 ; www.laposadahostal.com ; Audiencia 92 ; s/d 30/50 $US ; 🖳). Confortable et élégant, il possède des chambres spacieuses et sobres (dont une belle suite familiale), à la séduisante ambiance coloniale et agrémentées de boiseries. À la vue sur la ville et au cadre intime et raffiné s'ajoutent un excellent service et un restaurant recommandé dans le patio.

CATÉGORIE SUPÉRIEURE

Hotel Real Audiencia (☎ 646-0823 ; www.hotelreal audiencia.com ; Potosí 142 ; s/d/ste avec sdb et petit déj 45/55/ 65 $US ; 🖳 🖳). Cet établissement accueillant, situé dans un beau quartier de Sucre, allie l'ancien et le moderne. Joliment aménagé, il comprend une piscine, des balustrades de style méditerranéen et des chambres spacieuses, avec TV câblée. Toutefois, les suites "executive", dans une aile plus moderne, sont nettement supérieures avec leur mobilier superbe et un minibar pour un prix qui n'est guère plus élevé.

Parador Santa María la Real (☎ 691-1920 ; www. parador.com.bo ; Bolívar 625 ; s/d/ste 55/65/70-90 $US ; 🖳). Ce nouvel hôtel colonial très chic semble viser le rang de meilleur établissement de Sucre. D'une élégance somptueuse, il possède une cour à arcades, des meubles anciens, des lits charmants et excellents et un spa avec vue.

Où se restaurer

La ville offre un bon choix de restaurants de qualité et de nombreux cafés où s'attarder en observant la vie de cette cité universitaire.

RESTAURANTS

Freya (☎ 642-1928 ; Loa 751 ; 🕑 12h-14h lun-sam). Cet endroit plaisant, fréquenté par les employés des alentours, sert de savoureux déjeuners végétariens (1,25 $US). Arrivez tôt pour avoir un plus grand choix.

Chifa New Hong Kong (☎ 644-1776 ; San Alberto 242 ; plats 1,50-3 $US). Un restaurant chinois plus cher mais meilleur que ses concurrents.

El Germen (San Alberto 231 ; plats 2-3 $US ; 🕑 8h-22h). Dans un cadre simple, il prépare de délicieux plats végétariens, de bons goulasch et viandes rôties, de succulents currys et des gâteaux alléchants. Les livres à disposition vous aideront à patienter, car le service est lent, mais souriant.

Restaurant La Plaza (☎ 645-5843 ; Plaza 25 de Mayo ; plats 2-4 $US). Les plats, essentiellement à base de viande, sont copieux et les balcons parfaits pour paresser devant une bière un dimanche après-midi.

Pizza Napolitana (☎ 645-1934 ; Plaza 25 de Mayo 30 ; menu déj 3 $US, pizzas 2-4 $US ; ☾ 11h-23h). Dans cette pizzéria chaleureuse et fréquentée, vous dégusterez une bonne pizza, des pâtes ou une glace en écoutant des tubes anglo-saxons. Si les menus présentent un bon rapport qualité/prix, les boissons et le café sont un peu chers.

Locot's (☎ 691-5958 ; Bolívar 465 ; plats 2-4,50 $US ; ☾ 7h-tard ; ▯). Détendu et plaisant, ce bar-restaurant occupe un beau bâtiment ancien où des œuvres d'art originales ornent les murs. Des plats végétariens figurent parmi les spécialités boliviennes, mexicaines et internationales. Accueillant envers les étrangers, le Locot's propose régulièrement de la musique *live*. Remarquez sur la carte les cocktails aux noms de présidents boliviens.

Arco Iris (☎ 7713-0396 ; Bolívar 567 ; plats 2-5 $US). Outre des *rösti* (pommes de terre rissolées) et des fondues très acceptables, la carte comprend des plats végétariens et des desserts. Des musiciens viennent souvent faire danser les convives et l'ambiance vaut alors plus que la cuisine.

Joy Ride Café (☎ 642-5544 ; Ortiz 14 ; plats 2-4,25 $US ; ☾ 7h30-2h lun-ven, 9h-2h sam-dim). Très apprécié des gringos, le Joy Ride est à la fois café, restaurant et bar, et propose à peu près tout, des expressos du petit déjeuner à la vodka de minuit et des films quotidiens en soirée aux danses endiablées du week-end. Spacieux et bien tenu, il donne un peu trop dans l'autosatisfaction, mais il offre une cuisine correcte (salades, "œufs de gueule de bois", steaks), une sélection de bières importées ou locales, un service d'échange de livres, des tables dans le patio et un confortable salon à l'étage.

La Repizza (La Casa del Flaco ; ☎ 645-1506 ; Ortiz 78 ; pizzas 1,50-5 $US, plats 4-5 $US ; ☾ 10h-15h, 17h30-2h). Cet accueillant restaurant bolivien, agrémenté d'une cour à l'arrière, est apprécié pour ses pizzas, ses grillades et ses excellents *almuerzos* de 4 plats (2,50 $US). On s'y presse également pour un verre le vendredi et le samedi soir.

La Taverne (☎ 7193-1640 ; Arce 35 ; plats 3-4,50 $US). Avec son atmosphère calme et raffinée, le restaurant de l'Alliance française (p. 235) est un petit coin de paradis. La carte comporte quelques plats sophistiqués – la langue au piment et au chocolat séduira les palais audacieux – et de succulents plats du jour. Des musiciens se produisent le vendredi soir et des films sont projetés plusieurs fois par semaine.

La Posada (☎ 646-0101 ; Audiencia 92 ; plats 3-4,50 $US ; ☾ 7h-22h30 lun-sam, 7h-15h dim). Cet hôtel confortable (voir page de gauche) est aussi l'un des endroits les plus séduisants de Sucre pour prendre un repas ou un verre. Dans la salle élégante ou la cour dallée, vous choisirez parmi les délicieux plats de viande ou de poisson, les pâtes, les salades et les divers menus. Service plaisant.

El Huerto (☎ 645-1538 ; Cabrera 86 ; plats 3-6 $US ; ☾ déj et dîner). Dans un charmant jardin clos, El Huerto accueille une clientèle d'initiés. Les parasols et la pelouse évoquent une élégante garden-party et les serveurs attentionnés apportent des plats traditionnels joliment présentés et réussis à la perfection. Le déjeuner du dimanche (3,10 $US) est un véritable festin.

Churrasquería Cumaná (☎ 643-2273 ; Plaza Cumaná, Barrio Petrolero ; portion complète 5-6 $US ; ☾ 18h30-23h mar-jeu, 11h30-22h30 ven-dim). Secret bien gardé, ce paradis des carnivores se situe dans le Barrio Petrolero (prenez un taxi). La portion complète de délicieuses viandes grillées suffit pour 2 personnes. Dans la cour charmante, vous pourrez vous contenter de commander un verre de vin ou un cocktail. Service irréprochable.

CAFÉS

Kulturcafé Berlin (Avaroa 340 ; plats 1-3 $US ; ☾ 8h-24h lun-sam ; ▯). Sombre mais séduisant, ce café, associé à l'ICBA (p. 235), propose des journaux et des magazines allemands, un service d'échange de livres et des plats copieux, telles les *papas rellenas* (pommes de terres farcies épicées). C'est aussi un endroit agréable en soirée pour boire une bière, parmi lesquelles quelques marques allemandes.

Café Mirador (Plaza la Recoleta ; plats 1,50-3 $US ; ☾ 9h-19h mar-dim). Le café du Museo de los Niños Tanga-Tanga (p. 240) donne sur un jardin botanique qui renferme des plantes de tout le pays. Au coucher du soleil, la vue justifie la grimpée et vous reprendrez des forces devant un jus de fruits, un sandwich, un cocktail ou l'un des délicieux desserts.

Bibliocafé (☎ 644-5002 ; Ortiz 42 et Ortiz 50 ; plats 2-3 $US ; 🕑 fermé lun). Dans ses deux adresses contiguës, l'une sombre et douillette et l'autre plus élégante, il offre un bon service, des spécialités mexicano-boliviennes et des pâtes, et l'on peut y prendre un verre jusque tard dans une ambiance joyeuse et sans prétention. Des musiciens s'y produisent régulièrement.

Café Tertulias (☎ 642-0390 ; Plaza 25 de Mayo ; plats 2-3 $US). Écrivains, artistes et journalistes se retrouvent dans ce café intime et accueillant pour discuter autour d'un café, d'un verre ou d'un repas. Pizzas, salades et lasagnes composent l'essentiel de la carte.

SUR LE POUCE

Pastelería Amanecer (près de Junín entre Colón et Olañeta). Cachée dans une impasse derrière le poste de police, cette petite boulangerie associative comporte 4 tables et sert de délicieuses pâtisseries, des petits déjeuners, du café et des jus de fruits frais. Les bénéfices financent des projets pour les enfants du quartier.

Parmi les bonnes *salteñerías* de la ville, citons **Anita** (Siles et Arce) et la simple échoppe sans enseigne Olañeta 39, en face du poste de police. Capitale bolivienne du chocolat, Sucre possède de nombreuses confiseries, telles **Para Ti Chocolates** (☎ 645-5689 ; Arenales 7), temple des douceurs où les délicieux bonbons Breick ne sont qu'une merveilles parmi tant d'autres.

FAIRE SON MARCHÉ

Le **marché central** (🕑 7h-19h30 lun-sam, dim matin seulement) permet de découvrir de succulentes spécialités. Les jus et les salades de fruits comptent parmi les meilleurs du pays – essayez le *jugo de tumbo* (jus de fruit de la passion vert). À l'étage, des repas copieux et bon marché sont préparés dans de bonnes conditions d'hygiène.

Super Abasto Sur (Bustillos et Colón) est l'épicerie centrale la mieux approvisionnée.

Où prendre un verre

Certaines adresses mentionnées dans la rubrique *Où se restaurer* (p. 244), comme Joy Ride, Locot's, Bibliocafé et La Repizza, sont des endroits prisés et animés pour boire un verre.

Salfari (☎ 644-5002 ; Bustillos 237). Avec un service sympathique et une clientèle locale fidèle, souvent engagée dans une partie de poker ou de *cacho*, ce pub est un pur joyau.

Goûtez ses liqueurs de fruits maison, fortes et savoureuses ; celle aux fruits de la passion est notre préférée.

L'une des meilleures *discotecas*, **Mitos** (Cerro s/n ; femmes/hommes 0,60/1,25 $US ; 🕑 22h-tard ven-sam), occupe un spacieux local en sous-sol à 15 minutes de marche du centre-ville. Elle se remplit vers 1h et passe les classiques nationaux et internationaux. Non loin, le **Kon-Tiki Beach Club** (Junín 71) devait ouvrir sous peu lors de notre passage et se promettait de programmer une musique plus récente.

Où sortir

Le **Centro Cultural Los Masis** (☎ 645-3403 ; Bolívar 561 ; 🕑 10h-12h et 15h30-21h lun-ven) organise des concerts et d'autres événements culturels. Il possède un petit musée d'instruments de musique locaux et propose des cours de quechua.

Au sud-est du centre-ville, le Teatro al Aire Libre, un merveilleux théâtre en plein air, accueille des concerts et d'autres spectacles. Le **Teatro Gran Mariscal de Ayacucho** (Plaza Pizarro) est un splendide opéra ancien. L'office du tourisme et la Casa de la Cultura (p. 235) fournissent tous deux un calendrier mensuel des manifestations. Le cinéma le plus central est le **Cine Universal** (Plaza 25 de Mayo).

Achats

Pour découvrir les tissages traditionnels locaux, visitez le Museo Textil-Etnográfico (p. 238), mais mieux vaut les acheter directement dans les villages (p. 248 et 251). La qualité des articles justifie les prix, élevés pour le pays. Comptez de 80 à 150 $US pour un beau tissage jalq'a ou candelaria.

Le Mercado Americano, au croisement de Mujía et de Reyes, propose un choix infini de vêtements. Non loin, dans Aguirre, le Mercado Campesino est un intéressant marché d'alimentation, à l'ambiance authentique.

Inca Pallay (☎ 646-1936 ; incapallay@entelnet.bo ; angle Grau et Bolívar). Cette coopérative de tisserands et d'artisans offre un choix impressionnant d'artisanat de qualité supérieure, provenant de Sucre et d'autres régions. Les prix sont élevés, mais cette boutique verse un fort pourcentage aux tisserands. On voit parfois des artisans à l'œuvre dans le patio.

Ananay (☎ 644-0299 ; www.bolivianhandicrafts.com ; Museo de los Niños Tanga-Tanga, Plaza la Recoleta). Cette boutique vend de l'artisanat, des meubles et de ravissants vêtements pour enfants.

Les modèles uniques et l'excellente qualité expliquent les prix.

Doña Máxima (Junín 411, Centro Comercial Guadalupe n°8). En marchandant un peu, vous ferez de bonnes affaires dans cette échoppe encombrée, qui propose des tissages candelaria et jalq'a plus pratiques que décoratifs.

Depuis/vers Sucre
AVION
La taxe de départ s'élève à 1,90 $US pour les vols intérieurs. **AeroSur** (☎ 645-4895 ; Arenales 31) propose un vol quotidien au départ de La Paz, un pour Cochabamba et deux pour Santa Cruz. Lors de notre passage, **LAB** (☎ 691-3184 ; España 105), une compagnie en difficulté, assurait une liaison de Sucre à La Paz *via* Cochabamba, sans vol retour. **TAM** (aéroport ☎ 645-1310 ; agence ☎ 696-0944 ; Junín 744) dessert Cochabamba et Santa Cruz le vendredi et La Paz le dimanche. Il est question de remplacer l'**aéroport** (☎ 645-4445), inadapté, voire dangereux, par un nouvel aéroport international, mais ce projet est controversé. L'aéroport est fréquemment fermé en cas de mauvais temps ; appelez la compagnie aérienne avant de vous déplacer.

BUS ET TAXI COLLECTIF
La **gare routière** (☎ 644-1292) se trouve à 15 minutes de marche en montant du centre. Prenez un *micro* A ou 3 dans la Calle España ou, si vous avez des bagages, un taxi. Sauf pour Potosí, mieux vaut réserver la veille pour les bus longue distance afin d'obtenir une bonne place. La gare, qui abrite un bon kiosque d'information mais pas de DAB, prélève une taxe de 0,40 $US.

L'une des compagnies de bus, **Trans Real Audiencia** (☎ 644-3119 ; San Alberto 73 ; ☽ 8h30-21h), possède un bureau central qui vend des billets, évitant ainsi le déplacement jusqu'à la gare routière. Elle organise aussi des excursions le dimanche à Tarabuco.

Des bus quotidiens rallient Cochabamba (environ 8 $US, 12 heures) et partent tous vers 18h30. Dans l'après-midi, entre 16h et 18h, des bus se rendent à Santa Cruz (9-11 $US, 15-20 heures) et passent presque tous par la belle route cahoteuse de Samaipata.

De nombreuses *flotas* proposent des départs matin et soir pour La Paz (11-15 $US, 14-16 heures) *via* Oruro (6-8 $US, 10 heures). Chaque jour, une quarantaine de bus dessert Potosí (2,50 $US, 3 heures) entre 7h et 18h ; certains continuent jusqu'à Tarija (9,50 $US, 15 heures), Oruro et Villazón. Des bus quotidiens rejoignent Uyuni (6 $US, 10-12 heures), mais il faut généralement changer à Potosí.

Vous pouvez aussi prendre un taxi collectif pour Potosí (16 $US jusqu'à 4 pers, 2 heures 30), plus rapide et plus confortable. La plupart des hôtels vous aideront à en trouver un. Sinon, appelez **Turismo Global** (☎ 642-5125), **Cielito Lindo** (☎ 644-1014) ou **Infinito del Sur** (☎ 642-2277) et préparez-vous à rouler vite.

Lorsque la route est praticable, Flota Chaqueño effectue le beau mais pénible trajet jusqu'à Camiri (13,50 $US, 18 heures), avec correspondance pour Yacuiba, à la frontière argentine.

TRAIN
Récemment mise en place, la liaison ferroviaire Sucre-Potosí était suspendue lors de notre passage, mais devait reprendre. Partant d'El Tejar près du cimetière, le train devrait entamer ce trajet spectaculaire les lundi, mercredi et vendredi à 8h (4,40 $US l'aller simple, 6 heures) et repartir de Potosí le mardi, jeudi et samedi à la même heure. Appelez **Epifanio Flores** (☎ 7287-6280) pour vérifier si le service a repris.

Comment circuler
DEPUIS/VERS L'AÉROPORT
Pour rejoindre l'aéroport, à 9 km au nord-ouest du centre-ville, prenez le *micro* 1 ou F (prévoyez 1 heure) dans l'Av. Hernando Siles ou le *trufi banderita blanca* dans l'Av. España. En taxi, comptez 3,10 $US (tarif fixe).

VÉLO
Plusieurs établissements, dont Unlimited, Locot's et Eclipse (voir p. 242), louent des vélos.

BUS ET MICRO
De nombreux bus et *micros* (0,15 $US) circulent dans les rues à sens unique de Sucre et semblent tous avoir leur terminus aux alentours du marché. Ils sont habituellement bondés, mais les distances sont courtes. Les lignes les plus utiles sont celles qui remontent l'Av. Grau jusqu'à la Recoleta, ainsi que le *micro* A, qui dessert la gare routière.

LOCATION DE VOITURE
Imbex (☎ 646-1222 ; Serrano 165) loue des 4x4 à partir de 29 $US par jour.

TAXI

Dans le centre-ville et jusqu'à la gare routière, une course en taxi revient à 0,45 $US par personne, un peu plus après minuit.

TARABUCO

Altitude 3 200 m

Une bonne route goudronnée mène à ce village, essentiellement indien, à 65 km au sud-est de Sucre. Il bénéficie d'un climat doux, à peine plus frais que celui de Sucre. La plupart des *Tarabuqueños* vivent de l'agriculture ou du textile et les textiles produits dans la région comptent parmi les plus renommés du pays. Tarabuco est réputé pour son marché du dimanche, une excursion prisée d'une journée à partir de Sucre, et pour ses célébrations de la fête de la Phujllay (voir ci-contre), en mars.

Étendu et pittoresque, le **marché dominical** de Tarabuco, où domine l'artisanat – pulls, *charangos,* sacs à coca, ponchos et tissages aux motifs géométriques et zoomorphes – est l'un des plus connus du pays. Son succès a entraîné l'inévitable inflation des prix et l'apparition de produits provenant d'autres régions. Si l'on trouve toujours des pièces d'excellente qualité, on voit aussi beaucoup d'objets quelconques. L'insistance des vendeurs rend parfois la visite fatigante.

Les articles colorés disposés sur les stands autour de la place et dans les rues adjacentes donnent au village une ambiance festive. Des *campesinos* en costume local flânent en jouant du *charango* : les hommes portent des *monteras* (ou *morriones*), des chapeaux en cuir inspirés de ceux des conquistadors. Au marché central, les vendeurs d'huile de serpent vantent aussi les vertus curatives de leurs poudres à base de serpents, d'étoiles de mer séchées et de becs de toucan.

Le dimanche, le **Centro Artesanal Inca Pallay** (Murillo 25), près du marché, vend des tissages locaux et sert des repas dans son restaurant accueillant. Ce même jour, plusieurs établissements proposent des démonstrations de danse *phujllay* (voir ci-dessous, *Fêtes et festivals*), moyennant une faible contribution.

Fêtes et festivals

Le 12 mars 1816, les habitants de Tarabuco, dirigés par une femme, Doña Juana Azurduy de Padilla, livrèrent la bataille de Jumbati et libérèrent le village des forces espagnoles. En souvenir de cet événement, Tarabuco célèbre **Phujllay** ("divertissement" ou "jeu" en quechua) le deuxième ou le troisième week-end de mars, attirant les villageois de plus de 60 communes environnantes, en costume traditionnel. Les festivités commencent par une messe en quechua, suivie d'une procession et du **Pukhara**, une cérémonie d'action de grâce. Deux jours durant, danseurs et musiciens animent cette fête, l'une des plus importantes et joyeuses du pays.

Où se loger et se restaurer

Durant Phujllay, les hôtels affichent rapidement complet et mieux vaut prévoir une tente. L'**Alojamiento Cuiza** (pas de téléphone ; Bolívar s/n ; ch avec petit déj 1,90 $US/pers), le plus plaisant, dispose d'eau chaude et sert des repas corrects à prix modiques.

Quelques gargotes bordent la place. Pendant le marché, les stands de rue proposent un repas composé de chorizo, d'une soupe et de *charquekan* (viande de lama séchée servie avec des pommes de terre et du maïs).

Depuis/vers Tarabuco

De Sucre, le plus simple consiste à prendre un bus touristique (3,10 $US l'aller-retour, 1 heure 30 dans chaque sens), qui part du centre-ville ou vient chercher les clients à leur hôtel vers 7h. L'Hostal Charcas, entre autres, propose ce service. Mieux vaut partir tôt car le marché se calme vers midi. Les bus retournent à Sucre entre 13h et 15h.

Dans l'Av. de las Américas à Sucre, des *micros* (0,75 $US, 2 heures 30) et des *camiones* partent le dimanche quand ils sont pleins entre 6h30 et 9h30 ; du centre-ville, marchez ou empruntez le *micro* B ou C. En sens inverse, ils partent de la grand-place de Tarabuco entre 11h et 15h30.

CANDELARIA

Contrairement au marché dominical de Tarabuco (voir ci-dessus), devenu touristique, le charmant village indien de Candelaria conserve un mode de vie très traditionnel, à mille lieues de l'agitation de Sucre ou de Tarabuco, et produit beaucoup de beaux tissages de style candelaria/tarabuco. Le village a fondé une association de tisserands, qui possède un **musée** (0,60 $US) et une boutique. Le musée explique les tissages complexes et présente la culture de Candelaria. La boutique propose un grand choix de tissages d'excellente qualité, à des prix bien plus bas qu'à Sucre, et les bénéfices reviennent en totalité à l'association.

Certains tour-opérateurs de Sucre offrent des excursions qui partent pour Candelaria le samedi, passent la nuit sur place et se rendent au marché de Tarabuco le dimanche matin. Candelaria Tours (p. 242) en organise un qui est chaudement recommandé, avec hébergement dans une superbe hacienda coloniale. L'association de tisserands peut également vous loger chez l'habitant.

À Sucre, des bus Flota Charcas partent pour Candelaria de la grande tour de l'horloge dans l'Av. Mendoza (le boulevard périphérique) les mardi, jeudi et samedi à 16h. Plusieurs *camiones* à destination de Sucre passent par Candelaria tous les jours.

CORDILLERA DE LOS FRAILES

L'imposante chaîne dentelée qui se dresse derrière Sucre crée une barrière formidable entre les départements de Chuquisaca et de Potosí. Habitée par les Jalq'a, elle offre une grande diversité de paysages et d'activités, ainsi que de splendides opportunités de découvrir la culture jalq'a.

Orientation

Un circuit de trois ou quatre jours, comprenant plusieurs merveilles de la Cordillera et les villages au cœur du projet touristique de la communauté, part de Chataquila, sur la crête qui surplombe Punilla, à 25 km au nord-ouest de Sucre. De là (après un éventuel détour par les peintures rupestres d'Incamachay), on descend vers Chaunaca, puis on rejoint le Cráter de Maragua avant de continuer jusqu'à Potolo, où des transports quotidiens rallient Sucre (voir ci-après, *Randonnée*).

Ce circuit peut s'effectuer à pied ou en combinant marche et transports publics. La région se prête également à la découverte à vélo ; vous pourrez en louer un à Sucre (voir p. 247).

CARTES

Parmi les nombreux chemins de randonnée qui sillonnent la Cordillera de los Frailes, certains figurent sur les cartes topographiques au 1/50 000 *Sucre*, feuille 6536-IV, et *Estancia Chaunaca*, feuille 6537-III (voir *Orientation et cartes* p. 234).

Randonnée

La marche constitue la meilleure façon de visiter la région. Bien que la randonnée entre les grands villages ne présente aucune difficulté, mieux vaut louer les services d'un guide afin de profiter au maximum de la région et de communiquer avec les paysans qui parlent quechua. Un guide vous aidera également à éviter les malentendus, à minimiser votre impact et à mieux comprendre la culture locale. Vous en trouverez facilement à Sucre ou dans n'importe quel village. À Sucre, en appelant **Maragua Entel** (☎ 693-8088) quelques jours à l'avance, un guide pourra venir vous chercher et vous accompagnera tout au long du circuit. Les guides demandent environ 10 $US par jour jusqu'à 4 personnes, plus les frais (nourriture, transport, etc.).

DE CHATAQUILA À CHAUNACA

Sur la crête rocheuse de **Chataquila** se dresse une jolie chapelle en pierre dédiée à la Virgen de Chataquila, une pierre en forme de Vierge, revêtue d'une robe et placée sur l'autel.

En venant de Chataquila, repérez, du côté sud de la route, une entaille dans la roche ; elle conduit à une jolie route précolombienne qui descend abruptement sur 6 km (3 heures) jusqu'au village de **Chaunaca**, à 39 km de Sucre. Facile à suivre, elle conserve de nombreux tronçons pavés.

Chaunaca possède une école, une petite église et un centre d'information sur la région de Jalq'a. Ce dernier dispose de lits, mais vous devrez vous débrouiller pour votre nourriture. Le village compte également un terrain de camping et la **Posada Samay Huasi** (☎ 645-2935 ; samay_huasi43@yahoo.com ; ch pension complète 30 $US/pers), une hacienda coloniale rénovée qui dispose de l'électricité et propose des chambres confortables, avec belle sdb et eau chaude. Le prix inclut le transport et peut augmenter légèrement en cas de faible fréquentation (moins de trois personnes) ; téléphonez avant de venir.

INCAMACHAY

De Chataquila ou de Chaunaca, une excursion mène aux deux sites de peintures rupestres nommés Incamachay, qui méritent le détour. Au premier grand virage sur la route à l'ouest de Chataquila, un sentier rocailleux part vers le nord le long de la crête. Flanqué de rochers escarpés presque tout du long, il est relativement facile jusqu'aux abords des peintures, où il faut alors faire un peu d'escalade. Le premier site, **Uracahuasi**, se niche à l'intérieur d'une crevasse, entre deux blocs

CORDILLERA DE LOS FRAILES

0 ▭▭▭ 4 km

Vers Supay Huasi, Ravelo et Oruro

Peintures rupestres d'Uracahuasi et de Patatoloyo

Cerro Triqe Orkho ▲

Cerro Supray Gallo ▲

▲ Cerro Waykhopampa Punta

Khellu Khasa •

Jatun Pampa •

Toma de Agua ⌂

Cerro ▲ Torrecilla (3 842 m)

Punilla •

Río Kollpa

Centro Ecológico Cajamarca

Río Cajamarca

Canal

Khukhu Tambo •

Hura Khatalla •

Chaunaça •

Chemin de l'Inca

Chataquila •

▲ Cerro Chataquila (3 726 m)

Chaunaca Baja •

Aéroport de Tucsupaya ✈

Cimenterie Fancesa

Vers Cochabamba

Río Quikuigui Maya

Quebrada Charco Khea

Cerro ▲ Socabamba Punta

▲ Cerro Inti Rumi

Cordillera de los Frailes

Canal

Vers Potolo

Río Ravelo

Río Tatima Moya

Maragua •

Vers Potolo

Río Cachi Mayu

SUCRE ◉

Cerro Sica Sica ▲ (3 118 m)

Lajalaja •

Cimetière •

Irupampa •

Tomapampa •

Charcoma •

Sapallu Khocha •

Cráter de Maragua

Cerro Chaqui Mayu (3 654 m) ▲

Río Quirpinchaca

Serranías de Maragua

La Glorieta •

Vers Tarabuco et Candelaria

Quebrada Cienegayaj

Sisipunku •

Cerro Chillhui ▲

Cerro Pantipampa ▲

San Juan •

Humaca •

Talula •

▲ Cerro Sisipunku

Cerro ▲ Socapampa

Río Chullchuta

Capilla de Candelaria ⌘

Cerro ▲ Liwi Liwi

Río Purunkilla

Drapeau bolivien naturel

Chullchuta •

Río Yotala

Purunkilla •

Quila Quila •

Cerro Tela Phaqui ▲ (3 526 m)

Río Suaychyu Moya

Termas de Talula •

Paso Obispo

Tipoyo •

Cerro Jatun ▲ Khasa

Cerro Obispo (3 453 m) ▲

San Antonio •

Cachi Mayu

Yotala •

Río Jatun Mayu

Río Pilcomayo

Vers Potosí

Río Cachi Maya

Río Wilakkota

Chamina •

Kanta Ñucchu ⌂

Río Kaqui Mayu

Río Panti Mayu

Río Asyu Maya

Río Rodeo

Cerro Satari ▲

de roche. Plus impressionnant, **Patatoloyo** se trouve à 15 minutes de là, en dessous d'un surplomb rocheux. Sachez qu'il est presque impossible de trouver ces sites sans l'aide d'un guide.

D'Incamachay, vous pouvez continuer à descendre pendant près de 2 heures et rejoindre la route au niveau de l'aqueduc de **Tomo de Agua**, où vous trouverez un bon camping et de l'eau potable. De là, parcourez 6 km jusqu'à la route Chataquila-Chaunaca où vous pourrez monter vers Chataquila ou descendre vers Chaunaca.

CRÁTER DE MARAGUA
Cette formation naturelle étonnante, parfois appelée Ombligo de Chuquisaca (nombril de Chuquisaca), abrite des hameaux disséminés au fond d'un cratère rouge violacé de quelque 8 km de diamètre, dont les versants se fondent avec les hauteurs symétriques vert pâle des Serranías de Maragua. Dans cet endroit, l'un des plus stupéfiants du pays, vous découvrirez des cascades, des grottes et un joli cimetière, au milieu du cratère.

Le village de Maragua est un centre de tissage actif. Les tisserands ont installé une boutique et emmènent les visiteurs dans leur atelier pour montrer leurs créations. Un musée agricole devrait bientôt voir le jour. Maragua possède une épicerie, trois *cabañas* (voir l'encadré page suivante) et un camping. À Irupampa, à 1 km, s'est ouverte une jolie petite **auberge** (dort 1,25 $US), dotée de l'eau courante, d'une douche froide et d'un ravissant jardin où l'on peut camper.

Maragua se trouve à 3 heures de marche de Chaunaca, par une route facile.

POTOLO
Dans le village de Potolo, à 13 km de Chaunaca, des ateliers produisent de superbes tissages originaux et un nouveau musée de médecine traditionnelle est consacré aux pratiques de soins locales et à d'autres aspects de la culture. La localité compte trois *cabañas* (voir l'encadré page suivante), une épicerie et un camping. Des *micros* et des *camiones* relient tous les jours Sucre et Potolo *via* Chataquila et Chaunaca.

De Maragua, une randonnée superbe mène à Potolo. Elle peut s'effectuer en 5 heures, mais il y a beaucoup à voir en chemin, notamment des *chullpas* (tours funéraires) et des empreintes de dinosaures à Niñu Mayu (un détour de 1 heure).

De l'hacienda Humaca, une excursion de 5 km conduit aux **Termas de Talula**. Vous devrez franchir le Río Pilcomayo deux fois pour rejoindre les sources thermales de Talula, qui s'écoulent dans trois bassins et atteignent une température de 45°C. On peut camper n'importe où aux alentours. Les thermes ont été fortement endommagés par des inondations et leur réouverture reste incertaine ; des bassins temporaires en pierre ont été construits.

À 500 m de Talula, le Río Pilcomayo coule dans la gorge de Punkurani, étroite et encaissée. Lorsque le niveau de l'eau est bas, on peut le traverser et admirer de nombreuses peintures rupestres sur la rive de Potosí.

SUPAY HUASI
Les peintures rupestres de Supay Huasi (maison du Diable) comptent parmi les plus intéressantes de la Cordillera de los Frailes. Ces étranges dessins ocre, blanc et jaune représentent plusieurs animaux, un personnage de 40 cm coiffé d'une sorte de soleil et plusieurs motifs géométriques un peu effacés.

Pratiquement impossibles à trouver sans un guide local, les peintures se situent au sud de Maragua – une longue journée de marche pour l'aller-retour.

QUILA QUILA
Autre destination intéressante du circuit, le beau village de Quila Quila se situe à 3 heures de marche au sud de Maragua (guide conseillé). Autrefois abandonné, il se repeuple lentement et possède une jolie église coloniale. Non loin, le Marka Runi se compose de trois monolithes couverts de pétroglyphes. Les alentours recèlent de nombreux objets précolombiens et un villageois, Don Román, en a réuni quelques-uns dans un petit **musée** (0,60 $US). On peut loger dans un agréable **dortoir** (lit 1,25 $US) à 6 lits, au-dessus de sa maison, et son épouse prépare de délicieux **repas** (0,60 $US). Les Román possèdent également une épicerie et Don pourra vous guider dans le village et aux environs.

Tous les jours un *camión* circule depuis/vers Sucre et passe par Quila Quila entre 12h et 14h sur le chemin du retour (0,75 $US, 3-4 heures).

Circuits organisés
Plusieurs agences de voyages de Sucre (voir p. 242) proposent de courtes excursions

LES COMMUNAUTÉS JALQ'A

La Cordillera de los Frailes est le berceau des Jalq'a, un peuple de langue quechua, dont 10 000 vivent aux alentours de Potolo et Maragua. Ils se consacrent traditionnellement à la culture des pommes de terre, du blé et de l'orge, ainsi qu'à l'élevage des moutons et des chèvres. Le tissage des *aqsu* (jupe ressemblant à un tablier) aux motifs complexes constitue une importante tradition artisanale, et ces vêtements rouge et noir, dont les dessins évoquent Escher, se reconnaissent immédiatement par leurs représentations inventives des *khuru*, d'étranges petits personnages démoniaques.

En 2001, les Jalq'a ont décidé de se lancer dans le tourisme, mais de manière durable, afin que la communauté en bénéficie sans détruire ses traditions. Ils ont mis en place des hébergements, des centres culturels et des services de guides, auxquels participent la majorité des villageois. Les villages reçoivent la totalité des profits.

Actuellement, les villages de Maragua et de Potolo possèdent des hébergements et des restaurants adaptés. Plusieurs jolies *cabañas* en chaume ont été construites selon des méthodes et avec des matériaux traditionnels ; équipées de lits confortables, de beaux meubles en bois et dotées d'eau chaude, elles sont décorées avec des textiles locaux. La nuit revient à 8 $US par personne, ou 16 $US en pension complète, spectacles culturels inclus. Ces villages offrent aussi de bons terrains de camping. Chaunaca dispose également d'un camping et de 6 lits dans le centre d'information, mais ne compte aucun restaurant.

Bien situés, ces villages permettent de faire étape au cours d'un circuit de 3 jours dans la région. En partant de Chataquila, on peut aller admirer les peintures rupestres et passer la nuit à Chaunaca. Le lendemain, on rejoint Maragua (3 heures), d'où une randonnée spectaculaire de 6 à 7 heures mène à Potolo en passant par des *chullpas* (tours funéraires) et en faisant un petit crochet par Niñu Mayu pour voir les empreintes de dinosaures.

En chemin, vous goûterez des plats *campesinos* traditionnels, comme la *kala purkha,* une soupe de maïs que l'on fait cuire en y plongeant des pierres brûlantes. Parmi les activités culturelles, vous assisterez à des danses *phujllay* ou découvrirez la médecine traditionnelle. Des ateliers de tissage peuvent se visiter dans les villages mentionnés et dans d'autres localités. Chaunaca abrite un centre d'information, Potolo possède un musée de médecine traditionnelle et Maragua projette d'ouvrir un musée agricole. Sachez que les Jalq'a n'apprécient guère d'être photographiés.

Vous pouvez rejoindre la région en indépendant et louer les services d'un guide, ou participer à un circuit organisé au départ de Sucre. Si de nombreuses agences proposent des excursions d'une journée dans les villages, un circuit plus long bénéficie plus à la population locale et permet de mieux en apprécier la culture. Vous trouverez une liste de bonnes agences de Sucre p. 242.

Pour réserver une *cabaña* à Maragua, appelez **Don Basilio** (☎ 693-8088 ; bureau Entel, Maragua). Pour Potolo, réservez auprès d'**ASUR** (☎ 645-3841 ; asur@asur.org.bo ; Museo Textil-Etnográfico, San Alberto 413, Sucre).

dans la Cordillera, tel un circuit de 2 jours de Chataquila à Incamachay et Chaunaca. Choisissez une agence qui s'intéresse à la région et évitez les excursions d'une journée. Parmi les agences recommandées figurent Bolivia Specialist, Candelaria Tours et Solarsa Tours. D'autres, comme Unlimited Adventure, proposent des circuits qui combinent marche et VTT. Consultez l'encadré ci-dessus pour connaître les possibilités de découvrir plus en profondeur la culture jalq'a.

Où se loger et se restaurer

L'encadré ci-dessus donne des renseignements sur les *cabañas* et les campings des villages de Chaunaca, Potolo et Maragua. On peut aussi camper ailleurs, à condition de demander la permission et de donner un peu d'argent en contrepartie. Les *cabañas* proposent de bons repas et les trois villages possèdent des petites épiceries.

Depuis/vers la Cordillera de los Frailes

Tous les jours, un *micro* et quelques *camiones* relient Sucre et Potolo (1-1,50 $US), respectivement en 3 et 5 heures, *via* Chataquila et Chaunaca. Ils partent du terminus Yuraj Yuraj des camions, sur la route de l'aéroport ; prenez le *micro* 1 ou le *trufi* 1 au coin d'Hernando Siles et Loa. Le *micro* démarre à 9h30 (arrivez bien à l'avance pour obtenir une place) et les *camiones* vers 10h. En sens inverse, les *micros* quittent Potolo entre 8h et 11h ; les *camiones* n'ont pas d'horaires fixes.

Des *camiones* quotidiens desservent Talula *via* Quila Quila (0,75 $US, 3-4 heures). Ils partent vers 6h de Barrio Aranjuez, à Sucre, et reviennent dans l'après-midi.

POTOSÍ

149 200 habitants / altitude 4 070 m

> *Je suis la riche Potosí,*
> *Trésor du monde…*
> *Objet de convoitise des rois.*

Si les conquistadors n'ont jamais trouvé El Dorado, ils se sont emparés de Potosí et de son Cerro Rico, un "mont Riche" rempli d'argent. L'épigraphe ci-dessus, qui figurait sur le premier blason de la cité, résume bien la situation. La ville fut fondée en 1545 dès la découverte du précieux minerai et, bientôt, l'argent extrait finança l'empire espagnol.

L'histoire de Potosí est entièrement liée à cette ressource. Pendant les années d'opulence, alors que l'argent semblait inépuisable, la cité devint la plus grande et la plus riche des Amériques. Aujourd'hui encore, l'expression *"vale un Potosí"* (ça vaut un Potosí) s'applique à des transactions très lucratives. Lorsque le filon commença à s'épuiser, le déclin et la pauvreté s'abattirent sur la ville. Le minerai avait été extrait dans des conditions abominables et, même aujourd'hui, la visite de la mine en activité horrifie les voyageurs. La ville elle-même, avec ses églises somptueuses, son architecture coloniale ouvragée et ses habitants simples et accueillants, est une merveille.

Histoire

On ignore la quantité d'argent qui fut extraite du Cerro Rico au cours de quatre siècles de productivité, mais une croyance populaire affirme qu'elle aurait permis aux Espagnols de construire un pont d'argent jusqu'à la mère patrie tout en laissant des quantités suffisantes à transporter par cette voie. Lourdement endettée auprès de banquiers étrangers, la monarchie espagnole dépendait entièrement des bateaux qui, tous les ans, apportaient l'argent de Potosí. Qu'une tempête ou des pirates empêchent l'arrivée des navires et un désastre national frappait le royaume.

En dépit des libertés qu'elle prend sans doute avec les faits, l'origine de Potosí reste une belle histoire. Tout commença en 1544 quand un Inca local, Diego Huallpa, parti à recherche d'un lama égaré, s'arrêta pour faire un feu au pied de la montagne appelée "Potojsi" en quechua (ce qui signifie "tonnerre" ou "explosion", mais le nom pourrait venir de *potoj*, "sources"). Sous l'effet de la chaleur, le sol se mit à fondre et un liquide brillant en émergea.

Diego comprit immédiatement qu'il avait découvert une matière première convoitée par les conquérants espagnols. Peut-être se souvint-il également de la légende inca selon laquelle l'empereur Huayna Capac aurait entendu une voix lui interdisant de creuser la montagne et de toucher au métal, destiné à d'autres.

Quoi qu'il en soit, les Espagnols apprirent l'existence de l'immense richesse cachée dans la montagne de Potojsi et ne tardèrent pas à se l'approprier. Le 1er avril 1545 (le 10 selon certaines sources), la Villa Imperial de Carlos V était fondée au pied du Cerro Rico et l'excavation à grande échelle commença. Des milliers d'esclaves indiens furent amenés pour creuser et la première cargaison d'argent fut bientôt envoyée en Espagne.

Ce travail dangereux provoquait tant de morts, par accident ou à la suite de la silicose, que les Espagnols firent venir des milliers d'esclaves africains pour pallier la pénurie de main-d'œuvre. Aujourd'hui, les descendants des rares Africains qui survécurent vivent principalement dans les Yungas (voir l'encadré p. 148).

Afin d'augmenter la productivité, le vice-roi de Toledo institua la Ley de la Mita en 1572, qui obligeait tous les esclaves indiens et africains de plus de 18 ans à travailler par roulement de 12 heures. Ils demeuraient sous terre, sans voir la lumière du jour, durant 4 mois, mangeant, dormant et travaillant dans les mines. Lorsqu'ils sortaient, on devait leur couvrir les yeux pour que le soleil ne les aveugle pas.

Appelés *mitayos*, ces mineurs ne vivaient pas longtemps. Ceux qui travaillaient dans les *ingenios* (fonderies), empoisonnés par le mercure, mouraient également prématurément. Durant les trois siècles que dura la période coloniale, de 1545 à 1825, on estime que 8 millions d'Indiens et d'Africains périrent dans ces conditions atroces.

POTOSÍ

0 ————————— 300 m

A · **B** · **C** · **D**

1

Litoral

Plaza Uyuni · 77

Ancienne gare ferroviaire

Vers l'Hospital Daniel Bracamonte (1 km), la gare routière (1 km), les camiones pour Tarapaya (1 km), le Museo de Plata Herzui (1,5 km) et la nouvelle gare routière (2 km)

Av Carlos V · Santa Cruz · Av Cívica · Chavanta · Bustillo · Quijarro · Sucre · La Paz

2

Av Villazón · 44

76

Plaza Vanguardia

8

C Llano

3

73

Av del Maestro

Av Serrudo · Plaza Campero · 43

50

18

Lucas Jalmes

M Omiste

6

Av Antofagasta

San Alberto

América

Caracas

Victor Flores

Plaza del Estudiante

29 · 46

37 · Oruro

23

65

16

48

72

4

Vers Tarapaya (25 km)

Reg Chichas

Petit marché

Av Camacho

49

Héroes del Chaco

25

40 · 53 · 33 · 71 · 69

21 · 9 · 2 · S · 4

74 · 63 · Plaza

11 · 15

Ingavi

S Chacon

41

Bolívar

5

Bolívar

Plaza Vacuñas

Frías

Villavicencio

Juan de la Cruz Tapia

Plaza Arce

C Santa Teresa

66

61

36

7

32 · 47

Ayacucho

5 · 35

17

Oruro

Bustillos

68

11

Colegio Nacional Pichincha

14

34 · 15 · 30

58

56

Plaza 6 de Agosto

12

Linares

59 · 62

Paseo Blvd

67

S Matos

60

52

3

20 · Hoyos

38

10 · 55

39

57

Vers l'Iglesia de San Martín (400 m)

Vers la tour Pary Orcko (2 km), le Cerro Rico (3 km) et les Lagunas de Kari Kari (8 km)

Chuquisaca

24

La Paz

Plaza 10 de Noviembre

54 · 26

42

75

Cobija

Lanza

Arcos de Cobija

Río Huana Mayu

C de Bolivia

Cop Costrillo

27

Nogales

45

64 · 70

31

(Rivière souterraine)

Nicolás Ben

G de Rojas

Millares

E Cortés

Periodista

28

Plaza Diego Huallpa

6 · 22

Mejillones

Av H Vásquez

Fañola

Iglesia Copacabana

Dans les mines, l'argent était fondu dans des petits fourneaux appelés *huayrachinas*, chauffés au bois et à la *paja brava*, une plante à feuilles piquantes. Il était ensuite transporté à dos de lama jusqu'à Arica (Chili), le long du Camino de Plata, ou jusqu'à Callao (l'actuelle Lima, Pérou), sur la côte Pacifique. De là, il était emporté en Espagne par bateau.

En 1672, un hôtel des Monnaies fut créé pour frapper l'argent, des réservoirs furent construits pour fournir de l'eau à une population croissante et des marchandises européennes arrivèrent par les sentiers des lamas d'Arica et de Callao. Dans la frénésie ambiante, on édifia plus de 80 églises et la population atteint près de 200 000 habitants, faisant de Potosí l'une des plus grandes villes de la planète. Comme le résuma un politicien de l'époque : "Potosí s'éleva sur un pandémonium de cupidité au pied de richesses découvertes par hasard."

Comme la plupart des villes à la prospérité fulgurante, Potosí connut une gloire de courte durée. Les mines commencèrent à s'épuiser au début du XIXᵉ siècle et la ville fut pillée lors des luttes pour l'indépendance dans l'Alto Perú. La population tomba à moins de 10 000 habitants et, au milieu du XIXᵉ siècle, la baisse brutale du cours de l'argent porta un coup fatal dont Potosí ne se remit jamais complètement.

Au cours du XXᵉ siècle, seule la demande d'étain sauva la ville de l'oubli et lui procura un rétablissement lent mais régulier. Le zinc et le plomb ont aujourd'hui supplanté l'étain et sont au premier rang des exportations nationales de métaux. Si l'extraction d'argent se poursuit à petite échelle, les souvenirs de la grandiose cité coloniale restent visibles.

La plupart des exploitations du Cerro Rico appartiennent aujourd'hui à des coopératives de mineurs. Ils travaillent dans des conditions qui n'ont guère changé depuis l'époque coloniale et ont peu de chance de s'améliorer, les mineurs extrayant à peine assez de minerai pour se nourrir. L'espoir de tomber sur un bon filon (il en reste quelques-uns) les incite à continuer de creuser.

HAUTS PLATEAUX DU CENTRE

"RHYTHMS OF LIFE"

Non content de faire de la sculpture à une échelle normale, l'artiste australien Andrew Rogers a choisi Potosí comme l'un des sites de son projet mondial *Rhythms of Life*, qui consiste à construire de gigantesques formes fluides en pierre dans des pays aussi divers que le Sri Lanka, l'Australie ou Israël.

Rogers a doté Potosí de trois géoglyphes. Deux d'entre eux, *Circles* et *Presence*, voisins, ont été inspirés par l'ancien art rupestre de la région de Potosí. Le troisième, la pièce maîtresse de l'œuvre, se dresse sur une hauteur près du Cerro Rico ; figure abstraite complexe appelée *Rhythms of Life*, elle dérive d'une sculpture en bronze de Rogers exposée à Melbourne, mais, ici, elle couvre une superficie de 10 000 m² !

Le projet a été réalisé avec plus de 500 habitants d'un *barrio* pauvre de mineurs, en utilisant la technique locale de construction en pierres sèches. "C'était merveilleux de voir une communauté retrouver ses racines et travailler pour perpétuer ses traditions et les transmettre à ses enfants et petits-enfants" s'enthousiasma Rogers.

Si les géoglyphes se voient mieux de loin (et le matin), il faut s'en approcher pour en apprécier la taille et la construction. Les deux premiers se rejoignent facilement (à condition d'être acclimaté à l'altitude !) en grimpant près de la *tranca* (poste de police routier) sur la route d'Oruro, à la lisière de la ville. Le troisième se tient au sud-ouest de la ville et on peut faire la majeure partie du trajet en taxi.

En 1987, l'Unesco a inscrit Potosí sur la liste du Patrimoine mondial de l'humanité en raison de son passé mouvementé et tragique et de sa somptueuse architecture coloniale.

Orientation

Hormis la tour d'observation, les mines et la gare routière, presque tout est facilement accessible à pied. Le manque d'oxygène peut vous gêner les premiers jours si vous arrivez de régions moins élevées ; ne forcez pas l'allure avant d'être acclimaté.

CARTES

L'office du tourisme offre périodiquement une carte de la ville et la plupart des agences de voyages en impriment une au verso de leurs brochures. L'**Instituto Geográfico Militar** (IGM ; Chayanta entre 10 de Abril et Litoral) vend des cartes topographiques du département de Potosí.

Renseignements

ACCÈS INTERNET

Parmi les nombreux cybercafés, citons le **Café Internet Candelaria** (Ayacucho 5), et **Acces Computer** (Bustillos 869), aux connexions rapides. Tous facturent entre 0,25 et 0,40 $US l'heure.

ARGENT

De nombreux DAB sont installés dans le centre-ville. La plupart des commerces dans Bolívar, Sucre et au marché changent les dollars US à des taux raisonnables. Les stands qui bordent Héroes del Chaco changent aussi les euros, ainsi que les pesos chiliens et argentins. Le **Banco de Crédito** (Bolívar et Sucre), la **Banco Mercantil** (bd Paseo) et **Prodem** (angle Bolívar et Junín) délivrent des avances sur les cartes de crédit et changent les dollars US.

IMMIGRATION

Migración (☎ 622-5989 ; Linares 35). Prorogation de visa et de permis de séjour.

LAVERIES

La plupart des hôtels offrent un service de blanchissage à leurs clients. À défaut, essayez **Janus Limpieza** (Bolívar 773 ; 1 $US/kg).

OFFICE DU TOURISME

Dirección de Turismo (☎ 622-5288 ; Ayacucho près de Bustillos ; ☉ 8h30-12h et 14h-18h). À l'étage de la superbe Torre de la Compañia de Jesús. Très serviable, elle s'emploie à améliorer les services à Potosí.

POSTE ET TÉLÉPHONE

La **poste principale** (Lanza et Chuquisaca) est près de la grand-place. De nombreux centres téléphoniques proposent des appels internationaux bon marché.

SERVICES MÉDICAUX

Hospital Daniel Bracamonte (☎ 622-3900). Des médecins parlent anglais.

SITE INTERNET
www.potosi.bo (en espagnol). Des informations utiles.

URGENCES
Police touristique (☎ 622-7404 ; Ayacucho et Bustillos). Efficace, elle est installée au rez-de-chaussée de la Torre de la Compañia de Jesús.

À voir et à faire
L'opulence de Potosí à l'époque coloniale lui permit de construire plus de 80 églises. Pour avoir un aperçu de l'enfer dont elle tira sa richesse, reportez-vous p. 260.

CASA REAL DE LA MONEDA
L'**hôtel national des Monnaies** (☎ 622-2777 ; www. casanacionaldemoneda.org.bo ; Ayacucho et Bustillos ; visite guidée obligatoire de 2-3 heures 2,50 $US ; ⏱ 9h-12h et 14h30-18h30 mar-sam, 9h-12h dim), le monument phare de la ville, est l'un des plus beaux musées d'Amérique du Sud.

Le premier hôtel des Monnaies fut construit en 1572 sur le site de l'actuelle Casa de Justicia, sur ordre du vice-roi de Toledo. Son remplaçant, vaste et d'une beauté exceptionnelle, occupe un pâté de maisons et fut édifié entre 1753 et 1773 afin de contrôler la frappe des pièces coloniales. Selon la légende, au vu du coût des travaux, le roi d'Espagne se serait exclamé : "Ce bâtiment doit être construit en argent !" Les pièces, estampillées d'un "P", étaient appelées *potosís*.

Les murs de l'édifice ont plus d'un mètre d'épaisseur et celui-ci servit également de prison, de forteresse et, durant la guerre du Chaco, de quartier général pour l'armée bolivienne. À l'entrée, on pénètre dans une cour ornée d'une fontaine en pierre et d'un masque de Bacchus, accroché ici en 1865 par le Français Eugène Martin Moulon pour des raisons connues de lui seul ! Cette bizarrerie, appelée le *mascarón*, est devenue l'un des emblèmes de la ville.

Ce bâtiment splendide renferme des trésors historiques. Parmi la belle collection de peintures religieuses de l'école de Potosí figure *La Virgen del Cerro,* une œuvre anonyme très connue du XVIIIᵉ siècle. Elle représente la Vierge sous les traits de la Pachamama (Terre-Mère), émergeant du Cerro Rico. La toile comporte de nombreux symboles reliant la religion andine traditionnelle et le catholicisme.

Les immenses engrenages en bois, mus par des mules, qui servaient à façonner les pièces, constituent sans doute le point fort de la visite. Ils furent remplacés par des machines à vapeur au XIXᵉ siècle. Les dernières pièces furent frappées ici en 1953.

Prévoyez des vêtements chauds car la visite guidée est longue et la température glaciale à l'intérieur. La visite peut être commentée en français sur demande, mais celle en espagnol est plus complète et plus intéressante.

CATHÉDRALE
La construction de la **cathédrale** (Plaza 10 de Noviembre ; ⏱ 15h-18h30 lun-ven) commença en 1564 et fut achevée vers 1600. L'édifice d'origine s'effondra en grande partie au début du XIXᵉ siècle et celui que l'on découvre aujourd'hui est essentiellement une reconstruction de style néoclassique. Ses lignes élégantes en font l'un des plus beaux exemples de ce style en Bolivie.

Le décor intérieur compte parmi les plus beaux de Potosí. Remarquez les bases des colonnes, revêtues de carrelage de l'époque coloniale, les œuvres du sculpteur Gaspar de la Cueva – le *Señor de las Ánimas* et le *Cristo de la Columna* –, du milieu du XVIIᵉ siècle, et la crypte, qui renferme les dépouilles de notables coloniaux. Lors de notre passage, la cathédrale était fermée pour rénovation et les horaires auront peut-être changé lors de sa réouverture.

CALLE QUIJARRO ET ESQUINA DE LAS CUATRO PORTADAS
Au nord de l'Iglesia de San Agustín, la **Calle Quijarro** se rétrécit alors qu'elle serpente entre des bâtiments coloniaux, dont beaucoup dotés de portes ornées de blasons. On pense que la construction sinueuse de la rue visait à couper les vents froids qui s'y engouffraient. Le concept est poussé à l'extrême dans le **Pasaje de Siete Vueltas** (passage des Sept Virages), qui prolonge la Calle Ingavi à l'est de Junín. Habitée par des potiers à l'époque coloniale, la Calle Quijarro est aujourd'hui la rue des chapeliers ; la boutique de **Don Antonio Villa Chavarría** (Quijarro 41) mérite la visite. Quatre belles portes coloniales ont valu le surnom d'**Esquina de las Cuatro Portadas** au croisement des Calles Quijarro et Modesto Omiste, plus au nord.

MUSEO ET CONVENTO DE SAN FRANCISCO
Le **couvent de San Francisco** (☎ 622-2539 ; Tarija et Nogales ; 1,90 $US, photo 1,25 $US ; ⏱ 9h-11h et 14h30-17h

lun-ven, 9h-11h sam), le plus ancien du pays, fut fondé en 1547 par le frère Gaspar de Valverde. Devenu trop petit, il fut démoli en 1707 et reconstruit au cours des 19 années suivantes. L'un de ses autels, couvert d'or, est exposé à la Casa Real de la Moneda. Une statue du Christ orne l'autel actuel.

Le musée contient des objets d'art sacré, dont plusieurs peintures de l'école de Potosí, telle l'*Érection de la Croix* de Melchor Pérez de Holguín, des travaux de Juan de la Cruz Tapia du milieu du XIXe siècle et 25 scènes de la vie de saint François d'Assise.

La visite guidée obligatoire (en anglais sur demande) se termine par une vue superbe de Potosí du haut de la tour.

MUSEO ET CONVENTO DE SANTA TERESA
Le splendide **couvent de Santa Teresa** (Santa Teresa et Ayacucho ; visite guidée 2,60 $US, photo 1,25 $US ; ☺ 9h-12h30 et 15h-18h30, dernière visite 17h), fondé en 1685, accueille toujours une petite communauté de carmélites. L'une d'elle, architecte, a dirigé un superbe projet de restauration qui a transformé une partie de ce vaste bâtiment en musée.

L'excellente visite guidée (en espagnol et en anglais) explique comment des jeunes filles de 15 ans, issues de familles aisées, jetaient un dernier regard à leurs parents et amis avant que la porte ne se referme. Entrer au couvent était alors un privilège, pour lequel il fallait verser une dot substantielle. Une bonne partie de ces dons a financé les nombreuses œuvres d'art sacré exposées ici.

Parmi les belles pièces figurent une superbe Madone du sculpteur castillan Alonso Cano et plusieurs tableaux de Melchor Pérez de Holguín, le peintre bolivien le plus célèbre. Une salle contient de beaux christs en bois peint et une splendide Crucifixion d'Ignacio del Río, un peintre fortement influencé par Zurbarán et Velásquez. Certaines œuvres frôlent le morbide, comme le crâne qui trône dans un bol plein de poussière au milieu de la salle à manger et la collection de fouets que certaines religieuses utilisaient pour se flageller.

Le bâtiment, aussi intéressant que les œuvres d'art, comprend deux jolis cloîtres plantés de cactus et d'un vénérable pommier. Il donne un aperçu de la vie des religieuses cloîtrées, qui n'a changé que dans les années 1960 avec les réformes du concile Vatican II.

La visite guidée dure à peu près 2 heures et certaines des salles sont particulièrement froides. Le couvent abrite un café et une boutique, où vous pouvez acheter des *quesitos* (beignets au fromage et au miel) faits par les religieuses.

TORRE DE LA COMPAÑÍA DE JESÚS
Ce superbe clocher ouvragé (☎ 622-7408 ; Ayacucho près de Bustillos ; mirador 1,25 $US ; ☺ 8h-12h et 14h-18h lun-ven), vestige de l'ancienne église jésuite, fut achevé en 1707 après l'effondrement de l'église originelle. Des éléments de style *mestizo* baroque ornent le clocher et la porte. L'office du tourisme est installé dans la tour.

MUSEO DE PLATA HERZUL
Un orfèvre a aménagé son **atelier** (☎ 624-2736 ; Ecuador 880, entre Manríquez et Gareca ; ☺ 9h-12h30 et 14h30-18h lun-sam, 10h-12h30 dim) pour accueillir le public et montrer tous les aspects de son art, du forgeage au filigrane. La visite est intéressante et vous pourrez sans doute vous exercer à l'orfèvrerie. Mieux vaut toutefois téléphoner avant de venir. L'atelier se situe dans le quartier de Ciudad Satélite, à 1 km environ du centre. Certains objets sont en vente.

TOUR PARY ORCKO
Cette **tour d'observation** (Barrio San Benito ; 1,90 $US ; ☺ 9h-22h), à l'aspect bizarre, constitue une étonnante nouveauté sur la ligne d'horizon de Potosí. Le dernier étage, où est installé un restaurant, tourne lentement, offrant une vue splendide. Un bus dessert la tour toutes les heures de 9h à 18h (sauf à 13h) ; il part devant le Colegio Nacional "Pichincha" sur la Plaza 6 de Agosto, près de la cathédrale.

ÉGLISES
D'apparence assez banale, l'**Iglesia de San Martín** (☎ 622-3682 ; Hoyos près d'Almagro ; 0,75 $US ; ☺ 15h-18h30 lun-ven, sam sur rdv), édifiée au XVIIe siècle, est aujourd'hui tenue par l'ordre français de la Rédemption. Musée d'art à l'intérieur, au moins 30 tableaux dans le chœur représentent la Vierge Marie et les douze apôtres. Les vêtements de la Vierge installés sur l'autel sont tissés de fils d'argent. L'église, située en dehors du centre-ville, est parfois fermée ; téléphonez avant de venir.

Joyau peu connu, la **Capilla de Nuestra Señora de Jerusalén** (☎ 623-0250 ; Camacho et Oruro ; 1,25 $US avec l'Iglesia de la Merced ; ☺ 10h-12h et 15h-18h) fut d'abord une humble chapelle dédiée à la Virgen de Candelaria, puis somptueusement reconstruite au XVIIIᵉ siècle. Elle contient un beau retable baroque doré, où la Vierge a la place d'honneur, et de splendides peintures de scènes bibliques dues à des artistes anonymes de l'école de Potosí. Des petits tableaux de Melchor Pérez de Holguín ornent la chaire imposante. Des guides enthousiastes et documentés accompagnent la visite.

Le portail ouvragé de style *mestizo* baroque de l'**Iglesia de San Lorenzo de Carangas** (Héroes del Chaco et Bustillos ; 🕙 10h-12h lun-sam) est sans doute l'un des sujets les plus photographiés du pays. Il fut sculpté dans la pierre par des maîtres indiens au XVIᵉ siècle, mais l'église ne fut achevée qu'en 1744 avec l'ajout des clochers. Rénovée en 1987, l'église renferme deux tableaux de Holguín et un autel décoré d'ornements en argent.

L'**Iglesia de San Agustín** (Bolívar et Quijarro), à l'élégante porte Renaissance, est réputée pour ses cryptes et ses catacombes inquiétantes. Elle était en travaux lors de notre passage.

La construction de l'**Iglesia de San Benito** (Plaza Diego Huallpa) commença en 1711. En forme de croix latine, elle comprend des coupoles byzantines et une porte de style *mestizo*. Parmi les autres églises intéressantes, citons l'**Iglesia de San Juan de Dios** (Chuquisaca et La Paz), debout depuis le XVIIᵉ siècle malgré sa structure en adobe. Restaurée, la charmante **Iglesia de La Merced** (Hoyos et Millares ; 1,25 $US avec la Capilla de Jerusalén ; 🕙 11h-12h30 et 15h-18h) possède une chaire sculptée et une superbe arche en argent du XVIIIᵉ siècle au-dessus du retable ; elle fut édifiée entre 1555 et 1687. Récemment rénovée, l'**Iglesia de Santo Domingo** (Oruro et Cobija) comporte un portail ouvragé, un inhabituel plafond à caissons, l'un des 8 panneaux d'origine de la vie de Santa Rosa de Lima réalisés par Juan Díaz et Juan Francisco de la Puente, ainsi que d'autres peintures et sculptures coloniales. Pour la visiter, venez le dimanche avant la messe.

ÉDIFICES HISTORIQUES

Pour découvrir la splendide architecture coloniale de Potosí, flânez dans ses rues étroites et remarquez les portes et les façades ouvragés, ainsi que les balcons en bois qui surplombent la chaussée. Parmi les demeures et les monuments les plus représentatifs, citons **El Cabildo** (ancien hôtel de ville ; Plaza 10 de Noviembre), la jolie **Casa de las Tres Portadas** (Bolívar 1052) et les **Arcos de Cobija** (arches de Cobija), dans la rue du même nom.

Dans la Calle Junín, entre Matos et Bolívar, vous verrez un beau **portón mestizo** très travaillé et flanqué de colonnes torsadées. Cette porte, qui ornait autrefois la demeure du Marquez de Otavi, accueille aujourd'hui les clients du Banco Nacional.

LOS INGENIOS

Sur les rives du Río Huana Mayu, à Cantumarca et San Antonio, dans les hauteurs de Potosí, on peut voir quelques beaux *ingenios* (fonderies) en ruine. Ils servaient autrefois à extraire l'argent du minerai apporté du Cerro Rico. À l'origine, 82 *ingenios* se regroupaient sur 15 km le long du cours d'eau. Certains de ceux qui subsistent datent des années 1570 et ont fonctionné jusqu'au milieu du XIXᵉ siècle.

Chaque *ingenio* se compose d'un sol percé de puits peu profonds (*buitrones*) dans lesquels le minerai était mélangé à du mercure et du sel. Il était ensuite réduit en poudre par des meules actionnées grâce à l'eau des 32 Lagunas de Kari Kari (p. 265).

L'**Ingenio San Marcos** (La Paz près de Periodista), le plus intéressant, était fermé lors de notre passage et son avenir reste incertain.

L'**Ingenio Dolores** (Mejillones), modernisé, fonctionne toujours. À l'intérieur, on peut voir les ruines des installations coloniales. Il ouvre aux heures habituelles des commerces.

La plupart des circuits aux mines du Cerro Rico comprennent un arrêt dans un *ingenio* en service.

MINES COOPÉRATIVES

La visite des mines coopératives constitue l'une des expériences les plus marquantes d'un voyage en Bolivie : elle permet de découvrir des conditions de travail sidérantes, qui vous choqueront, voire vous bouleverseront (lire l'encadré ci-dessous).

Des dizaines de tour-opérateurs de Potosí (voir p. 261) proposent des circuits guidés dans les mines. Les meilleurs guides sont généralement d'anciens mineurs, qui connaissent les conditions de travail et respectent leurs anciens collègues.

La visite n'est pas facile et mieux vaut porter des vêtements appropriés pour se faufiler dans les galeries boueuses, escarpées et basses de plafond, où il fait tour à tour chaud et froid. Vous devrez sans doute ramper par endroits dans des puits étroits et l'altitude rend tout effort pénible. Certains circuits se terminent par une marche de 3 ou 4 km à l'intérieur de la montagne. Vous serez exposé à des produits chimiques et à des gaz nocifs : poussières de silice (cause de silicose), gaz arsénique, vapeurs d'acétylène, dépôts d'amiante, dérivés de la combustion d'acétylène et de la détonation d'explosifs. En cas de doute ou de problèmes médicaux, ne vous lancez pas dans cette aventure. L'intérêt de la visite réside dans la rencontre avec les mineurs ; sympathiques, ils font part de leur expérience et de leurs opinions sur leur vie difficile. Ils sont toutefois fiers de leur travail dans de telles conditions et ils sont habituellement heureux que les visiteurs les observent pendant leur dur labeur. Montrez-vous respectueux.

La visite commence par le marché, où les mineurs achètent de l'acétylène, de la dynamite, des cigarettes et autres produits de première nécessité. Compte tenu du nombre croissant de touristes, les mineurs attendent désormais de petits cadeaux tels qu'une poignée de feuilles de coca et quelques cigarettes, des luxes qu'ils peuvent rarement s'offrir. Les photos sont autorisées. Les circuits passent ensuite par un *ingenio* (voir p. 259) avant de rejoindre le Cerro Rico, où l'on assiste souvent à une explosion de dynamite ; la déflagration ressemble à un coup de marteau dans la poitrine, même à distance.

Les visites ont lieu le matin ou l'après-midi et durent de 3 à 6 heures. Celles du matin sont généralement plus longues. Le prix standard s'élève à 10 \$US par personne et baisse parfois

UN LABEUR D'ENFER

Dans les mines coopératives du Cerro Rico, le travail est effectué à l'aide d'outils archaïques à des températures variant de moins de 0°C (l'altitude dépasse 4 200 m) à 45°C aux quatrième et cinquième niveaux. Exposés à toutes sortes de produits chimiques et de gaz nocifs, les mineurs meurent habituellement de silicose après 10 à 15 ans passés dans la mine.

Contrairement à la croyance populaire, les femmes sont admises dans de nombreuses mines coopératives et seuls quelques mineurs continuent de croire qu'elles portent malheur. Ce tabou s'applique souvent aux épouses de mineurs, dont la présence risquerait d'attiser la jalousie de Pachamama. Nombre de femmes quechua sont assignées à glaner les petites quantités de minerai oubliées.

Les mines coopératives leur appartenant, les mineurs doivent produire suffisamment pour gagner leur vie. Ils se servent d'explosifs et d'outils qu'ils achètent eux-mêmes, y compris les lampes à acétylène qui permettent de déceler les poches mortelles de monoxyde de carbone.

Les mineurs se préparent à la journée de travail en mâchant ensemble de la coca. Ceux qui ne passent pas la nuit à travailler s'arrêtent en général vers 19h. Le week-end, chaque mineur vend sa production de la semaine en essayant de négocier le meilleur prix.

À leur arrivée à la mine, les mineurs font une offrande au dieu Tata Kaj'chu pour obtenir sa protection sous terre. Dans les profondeurs, les visiteurs verront immanquablement une sorte de petit diablotin placé dans une niche le long des galeries : puisqu'ils croient à Dieu et au ciel, les mineurs croient aussi à la présence du diable sous terre, là où règne une telle chaleur. Leur environnement de travail ressemblant si fort à l'Enfer, le minerai qu'ils obtiennent en dynamitant et en creusant la terre doit, selon eux, appartenir au diable. Afin d'apaiser celui qu'ils nomment Tío (Oncle) ou Supay – jamais Diablo –, ils installent son effigie en céramique dans une place de choix.

Le vendredi soir, une *cha'lla* (offrande) vise à obtenir sa bienveillance et sa protection : on verse un peu d'alcool sur le sol devant la statue, on place des cigarettes allumées dans sa bouche et on dispose des feuilles de coca à sa portée. Puis, comme dans la plupart des cérémonies boliviennes, les mineurs fument, mâchent de la coca et s'enivrent. Ce rituel, pris très au sérieux, leur permet d'oublier quelques instants leur existence difficile. Les offrandes au Christ sont faites uniquement à l'endroit où les mineurs aperçoivent les premières lueurs du jour.

La plupart des coopératives offrent une assurance médicale minimale en cas d'accident ou de silicose (maladie des poumons causée par l'inhalation de fines poussières de silice) et une pension d'invalidité d'environ 15 \$US par mois. Quand un mineur atteint de silicose a perdu 50% de sa capacité pulmonaire, il peut prendre sa retraite. S'il décède, sa pension est versée à sa veuve et à ses enfants.

hors saison. Il comprend les services d'un guide, le transport et l'équipement (veste, casque, bottes et lampe). Mettez des vêtements résistants, emportez de l'eau et un foulard pour filtrer en partie les substances nocives. L'activité des mines se ralentit les samedi, dimanche et lundi. Le dernier vendredi du mois, particulièrement animé, réjouira les amateurs d'alcool fort.

Circuits organisés

Outre la visite des mines, les agences proposent de nombreux circuits guidés. Parmi les destinations appréciées figurent Tarapaya (p. 267 ; 7,50 $US) et le circuit des Lagunas de Kari Kari (p. 265 ; 20-25 $US par jour), avec trekking et camping. Parmi les agences fiables, citons :

Altiplano Tours (☎ 622-5353 ; www.altiplano.com ; Ayacucho 19). Tous les circuits standard et des excursions *tinku* (voir l'encadré p. 266).

Andes Salt Expeditions (☎ 622-5175 ; www.andes-salt-uyuni.com.bo ; Plaza Alonso de Ibañez 3). Circuits dans diverses mines coopératives avec au moins une explosion de dynamite.

Hidalgo Tours (☎ 622-5186 ; www.salardeuyuni. netuy ; Bolívar et Junín). Possède plusieurs hôtels haut de gamme autour du *salar* (salant), ce qui en fait l'une des meilleures options pour le circuit du Sud-Ouest.

Koala Tours (☎ 622-4708 ; www.koalatoursbolivia. com ; Ayacucho 5). Propose d'excellents circuits dans les mines, avec un guide ancien mineur (10 $US). Départs à 8h et 13h et visite plus longue le matin. Organise aussi des sorties à VTT et des excursions culturelles de 3 jours pour les fêtes locales avec combat *tinku*.

Marco Polo Tours (☎ 623-1385 ; marcopoloagency@hotmail.com ; Bustillo 1036). Des lecteurs recommandent les visites des mines avec le directeur, Wily, un ancien mineur qui parle bien anglais.

Miner Truck (☎ 7241-7272). Un charmant vieux camion part de la cathédrale à 9h, 12h et 15h, du lundi au samedi, pour la visite d'une mine plus courte et moins fatigante que les autres.

Silver Tours (☎ 622-3600 ; silvertoursreservas@hotmai l.com ; Quijarro 12). Outre les excursions standard à Potosí, des circuits d'aventure aux *salares*.

South American Tours (☎ 622-8919 ; osmedtur@hotmail.com ; Ayacucho 11). Visite de la mine San Miguel la Poderosa et circuits habituels.

Sumaj Tours (☎ 622-2600 ; hoteljer@cedro.pts. entelnet.bo ; Oruro 143). Agence sympathique dans l'Hotel Jerusalén ; organise principalement des visites des mines.

Turismo Claudia (☎ 622-5000 ; jacky_gc@yahoo. com ; Bustillos 1078). Agence fiable, gérée par des patrons enthousiastes. Excursions locales et visites des mines en français, anglais et espagnol.

Victoria Tours (☎ /fax 622-2132 ; Chuquisaca 148). Agence pour voyageurs à petit budget installée dans l'Hostal María Victoria ; visites des mines et de la ville, excursions à Tarapaya, aux Lagunas de Kari Kari et aux sources thermales.

Fêtes et festivals
FIESTA DEL ESPÍRITU

Dédiée à Pachamama, la Terre-mère, que les mineurs considèrent comme la mère de tous les Boliviens, la fête la plus étonnante de Potosí a lieu les trois derniers samedis de juin et le premier samedi d'août.

Les *campesinos* amènent leurs plus beaux lamas au pied du Cerro Rico, pour les vendre aux mineurs qui les sacrifient. Le rituel respecte un horaire rigoureux : à 10h, un mineur de chaque puits achète un lama et les familles se rassemblent pour la cérémonie ; à 11h, tout le monde se dirige vers l'entrée des mines respectives. Les mineurs mâchent de la coca et boivent de l'alcool de 11h à 11h45. À 11h45 précises, ils préparent le lama destiné à Pachamama en lui liant les pattes et lui offrent coca et alcool. À 12h tapantes, le lama rend l'âme. Tandis qu'on lui coupe la gorge, les mineurs demandent à Pachamama chance, protection et abondance de minerai. Le sang du lama est récupéré dans des verres et aspergé autour de l'entrée de la mine pour attirer l'attention, l'aide et la bénédiction de la Terre-Mère.

Pendant les trois heures qui suivent, les hommes mâchent de la coca et boivent tandis que les femmes préparent une *parrillada* de lama. La viande est traditionnellement servie avec des pommes de terre cuites avec des *habas* (fèves) et de l'*oca* dans un petit four de pisé : quand le four atteint la bonne température, on l'écrase sur la nourriture qui cuit sous les braises. L'estomac, les pattes et la tête du lama sont enterrés dans un trou d'une profondeur de 3 m, en offrande à Pachamama. La musique et la danse commencent alors. Le soir, le mineur qui a eu l'honneur d'acheter le lama fournit les camions qui ramènent chez eux les participants éméchés.

FIESTA DE SAN BARTOLOMÉ (CHU'TILLOS)

Cette fête exubérante, qui se tient le dernier week-end d'août ou le premier week-end de septembre, s'accompagne de processions, d'expositions estudiantines et de danses folkloriques de tout le continent, au cours desquelles les participants portent leur costume traditionnel. Ces dernières années, elle a acquis une notoriété internationale et accueille des groupes de musiciens et des troupes de danse d'aussi loin que la Chine et les États-Unis. Les répétitions qui animent la ville la semaine précédente donnent l'impression que la fête a déjà commencé ! Pendant cette période, réserver un hébergement est indispensable.

EXALTACIÓN DE LA SANTA VERA CRUZ
Le 14 septembre, cette fête rend hommage au Santo Cristo de la Vera Cruz. Les célébrations se tiennent autour de l'église de San Lorenzo et de la gare ferroviaire. On voit circuler de nombreux couteaux en argent et on assiste à des défilés, des concours de fanfares et des danses ; les enfants se déguisent et, naturellement, l'alcool coule à flots.

Où se loger
En règle générale, seuls les hôtels de catégorie supérieure disposent de chauffage. Les adresses bon marché sont parfois à court de couvertures et mieux vaut prévoir un sac de couchage.

PETITS BUDGETS
Alojamiento San José (☎ 622-4394 ; Oruro 171 ; ch 2,50-3,75 $US/pers). Une adresse bon marché, accueillante et bien située, qui s'adresse à une clientèle locale. Un supplément de 1,25 $US par personne procure une chambre bien meilleure, bien qu'un peu triste : plus de chaleur, une prise électrique, un lit plus grand et un matelas moins défoncé.

Residencial Sumaj (☎ 622-3336 ; Gumiel 12 ; s/d avec sdb commune 3,75/6,90 $US). Établi de longue date, il occupe un long bâtiment étroit en retrait de la rue. Parmi ses petites chambres, seules celles du dernier étage sont acceptables. Une cuisine correcte est à disposition moyennant 1,25 $US et les douches communes sont chaudes. Parking disponible et réduction de 10% pour les membres HI.

Hostal María Victoria (☎ 622-2132 ; Chuquisaca 148 ; s/d 3,75/6,25 $US, avec sdb 6,25/9 $US). Plaisant et attrayant, il est installé dans une ancienne demeure au bout d'une paisible rue piétonne. Les chambres entourent une cour classique chaulée et ombragée. Le toit-terrasse offre une belle vue. Sachez que les douches matinales sont limitées à 8 minutes. Vous trouverez sur place une agence de voyages. Petit déjeuner à 1 $US.

Koala Den (☎ 622-6467 ; ktours_Potosi@hotmail.com ; Junín 56 ; dort 3,75-5 $US, s/d 7,50/15 $US). Bien que le rapport qualité/prix n'ait rien d'exceptionnel, le Koala, égayé de couleurs vives, reste une adresse favorite grâce à ses prestations et à son ambiance détendue. Des dessus-de-lits représentant des personnages de BD ornent les dortoirs et les chambres confortables. L'établissement, propre et bien tenu, comprend une cuisine, un échange de livres, des douches chaudes 24h/24 et un salon central, lumineux et plaisant. Toutefois, la direction n'est pas des plus serviables.

Hostel Compañía de Jesús (☎ 622-3173 ; Chuquisaca 445 ; s/d 6/10 $US, avec sdb, petit déj et TV 7/12 $US). Un ancien monastère carmélite, avec des chambres impeccables (la n°18 est particulièrement jolie), des matelas fermes, des piles de couvertures et une ambiance sympathique. L'endroit est charmant, mais déconseillé aux frileux. Il compte également quelques chambres triples.

Residencial Felcar (☎ 622-4966 ; Serrudo 345 ; ch 3,10 $US/pers ; s/d avec sdb 10/15 $US). Malgré une gestion un peu désinvolte, cette adresse accueillante reste un bon choix. Les chambres avec sdb commune, propres et sans prétention, sont d'un excellent rapport qualité/prix à condition d'avoir un sac de couchage. Les nouvelles chambres, très séduisantes, comportent une sdb, un chauffage et un mobilier moderne latino-américain. Douches chaudes dans tout l'établissement et petit déjeuner à 0,75 $US.

Hostal Felimar (☎ /fax 622-4357 ; Junín 14 ; s/d 5/8,75 $US, avec sdb 10/15 $US). Plaisant, central et fonctionnant à l'énergie solaire, il possède de belles chambres en étages, avec des balcons surplombant la rue coloniale en contrebas, ainsi qu'une superbe suite au dernier étage (27,50 $US). Petit déjeuner compris.

Hostal Santa María (☎ 622-3255 ; Serrudo 244 ; s/d avec sdb 7,50/11,25 $US). Propre et correct, il propose des chambres avec moquette, lits corrects, TV, téléphone et sdb (eau chaude). La cour fleurie fait oublier l'absence de chauffage.

Hotel El Turista (☎ 622-2492 ; Lanza 19 ; s/d avec sdb 10/16 $US). D'un bon rapport qualité/prix et bien tenu, il offre des chambres spacieuses et confortables, avec douche électrique, et une vue superbe du dernier étage.

CATÉGORIES MOYENNE ET SUPÉRIEURE
Hotel Jerusalén (☎ 622-4633 ; hoteljer@entelnet.bo ; Oruro 143 ; s/d avec petit déj 15/26,25 $US). Apprécié des groupes, cet hôtel détendu constitue un bon

choix. Un peu cher mais confortable, il loue des chambres avec un chauffe-eau au gaz pour les douches et la TV câblée. Le personnel peut organiser toutes sortes d'excursions. Les tarifs varient grandement selon la saison et mieux vaut se faire confirmer les prix. Le petit déjeuner-buffet est servi dans un café avec vue.

Macuquina Dora Hotel (☎ 623-0257 ; www.macuquina dorahotel.com ; Camacho 243 ; s/d avec petit déj 20/35 $US ; 🖳). Central et moderne, le Macuquina Dora reste plaisant bien qu'un peu défraîchi. Le service est sympathique et les chambres propres et chauffées, avec des coussins en forme de cœur sur les lits. Celles en façade (numéros se terminant en 01-03) sont bien plus spacieuses et claires que les autres. L'hôtel comprend un sauna, un restaurant et un toit-terrasse.

Hostal Las Tres Portadas (☎ 622-4450 ; tresportadas@hotmail.com ; Bolívar 1092 ; s/d/ste 20/30/45 $US ; 🖳). Récemment ouvert, il occupe l'un des plus beaux bâtiments de Potosí et s'organise autour de deux jolis patios. Bien tenues et chauffées, les chambres bénéficient de lits confortables, d'un minibar et d'une excellente sdb ; celles du rez-de-chaussée sont toutefois un peu sombres. La suite familiale est particulièrement séduisante. À cela s'ajoutent un personnel serviable et un bon café-bar.

Hotel Santa Teresa (☎ 622-5270 ; www.hotelsan- tateresa.com.bo ; Ayacucho 43 ; s/d 25/40 $US ; 🖳). Bien aménagé, cet hôtel avoisine le couvent du même nom, dans un quartier tranquille au centre de Potosí. Construit autour d'une cour chaulée, il offre des petites chambres fort plaisantes. Son restaurant, le Rosicler, est l'un des meilleurs de la ville.

Hostal Colonial (☎ 622-4265 ; www.hostalcolonialpotosi. com ; Hoyos 8 ; s/d/ste 33/43/60 $US). Dans un bâtiment colonial proche de la grand-place, ce havre chaleureux, blanchi à la chaux, possède un patio central sur lequel donnent les fenêtres des petites chambres, toutes avec minibar, TV câblée et, pour certaines, baignoire. Adresse de catégorie moyenne prisée de longue date et très bien située, elle aurait néanmoins besoin d'une légère rénovation. Son personnel, très serviable, parle anglais. Petit déjeuner entre 2 et 3 $US.

Hotel Cima Argentum (☎ 622-9538 ; www.hca-potosi. com ; Villazón 239 ; s/d/ste avec petit déj 33/46/52-60 $US ; 🖳). Bel établissement classique, géré de manière professionnelle, il dispose d'aménagements corrects, dont un parking. Toutes les chambres comportent une bonne sdb, un chauffage, un coffre et, pour certaines, un minibar. Les

suites conviendront aux familles. Le restaurant international assure le service en chambre.

Où se restaurer

Plusieurs restaurants agréables servent des repas copieux, qui aident à supporter les soirées glaciales.

RESTAURANTS

Doña Eugenia (☎ 626-2247 ; angle Santa Cruz et Ortega ; plats 0,75-2,50 $US ; ☺ 9h-13h). Les habitants appré- cient ce restaurant convivial, à l'extrémité nord de la ville. Arrivez tôt (vers 10h) pour goûter la légendaire *kala purkha* (épaisse soupe de maïs réchauffée par une pierre brûlante). Parmi les autres spécialités figure une roborative fricassée de porc.

Café-Restaurant Potocchi (☎ 622-2759 ; Millares 13 ; déj 1,50 $US ; ☺ 8h-24h). Agréable et bon marché, il offre un choix de menus et de nombreux plats végétariens. Il accueille une *peña* (concert de musique andine ; 1,50 $US) plusieurs soirs par semaine.

Manzana Mágica (☎ 7183-6312 ; Oruro 239 ; repas 2 $US ; ☺ 8h30-15h et 17h30-22h lun-sam). Strictement végétarien, il mérite la visite pour le petit déjeuner : muesli, jus de fruits, œufs, pain noir et savoureux steaks de soja. Au déjeuner, il propose un menu ultrasain et, le soir, des plats à la carte relevés et copieux.

Aries (☎ 622-1094 ; angle Cobija et Oruro ; plats 2-2,50 $US ; ☺ 10h-22h). Tenu par un patron sympathique, ce charmant petit restaurant sert un bon menu à midi, ainsi que de délicieuses spécialités boliviennes épicées, telles que le *picante de pollo* (poulet en sauce relevée, servi avec des pommes de terre et du riz) ou le *pique* (mélange épicé de bœuf, de saucisses et de poivron accompagné de frites).

4060 (☎ 622-2623 ; Hoyos 1 ; plats 2-3 $US ; ☺ 18h-1h). Son nom correspond à l'altitude de Potosí. Récemment ouvert, ce café-bar spacieux et contemporain remporte un franc succès avec ses pizzas, ses burgers et ses plats mexicains, voire même une paella en la commandant à l'avance. Également apprécié pour boire un verre, il offre un bon choix de bières, mais son cocktail bière blonde et curaçao ne nous a pas convaincu !

El Fogón (☎ 622-4969 ; Oruro et Frías ; plats 2-4,50 $US ; ☺ 12h-23h). Vaste, brillamment éclairé et central, ce restaurant est prisé des voyageurs pour son choix de plats boliviens et internationaux, dont des steaks de lama. Toutefois, les portions sont un peu chiches et le service laisse à désirer.

El Mesón (☎ 622-3087 ; angle Tarija et Linares ; plats 3-5 $US). Ce restaurant, au cadre romantique, se situe dans un coin de la place. Un parfum d'ail flotte dans la salle voûtée et met en appétit pour faire son choix sur la longue carte, principalement française. Un peu chers, les plats (viandes rouges, pâtes, salades) sont excellents et l'ambiance agréable ajoute au plaisir.

Los Azogueros (☎ 622-8277 ; Padilla 40 ; plats 3-5 $US ; ⊗ 11h30-23h). En face du cinéma Imperial, ce restaurant élégant et classique offre un service irréprochable et utilise des ingrédients de première qualité. Les plats de poisson sont particulièrement réussis.

CAFÉS

Cherry's Salon de Té (☎ 622-2352 ; Padilla 8 ; plats 1-2 $US ; ⊗ 7h30-22h). Excellente adresse pour une pause au cours de la visite de la ville, le Cherry's sert, avec lenteur, des repas légers, de succulentes pâtisseries et un café quelconque.

Confitería Capricornio (bd Pje 11 ; plats 1-2 $US ; ⊗ 9h-22h). Bondée d'étudiants en soirée, cette adresse sympathique propose des soupes, de la restauration rapide, des pizzas, des pâtes, du café et des jus de fruits.

Abya-Yala (Junín près de Bolívar ; en-cas 1-2 $US ; ⊗ 10h-22h). Simple et plaisant avec ses chaises en bois brut et son décor indien, il offre des en-cas, un café médiocre et une ambiance chaleureuse. Des groupes de musique andine animent souvent la soirée.

Chaplin Café (Matos près Quijarro ; repas 1,50-2,50 $US ; ⊗ 7h-12h et 16h-22h30). Sympathique et confortable, il prépare principalement de la cuisine bolivienne avec quelques plats internationaux, notamment mexicains. Les petits déjeuners sont corrects.

Café de la Merced (Iglesia de la Merced ; Hoyos s/n ; repas légers 2 $US ; ⊗ 9h-19h30). Superbement situé, sur le toit de l'Iglesia de la Merced, juste à côté des cloches, il jouit d'une vue panoramique sur la ville. Les tables, peu nombreuses, sont prises d'assaut pour savourer un repas léger, une délicieuse pâtisserie, un succulent jus de fruits ou un bon café.

Café de la Plata (☎ 622-6085 ; Plaza 10 de Noviembre ; plats 2-3 $US ; ⊗ 9h30-23h). Ce beau café, confortable et chic, donne envie de s'attarder devant un expresso ou un verre de vin en feuilletant l'un des magazines à disposition. On peut aussi commander des pâtes, une salade, un sandwich ou un gâteau, tous de bonne qualité. Le service bougon fait partie du folklore.

Café Cultural Kaypichu (☎ 622-6129 ; Millares 24 ; plats 2-3 $US ; ⊗ 7h30-21h mar-dim). Calme et détendu, ce café, essentiellement végétarien, sert de copieux petits déjeuners, un menu généreux (1,40 $US) à midi, des pâtes et des pizzas au dîner et organise régulièrement des soirées animées.

Dans le *comedor* du marché, des échoppes proposent des petits déjeuners avec du pain, des pâtisseries et du café. Au rez-de-chaussée, des stands préparent d'excellents jus de fruits.

La plupart des Boliviens admettent que les meilleures *salteñas* sont celles de Potosí, épicées à point et savoureuses. **Imma Sumac** (Bustillos 987 ; ⊗ 9h-17h) offre ces délices à partir de 0,30 $US et dispose de tables dans une cour. Autour du maché, des stands vendent des *empanadas* au fromage ou à la viande jusqu'en début d'après-midi. En soirée, des vendeurs de rue proposent des *humitas* de farine de maïs au fromage.

Où prendre un verre

Pleine de cachet, **La Casona Pub** (☎ 622-2954 ; Frías 41 ; ⊗ 10h-12h30 et 18h-24h lun-sam) se niche dans la demeure historique (1775) de l'envoyé royal chargé d'administrer l'hôtel des Monnaies. Très sympathique, elle sert des plats de brasserie, des menus corrects (2 $US) et accueille des musiciens le vendredi. Restaurant fréquenté, le **Sumaj Orcko** (☎ 622-3703 ; Quijarro 46) se double d'un bar confortable à l'éclairage tamisé qui ouvre jusque tard. Dans la rue piétonne, **La Chatarra** (bd Pje 35 ; ⊗ 18h-tard) est un petit pub local animé.

Où sortir

Le Café-Restaurant Potocchi (p. 263) accueille des *peñas* (1,50 $US) les mercredi et vendredi soir. L'Abya-Yala (ci-contre) est une autre adresse plaisante pour écouter de la musique traditionnelle.

Potosí possède deux cinémas : l'**Imperial** (☎ 622-6133 ; Padilla 31) et le **Cine Universitario** (Bolívar 893), qui passent tous deux des films récents.

Le Real Potosí, l'équipe de football locale, est l'une des meilleures du pays et joue au stade de la ville. Lors de la Copa Libertadores, un championnat des clubs sud-américains, même les meilleures équipes brésiliennes redoutent de l'affronter et de jouer à une telle altitude !

Achats

Parmi les souvenirs les plus appréciés figurent les articles en argent et en étain vendus sur des stands proches de l'entrée du marché, dans la Calle Oruro. Beaucoup proviennent du village de Caiza, à 80 km au sud de Potosí ; celui-ci possède une boutique coopérative qui propose des lainages teints avec des produits naturels. On trouve des petits pendants d'oreilles, des anneaux, des cuillères et des plats, qui coûtent entre 1 et 5 $US.

Boutique recommandée, **Arte Nativo** (☎ 622-3544 ; Surru 30) contribue à améliorer la situation économique des femmes des campagnes en vendant leur artisanat. Autre œuvre caritative, le **Proyecto Social Yanapahuay** (Lanza 4), dans le bâtiment de la poste, propose des cartes postales et de l'*artesanía* correctes. **Artesanía Andina** (Sucre 92) offre également un choix d'objets artisanaux. Le **Mercado Artesanal** (Omiste et Sucre) s'adresse principalement aux touristes. **Artesanías Palomita's** (Museo Etno-Indumentario ; ☎ 622-3258 ; Serrudo 148-152 ; ⏰ 9h-12h et 14h-18h lun-ven, 9h-12h sam), moitié boutique et moitié musée, possède des costumes et des tissages des 16 provinces du département de Potosí.

Depuis/vers Potosí

AVION

Potosí possède l'aéroport commercial le plus élevé au monde, l'Aeropuerto Capitán Rojas. Au début des années 1990, la piste a été rallongée pour mesurer 4 km et accueillir de gros avions. **AeroSur** (☎ 622-8988 ; Cobija 25) ne dessert plus la ville. Lors de notre passage, TAM prévoyait d'ouvrir une ligne vers La Paz ; renseignez-vous auprès de Turismo Claudia, son agent. Sinon, vous devrez vous rendre à Sucre.

BUS ET TAXIS COLLECTIFS

Toutes les routes qui mènent à Potosí sont spectaculaires et voyager de jour constitue une superbe introduction à la ville. La **gare routière** (☎ 624-3361) se trouve à 15 minutes de marche en contrebas du centre (1 km) ; des *micros* et des minibus (0,15 $US) la desservent toutes les une ou deux minutes. Lorsque vous lirez ces lignes, la nouvelle gare routière, plus plaisante, aura sans doute ouvert à la lisière nord-ouest de la ville, dans le barrio de Las Lecherías.

Nombre de *flotas* proposent un service de nuit quotidien pour La Paz (5-7 $US, 11 heures) *via* Oruro (3-4 $US, 8 heures) avec des départs vers 19h ou 20h ; vous pouvez aussi choisir un *bus couchette* (12 $US, 10 heures).

Les bus partent pour Tupiza (3-5 $US, 7 heures) et Villazón (6-8 $US, 10-12 heures) tous les jours matin et soir. Des bus rallient Tarija (5-7 $US, 14 heures) au moins trois fois par jour et de nombreux bus de nuit se rendent à Cochabamba (7-9 $US, 12-15 heures). Plusieurs *flotas* desservent quotidiennement Santa Cruz (8 $US, 16-20 heures), un trajet long et difficile.

Quelques *flotas* partent pour Sucre (2 $US, 3 heures 30) entre 7h et 18h. Vous pouvez aussi prendre un taxi collectif (16 $US jusqu'à 4 pers, 2 heures 30), plus rapide et plus confortable. La plupart des hôtels vous aideront à en trouver un. Sinon, appelez **Expreso Turismo Global** (☎ 624-5171), **Cielito Lindo** (☎ 624-3381) ou **Auto Expreso Infinito del Sur** (☎ 624-5040). Attendez-vous à une conduite rapide !

Moins chers, des *micros* (1,35 $US, 5 heures) partent toute la journée dès qu'ils sont pleins depuis la *tranca* (poste de police), à 500 m au nord de la Plaza Uyuni.

Les bus à destination d'Uyuni (2-3,50 $US, 6-7 heures) partent entre 9h30 et 12h en dessous de la voie ferrée, en haut de l'Av. Antofagasta (à moins qu'ils n'utilisent la nouvelle gare routière). La route, accidentée, est spectaculaire.

TRAIN

Un service ferroviaire récemment mis en place entre Potosí et Sucre était, lors de notre passage, temporairement suspendu, mais devait reprendre. Le trajet, splendide, dure 6 heures (4,40 $US aller simple). Le train part de Potosí à 8h les mardi, jeudi et samedi et revient de Sucre à 8h les lundi, mercredi et vendredi. **Epifanio Flores** (☎ 7287-6280) vous renseignera sur ce service.

Comment circuler

Des *micros* et des minibus (0,15 $US) relient le centre-ville aux mines du Cerro Rico et à la gare routière. En taxi, comptez 0,40 $US par personne pour une course dans le centre ou jusqu'à la gare routière.

LAGUNAS DE KARI KARI

Les lacs artificiels de Kari Kari furent construits à la fin du XVIe et au début du XVIIe siècles par 20 000 esclaves indiens afin d'alimenter la ville en eau et de fournir en

LE TINKU OU L'ART DU COMBAT RITUEL

Originaire du nord du département de Potosí, le *tinku* fait partie des rares traditions boliviennes à ne pas encore être commercialisées. Cette pratique, profondément ancrée dans la tradition indienne, laisse souvent les étrangers perplexes et médusés par sa violence.

La meilleure interprétation qu'on puisse donner du *tinku* est qu'il permet d'évacuer les tensions entre les différentes communautés indiennes. Les combats entre *campesinos* sont très rares dans la vie quotidienne. Les festivités commencent par des chants et des danses, puis les participants boivent jusqu'à l'ivresse et les choses dégénèrent fréquemment en bagarres, l'alcool exacerbant l'hostilité.

Un *tinku* dure habituellement 2 ou 3 jours et rassemble les habitants de localités voisines, qui viennent à pied revêtus de superbes costumes traditionnels. Les chapeaux des hommes ressemblent fortement à ceux des conquistadors et s'agrémentent d'une longue plume fluorescente.

Le premier soir, les différents villageois défilent à travers la ville au son des *charangos* et des *zampoñas* (flûtes de Pan). Régulièrement, les participants s'arrêtent et forment deux cercles concentriques, les femmes se tenant à l'intérieur et les hommes à l'extérieur. Les femmes entament un chant lancinant et cacophonique, tandis que les hommes courent en cercle autour d'elles. Brusquement, tout le monde s'immobilise et se lance dans un piétinement frénétique. Chaque groupe est dirigé par au moins une personne – souvent un homme – qui utilise un fouet pour stimuler ceux qui ne suivent pas le rythme.

Cette mise en route peut sembler innocente, mais l'alcool y joue un rôle important. Presque tous les participants possèdent des bouteilles remplies de *puro* (un alcool à 90°), boisson de choix pour se saouler rapidement. À la nuit tombée, chaque communauté se retire dans une maison pour boire de la *chicha* jusqu'à l'inconscience.

Ces excès entraînent inévitablement le désordre et, le lendemain, les participants dans un état d'ivresse avancé deviennent de plus en plus agressifs. En déambulant dans les rues, ils rencontrent tôt ou tard des membres d'un village voisin avec lesquels ils entretiennent une querelle, réelle ou imaginaire – généralement liée à un problème de terre, de relations extraconjugales ou de vol d'animaux de ferme –, qui se termine alors souvent en bagarre.

On passe rapidement des cris et des injures à la bousculade et au vrai combat, qui semble suivre une mystérieuse chorégraphie. Les hommes, apparemment en rythme, se frappent mutuellement la tête et le torse, les bras tendus (ces gestes ont été immortalisés dans la danse *tinku*, souvent exécutée lors des *entradas* de carnaval, notamment à Oruro). Les adversaires peuvent aussi se jeter des pierres, ce qui entraîne parfois des blessures graves, voire mortelles. La mort, acceptée avec résignation, est considérée comme une offrande à Pachamama et remplace le sacrifice du lama.

Le *tinku* le plus connu et sans doute le plus violent a lieu à Macha durant la première quinzaine de mai. Les villages d'Ocurí et Toracarí, entre autres, en organisent également.

Peu d'étrangers souhaitent assister à ces combats privés et ceux qui les ont vus ne veulent pas renouveler l'expérience. À Potosí, Koala Tours et Altiplano Tours organisent des visites culturelles, assez inconfortables, lors d'importants *tinku*, auxquelles vous participerez à vos risques et périls. Tenez-vous à distance des participants et restez toujours sur le côté de la rue pour ne pas être happé dans la foule. En vous promenant dans le village, ne vous faites pas remarquer, parlez doucement et ignorez les interpellations. Sachez aussi que les habitants ne souhaitent pas voir débarquer des hordes de touristes étrangers qui les dévisagent et les prennnent en photo. Évitez de photographier une personne sans son autorisation, ne dansez pas et ne défilez pas avec des groupes à moins d'y être clairement invité.

énergie hydraulique les 82 *ingenios*. En 1626, le mur de soutènement de la Laguna San Ildefonso céda, provoquant une énorme inondation qui détruisit les installations le long de La Ribera de los Ingenios et fit 2 000 victimes. De 32 lacs d'origine, il n'en reste que 25, tous abandonnés – sauf par le gibier d'eau qui apprécie ces étendues d'eau dans une région aride.

Randonnée des Lagunas de Kari Kari

Pour visiter les Lagunas de Kari Kari, le plus simple est de participer à un circuit organisé par un tour-opérateur de Potosí

(p. 261). Si vous préférez partir en indépendant, emportez des provisions, de l'eau et des vêtements chauds. En une longue journée, vous aurez un bon aperçu des *lagunas* et des contreforts de la Cordillera de Kari Kari, mais il est plus intéressant de camper au moins une nuit dans les montagnes.

L'accès est relativement aisé : prenez un *micro* en direction du Cerro Rico (Pailaviri ou Calvario) et descendez à l'embranchement de Tupiza. Suivez cette route jusqu'au bout du revêtement et, à la *tranca*, dirigez-vous vers le sud-est le long d'un cours d'eau. Tous les sentiers qui montent mènent à une plaine, où vous devrez aller vers la gauche, grimper en longeant un pâturage à lamas et rejoindre une crête d'où vous découvrirez une vue superbe sur les **Lagunas San Sebastián**. Vous serez alors à 4 km au sud-est du centre de Potosí. Continuez le long de cette crête jusqu'à ce que vous croisiez un sentier qui conduit à un hameau et longe le Río Masoni jusque dans les montagnes.

Vous pouvez aussi traverser la vallée de Masoni, grimper la crête par l'autre côté et monter jusqu'au sommet du **Cerro Masoni** pour une vue splendide sur les **Lagunas San Ildefonso** et **San Pablo**. En descendant le long de cette même crête, vous reviendrez à Potosí.

Une autre possibilité consiste à descendre jusqu'à la Laguna San Ildefonso, puis à suivre le sentier le long de la rive nord et remonter la vallée ou se diriger vers l'est dans les montagnes. Plus on monte, plus la vue devient spectaculaire. La région est parsemée d'entrées de mines à ciel ouvert, de résidus miniers et d'anciennes installations.

Si vous voulez camper, vous pouvez continuer dans les montagnes, car aucun des sommets environnants ne pose de difficulté. Tant que vous voyez le Cerro Rico, l'itinéraire de retour à Potosí est évident. N'oubliez pas cependant que l'altitude varie de 4 400 m à 5 000 m. La Cordillera de Kari Kari figure sur la carte topographique de l'IGM *Potosí (Est) – feuille 6435* (voir *Cartes* p. 256).

HACIENDA CAYARA

Retraite paisible ou but de promenade sans difficulté, l'hacienda Cayara se situe à 25 km dans la vallée, au nord-ouest de Potosí. Parmi de jolies collines, à 3 550 m d'altitude, cette belle ferme produit des légumes et du lait. Datant de l'époque coloniale, elle appartint au vice-roi de Toledo avant d'être transmise,

par décret royal, à Don Juan de Tendones puis au Marquez de Otavi, dont le blason orne toujours la propriété.

En 1901, l'hacienda fut achetée par les Aitken, une famille anglaise qui la possède toujours et l'a transformée en auberge en 1992. C'est une opulente demeure coloniale avec des meubles et des tableaux d'époque qui ressemble à un musée. Les hôtes profitent de la cheminée et de la grande bibliothèque, qui compte des ouvrages du XVIIe siècle.

Pour réserver, contactez la **Señora Luisa Serrano** (☎ /fax 622-6380 ; cayara@cotepnet.com.bo ; ch 25 $US/pers, journée 5 $US ; repas 7 $US).

L'hacienda peut organiser le transport depuis Potosí lors de la réservation, mais il revient moins cher de prendre un taxi, surtout à plusieurs ; demandez au chauffeur de prendre l'embranchement de gauche vers La Palca au lieu de traverser la gorge en direction de Tarapaya. Des *micros* (0,50 $US) partent tous les jours vers 12h du Mercado Quichimi et passent par l'embranchement.

BETANZOS

À 47 km de Potosí sur la route de Sucre, Betanzos semble se fondre dans les collines qui l'entourent. Le dimanche, les *campesinos* en costume local viennent vendre leurs tissages, leurs poteries et leurs récoltes sur le **marché**. De nombreuses **peintures rupestres émaillent les montagnes** environnantes et les superbes sites de Lajas-Mayu et Inca Cueva se situent à 5 km du bourg.

Les 4 et 5 avril, Betanzos célèbre la **Fiesta de la Papa** (fête de la pomme de terre) et en présente jusqu'à 200 variétés. Peu connue, elle attire cependant des groupes de danses et de musique andines de tout le pays.

À Potosí, des *micros* et des *camiones* partent pour Betanzos tôt le matin de la Plaza Uyuni, au nord du centre-ville et des départs supplémentaires sont prévus le dimanche. Tous les bus à destination de Sucre passent par Betanzos, mais vous déposeront sans doute sur la grand-route, à 10 minutes de marche du village.

TARAPAYA

La foi dans les vertus curatives des **sources thermales** de Tarapaya (3 600 m), les plus visitées des environs de Potosí, remonte à l'époque inca. Huayna Capac venait même s'y reposer et s'y baigner depuis la lointaine Cuzco (aujourd'hui au Pérou).

ENVIRONS DE POTOSÍ

0 — 2 km

Pati Pati

Río Jatun Tío

Laguna Jatun Tío

Lagunas Samani

Cordillera de Kari Kari

Cerro Illimani (5 030 m) ▲

Laguna San José

Río San José

Laguna Juchuy Huacani

Laguna Huacani

Cerro Kari Kari ▲

Cerro Jucuni

Río Masoni

Laguna Masoni

Muna Muna

Cerro ▲ Kari Kari

Cerro San Fernando

Cerro Masoni ▲

Khuchu Pata

Río Ildefonso

Laguna San Pablo

Lagunas de Kari Kari

Chapikkollu Loma

Aqueduc

Karachi Pampa

Sentier

Río Suros

Khakhani

Laguna San Ildefonso

Laguna San Sebastián

Agua de Castilla

Lagunas San Sebastián

Aqueduc

Vers Don Diego (11 km), Betanzos et Chaqui (20 km) et Sucre (150 km)

Aéroport

Callu Huyo

Pailaviri

Cusi Mayu

Voir la carte de Potosí (p. 256)

POTOSÍ

La Bandera

Museo de Plata

Barrio Banzer

Barrio Magisterio

Ciudad Satélite

San Henri

Las Delicias

Villa Copacabana

San Clemente

Villa Busch

Cerro Rico (4 824 m) ▲

Pétroglyphes

Río Huarampaya

Tranca

Tour Pary Orcko

Cantumarca

Cerro Huakajchi (4 702 m) ▲

Valle

Río Jesús Valle

Cerro Chorolque ▲

Cerro Kheua Chana (4 186 m) ▲

Pétroglyphes

Estancia San Antonio

Río Agua Dulce

Ecia Agua Dulce

Río Alja Maya

Vers Tarapaya (3 km), Oruro et La Paz

Estancia La Palca

Ecia La Puerta

Cueva del Diablo

Cerro ▲ Tapina

Río Cebadillas

Río Kachino

Río Molino

Vers Uyuni et l'Hacienda Cayara

Le site le plus intéressant, l'**Ojo del Inca**, est un lac de cratère parfaitement rond de 100 m de diamètre, aux eaux vertes à 30°C. Le long de la rivière en dessous du cratère, plusieurs *balnearios* (centres thermaux) disposent de bassins remplis d'eau du lac. Des *remolinos* (tourbillons) rendent la baignade dangereuse.

Pour rejoindre l'Ojo del Inca, traversez le pont situé 400 m avant le Balneario de Tarapaya, tournez à gauche et parcourez environ 200 m. Juste après la cascade sur la droite, une route détrempée monte jusqu'au lac, à 400 m environ.

Le **Balneario El Paraíso** (s/d 5/10 $US) possède une auberge plaisante. Les campeurs équipés trouveront de nombreux emplacements plats et isolés près de la rivière ; l'eau, d'où qu'elle provienne, doit être purifiée.

Environ toutes les demi-heures entre 7h et 19h, des *camiones* partent pour Tarapaya (0,40 $US, 30 min) de la Plaza Chuquimia, près de la gare routière à Potosí. En taxi, comptez 6 $US jusqu'à 4 personnes. Le dernier *micro* pour Potosí quitte Tarapaya vers 18h.

Demandez au chauffeur de vous déposer au pont d'où part la route gravillonnée. Le Balneario de Tarapaya se situe à 400 m du pont le long de la route goudronnée. Le Balneario Paraíso se trouve de l'autre côté du pont, à 400 m sur la droite.

CHAQUI

À 3 km au-dessus du village de Chaqui et à 45 km à l'est de Potosí, une autre **source thermale** importante est réputée soigner les rhumatismes. Le dimanche, les *Potosinos* (habitants de Potosí) arrivent chargés de sucre, de farine, de riz et de pain qu'ils échangent au marché contre des pommes de terre, du fromage et des produits fermiers. Le climat est nettement plus agréable qu'à Potosí et les petits villages alentour vendent de l'**artisanat** de bonne qualité.

Si vous souhaitez passer la nuit sur place, l'**Hotel Termas de Chaqui** (☎ 622-6112 ; Chuquisaca 587 à Potosí ; s/d 12,50/20 $US), reculé mais plaisant, possède un restaurant. L'accès aux bassins et au sauna est inclus dans le prix des chambres et revient à 1,25 $US pour les non-résidents. Le village de Chaqui compte deux *alojamientos* sommaires, à 3 km en contrebas du complexe thermal. Quelques bassins offrent des possibilités de baignade moins coûteuses.

À Potosí, des *micros* et des *camiones* partent de la Plaza Uyuni pour Chaqui (0,40 $US, 2 heures) à partir de 8h. Sinon, organisez votre transport avec l'Hotel Termas de Chaqui : renseignez-vous à son bureau de Potosí. Retourner à Potosí peut être plus difficile, car il faut parfois attendre le bon vouloir des chauffeurs (à moins de louer le véhicule).

Centre-Sud et le Chaco

Réputée pour ses danses, ses vins et son caractère presque méditerranéen, la région isolée de Tarija reste pourtant assez méconnue des voyageurs. Dans ce décor paisible de terres arides balayées par le vent, des vignes noueuses poussent sous un ciel bleu acier.

La culture locale a des accents d'Argentine et rêve de la lointaine Andalousie. C'est Luis de Fuentes, le fondateur de Tarija, qui évoqua le premier la ressemblance de la région avec le sud de l'Espagne. Désireux d'apporter un peu de sa patrie natale sur cette terre étrangère, il baptisa Guadalquivir le fleuve qui traverse la ville de Tarija et laissa aux *Chapacos* – connus également sous le nom de *Tarijeños* (habitants de Tarija) – un dialecte chantant dérivé de l'espagnol du Vieux Continent.

Dans les régions les plus orientales du département de Tarija, des étendues pétrolifères couvertes de broussaille ont pour arrière-fond de hauts plateaux austères et sont entourées par les terres rouges du Gran Chaco. C'est dans ces paysages que se trouve la ville la plus chaude de Bolivie : Villamontes, où la température peut atteindre jusqu'à 48°C en plein été. Plus loin, la pointe la plus méridionale de la région, à la frontière avec l'Argentine, abrite de paisibles vallées plantées de cannes à sucre et des gisements de pétrole qui font la prospérité de la ville de Bermejo.

À NE PAS MANQUER

- Une dégustation des vins issus des vignobles de **Tarija** (p. 272), les plus élevés du monde
- Une randonnée sur la fantastique piste de l'Inca, dans la **Reserva Biológica Cordillera de Sama** (p. 282) qui abrite une faune variée
- L'observation des espèces menacées du Chaco dans le **Parque Nacional Aguaragüe** (p. 287) et dans les **réserves de Corvalán** (p. 287) et **Tariquía** (p. 284).
- Un dangereux périple sur la **Ruta Trans-Chaco** (p. 286), si vous vous en sentez le courage
- Les festivités en costumes traditionnels lors de la **Fiesta de San Roque** (p. 276), à Tarija

■ INDICATIF TÉLÉPHONIQUE : 4   ■ POPULATION : 391 200 hab   ■ ALTITUDE : 380 à 2 200 m

Histoire

Avant la guerre du Chaco (1932-1935) entre la Bolivie et le Paraguay, la majeure partie de la région située au nord-est des fleuves Paraguay et Pilcomayo (au Paraguay) – soit quelque 240 680 km² – et les 168 765 km² de territoires argentins au nord du Río Bermejo appartenaient à la Bolivie. Les différends entre les deux pays, à l'origine de la guerre du Chaco, trouvent leurs racines dans la déclaration officielle d'indépendance du Paraguay en 1842, qui omettait de fixer la frontière avec la Bolivie.

En 1878, le tracé de la frontière entre le Paraguay et l'Argentine, précisé par la commission d'arbitrage de Hayes, fut dûment accepté, mais la région déserte au nord devint alors source de conflits entre le Paraguay et la Bolivie. Les tentatives de compromis échouèrent et la Bolivie commença à exercer des pressions.

Après sa défaite dans la guerre du Pacifique en 1884, le pays avait plus que jamais besoin du Chaco, ouverture directe sur l'Atlantique *via* le Río Paraguay. Espérant qu'une occupation du territoire conduirait à la reconnaissance de sa souveraineté, l'armée bolivienne établit un fort à Piquirenda sur le Pilcomayo. Les efforts de conciliation avortèrent, car la Bolivie refusait d'abandonner ses prérogatives sur Fuerte Vanguardia, seul port en sa possession sur le Río Paraguay. Le Paraguay n'étant pas disposé à céder, ses militaires s'emparèrent du fort en 1928. Malgré une situation explosive, les deux camps conservèrent une attitude conciliante dans l'espoir d'éviter le recours à la force.

Cela n'empêcha pas la situation de s'envenimer. Tandis que des négociations se poursuivaient à Washington, l'armée bolivienne se lança dans des manœuvres non autorisées, entraînant ainsi un conflit ouvert. Les pertes furent certes importantes de part et d'autre, mais les Boliviens des hauts plateaux, peu habitués au climat subtropical, payèrent un tribut particulièrement lourd. Si le conflit ne se solda par aucune victoire décisive, les négociations de paix de 1938 accordèrent la majeure partie du territoire litigieux au Paraguay. La Bolivie ne conserva que la localité de Villamontes, site de sa plus éclatante campagne au cours de cette guerre, en 1934.

Climat

C'est dans cette région de la Bolivie que la proximité de l'équateur et l'éloignement de la mer se font le plus sentir. Le climat méditerranéen de Tarija disparaît dès que l'on quitte les hauteurs, et Villamontes est la localité la plus chaude du pays. Comme ailleurs en Bolivie, la saison sèche s'étend d'avril à novembre.

Parcs nationaux et réserves

Particulièrement isolés, encore sauvages, et bien loin des sentiers battus, les parcs et réserves du Centre-Sud séduiront les plus téméraires Les infrastructures sont certes rudimentaires, mais l'aventure leur laissera un souvenir inoubliable. Ce chapitre présente la réserve biologique de Sama (p. 282), la Reserva Nacional de Flora y Fauna Tariquía (p. 284), le Parque Nacional y Área Nacional de Manejo Integrado Aguaragüe (p. 287) et la Reserva Privada de Patrimonio Natural de Corvalán (p. 287).

Comment s'y rendre et circuler

Les touristes profitent généralement d'un voyage vers une autre destination pour visiter l'extrême sud de la Bolivie. De longs trajets en bus vous permettront de relier l'Argentine ou le Paraguay ainsi que d'autres régions du pays par voie terrestre. Bien que la Trans-Chaco (voir l'encadré consacrée à cette route), depuis le Paraguay, se soit améliorée ces dernières années, le voyage reste éprouvant. Tarija possède le plus grand aéroport de la région, et plusieurs vols par semaine relient La Paz, Sucre et d'autres villes importantes du pays.

Les villes sont desservies par des transports publics fréquents ; ailleurs, il vous faudra un 4x4. Les routes étant rarement dotées d'un bon revêtement, préparez-vous à de nombreux retards.

CENTRE-SUD DE LA BOLIVIE

La capitale de la région est une ville de province paisible, encore peu envahie par les touristes, qui compte des grills argentins de bonne qualité. La douceur du climat ayant attiré quelques étrangers ces dernières années, il est à parier qu'à l'avenir, les infrastructures et les activités touristiques se développeront. La ville de Tarija est au cœur d'une région viticole qui produit de bons vins. Bien que les Boliviens des grandes villes considèrent le Centre-Sud comme une enclave encore peu civilisée, et que les *Chapacos* (nom que se donnent les *Tarijenos*, habitants de Tarija) soient l'objet de grasses plaisanteries à La Paz, Tarija est une halte agréable sur la route de l'Argentine.

TARIJA

132 000 habitants / altitude 1 850 m

Ville à l'ambiance détendue, avec ses places bordées de palmiers, ses grills argentins, ses immenses terrasses de cafés et ses chanteurs de karaoké, Tarija n'est pas d'une activité débordante. Toutefois, son architecture coloniale mérite qu'on y passe une journée. Si vous en avez le temps, allez faire le tour des établissements viticoles des environs pour goûter le vin bolivien ou le *singani*, un alcool de raisin distillé, assez fort.

Histoire

Sur ordre du vice-roi Don Francisco de Toledo, la ville de Tarija fut fondée par Don Luis de Fuentes y Vargas le 4 juillet 1574, sous le nom de La Villa de San Bernardo de Tarixa. En 1810, la région proclama son indépendance. Les colons ne prirent guère les séparatistes au sérieux, mais la situation dégénéra en conflit armé le 15 avril 1817. Lors de la Batalla de la Tablada, les Chapacos remportèrent une victoire décisive sur les forces espagnoles. Au début du XIXᵉ siècle, Tarija soutint activement la lutte pour l'indépendance de la Bolivie. Malgré les tentatives de l'Argentine pour annexer cette région agricole, Tarija choisit, en 1825, de rejoindre la nouvelle république de Bolivie

Orientation

Les numéros de rue sont précédés d'un "O" (*oeste*/ouest) pour les adresses situées à l'ouest de la Calle Colón et d'un "E" (*este*/est) pour celles à l'est de Colón ; celles au nord de l'Av. Victor Paz Estenssoro (Av. Las Américas) portent un "N".

Renseignements

Entre 13h et 16h, Tarija se transforme en ville-fantôme. Faites toutes vos démarches le matin ou vous devrez patienter jusqu'à la fin de la sieste.

CENTRE-SUD ET LE CHACO

TARIJA

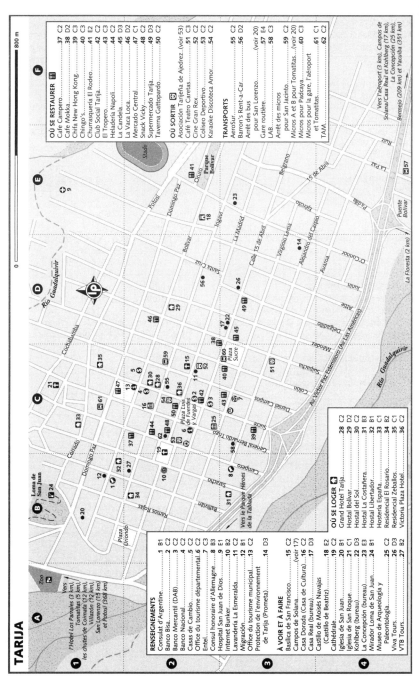

ACCÈS INTERNET
Internet Bunker (Saracho 456 ; 0,50 $US/heure ; jusqu'à 13h sam-dim)

ARGENT
Les environs de la place comptent de nombreux DAB. **Casas de cambio** (Bolívar, entre Sucre et Campos) change dollars américains et pesos argentins. Les Banco Bisa et Banco Nacional, dans Sucre, changent les chèques de voyage jusqu'à 1 000 $US contre une commission de 6 $US.

IMMIGRATION
Migración (☎ 664-3450 ; Bolívar et Ballivián). Tampons d'entrée et de sortie ; prorogation de séjour.

LAVERIE
Lavandería La Esmerelda (☎ 664-2043 ; La Madrid O-157). Service rapide de lavage et séchage en machines pour 1 $US/kg.

OFFICES DU TOURISME
Office du tourisme départemental (☎ 663-1000 ; 15 de Abril et Trigo ; 8h30-12h et 15h-18h lun-ven). Distribue des plans sommaires de la ville (1 $US) et fournit quelques renseignements sur les lieux à visiter à Tarija et dans les environs.
Office du tourisme municipal (☎ 663-8081 ; Bolívar et Sucre ; 8h30-12h et 15h-18h lun-ven). Peu de moyens, mais le personnel est sympathique.

POSTE ET COMMUNICATIONS
La **poste** centrale (Sucre et Lema) ainsi qu'**Entel** (Lema et Campos) sont idéalement situés.

URGENCES
Hospital San Juan de Dios (☎ 664-5555 ; Santa Cruz s/n)
Police (☎ 664-2222 ; Campero et 15 de Abril)

À voir
Prévoyez un après-midi pour visiter le centre-ville. Flâner sur les places de Tarija et s'imprégner de ce qui reste de l'atmosphère coloniale sont ce qu'il y a de plus intéressant à faire dans la ville.

MUSEO DE ARQUEOLOGÍA Y PALEONTOLOGÍA
Géré par l'université, le **musée archéologique et paléontologique** (Lema et Trigo ; 9h-12h et 15h-18h ; gratuit) offre un bon aperçu des animaux préhistoriques et des premiers habitants de la région. Au rez-de-chaussée, vous découvrirez des restes soigneusement conservés de *megatherium* (grand paresseux terrestre), *glyptodon* (tatou préhistorique), *lestodon* (semblable à un tatou muni de pinces gigantesques), *scelidotherium* (petit paresseux terrestre), *smilodon* (tigre aux crocs affûtés) et *toxodon* (grande créature avec des dents de lièvre), ainsi que des reconstitutions permettant d'imaginer l'aspect de ces animaux. La partie archéologique conserve outils anciens, armes, objets en cuivre, textiles et poteries provenant du sud de la Bolivie.

Les salles de l'étage sont consacrées à l'histoire, la géologie et l'anthropologie, avec d'anciens ustensiles domestiques, des armes, un vieux piano et divers outils de chasse préhistoriques, notamment un extraordinaire gourdin ou *rompecabezas* (casse-tête).

CASA DORADA (CASA DE CULTURA)
La **Maison dorée** (☎ 664-4606 ; Ingavi O-370 ; 8h-12h et 14h30-18h30 lun-ven) date de 1930 ; il s'agissait alors de l'une des nombreuses résidences du riche propriétaire foncier Moisés Navajas et de sa femme, Esperanza Morales. L'édifice, bien qu'imposant, présente une façade maladroitement décorée de peinture dorée et argentée, avec un toit surmonté d'une rangée d'anges libérateurs. L'intérieur se révèle aussi peu réussi.

La Casa Dorada expose une collection de lampes en forme de roses ou les incontournables chandeliers en cristal déployant des bulbes lumineux. L'objet ancien le plus intéressant est peut-être la *funola*, sorte d'ancêtre du piano, dont la musique est produite par de l'air traversant une bande de papier perforé. Récemment restauré, le bâtiment appartient aujourd'hui à l'université et abrite la Casa de Cultura. De rapides visites guidées sont parfois organisées pour une somme modique.

ÉGLISES
Le joyau architectural de Tarija est l'**Iglesia de San Roque**, d'un blanc éblouissant, qui date de 1887. Dédiée au saint patron de la ville, l'église trône au sommet d'une colline, à l'extrémité de General Bernardo Trigo. Visible depuis toute la ville, elle possède un balcon qui servait autrefois de poste de guet.

La **cathédrale** (Campero et La Madrid) renferme les dépouilles de Chapacos célèbres, notamment celle du fondateur de Tarija, Don Luis de Fuentes y Vargas. Construite en 1611, elle fut agrandie et embellie en 1925 et conserve quelques jolis vitraux, représentant des scènes de moissons.

UNE QUESTION DE TERROIR

La région de Tarija s'enorgueillit d'être l'une des plus élevées du monde viticole. Les vignes, introduites par des missionnaires au XVIIe siècle, poussent en effet à une altitude située entre 1 900 m et 2 100 m, et à seulement 22 degrés au sud de l'équateur. En conséquence, les raisins mûrissent plus vite qu'au niveau de la mer (parce que l'atmosphère y filtre moins les rayons du soleil), ce qui facilite dès le début le processus de maturation et la garde du vin.

Les cépages utilisés sont principalement du muscat d'Alexandrie et des cépages californiens, mais les viticulteurs boliviens tentent désormais de mettre en place un nouveau concept en définissant l'identité propre du vin bolivien. Ils se retrouvent donc face à un dilemme : doivent-ils essayer d'imiter le goût et le bouquet des vins français, de produire à grande échelle comme en Californie, ou se rapprocher plutôt de leurs voisins, les vins très estimés du Chili ? Afin d'avoir quelques éléments de réponse, nous sommes allés rendre visite à deux viticulteurs très différents dans la vallée de Concepción.

Le premier établissement, l'un des meilleurs de Bolivie, appartient à la famille Pineda : la **Bodega La Concepción** (voir ci-dessous). Les Pineda sont unanimes : aucun exemple n'est à suivre. Au contraire, d'après Sergio Pineda, le vin devrait "refléter le caractère propre de la Bolivie". Leur vin le plus primé, *Cepas de Altura* (littéralement : "Ceps d'altitude") n'est pas mûri en fût de chêne ou d'autre bois, mais il n'en est pas moins étonnamment délicieux. Comme le dit Sergio lui-même : "C'est un vin à la fois puissant et subtil. Il n'y a pas besoin de l'accompagner de viande, d'olives ou de fromage pour qu'il révèle ses arômes. Il se suffit à lui-même."

À la **Casa Vieja** (voir ci-dessous), une *bodega* artisanale installée dans un ancien couvent jésuite vieux de 350 ans, la propriétaire, Doña Vita, est une personne affable qui nous a accueillis avec un grand sourire rehaussé de dents en or. "Nous avons commencé à faire du vin par accident, il y a 15 ans. Une personne qui devait de l'argent à mon père l'a remboursé en lui donnant plusieurs tonneaux. Ne sachant pas quoi en faire, nous avons cueilli le raisin qui poussait derrière pour le mettre dedans sous forme de vin et, depuis, nous n'avons plus arrêté !" plaisante-t-elle en tapotant affectueusement ses tonneaux. Interrogée sur ce qu'elle pense du vin bolivien, elle répond : "Pour moi, le vin bolivien devrait rester simple et proche de la terre, comme le sont les gens d'ici. La vraie force du vin de Bolivie, c'est sa diversité. Il a un style bien à lui, comme les Boliviens eux-mêmes".

La **Basílica de San Francisco** (Campos et La Madrid), fondée en 1606, est aujourd'hui classée monument historique. La bibliothèque conventuelle et les archives du XVIe siècle ne sont accessibles qu'aux chercheurs, sur autorisation des franciscains. À l'intérieur de la basilique, le **Museo Franciscano Frey Francisco Miguel Mari** (🕑 8h-18h lun-ven ; gratuit) présente peintures, sculptures et objets œcuméniques.

L'**Iglesia de San Juan**, en haut de Bolívar, fut construite en 1632. C'est là que les Espagnols signèrent leur reddition à l'armée de libération après la Batalla de la Tablada. Les jardins offrent une vue plongeante sur Tarija et la silhouette spectaculaire de ses montagnes brunâtres.

ÉTABLISSEMENTS VITICOLES

Pour visiter des caves et déguster quelques crus, renseignez-vous auprès de leurs bureaux en ville. Tous vendent des bouteilles à prix d'usine (1,50-10 $US).

La **Bodega La Concepción** (☎ 664-5040 ; www.bodegaslaconcepcion.com en espagnol ; O'Connor N-642), la meilleure de toutes les caves de la région, exporte ses millésimes et se targue de produire les "vins les plus fins du monde" (voir l'encadré ci-dessus). Les œnophiles apprécieront la visite de La Concepción, située à 25 km au sud de Tarija, juste avant d'arriver au village de Concepción (carte p. 281).

Le meilleur *patero* (raisin foulé aux pieds) est produit à la **Casa Vieja** (☎ 664-8877 ; Belgrano 2038/B Juan XXIII). Endroit délicieux, la **Bodega Casa Vieja** (entrée gratuite ; permis de photographier 0,70 $US) se trouve dans le village de Concepción, à 30 km environ de Tarija. Vous pourrez déjeuner dans son joli **restaurant** (🕑 midi seulement ; plats 1-2 $US), décoré d'arches en pisé, de grosses têtes de poisson et de plantes en cascades. Pendant le carnaval, le restaurant accueille des spectacles de danse traditionnelle du Chaco. Renseignez-vous au bureau de Tarija pour connaître les dates d'ouverture de la cave. Des bus desservent Concepción toutes les 2 ou 3 heures, au départ de la Plaza Sucre à Tarija (0,30 $US ; 30 min).

La cave la plus moderne est **Campos de Solana/Casa Real** (☎ 664-8481 ; www.csolana.com en espagnol ; 15 de Abril E-259). Elle est assez impersonnelle mais elle possède d'immenses chais. La plus ancienne est l'omniprésente **Kohlberg** (☎ 663-6366 ; 15 de Abril E-275). Kohlberg et Casa Real sont installés à Santa Ana, à 17 km au sud-est de Tarija que l'on rejoint en empruntant un itinéraire indirect, qui passe par la *bodega* Campos de Solana (voir carte p. 281).

La plupart des caves produisent également du *singani*, une eau-de-vie de raisin distillé (40% d'alcool) de qualité variable. Si une dégustation vous tente, sachez qu'il en existe trois sortes : *Mi Socio*, le moins cher et le plus âpre, indiqué par une étiquette bleue, le *Special de Oro*, étiqueté en rouge, de qualité moyenne et un peu plus cher, et le meilleur, le *Colección Privada*, un alcool frais à l'arôme fleuri, doté d'une étiquette rouge. Les deux premiers sont généralement mélangés à du citron et à des boissons gazeuses, mais on peut déguster le *Colección Privada* tel quel. La *bodega* La Concepción produit le meilleur *singani* de la région.

Les bureaux situés en ville se chargent parfois du transport des visiteurs sans véhicule. Sinon, Viva Tours et VTB Tours (ci-contre) proposent d'excellents circuits de dégustation d'une demi-journée ou d'une journée entière.

En ville, le bar à vin Taverna Gattopardo (p. 278) et le bureau de Viva Tours sont les meilleures adresses pour déguster des crus locaux.

MIRADOR LOMA DE SAN JUAN

Très apprécié des étudiants, ce parc aménagé sur les pentes arborées de la colline San Juan offre une vue spectaculaire sur Tarija. Grimpez jusqu'au bout de Calle Bolívar, puis tournez à droite derrière la colline et suivez le sentier en tournant le dos à la ville.

CASTILLO DE MOISÉS NAVAJAS

Facile à repérer dans le paysage, ce **manoir privé** en piteux état (Castillo de Beatriz ; Bolívar E-644) mérite toutefois le coup d'œil pour son extra-vagance. Actuellement inoccupé, il ouvre de temps à autre pour des visites informelles. Renseignez-vous à l'office du tourisme.

Circuits organisés

Pour les visites de caves et les circuits d'aventure écologiques dans l'arrière-pays de Tarija, notamment dans les quatre réserves

nationales toutes proches, **Viva Tours** (☎ /fax 663-8325 ; vivatour@cosett.com.bo ; 15 de Abril et Delgadillo) est imbattable ; comptez environ 15 $US/pers la demi-journée et 25 $US/pers la journée. **VTB Tours** (☎ 664-3372 ; vtb@olivo.entelnet.bo ; Ingavi 0-784) propose également des sorties dans la plupart des sites touristiques de la ville et de la région.

Fêtes et festivals

Tarija est l'une des villes les plus festives de Bolivie, en particulier au moment du carnaval (lire l'encadré ci-contre). Si vous êtes sur place durant la dernière semaine de mars, ne manquez pas la Fiesta de Leche y Queso (fête du lait et du fromage) non loin de la ville, à Rosillas (p. 282).

AVRIL

Tarija organise un rodéo annuel dans le Parque Héroes de la Tablada, au début des vacances officielles du département. Le **Rodeo Chapaco** (15-21 avril) est l'occasion d'admirer tous les classiques du genre "cow-boy". Prenez un *micro* C dans le centre-ville.

AOÛT

Lors de la célèbre **Fiesta de San Roque** de Tarija (16 août), des chiens (dont San Roque est le saint patron) doivent parader dans les rues en costume de fête. Toutefois, les festivités ne débutent réellement que le premier dimanche de septembre : concerts de musique traditionnelle et processions Chuncho (tribu indigène) se succèdent huit jours durant. Pendant la procession, les participants portent des vêtements rehaussés de plumes et de rubans colorés, paillettes scintillantes et autres accessoires festifs, rappelant ainsi qu'ils descendent d'une tribu chaco récemment convertie au christianisme.

OCTOBRE

La **Fiesta de las Flores** (deuxième dimanche d'octobre) est une célébration religieuse dédiée à la Virgen de Rosario. Elle débute par une procession partant de l'Iglesia de San Juan. En chemin, des spectateurs jettent des pétales de fleurs. L'apothéose de cette journée est la vente de charité haute en couleur, au cours de laquelle les fidèles dépensent sans compter au profit de l'Église.

Renseignez-vous sur la foire artisanale d'octobre et la fête du jambon de montagne et du fromage.

LA FÊTE À LA MODE CHAPACA

En Bolivie, Tarija est la région de la musique et de la danse par excellence. Elle est célèbre pour ses traditions uniques et ses festivités animées et colorées, notamment durant la période du carnaval, lorsque tous les *Tarijeños* (habitants de Tarija) sortent danser, chanter et faire la fête. Si vous vous trouvez dans la région durant une *fiesta*, voici à quoi vous attendre.

La musique traditionnelle de Tarija utilise des instruments en bois propres à la région, tels que l'*erque* et la *quenilla*, la *caña* et la *camacheña*. Le chant qui accompagne la musique s'appelle la *copla*, un héritage direct de l'Espagne, avec des paroles comiques que l'on chante en duo. La danse, quant à elle, est de tradition Chuncho. Les danseurs portent des costumes colorés, des chapeaux à plumes et des masques, symbolisant les tribus Chiriguano et leur farouche résistance aux conquérants.

Le **carnaval** de Tarija est l'un des plus animés de Bolivie. L'ambiance y est extraordinaire. Pour lancer les réjouissances, le deuxième jeudi avant le carnaval, Tarija célèbre la **Fiesta de Compadres**. Le jeudi suivant, la **Fiesta de Comadres** est la plus grande fête qui précède le carnaval. Ces festivités, dont l'origine serait le village de Pola de Siero, dans les Asturies, au nord de l'Espagne, seraient dues aux femmes des dirigeants et des soldats espagnols, qui tenaient à ce que les traditions et la morale soient strictement respectées. Adoptées par les populations indiennes locales, elles sont désormais célébrées par la communauté tout entière, à grand renfort de musique, de danses et de décorations spéciales faites avec des pains baptisés *bollus preñaus*. La coutume veut que l'on s'y échange, entre parents ou entre amis, des fleurs, des fruits, des légumes, des petits gâteaux et autres présents.

Durant toute la saison du carnaval, les rues s'animent de danses, de rythmes *chapacos* (de Tarija) et de costumes traditionnels colorés des campagnes, s'invitant à la ville pour l'occasion. À la fin de la fête, un grand bal est organisé sur la place principale, et toute la ville vient pour danser ou écouter les orchestres folkloriques. Faites attention si vous n'aimez pas être mouillé : les batailles de bombes à eau font partie intégrante de la fête !

Le dimanche qui suit le carnaval, le *barrio* proche du cimetière est le théâtre de fausses "funérailles" durant lesquelles le diable est brûlé et enterré en préparation du carême. Le cortège funèbre, payé pour l'occasion, donne un air tragique au rituel (à moins que ce ne soit la perspective de devoir rester purs de tout péché durant 40 jours jusqu'à Pâques qui provoque ces têtes… d'enterrement !).

Où se loger
PETITS BUDGETS

Hostería España (☎ 664-1790 ; Corrado 0-546 ; s sans/avec sdb 3/5 $US, d sans/avec sdb 6/10 $US). Un personnel aimable dans cette adresse aux tarifs corrects, mais les chambres sont assez froides en hiver. Douches chaudes et joli patio fleuri. Prisée des étudiants.

Residencial El Rosario (☎ 664-3942 ; Ingavi 777 ; s sans/avec sdb 3/5,60 $US, d sans/avec sdb 6/10 $US). Un petit établissement fraîchement repeint, avec des chambres nettes qui donnent sur un patio calme. Ses atouts : chauffage au gaz fiable pour les douches, évier pour laver le linge et salle TV (câblée). Petit déjeuner à 1 $US.

Residencial Zeballos (☎ 664-2068 ; Sucre N-966 ; 3,35 $US/pers, avec sdb et petit déj 6,35 $US). Les dizaines de plantes en pot installées dans le joli patio donnent à l'endroit un certain charme. Demandez à voir la chambre avant de vous engager : celles situées au sous-sol sont tristes et sombres, mieux vaut loger à l'étage. Les TV et le service de blanchisserie sont des atouts supplémentaires.

CATÉGORIE MOYENNE

Hostal Bolívar (☎ 664-2741 ; Bolívar N-256 ; s 5,60-9 $US, d 10-15 $US). Sol à carreaux noirs et blancs et chambres confortables, dotées de téléphones bleu ciel vieillots, de rideaux de velour rose et de murs décrépis. Toutes ont une sdb avec eau chaude, mais seules les plus chères ont une TV. Le calme règne dans la grande cour chaleureuse.

Hostal Libertador (☎ 664-4231 ; Bolívar 0-649 ; s/d 9/16 $US). Option centrale et accueillante qui loue des chambres avec sdb, téléphone et TV câblée. Petit déjeuner à 0,75 $US.

Costanera (☎ 664-2851 ; Estenssoro et Saracho ; s 15-20 $US, d avec sdb et TV câblée 25-30 $U ; 🖳 💹). L'une des meilleures adresses de Tarija. Les chambres, élégantes et décorées dans des tons caramel et sable, sont dotées de vaste sdb et peut-être des meilleures douches du pays (dans cette catégorie). Téléphone, réfrigérateur, chauffage (sur demande) et parking. Le personnel est très aimable. Buffet pour le petit déjeuner inclus et Internet gratuit. Des tarifs réduits peuvent être négociés pour les longs séjours ou en basse saison. Excellent buffet végétarien pour l'*almuerzo* (1,75 $US ; lun-sam).

Hostal del Sol (☎ 666-5259 ; hostaldelsol@entelnet. bo ; angle Sucre N-782 et Bolívar ; s/d 20/30 $US ; 🖳). Un hôtel flambant neuf, l'un des plus beaux en ville, avec des murs couleur café, des TV écran plat, un sol en marbre et une décoration lumineuse et moderne. Malgré le manque de clim ou de ventil dans les chambres, le service attentif, les bons petits déjeuners et l'accès gratuit à Internet font de l'Hostal del Sol un lieu fantastique où loger.

Grand Hotel Tarija (☎ 664-2893 ; fax 664-4777 ; Sucre N-770 ; s/d avec petit déj et TV câblée 20/30 $US). L'un des plus anciens de la ville, dont le restaurant est pris d'assaut par les habitants à l'heure du déjeuner. Les chambres spacieuses, aux tons ocre, accusent un peu leur âge et le manque de soin, mais restent confortables et centrales. Un inconvénient avec les chambres donnant sur le patio : les rideaux doivent être tirés toute la journée.

Victoria Plaza Hotel (☎ 664-2600 ; hot_vi@entelnet. bo ; La Madrid et Sucre ; s/d 25/35 $US ; 🖳). Sur la place principale, ce ravissant quatre-étoiles loue des chambres années 1950 avec parquet rutilant, lits confortables, meubles rétro, sdb et TV câblée. Internet gratuit pour les clients. Un café-bar chic, La Bella Epoca, se trouve au rez-de-chaussée.

CATÉGORIE SUPÉRIEURE

Hotel Los Parrales (☎ 664-8444 ; www.losparraleshotel. com ; Urbanización Carmen de Aranjuez ; s/d avec petit déj complet 95/115 $US ; 🖳). Dans un cadre décontracté, à 3,5 km du centre, le seul cinq-étoiles de Tarija dispose d'un spa, d'un immense Jacuzzi et d'une belle salle à manger en plein air surplombant le paysage. Un cocktail vous est offert à l'arrivée. Les chambres sont décorées dans un style colonial luxueux et les lits sont très confortables. Le transfert depuis le centre-ville coûte 10 $US jusqu'à 3 personnes. La course en taxi revient à 1 $US. Réductions importantes (jusqu'à 45%) pour les séjours de plus d'une nuitée en basse saison.

Où se restaurer
RESTAURANTS

Club Social Tarija (☎ 664-2108 ; 15 de Abril E-271 ; 🕑 midi uniquement lun-ven ; déjeuner 1 $US). *Almuerzos* à l'ancienne servis à une horde de fidèles inscrits pour les formules repas du mois.

Chingo's (☎ 663-2222 ; Plaza Sucre ; 🕑 11h-24h ; en-cas 1-2 $US, repas 3-4 $US). Spécialisé dans les imposantes *parrilladas* (grillades de bœuf argentines) servies avec l'accompagnement de rigueur – riz, salade et pommes de terre. Livraison moyennant une somme modique.

La Vaca Loca (☎ 666-0102 ; Bolivar O-233 ; plats 2-3 $US). Jumelle de l'adresse de Samaipata, cette "vache folle" est un peu plus chic, avec des chaises en peau de vache, une lumière tamisée et une bonne cuisine. Au menu : sandwichs au poulet, salades appétissantes et glaces pour le dessert.

Taverna Gattopardo (☎ 663-0656 ; plats 2-5 $US ; dégustation de vins 6-10 $US). Sur le trottoir nord de la place principale, cette chaleureuse taverne européenne est la table la plus fréquentée de Tarija. On y sert d'excellents expressos et cappuccinos le matin, des salades, hamburgers et *ceviche* (poisson mariné au citron) délicieux le midi, et des filets de poulet, du poisson ou encore une fondue bourguignonne au dîner. Une alcôve en pierre aménagée à l'arrière cache un bar propice aux rencontres et un coin dégustation pour essayer toute la gamme des meilleurs crus régionaux, entre deux bouchées de jambon cru local.

Chifa New Hong Kong (☎ 663-7076 ; Sucre N-235 ; déjeuner 2,25 $US, plats 2,50-4 $US). À côté d'un magasin chinois très fréquenté, ce restaurant offre une bonne cuisine, des cocktails bon marché, des repas copieux et une carte chinoise variée.

La Floresta (☎ 664-2894 ; Carretera a San Jacinto, Barrio Germán Busch ; buffet déjeuner 2,50-3,50 $US). Idéal pour un grand verre de limonade et un buffet à volonté avec plats à base de porc ou de poulet et salades, servis dans un joli jardin ombragé agrémenté d'une grande piscine. L'endroit est joyeux le week-end quand les familles locales affluent. La Floresta étant un peu en dehors de la ville, prenez un taxi pour y aller ; on vous en commandera un pour le retour (1 $US).

Churrasquería El Rodeo (Oruro E-749 ; repas 4 $US). Étant donné la proximité de l'Argentine, l'engouement pour les épaisses tranches de viande n'est guère étonnant. Une adresse de choix, avec bar à salades.

El Tropero (Lema 0-226 ; repas 4 $US). Un établissement rustique, idéal pour les amateurs de viande. Steak de rigueur, avec buffet de salades pour compléter le menu.

SUR LE POUCE

Mercado Central (Sucre et Domingo Paz). À l'angle nord-est du marché, des vendeurs de rue proposent des en-cas et des pâtisseries typiques de la région, notamment de délicieux *panqueques*, semblables à nos crêpes. Vous pourrez prendre votre petit déjeuner dans le fond du marché, un repas peu onéreux à l'étage, et un jus de fruits dans la partie réservée à la vente. Ne manquez pas l'immense boulangerie et la section sucreries près de Bolívar.

Heladería Napoli (Campero N-630 ; 0,20 $US). Des glaces tout simplement divines. Ouvert jusqu'à 20h.

Snack Vicky (La Madrid près de Trigo ; plats et repas 1-1,50 $US). Apprécié de la population locale pour un en-cas rapide. Sert aussi de la viande, des sandwichs et des *almuerzos*.

Café Mokka (Plaza Sucre ; repas 1-2 $US). Un endroit élégant, avec des tables sur la place, où l'on sert un café passable, des cocktails corrects et de bon repas légers.

Café Campero (Campero près de Bolívar ; 1-2 $US). La fabuleuse gamme des pains et pâtisseries – avec notamment baguettes à la française, gâteaux au chocolat et *cuñapes* (manioc et rouleaux au fromage) est à se damner.

La Candela (☎ 664-9191 ; Plaza Sucre ; ☺ 9h-24h lun-ven, 9h-2h sam-dim ; en-cas et plats moins de 2 $US). La nouvelle direction promettait, lors de notre passage, des pizzas, des pâtes, des en-cas et de la musique *live* à l'étage.

FAIRE SES COURSES

Supermercado Tarija (15 de Abril et Delgadillo). Le meilleur supermarché de Tarija, bien approvisionné en produits alimentaires d'importation et en vins de choix.

Où sortir

Les karaokés sévissent autour de Plaza Sucre, lieu de prédilection de la jeunesse de Tarija.

Café Teatro Caretas (Suipacha et Carpio ; prix d'entrée variable). Il n'y a pas d'âge pour fréquenter ce lieu bohème qui propose concerts, pièces de théâtre, leçons d'échecs et expositions artistiques. Des manifestations ont lieu presque chaque soir (participation modique). On peut y acheter des boissons et des en-cas. Vente de hamburgers à l'extérieur.

Karaoke Discoteca Amor (La Madrid près de Sucre). Une adresse pour *aficionados* de tubes latino-américains.

Cine Gran Rex (La Madrid). Programme des longs métrages en avant-première, pour quelques dollars.

Guettez les prospectus annonçant les *peñas* (spectacles de musique folklorique), qui se tiennent en général dans des restaurants le week-end. Matchs de basket-ball, *futsal* (*futból de salon*, minifootball 5 contre 5) et volley-ball se déroulent au **Coliseo Deportivo** (Campero). Après 18h, les amateurs d'échecs s'en donnent à cœur joie à côté, à l'**Asociación Tarijeña de Ajedrez** (Campero) ; participation gratuite à condition de respecter le règlement : cigarettes interdites et silence de rigueur.

Depuis/vers Tarija
AVION

L'aéroport Oriel Lea Plaza se situe à 3 km à l'est de l'Av. Victor Paz Estenssoro. **LAB** (☎ 664-2195 ; Trigo N-329) assure normalement un service régulier pour Cochabamba et quelques vols hebdomadaires pour Santa Cruz. **TAM** (☎ 664-2734 ; La Madrid 0-470) propose des vols pour Santa Cruz le samedi (55 $US) et La Paz le dimanche (75 $US), *via* Sucre (40 $US). **AeroSur** (☎ 663-0893 ; Ingavi et Sucre) dessert La Paz (90 $US) et Santa Cruz (65 $US) trois fois par semaine.

BUS ET CAMIÓN

La **gare routière** (☎ 663-6508) se trouve à l'est de la ville, à 20 minutes de marche du centre, en longeant l'Av. Victor Paz Estenssoro. Plusieurs *flotas* (compagnies de bus longue-distance) proposent des bus pour Potosí (6,50 $US, 12-15 heures), avec des correspondances pour Uyuni (8 $US, 20 heures), Oruro (9 $US, 20 heures), Cochabamba (12 $US, 26 heures) et Sucre (9 $US, 18 heures) ; en général, départ quotidien dans l'après-midi.

Le départ des bus quotidiens pour Tupiza (4-5 $US, 9-10 heures) et Villazón (4-5 $US, 10 heures) a lieu en soirée. Les navettes pour Yacuiba (4 $US, 12 heures) partent le matin ; le voyage est agréable. Les bus pour La Paz (15 $US, 24 heures) démarrent tous les jours à 7h30. Des services quotidiens rallient Camiri (8 $US, 14 heures), avec des correspondances pour Santa Cruz (11 $US, 24 heures). D'innombrables navettes quotidiennes se rendent à Bermejo (3,50 $US, 6 heures).

Vous pouvez également rallier directement la plupart des villes argentines tous les jours, notamment Buenos Aires (50 $US, 32 heures). Par ailleurs, une navette quotidienne est assurée pour Santiago au Chili (65 $US, 34 heures), *via* Mendoza en Argentine. Il existe également des services internationaux réguliers pour Asunción (Paraguay), Iquique (Chili) et Montevideo (Uruguay).

Pour vous rendre à Yacuiba ou Villamontes, postez-vous devant la *tranca* (poste de police de l'*autopista*), à l'est de la ville, et attendez le passage d'un *camión*. Le trajet se révélera fort inconfortable, mais vous traverserez un paysage merveilleux, notamment dans les gorges de Pilcomayo et entre Entre Ríos et Palos Blancos. Sortez à la *tranca* nord pour Villazón et Potosí, et à la *tranca* sud-est pour Yacuiba et Bermejo.

Comment circuler
DEPUIS/VERS L'AÉROPORT
En taxi, comptez environ 1 $US de l'aéroport au centre ; si vous marchez 100 m après la porte de l'aéroport (visible de l'extérieur du terminal), vous ne paierez pas plus de 0,40 $US/pers. Une autre solution consiste à traverser la route principale et à prendre un *micro* A ou un *trufi* (0,20 $US) passant devant le Mercado Central.

BUS
Le trajet dans un *micro* ou un *trufi* municipal revient à 0,20 $US ; les itinéraires sont clairement indiqués sur le pare-brise.

TAXI
À Tarija, tout est, pour ainsi dire, accessible à pied, même l'aéroport ! Une course en taxi de jour/nuit revient à 0,50/0,75 $US/pers dans le centre/jusqu'à la gare routière. Pour appeler un radio-taxi, contactez **4 de Julio** (☎ 664-6555/7676).

VOITURE
Barron's Rent-a-Car (☎ 663-6853 ; Ingavi E-339)

LAC SAN JACINTO
Ce lac de retenue de 1 700 ha, à 7 km au sud-ouest de la ville, permet à Tarija (dépourvue d'accès à la mer) de profiter des plaisirs nautiques. Dans le complexe touristique, vous trouverez des petites *cabañas* servant du *dorado* (délicieux poisson local) et pourrez louer un canoë ou faire d'agréables promenades sur la berge et les crêtes environnantes. Les *Chapacos* y affluent le dimanche après-midi. Le *micro* H et le *trufi* Línea San Jacinto (0,20 $US, 10 min) partent toutes les 20 minutes du Palacio de la Justicia (Ingavi et Campos) à Tarija.

SAN LORENZO
21 400 habitants
Cette ville coloniale, à 15 km au nord de Tarija sur la route de Tupiza, possède des rues pavées, des balcons sculptés, une église datant de 1709 ainsi qu'une *plaza* fleurie. Il est toutefois surtout connu pour être le berceau de José Eustaquio "Moto" Méndez, héros de la Batalla de la Tablada. Sa maison accueille aujourd'hui le **Museo Moto Méndez** (gratuit ; ☯ 9h-12h30 et 15h17h lun-sam, 10h-12h dim), qui présente essentiellement ses effets personnels légués à la population de Tarija. Comme souvent dans ce genre de musée, les objets sont restés tels quels depuis sa mort. La populaire **Fiesta de San Lorenzo**, le 10 août, offre l'occasion de voir des danses et d'entendre des instruments *chapacos*.

Après cette visite, dirigez-vous vers le nord jusqu'à la **Capilla de Lajas**, à 2 km de là. Cette adorable chapelle aux proportions exquises présente une architecture coloniale d'une grande finesse. Autrefois propriété de la famille Méndez, elle appartient encore à un particulier. Au nord se dresse l'ancienne demeure de l'ex-président **Jaime Paz Zamora**, auquel un panneau rend hommage.

Dans la journée, *micros* et *trufis* (0,35 $US, 30 min) partent de la Plaza Guemes (Iglesia de San Juan) à Tarija toutes les 20 minutes environ.

EL VALLE DE LA CONCEPCIÓN
"El Valle", comme on surnomme cette vallée, constitue le cœur même de la production nationale de vin et de *singani* (eau-de-vie). La ville possède encore de nombreux décors coloniaux pittoresques, et la *plaza* arbore quelques *ceibo*, un arbre endémique magnifique à la floraison. Pour visiter les caves de la vallée, contactez leurs bureaux à Tarija (p. 272), Viva Tours ou VTB Tours (p 276). La **Fiesta de la Uva** (fête du raisin) se déroule sur trois jours en mars, pendant les vendanges.

El Valle s'étend à l'écart de la route menant à Bermejo ; prenez à droite au niveau de la *tranca* située à l'est de Tarija. Dans la journée, le *trufi* Línea V pour Concepción part de la Plaza Sucre de Tarija (0,40 $US, 30 min) toutes les 30 minutes environ.

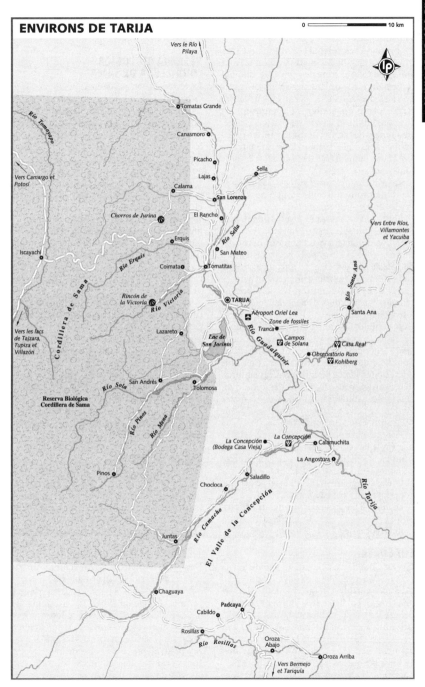

ENVIRONS DE TARIJA

0   10 km

Vers le Río Pilaya

Tomatas Grande

Canasmoro

Picacho

Sella

Lajas

Calama

San Lorenzo

Río Tomayapo

Vers Camargo et Potosí

Chorros de Jurina

El Rancho

Río Sella

Vers Entre Ríos, Villamontes et Yacuiba

Iscayachi

Erquis

San Mateo

Río Erquis

Coimata

Tomatitas

Cordillera de Sama

Rincón de la Victoria

Río Victoria

TARIJA

Río Santa Ana

Santa Ana

Vers les lacs de Tajzara, Tupiza et Villazón

Lazareto

Lac de San Jacinto

Aéroport Oriel Lea

Zone de fossiles

Tranca

Campos de Solana

Casa Real

Río Guadalquivir

Observatorio Ruso

Kohlberg

San Andrés

Río Sola

Tolomosa

Reserva Biológica Cordillera de Sama

Río Pinos

Río Mena

La Concepción (Bodega Casa Vieja)

La Concepción

Calamuchita

La Angostura

Pinos

Chocloca

Saladillo

Río Tarija

Juntas

Río Camacho

El Valle de la Concepción

Chaguaya

Padcaya

Cabildo

Rosillas

Río Rosillas

Oroza Abajo

Oroza Arriba

Vers Bermejo et Tariquía

PADCAYA

19 300 habitants

Le précepte selon lequel le voyage est plus important que la destination prend ici tout son sens. Ce qui reste de l'héritage colonial largement vanté de Padcaya se limite à deux édifices dressés sur la *plaza* et à un autre (transformé en atelier de réparation de camions) dont la façade en plâtre s'écaille, révélant une construction intérieure en adobe. Toutefois, nichée dans une cuvette à l'ombre de quantité d'eucalyptus, la ville jouit d'un site agréable, et le trajet de 50 km jusqu'à Padcaya – un beau paysage désertique de montagne entrecoupé de vallées verdoyantes – est enchanteur.

Pour une intéressante promenade depuis Padcaya, poursuivez sur 3 km vers le sud en direction de Chaguaya (et non vers Bermejo ; tournez à droite à la *tranca*), jusqu'au hameau de **Cabildo** : le tannage à l'ancienne semble constituer l'industrie principale et vous y verrez des peaux plongées dans des bassins remplis d'un liquide peu engageant, puis mises à sécher sur des fils.

À Cabildo, tournez à droite sur le sentier des lamas et poursuivez sur 5 km jusqu'à une **grotte** ornée de pétroglyphes, un site privilégié pour les étudiants de Tarija. Vous aurez sans doute besoin d'aide pour repérer les peintures, mais gardez-vous de demander celle d'un enfant : les habitants, convaincus que le diable vit dans ce lieu enchanteur, interdisent à leur progéniture de s'en approcher.

Pour changer un peu de l'ordinaire, assistez à la **Fiesta de Leche y Queso** (fête du lait et du fromage) de **Rosillas**, une localité d'un millier d'habitants à l'ouest de Padcaya. Cette fête annuelle à la gloire du bétail local se déroule la dernière semaine de mars.

Le *micro* P part toutes les heures de Padcaya (1 $US, 30 min) depuis la Plaza Sucre, à l'intersection de Colón et 15 de Abril.

CHAGUAYA

C'est à Chaguaya, à 51 km au sud de Tarija près de Padcaya, que se trouve le Santuario de la Virgen de Chaguaya, haut lieu de pèlerinage. La **Fiesta de la Virgen de Chaguaya** débute le 15 août et dure jusqu'au dimanche suivant. L'alcool est alors interdit. Les pèlerins affluent de toute la Bolivie, parfois même à pied (la procession annuelle met 12 heures pour parcourir les 45 km depuis Tarija). À Tarija, des *micros* (0,75 $US) pour Chaguaya partent tous les jours à 16h depuis la gare routière principale.

RESERVA BIOLÓGICA CORDILLERA DE SAMA

La **réserve biologique de Sama** abrite des spécimens représentatifs des écosystèmes de l'Altiplano aussi bien que des vallées interandines. Sur les hauts plateaux de la réserve (à plus de 3 500 m au-dessus du niveau de la mer), les lacs de Tajzara servent d'étape à plus de 30 espèces d'oiseaux aquatiques au cours de leur migration, notamment trois des six espèces de flamants roses de la planète, ainsi que des foulques cornues et des foulques géantes, espèces rares. En altitude, les températures sont assez fraîches toute l'année, quoique légèrement plus douces pendant les mois d'hiver (de mai à août) qui correspondent à la saison sèche. L'été est la meilleure époque pour visiter les régions moins élevées, car il fait assez chaud pour se baigner.

La réserve est placée sous l'administration conjointe du **Servicio Nacional de Áreas Protegidas** (Sernap ; carte p. 72 ; ☎ 2-243-4420/243-4472 ; www.sernap. gov.bo ; Loayza, Edificio Full Office, Mariscal Santa Cruz et Camacho, La Paz) et de la **protection de l'Environnement de Tarija** (Prometa ; carte p. 273 ; ☎ 4-663-3873 ; www.prometa.org ; Carpio E-659 à Tarija). Ces deux services développent un sentier écotouristique afin d'aider à financer et protéger la réserve. Consultez les sites Internet ou le bureau de Tarija pour obtenir les dernières informations.

Région de Tajzara

La région de Tajzara se situe dans la *puna* froide et venteuse de l'ouest du département de Tarija. Plusieurs étendues d'eau peu profondes aux innombrables flamants roses, se détachent, tels de véritables joyaux, du paysage désolé de l'Altiplano, où ne poussent que la *thola* (petit buisson du désert) et la *paja brava* épineuse. Les adeptes locaux du New Age considèrent Tajzara comme un site naturel dégageant une véritable énergie et, de fait, il ressemble à s'y méprendre à quelque contrée reculée du Tibet. Les habitants des hauts plateaux, persuadés que les lacs sont hantés par des esprits hurlant à la nuit tombée, se gardent bien de sortir dans l'obscurité, car cela pourrait provoquer quelque catastrophe. Il est vrai que dans l'air du soir s'élèvent parfois des cris sinistres semblables à des voix humaines, mais les esprits plus terre à terre les attribuent aux vents soufflant dans les *thola* (buissons).

Le long de la berge orientale des lacs, le vent a façonné d'immenses *arenales* (dunes de sable). Ne manquez pas de grimper jusqu'au pic symétrique de **Muyuloma**, à 1 000 m au-dessus de la plaine, pour profiter de la vue sublime sur les lacs et au-delà, jusqu'aux étendues infinies du sud de l'Altiplano. Le trajet du retour prend une bonne partie de la journée.

Près du centre d'accueil des visiteurs de Tajzara, La Prometa est en train de construire un **albergue** (moins/plus de 25 ans 10/13 $US) avec douche chaude, cuisine commune et observatoire où les amateurs d'oiseaux guetteront les 45 espèces résidentes, dont trois espèces de flamants roses. Les randonneurs peuvent faire une marche de 6 à 8 heures sur le magnifique **sentier inca** dévalant la vallée sur un dénivelé de 2 000 m. Avec un peu de chance, on peut voir des *vigognes*, des condors, des daims des Andes (fort rares), ou encore de mystérieuses peintures rupestres. Pour la randonnée, arrivez la veille et apportez tout le ravitaillement nécessaire.

Vallées interandines

L'été, vous pourrez nager en divers endroits de la vallée, notamment à Tomatitas, à Coimata et à Chorros de Jurina.

Tomatitas, avec ses bassins naturels, ses trois rivières (la Sella, le Guadalquivir et l'Erquis) et ses gargotes animées, est une destination appréciée des promeneurs en excursion pour la journée depuis Tarija. Le meilleur endroit pour la baignade se situe immédiatement sous la passerelle, où est aménagé un camping avec barbecues. De là, vous pourrez marcher ou faire du stop pour couvrir les 5 km vous séparant de **Coimata**. Depuis Tarija, quittez la route principale de San Lorenzo et tournez à gauche. À moins de 1 km, vous dépasserez sur votre gauche un cimetière rempli de fleurs et de croix hautes en couleur. Juste après, prenez à droite jusqu'à Coimata, puis tournez à gauche au niveau du terrain de football et continuez jusqu'au bout. Vous découvrirez une cascade ainsi qu'un **bassin** qui valent largement le détour, comme le prouve la présence des nombreuses familles venues de Tarija. Toute une gamme de petits restaurants propose des *misquinchitos* et *doraditos* (poissons locaux, frits et servis avec du maïs blanc), ainsi que des *cangrejitos* (petits crabes d'eau douce). De là, suivez le sentier remontant le ruisseau pendant 40 minutes, jusqu'aux **chutes de Coimata** d'une hauteur de 60 m sur deux niveaux.

Vous trouverez un autre bassin avec cascade au **Rincón de la Victoria**, à 6,5 km au sud-ouest de Tomatitas, dans un cadre verdoyant. Après le cimetière, prenez la route sur la gauche. Depuis la fourche, il ne vous reste plus que 5 km jusqu'au Rincón de la Victoria.

Les chutes "jumelles" de **Chorros de Jurina**, hautes de 40 m, constituent un but de promenade agréable pour la journée depuis Tarija. Au cœur d'un superbe paysage plutôt insolite, l'une des cascades se jette sur une falaise blanche, tandis que l'autre dévale le long d'une roche noire. À la fin de l'hiver, elles se réduisent parfois à un simple filet ou se retrouvent à sec.

La route reliant Tarija à Jurina traverse un impressionnant paysage de campagne. En partant des abords de la plaza fleurie de San Lorenzo, suivez la route de Jurina, qui bifurque après la Casa de Moto Méndez. Au bout de 6 km, vous dépasserez une école sur la gauche ; 200 m après, tournez à gauche et poursuivez la route jusqu'au bout, sur 2,5 km. Il reste alors 5 minutes de marche jusqu'au pied de chaque cascade. Vous accéderez à celle de gauche en remontant la rivière, et à l'autre par le sentier partant derrière une petite maison.

Depuis/vers Sama

Depuis Tarija, **Viva Tours** (carte p. 273 ; ☎/fax 4-663-8325 ; vivatour@cosett.com.bo ; 15 de Abril et Delgadillo) organise des circuits d'une nuit dans différentes parties de Sama. Il est également possible de se rendre à Tajzara par les transports publics, mais en général la nuit uniquement. Depuis Tarija, prenez un bus en direction de Villazón et demandez au chauffeur de vous indiquer le centre d'accueil des visiteurs de Tajzara, à 20 minutes à pied de la route. Vous pouvez aussi descendre à **Pasajes**, à 7 km du centre, ou contacter la Prometa (page de gauche) pour vous renseigner sur les autres moyens de transport.

De nombreux *micros* A et B pour Tomatitas partent de l'extrémité occidentale de l'Av. Domingo Paz à Tarija et, le week-end, des *trufis* occasionnels font la route jusqu'à Coimata. Un taxi entre Tomatitas et Coimata coûte 2 $US (4 pers max) ; comptez 4 $US de Tarija à Coimata. Les *trufis* San Lorenzo pour Jurina partent près de l'Iglesia de San Juan à Tarija à 8h30, 14h45 et 17h. Descendez près de l'école et finissez le trajet à pied ou, le week-end, faites du stop.

RESERVA NACIONAL DE FLORA Y FAUNA TARIQUÍA

Créée en 1989, la belle **réserve de Tariquía**, encore peu connue, s'étend sur 247 000 ha. Elle protège une bonne partie de l'écosystème de la forêt de nuage, extrêmement dense, qui dévale les pentes est des montagnes de Tarija. Située entre 400 et 1 500 m, la réserve héberge des espèces rares, tels que l'ours à lunettes, le jaguar, le tapir, le pécari à collerette et le renard des Andes, ainsi que des centaines d'oiseaux. Dans la partie sud, les pêcheurs devront payer 10 $US.

La seule façon d'admirer cette réserve encore sauvage reste la marche, et la randonnée peut se révéler fort gratifiante, notamment avec un guide et une bête de somme. Privilégiez les mois d'hiver (de mai à septembre), secs, car la traversée des rivières est périlleuse pendant la saison humide. En hiver, le climat est généralement doux, voire chaud, notamment à basse altitude.

La **Prometa** (carte p. 273 ; ☎ 663-3873 ; www. prometa.org ; Carpio E-659, Tarija) gère sept camps à Tariquía, comprenant un **albergue** (15-20 $US) sommaire avec possibilité de cuisiner et de camper, ainsi que le centre communautaire de Tariquía au cœur de la réserve. Depuis la route, comptez deux jours de marche jusqu'au centre (emportez votre matériel de camping) et prévoyez six jours pour explorer toute la région à pied.

La Prometa se charge également des transports ; elle organise des sorties d'une journée, parfois avec guides. Sinon, adressez-vous à **Viva Tours** (carte p. 273 ; ☎ /fax 4-663-8325 ; vivatour@cosett. com.bo ; angle 15 de Abril et Delgadillo), à Tarija.

BERMEJO

1 500 habitants / altitude 415 m

Chaude, étouffante et poussiéreuse, cette localité – la plus méridionale de Bolivie – se situe au bord du Río Bermejo, à la pointe sud-ouest du pays, sur des terres pétrolifères. La plupart des habitants gagnent leur vie à la raffinerie de pétrole YPFB (Yacimientos Petroliferos Ficales Bolivianos) ou à celle de canne à sucre. Le seul intérêt de l'endroit pour les visiteurs est le pont international, à 5 km en amont, qui permet de rallier rapidement **Aguas Blancas**, en Argentine. Notez que l'Argentine avance toujours d'une heure par rapport à la Bolivie.

Grâce à sa proximité de la frontière, Bermejo ne manque pas de *casas de cambio* (change d'espèces). Pour les e-mails, rendez-vous au **Café Internet Cotabe** (Arce et Ameller ; 0,50 $US l'heure). Les postes-frontières boliviens et argentins ouvrent approximativement aux mêmes heures : de 7h à 16h environ en Bolivie et, plus sûrement, de 8h à 17h en Argentine. Des *chalanas* (ferries) traversant le fleuve (0,15 $US) partent à quelques minutes d'intervalle ; auparavant, pensez à faire apposer votre tampon de sortie.

Bermejo dispose d'un choix surprenant d'hébergements, mais il n'y a aucun endroit où se loger à Aguas Blancas. **La Casona del Turista** (☎ 696-3342 ; carello@cotabe.com ; Barranqueras 147 ; ch avec sdb 5 $US/pers) loue des chambres propres, avec eau chaude. Elle dispose d'un bon restaurant au rez-de-chaussée.

Le petit **Hotel Paris** (☎ /fax 696-4562 ; Tarija et La Paz ; s/d 10/20 $US ; 🏊), assez luxueux, dispose d'un Jacuzzi, de la TV câblée et de la clim.

Sur la place, **Don Javier** (plats 1 $US) sert les grands classiques boliviens pour des prix tout aussi classiques. Rien d'extraordinaire : *lomo*, poulet, soupe et riz.

La gare routière se trouve à huit rues de la plaza principale. Des bus matinaux relient Bermejo à Tarija (3,50 $US, 6 heures). Depuis Aguas Blancas, des bus argentins pour Orán (1,50 $US, 1 heure) partent toutes les heures du terminal situé en face du bureau de l'immigration. D'Orán, il est possible de se rendre à Salta, Jujuy, Tucumán, Tartagal (correspondance pour Pocitos et Yacuiba) et Asunción (Paraguay).

LE CHACO

Région plate et peu peuplée, le Chaco est une immense étendue de buissons épineux qui couvre la majeure partie du sud-est de la Bolivie et de l'ouest du Paraguay, débordant même sur l'Argentine. Sa population se compose de fermiers installés dans des ranchs dispersés, de communautés autochtones isolées et quelques colonies mennonites qui vivent de la culture de leurs terres, ainsi que de policiers et de militaires en faction.

Si le Chaco manque singulièrement de relief, il n'en constitue pas moins le second écosystème le plus diversifié d'Amérique du Sud (après le bassin de l'Amazonie). D'une richesse exceptionnelle, la flore et la faune bénéficient de l'absence d'êtres humains. Papillons et oiseaux abondent, et la région est l'un des derniers refuges d'espèces menacées sur le continent, telles que le tapir, le jaguar et le pécari ou *javeli*. Le paysage de buissons épineux qui caractérisent la flore étonnante du Chaco est égayé par des arbrisseaux et des arbres aux fleurs magnifiques, notamment le buisson jaune *carnaval*, le *huevo* jaune et blanc, le *toboroche* ou *palo borracho* ("branche saoule") rose et blanc en forme de bouteille, et le *quebracho* (bois de fer) rouge. Le magnifique bois de *quebracho*, trop lourd pour flotter, compte parmi les principaux produits d'exportation du Chaco.

YACUIBA

83 500 habitants / altitude 625 m

Seul le passage de la frontière qui sépare la Bolivie de l'Argentine justifie un arrêt à Yacuiba. La petite localité de **Pocitos**, à 5 km au sud, est le poste-frontière le plus à l'est entre la Bolivie et l'Argentine. La plupart des voyageurs n'y passent pas la nuit, mais si vous y êtes contraint, vous pourrez faire le tour des boutiques qui vendent des articles superflus et de piètre qualité.

Yacuiba constitue le terminus de la ligne ferroviaire de Santa Cruz et de l'oléoduc d'YPFB partant de Camiri. La voie ferrée fut construite à l'aide de capitaux argentins, conformément aux termes d'un traité de 1941 : la Bolivie s'engageait à exporter son surplus de pétrole vers l'Argentine en échange de 580 km de voie ferrée sur la ligne de Buenos Aires. Les travaux commencèrent sans tarder, mais ne s'achevèrent que dans les années 1960.

Renseignements

La rue principale de Yacuiba, orientée nord-sud, compte plusieurs *casas de cambio* ne changent que des espèces. Calculez la somme que vous êtes supposé recevoir avant de quitter le guichet et méfiez-vous des fausses coupures en dollars. Vols à la tire et menus larcins ont été signalés, en particulier dans les zones commerçantes bondées. Dans la ville, il n'y a ni consulat bolivien ni consulat argentin.

Où se loger et se restaurer

Le seul mérite de Yacuiba est de compter un grand nombre d'hôtels.

Hotel Valentín (☎ 682-2645 ; San Martín 1153 ; s/d 4,50/7 $US, d avec sdb 14 $US). Situé en face de la gare ferroviaire, cet hôtel présente le meilleur rapport qualité/prix. Il abrite un bar-restaurant.

Hotel Paris (☎ 682-2182 ; Comercio et Campero ; s/d 15/20 $US ; 🅿). Une adresse agréable. Sdb individuelles et clim.

Les voyageurs à petit budget essaieront l'une de ces trois options rudimentaires, mais propres :

Alojamiento Ferrocarril (☎ 682-2784 ; Comercio 145 ; ch 2 $US/pers)

Residencial San Martín (☎ 682-2532 ; San Martín 10 ; ch 2 $US/pers)

Residencial Aguaragüe (☎ 682-2704 ; Campero 165 ; s/d 2,50/3 $US)

Pour un avant-goût d'Argentine au nord de la frontière – et notamment de gigantesques portions de viande –, essayez l'une des nombreuses *churrasquerías*. On trouve aussi quantité de stands d'en-cas dans la zone commerçante.

Depuis/vers Yacuiba

TAM (☎ 682-3853) dessert Santa Cruz le samedi après-midi et La Paz le dimanche matin, *via* Tarija et Sucre, pour environ 50 $US.

Des bus se rendent matin et soir à Tarija (4 $US, 12 heures), et de nombreuses *flotas* partent chaque soir pour Santa Cruz (9 $US, 15 heures), *via* Villamontes et Camiri. Les billets pour les bus argentins Veloz del Norte peuvent s'acheter à Yacuiba, au TVO Expreso Café.

Il est possible de partager un taxi (0,75 $US/ pers) entre Yacuiba et l'immigration argentine à Pocitos. Après avoir traversé la frontière à pied, prenez un bus argentin jusqu'à Tartagal et l'Embarcación (départ toutes les 2 heures), d'où vous pourrez prendre une correspondance pour Salta, Jujuy, Orán et Buenos Aires.

À la **gare ferroviaire** de Yacuiba (☎ 682-2308), la vente des billets débute le matin du départ (venez tôt pour faire la queue). Plutôt rapide et confortable, le service *Ferrobus* pour Santa Cruz (3e/2e/1re classe 4/5,50/12,50 $US, 9 heures) part le mercredi et le dimanche à 20h.

Localiza Rent-a-Car (☎ 682-5600 ; Comercio et Juan XXIII) loue des voitures ordinaires et des 4x4.

LA RUTA TRANS-CHACO

L'un des périples les plus extraordinaires de l'Amérique du Sud consiste à traverser le Gran Chaco entre Filadelfia, au Paraguay, et Villamontes, en Bolivie. Toutefois, à présent que plusieurs bus de la ligne Santa Cruz-Asunción relèvent ce défi, l'itinéraire a perdu un peu de son charme. Mais il reste encore quelques imprévus, et de nombreuses péripéties à vivre dans ces paysages rudes et sauvages à la végétation épineuse. Vous pourrez notamment admirer des paysages incroyables, voir des myriades de papillons colorés, vous faire piquer par des insectes ou avoir à pousser un bus enlisé. La route, qui présente un bon revêtement en gravier entre Filadelfia et Patria au Paraguay, se transforme ensuite en une succession d'ornières abyssales. Que vous choisissiez bus, *camiones* ou 4x4 privé, attendez-vous à une bonne dose de secousses. Pendant la saison humide, les tronçons sablonneux deviennent impraticables, se métamorphosant en sables mouvants et en mer de boue limoneuse. La Ruta Trans-Chaco vous réserve également un cortège de mésaventures administratives, avec toute une succession de postes de contrôle de l'immigration, des douanes, de la police et des militaires.

En Bolivie, le mieux est de se procurer le tampon de sortie à Tarija ou à Santa Cruz. Votre passeport sera contrôlé au poste-frontière bolivien d'Ibibobo. (Il y a un autre poste-frontière à Boyuibe, mais plusieurs voyageurs nous ont rapporté qu'il était fermé ; il vous faudra donc vous renseigner sur place.) Le poste-frontière paraguayen se trouve à Fortín Infante Rívarola, quelques kilomètres plus loin. Avant d'atteindre Mariscal Estigarribia, on trouve un poste de police isolé et un autre à La Patria.

En venant du Paraguay, vous devez vous procurer votre tampon d'entrée dans les 72 heures suivant votre arrivée en Bolivie.

VILLAMONTES
23 800 habitants / altitude 380 m

À Villamontes, la ville la plus chaude du pays, le mercure dépasse souvent les 40°C lorsqu'un vent sec et étouffant vient recouvrir le paysage d'une épaisse couche de poussière rouge. Malgré la chaleur, Villamontes est une ville accueillante. La majorité des habitants sont des Guaraní, et l'on trouve sur le marché d'adorables paniers tressés et du mobilier en matériaux naturels de la région. Comme le reste du Chaco, Villamontes est réputée pour sa faune et sa flore, notamment ses variétés de mouches et de moustiques. Ne manquez pas le **festival de pêche** annuel sur le Río Pilcomayo au mois d'août, ni la **foire au bétail** fin août ou début septembre.

Histoire
À l'époque inca, les tribus guaraní venues de l'actuel Paraguay s'installèrent dans la région. Aujourd'hui, leurs descendants constituent la majorité de la population locale. Villamontes n'était qu'un avant-poste isolé jusqu'à ce qu'il apparaisse comme un emplacement stratégique durant la guerre du Chaco. Les Paraguayens connurent là un coup d'arrêt dans leur avancée incontestée vers l'armée bolivienne. Durant la bataille de Villamontes, en 1934, l'armée bolivienne remporta un

succès décisif. Le regain de vigueur alors acquis lui permit de reprendre certains territoires de l'est du Chaco et quelques champs pétrolifères dans le département de Santa Cruz.

Où se loger et se restaurer
Hotel El Rancho (☎ 684-2049 ; ch avec sdb 8 $US/pers). Un hôtel attrayant situé en face de la gare ferroviaire, doté de bungalows avec TV. Les chambres sont moins chères dans l'aile ancienne. Agréable restaurant sur le côté.

Gran Hotel Avenida (☎ 684-2297 ; s/d avec sdb et petit déj 12/15 $US ; 🖳). L'adresse centrale la plus agréable. Propose des chambres correctes avec TV câblée.

Vous trouverez quelques bonnes *churrasquerías* près de la place.

Depuis/vers Villamontes
Des bus desservent Yacuiba, Tarija et Santa Cruz plusieurs fois par jour. La Ruta Trans-Chaco (voir l'encadré ci-dessus) se dirige vers le sud-est, longeant le Río Pilcomayo. Les *camiones* stationnent sur la partie nord du marché. Villamontes se situe à 2 heures de train au nord de Yacuiba et à 10 heures au sud de Santa Cruz. Vous trouverez des taxis (0,40 $US/pers) près de la gare ferroviaire, à 2 km au nord de la ville. Renseignez-vous

auprès de **TAM** (☎ 684-2135) pour savoir si les vols du samedi pour Yacuiba, Santa Cruz et Tarija ont repris.

PARQUE NACIONAL Y ÁREA NATURAL DE MANEJO INTEGRADO AGUARAGÜE

Le parc national de Aguaragüe, tout en longueur, s'étend sur 108 000 ha. Il couvre la majeure partie de la **Serranía de Aguaragüe**, qui sépare le vaste Gran Chaco et les hauts plateaux du département de Tarija. Cette région est aussi connue pour son climat, le plus chaud de la Bolivie. Les températures estivales pouvant atteindre 48°C, il vaut mieux la visiter pendant les mois d'hiver, plus frais (de mai à octobre).

Si les infrastructures touristiques sont encore assez rares, le **Cañón del Pilcomayo** ("repaire du jaguar" en guaraní) est facilement accessible depuis Villamontes. Le parc ne sert pas uniquement de refuge à ce félin assez rare, mais également aux renards, aux tapirs, aux fourmiliers, aux lynx, à plusieurs variétés de perroquets et à diverses espèces florales. Par ailleurs, il renferme 70% des ressources en eau potable de la région. **Viva Tours** (carte p. 273 ; ☎ /fax 4-663-8325 ; vivatour@cosett.com.bo ; 15 de Abril et Delgadillo) organise des visites et des randonnées guidées.

Cañón del Pilcomayo

Dans ce magnifique cañon, la cascade **El Chorro Grande** empêche les poissons de remonter le courant, ce qui permet de prendre *surubí*, *sábalo* et *dorado* en abondance. L'endroit est apprécié des pêcheurs du monde entier. Le *dorado*, très prisé, est particulièrement intéressant : l'étonnante articulation située sur le devant de sa mâchoire lui permet d'ouvrir la gueule horizontalement.

Les restaurants, distants de la ville de 7 à 10 km, offrent une vue magnifique et vous permettront de goûter aux spécialités de poisson locales.

Pour atteindre les gorges, prenez n'importe quel transport pour Tarija, ou un taxi jusqu'à la *tranca*, puis poursuivez à pied ou en stop (surtout fructueux le week-end). À la bifurcation, prenez à droite et poursuivez sur 2 km jusqu'à l'entrée du cañon.

RESERVA PRIVADA DE PATRIMONIO NATURAL DE CORVALÁN

Cette réserve privée de 1 800 ha, située sur la frontière paraguayenne, fut créée en 1996

pour préserver une zone privilégiée du Gran Chaco, très aride. Outre jaguars, pumas, tapirs, fourmiliers géants et tatous, elle abrite également nandous, iguanes, alligators et toute la flore habituelle du Chaco. La seule voie d'accès, une route médiocre partant de Villamontes, nécessite 4 heures de trajet avec un bon véhicule. Les hébergements se limitent à un simple campement de rangers dans le parc, et les visiteurs doivent apporter nourriture, eau et tout le matériel nécessaire. Seul **Viva Tours** (carte p. 273 ; ☎ /fax 4-663-8325 ; vivatour@cosett.com.bo ; angle 15 de Abril et Delgadillo) propose des circuits organisés.

BOYUIBE

Aménagée à la lisière du Chaco sur la voie ferrée Santa Cruz–Yacuiba, cette minuscule localité sert surtout de carrefour entre la route du nord pour Camiri et Sucre, celle du sud vers l'Argentine, et celle de l'est menant au Paraguay.

Les deux hôtels de Boyuibe, l'**Hotel Rosedal** et l'**Hotel Guadalquivir** (environ 3 $US dans les deux cas), se situent sur la rue principale. Une bonne option pour le repas est de se rendre à la **Pensión Boyuibe** (plats 1-2 $US), dans la même rue.

Une gamme hétéroclite de *movilidades* (moyens de transport) pour Camiri (1,25 $US, 1 heure), Villamontes et Yacuiba vous attendent devant le bureau de Tránsito sur l'artère principale. Tous les trains pour Yacuiba et Santa Cruz s'y arrêtent.

CAMIRI

35 000 habitants / altitude 825 m

Sans doute plus connue aujourd'hui en tant que point de départ de la route du Che, la localité aux rues pavées de Camiri a vécu un essor phénoménal dans les années 1990 en raison de la rapide croissance enregistrée par la compagnie de pétrole nationale, YPFB. Centre de production de pétrole et de gaz naturel, la localité s'est autoproclamée *"capital petrolífero de Bolivia"* (capitale du pétrole de la Bolivie).

Dans un tout autre registre, la route du Che est en cours de réalisation à Camiri, comme elle l'est à son extrémité nord, à La Higuera (p. 316). Parmi les sites qui seront ouverts, se trouve la cellule de Régis Debray, l'intellectuel français accusé d'appartenir à la guérilla du Che. Il y fut incarcéré de 1967 à 1971. Son procès avait attiré les journalistes du monde entier. Aujourd'hui, les concepteurs de la route du Che veulent restaurer la cellule pour qu'elle retrouve son aspect de 1967.

Renseignements

Les visiteurs en provenance du Paraguay doivent se faire enregistrer à l'**immigration** (Av. 1 de Mayo s/n), en bas de Calle Tarija. La Librería Ramirez change espèces et chèques de voyage. L'Hotel Ortuño pratique des taux relativement avantageux pour les dollars américains et change parfois les chèques de voyage. Entel et d'autres boutiques Internet se trouvent près de la plaza. La **poste** (Av. Santa Cruz), au personnel affable, vous rappellera l'époque où l'on prenait encore le temps de vivre.

À voir et à faire

Si Camiri n'offre guère d'attraits, la ville ne tire pas moins une grande fierté de son **usine YPFB**. Il n'existe aucune visite officielle, mais si vous vous présentez à 8h et montrez un véritable intérêt pour le pétrole, on vous laissera jeter un coup d'œil. Et même si vous êtes béotien dans le domaine des hydrocarbures, ne manquez pas le **monument au Petrolero** (ouvrier du pétrole) au milieu de l'Av. Petrolero.

Camiri compte quelques **promenades** agréables. Pour avoir une vue magnifique sur la ville, rendez-vous à la **statue de saint François d'Assise** sur la colline derrière le marché. Une autre promenade vous conduira du bas de l'Av. Mariscal Sucre au **Río Parapeti**. Sur la berge, tournez vers le sud et parcourez quelques centaines de mètres vers l'aval : vous déboucherez sur une plage de sable très propre et un **bassin** idéal pour la baignade.

Où se loger et se restaurer

Residencial Las Mellizas (☎ 952-2614 ; Manchego 300 ; ch avec sdb 4 $US/pers). Une adresse simple, mais accueillante et bien tenue.

Residencial Premier (☎ 952-2204 ; Busch 60 ; avec ventil. 4 $US/pers, avec sdb et ventil 6,50 $US ; 🏠). À un pâté de maisons de la place, cette adresse est plus sophistiquée que Las Mellizas. Certaines chambres ont la TV câblée, la clim et l'eau chaude. Spacieuses et claires, celles situées à l'étage et qui donnent sur le patio arboré sont particulièrement jolies.

Hotel JR (☎ 952-2200 ; Sánchez 247 ; s/d avec sdb 12/20 $US ; 🏠). Si vous souhaitez loger avec des barons du pétrole, optez pour cet hôtel accueillant, qui porte (à n'en pas douter) le nom du héros de *Dallas*. Toutes les chambres ont un téléphone, le chauffage et la TV câblée. Bon restaurant et salon lumineux avec une belle vue.

Vous pouvez prendre un bon petit déjeuner près du **marché** (Bolívar et Comercio), où des vendeurs de rue proposent des boissons chaudes, du pain, des plats boliviens classiques et de délicieux *licuados* (cocktail de fruits fait avec du lait ou de l'eau). Le choix en matière de restaurants est limité.

El Palacio del Pollo (plats 1-2 $US). Amateurs de poulet, cette table, située près de la place, est faite pour vous.

La Estancia (Comercio et Busch ; plats 1-3 $US). Prépare des *almuerzos* à 1,35 $US et des plats à la carte, le soir.

Depuis/vers Camiri

Vous ne trouverez pas à proprement parler de gare routière en ville, mais la plupart des bus partent de l'angle de Bolívar et Cochabamba. Après 19h, de nombreuses *flotas* proposent des services nocturnes pour Santa Cruz (8 $US, 7-8 heures) ; des bus en provenance de Yacuiba *via* Villamontes passent généralement par Camiri au milieu de la nuit. Lorsque la route est praticable, la *flota* El Chaqueño assure plusieurs liaisons hebdomadaires depuis Sucre (15 $US, 24 heures), avec départ le matin. La route pour Boyuibe (1,25 $US, 1 heure) traverse de magnifiques étendues de broussailles dans le Chaco ; des *micros* partent de Bolívar, à quatre rues en haut du marché principal. Les *camiones* pour Santa Cruz et Sucre démarrent lorsqu'ils sont pleins, depuis la Calle Comercio près du marché.

Santa Cruz et les plaines de l'Est

On a du mal à trouver l'Oriente bolivien sur les brochures touristiques. Cette région tropicale, la plus prospère de tout le pays – mélange étonnant de provincialisme et d'affairisme, de conservatisme et de cosmopolitisme – défend farouchement ses particularités. L'essor agricole de la région s'est accompagné d'une augmentation des salaires et du niveau de vie, sans égal dans les autres provinces. Inquiète face à la proposition de loi d'Evo Morales sur la redistribution des terres, loi finalement promulguée en novembre 2006 sur la nationalisation de ces terres, la population de Santa Cruz a massivement voté "oui" au référendum sur l'autonomie régionale. Reste à voir si des changements en découleront dans la région.

Bien qu'elle soit la ville la plus peuplée du pays, Santa Cruz garde une atmosphère de ville provinciale, mais elle possède des restaurants internationaux fréquentés par les jeunes gens branchés. Une étonnante variété de communautés y vit : Japonais, Allemands, Italiens, Européens de l'Est, Arabes, sikhs et mennonites germano-canadiens. C'est une base idéale pour partir à la découverte des missions alentour, véritables bijoux de l'architecture jésuite. D'autres sites méritent également d'être découverts, notamment les mystérieuses ruines préincas à proximité de Samaipata, et le Parque Nacional Amboró, presque vierge, sillonné de kilomètres de sentiers de randonnée, qui héberge une faune abondante. Les fans de Che Guevara pourront se recueillir à l'endroit où le célèbre révolutionnaire a été exécuté, à l'extrémité nord de la route du Che (en cours de réalisation).

Sur les plans culturel et économique, l'Oriente est très tourné vers le Brésil. Lien vital pour la région, le "train de la mort" relie Santa Cruz à Quijarro, à la frontière brésilienne. C'est la région idéale pour les voyageurs qui cherchent à s'éloigner des sentiers battus en Bolivie.

À NE PAS MANQUER

- La cuisine internationale de **Santa Cruz** (p. 291) et une promenade dans la ville

  Une randonnée dans les paysages encore intacts du **Parque Nacional** et de l'**Área de Uso Múltiple Amboró** (p. 304), sur les traces d'animaux rares

- Les ruines préincas de **Samaipata** (p. 309) et un moment de détente dans ce ravissant village

- La **route du Che** à Vallegrande (p. 314) et La Higuera (p. 316)

- Le merveilleux **circuit des missions jésuites** (p. 318)

Parque Nacional et
Área de Uso
Múltiple Amboró
★ ★ Santa Cruz ★ Circuit des missions jésuites
  ★ Samaipata
  ★ Route du Che

| INDICATIF TÉLÉPHONIQUE : 2 | POPULATION : 1,5 million | ALTITUDE : 0 à 1 300 m |

SANTA CRUZ ET LES PLAINES DE L'EST

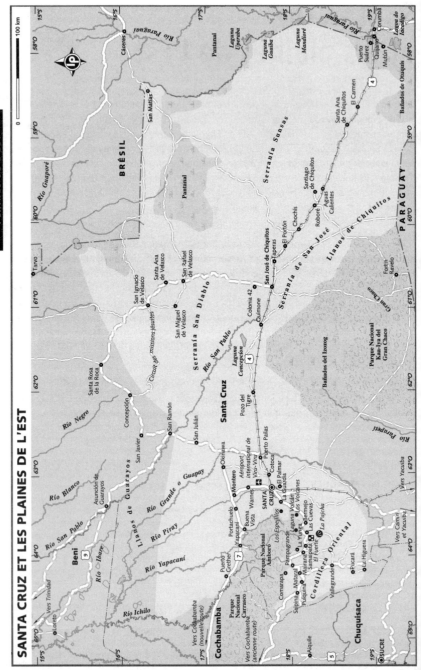

Climat

L'Oriente connaît dans l'ensemble un climat tropical. Toutefois, en raison de sa situation intermédiaire – entre la forêt humide amazonienne, les hauts plateaux et les plaines arides du Chaco –, Santa Cruz bénéficie d'un ensoleillement plus important et de températures moins étouffantes que le bassin humide de l'Amazone, plus loin vers le nord et l'ouest. En hiver, les pluies cessent au bout de 10 minutes, mais un déluge estival peut durer des jours entiers. D'énormes rafales, qui ne s'apaisent que rarement, s'abattent sur Santa Cruz ; en hiver, il arrive que des vents glacials (*surazos*) soufflent depuis la Patagonie et les pampas d'Argentine. À l'extérieur de Santa Cruz, les plaines connaissent des journées chaudes et ensoleillées, entrecoupées l'après-midi d'averses occasionnelles qui viennent rafraîchir l'air et faire retomber la poussière.

Parcs nationaux

Le Parque Nacional Amboró (p. 304) est incontestablement le joyau de la région. Isolé, le Parque Nacional Kaa-Iya del Gran Chaco (p. 324), le plus grand d'Amérique latine, englobe les vastes marécages de Bañados del Izozog ; une fois l'accès amélioré, ce parc devrait constituer une destination de choix.

Liaisons internationales

De nombreux vols directs pour Santa Cruz, depuis l'Europe et les pays voisins, vous éviteront d'atterrir à La Paz et de perdre plusieurs jours dans la capitale pour vous acclimater à l'altitude. Des vols directs quotidiens partent pour Buenos Aires, Miami, São Paulo et Rio de Janeiro.

Des trains se dirigent poussivement vers l'Argentine au sud et vers le Pantanal brésilien à l'est. Grâce à la fréquence des vols domestiques et à la qualité des routes sillonnées par les bus longue distance vers l'ouest et le sud, Santa Cruz est la ville la mieux desservie du pays.

SANTA CRUZ

1,5 million d'habitants / altitude 415 m

Vous vous attendiez à trouver ici hommes d'affaires et embouteillages ? Détrompez-vous ! La plus grande ville de Bolivie vous surprendra sûrement par l'absence de bâtiments élevés et son atmosphère tropicale décontractée. En effet, si Santa Cruz est le cœur économique du pays et la ville la plus prospère, elle a su garder son caractère paisible. Les habitants continuent de se prélasser sur la place principale, les restaurants ferment toujours à l'heure de la sieste et on trouve toujours des produits locaux bon marché dans les échoppes alignées devant les maisons.

Santa Cruz est loin de la Bolivie (andine) que l'on voit dans les brochures. Vous n'aurez aucune chance d'y croiser un lama (hormis au zoo ou dans votre assiette), mais c'est la ville qui possède la plus grande diversité de communautés du pays : les mennonites en salopettes côtoient de jeunes Boliviens gothiques, des Japonais, des paysans venus de l'Altiplano, des médecins cubains, des Brésiliens, des Russes orthodoxes et des *Cruceños* (habitants de Santa Cruz) branchés, au volant de leur 4x4.

Santa Cruz est devenue un département indépendant. En 2006, les *Cruceños* ont voté massivement pour l'autonomie de leur région, indiquant par là leur souhait de voir continuer la croissance, à la fois économique et physique, de leur ville. Ancienne bourgade perdue spécialisée dans l'élevage bovin à la limite d'une région désertique, Santa Cruz est devenue la ville la plus peuplée de Bolivie et une plate-forme du commerce et des transports.

Si vous avez le temps et l'argent, la ville mérite un séjour de quelques jours pour arpenter ses rues, tester ses nombreux restaurants internationaux et découvrir le Barrio Equipetrol, terrain de jeu des fils à papa, où la vie nocturne est très animée. Ne manquez pas non plus de flâner sur la place principale avant d'aller visiter le reste de la région.

Histoire

Fondée en 1561 par Ñuflo de Chávez, un Espagnol originaire du Paraguay, Santa Cruz de la Sierra fut à l'origine construite à 220 km à l'est de son emplacement actuel. Vers la fin du XVIe siècle, se révélant trop vulnérable aux attaques des tribus locales, elle fut transférée à son emplacement actuel, à 50 km à l'est des contreforts de la Cordillera Oriental.

La fondation de la ville répondait au besoin d'approvisionnement du reste de la colonie en denrées telles que riz, coton, sucre et fruits. Sa prospérité dura jusqu'à la fin du XIXe siècle, l'ouverture des routes entre La Paz et la côte péruvienne rendant alors

SANTA CRUZ

RENSEIGNEMENTS
Alliance Française.........................(voir 5)
Consulat d'Argentine........................1 D3
Consulat du Brésil............................2 C1
Casa de Cambio Alemán...................3 D3
Casa de la Cultura Raúl Otero
  Reiche.......................................(voir 16)
Centro Boliviano Americano............4 E3
Centro Cultural Franco Alemán.......5 D6
Clínica Foianini................................6 C5
Departamental de Turismo..............7 D3
Bureau d'Entel.................................8 D4
España Lavandería............................9 C3
Farmacia América............................10 D3
Goethe Institut.............................(voir 5)
Lavandería La Paz...........................11 D3
Lavandería Universal.......................12 E4
Lewy Libros.....................................13 C3
Los Amigos del Libro.......................14 D4
Magri Turismo.................................15 E4
Office du tourisme principal............16 D3
Policonsultorio Central................(voir 10)
Punto Entel....................................17 C3
Punto Entel....................................18 D3
Police touristique ....(voir 7)

À VOIR ET À FAIRE
Amboró Tours..................................19 B3
Basílica Menor de San Lorenzo.......20 D3
Forest Tours....................................21 D2
Fremen Tours..................................22 D3
Mau-Mauin.....................................23 C2
Museo de Arte Sagrado...................24 D3
Museo de la Historia Natural...........25 D5
Museo Etno-Folklórico....................26 D2
Ruta Verde......................................27 C2
Uimpex Travel 28 D5

OÙ SE LOGER 🏠
Alojamiento Santa Bárbara...........29 C3
Hotel Amazonas...........................30 C3
Hotel Bibosi.................................31 C3
Hotel Copacabana........................32 C3
Hotel Globetrotter........................33 C3
Hotel Las Américas.......................34 C2
Hotel Lido....................................35 C2
Hotel Viru Viru.............................36 C3
Residencial Bolívar.......................37 D3

OÙ SE RESTAURER 🍴
Alexander.....................................38 C3
Bar El Tapekuá..............................39 D4
Bar Hawaii....................................40 D3
California Burgers..........................41 D4
Chifa Mandarín.............................42 E5
Chile..43 C2
Dumbo...44 C3
Hipermaxi.....................................45 C3
Irish Pub.......................................46 D3
Ken..47 D1
La Bella Napoli.............................48 D5
La Casona.....................................49 D3
Leonardo's....................................50 E4
Lorca..51 D3
Mercado Florida............................52 B3
Mercado La Ramada......................53 B6
Mercado Los Pozos........................54 E2
Michelangelo's..............................55 D5
Naturalia......................................56 D4
Pizzeriá Marguerita.......................57 D3
Rincón Brasileiro...........................58 D2
Supermercado Sur Fidalga.............59 D6
Vegetarian Center Cuerpomonte....60 D3
Victory Bar....................................61 C3
Yogen Fruz....................................62 D1
Yorimichi......................................63 C1

Légendes de la carte :
Av San Martín
Av Cristóbal de Mendoza
Vers la Casa Típica de Camba (800 m)
Toledo
Vers le Barrio Equipetrol, l'Hotel Los Tajibos (800 m) et l'Hotel Yotaú (800 m)
Av Busch
Vers le Jardín Zoológico (4 km), le Biocentre Güembe (7 km), Aqualand (14 km), la Migración et l'aéroport international de Viru-Viru
Vers Mr Café (100 m), Los Hierros (200 m), Avis Rent-a-Car (3 km) et Localiza Rent-a-Car (3,5 km)
Quijarro
Parc
Av Uruguay
Perú
Puerto Rico
Corrales
Monseñor Rivero
Libertad
Castedo
Av Uruguay
Colombia
Ibañez
24 de Septiembre
Parque El Arenal
Aroma
Hospital Petrolero Centro Medico
Rafael Peña
21 de Mayo
España
Caballero
Hospital San José de Dios
Cuéllar
Beni
Ñuflo
Comercial Cañoto
Seoane
Buenos Aires
Murillo
Av Cañoto (Primer Anillo)
Santa Bárbara
Calle Florida
Junín
Plaza 24 de Septiembre
Calle Sucre
Ingavi
Nuño de Chávez
Chuquisaca
Av Landívar
Calle Ayacucho
Cordillera
Figueroa
Mercado 7 Calles
Isabela La Católica
Pari
Colón
Velasco
Independencia
René Moreno
Av Saucedo S
Mercado
Av Cañoto (Primer Anillo)
Salvatierra
Lemoine
Vírupu
Calle Saipurú
Parapetí
La Riva
Ejército Nacional
Velarde
Plaza
Av Irala (Primer Anillo)
Vallegrande
Salazar
Plaza Héroes del Chaco
Mons Santistevan
Av Grigotá
Picada
Cañada
Av Omar Chávez Ortiz
Senda
Muchirí
Solís de Olguín
Juan de Garay
Cnel Montero
Cnel
Senda
Estadio Tahuichi Aguilera
Vers le bureau TAM (500 m), l'aéroport El Trompillo (500 m) et FAN (7,5 km)
Av Ana Barba

SANTA CRUZ ET LES PLAINES DE L'EST

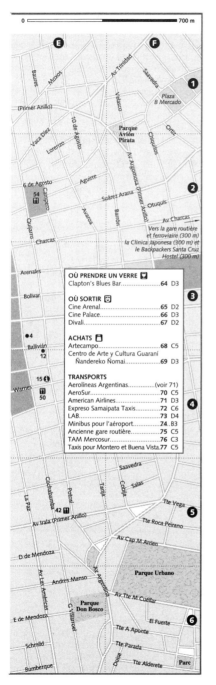

OÙ PRENDRE UN VERRE 🍷
Clapton's Blues Bar 64 D3

OÙ SORTIR 🎭
Cine Arenal 65 D2
Cine Palace 66 D3
Divali 67 D2

ACHATS 🛍
Artecampo 68 C5
Centro de Arte y Cultura Guaraní
  Ñandereko Ñomai 69 D3

TRANSPORTS
Aerolíneas Argentinas .... (voir 71)
AeroSur 70 C5
American Airlines 71 D3
Expreso Samaipata Taxis 72 C6
LAB 73 D4
Minibus pour l'aéroport 74 B3
Ancienne gare routière 75 C5
TAM Mercosur 76 C3
Taxis pour Montero et Buena Vista.77 C5

SANTA CRUZ ET LES
PLAINES DE L'EST

moins chers les produits d'importation que ceux acheminés depuis Santa Cruz par les sentiers muletiers.

Durant la période précédant l'indépendance de la Bolivie, en 1825, les régions orientales des colonies espagnoles ne furent guère prises en compte. Malgré une agriculture prospère autour de Santa Cruz, les Espagnols restaient obnubilés par l'extraction des minerais dans les hauts plateaux, riches et plus accueillants.

La construction d'un grand axe routier reliant Santa Cruz à d'autres centres majeurs se termina en 1954 et la ville émergea du marasme économique dans lequel son isolement l'avait plongée. L'achèvement de la voie ferrée pour le Brésil, au milieu des années 1950, permit l'ouverture de routes commerciales à l'est. L'agriculture tropicale commença à prospérer, et la ville amorça une croissance non démentie jusqu'à aujourd'hui.

Orientation

De forme ovale, Santa Cruz présente un tracé concentrique (en *anillos*) autour du centre-ville, avec des *radiales*, comme les rayons d'une roue de bicyclette, qui relient les cercles du centre vers l'extérieur. La *radiale* 1, qui conduit à l'aéroport Viru-Viru, s'oriente grosso modo nord-sud ; les *radiales* se succèdent dans le sens des aiguilles d'une montre, jusqu'à la radiale 27.

La plupart des entreprises, hôtels et restaurants se trouvent dans le *primer anillo*, centré sur la Plaza 24 de Septiembre. La rue du même nom devient Av. Monseñor Rivero, également bordée de restaurants, cafés et bars. La gare ferroviaire se dresse sur le 3ᵉ *anillo*, à seulement 30 minutes à pied du centre. Entre les 2ᵉ et 7ᵉ *anillos* se situent essentiellement des zones résidentielles et industrielles.

À l'intérieur du *primer anillo,* Junín est la rue où sont concentrées la plupart des banques, des distributeurs automatiques et des cybercafés, tandis que les boutiques de souvenirs sont alignées dans l'Av. René Moreno. L'Av. San Martin, également connue sous le nom d'Equipetrol, regorge de bars et de clubs.

CARTE

La meilleure carte de la ville, *Multiplano Santa Cruz City Guide*, couvre les quatre premiers *anillos*. Elle est distribuée gratuitement dans les grands hôtels et coûte quelques dollars à l'office du tourisme.

Renseignements

ACCÈS INTERNET

De nombreux cybercafés sont installés dans Junín. **Punto Entel** (Junín 140 ; 0,50 $US/h ; ☻ 8h-23h) possède des connexions rapides, et certains ordinateurs sont reliés à des imprimantes ou à des webcams.

ARGENT

Pour les retraits d'espèces, rendez-vous dans la plupart des banques ou utilisez les DAB installés le long de Calle Junín et aux principaux carrefours. L'endroit le plus pratique pour changer des espèces ou des chèques de voyage (commission 2 à 3%) est la **Casa de Cambio Alemán** (côté est de la Plaza 24 de Septiembre). Les personnes qui vous crient "*¡Dolares!*", sur la place principale, changent de l'argent au noir. **Magri Turismo** (☎ 334-5663 ; Warnes et Potosí), agent pour American Express, ne change pas les chèques de voyage.

CENTRES CULTURELS

Casa de la Cultura Raúl Otero Reiche (côté ouest de la Plaza 24 de Septiembre). Concerts gratuits, expositions d'art moderne et pièces de théâtre.
Centro Boliviano-Americano (CBA ; ☎ 342-2299 ; Cochabamba 66). Bibliothèque d'ouvrages en anglais.
Centro Cultural Franco Alemán (Velarde 200 ; ☻ 9h-12h et 15h-20h lun-ven). Abrite l'Alliance française (☎ 333-3392) et le Goethe Institut (☎ 332-9906 ; icbasc@sccbs-bo.com). Il propose des cours de français, allemand, espagnol et portugais, possède des équipements multimédias, une *medioteca* trilingue et une galerie d'art. Le Kulture Café est installé en terrasse. Conférences et projections de films étrangers.

IMMIGRATION

Vous pourrez faire proroger votre visa à la **Migración** (☎ 333-2136 ; ☻ 8h30-16h30 lun-ven), au nord du centre-ville, face à l'entrée du zoo. Les voyageurs arrivant par voie terrestre du Paraguay doivent se faire apposer un tampon de sortie (gratuit). La **gare ferroviaire** (théoriquement ☻ 10h-12h et 13h30-19h) abrite un bureau de l'immigration mieux situé, mais doté d'employés peu respectueux de la loi ; ne choisissez cette solution qu'en dernier ressort. Le bureau le plus fiable se situe à l'aéroport. Si vous osez braver le "train de la mort", sachez que les tampons de sortie ne sont apparemment disponibles qu'à la frontière brésilienne (renseignez-vous avant votre départ).

LAVERIES

Situés dans le centre, les établissements ci-dessous assurent un service efficace de lavage et séchage en une journée (réduction avant midi) pour environ 1 $US/kg.
España Lavandería (España 160)
Lavandería La Paz (La Paz 42)
Lavanderia Universal (Ballivián et Quijarro)

LIBRAIRIES

Près de la *plaza*, **Los Amigos del Libro** (☎ 332-7937 ; Ingavi 114) et **Lewy Libros** (☎ 332-7937 ; lewylibros@cotas.com.bo ; Junín 229) vendent tous deux des guides Lonely Planet, ainsi qu'une gamme limitée de livres en langues étrangères (vente ou échange).

Les kiosques de rue autour de la place vendent des périodiques internationaux.

OFFICES DU TOURISME

Office du tourisme principal (☎ 336-9595 ; côté ouest de la Plaza 24 de Septiembre). Au rez-de-chaussée de la Casa de la Cultura.
Departamental de Turismo (☎ 336-8901 ; côté nord de la Plaza 24 de Septiembre). À l'intérieur du Palacio Prefectural.
Fundación Amigos de la Naturaleza (FAN ; ☎ 355-6800 ; www.fan-bo.org ; au km 7,5, Carretera a Samaipata). Bien qu'elle ne soit plus responsable des parcs, la FAN est toujours le meilleur contact pour les parcs nationaux Amboró et Noel Kempff Mercado. À l'ouest de la ville (*micro* 44) près de l'ancienne route pour Cochabamba.

SERVICES MÉDICAUX

La **Farmacia América** (Libertad 333), la meilleure, est vivement recommandée pour ses prix et le professionnalisme de son personnel. Juste à côté, au Policonsultorio Central, vous pourrez consulter l'excellent docteur Ana María López, anglophone, formée aux États-Unis.
Clínica Foianini (☎ 336-2211 ; Irala 468). Hôpital utilisé par les ambassades ; toutefois, certains voyageurs se sont plaints d'examens superflus et d'hospitalisations inutilement longues.
Clínica Japonesa (☎ 346-2031). Sur le 3ᵉ *anillo*, à l'est ; conseillée pour ses traitements médicaux sérieux et peu onéreux.

TÉLÉPHONE

Les cabines téléphoniques sont assez drôles, en forme, entre autres, de toucans ou de jaguars. De meilleurs tarifs sont proposés dans les centres téléphoniques, comme le principal **bureau Entel** (Warnes 82), et plusieurs boutiques situées dans Bolívar proposent des appels par Internet bon marché. Le **Punto Entel** (Junín 284), près de la place, dispose de lignes terrestres.

URGENCES
Ambulance privée (Foianini ; ☎ 336-2211, portable ☎ 716-27647)
Police touristique (☎ 322-5016 ; côté nord de la Plaza 24 de Septiembre)

Désagréments et dangers
Méfiez-vous des prétendus officiers de l'immigration, en particulier à la gare routière et ferroviaire : vérifiez l'identité de quiconque souhaite voir votre passeport ou vos papiers. En réalité, aucun vrai policier ne vous demandera jamais vos papiers dans la rue. Méfiez-vous surtout des policiers "en civil", qui sont généralement des escrocs. En cas de doute, exigez d'être conduit au poste de police afin d'éclaircir les choses. Certains lecteurs ont fait état de vols avec violence au Río Piray en plein jour durant la semaine ; pour plus de sécurité, privilégiez le week-end, lorsque le site est bondé.

À voir et à faire
PLAZA 24 DE SEPTIEMBRE
Si vous vous retrouvez coincé à Santa Cruz pour la journée, la place principale est un lieu agréable pour vous détendre, de jour comme de nuit, dans un cadre tropical. Signe des temps : les paresseux, habitués depuis longtemps à habiter les arbres de la place, ont récemment été relogés au zoo, pour éviter les risques d'électrocution et les dangers liés à la circulation croissante dans le centre-ville.

BASÍLICA MENOR DE SAN LORENZO ET MUSEO DE LA CATEDRAL
La cathédrale d'origine fut fondée en 1605 sur la Plaza 24 de Septiembre, mais la structure actuelle, datant de 1845, ne fut consacrée qu'en 1915. À l'intérieur, les boiseries au plafond et le placage en argent autour de l'autel méritent le coup d'œil. Le **clocher** (0,50 $US ; ☾ 8h30-12h et 14h30-18h mar-dim) offre une belle vue sur la ville.

Le **Museo de Arte Sagrado** de la cathédrale (0,65 $US ; ☾ 8h30-12h et 14h30-18h mar et jeu), climatisé, présente une collection d'icônes et d'objets religieux, mais rien de très typique. Les nombreuses reliques en or et en argent des missions jésuites de Guarayos se révèlent

plus intéressantes, de même que la collection de chasubles et de médaillons. Ne manquez pas le minuscule livre – l'un des plus petits du monde – renfermant le Notre-Père en plusieurs langues.

MUSEO DE LA HISTORIA NATURAL
Le **Muséum d'histoire naturelle** (☎ 336-6574 ; Irala 565 ; entrée sur don ; ☾ 9h-12h et 15h-18h) vous renseignera sur la flore, la faune et la géologie de l'est de la Bolivie. Parmi les objets exposés figurent les habituels animaux naturalisés (poissons et oiseaux) et grenouilles conservées dans du formol. Vous trouverez également des informations sur les semences, le bois, les fruits, le jardinage et les cultures pratiquées dans les plaines. La collection d'insectes comprend des spécimens assez impressionnants pour dissuader les promeneurs phobiques de s'aventurer dans la forêt humide.

PARQUE EL ARENAL ET MUSEO ETNO-FOLKLÓRICO
Les habitants aiment se détendre autour du lagon du Parque El Arenal (mais évitez d'y flâner la nuit). Sur l'une des îles, une peinture murale en bas-relief, exécutée par Lorgio Vaca, artiste bolivien de renom, présente divers aspects historiques et contemporains de Santa Cruz. Aménagé sur une péninsule, le **Musée ethnique et folklorique** (0,80 $US ; ☾ 9h30-12h et 14h30-17h30 lun-ven) expose une petite collection d'objets d'art et traditionnels provenant de différentes cultures des *cambas* (plaines).

JARDÍN ZOOLÓGICO
Le **zoo** de Santa Cruz (☎ 342-9939 ; adulte/enfant 0,65/0,40 $US ; ☾ 9h-19h) abrite oiseaux, mammifères et reptiles d'Amérique du Sud – apparemment bien traités (même si le climat est un peu chaud pour les lamas). Parmi les espèces menacées figurent tapirs, pumas, jaguars et ours à lunettes. Trop nonchalants pour s'échapper, les paresseux ne sont pas enfermés et s'ébattent d'arbre en arbre en toute liberté.

Prenez le *micro* n°58 ou le n°55 depuis Vallegrande, le n°76 depuis Calle Santa Bárbara, ou n'importe quel transport indiquant "Zoológico". En taxi (pas plus de 4 passagers), comptez 1,35 $US.

BIOCENTRO GÜEMBE
Destination agréable pour une journée en dehors de Santa Cruz, **Güembe** (☎ 370 0541 ;

www.biocentroguembe.com ; au Km 7, Camino Porongo, Zona Los Batos) offre de multiples possibilités : une ferme de papillons, des expositions d'orchidées, 10 piscines naturelles. On peut aussi y pêcher et y randonner dans la forêt voisine. Le restaurant sert une cuisine internationale. Le meilleur moyen d'y aller est de prendre un taxi depuis Santa Cruz (environ 5 $US).

AQUALAND
Pour un plongeon digne de ce nom, rendez-vous dans ce **parc aquatique** (☎ 385-2500 ; demi-journée 5-8 $US, journée 7,50-10 $US ; ☙ 10h-18h mar-dim mai-sept) près de l'aéroport. Le taxi est le meilleur moyen de s'y rendre (5-6 $US environ).

Circuits organisés
De nombreuses agences proposent des circuits organisés, mais la qualité laisse souvent à désirer, surtout chez les moins chères. Parmi celles qui ont un service de qualité :

Amboró Tours (☎ 314-5858 ; www.amborotours.com ; rdc, Ayacucho 19). Excursions vers les parcs nationaux d'Amboró et de Noel Kempff Mercado, et circuits des missions jésuites.

Forest Tours (☎ 337-2042 ; www.forestbolivia.com ; Cuéllar 22). Une agence anglophone très professionnelle qui offre d'excellents circuits personnalisés dans la région.

Neblina Forest (☎ /fax 3-347-1166 ; www. neblinaforest.com ; Paraguá 2560). Excursions axées sur l'ornithologie et l'histoire naturelle dans les parcs nationaux de Noel Kempff Mercado, Amboró et Madidi, ainsi que dans la région de Beni et le Pantanal.

Ruta Verde (☎ 339-6470 ; www.rutaverdebolivia.com ; 21 de Mayo 332). Excellent pour les renseignements sur la région et les visites du Pantanal, des missions jésuites, des parcs nationaux Amboró et Noel Kempff Mercado, les croisières sur l'Amazone, etc.

Uimpex Travel (☎ 333-6001 ; Moreno 226). Agence établie de longue date qui organise des circuits dans le Pantanal bolivien et les missions jésuites, ainsi que des visites imaginatives des différents sites de la ville.

Fêtes et festivals
Si vous êtes à Santa Cruz durant le **carnaval**, vous aurez le choix entre vous joindre à la mêlée dans les rues et affronter les jets de peinture, ou vous terrer avec un stock de provisions en attendant la fin des réjouissances. Voir p. 371 pour en savoir plus sur le carnaval. Vous pouvez également vous renseigner à l'auditorium Mau-Mauin, à l'angle d'Ibáñez et de 21 de Mayo, où les danses, les concerts et le couronnement de la reine du carnaval attirent plus de 10 000 spectateurs.

D'autres manifestations se tiennent dans l'année :

Festival International du Théâtre. Les années impaires, du 14 au 24 avril, des troupes de théâtre venues du monde entier jouent des pièces dans différentes salles de la ville. Un moment idéal pour visiter Santa Cruz.

Festival International de musique baroque. Les années paires, ce festival de 10 jours a lieu fin avril et début mai. Concerts donnés dans Santa Cruz et les villes des missions jésuites.

Festival International du fromage et du vin. Cette initiative assez récente se tient en août. Les habitants exposent leurs meilleures productions. Une aubaine pour déguster le vin de Tarija.

FexpoCruz (www.fexpocruz.com.bo). Chaque année durant la seconde quinzaine de septembre, Santa Cruz accueille une immense foire, idéale pour se procurer toutes sortes de trésors, de la brosse à dents aux vêtements en passant par la moissonneuse-batteuse ou le semi-remorque de 20 tonnes. Même si vous n'achetez rien, le lieu mérite la visite, notamment le soir lorsqu'il prend des airs de carnaval, avec les familles qui flânent, écoutent de la musique, mangent, boivent et s'amusent.

Où se loger
PETITS BUDGETS
Backpackers Santa Cruz Hostel (☎ 334-0025 ; Irala 696 ; dort 2-2,50 $US). Une auberge rudimentaire pour voyageurs au budget serré, tout près de la gare routière.

Alojamiento Santa Bárbara (☎ 332-1817 ; alojstabarbara@yahoo.com ; Santa Bárbara 151 ; ch 2,65 $US/pers). Voici une adresse simple dotée d'une cour et de chambres spartiates avec des lits tout aussi spartiates. Il est très apprécié des voyageurs à petit budget et des jeunes Boliviens autant pour ses tarifs que pour son emplacement central.

CATÉGORIE MOYENNE
Santa Cruz abrite de plus en plus d'hôtels de catégorie moyenne (tous avec sdb privées) affichant des prix raisonnables.

Residencial Bolívar (☎ 334-2500 ; Sucre 131 ; dort 6 $US, s/d 9/15 $US, d avec sdb 19 $US). À mi-chemin entre deux catégories, cet établissement possède des chambres et des douches propres, ainsi que des patios à la végétation tropicale où nichent deux superbes toucans. Vous pouvez vous reposer dans les hamacs ou lire dans la cour. Petit déjeuner inclus.

Hotel Amazonas (☎ 333-4583 ; leanch@bibosi.scz. entelnet.bo ; Junín 214 ; s/d avec sdb et TV 10/14 $US). Si vous n'avez pas le choix, une nuit sous les néons de cet hôtel fera l'affaire.

Hotel Bibosi (☎ 334-8548 ; bibosi@scbbs-bo.com ; Junín 218 ; s/d avec petit déj et TV câblée 13/20 $US). Dans le style amazonien, cet hôtel à l'intérieur sombre loue de petites chambres fraîches ornées de peintures d'animaux de la forêt et dotées d'un ventil au plafond. Le personnel est aimable. Superbe vue depuis le toit.

Hotel Copacabana (☎ 336-2770 ; Junín 217 ; s/d 14/22 $US, avec clim 20/26 $US ; 🏵 🖳). Les chambres exiguës lambrissées, décorées dans le style disco des années 1970, ont un ventilateur au plafond ou la clim, des lits fermes et la TV câblée. Évitez celles situées au rez-de-chaussée, bruyantes. Vous pouvez négocier les prix en saison basse. Petit déjeuner inclus.

Hotel Globetrotter (☎ 337-2754 ; Sara 49 ; s/d 22/25 $US ; 🏵). Dans une ravissante maison traditionnelle de Santa Cruz, cet hôtel a une cour tout en longueur regorgeant de plantes, des chambres claires et confortables avec TV câblée et un grand jardin plein de lapins. Le propriétaire, sympathique et polyglotte, est une mine d'informations sur les environs. Il peut réserver vos billets d'avion et vous aider à organiser votre itinéraire.

Hotel Viru Viru (☎ 333-5298 ; Junín 338 ; s/d 24/27 $US ; 🏵 🖳 🍴). Idéal pour les jours de grosse chaleur, le Viru Viru dispose d'une piscine pour vous rafraîchir. Les chambres (comme les tarifs) sont correctes, avec de bons lits, le petit déjeuner inclus, la TV et l'accès gratuit à Internet pour les clients. Son emplacement est fantastique.

Hotel Lido (☎ 336-3555 ; www.lido-hotel.com ; 21 de Mayo 527 ; s/d 30/40 $US ; 🏵 🖳). Un établissement agréable, haut de gamme mais plutôt sobre, dans le centre-ville, installé au dessus d'un restaurant chinois. Chambres confortables avec TV et accès à la buanderie. Salle de sports avec poids et haltères au sous-sol.

Hotel Las Américas (☎ 336-8778 ; www.lasamericas-hotel.com.bo ; 21 de Mayo et Seoane ; s/d 35/45 $US ; 🏵 🖳). Un quatre-étoiles vieillot avec des couvre-lits à fleurs, des chambres spacieuses et lumineuses, de grandes sdb, un excellent service et un restaurant sur la terrasse qui jouit d'une belle vue. Adresse favorite des hommes d'affaires. Réduction de 10 $US pour les détenteurs de billets AeroSur.

CATÉGORIE SUPÉRIEURE

Loin du centre, les cinq-étoiles de Santa Cruz s'apparentent davantage à des complexes touristiques qu'à des hôtels. La plupart datent du boom pétrolier, mais la situation s'est dégradée au milieu des années 1990, lorsque des querelles politiques ont entraîné la fermeture des casinos.

Hotel Los Tajibos (☎ 342-1000, 800-10-2210 ; www.lostajiboshotel.com ; San Martín 455, Barrio Equipetrol ; s/d/ste avec petit déj 155/175/185 $US ; 🏵 🖳 🍴). Le risque ici est de ne pas vouloir quitter le lieu pour visiter la ville : vous y trouverez une discothèque, un club de remise en forme, des terrains de racquetball, un salon de massage et des jardins tropicaux luxuriants. Formules week-end (à partir de 60 $US/pers) souvent disponibles.

Hotel Yotaú (☎ 336-7799 ; www.yotau.com.bo ; San Martín 7, Barrio Equipetrol ; s/d 159/179 $US ; 🏵 🖳 🍴). Ce magnifique édifice au décor tropical renferme des équipements de fitness, un sauna, ainsi que des chambres "affaires" et familiales (300 $US jusqu'à 6 pers). Comptez 7 $US pour le déjeuner ou le dîner.

Où se restaurer
RESTAURANTS

Avec sa population cosmopolite qui a ouvert de bons restaurants, Santa Cruz a plus à offrir sur le plan gastronomique que sur le plan touristique. On peut y savourer entre autres d'excellents sushis, de véritables pâtes italiennes et des spécialités brésiliennes vendues au kilo.

Vegetarian Center Cuerpomonte (☎ 337-1797 ; Aroma 54 ; buffet 2 $US/kg ; ☀ 9h-19h lun-sam). Simple, avec un buffet qui propose de nombreux plats équilibrés, notamment gâteau au quinoa, purée de patates douces, bar à salades et soupes végétariennes.

Rincón Brasileiro (☎ 333-1237 ; Libertad 358 ; buffet 2-3 $US/kg). Avec sa cuisine brésilienne servie au kilo, c'est le paradis des amateurs de *feijoada* (ragoût de porc et haricots). Au menu figurent aussi des salades et de délicieux desserts, comme la mousse à la goyave. On mange dans un entrepôt tout en regardant la télévision brésilienne.

Chile (Libertad ; plats 2-5 $US). La cuisine mexicaine est rare à Santa Cruz, mais le Chile sait contenter les adeptes des plats épicés. Agneau au barbecue, tacos, *fajitas* et *enchiladas de mole* (galettes de maïs avec du poulet recouvertes de sauce au cacao) sont à déguster dans une petite salle.

Chifa Mandarín (☎ 334-8388 ; Potosí 793 ; plats 2-5 $US). De bonnes spécialités chinoises. Téléphonez pour les plats à emporter (et envoyez un taxi pour vous faire livrer).

Lorca (☎ 334-0562 ; Moreno 20 ; plats 2-7 $US ; ☯ 8h-tard). Le meilleur établissement de Santa Cruz, à la fois restaurant, bar, théâtre et lieu de rendez-vous. Il propose des plats du monde entier. Son steak de lama, accompagné d'une sauce au bleu, est une merveille. Les végétariens apprécieront les salades pleines d'olives et de verdure. Vous pouvez aussi opter pour des falafels, de l'houmous et diverses tapas, le tout servi dans une ambiance fantastique. Il accueille des concerts.

Alexander (☎ 337-8653 ; Junín s/n ; plats 2,50-3,50 $US). Succursale d'une chaîne, Alexander est une adresse de choix pour goûter le café Madidi local et divers plats pour le petit déjeuner, dont des *huevos rancheros* (œufs brouillés épicés) ou du muesli au yaourt. Choix restreint mais excellent de galettes mexicaines et de *quesadillas*, ainsi que de bons sandwichs.

Ken (☎ 333-3728 ; Uruguay 730 ; plats 3-5 $US ; ☯ 11h30-14h30 et 18h-23h mar-jeu). Voici peut-être le restaurant japonais le plus délicieux et le moins onéreux au monde. Il propose une longue carte de plats du jour, ainsi qu'un *yaki udon* (plats de nouilles) copieux, avec beaucoup de poulet et de noix de cajou. Notez la mine réjouie des Japonais de la ville qui viennent se régaler ici.

Casa Típica de Camba (☎ 342-7864 ; www.casadelcamba .com ; Mendoza 539 ; plats 3-8 $US). Ce vaste établissement animé et gastronomique est l'endroit où des amis boliviens vous entraîneront pour vivre l'expérience *cruceña/camba* la plus "typique". Viandes boliviennes ou argentines tout droit sorties du grill, et crooners chantant des airs traditionnels au son d'un orgue électrique.

La Bella Napoli (☎ 332-5402 ; Independencia 635 ; pizzas et plats 4-6 $US). Aménagé dans une grange rustique à six rues au sud de la place, cet établissement sert pizzas et délicieux plats de pâtes – notamment raviolis, cannellonis et lasagnes – sur des tables massives en bois brut, en salle ou en terrasse. Pour regagner le centre-ville le soir, vous aurez le choix entre une petite course en taxi ou la marche (dans l'obscurité).

Los Hierros (☎ 337-1309 ; Monseñor Rivero 300 ; plats 4,50 $US). Le grésillement de la *parrilla* (grill) argentine titillera les papilles gustatives des carnivores, installés dans un décor de pavillon de chasse, avec fusils accrochés aux murs. La viande est bonne et fraîche. Bar à salades pour la garniture.

Pizzería Marguerita (☎ 337-0285 ; côté nord de la Plaza 24 de Septiembre ; plats 5 $US). Réputé depuis longtemps pour ses pizzas, pâtes et salades de qualité, ce restaurant bien situé est tout indiqué pour un repas décontracté.

Yorimichi (☎ 334-7717 ; Busch 548 ; plats 5-7 $US ; ☯ 11h30-14h30 et 18h-23h). Restaurant japonais haut de gamme avec des panneaux en bambou, pour séparer la salle en plusieurs espaces, et de la musique traditionnelle. Une bonne adresse pour de succulents sushis, sashimis, tempuras et quelques gorgées de saké. Un lieu prisé des *Cruceños* fortunés, qui viennent se régaler de saumon frais.

La Casona (☎ 337-8495 ; Arenales 222 ; plats 5-7 $US ; ☯ lun-sam). Une touche californienne dans cet établissement dirigé par des Allemands, l'une des meilleures tables de Santa Cruz. La cuisine variée – diverses salades, poulet arrosé de vinaigre balsamique, pâtes *all'arrabiatta* (sauce tomate épicée) – est servie dans la cour ombragée ou dans la salle à l'éclairage tamisé.

Michelangelo's (☎ 334-8403 ; Chuquisaca 502 ; plats 5-10 $US). Installée dans une demeure élégante, avec cheminées et sols en marbre, une excellente adresse pour s'offrir une soirée romantique ou un petit plaisir à l'italienne.

Leonardo's (☎ 333-8282 ; Warnes 366 ; plats 5-10 $US). Toujours dans le style Renaissance italienne, le Leonardo's offre un cadre chaleureux pour un dîner aux chandelles (pâtes ou crustacés) dans un magnifique manoir rénové.

CAFÉS

Irish Pub (☎ 333-8118 ; côté est de la Plaza 24 de Septiembre ; ☯ 9h-24h). Le chouchou des voyageurs, pour ses bonnes bières, ses soupes délicieuses et ses plats revigorants comportant des spécialités locales. Petit déjeuner, déjeuner et dîner. Service et musique exceptionnels, qui donnent envie de passer l'après-midi devant une bière, à regarder la vie défiler sur la place, en contrebas.

Victory Bar (Galería Casco Viejo, Junín et 21 de Mayo ; déjeuner 4 $US). À l'ombre des palmiers, la terrasse de ce bar populaire est un endroit agréable pour déjeuner en buvant un verre. Petit déjeuner européen.

Bar El Tapekuá (☎ 334-5905 ; La Paz et Ballivián ; ☯ à partir de 18h mer-sam). Bar helvético-bolivien, décontracté mais haut de gamme, proposant une cuisine riche, avec concerts la plupart des soirs (1,20 $US).

SUR LE POUCE

Ville la plus moderne et la plus affairée de Bolivie, Santa Cruz ne manque pas d'établissements de restauration rapide.

California Burgers (☎ 333-4054 ; Independencia 481 ; beignet 0,35 $US, taco 1 $US). Café, hamburgers, tacos, *burritos* et beignets collants à souhait.

Dumbo (☎ 336-7077 ; Ayacucho 247 ; glaces 0,50 $US). Délicieux yaourts glacés aux parfums classiques, sans oublier fruit de la passion (*maracuya*), papaye, goyave (*guayaba*), amande ou encore tangerine.

Mr Café (Monseñor Rivero 260 ; en-cas 1 $US). Prisé de la population locale pour ses sandwichs, jus, gâteaux, repas légers et glaces, arrosés de cafés.

Pasticceria Sant Honorè (☎ 333-4410 ; Monseñor Rivero 328 ; gâteaux 1-2 $US). Les amateurs de sucré seront conquis par les délicieux gâteaux qui les attendent dans les vitrines de cette pâtisserie, merveilleuse pour un petit creux l'après-midi ou un dessert en fin de soirée.

Yogen Fruz (☎ 337-7221 ; Rivero et Cañada Strongest ; yaourts glacés 1-2 $US). Frais, sucrés et bons pour la santé…, ne passez pas à côté de ces yaourts glacés.

Bar Hawaii (Sucre et Beni ; repas 3 $US). À mi-chemin entre le glacier et le fast-food, cet établissement est apprécié pour ses coupes glacées, gâteaux, repas légers et bons cafés.

FAIRE SES COURSES

Pour des en-cas simples et peu chers, rendez-vous au Mercado La Ramada ou au dernier étage du Mercado Los Pozos, semblable à un centre commercial, où des étals de nourriture regorgent de fruits exotiques. Difficile de ne pas succomber à la tentation d'un *licuado de papaya* (papaye mixée avec de l'eau ou du lait) ou d'un *guineo con leche* (banane mixée avec du lait) – boissons servies très fraîches (0,35 $US). Dans le Mercado Florida, les nombreux étals servent de délicieux jus et des salades de fruits pour 0,50 $US.

La supérette **Hipermaxi** (21 de Mayo et Florida) vend toute une gamme d'ingrédients relativement chers pour cuisiner soi-même. Le **Supermercado Sur Fidalga** (côté est de la Plaza Héroes del Chaco), le mieux approvisionné, est également le moins cher. L'épicerie **Naturalia** (Independencia 452) propose un large éventail de produits bio locaux.

Où prendre un verre

Les établissements nocturnes les plus branchés longent l'Av. San Martin, entre les 2ᵉ et 3ᵉ *anillos* du Barrio Equipetrol (1-2 $US en taxi depuis le centre). Les lieux à la mode changent sans arrêt. Mettez-vous sur votre trente et un et commencez à *piranhar* (arpenter les rues ; littéralement "aller pêcher le piranha") pour trouver l'adresse qui vous plaît le plus. La jeunesse locale préfère rester dans les voitures garées à écouter de la musique à pleins tubes, tout en buvant de la bière, en dansant et en discutant jusque tard.

Comptez entre 2 $US et 10 $US pour le couvert plus le prix des boissons (onéreuses), qui commencent généralement à être en vente entre 18h et 21h. L'animation ne débute réellement qu'à partir de 23h pour durer jusqu'à 3h ou 4h.

Au nord de la place, entre les 1ᵉʳ et 2ᵉ *anillos*, l'Av. Monseñor Rivero est appelée "l'Equipetrol pour les vieux". On y trouve moins de discothèques, mais plus de cafés "m'as-tu vu" et de restaurants chic avec terrasse où l'on peut dîner tard. Des établissements s'adressant à une clientèle (plutôt masculine) de buveurs avertis se succèdent le long de l'Av. Busch, près de l'université.

Lorca (☎ 334-0562 ; Moreno 20 ; concert 1,50 $US ; ☽ 8h-tard). Lieu de rendez-vous des bobos de Santa Cruz et de ceux qui apprécient la diversité, le Lorca est l'un des endroits les plus novateurs de la ville. C'est l'adresse idéale pour siroter une *caipirinha* ou un *mojito* en écoutant un concert, que ce soit de jazz, de samba, de rumba, de musiques moyen-orientales ou de rock local. Avant le concert, projection de courts-métrages. Une galerie d'art se trouve au fond de l'établissement, juste à côté du petit théâtre.

Clapton's Blues Bar (Murillo et Arenales ; 2 $US ; ☽ sam-dim). Minuscule club de jazz et de blues où se produisent des groupes locaux devant une clientèle rare, qui reste boire jusque tard. On peut entendre du très bon jazz comme du très mauvais rock : demandez le programme au bar.

Où sortir

Santa Cruz compte plusieurs boîtes de nuit et de karaokés, une caractéristique qui reflète bien le caractère cosmopolite et moderne de cette ville jeune. Bars et clubs ne cessent de fermer et de rouvrir, mieux vaut demander sur place les meilleures adresses.

La ville possède aussi un certain nombre de cinémas projetant des films de qualité, plus récents qu'ailleurs dans le pays. Pour connaître les programmes de cinéma, consultez les quotidiens *El Mundo* et *El Deber*.

Lorca (☎ 334-0562 ; Moreno 20). Musique live, de la jeune gloire locale à la pointure internationale.

El Rincón Salteño (☎ 353-6335 ; 26 de Enero et Charagua ; ☾ à partir de 22h ven-dim). Aujourd'hui, les *peñas* traditionnelles (concerts de musique folklorique) se font rares à Santa Cruz, mais cette adresse est un excellent choix. Situé dans le 2e *anillo*, il propose une grande variété de styles musicaux, de la guitare argentine au tambour cubain, en passant par les chanteurs et danseurs en costumes locaux.

Divali (24 de Septiembre ; femmes/hommes gratuit/7 $US). Lors de notre passage, Divali était l'une des discothèques les plus fréquentées. Les femmes y sont pomponnées et les hommes musclés. Notez que c'est plus cher si vous n'avez pas le look.

Cine Palace (côté ouest de la Plaza 24 de Septiembre ; 2,50 $US). Projette tous les soirs des films récents.

Cine Arenal (Beni 555 ; 2 $US). Face au Parque Arenal, programme les films plus anciens.

Achats

La région de Santa Cruz est spécialisée dans les sculptures en bois tropicaux *morado* et *guayacán* (plus onéreux : à partir de 20 $US pour une belle pièce). Très intéressantes, les sculptures en relief sur noix de *tari* constituent de jolis souvenirs peu encombrants. Des artisans locaux fabriquent de beaux sacs en macramé en fibres de racines (*llicas*).

Les boutiques de souvenirs se concentrent dans l'Av. René Moreno. Toutefois, mieux vaut faire son shopping à La Paz, car les lainages en lama et en alpaga sont plus chers ici.

Artecampo (☎ 334-1843 ; Salvatierra 407). La meilleure boutique d'artisanat. On y vend des articles originaux réalisés par un millier de paysannes *cruceñas* et leurs familles, tels que maroquinerie, hamacs, tissages, papier fait main, cartes de vœux et ravissants abat-jour en matériaux naturels.

Centro de Arte y Cultura Guaraní Ñandereko Ñomai (☎ 337-6285 ; Junín 229). Un lieu qui mérite une visite. On peut y acheter de superbes sculptures sur bois et des textiles provenant des villages guaraní. Les bénéfices sont reversés aux familles d'artisans.

Depuis/vers Santa Cruz

AVION

L'**aéroport international Viru-Viru** (VVI ; ☎ 181), à 15 km au nord du centre-ville, propose des vols domestiques et internationaux. **AeroSur** (☎ 336-4446 ; Irala et Colón) et **LAB** (☎ 334-4896 ; Chuquisaca 126) assurent des services quotidiens pour Cochabamba, La Paz, Sucre et plusieurs autres destinations boliviennes.

Des vols directs quotidiens **American Airlines** (☎ 334-1314 ; Beni 167) partent pour Miami ; **Aerolíneas Argentinas** (☎ 333-9776 ; Junín 22) dessert Buenos Aires plusieurs fois par semaine et **TAM Mercosur** (☎ 337-1999 ; 21 de Mayo et Florida) relie Asunción du lundi au samedi, avec des correspondances pour Miami, Buenos Aires et plusieurs villes brésiliennes.

TAM (☎ 353-2639) propose des liaisons directes pour La Paz (70 $US) le lundi matin et plusieurs vols hebdomadaires depuis l'aéroport militaire d'El Trompillo, au sud du centre. Ses vols directs pour Puerto Suárez (US$65), plusieurs fois par semaine, sont très prisés.

BUS, MICROS ET TAXIS COLLECTIFS

La **gare routière et ferroviaire** (☎ 348-8382 ; entrée 0,40 $US), aussi appelée **bimodal**, qui accueille trains et bus longue distance, se situe à 1,5 km à l'est du centre-ville, peu avant le 3e *anillo* au bout de l'Av. Brasil.

Quantité de services sont assurés le matin et le soir pour Cochabamba (4-6 $US, 10-12 heures), où vous trouverez de nombreuses correspondances pour La Paz, Oruro, Sucre, Potosí et Tarija. Cosmos propose une navette quotidienne directe pour La Paz (6,50-12,50 $US, 16-25 heures).

Plusieurs compagnies rallient Sucre en soirée (4-14 $US, 16-25 heures), avec des correspondances pour Potosí. La plupart des services pour Camiri (8,50 $US, 7-8 heures) et Yacuiba (9,50 $US, 15 heures) partent en milieu d'après-midi. Les bus pour Vallegrande (5,50 $US, 6 heures) démarrent le matin et l'après-midi.

Les bus de Misiones del Oriente pour les missions jésuites et la Chiquitanía partent le matin et l'après-midi. Certains relient San Ramón (3 $US, 2 heures 45), Asunción de Guarayos (4 $US, 5 heures), San Javier (4 $US, 3 heures), Concepción (4,50 $US, 6 heures), San Ignacio de Velasco (8,50 $US, 9 heures), San Miguel de Velasco (10,50 $US, 10 heures) et San Rafael de Velasco (11,50 $US, 11 heures). Plusieurs autres compagnies, moins confortables, empruntent les mêmes itinéraires.

Un certain nombre de bus partent tous les matins pour Trinidad et au-delà (4,50-10,50 $US, 12 heures au minimum). Bien que la route soit théoriquement ouverte toute l'année – tout au moins jusqu'à Trinidad –, la saison des pluies rend les trajets difficiles et entraîne souvent l'annulation des services durant des semaines.

Plusieurs compagnies proposent également des liaisons internationales. Des navettes quotidiennes relient Santa Cruz à Buenos Aires (62 $US, 42 heures). À la saison sèche, vous pouvez tenter votre chance sur la Ruta Trans-Chaco (voir l'encadré p. 286) depuis/ vers Asunción au Paraguay (environ 50 $US, 30 heures minimum).

Des *micros* et des *trufis* pour l'aéroport de Viru-Viru, Montero (avec correspondance pour Buena Vista et Villa Tunari), Samaipata et d'autres localités du département de Santa Cruz partent régulièrement depuis l'extérieur de la gare routière. Pour Buena Vista (2,75 $US, 1 heure 30), ils stationnent sur Izozog (Isoso). Les *trufis* pour Samaipata (3,50 $US, 3 heures) démarrent en face de l'Av. Cañoto, à deux rues de l'ancienne gare routière. Vous pouvez également appeler **Expreso Samaipata Taxis** (☎ 333-5067 ; Ortíz 1147) ; comptez 14 $US (4 passagers max).

TRAIN
L'*Expreso del Oriente* (le célèbre "train de la mort" réputé pour sa vétusté, le mauvais état des rails, les moustiques) se rend à Quijarro, sur la frontière brésilienne, vers 15h tous les jours sauf le dimanche (2e/1re classe/pullman 8/16/21 $US). Comptez au moins 21 heures. En saison humide, le service se voit parfois complètement interrompu. Le train avance poussivement à travers plantations de soja, broussailles et montagnes aux formes étonnantes, jusqu'à la région humide et étouffante du Pantanal, à la frontière brésilienne. Emportez quantité de provisions et de lotion répulsive pour les haltes prolongées dans les zones marécageuses. À mi-chemin, le train marque l'arrêt à San José de Chiquitos (p. 322) sur le circuit des missions, endroit idéal pour se reposer avant de poursuivre vers le Brésil.

Les trains arrivent le jour suivant à Quijarro (p. 325), où des taxis assurent le transfert des passagers jusqu'à la ville frontalière de Corumbá, 2 km plus loin. Ne payez pas plus de 2 $US/pers pour le taxi (tentatives d'escroquerie fréquentes). Une fois du côté brésilien, empruntez un *colectivo* (minibus) jaune au départ du kiosque, à la frontière, en direction de Corumbá. Le guichetier connaît les horaires de départ du bus, mais

ils partent en général entre 6h et 23h (billet pour Corumbá 1 $US).

Vous pourrez changer des dollars ou des *bolivianos* en *reais* (prononcez ré-a-ïche, real au singulier) du côté bolivien à des taux peu avantageux. Sachez qu'il n'y a pas de consulat brésilien à Quijarro ; pour le visa, rendez-vous à Santa Cruz. À Quijarro, certains employés boliviens tenteront de vous extorquer un bakchich en échange du tampon de sortie. Depuis Corumbá, quelques bons bus – mais aucun train de passagers – assurent la correspondance vers le sud du Brésil.

Il peut être difficile de se procurer un billet de train et les wagons débordent généralement de passagers et de marchandises de contrebande, si bien qu'aucun siège n'est disponible. Le guichet ouvre (théoriquement) à 8h, et les billets ne sont vendus que le jour du départ (files d'attente interminables). Autre solution amusante : arrogez-vous une place dans les *bodegas* (wagons de marchandises) et achetez un billet de 2e classe à bord (20% de plus qu'au guichet). Pour un voyage plus confortable, procurez-vous un billet de 1re classe auprès d'une agence de voyages de Santa Cruz. Après l'achat du billet, vous devrez vous acquitter d'une taxe nationale/internationale de départ de 1,50/4,50 $US.

Le *ferrobus* assure un service ferroviaire rapide et confortable pour Yacuiba, sur la frontière argentine (5,50/7/14 $US, 9 heures). Il part, en principe, à 17h le lundi, mercredi et vendredi, avec un retour les mercredi et le dimanche à 20h.

Comment circuler
DEPUIS/VERS L'AÉROPORT
À Viru-Viru, des minibus bien pratiques attendent l'arrivée des vols pour rallier le centre-ville (0,60 $US, 30 min). Ceux desservant l'aéroport partent toutes les 20 minutes, dès 5h30, depuis les arrêts du 1er *anillo* dans l'Av. Cañoto. Un taxi (jusqu'à 4 pers) coûte entre 5 et 6 $US.

DEPUIS/VERS LA GARE ROUTIÈRE ET FERROVIAIRE (BIMODAL)
La gare routière et ferroviaire est facilement accessible à pied, mais vous pouvez gagner le centre-ville en 10 minutes environ par le *micro* n°12 ou le n°20.

BUS
Santa Cruz est dotée d'un système pratique de *micros* urbains (0,20 $US) reliant les gares

et tous les *anillos* au centre. Les *micros* n°17 et 18 circulent autour du 1er *anillo*. Pour gagner l'Av. San Martín dans le Barrio Equipetrol, prenez le *micro* n°23 n'importe où sur Vallegrande.

VOITURES

American Rent-a-Car (☎ 334-1235 ; Justiniano 28 et Uruguay)

Avis Rent-a-Car (☎ 343-3939 ; www.avisbolivia.com ; Carretera al Norte au km 3,5)

Avis Rent-a-Car (☎ 343-3939 ; www.avisbolivia.com ; Carretera al Norte au km 3,5)

Barron's Rent-a-Car (☎ 3420-160 ; www.rentacarbolivia.com ; Alemania 50 et Tajibo ; également à l'aéroport de Viru-Viru)

Localiza Rent-a-Car Carretera al Norte (☎ 343-3939 ; Banzer Km 3,5) ; aéroport de Viru-Viru (☎ 385-2190)

TAXI

En général, les taxis appliquent le tarif officiel de 1 \$US/pers pour n'importe quelle destination du 1er *anillo*. Il faut ajouter 0,25 \$US par personne supplémentaire et environ 0,25 \$US par *anillo*. Si vous avez trop de bagages, certains chauffeurs vous réclameront jusqu'à 50% du prix de la course. Il est courant que les taxis pratiquent des prix excessifs depuis/vers l'aéroport. Mieux vaut demander les tarifs à l'avance pour éviter tout conflit.

BUENA VISTA
13 300 habitants

En arrivant sur la place centrale de Buena Vista, vous aurez la surprise de voir une cabine téléphonique en forme de jaguar et un insolite pub irlandais. Les moustiques ne tarderont pas à vous souhaiter la bienvenue à leur manière (n'oubliez pas d'emporter de l'insecticide). Cette agréable petite localité à deux heures (100 km) au nord-ouest de Santa Cruz constitue un excellent point de départ pour les randonnées dans les plaines boisées du Parque Nacional Amboró. La plupart des touristes lui préfèrent maintenant Samaipata (p. 309) pour explorer le parc, mais Buena Vista possède toujours certains des meilleurs lieux pour observer les oiseaux et la nature et découvrir les traditions locales.

Renseignements

La municipalité projette d'ouvrir son propre office du tourisme sur la place. Pour des renseignements sur le Parque Nacional Amboró, rendez-vous au **bureau du Sernap**

(☎ 932-2054 ; www.sernap.gov.bo, en espagnol), à deux rues au sud-ouest de la *plaza* : vous pourrez vous procurer un permis d'entrée et vous informer sur le règlement du parc ainsi que sur les solutions d'hébergement.

Vous ne trouverez là ni banque ni DAB ; n'oubliez pas d'emporter des espèces. Divers établissements aux abords de la place proposent des connexions Internet après 19h en semaine et toute la journée le week-end (2 \$US/heure).

Amboró Tours (☎ 932-2093, Santa Cruz ☎ 358-5383 ; www.vektron.net/amborotours), près de l'angle nord-est de la *plaza*, au personnel anglophone, organise des circuits d'aventure dans la zone méridionale du parc, à partir de 50 \$US/pers/jour (au moins 2 participants), transport, services d'un guide et nourriture inclus.

À voir et à faire
IGLESIA DE LOS SANTOS DESPOSORIOS

La mission jésuite de Buena Vista, la cinquième de la vice-royauté du Pérou, fut fondée en 1694. Le besoin d'une église se fit rapidement sentir et, 29 ans plus tard, après avoir longuement cherché un emplacement surélevé correctement alimenté en eau et potentiellement fertile, les missionnaires construisirent le premier édifice.

Dans les années 1750, 700 Chiraguanos s'étaient convertis au christianisme. Estimant qu'une nouvelle église était nécessaire, le Padre Martin Schmidt, missionnaire jésuite et architecte suisse, réalisa la structure actuelle en 1767. Lorsque les jésuites furent expulsés de Bolivie un peu plus tard la même année, l'administration de l'église passa sous le contrôle de l'évêque de Santa Cruz. Malgré des dégradations, l'édifice présente une jolie architecture classique qui mérite le coup d'œil.

MARÉCAGES DE CURICHI

Superbe région marécageuse, à 30 minutes de marche au sud de la place principale, cette **réserve** publique (1,35 ou 4 $US avec guide) alimente Buena Vista en eau et sert d'habitat et de lieu de reproduction à des oiseaux migrateurs et vivant sur place. Dotée d'une promenade en planches surélevée et de deux tours d'observation, elle est à découvrir de préférence à l'aube ou au crépuscule. Vous pouvez organiser une visite guidée avec l'une des agences de voyages situées aux abords de la place.

RÍO SURUTÚ, SANTA BÁRBARA ET EL CAIRO

Avec sa plage de sable agréable pour pique-niquer, nager et camper en saison sèche, le Río Surutú constitue une sortie prisée par les habitants. Des efforts ont été faits pour créer d'autres plages le long de la rivière, mais les crues pendant la saison des pluies ont balayé tout le sable. Depuis Buena Vista, 3 km de marche vous séparent du premier bras de la rivière. La berge opposée marque la limite du Parque Nacional Amboró.

Les plus sportifs apprécieront le **circuit pédestre** de six heures passant par la localité de Santa Bárbara, à travers un paysage constitué en partie de plantations tropicales. Depuis Buena Vista, suivez la route non goudronnée pour Santa Bárbara et demandez le sentier menant à la plage idyllique sur le Río Ucurutú. Après un pique-nique et un plongeon, retournez à Buena Vista par la route de Huaytú.

Autre lieu de baignade plus agréable encore, El Cairo se situe à une heure de marche de la ville. Pour vous y rendre, traversez Los Franceses et suivez la route non goudronnée qui dessine un virage vers la droite. À la bifurcation située à environ 2 km de la ville, prenez à droite et franchissez le pont. Après El Cairo, sur votre droite, continuez jusqu'à la rivière.

Fêtes et festivals

Le 26 novembre, vous pourrez assister aux corridas de la fiesta locale, le **Día de los Santos Desposorios**, et vous restaurer dans des échoppes de rue tout en respirant la bonne humeur ambiante. Au menu des réjouissances culinaires figurent la **fête du Chocolat** le dernier dimanche de janvier, la **fête du Café** le troisième dimanche d'avril, et la **fête du Riz** début mai, après les récoltes.

Où se loger

Residencial Nadia (☎ 932-2049 ; Sevilla 186 ; ch 3 $US/pers, avec sdb 4 $US/pers). Non loin de la place centrale, cette adresse familiale loue des chambres, avec matelas fermes et ventilateur, installées autour d'un patio. Le propriétaire est incollable sur le parc. Principal désagrément : le bruit de la discothèque de l'autre côté de la rue ; choisissez une chambre à l'arrière.

La Casona (☎ 932-2083 ; angle ouest de la place ; d avec sdb 9 $US). Un nouvel établissement donnant sur la place avec hamacs dans le joli patio. Le propriétaire est sympathique. Décorées dans des tons bleus, les chambres ont de bons lits et devraient à présent avoir toutes une sdb particulière.

Cabañas Quimorí (☎ 932-2081, à Santa Cruz 342-7747 ; hamel@cotas.com.bo ; ch petit déj inclus 10 $US). Établissement germano-bolivien d'un bon rapport qualité/prix, à deux pas de la route de Santa Bárbara. Les bungalows individuels, tout simples, sont répartis sur un vaste domaine avec vue magnifique sur le Cerro Amboró. Majoration le week-end.

Hotel Amboró (☎ 932-2104 ; hotelamboro@cotas.com. bo ; s/d 20/30 $US ; ⊠ ⊠). Récemment rénové, cet hôtel dispose de chambres climatisées avec sdb, de hamacs et d'un restaurant. Possibilité de visiter le parc. Il possède une piscine et des jeux aquatiques pour les enfants.

Hacienda El Cafetal (☎ 935-2067 ; www.anditra-decoffee.com ; s/d 20/35 $US ; ⊠ ⊠). Inclus dans le projet d'écotourisme que la communauté a mis en place pour aider les producteurs de café et leurs familles, voici un endroit qui a tout pour séduire : l'action qui y est menée et le puissant et délicieux café qui y est produit. Vous serez bien logé, dans des *cabañas* et des suites indépendantes et élégantes, toutes jouissant d'une belle vue. Après une visite dans les plantations, qui vous permettra de découvrir le processus de production du café et de déguster quelques crus, vous serez en pleine forme, grâce à la caféine, pour une promenade équestre ou une excursion ornithologique.

Hotel Flora & Fauna (Double F ; ☎ 710-43706 ; amboroadventures@hotmail.com ; ch tout inclus 50 $US/pers). Des bungalows modernes et fonctionnels, perchés au sommet d'une corniche venteuse refuge d'innombrables oiseaux, en surplomb de l'Amboró, et entourés d'une forêt primaire de 80 ha. Cet établissement est dirigé par l'ornithologue et entomologiste britannique Robin Clarke. Au nombre des avantages, citons les plates-formes d'observation de la faune, le service de prêt de livres et les randonnées guidées (pour résidents uniquement) à partir de 10 $US. Accès en taxi/moto-taxi (2,65/1,35 $US) depuis Buena Vista. L'hôtel se trouve à 4 km au sud de la place, non loin de Huaytú. Réservez à l'avance, car le propriétaire prévoit de passer plus de temps à Santa Cruz.

Amboró Eco-Resort (☎ 932-2048, à Santa Cruz 342-2372 ; www.amboro.com ; s/d/ste 80/90/140 $US ; 🗷 🖭). À environ 20-25 minutes de marche du centre, un petit coin de forêt tropicale aménagé, avec sentiers et animaux dans des enclos. Nombreuses infrastructures, dont bar installé au milieu d'une piscine, un sauna, une discothèque et plusieurs installations sportives. Ce n'est pas l'endroit le plus paisible au monde, mais il plaira aux familles. La direction gère également le campement Mataracú, un complexe assez luxueux à la lisière du parc national Amboró (voir p. 307).

Quelques établissements bon marché autorisent le camping sur leur terrain.

Où se restaurer

La Tranquera Kaffee Pub (côté nord-ouest de la place ; plats 3-4 $US). Une excellente adresse tenue par un propriétaire jovial qui prépare des jus de fruits exotiques tout droit sortis de la forêt tropicale (3 $US la carafe). Optez pour les plats à base de bœuf ou de poulet servis avec du manioc frit, des pommes de terre, du riz et des salades de tomates. Vous pourrez y manger du gibier, notamment de l'agouti, du pécari et du tatou, si vous n'êtes pas préoccupé par le sort de la faune sauvage.

El Bibosi (angle ouest de la place ; plats 3-4 $US). À côté de La Casona, cette adresse propose une cuisine similaire. La carte fait la part belle aux plats de viande et de riz que l'on déguste en profitant de l'animation de la place.

Installé dans un kiosque au centre de la place, l'Irish Pub sert toute la journée café, muffins, jus, vins et cocktails. Sur la place et aussi le long de la route, des établissements familiaux et bon marché servent hamburgers et spécialités diverses.

Achats

La boutique **Jipijapa** (une rue au nord-ouest de la place) vend abat-jour, sacs à main, boîtes et panamas en *jipijapa* (feuilles de palmier de la famille des cyclanthacées). **Artecampo**, plus haut dans la rue, est également recommandé pour ses articles en *jipijapa* et son artisanat local.

Depuis/vers Buena Vista

Des taxis collectifs (2,75 $US/pers) partent pour Yapacaní depuis l'arrière de l'ancienne gare des bus longue distance de Santa Cruz. Précisez bien que vous souhaitez descendre à Buena Vista.

Pour revenir à Santa Cruz, prenez un taxi collectif sur la place de Yapacaní.

Comment circuler

Taxis collectifs et motos-taxis (0,20 $US) stationnent sur la *plaza* ; pour Cabañas Quimorí et l'Hotel Flora & Fauna, vous trouverez une station sur la route de Santa Bárbara.

PARQUE NACIONAL ET ÁREA DE USO MÚLTIPLE AMBORÓ

Ce parc de 430 000 ha occupe un emplacement exceptionnel, à la confluence de trois écosystèmes distincts : le bassin amazonien, le Chaco du Nord et les Andes.

Créé en 1973 sur un domaine de 180 000 ha, sous le nom de Reserva de Vida Silvestre Germán Busch, il obtint le statut de parc national en 1984, grâce aux efforts de l'ornithologue britannique Robin Clarke et du biologiste bolivien Noel Kempff Mercado. En 1990, sa superficie fut étendue à 630 000 ha. Toutefois, fin 1995, après maintes controverses concernant l'implantation des *campesinos* dans les limites du parc, cette superficie fut ramenée à ses dimensions actuelles (voir l'encadré p. 306).

La diversité des habitats explique la présence d'espèces des hauts plateaux aussi bien que des plaines. Toutes celles d'Amazonie y sont représentées – à l'exception des espèces peuplant la savane du Beni –, notamment le timide ours à lunettes. Une population assez importante de jaguars, capybaras, loutres de rivières, agoutis, tapirs, daims, pécaris et singes divers y cohabite. Plus de 700 espèces d'oiseaux ont été identifiées. Malgré sa chair fort savoureuse, le *mutún*, ou hocco à bec en lame de rasoir, a réussi à survivre dans la région, et quelques rares quetzals auraient même été entrevus. Le parc abrite également l'un des derniers habitats du hocco unicorne (*Crax unicornis*), en voie de disparition.

PARQUE NACIONAL AMBORÓ (BUENA VISTA SECTION)

Toutefois, pour apercevoir la plupart de ces espèces sauvages, il vous faudra passer plusieurs jours dans les profondeurs du parc.

Région de Buena Vista

L'accès à la partie orientale de la réserve suppose la traversée du Río Surutú, avec un véhicule ou à pied. Selon les précipitations et le temps, vous aurez de l'eau aux genoux ou à la taille. Pour des renseignements sur les huttes et les sites de camping du parc, contactez le bureau du Sernap à Buena Vista (p. 302). Pour une liste des agences organisant des excursions guidées dans cette section du parc, reportez-vous à la rubrique *Circuits organisés* de Santa Cruz (p. 296).

RÍO MACUÑUCU

Le circuit du Río Macuñucu est le plus fréquenté de l'Área de Uso Múltiple Amboró. Il débute à **Las Cruces**, à 35 km au sud-est de Buena Vista (comptez 4 \$US en taxi depuis Buena Vista). De là, il reste 7 km jusqu'au Río Surutú, qu'il vous faudra franchir en véhicule ou à gué pour atteindre **Villa Amboró**, sur l'autre rive. Les villageois tentent parfois d'extorquer des droits d'entrée aux touristes traversant leur localité en direction de Macuñucu, qu'ils comptent ou non y séjourner. L'administration du parc ne demande pas de contribution, mais la plupart des agences de voyages versent un droit d'entrée aux villageois de Macuñucu, qui menacent de bloquer la route s'ils ne

LA LUTTE POUR L'AMBORÓ

Malgré sa facilité d'accès, l'emplacement du Parque Nacional Amboró n'a pas que des avantages. À l'heure où même les parcs les plus reculés du bassin amazonien sont menacés, l'Amboró se trouve dans une situation particulièrement vulnérable du fait de la proximité de Santa Cruz, la ville la plus peuplée de Bolivie, juste entre l'ancienne et la nouvelle route Cochabamba-Santa Cruz.

Les premiers habitants – les Indiens chiriguano et yuracare – s'installèrent dans les plaines. Les peuples de l'Altiplano, tels que les Aymará, occupaient probablement certaines parties des hauts plateaux. Si l'agriculture fut introduite après l'arrivée des Espagnols à la fin du XVIe siècle, la région isolée de l'Amboró resta intacte jusqu'à la fin du XXe siècle, lorsque des chômeurs des hauts plateaux commencèrent à émigrer en quête de terres.

Le Parque Nacional Amboró fut créé en 1973. Sa charte incluait une clause prohibant l'installation des hommes et l'exploitation des ressources. N'en déplaise aux naturalistes et aux défenseurs de l'environnement, chasseurs, bûcherons et *campesinos* – généralement déplacés du Chapare par le bureau des stupéfiants américain – n'ont cessé d'affluer, de s'installer et de cultiver les terres ainsi que de chasser dans la zone nord-est. Les techniques utilisées par les paysans pauvres n'ont guère évolué depuis le XVIe siècle et la culture itinérante par brûlis prévaut encore.

Bien que des ONG aient tenté de former des *guardaparques* dévoués et de sensibiliser la population au respect de l'environnement, la superficie du domaine diminue chaque année, et son avenir est désormais incertain. En 1995, à la suite de virulents conflits entre colons et autorités, les limites du parc ont été redéfinies officieusement : elles n'incluent plus que les terres situées à 400 m des champs cultivés les plus éloignés, ce qui ampute la zone protégée d'environ 200 000 ha.

En juillet de la même année, des *campesinos* revendiquant la reconnaissance officielle de leur droit à occuper ces terres interdirent l'entrée du parc aux touristes et aux chercheurs. Au mois d'octobre, à l'approche des élections régionales, le gouvernement abandonna la lutte et publia un décret officiel diminuant le parc de plus de 200 000 ha. La zone déclassée fut transformée en Área de Uso Múltiple Amboró, ouverte au peuplement. Elle inclut une bande de terres traversant le sud de Comarapa à Samaipata, toute la région orientale jusqu'au cours supérieur des affluents du Surutú, ainsi qu'une partie de l'extrême nord.

reçoivent rien. Reste encore à voir si ce droit d'entrée sera légalisé ou si une autre taxe sera instaurée.

Vous vous engagerez ensuite sur une piste courant sur plusieurs kilomètres à travers des arbres et des fermes, franchissant quelques barrières à bétail jusqu'aux berges du **Río Macuñucu**. La piste se poursuit en amont dans une forêt dense (comptez 2 heures), avant de se fondre dans la rivière. Remontez le courant pendant une heure environ, en sautant d'un rocher à l'autre dans un paysage de magnifiques falaises rougeâtres et de surplombs rocheux. À la sortie d'un canyon particulièrement étroit – qui vous contraindra à marcher dans l'eau –, vous atteindrez une vaste saillie rocheuse pouvant accueillir une dizaine de campeurs. Vous pouvez également planter votre tente sur l'une des plages de sable au bord de l'eau.

À ce niveau, la remontée de la rivière se corse : vous devrez franchir tant bien que mal quelques énormes rochers glissants et vous hisser entre des coulées de boue obstruant le passage. Après plusieurs heures d'efforts à progresser vers l'amont depuis la grotte, vous parviendrez à une jolie **cascade**, dans un cadre agréable pour camper. Les plus intrépides poursuivront leur assaut des rochers jusqu'à d'autres surplombs. Le terrain étant de plus en plus accidenté, mieux vaut s'adjoindre les services d'un guide pour les circuits d'une nuit ou davantage en remontant au-delà de la cascade.

RÍO ISAMA ET CERRO AMBORÓ

Le circuit du Río Isama part de l'embranchement du village d'**Espejitos**, à 28 km au sud-est de Buena Vista. Il permet d'accéder au pied du Cerro Amboró (1 300 m), une montagne en forme de bulbe qui a donné son nom au parc. Vous pourrez grimper au sommet, mais il s'agit d'une ascension délicate (guide indispensable).

SAGUAYO SUPÉRIEUR

Cet itinéraire permet d'atteindre le centre d'études situé sur la partie supérieure du Río Saguayo, où des chercheurs ont retrouvé le célèbre hocco unicorne à bec bleu, long-temps considéré comme disparu. Pour une randonnée dans cette région très accidentée par endroits, il vous faudra un guide et une machette. À moins d'avoir un 4x4 pour parcourir la piste carrossable, comptez 5 jours pour le trajet du retour.

La randonnée commence à l'embouchure du **Río Chonta**. Pour vous y rendre, prenez un taxi ou un *micro* de Buena Vista à Huaytú, puis tournez à droite (vers le sud-ouest) et marchez sur 5 km jusqu'au Río Surutú. En saison sèche, vous pourrez franchir la rivière en véhicule ou à pied. Sur la rive opposée, il reste 12 km de piste à parcourir en 4x4 avant d'atteindre le ranch de Don Arnaldo Hurtado.

Depuis le ranch, poursuivez quelques instants sur la piste menant à l'**Agua Blanca Cabaña** tout en guettant, chemin faisant, hérons, toucans, perroquets, martins-pêcheurs et autres oiseaux multicolores. Il est agréable d'y séjourner un jour ou deux, lorsque la route jusqu'au centre d'études se révèle impraticable.

Au-delà de la *cabaña*, la piste franchit la limite entre l'Área de Uso Múltiple et le Parque Nacional Amboró, puis traverse une forêt dense jusqu'au Río Saguayo. Le promontoire surplombant la berge opposée, où se dresse une **cabane de garde** abandonnée, peut être un site agréable pour planter sa tente.

Si vous allez jusqu'à la cabane, cherchez le sentier remontant le courant. Lorsque la végétation est bien dégagée, il est possible d'explorer les cours d'eau secondaires pour observer une étonnante variété d'oiseaux, tels que les tangaras, *orpendolas* (merles), sucriers, colibris, oiseaux chanteurs et hérons. Au bout de 5 heures environ, vous atteindrez une **cabane abandonnée** qui servait de base aux chercheurs et de centre d'étude du hocco à bec bleu, mais il vous faudra une bonne dose de chance pour apercevoir cet oiseau. L'endroit est également un habitat idéal pour le magnifique ara militaire, haut en couleur.

Pour regagner la route, reprenez le même chemin ; comptez deux jours de marche depuis le camp de recherches et une journée depuis l'Agua Blanca Cabaña.

MATARACÚ

Non loin de Yapacaní, sur la route principale pour Cochabamba, une piste pour 4x4 s'élance vers le sud, traversant le Río Yapacaní pour atteindre les limites septen-trionales de l'Área de Uso Múltiple Amboró. Après 18 km de cahots, la route débouche sur le **campement Mataracú** (☎ 932-2048, à Santa Cruz 342-2372 ; www.amboro.com ; ch petit déj et déj inclus 92 $US/pers), de l'Amboró Eco-Resort, doté de huttes en palmier recouvertes de toits de chaume et de *cabañas* sur pilotis. La **Posada Ecológica** (☎ 716-74580 ; dort/d 4/5,35 $US), dirigée par la communauté villageoise, propose des repas à volonté (petit déjeuner/déjeuner 1/2 $US) ; réservations auprès de n'importe quelle agence de Buena Vista. Il s'agit de la seule *cabaña* du Sernap accessible en véhicule motorisé. Toutefois, en dehors de la période la plus sèche de l'année, la traversée du Río Yapacaní peut poser des problèmes.

Région de Samaipata

Samaipata, située au-delà de la limite méridionale de l'Área de Uso Múltiple Amboró, offre la meilleure porte d'accès à la partie andine de l'ancien parc. Il n'existe pratiquement aucune infrastructure. Équipements collectifs et sentiers sont encore à l'étude ou gérés par des guides locaux privés.

C'est à Samaipata que vous trouverez les meilleurs guides pour la région. La route qui grimpe depuis Samaipata débouche sur une petite cabane. Il reste alors 4 heures de marche jusqu'au site de camping qui jouxte la zone de transition entre forêt primaire, fougères géantes et forêt de nuage des Andes. De là, vous pouvez vous enfoncer dans le parc pendant une heure encore.

Si vous ne trouvez aucun guide, nous vous conseillons la **randonnée de deux jours** de Samaipata à Mairana (23 km), *via* le hameau de La Yunga. La majeure partie de l'itinéraire est décrite dans le guide topographique *Mairana – 6839-IV* de l'IGM, au 1/50 000. Samaipata apparaît sur la bordure nord dans *Samaipata – 6839-III*.

Pour plus de renseignements, reportez-vous à la rubrique *Circuits organisés* de Samaipata, p. 311.

Région de Mairana

Depuis Mairana, un sentier de 7 km (praticable à pied ou en taxi) remonte jusqu'à **La Yunga**, où se dresse une hutte pour les visiteurs gérée par la communauté locale ainsi qu'un bureau de la FAN. Cette zone particulièrement verdoyante de l'Área de Uso Múltiple Amboró compte des fougères arboricoles et d'autres espèces de la forêt de nuage. Depuis La Yunga, 16 km à travers la forêt vous séparent de la route principale, près de Samaipata.

Pour pénétrer dans le parc, adressez-vous au poste de garde à l'extrémité méridionale du terrain de football de La Yunga. L'accès à Mairana se fait par *micro* ou *camión* depuis Santa Cruz ou Samaipata.

Région de Comarapa

Vous trouverez peut-être des guides locaux hispanophones à Comarapa. Il existe une entrée peu fréquentée menant à l'Área de Uso Múltiple Amboró, au nord-ouest de Comarapa à 4 km en direction de Cochabamba. La route franchit un col entre une montagne et une crête surmontée d'une tour de télécommunications. Guettez la route secondaire remontant vers le nord-est (à droite) à partir du hameau de **Khara Huasi** ; elle débouche sur des étendues verdoyantes de forêt de nuage recouvrant les sommets.

Parmi les autres sites intéressants de la région figure le **Pukhara de Tuquipaya** à 36 côtés, un ensemble de vestiges préincas qui se dresse en haut du **Cerro Comanwara**, à 1,5 km de Comarapa. Le village colonial de **Pulquina Arriba** se situe à quelques kilomètres à l'est de Comarapa.

Où se loger

L'intérieur du parc abrite cinq *cabañas* de jungle très rudimentaires (3 $US par pers et par jour). Pour les réservations et les renseignements, contactez le **Sernap** (☎ à Buena Vista 932-2054 ; www.sernap.gov.bo en espagnol). Prévoyez un sac de couchage. La *cabaña* la plus facilement accessible et la plus fréquentée se trouve sur le Río Macuñucu : le Macuñucu Campamento de Guardaparques, à 4 km en amont, renferme un grenier aménagé en dortoir et des installations rudimentaires pour faire la cuisine. Dans le camp, la principale activité consiste à s'asseoir au bord de la rivière pour guetter les animaux. Les empreintes de jaguar et de puma sont fréquentes sur les berges du fleuve, mais il est rare d'apercevoir ces gros félins. Les autres *cabañas* sont installées sur le cours inférieur du Río Semayo, au-dessus du Río Mataracú, sur le Río Agua Blanca et sur le cours inférieur du Río Saguayo.

À Villa Amboró, à l'embouchure du Macuñucu, l'ONG **Probioma** (☎ 343-1332 ; www. probioma.org.bo ; Córdoba 7 Este No 29, Barrio Equipetrol, Santa Cruz) a participé à l'aménagement d'un terrain

de camping – géré par les habitants – avec des douches et toilettes propres, ainsi que des sentiers de randonnée. Un circuit de 2 heures mène à une cascade de 50 m de hauteur et un autre de 4 heures aller-retour débouche sur un point de vue magnifique sur le Cerro Amboró. Des guides locaux hispanophones vous procureront des renseignements sur la faune et la flore. Les habitants peuvent fournir des repas et organiser le transport à cheval des visiteurs qui ne souhaitent pas marcher ou qui ont des enfants. Un séjour de 2 jours avec guides, chevaux, matériel de camping et repas coûte environ 30 $US par personne. Il reviendra moitié moins cher si vous apportez le ravitaillement et le matériel de camping.

Depuis/vers la région de Buena Vista

Chaque matin, un *micro* part de Buena Vista vers le sud, traversant Huaytú, San Rafael de Amboró, Espejitos, Santa Rosa de Amboró, Santa Fé et Las Cruces. Longeant les affluents du Río Surutú, plusieurs routes et pistes accidentées s'enfoncent dans le parc vers le sud-ouest. Sachez que tous les accès au parc le long de cet itinéraire supposent la traversée du Río Surutú. À Buena Vista, vous pourrez louer un 4x4 pour le camp de Macuñucu.

DE SANTA CRUZ À SAMAIPATA

À 30 km à l'ouest de Santa Cruz, sur la route de Samaipata, se trouve le **Tapekuá Le Mayen** (☎ 382-2925 ; Warnes 999 ; plats 4-8 $US ; ⊗ sam-dim 11h30-18h), à 1 km au nord en remontant une vallée dans le village d'El Torno. L'établissement sert des plats franco-suisses dans un charmant décor champêtre et loue quatre adorables *cabañas* rustiques d'un excellent rapport qualité/prix pour les longs séjours (1re nuit 50-70 $US, 4-5 $US par nuit supp).

Los Espejillos

Le nom de ce refuge très apprécié, qui signifie "les petits miroirs", provient des roches noires que l'on voit aux alentours polies par un torrent de montagne. Le **parc Espejillos**, qui abrite des cascades et des piscines naturelles rafraîchissantes, se trouve de l'autre côté du Río Piray à 18 km au nord de la grand-route.

À environ 400 m de ce site ouvert au public le médiocre **Hotel Espejillos** (☎ 333-0091 ; camping semaine/week-end 5/6 $US, d 45/55 $US) possède une partie privée de la rivière, propre et idéale pour la baignade, un restaurant quelconque et un bar agréable pour boire une bière au soleil.

Prenez n'importe quel *micro* ou *trufi* en direction de Santiago del Torno, Limoncito, La Angostura ou Samaipata, et descendez après le village de San José. De là, il vous restera une longue marche jusqu'à Los Espejillos, à moins de faire du stop vers le nord sur la piste pour 4x4 (impraticable pendant la saison des pluies). Le week-end, le site est bondé et bruyant, mais vous aurez, en contrepartie, plus de chance de trouver un taxi ou d'être pris en stop au carrefour.

Bermejo et la région des volcans

Bermejo, à 85 km au sud-ouest de Santa Cruz sur la route pour Samaipata, doit sa renommée à la **Cueva de los Monos**, un énorme rocher rouge effrité formant des arches naturelles.

L'étonnant lac de cratère, la **Laguna Volcán**, s'étend 6 km plus loin sur la colline, au nord de Bermejo. Les canards migrateurs y faisaient étape jusqu'à ce que, dans les années 1980, un promoteur *cruceño* défriche la région pour construire des appartements à temps partagé. Depuis, le projet étant tombé à l'eau, faune et flore reviennent à la vie et vous ferez une charmante promenade en partant de la grand-route. Débutant de l'autre côté du lac à l'extrémité de la route, un agréable **sentier** grimpe jusqu'au bord du cratère. Depuis Santa Cruz, prenez un *micro* ou un *trufi* pour Samaipata et descendez 1 km après Bermejo.

Plus surprenante encore, l'étrange région voisine connue sous le nom de **Los Volcanes**, au nord de la route principale, présente un paysage étonnant de collines tropicales en forme de pains de sucre. À ne pas manquer si vous êtes dans la région. Durant la saison sèche, le **Refugio Volcanes** (☎ 337-2042 ; forest@mail. zuper.net ; www.forestbolivia.com ; 65 $US tout compris, avec transport) loue des *cabañas* écologiques ; il propose douches chaudes, repas, transport depuis la route principale et randonnées guidées à travers des sites fabuleux. Ce paradis se situe à 4 km de la route (2 heures à pied ou 45 minutes depuis la fin du tronçon carrossable de la route secondaire menant au complexe). Outre plus de 10 km de **sentiers de randonnée** dans la forêt tropicale, vous trouverez des bassins enchanteurs pour vous rafraîchir, une flore remarquable comprenant plusieurs espèces rares d'orchidées sauvages, et quelques oiseaux comptant parmi les plus intéressants de Bolivie.

Las Cuevas

Le site de **Las Cuevas** (entrée 1 $US) se trouve à 100 km au sud-ouest de Santa Cruz et à 20 km à l'est de Samaipata. En remontant le courant sur un sentier bien dégagé depuis la route, vous atteindrez deux belles cascades se jetant dans des bassins où l'on peut se baigner, bordés de plages de sable. Le camping est autorisé pour une somme modique.

SAMAIPATA

9 700 habitants / altitude 1 650 m

Ces dernières années, Samaipata est devenue l'un des points de départ de "chemins des gringos" les plus prisés. Située sur les contreforts de la Cordillera Oriental, cette bourgade assoupie offre bon nombre d'auberges et de restaurants de qualité, gérés par des étrangers. La principale curiosité des environs est le site préinca d'El Fuerte, qui attire des étrangers en quête de mysticisme. Toutefois, Samaipata n'attire pas que des touristes ; c'est aussi une destination très prisée des *Cruceños* qui s'échappent de la ville pour le week-end. Son nom, qui signifie "repos dans les hauts plateaux" en quechua, ne pourrait être plus approprié. Si vous arrivez des plaines, l'endroit est tout indiqué pour vous acclimater progressivement à l'altitude.

Depuis Samaipata, vous pourrez accéder au Parque Nacional Amboró (p. 304) et faire une incursion jusqu'au site du dernier bastion de Che Guevara, près de Vallegrande (p. 314).

Renseignements

Samaipata ne possède ni banque ni distributeur automatique. Mieux vaut emporter des espèces, même si certains établissements haut de gamme acceptent les chèques de voyages et parfois même les changent.

Un nouvel office du tourisme devrait ouvrir ses portes en 2007-2008 à l'angle de la place principale et de Campero. Par ailleurs, vous pouvez consulter le site Internet de Samaipata (www.samaipata.info), et trouver des renseignements touristiques fiables au Café Bar Amboró (p. 313) et au restaurant La Chakana (p. 313). Le Sernap a un bureau à 1 km de la ville, sur la route pour Santa Cruz. Le **bureau de la FAN** (Sucre et Murillo) peut organiser des sorties dans la localité de La Yunga, à la lisière du parc.

Près de la place, plusieurs boutiques de télécommunications commencent à fournir des connexions Internet (2 $US/h) ; essayez

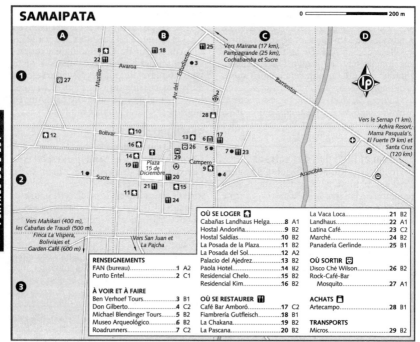

SAMAIPATA

0 ———— 200 m

Vers Mairana (17 km),
Pampagrande (25 km),
Cochabamba et Sucre

Vers le Sernap (1 km),
Achira Resort,
Mama Pasquala's,
El Fuerte (9 km) et
Santa Cruz
(120 km)

Vers Mahikari (400 m),
les Cabañas de Traudi (500 m),
Finca La Víspera,
Boliviajes et
Garden Café (600 m)

Vers San Juan et
La Pajcha

OÙ SE LOGER		
Cabañas Landhaus Helga	8	A1
Hostal Andoriña	9	B2
Hostal Saldías	10	B2
La Posada de la Plaza	11	B2
La Posada del Sol	12	A2
Palacio del Ajedrez	13	B2
Paola Hotel	14	B2
Residencial Chelo	15	B2
Residencial Kim	16	B2

RENSEIGNEMENTS		
FAN (bureau)	1	A2
Punto Entel	2	C1

À VOIR ET À FAIRE		
Ben Verhoef Tours	3	B1
Don Gilberto	4	C2
Michael Blendinger Tours	5	B2
Museo Arqueológico	6	B2
Roadrunners	7	C2

OÙ SE RESTAURER		
Café Bar Amboró	17	C2
Fiambrería Gutfleisch	18	B1
La Chakana	19	B2
La Pascana	20	B2

La Vaca Loca	21	B2
Landhaus	22	A1
Latina Café	23	C2
Marché	24	B2
Panadería Gerlinde	25	B1

OÙ SORTIR		
Disco Ché Wilson	26	B2
Rock-Café-Bar		
Mosquito	27	A1

ACHATS		
Artecampo	28	B1

TRANSPORTS		
Micros	29	B2

Roadrunners (☎ 944-6153/93 ; dustyroad99@hotmail.
com). Il existe quelques Punto Entel pour passer
des appels. La poste distribue le courrier, mais
ne se charge pas des envois de lettres (ce qui
n'est pas un mal, car elles risqueraient de ne
jamais parvenir à destination).

À voir
EL FUERTE
Il émane une telle force d'attraction du site
inspiré d'El Fuerte que des visiteurs du
monde entier se rendent à Samaipata dans
le seul but de gravir la colline et admirer ces
vestiges préincas.

Inscrit au patrimoine mondial de l'Unesco
en 1998, **El Fuerte** (adulte/enfant 4/2 $US ; ☉ 9h-17h)
occupe le sommet d'une colline, à environ
10 km de la ville. Cet endroit offre une vue
saisissante sur la zone accidentée qui marque
la transition entre les Andes et les plaines plus
à l'est. Deux tours d'observation permettent
aux visiteurs d'avoir une vue plongeante sur
les ruines. Comptez au moins deux heures
pour une exploration complète. On peut se
ravitailler en eau et en nourriture au kiosque
situé à côté de la billetterie.

La fonction d'El Fuerte est depuis longtemps
au centre de débats, et plusieurs théories sont
avancées. Les premiers conquérants pensaient
que le site avait servi de poste défensif, d'où
son nom espagnol ("le fort"), mais, en 1832,
le naturaliste français Alcide d'Orbigny émit
l'hypothèse que les bassins et canaux parallèles
creusés dans le roc avaient été utilisés pour
le lavage de l'or. En 1936, l'anthropologue
allemand Leo Pucher décrivit le site comme
un ancien temple dédié au culte du serpent
et du jaguar. Depuis peu, les lieux attirent les
adeptes du New Age.

En fait, nul ne connaît la nature exacte d'El
Fuerte qui, d'après les datations au carbone 14,
remonterait à environ 1500 av. J.-C. Il ne reste
aucun édifice sur pied, mais les vestiges de
quelque 500 habitations ont été découverts
dans les environs immédiats, et les fouilles
en cours apportent chaque jour leur lot
de nouveautés. Le site principal, qui revêt
probablement une signification religieuse,
consiste en une dalle de pierre longue de 100 m
présentant diverses sculptures : sièges, tables,
amphithéâtre, garde-manger, réservoirs, cana-
lisations et *hornecinos* (niches), qui auraient

abrité des idoles. Parmi les représentations zoomorphiques sur la pierre figurent un puma en relief et de nombreux serpents, symboles probables de fertilité. Particulièrement étonnants, d'étranges sillons parallèles (qui inspirèrent à Daniken sa théorie édifiante sur les soucoupes volantes) semblent fuser vers le ciel.

À quelque 300 m en descendant un sentier mal dégagé, derrière les ruines principales, vous découvrirez un trou dans le sol, **El Hueco**, d'autant plus menaçant qu'une partie se trouve dissimulée par la végétation. Selon les théories, cette cavité probablement naturelle aurait servi de citerne ou de prison dont personne ne pouvait s'échapper, à moins qu'elle n'ait fait partie d'un système de communication souterrain reliant la ruine principale aux environs. El Hueco a fait l'objet d'une exploration partielle, interrompue car les ouvriers qui pratiquaient les fouilles auraient entendu des sons mystérieux s'échapper des parois. Aujourd'hui, les ouvertures d'éventuels passages latéraux sont totalement obstruées.

Faire du stop à partir de Samaitapa est une bonne solution le week-end, en particulier le dimanche, mais les randonneurs chevronnés couvriront les 20 km aller-retour dans la journée. Autre solution : prenez un taxi pour l'aller et revenez à pied. Suivez la grand-route vers Santa Cruz sur 3,5 km et tournez à droite à la pancarte indiquant la colline. Il vous reste 5 km à parcourir jusqu'au sommet, dans un cadre magnifique survolé par les condors et, le matin et l'après-midi, avec des nuées de perruches caquetant au-dessus de votre tête.

L'aller-retour en taxi, avec arrêt d'une heure sur le site des ruines (tentez de négocier plus de temps), vous reviendra à 8 $US depuis Samaipata (4 pers max).

MUSEO ARQUEOLÓGICO

Le petit **Musée archéologique** de Samaipata (Bolívar ; entrée 0,65 $US ; ⏰ 8h30-12h30 et 14h30-18h30), plutôt intéressant, manque toutefois d'informations sur El Fuerte. Il expose quelques objets de Tiahuanaco et des poteries locales. L'entrée aux ruines donne l'accès au musée.

Circuits organisés

Plusieurs agences organisent des circuits sur les sites voisins (10-50 $US/pers/jour). Les

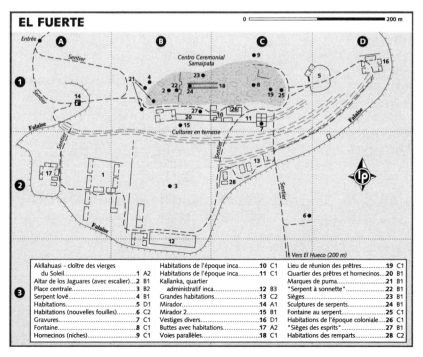

excursions guidées à pied et à cheval commencent aux environs de 70 $US/pers/jour.

Outre les ciruits d'aventure dans l'Amboró, l'agence **Boliviajes** (☎ /fax 944-6082 ; Finca La Víspera ; www.lavispera.org), recommandée, propose plusieurs excellentes formules de sorties pédestres, équestres ou en 4x4 dans de magnifiques contrées reculées, au sud de Samaipata.

Si vous souhaitez voir des orchidées, observer des oiseaux ou faire des sorties à la pleine lune, adressez-vous au biologiste **Michael Blendinger** (☎ 944-6186 ; www.discoveringbolivia.com ; Bolívar s/n, en face du musée). **Ben Verhoef Tours** (☎ 944-6365 ; www. benverhoeftours.com ; Estudiante s/n), géré par Ben et Susanne, un couple hollandais, peut organiser divers circuits dans les environs de Samaipata, comme la "randonnée du condor" de 6 heures. Ils proposent aussi un circuit Che Guevara.

Pour des randonnées autoguidées avec GPS et des excursions guidées aux cascades d'Amboró, dans les forêts de nuage et à El Fuerte, demandez Olaf et Frank chez **Roadrunners** (☎ 944-6153/93 ; dustyroad99@hotmail.com).

Enfin, **Don Gilberto** (☎ 944-6050 ; Sucre 2), natif de Samaipata qui a vécu des années dans l'actuel parc national, organise des circuits jusqu'à son modeste campement.

Où se loger

Les voyageurs voulant loger à Samaipata auront l'embarras du choix : on trouve toutes sortes d'hébergements, des dortoirs rudimentaires aux campements luxueux, en passant par des auberges rustiques et les fermes biologiques.

PETITS BUDGETS

Hostal Saldías (☎ 944-6023 ; Bolívar s/n ; ch 1,35 $US/pers, avec sdb 2 $US/pers). La ville compte plusieurs adresses sommaires, celle-ci est la plus sympathique dans sa catégorie.

Paola Hotel (☎ 944-6903 ; à l'angle nord-ouest de la place ; ch 2 $US/pers, avec sdb et petit déj 3,50 $US/pers). Cet hôtel familial sans prétentions propose des chambres quelconques mais impeccables avec des lits confortables. Cuisine commune, éviers pour laver le linge, repas bon marché, salle de lecture ensoleillée d'où l'on a une belle vue et terrasse surplombant la place. Alcool interdit dans les chambres.

Mama Pasquala's (camping 3,50 $US, bungalow 5 $US). Un camping sommaire avec bungalows tout simples dans une magnifique vallée près de bassins où l'on peut se baigner. Il est situé à 500 m en amont lorsqu'on traverse la rivière en direction d'El Fuerte.

Achira Resort (☎ 352-2288 ; bolivia.resort@scbbsbo.com ; au km 112 ; camping 4 $US, cabaña 6 $US ; ⛲). Un camping familial à l'européenne, aménagé à 8 km à l'est de Samaipata. Il propose *cabañas*, emplacements de camping, sdb, douches et éviers, ainsi qu'un hall avec restaurant et salle de jeux.

Residencial Kim (☎ 944-6161 ; d 6 $US, avec sdb 7,50 $US). Près de l'extrémité nord de la place, une maison familiale dotée de quelques chambres douillettes avec murs jaunes, poutres apparentes, couvre-lits à fleurs et TV. Grande cuisine commune où l'on peut préparer ses repas.

La Posada de la Plaza (☎ 944-6218 ; www.bolivianromance.net ; Ruben Terrazas ; d 7 $US). La plus centrale des deux *posadas* (auberges). L'endroit rappelle un chalet de montagne, avec des parquets qui craquent dans les jolies chambres sous le toit, et une salle à manger aux murs lambrissés. Bon petit déjeuner. Jardin paisible à l'arrière.

CATÉGORIE MOYENNE

Hostal Andoriña (☎ 944-6333 ; www.andorina-samaipata.blogspot.com ; Campero s/n ; dort 4,50-6, s/d 6/9 $US, d avec sdb 11-14 $US). Un nouvel établissement au décor rustique tenu par un couple néerlando-bolivien. La maison et les chambres sont peintes dans des tons ocre, les lits sont confortables et le petit déjeuner (inclus dans le prix) copieux. Au rez-de-chaussée, une cheminée réchauffe la salle commune en hiver, à l'étage supérieur un belvédère offre une superbe vue sur la vallée, et sur le toit, un Jacuzzi vous donnera l'impression d'être un pacha. L'un des propriétaires possède une galerie de photos intéressante qui jouxte l'établissement.

Cabañas Landhaus Helga (☎ 944-6033 ; www.samaipata-landhaus.com ; Murillo ; s/d 5/8 $US, avec sdb 10/16 $US, cabañas 30-70 $US ; ⛲). Ces jolies *cabañas*, situées derrière le restaurant Landhaus, sont équipées d'un coin cuisine et d'une sdb. Idéales pour les familles, elles peuvent accueillir jusqu'à sept personnes dans leurs trois chambres. Le petit déjeuner est en supplément (1-2 $US). Saunas finlandais (20 $US pour 5 pers au max) ; prévenez deux heures à l'avance.

Cabañas de Traudi (☎ 944-6094 ; www.traudi.com ; ch 5 $US/pers, s/d avec sdb 10/15 $US, cabañas 30-70 $US ; ⛲). De l'autre côté de La Víspera, un agréable établissement tenu par des Autrichiens avec un terrain spacieux parfaitement entretenu et des chevaux à louer. Il est aménagé comme un centre familial de loisirs, avec ping-pong, tennis et équipements sportifs divers. Piscine accessible aux non-résidents pour 2 $US par personne.

Finca La Víspera (☎ /fax 944-6082 ; www.lavispera.org ; camping avec/sans sa tente 4/5 $US, bungalows 10-15 $US/pers). Cette ferme bio à l'atmosphère décontractée, gérée par un couple de Néerlandais, est un lieu sympathique à la périphérie de Samaipata. Les propriétaires louent des chevaux (7 $US/heure ou 25 $US/jour) et organisent des circuits d'aventure dans la région. Les jolies chambres avec cuisine commune, et les quatre gîtes tout équipés (2 à 12 pers), sont chaleureux, propres, et bénéficient d'un panorama superbe sur la vallée. Camping avec douches chaudes et installations pour la cuisine. Apportez une torche (pas d'éclairage entre le village et l'établissement, à 15 minutes à pied au sud-ouest de la place).

La Posada del Sol (☎ 944-6218 ; Zona Barrio Nuevo ; d/tr 10/12 $US). À quelques minutes à pied de la place, cette adresse jouit d'une vue magnifique sur la vallée et permet même d'apercevoir El Fuerte depuis le jardin. Chambres complètement refaites, mais qui manquent de caractère. Triples avec kitchenette et *cabañas* indépendants.

Palacio del Ajedrez (☎ 944-6196 ; paulinchess@cotas.com.bo ; Bolívar s/n ; s/d avec sdb 10/15 $US ; 🖳). Option intéressante proche du musée archéologique, cet établissement possède un club d'échecs (*ajedrez* signifie "échecs" en espagnol) qui a entraîné certains champions de Bolivie. Les chambres rappellent les résidences universitaires, avec des meubles modernes orange et bleu. Petite piscine en construction qui sera réservée aux clients et aux joueurs d'échecs.

Où se restaurer
RESTAURANTS
La Vaca Loca (côté sud de la place ; en-cas 0,60-3,20 $US). Voici l'endroit où les habitants de Samaipata viennent manger des glaces, installés soit sous la petite véranda donnant sur la place, soit dans le jardin à l'arrière. La cuisine est moins exceptionnelle que les glaces, mais elle attire quand même beaucoup de monde au déjeuner et au dîner.

La Chakana (☎ 944-6207 ; chakanabol@yahoo.com ; côté ouest de la place ; plats 1,25-2,50 $US). La meilleure

et la plus sympathique des tables de Samaipata si l'on veut savourer petit déjeuner, sandwichs, repas végétariens, excellentes pizzas, gâteaux maison, cocktails et spécialités européennes.

Garden Café (☎ /fax 944-6082 ; Finca La Víspera ; repas 1,50-3 $US). Ensoleillé, le café en terrasse de La Víspera, d'où l'on peut voir le jardin bio et les cuisiniers ramasser les salades dans le potager, sert de fabuleux petits déjeuners et déjeuners.

Landhaus (☎ 944-6257 ; plats 2-4 $US ; 🕒 mar-dim soir). Les nostalgiques de la cuisine gastronomique européenne se rendront dans ce restaurant, à l'extrémité nord de la ville, qui concocte de succulents mets. Plats végétariens et buffet de salades.

Latina Café (☎ 944-6153 ; Bolívar 3 ; plats 2,50-3 $US ; 🕒 18h-22h lun-ven, midi et soir sam-dim). L'un des bar-restaurants les plus appréciés de Samaipata, le Latina sert tout ce que l'on peut souhaiter : viandes tendres, pâtes en sauce, mets végétariens et brownies divins. L'éclairage est intimiste et les couchers de soleil absolument fantastiques.

SUR LE POUCE
Panadería Gerlinde (☎ 944-6175 ; Estudiante ; 🕒 8h-22h). Adresse inégalable pour les pâtisseries, fromages, yaourts, muesli, produits biologiques, viandes, en-cas diététiques et remèdes à base de plantes. La boulangerie est tenue par une Allemande qui jure que tout est *sehr gut* ! Elle possède aussi un stand au marché, le samedi et le dimanche.

Café Bar Amboró (☎ 944-6220 ; Bolívar s/n ; en-cas 1 $US). Café, en-cas, glaces et connexions Internet (2 $US/heure).

La Pascana (angle sud-est de la place ; almuerzos 1 $US). Le préféré des habitants, pour ses *almuerzos* (menus déjeuner) copieux et bon marché.

Fiambrería Gutfleisch (en-cas 1 $US ; 🕒 7h-18h lun-ven). Certains des fromages, salamis et viandes froides les plus exquis de Bolivie sont vendus dans l'usine en semaine et sur le marché le week-end (8h-16h).

Où sortir
Chaque week-end, une partie des jeunes noctambules de Santa Cruz s'éclate à Samaipata, à la **Disco Che Wilson**. Le samedi soir, les plus de 21 ans préféreront la discothèque du Landhaus, qui se remplit à mesure que le restaurant se vide, généralement à partir de 22h.

Le **Rock-Café-Bar Mosquito**, le café le plus branché de la ville, est situé dans la partie nord-ouest (☎ 944-6232 ; ☽ 19h jusque tard mar-sam). Bar bien approvisionné et ambiance cuir.

Achats

Le marché se tient les samedi et dimanche. Vous trouverez des céramiques de fabrication locale au Landhaus. En face du musée, **Artecampo** (☽ 8h-13h) vend de l'artisanat créé par des femmes du département de Santa Cruz. Le week-end, sur la *plaza*, des vendeurs de rue proposent des vins et des aliments de leur production.

Comment s'y rendre et circuler

Des **taxis Expreso Samaipata** (à Santa Cruz ☎ 333-5067) pour quatre (3,50 $US/pers, 2 heures 30) partent de Santa Cruz quand ils sont complets, à l'angle de Chávez Ortíz et Solis de Olguin, à deux rues au sud de l'ancienne gare routière, ainsi qu'à l'extérieur de la gare *bimodal* (routière et ferroviaire). Sachez qu'un *micro* (2 $US, 3 heures) démarre de l'Av. Grigotá dans le 3ᵉ *anillo* à 16h tous les jours.

Depuis Samaipata, des **taxis collectifs** (☎ 944-6133/6016) rallient Santa Cruz depuis la station-service sur la grand-route. Des *micros* partent de la *plaza* tous les jours vers 16h30 et entre 12h et 17h le dimanche. Vous pouvez aussi prendre des *trufis* pour le retour dans l'après-midi.

Trouver un transport pour Mairana, Comarapa, Siberia, Vallegrande ou Cochabamba, à l'ouest, est un peu plus ardu, mais vous devriez y parvenir en patientant un peu au bord de la route. Pour un **taxi privé**, appelez le ☎ 944-6050.

ENVIRONS DE SAMAIPATA
La Pajcha

La Pajcha – trois magnifiques cascades tombant dans une rivière de montagne tumultueuse – a une plage de sable idéale pour un plongeon, ainsi que quelques jolis sites de camping. Après 42 km de route au sud de Samaipata (1 à 2 heures en voiture) en direction de San Juan, il vous restera 7 km à parcourir à pied depuis la route principale. Pour visiter ce site privé et vous baigner, vous devrez vous acquitter d'un droit d'entrée de 1 $US. Des moyens de transport aléatoires partent de Samaipata mais, à moins de savoir comment revenir, mieux vaut emporter maté-riel de camping et provisions en abondance, ou vous joindre à un circuit organisé depuis Samaipata (p. 309).

Pampagrande

Particulièrement magnifique, Pampagrande se niche dans un paysage désertique de cactus et de buissons épineux. Vous ne trouverez aucun hôtel, mais le frère dominicain **Hermano Andres** (☎ 911-3155, Samaipata ☎ 944-6011) possède une maisonnette sommaire avec possibilité de cuisiner. Guide improvisé, il organise des **circuits** passionnants dans les collines alentour et partage volontiers ses connaissances encyclopédiques sur la flore et la faune locales (oiseaux et serpents notamment). La participation financière à ces circuits ira directement aux bonnes œuvres de l'Église. Pour vous restaurer, il n'existe qu'une petite gargote près du marché, à trois rues au nord de la *plaza*.

Des *micros* pour Pampagrande partent de Santa Cruz en fin d'après-midi ; retour tous les jours à 7h.

VALLEGRANDE
16 800 habitants / altitude 2 100 m

Vallegrande est tristement célèbre pour être la ville où le corps de Che Guevara fut exposé avant son inhumation. Elle se trouve à l'extrémité septentrionale de la **route du Che** (815 km), qui s'achève au sud à Camiri (p. 287). L'itinéraire suit les derniers déplacements d'Ernesto Guevara, à pied, à dos de mulet, à vélo ou en bateau, et propose un hébergement rustique dans des campements sommaires et chez l'habitant. Pour des informations à jour sur ce projet de tourisme communautaire, contactez America Tours à La Paz (p. 81).

Après l'exécution de Che Guevara à La Higuera (sud de Vallegrande), on rapporta son corps dans la lingerie de l'hôpital municipal, aujourd'hui délabré, où des graffitis lui rendent hommage (voir l'encadré ci-contre). Vous pouvez visiter le **musée du Che** (gratuit), qui présente des objets ayant appartenu au groupe de guérilleros du révolutionnaire.

La plupart des touristes ne traversent Vallegrande qu'à l'occasion d'un pèlerinage sur les traces du Che. Pourtant, cette ville tranquille, installée sur les contreforts des Andes, bénéficie d'un agréable climat tempéré et est aussi un lieu de détente et de balades.

Renseignements

L'**alcaldía** (☎ 942-2149) de Vallegrande, qui s'efforce de promouvoir le tourisme, répondra volontiers à vos questions. Pour des informations d'ordre culturel ou historique, rendez-vous à la Casa de la Cultura, qui abrite un petit musée archéologique ainsi qu'une salle dédiée au Che, avec projections de vidéos en espagnol. Don Lalo Carrasco, le président du Grupo Yungauri, vous renseignera sur les peintures rupestres, fossiles et les sites archéologiques des environs (vous le trouverez le plus souvent à la Librería Acuarela).

Fêtes et festivals

Le marché quotidien débute sur la *plaza* vers 5h. Une foire hebdomadaire, plus importante, se tient chaque dimanche. Presque toutes les semaines, une sorte de petit festival de danse et de musique a lieu sur le terrain de sport. Autour du 23 février, la ville fête son anniversaire à grand renfort d'événements culturels et sportifs. Depuis l'exhumation des dépouilles du Che et de quelques-uns de ses camarades de l'aéroport en 1997, Vallegrande célèbre la **fête de Che Guevara** chaque année en octobre, avec spectacles populaires et activités culturelles.

HASTA SIEMPRE, COMANDANTE

Partout où vous irez en Bolivie, l'image du Che – le révolutionnaire adulé comme une rock star, et célébré dans les chansons cubaines – apparaîtra sur les murs, les peintures, les posters, les sculptures. C'est en Bolivie que le Che a trouvé la mort, et c'est ici qu'on le ressuscite avec ferveur.

Ernesto "Che" Guevara de la Serna naquit le 14 juin 1928 à Rosario (Argentine), dans une famille aisée de la classe moyenne. Diplômé de médecine de l'université de Buenos Aires, il entama son célèbre "voyage à motocyclette" à travers l'Amérique latine, périple qui forma sa conscience politique et qui l'incita à consacrer sa vie à la lutte armée contre la pauvreté et l'oppression.

Ses pérégrinations le menèrent au Guatemala, où il occupa un poste de second ordre dans le gouvernement communiste de Jacobo Arbenz en 1954. Après le renversement d'Arbenz l'année suivante (renversement largement appuyé par la CIA), il s'enfuit au Mexique, où il fit la connaissance de Fidel Castro, avec lequel il décida de renverser le gouvernement de Fulgencio Batista, à Cuba. Après une lutte longue et sanglante (des deux côtés), Batista fut renversé le 2 janvier 1959. Castro accéda à la tête de l'État et Guevara fut nommé à plusieurs postes importants du gouvernement. Toutefois, en 1965, estimant que le nécessaire était fait à Cuba, il décida de partir poursuivre la lutte en Afrique.

De retour en Amérique latine, il établit un camp de base en Bolivie, en 1966, à la ferme Ñancahuazú, à 250 km au sud-ouest de Santa Cruz. Espérant convaincre les *campesinos* (paysans) qu'ils étaient opprimés pour les pousser à la révolte, il ne rencontra que de la méfiance. Même le parti communiste local refusa de se rallier à sa cause.

Souffrant d'asthme chronique, d'arthrite et de malnutrition, le Che continua néanmoins à se battre pour sa cause. Le 8 octobre 1967, lorsque les troupes du dictateur militaire bolivien René Barrientos Ortuño (entraînées par la CIA) le capturèrent près de La Higuera, Guevara était un homme affaibli, bien loin de l'image du beau jeune homme au cigare que l'on voit encore aujourd'hui sur d'innombrables photos. Emmené dans une salle de classe de La Higuera, il fut exécuté par l'armée bolivienne le lendemain, peu après midi.

On emporta son corps à Vallegrande, où il fut exposé jusqu'au lendemain dans la lingerie de l'hôpital. Des femmes, remarquant une étonnante ressemblance avec le Christ, coupèrent quelques mèches de cheveux en guise de souvenir. Ses mains, sectionnées pour éviter toute possibilité d'identification des empreintes digitales, furent emportées clandestinement par un journaliste bolivien à Cuba, où elles se trouvent encore dans un lieu tenu secret.

Près de 30 ans après l'avoir enterré dans une tombe anonyme, l'un des soldats ayant participé à l'inhumation révéla que la dépouille du célèbre révolutionnaire se trouvait sous la piste d'atterrissage de Vallegrande. Les gouvernements bolivien et cubain réclamèrent son exhumation et, le 17 octobre 1997, un enterrement officiel eut lieu à Santa Clara de Cuba.

Le Voyage à motocyclette est un récit captivant du périple à travers l'Amérique latine du jeune Ernesto Guevara. Il a servi de base au film *Carnets de voyage*, de Walter Salles (2004). *Le Journal de Bolivie* fut écrit par le Che durant les derniers mois de sa vie.

Où se loger et se restaurer

Le nombre des hébergements à Vallegrande ne cessant d'augmenter, vous ne risquez pas de vous retrouver à la rue.

Hostal Juanita (☎ 942-2231 ; hostaljuanita@cotas. net ; Manuel María Caballero 123 ; ch avec sdb 5 $US/pers). Un hôtel familial soigné, à deux rues de la place principale.

Hotel El Marques (☎ 942-2336 ; Pedro Montaño ; ch avec sdb 5 $US/pers). Un nouvel établissement propre et agréable.

Café Galeria de Arte Santa Clara (Plaza 26 de Enero et Florida ; en-cas 0,50-1 $US). Bons cafés et en-cas.

El Mirador (☎ 942-2341 ; El Pichacu près de La Cruz ; plats 3 $US). Le meilleur restaurant de la ville, qui jouit d'une superbe vue, propose de bons plats de viande et de poisson. Tenu par l'Allemand qui a pris la célèbre photo du Che mort.

Alojamiento Teresita (☎ 924-2151 ; Escalante/ Mendoza 107), **Hotel Copacabana** (☎ 942-2014 ; Escalante/Mendoza 100) et **Residencial Vallegrande** (☎ 942-2281 ; Santa Cruz 125) facturent tous environ 4 $US par personne.

Depuis/vers Vallegrande

Depuis la gare de Santa Cruz, des bus pour Vallegrande partent de 9h à 14h environ (5 $US, 6 heures), rarement plus tard. Depuis Samaipata, un bus peu fiable reliant Vallegrande part vers 14h. Un autre part parfois à 17h. Pour faire du stop, descendez à Mataral, à 55 km au nord de Vallegrande, puis attendez (en priant) qu'un véhicule se dirige vers le sud. Quelques départs hebdomadaires ont lieu le matin depuis Cochabamba (4 $US, 11 heures), avec des retours plusieurs fois par semaine depuis les abords du marché. Achetez votre billet à l'avance, car il est arrivé que les bus soient surbookés et que l'attente soit longue pour quitter la ville.

PUCARÁ ET LA HIGUERA

Pour atteindre La Higuera, lieu du dernier combat du Che et de son exécution, vous devez d'abord vous rendre à Vallegrande, puis prendre un taxi ou un *camión* pour Pucará. Les *camiones* partent vers 8h (à deux pâtés de maisons en remontant depuis le marché). Pour un taxi, renseignez-vous aux abords de Pedro Montano, près de l'école.

Sur la place de Pucará, un *campesino* grisonnant dirige le bar/*tienda* local, tandis que sa fille tient les fourneaux d'un *comedor* rustique. Tous deux sont sympathiques, et si vous offrez une ou deux bières au patron, il vous racontera probablement des légendes sur le Che ou vous conseillera quelque établissement proposant des chevaux pour La Higuera. Les chambres à louer, sur le toit à l'arrière du logis, offrent une vue magnifique sur les montagnes et le cours supérieur du Río Grande.

Depuis Pucará, le trajet de 15 km jusqu'à La Higuera nécessite un 4x4 (contactez une agence de location à Santa Cruz, p. 302), 7 à 8 heures à pied et 5 heures à cheval, en taxi ou (cas exceptionnel) en stop. Sur la route, des pancartes indiquent les sites intéressants liés au Che.

À l'approche de La Higuera, vous apercevrez la longue *barranca* (canyon) où le Che fut capturé. Son buste, qui trône sur la place poussiéreuse, témoigne des tentatives croissantes (mais encore insuffisantes) d'attirer les touristes. Le **Museo Historico del Che** (musée historique du Che ; 1 $US ; ☉ jeu et dim), à côté de la salle de classe dans laquelle le guérillero fut détenu, expose des photos, des coupures de presse et divers objets le concernant (comme la machette qu'il utilisait pour se déplacer dans la jungle). Il y a aussi un **mausolée**. Pour le visiter, demandez aux habitants du village où se trouve le gardien ; c'est lui qui a la clé. L'école où était enfermé le Che avant son exécution, aujourd'hui transformée en dispensaire, se trouve dans un bâtiment jaune, avec panneau solaire sur le toit, près de la place.

La plupart des voyageurs viennent à La Higuera à cheval ou à pied, et doivent en général y passer la nuit, car la route est très difficile. **La Posada del Telegrafista** (losnomadas@caramail. com ; camping 0,50 $US, ch 6,20 $US/pers) accueille les admirateurs du Che et propose des lits sommaires, des déjeuners (2 $US) et des dîners romantiques à la lueur de bougies (car il n'y a pas d'électricité, 2,50 $US). On peut aussi loger dans l'école (1 $US/pers), mais l'endroit est spartiate et ne possède pas de douche.

Dans le petit bar doublé d'une boutique, vous pourrez boire une bière et parler de l'histoire locale avec les habitants. Vous pouvez aussi rencontrer la femme qui a servi son dernier repas au Che ; elle est souvent sur la place et relate volontiers ses souvenirs.

PLAINES DE L'EST

L'Oriente bolivien est la zone où se rencontrent l'hostile paysage épineux du Chaco et les savanes tropicales du bassin amazonien.

Il est bordé, à l'ouest, par les contreforts de la Cordillera Oriental, au nord, par les Llanos de Guarayos, et, au sud et à l'est, par les frontières du Paraguay et du Brésil. Ces deux paysages diamétralement opposés se côtoient sans jamais vraiment se rencontrer.

Le relief, plutôt plat, présente çà et là de longues crêtes basses et d'étranges montagnes monolithiques. La plupart des terres sont tapissées d'immenses marécages, tels que les Bañados del Izozog (intégrés au Parque Nacional Kaa-Iya del Gran Chaco) et le magnifique Pantanal sur la frontière brésilienne. C'est ce territoire que traverse le "train de la mort", qui dessert de paisibles villes frontalières. La région est également connue pour son histoire, intéressante, et pour ses missions jésuites et leurs églises à large toit.

Histoire

Nombreux sont ceux qui pensent que la passionnante histoire des missions jésuites en Amérique latine est bien triste, car elle démontre que le passé de ce vaste continent aurait pu être moins tragique.

À l'époque où l'est de la Bolivie n'était encore qu'un territoire mal connu et, dans l'ensemble, peu organisé, les jésuites établirent un État religieux autonome au Paraguay pour étendre ensuite leurs missions aux régions voisines, s'aventurant dans des contrées sauvages non explorées par de autres Européens. Des tribus autochtones – notamment des Chiquitano, Chiriguano, Moxo et Guaraní – peuplaient alors les confins septentrionaux de ce territoire, où vivent encore leurs descendants.

Inspirées des cités idéales des philosophes du XVIe siècle, les missions étaient des modèles de vie communautaire entre les jésuites et les habitants autochtones. Les jésuites établirent une sorte de hiérarchie idéale : deux ou trois d'entre eux dirigeaient une unité de population, ou *reducción*, à laquelle était affectée une unité militaire autonome. Cette force militaire improvisée, qui fut un temps la plus forte et la mieux entraînée du continent, protégeait la région des Portugais installés au Brésil et des Espagnols à l'ouest, créant une véritable théocratie autonome.

Sur le plan politique, les *reducciones* étaient placées sous le contrôle nominal de l'*audiencia* de Chacras, et, sur le plan ecclésiastique, sous l'autorité de l'évêché de Santa Cruz. Toutefois, en raison de leur relatif isolement, les jésuites

étaient les véritables maîtres. Chaque communauté était administrée conjointement par quelques prêtres et un conseil de huit Indiens représentant des tribus différentes (un rare exemple de partage du pouvoir à l'époque coloniale), qui se réunissaient tous les jours pour surveiller l'évolution de la mission. Les Indiens acceptant de coopérer (ils n'étaient jamais contraints) poursuivaient toutefois un but plus pragmatique : échapper ainsi au système contraignant de l'*encomienda* ou, pire encore, à l'esclavage qui les aurait attendus ailleurs.

Ces communautés atteignirent leur apogée sous la direction du père Martin Schmidt. Cet infatigable prêtre suisse construisit des missions à San Javier, Concepción et San Rafael de Velasco, conçut de nombreux autels, inventa des instruments de musique, devint le compositeur des *reducciones* et publia un dictionnaire espagnol-chiquitano ! Expulsé de la région, il mourut en Europe en 1772.

Paradoxalement, la puissance grandissante des jésuites finit par causer leur perte. Vers le milieu du XVIIIe siècle, les querelles politiques en Europe tournèrent en luttes de pouvoir opposant l'Église et les monarchies française, espagnole et portugaise. Lorsque les Espagnols d'Amérique du Sud comprirent l'étendue de l'influence jésuite et eurent vent des richesses produites dans ces terres sauvages, ils accusèrent les religieux d'avoir usurpé le pouvoir de l'État. Les marchands d'esclaves portugais gagnaient du terrain à l'ouest tandis que les troupes espagnoles marchaient sur l'est pour fortifier la frontière orientale de l'Alto Perú, mal définie. Prises entre les feux croisés de l'armée, ces missions fort lucratives se révélèrent des proies faciles pour les Espagnols. En 1767, balayées par un tourbillon de désordres politiques et de dogmes religieux, elles furent dissoutes, et le roi Charles III signa l'ordre d'expulsion entraînant leur renvoi du continent.

Après le départ des missionnaires, l'équilibre soigneusement établi entre Européens et populations locales fut bouleversé. Réalisant que les terres nouvellement acquises ne leur apporteraient pas de richesses illimitées ni les esclaves escomptés pour l'exploitation des mines de Potosí, les suzerains espagnols abandonnèrent massivement ces communautés, qui commencèrent à péricliter. Privés de l'aide des jésuites – qui s'efforçaient de rapprocher les deux cultures –, les Indiens ne tardèrent pas à partir. Seules les étonnantes églises encore debout témoignent de cet incroyable passé qui connut une fin brutale.

CIRCUIT DES MISSIONS JÉSUITES

Cet ensemble de villes connu sous le nom de Las Misiones Jesuíticas renferme quelques-uns des principaux trésors culturels et historiques du pays. Le circuit complet nécessite cinq ou six jours, mais les amateurs d'architecture ou d'histoire trouveront ici l'une des excursions les plus enrichissantes du pays.

Restée dans l'ombre pendant plus de deux siècles, l'histoire de la région fut révélée au public du monde entier en 1986 grâce au film de Roland Joffé, *Mission* (avec Robert de Niro), Palme d'or au festival de Cannes, qui narrait les derniers jours des prêtres jésuites de la région. L'intérêt croissant pour cette culture unique en Amérique du Sud qui rassemblait jésuites et Chiquitano autochtones incita l'Unesco à inscrire ces missions au patrimoine mondial de l'humanité, en 1991. Grâce au difficile travail de restauration mené pendant 25 ans par l'architecte Hans Roth (aujourd'hui décédé), presque toutes ces églises ont retrouvé leur splendeur originelle.

Le circuit peut s'effectuer dans le sens des aiguilles d'une montre, ou inversement, c'est-à-dire en bus de Santa Cruz à San José de Chiquitos (p. 322), ou en train depuis San José de Chiquitos, puis en bus ou en stop entre les missions.

CIRCUITS ORGANISÉS

Pour la liste des agences organisant des sorties sur le circuit des missions jésuites, consultez la rubrique *Santa Cruz* (p. 296).

San Ramón
5 700 habitants

Cette ville poussiéreuse n'abrite aucune église missionnaire ; toutefois, elle constitue un important carrefour entre Santa Cruz, Trinidad, les missions et le Brésil, et les visiteurs se contentent généralement de la traverser. Son sous-sol renfermerait une mine d'or (mais le moindre gisement extrait du sol serait immédiatement transporté vers une destination inconnue). L'**Hotel Manguarí** (☎ 965-6011 ; 5 $US), à deux rues de la place sur la route de Trinidad, dispose d'installations sommaires. Pour les repas, flânez sur quelques mètres jusqu'au **Boliche de Arturo** (repas 1-2 $US), recommandé.

Les bus pour Trinidad passent entre 20h et minuit, tout comme ceux pour l'Est et San Ignacio de Velasco. Le premier bus pour Santa Cruz part à 7h, et les *camiones* sont assez fréquents.

San Javier
11 300 habitants

Premier (ou dernier, en fonction du sens de votre voyage) village du circuit, San Javier, fondé en 1691, est la plus ancienne mission de la région. Elle est devenue progressivement une destination de vacances privilégiée pour les familles de *Cruceños* aisées. Arrivé sur les lieux en 1730, Martin Schmidt établit la première école de musique de la région ainsi qu'un atelier fabriquant violons, harpes et clavecins. Il dessina également l'église actuelle, construite entre 1749 et 1752, qui se dresse sur une crête boisée offrant une vue superbe sur les collines avoisinantes. Des travaux de restauration ont été achevés en 1992.

San Javier possède quelques belles **sources chaudes** (6,50 $US en moto-taxi) à 14 km au nord-ouest de la ville, 6 km plus loin, une piscine naturelle et des chutes, **Los Tumbos de Suruquizo**.

OÙ SE LOGER ET SE RESTAURER

Ame Tauna (☎ 963-5018 ; Plaza 24 de Septiembre ; ch 5,50 $US/pers). Sur la place, Ame Tauna ("ami bienvenu" en guaraní) loue des chambres fraîches et confortables, avec sdb communes.

Gran Hotel El Reposo del Guerrero (Repos du guerrier ; ☎ 963-5022, à Santa Cruz 332-7830 ; ch avec sdb et petit déj 12 $US/pers). Une bonne option centrale à quelques rues de la place. Chambres agréables et propres avec de nombreux services. Bon restaurant.

Cabañas Totaitú (☎ 963-5063 ; 4/6/8 pers semaine 60/80/100 $US, week-end 80/100/120 $US ; 🐎). Avec sa piscine, son parcours de golf et ses courts de tennis, cette ferme laitière quatre-étoiles, à 4 km nord-ouest de la ville, est sans doute l'adresse la plus ravissante du circuit. On peut effectuer d'agréables randonnées ou louer chevaux et VTT pour explorer la région.

El Turista (☎ 963-5063 ; San Javier ; plats 2-3 $US). Une cuisine bolivienne simple mais bonne, servie surtout à des groupes effectuant le circuit.

El Ganadero (San Javier ; plats 2-4 $US). Vivement recommandé pour ses viandes tendres et juteuses.

L'INFLUENCE DES JÉSUITES SUR LA CULTURE DES PLAINES

Les missionnaires jésuites furent sans doute les seuls étrangers de l'époque coloniale à tenter un rapprochement entre leur culture et celle des peuples indigènes. En dehors de leur mission économique et religieuse, les jésuites encourageaient le développement culturel et éducatif, en évitant soigneusement la désastreuse approche du "tout ou rien" pratiquée par les autres colons. Ils cherchèrent à garder le meilleur de chaque culture et y parvinrent étonnamment bien.

Les Chiquitano, Indiens nomades chasseurs-cueilleurs, apprirent ainsi l'élevage et les techniques agricoles européennes, qu'ils adaptèrent avec succès à leur économie principalement agricole. En retour, ils montrèrent aux Européens comment s'adapter à la rudesse de l'environnement tropical. Au fil des ans, un réseau commercial s'établit entre ces communautés et les villages aymará et quechua de l'Altiplano. Cire d'abeille, coton, miel et textiles locaux s'échangeaient alors contre des marchandises importées et de l'argent brut extrait des hauts plateaux.

Les Indiens se virent également inculquer les rudiments de la religion chrétienne. Peu à peu, le christianisme effaça toute trace de leurs anciens principes. Aujourd'hui, il reste peu de choses des croyances et des pratiques antérieures à l'arrivée des jésuites.

L'enseignement des jésuites permit aux Indiens de devenir des artisans accomplis et de réaliser de remarquables articles en tissu, argent et bois, notamment des harpes et des violons renommés qui continuent de jouer un rôle de premier plan dans la musique traditionnelle. Ils se montrèrent également de formidables artistes : à l'apogée de ce bouleversement culturel, au cœur des contrées sauvages de Bolivie, les habitants des missions organisaient concerts, danses et pièces de théâtre rivalisant avec les meilleurs d'Europe, mettant même en scène des madrigaux de la Renaissance italienne, des comédies baroques et des opéras.

Pour en apprendre davantage sur cette intéressante culture, vous pouvez lire *Les Missions jésuites* de Philippe Lécrivain (Découvertes Gallimard, 2005) et, si votre niveau d'espagnol le permet, *Misiones Jesuíticas*, de Jaime Cisneros, ainsi que *Las Misiones Jesuíticas de Chiquitos*, très renommé, publié par Pedro Querejazu.

SANTA CRUZ ET LES PLAINES DE L'EST

DEPUIS/VERS SAN JAVIER

Tous les bus de Santa Cruz à San Ignacio de Velasco traversent San Javier, à 68 km à l'ouest de Concepción (1,50 $US, 1 heure 30) et à 229 km de Santa Cruz (4 $US, 5 heures).

Concepción
14 500 habitants

Concepción se situe à 182 km à l'ouest de San Ignacio de Velasco dans une région de culture et d'élevage. Tous les projets de restauration des missions sont concentrés dans ce village poussiéreux et endormi qui a pour atouts son atmosphère accueillante et sa tranquillité. Située à l'est de la place, la **Catedral de Concepción** (gratuit ; ☼ 7h-20h), bâtie en 1709 et merveilleusement restaurée, possède un toit en surplomb porté par 121 énormes colonnes en bois et un clocher perché sur des piliers sculptés. Elle est décorée de motifs baroques dorés, représentant la Vierge, des anges et des fleurs. L'intérieur est assez kitsch et il permet de se faire une idée de l'opulence dans laquelle vivait le village.

Les passionnés d'architecture visiteront les **ateliers de restauration** (☼ 10h30-15h30) derrière la mission, où des artisans fabriquent de jolies répliques et restaurent de nombreuses œuvres d'art. Au **Museo Misional** (côté sud de la place ; 1 $US ; ☼ 8h30-12h et 14h30-18h30 mar-sam, 10h-12h30 dim), installé dans l'ancien bâtiment Cabildo, vous pourrez voir l'évolution des travaux de restauration des églises de la région et acheter de belles sculptures sur bois réalisées par la population locale.

OÙ SE LOGER ET SE RESTAURER
Hotel Sede Ganaderos (☎ 964-3055 ; Capobianco ; ch avec sdb 5 $US/pers). À une rue à l'ouest de la place, cet hôtel est d'un bon rapport qualité/prix. Hamacs à l'ombre dans la cour.

Gran Hotel Concepción (☎ 964-3031 ; côté ouest de la place ; s/d avec sdb 28/43 $US ; ☒). Ce charmant hôtel avec piscine, patio paisible, jardin luxuriant et piliers en bois finement sculptés est l'adresse la plus haut de gamme.

El Buen Gusto (☎ 964-3117 ; côté sud de la place ; plats 1,50-3 $US). Sert une viande excellente et des *almuerzos* copieux, à déguster dans le patio calme et luxuriant.

Club Social Ñuflo de Chavez (côté ouest de la place ; menu 2 $US). Il propose des menus et des concerts le vendredi soir. Des chauves-souris habitent sous le toit.

DEPUIS/VERS CONCEPCIÓN

Tous les bus de Santa Cruz à San Ignacio de Velasco (6 $US, 7 heures) traversent Concepción et s'arrêtent sur la route principale à 1 km de la *plaza* (seuls les bus pour Concepción pénètrent dans le centre). Depuis Trinidad, prenez le bus de Santa Cruz et descendez à San Ramón, où vous trouverez des correspondances pour Concepción et l'Est. Des *micros* quotidiens partent pour San Javier (1,50 $US, 1 heure 30) et Santa Cruz (5 $US, 6 heures) à 7h30, 14h et 18h. Vous pouvez aussi attendre près de la station-service et héler un véhicule (généralement un *camión*).

San Ignacio de Velasco
41 400 habitants

La première église missionnaire de San Ignacio de Velasco, fondée en 1748, était autrefois la plus spacieuse et sans doute la plus travaillée de toutes. La structure d'origine a malheureusement été démolie dans les années 1950 pour être remplacée par un affreux bâtiment moderne. Réalisant leur erreur, les architectes l'ont rasé pour y ériger une reproduction conforme à l'église d'origine. Pratiquement achevée, la nouvelle construction renferme l'autel et quelques colonnes en bois provenant de l'édifice d'origine.

La ville, qui compte encore une importante population indienne, reste la "capitale" et le centre commercial des missions jésuites. À l'image de San Javier, elle est devenue la proie des industries agro-alimentaires brésiliennes.

À VOIR ET À FAIRE

Votre regard sera attiré par les grandes **croix en bois** dressées aux carrefours près de la *plaza*. Admirez également les colonnes en bois devant la **Casa Miguel Areijer** sur la place : l'une d'elles est ornée d'une belle sculpture représentant un groupe de musiciens boliviens.

Jouxtant la **Casa de la Cultura**, un petit **musée** (grand-place ; 1 $US) remarquable abrite une collection d'instruments de musique vieux de plusieurs siècles.

À seulement 700 m de l'église s'étend la vaste **Laguna Guapomó**, où vous pourrez nager ou louer un bateau.

FÊTES ET FESTIVALS

La dernière semaine de mars, une énorme fête est organisée à l'occasion de l'**élection de Miss Litoral**. San Ignacio célèbre son saint patron le 31 juillet. En été, le **Festival international de musique baroque et de la Renaissance** (p. 296), basé à San Ignacio de Velasco, se déroule sur plusieurs semaines dans la région de la Chiquitanie.

OÙ SE LOGER

La ville, qui est le centre du commerce des missions, propose un grand choix d'hébergements.

Plaza Hotel (☎ 962-2035 ; côté est de la place ; ch 3 $US/pers, avec sdb 6 $US/pers). Chambres impeccables avec ventil, toutes aménagées autour d'un paisible patio.

Casa Suiza (à 7 rues à l'ouest de la place ; ch avec repas 8,50 $US/pers). Le gentil propriétaire possède une magnifique bibliothèque et organise des promenades équestres, des sorties de pêche et des visites dans les *haciendas* environnantes.

Apart-Hotel San Ignacio (☎ 962-2157 ; 24 de Septiembre et Cochabamba ; d avec sdb et petit déj 17 $US ; 🖥 🍴). L'adresse la plus agréable de la ville. Chambres élégantes, petite piscine et jardin reposant.

Hotel Misión (☎ 962-2035 ; www.hotel-lamision. com ; côté est de la place ; s/d 45/55 $US ; 🍴). Envie de luxe ? Optez pour cet hôtel doté de chambres élégantes, de suites superbes et d'une petite piscine. Bon restaurant haut de gamme et grande variété de plats.

OÙ SE RESTAURER

Malheureusement, les restaurants sont peu nombreux et tous ferment le dimanche. Les suivants se trouvent sur la place.

Snack Marcelito (côté sud de la place ; plats 1-3 $US). Parfait pour des *salteñas* (chaussons fourrés), des hamburgers, des jus de fruits frais et du café.

Restaurant Acuario (côté ouest de la place ; plats 2-3 $US). Une très bonne adresse spécialisée dans les barbecues grecs, à savourer en observant l'animation de la place.

Pizzería Pauline (côté sud de la place ; plats 3-4 $US). Si vous n'aimez pas la pizza, essayez les plats de viande.

On peut aussi manger correctement au marché, une rue à l'ouest et trois rues au sud de la place.

DEPUIS/VERS SAN IGNACIO DE VELASCO
Un conseil, si vous voyagez en bus : recouvrez bien vos bagages pour éviter qu'ils n'arrivent à destination sous une épaisse couche de poussière rouge. Plusieurs *flotas* (bus longue distance) basées à Santa Cruz desservent San Ignacio de Velasco (5-6 $US, 11 heures) *via* San Javier, Concepción et Santa Rosa de la Roca. Depuis San Ignacio, certains bus poursuivent jusqu'à San Miguel (1,50 $US, 1 heure). La plupart des bus et *micros* partent des environs du marché de San Javier.

En arrivant de Trinidad, prenez un bus pour Santa Cruz et descendez à San Ramón (généralement au milieu de la nuit) ; de là, faites du stop ou attendez le passage d'un bus pour San Ignacio, vers l'est.

Durant la saison sèche, plusieurs compagnies de bus de Santa Cruz assurent un service entre les différentes missions. Depuis San Ignacio, quelques compagnies brésiliennes proposent des départs quotidiens (de l'aube au milieu de la matinée) pour San Matías sur la frontière brésilienne, d'où partent des correspondances pour Cáceres et Cuiabá au Brésil. Le *micro* quotidien de la Flota Trans-Bolivia dessert San Miguel (1 $US, 30 min), San Rafael (1 $US, 1 heure) et Santa Ana vers 8h.

San Miguel de Velasco
10 300 habitants
Perdu dans un paysage de broussailles à 38 km au sud de San Ignacio, San Miguel semble en état de sieste permanente. Selon Hans Roth (aujourd'hui décédé), son église fondée en 1721 serait l'édifice le plus fidèlement restauré de toutes les missions jésuites boliviennes. Ses colonnes en spirale, son autel en bois sculpté doté d'une statue de San Miguel volant, son extravagante chaire dorée, ses œuvres d'art religieuses, son adorable clocher et sa façade aux fresques recherchées sont de purs chefs-d'œuvre.

Bien qu'elle n'ait pas été conçue par Martin Schmidt, l'église – généralement considérée comme la plus belle des missions de Bolivie – trahit l'influence du maître. Durant sa restauration (1978-1984), Hans Roth et ses compagnons installèrent des ateliers et formèrent des artisans locaux aux techniques enseignées par les jésuites deux siècles plus tôt. Ces artisans, qui travaillent aujourd'hui dans des coopératives, continuent de réaliser des meubles et des sculptures, tels que de petits coffres en bois de cèdre de couleur pastel.

La lumière matinale est idéale pour photographier l'église ; la visite est conseillée pendant la messe de 19h.

OÙ SE LOGER ET SE RESTAURER
Alojamiento Pascana (☎ 962-4220 ; Plaza Principal ; ch 3 $US/pers). Sur la place, des chambres spartiates mais propres. Le restaurant voisin sert des boissons fraîches et des repas simples (plats 1-3 $US).

Alojamiento Pardo (☎ 962-4209 ; Sucre ; ch 3 $US/pers). Près de la place également, une autre adresse simple et impeccable.

Si vous préférez camper, les religieuses de l'église vous indiqueront un site adéquat.

DEPUIS/VERS SAN MIGUEL DE VELASCO
Un *micro* quotidien assure l'aller-retour pour San Ignacio de Velasco à 8h30, puis part vers 10h pour San Rafael. Il revient ensuite par San Miguel vers 12h avant de regagner San Ignacio. Vous trouverez facilement des *camionetas* pour San Ignacio ; elles font le tour de la ville en klaxonnant, du petit matin jusqu'en début d'après-midi, en quête de passagers.

Santa Ana de Velasco
La mission de ce minuscule village chiquitano, à 24 km au nord de San Rafael de Velasco, fut établie en 1755. Plus rustique que les autres, l'**église**, dotée d'un sol en terre battue et d'un toit de palmes, rappelle celles construites par les missionnaires à leur arrivée. En réalité, l'édifice est postérieur au départ des jésuites. L'intérieur comporte de ravissantes sculptures et peintures religieuses.

La structure d'origine est restée en excellent état, et l'église a connu une rénovation récente, dont le point culminant fut la restauration du seul orgue qui ait survécu dans la région. Il sert désormais à l'éducation musicale des enfants. Durant les travaux, une harpe diatonique de plus de 1,5 m a été découverte ; elle est désormais exposée dans l'église.

Vous trouverez sans difficulté un transport depuis San Ignacio ou San Rafael. Des *micros* presque quotidiens relient San Ignacio à San Rafael *via* Santa Ana. Cet itinéraire étant désormais l'un des plus fréquentés, vous pouvez tenter le stop.

San Rafael de Velasco
5 000 habitants
Fondée en 1696, San Rafael de Velasco se situe à 132 km au nord de San José de Chiquitos. Son **église**, la première achevée par

les missions en Bolivie, fut érigée entre 1740 et 1748. Dans les années 1970 et 1980, l'édifice fut rénové par les architectes suisses chargés de la restauration des églises de Concepción et de San José de Chiquitos.

L'intérieur, particulièrement remarquable, présente des fresques et des boiseries d'origine encore intactes. La chaire est recouverte d'une couche de mica brillant, le plafond est en roseaux, et les colonnes en spirale sont sculptées dans des rondins de *cuchi* (bois de fer). Avec son revêtement en rotin, cette église missionnaire est la seule à respecter l'aspect d'origine. Ne manquez pas, sur le mur d'entrée, la fresque rendant grâce à Dieu sur le thème de la musique, avec notamment une harpe, une flûte, un basson, un cor et des maracas.

À l'angle de la route principale et de la rue qui part de l'église vers le sud, l'**Alojamiento San Rafael** (ch 3 $US/pers) n'est pas indiqué, mais il propose des chambres basiques, correctes pour une nuit. Sur la place, l'**Alojamiento La Pascana** (ch 3 $US/pers) loue des chambres sommaires avec sdb commune.

L'Alojamiento San Rafael, sur la route principale, est le meilleur endroit pour attendre un véhicule en partance pour le sud et San José de Chiquitos (5 à 6 heures) ou pour le nord et Santa Ana, San Miguel ou San Ignacio. Le matin, des bus circulent dans les deux sens. Pour Santa Ana, tournez à droite au carrefour situé au nord de la ville.

San José de Chiquitos
16 600 habitants

San José, l'une des missions jésuites les plus facilement accessibles, doit son nom aux Indiens chiquitano, qui habitaient la région à l'arrivée des Européens. Le site d'origine de Santa Cruz de la Sierra se trouvait à 4 km à l'ouest, mais la ville fut déplacée peu après sa fondation en 1561. Les jésuites, arrivés vers le milieu des années 1740, débutèrent vers 1750 la construction de la magnifique église missionnaire qui domine aujourd'hui la localité.

L'élevage de bovins y est une activité très courante et, depuis la nationalisation des ressources naturelles décidée par Evo Morales, la question du forage pétrolier, problème très actuel dans la région, reste en suspens.

RENSEIGNEMENTS
La banque sur la place change les dollars américains lorsqu'elle dispose de suffisam-

ment de *bolivianos*. Toutefois, la plupart des établissements acceptent les dollars et changent des petites coupures même si vous n'êtes pas client. Pour le téléphone et les connexions Internet, renseignez-vous près de la *plaza*.

À VOIR ET À FAIRE
Église de la mission jésuite
Unique en son genre, l'église en pierre de San José est l'une des plus belles des missions jésuites. Si vous ne devez en visiter qu'une, c'est celle-ci. L'autel principal se rapproche de celui des missions voisines, et de vagues ressemblances avec des églises belges et polonaises ont été notées, mais l'origine de son aspect extérieur, insolite, reste un mystère.

Ne disposant pas de calcaire pour fabriquer du mortier de ciment, les jésuites utilisèrent du bois et un plâtre de boue. L'édifice est constitué de quatre bâtiments principaux disposés autour d'une cour. Le clocher fut achevé en 1748, le *funerario* (chapelle des morts) date de 1752 et le *parroquio* (lieu de vie) fut terminé en 1754. L'ensemble des travaux a été effectué par des Chiquitano sous la direction des missionnaires, et les délicates sculptures des portes, d'une partie de l'autel et d'un superbe banc sont l'œuvre d'artisans indiens.

Les importants travaux de rénovation et de restauration entrepris depuis plus de dix ans ne sont toujours pas achevés, mais l'ouvrage accompli à ce jour est remarquable, comme en témoignent l'autel et les premières rangées de bancs.

Pour savoir quelles parties sont ouvertes, fermées ou en travaux, appelez le **presbytère** (☎ 972-2156). Il y a des chances pour que la personne qui vous réponde parle non seulement l'espagnol, mais aussi le français, l'anglais, l'allemand et le portugais.

Plaza 26 de Febrero
Les **arbres toboroche** de l'immense place abritaient autrefois une famille de paresseux ; il y a quelques années, toutefois, leur floraison a poussé les animaux à chercher un garde-manger plus feuillu. Ils accueillent désormais quelques bruyants perroquets verts. Durant la saison des pluies, le sol se recouvre d'un tapis de grenouilles et de gros crapauds. Vous pourrez admirer un **buste de Ñuflo de Chávez**, fondateur de Santa Cruz, et une étonnante **fontaine** aux formes érotiques sur un côté de

la place (vous n'en verrez pas de semblable sur les hauts plateaux boliviens).

Promenade de Santa Cruz la Vieja

Au sud de la ville, la route passe sous une **arche** soutenue par des nymphes en béton armé fort peu vêtues qui accueillent les voyageurs sur l'ancienne nationale de Santa Cruz. À 1 km environ, après avoir passé quelques poussiéreuses terres d'élevage, vous verrez une vieille école abandonnée. À 3 km de là, la route s'enfonce dans une sorte de jungle où résident une multitude de perroquets verts fort bruyants.

Sur cette route, à 4 km au sud de la ville, s'étend le **Parque Histórico Santa Cruz la Vieja** (1,80 $US), sur le site originel de Santa Cruz de la Sierra, où vous ne verrez guère qu'un poste de garde déserté. Dans la forêt voisine, une **cascade** – alimentant San José en eau potable – permet de s'abriter de la chaleur tropicale ; toutefois, la nuée d'insectes féroces vous contraindra probablement à une visite-éclair. Prévoyez de la lotion antimoustique, de bonnes chaussures et un pantalon pour protéger pieds et jambes des fourmis voraces.

Après quelques montées et descentes menant – 2 ou 3 km plus loin – à un escarpement, vous découvrirez une vue panoramique sur San José et les plaines environnantes. Plus loin encore, un beau paysage érodé abrite de charmantes chutes d'eau, les **Cascadas del Suruquizo**.

OÙ SE LOGER

Hotel Denisse (☎ 972-2230 ; Monseñor Carlos Gerike s/n ; ch 4 $US/pers). Basique et propre, avec des ventilateurs au plafond. Correct pour une nuit ou deux.

Hotel Raquelita (☎ 972-2037 ; côté ouest de la place ; ch 4,50 $US/pers, avec sdb 6,50 $US/pers ; 🖳). Avec ses ventilateurs, ses chambres d'une propreté irréprochable, son service de blanchisserie et son petit bar, cette adresse est sans conteste la plus agréable de la ville. En outre, les propriétaires sont bien informés sur les horaires des transports.

Si vous préférez camper, vous pourrez demander au prêtre de l'église l'autorisation de planter votre tente dans la cour.

OÙ SE RESTAURER

Hotel Raquelita (☎ 972-2037 ; côté ouest de la place ; plats 1-2 $US). Un bon snack-bar, propre, pour un petit déjeuner, un repas le midi ou une délicieuse glace maison.

La Choza de Don Pedro (☎ 972-2292 ; Circunvalación lado Norte ; plats 1-3 $US). Cette adresse située au-delà du chemin de fer, sur la route du nord qui part vers San Ignacio, sert de copieux *almuerzos* et des steaks non moins roboratifs.

Le lundi, les mennonites viennent en ville vendre leurs produits : fromage, beurre et pain.

DEPUIS/VERS SAN JOSÉ DE CHIQUITOS

Les lundi, mercredi et vendredi matin, des *micros* quittent San Ignacio pour San José (*via* San Rafael et San Miguel) et reviennent les mardi, jeudi et samedi après-midi.

Si vous préférez tenter votre chance avec un *camión*, attendez à la *tranca* de l'autre côté de la voie ferrée, à 300 m au nord de la ville. En saison sèche, des *camions* partent pour San Ignacio au moins deux fois par jour. Prévoyez environ 4 $US/pers pour San Ignacio.

Un *ferrobus* relie Santa Cruz à Quijarro en passant par San José (*cama*-couchette/*semi-cama*-siège inclinable 23/20 $US) les mardi, jeudi et dimanche. Il part de Santa Cruz à 19h30 et arrive à la gare de San José vers 1h. Les retours de Quijarro à Santa Cruz ont lieu le lundi, le mercredi et le vendredi. Ils arrivent à San José au milieu de la nuit.

L'*Expreso del Oriente* (le "train de la mort"), pour l'est et Quijarro, part tous les jours sauf le dimanche à 21h30 ; celui pour Santa Cruz, en direction de l'ouest, traverse San José de Chiquitos tous les jours sauf le dimanche à 2h (5-13 $US). Le *tren mixto* quitte Santa Cruz les lundi et vendredi à 19h15 pour rallier San José de Chiquitos vers 5h ; il repart moins d'une heure après et arrive à Quijarro vers 15h le jour suivant.

Des trains de marchandises circulent régulièrement ; il suffit, théoriquement, de grimper dans la *bodega* des passagers et de payer le prix d'un billet de 2e classe pour Santa Cruz ou Quijarro, mais mieux vaut en faire poliment la demande. La billetterie ouvre lorsque l'employé est disposé à venir travailler, soit n'importe quand entre 6h et 15h.

L'achat d'un billet peut se révéler interminable et, pour éviter la revente au marché noir, on exige de voir le passeport de chaque voyageur. Les gares intermédiaires, telles que San José de Chiquitos, ne disposent que de quelques billets, vendus uniquement le jour du départ (ou la veille pour les départs au petit matin).

EXTRÊME-EST BOLIVIEN

Entre Roboré et San José de Chiquitos, la voie ferrée traverse une étonnante et magnifique région sauvage où se succèdent collines et monolithes. Plus à l'est, sur la frontière brésilienne, les marécages du Pantanal, dotés d'une faune et d'une flore très variées, constituent l'essentiel du paysage, tandis que les Bañados del Izozog, tout aussi humides, dominent la partie méridionale. Depuis peu, ces derniers font partie du Parque Nacional Kaa-Iya del Gran Chaco (voir ci-contre), le plus grand parc national d'Amérique latine.

Roboré et Santiago de Chiquitos

Fondée en 1916 pour servir d'avant-poste militaire, Roboré n'est pas une ville très drôle à visiter, et les militaires, encore très présents, peuvent se montrer assez déplaisants avec les étrangers. Toutefois, les paysages qui entourent la ville sont spectaculaires, et la ravissante mission jésuite de Santiago de Chiquitos, toute proche, offre de bons hébergements.

À VOIR ET À FAIRE

Pour une agréable sortie d'une journée, rendez-vous à **El Balneario**, un torrent de montagne avec cascade et bassin naturel, à deux heures de marche de la ville (faites-vous accompagner par un guide). Un autre bassin plus proche est accessible en taxi ; comptez 1,50 $US l'aller-retour.

Sur le plan culturel, la mission jésuite de **Santiago de Chiquitos**, à 20 km de Roboré, se révèle plus intéressante que le village lui-même. Nichée dans les collines, elle bénéficie d'un climat frais faisant oublier la chaleur tropicale des plaines. L'église vaut vraiment le coup d'œil et vous pourrez faire plusieurs belles excursions au départ de Santiago, comme celle d'**El Mirador**, une promenade de 15 minutes partant du village, avec des vues vertigineuses sur la vallée de Tucavaca. Le trajet aller-retour en taxi depuis Roboré revient à 10 $US (4 pers). *Camiones* et véhicules militaires s'y rendent à l'occasion depuis l'est de la ville (1 $US/pers aller simple).

Situés à 31 km à l'est de Roboré, les bains thermaux d'**Aguas Calientes** (40°C) sont prisés des Boliviens, qui leur attribuent des vertus curatives. Le train Santa Cruz-Quijarro s'y arrête et des *camiones* (1 $US/pers) partent de l'extrémité est de Roboré. Les taxis facturent

12 $US (4 passagers au maximum). Comme il n'existe aucun hébergement, mieux vaut faire la visite dans la journée.

Enfin, pour admirer le plus beau paysage entre Roboré et San José de Chiquitos, arrêtez-vous à la gare d'**El Portón**, à l'ouest de la spectaculaire colonne rocheuse éponyme, cible privilégiée des photographes. Là encore, vous ne trouverez aucune infrastructure touristique ; emportez nourriture et matériel de camping.

OÙ SE LOGER ET SE RESTAURER

Hotel Pacheco (☎ 974-2074 ; 6 de Agosto s/n ; d 5 $US, avec sdb 7 $US). C'est la meilleure adresse de Roboré, avec des chambres spartiates, mais lumineuses et propres, à des prix corrects.

Hotel Beulá (☎ 313-6274 ; s/d 25/35 $US). Sur la place de Santiago de Chiquitos, cette élégante adresse propose de copieux petits déjeuners et dîners, mais il faut réserver à l'avance. Il est aussi possible d'y louer les services d'un guide local.

Pollo de Oro (repas 1-2 $US). En dehors des hôtels, on peut se restaurer dans cet établissement proche de la gare ferroviaire. Le cadre est un peu triste, mais grâce aux convives légèrement alcoolisés, vous passerez un bon moment en attendant le dernier *tren atrasado* (train en retard).

DEPUIS/VERS ROBORÉ

Des bus quittent Santa Cruz pour Roboré (*cama*-couchette/*semi-cama*-siège inclinable) 25/22 $US) le mardi, le mercredi et le vendredi à 17h, avec retour à Santa Cruz après minuit. Les bus à destination de Quijarro (couchette/siège inclinable 13,50/11,50 $US) partent les lundi, mercredi et vendredi après minuit, mais la plupart des voyageurs préfèrent prendre le train.

En train, Roboré se situe à 4 heures de Quijarro (à partir de 10 $US), à l'ouest, et de San José de Chiquitos, à l'est. **TAM** (☎ 974-2035) propose des vols depuis Santa Cruz pour San Matías le vendredi matin, avec un retour *via* Roboré.

Parque Nacional Kaa-Iya del Gran Chaco

À la fin des années 1990, la population guaraní, conjointement avec le Ministerio de Desarrollo (ministère du Développement) bolivien, la Banque mondiale, les autorités suisses, la Wildlife Conservation Society et la fondation Armonía, a réussi à obtenir l'intégration de son patrimoine écologique dans une réserve de deux millions d'hectares, qui forme désormais le plus grand parc national d'Amérique latine. Au cœur de cette immensité sauvage se cachent les mystérieux **Bañados del Izozog**, de vastes marais qui occupent un territoire vierge et difficile d'accès entre San José de Chiquitos et la frontière du Paraguay.

Sur la totalité du parc, 800 000 ha appartiennent aux Guaraní et 300 000 ha à leurs voisins, les Ayoreo. À l'heure actuelle, vous ne pourrez gagner cette région fabuleuse qu'en 4x4 ou à pied depuis El Tinto (sur la ligne ferroviaire à l'ouest de San José de Chiquitos). Toutefois, des circuits pourraient un jour prochain être organisés depuis Santa Cruz. Cette contrée véritablement sauvage ne compte aucun hébergement ni service, mais si vous êtes attiré par le Pantanal et avez la possibilité de visiter la région, ne manquez surtout pas cette occasion.

PUERTO SUÁREZ
20 100 habitants
Puerto Suárez fait partie de ces destinations qui sont trop éloignées pour être visitées, à moins d'y passer en allant vers le Brésil, ce qui donne l'occasion d'assister au trafic de voitures volées en provenance de ce pays. Les infrastructures touristiques y sont plutôt rares. Toutefois, la nature sauvage et humide qui entoure la ville abrite l'une des faunes les plus denses du continent.

L'**Hotel Sucre** (☎ 976-2069 ; Bolívar 63 ; ch 4 $US/pers) est un établissement simple et bon marché. L'**Hotel Bamby** (☎ 976-2015 ; 6 de Agosto s/n ; d 8,50 $US) offre le meilleur rapport qualité/prix.

Depuis Santa Cruz, **TAM** (☎ 976-2205) propose des vols très prisés pour Puerto Suárez les mardi et samedi matin (59 $US), avec retour dans l'après-midi. Ces vols atterrissent en fait à Corumbá, mais les passagers souhaitant se rendre au Brésil doivent d'abord revenir en Bolivie pour se présenter à la Polícia Federal de Corumbá.

Puerto Suárez se trouve sur la ligne de chemin de fer, à 15 km à l'ouest de Quijarro.

QUIJARRO
12 900 habitants
Terminus oriental du "train de la mort", Quijarro – un hameau de cabanes installées sur un terrain boueux surélevé – sert de poste-frontière entre la Bolivie et Corumbá, au Brésil. En allant vers l'est, la vue sur Corumbá, perchée au loin sur une colline, avec ses tours blanches éclatantes presque irréelles au-dessus des vastes étendues verdoyantes du Pantanal, est grandiose.

À voir et à faire
Les hôtels de Quijarro organisent des sorties en bateau dans les marécages du **Pantanal bolivien**, une alternative intéressante à l'exploration bien plus fréquentée de son homologue brésilien. Une excursion tout confort de trois jours avec transport, repas et hébergement (sur un bateau) revient à environ 100 $US/pers.

Où se loger et se restaurer
Vous trouverez des *alojamientos* (hébergements rudimentaires) sur la gauche en sortant de la gare ferroviaire.

Hotel Bilbosi (☎ 978-2113 ; s/d avec sdb 10/16 $US ; ✖). Cet hôtel sympathique situé à deux rues de la gare ferroviaire propose des chambres propres avec clim.

El Pantanal Hotel Resort (☎ 978-2020, à Santa Cruz 355-9583 ; www.elpantanalhotel.com ; ch 50 $US/pers ; ✖ 🏊). Ce cinq-étoiles se dresse dans le magnifique Arroyo Concepción, à 12 km de Puerto Suárez et à 7 km de Corumbá. Vous y trouverez un vaste choix de services de luxe, 600 hectares de terrains et plusieurs restaurants. La formule standard de deux jours et trois nuits, avec repas et transferts depuis/vers l'aéroport, coûte 120 $US/pers environ.

On peut manger correctement, et pour pas cher, dans l'un des nombreux restaurants installés dans la rue perpendiculaire à l'entrée de la gare ferroviaire.

Depuis/vers Quijarro
TRAIN
Le trajet de Quijarro à Santa Cruz dure entre 16 et 23 heures, selon le train choisi. L'*Expreso del Oriente* quitte Quijarro dans l'après-midi tous les jours sauf le dimanche (2e/1re classe/Pullman 7/15,50/20 $US), mais l'horaire de départ dépend de celui d'arrivée du train de Santa Cruz. Le poussif *tren mixto*, légèrement moins cher, s'ébranle lourdement le mercredi et le samedi. Le tarif reste le même si vous voyagez dans la *bodega* d'un train de marchandises. La billetterie, ouverte vers 7h, ne vend que des billets pour le jour du départ ;

au vu des files d'attente, mieux vaut parfois payer quelques dollars supplémentaires et passer par une agence du côté bolivien de la frontière.

VERS LE BRÉSIL
Une cohorte de taxis attend l'arrivée du train à Quijarro pour conduire les nouveaux venus au poste-frontière qui se trouve à 2 km de la gare. Si vous ne parvenez pas à obtenir un bon prix – environ 0,70 $US /pers –, vous pourrez facilement gagner la frontière à pied. Certains voyageurs auraient été contraints de payer 10 $US pour un certificat de sortie bolivien, une pratique parfaitement illégale : expliquez poliment que vous savez que ce tampon de sortie n'est pas payant et montrez-vous déterminé à attendre le temps qu'il faudra.

La douane brésilienne se situe de l'autre côté du pont. De là, des bus municipaux vous conduiront à Corumbá (1 $US). La Polícia Federal de la *rodoviária* (gare routière) ouverte jusqu'à 17h, délivre les visas d'entrée.

Les voyageurs pénétrant au Brésil depuis la Bolivie doivent présenter un certificat de vaccination contre la fièvre jaune. Les autorités ne l'exigent pas toujours mais, le cas échéant, se montrent intransigeantes. En cas de besoin, vous pourrez obtenir ce vaccin à la clinique de Corumbá. Le Banco do Brasil, à deux rues de Praça Independência, change les dollars américains en espèces et en chèques de voyage.

Pour gagner la frontière bolivienne depuis Corumbá, prenez un bus à Praça Independência, en face de la cathédrale. Si vous entrez en Bolivie, vous pourrez changer des *reais* brésiliens et des dollars américains à la frontière.

SAN MATÍAS
Cette ville frontalière constitue le principal point d'accès à la région septentrionale du Pantanal brésilien depuis la Bolivie. Les voyageurs reliant Cáceres à la Bolivie doivent obtenir un visa d'entrée ou de sortie au bureau de la Polícia Federal, Rua Antônio João 160 à Cáceres. Du côté bolivien, il vous faudra dénicher l'employé de l'immigration, ou vous occuper de toutes les formalités de visa à Santa Cruz.

En matière d'hébergement, vous devrez vous contenter des chambres sommaires et étouffantes de l'**Hotel San José** (3 $US). **BB's** (plats 1-2 $US), le meilleur restaurant, propose toutefois une carte très limitée.

TAM (☎ 968-2256) assure parfois des vols entre Santa Cruz et San Matías. Pendant la saison sèche, un bus Trans-Bolivia quotidien relie Cáceres (Brésil) à Santa Cruz (26,30 $US, 30 heures), *via* San Matías (5,50 $US, 4 heures) ; départ entre 5h et 6h.

En arrivant du Brésil, demandez un visa de sortie la veille au soir ; à San Matías, le bus s'arrête et attend que vous terminiez vos formalités d'immigration (0,80 $US en taxi depuis la gare routière). Il est possible de changer dollars et *reais* en *bolivianos* au bureau de Trans-Bolivia.

Bassin amazonien

Le bassin amazonien est l'une des régions les plus vastes et les plus fascinantes de la Bolivie. La forêt tropicale possède une biodiversité époustouflante. Parcourir la jungle (et affronter les insectes) dans une atmosphère étouffante est une expérience inoubliable. L'incroyable et mythique luxuriance de la région a attiré aventuriers et explorateurs depuis des siècles. Toutefois, les étendues verdoyantes ne sont pas les seuls attraits de la région ; la richesse des cultures, des traditions et des langues autochtones fascine tout autant les voyageurs.

Contrairement à la forêt brésilienne, la forêt vierge du nord de la Bolivie reste relativement intacte, même si la région est menacée par la construction d'une route et l'installation de colons entraînant une recrudescence de l'exploitation forestière et de la culture sur brûlis.

Dans un écrin de collines recouvertes de forêts, la ville de Rurrenabaque, point d'arrivée de la plupart des visiteurs, sert de base pour aller explorer le magnifique Parque Nacional Madidi. Les communautés locales semblent tirer profit du formidable essor du tourisme écologique et communautaire. En juillet, dans le village de San Ignacio de Moxos se tient une fête extraordinaire mêlant traditions indigènes et influence jésuite. Trinidad, localité la plus importante de la région et centre de l'élevage, est une étape intéressante sur la route de Santa Cruz.

L'impressionnant réseau fluvial du bassin amazonien est constitué en grande partie par les affluents de l'Amazone. Plusieurs types de bateaux, allant de l'hôtel flottant au radeau, en passant par le cargo ou la pirogue, permettent de longs et agréables voyages sur ces rivières, qui, dans des contrées moins vastes, passeraient pour des fleuves immenses.

BASSIN AMAZONIEN

À NE PAS MANQUER

- La descente paresseuse du **Río Mamoré** (p. 350) entre Trinidad et Guayaramerín
- La découverte de la forêt tropicale et la rencontre avec une communauté locale, lors d'un circuit favorisant le tourisme responsable au départ de **Rurrenabaque** (p. 334)
- La fête de **San Ignacio de Moxos** (p. 345), la plus belle fête locale du bassin amazonien
- Les forêts peu fréquentées du **Parque Nacional Noel Kempff Mercado** (p. 353), leur faune et leur flore exceptionnelles
- Une plongée dans la jungle autour du Chalalán Ecolodge, au cœur du fabuleux **Parque Nacional Madidi** (p. 340)

INDICATIF TÉLÉPHONIQUE : 3	POPULATION : 187 400 hab (Chapare) 362 500 hab (Beni)	ALTITUDE: 0 à 200 m

BASSIN AMAZONIEN

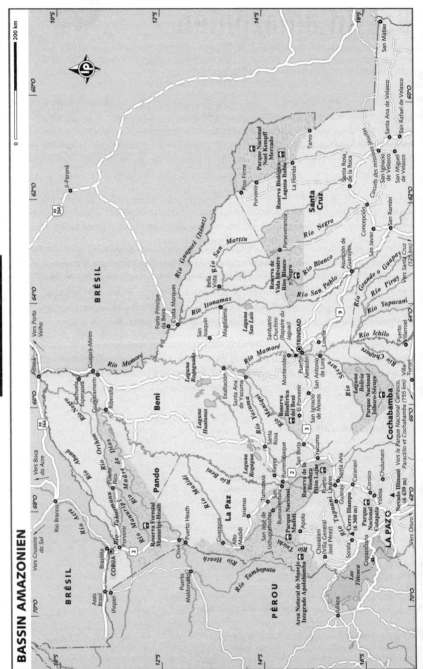

BASSIN AMAZONIEN

Histoire

Le bassin amazonien a toujours été entouré de mystère. Persuadés qu'une civilisation puissante vivait au cœur de la grande forêt tropicale, les Incas tentèrent de conquérir la région au XVᵉ siècle. Confrontés à la résistance farouche des Indiens des régions occidentales de l'Amazonie bolivienne, essentiellement les tribus de Moxos, ils auraient alors conclu une alliance pour s'installer dans la région.

Un siècle plus tard, la légende excita l'imagination des conquistadors, eux aussi à la recherche d'une grande civilisation cachée dans les confins de la forêt amazonienne. Ce royaume mythique, nommé El Dorado ou Paitití (la terre du jaguar céleste), se serait trouvé à l'est de la cordillère des Andes, près des sources du Río Paraguai. Tout au long du XVIᵉ siècle, les Espagnols battirent la région, mais, étrangers à l'environnement de la jungle, ils ne trouvèrent que la maladie et la mort. Découragés, au XVIIᵉ siècle, ils décidèrent de poursuivre leur quête ailleurs.

Dénuée d'intérêt aux yeux des conquérants, la région de Moxos séduisit les jésuites qui y virent une terre de conversion. Ils furent les premiers Européens à s'y installer quand ils fondèrent la mission de Loreto en 1675. S'ils imposèrent le christianisme et les us et coutumes européens, ils surent aussi reconnaître la culture et les talents des indigènes, auxquels on doit les superbes ornements sculptés dans le bois caractéristiques de ces missions. Les jésuites importèrent également du bétail et des chevaux dans quelques avant-postes reculés et ces animaux s'adaptèrent sans difficulté, comme l'atteste leur nombreuse descendance.

Après l'expulsion des jésuites en 1767, les missionnaires franciscains et dominicains, ainsi que les colons qui leur emboîtèrent le pas, introduisirent l'esclavage et les maladies. À cette exception près, les immensités au climat étouffant du nord de la Bolivie sommeillèrent pendant des décennies.

Climat

Les saisons sont moins marquées que dans d'autres parties de la Bolivie, et les températures restent élevées toute l'année. En été, un déluge incessant remplit les rues de boue, et l'air résonne du coassement des grenouilles. Si l'hiver est plus sec, les précipitations restent néanmoins abondantes. Même dans les régions chaudes et humides du Nord, le *surazo*, un vent froid venu de Patagonie et de la pampa argentine, peut faire descendre le thermomètre.

Parcs nationaux et réserves

Gratifiée d'habitats d'une faune sauvage d'une richesse exceptionnelle, l'Amazonie bolivienne renferme quelques-uns des parcs nationaux et des réserves les plus réputés du pays. C'est un paradis pour les amateurs d'oiseaux, de singes et de jaguars. Le bassin offre tout ce qu'il faut pour les contenter, depuis les jungles et les rivières sauvages du Parque Nacional Madidi (p. 340) à la Reserva Biosférica del Beni (p. 343), peuplée d'une faune très diverse, en passant par le "monde perdu" du Parque Nacional Noel Kempff Mercado (p. 353), pratiquement inexploré. L'organisation Conservación Internacional tente en ce moment de sensibiliser l'opinion à la nécessaire protection des sources de plusieurs grands affluents de l'Amazone, grâce à l'ambitieux projet du corridor de conservation de Vilcabamba-Amboró.

Comment s'y rendre et circuler

Rurrenabaque est de loin la ville amazonienne la plus visitée. Si l'avion est le meilleur moyen pour s'y rendre, beaucoup préfèrent effectuer le périlleux trajet en bus depuis La Paz, qui suit en partie la "route la plus périlleuse du monde" (voir p. 77). Ce n'est pas sans raison que les bus partant de Rurrenabaque pour La Paz sont moins remplis. Nombre de ceux qui ont fait l'expérience du voyage aller décident, pour le retour, de prendre l'avion ou une jeep.

Transportes Aéreos Militares (TAM) et Amazonas assurent des liaisons quotidiennes entre La Paz et Rurrenabaque. Le vol s'effectuant à basse altitude permet d'admirer le lac Titicaca après le décollage, juste avant de passer Chacaltaya et de franchir les Yungas. Le paysage passe des hauts plateaux arides et accidentés aux plaines luxuriantes. Et vous n'êtes pas prêt d'oublier votre atterrissage sur l'herbe à Rurrenabaque.

En général, un 4x4 est nécessaire pour rallier certains sites reculés, mais des services réguliers de bus desservent les villes importantes. Le bateau est un moyen de transport très utile, le seul à envisager pendant la saison des pluies. Si vous êtes impatient de nature, oubliez-le : la tranquillité ambiante se paie par une lenteur désespérante et une absence d'horaires précis. De même, la beauté parfois envoûtante du paysage ne peut faire oublier sa monotonie, et il est bon de prévoir de la lecture. Si le confort des passagers n'est pas le souci premier des constructeurs de bateaux, le standing des embarcations boliviennes est néanmoins supérieur à celui des "bétaillères" brésiliennes qui sillonnent le fleuve Amazone.

RÉGION DU CHAPARE

Le Chapare s'étend au-delà des derniers sommets de la cordillère des Andes et englobe la partie supérieure du bassin amazonien, qui offre un paysage totalement différent : la sécheresse et l'aridité des montagnes font place à la luxuriance et à l'humidité de la forêt tropicale. Le contraste est saisissant sur la spectaculaire route Cochabamba-Villa Tunari, qui serpente entre sommets élevés et lacs de montagne avant de plonger dans des vallées escarpées, profondes et noyées de brume de chaleur.

Le Chapare est peuplé en majorité de *campesinos* (paysans), naufragés des mines qui ont atterri ici dans les années 1970 et ont commencé à cultiver la fameuse feuille de coca, faisant de la région le principal fournisseur des fabricants de cocaïne. Les tentatives de la DEA (Drug Enforcement Agency) d'éradiquer des

LA COCA A-T-ELLE UN AVENIR ?

Moins d'un siècle après la fin du boom du caoutchouc au début des années 1900, une autre industrie grimpait en flèche en Bolivie : la cocaïne. La feuille de coca (mâchée par les habitants de l'Altiplano pour contrer les effets de l'altitude, la soif, la faim, la fatigue et l'anxiété) est l'ingrédient principal de cette drogue dure. Elle pousse essentiellement dans les Yungas, au nord de La Paz et dans le Chapare. Plus agréable au goût, la coca des Yungas est destinée à une consommation locale, sous forme de feuilles. Celle du Chapare, plus amère, subit un tout autre traitement : séchées, trempées dans du kérosène puis réduites en pâte, les feuilles sont traitées à l'acide chlorhydrique et sulfurique jusqu'à former une base brune et malodorante. Un dernier traitement avec d'autres produits chimiques permet d'obtenir la cocaïne.

On estime que 30% à 40% du PIB de la Bolivie provient de la cocaïne. Au milieu des années 1980, la cocaïne bolivienne faisait de tels ravages chez les *yuppies* américains que le gouvernement américain décida de réagir. Alors dirigés par Ronald Reagan, les États-Unis proposèrent à la Bolivie de l'aider à "nettoyer" le Beni et le Chapare, ce qu'accepta le président Victor Paz Estenssoro.

Mais, dans le cadre de cette "guerre" qu'elles mènent contre la coca depuis les années 1980, la Drug Enforcement Agency (DEA) américaine, les autorités boliviennes et l'armée ont été régulièrement accusées de porter atteinte aux droits de l'homme. L'élection d'Evo Morales en 2006, lui-même issu d'une famille de *cocaleros* (cultivateurs de coca) du Chapare, devrait cependant faciliter la vie des petits producteurs de coca, et améliorer l'image par trop négative de cette plante.

Evo Morales souhaite encourager le développement de produits à base de coca, comme dans les secteurs alimentaire ou cosmétique, tout en continuant à lutter contre la production et le trafic de cocaïne. Il entend légaliser à l'échelle internationale la coca bolivienne en 2008, et compte sur la quatrième convention de l'ONU, qui se tiendra à Vienne la même année, pour se faire entendre.

Depuis octobre 2004, la loi autorise pour la culture de la coca une parcelle de 1 *cato* (environ 12 m²), ce qui pour une famille de *cocaleros* représente un revenu moyen de 80 $US à 120 $US par mois. Dans le Chapare, les plantations légales sont passées de 36 000 hectares environ en 1983, à 150 000 hectares en 2005. Les *cocaleros* ne cessent de réclamer à Morales le droit d'accroître la production de coca afin de pouvoir augmenter leurs revenus. D'un autre côté, le président doit faire face aux critiques de Caban, l'association locale des producteurs de bananes (deuxième ressource agricole du pays), qui l'accuse de cacher le succès du programme alternatif qu'elle a mis en place (avec le soutien financier de l'Agence américaine pour le développement international) au profit de sa campagne en faveur de la coca.

Durant tout ce temps, la présence militaire dans le Chapare ne s'est pas relâchée, et les soldats sont toujours à la recherche de laboratoires de cocaïne dans la jungle. Reste à voir ce que donnera ce débat, et si Morales réussira l'exploit de satisfaire les demandes des habitants de cette région pauvre et objet de conflits, tout en rassurant les autorités internationales.

plantations ont provoqué de violents affrontements entre les *cocaleros* (cultivateurs de coca), l'agence américaine et le gouvernement bolivien, rendant la région peu sûre. Les médias boliviens n'hésitent pas à rapporter les cas de violation des droits de l'homme ou de non-respect du droit de propriété.

Depuis l'élection d'Evo Morales, les choses semblent quelque peu s'arranger pour des *cocaleros* du Chapare : le président a en effet promis de protéger la culture de la coca et d'encourager la production d'aliments à base de coca, tels que le thé ou les biscuits, tout en continuant à se battre contre la production de cocaïne et la contrebande.

Bien qu'il soit probable que la situation s'améliore dans les années à venir, il est toujours possible de rencontrer un barrage sur la route. Par prudence, les voyageurs indépendants se renseigneront sur les conditions de sécurité avant de s'aventurer trop loin de la route Cochabamba-Santa Cruz.

VILLA TUNARI

2 000 habitants / altitude 300 m
Villa Tunari est une paisible petite ville tropicale où il fait bon se reposer, faire de la randonnée, se baigner dans les rivières et se réchauffer quand on vient des hauts plateaux. Ses immenses demeures agrémentées de jardins luxuriants témoignent de cette époque florissante où elle accueillait les barons de la drogue. Les autorités locales se sont efforcées d'en faire une destination touristique, mais ses attraits doivent encore être développés ; la question de la coca et de la guerre contre la drogue jouera un rôle crucial dans l'avenir de la ville.

Renseignements

Villa Tunari n'ayant aucun distributeur automatique, emportez des espèces ou allez à la banque Prodem qui fait des avances. Certains hôtels peuvent changer les espèces. On trouve quelques bureaux de télécommunications sur la route et deux cybercafés en ville : **Puma con Cháki** (Plazuela Los Pioneros ; 0,50 $US/h) et **El Gaucho** (Plaza El Colonizador ; 0,50 $US/h).

À voir et à faire

Se baigner dans les **bassins naturels** (*pozos*) est la principale distraction à Villa Tunari. Outre Los Pozos de l'Hotel El Puente (p. 332), il en existe plusieurs d'accès gratuit en ville, le long du Río San Mateo. Sur les rivières des alentours, les possibilités de **pêche**, de **kayak** et de **rafting** sont

inépuisables, mais il est préférable de demander sur place quels sont les coins les plus sûrs avant de se diriger seul dans la forêt.

Pour faire une **randonnée** jusqu'au charmant village de **Majo Pampa**, suivez la route en direction de l'Hotel El Puente et empruntez le chemin qui part sur la droite, environ 150 m avant l'hôtel. Après avoir traversé le Valería, il reste 8 km à parcourir avant d'arriver au village.

PARQUE MACHÍA (INTI WARA YASSI)

Des volontaires du monde entier affluent dans ce **refuge d'animaux sauvages** de 36 ha (☎ 413-6572 ; www.intiwarayassi.org ; 0,75 $US, permis photo/vidéo 2/3,35 $US ; camping 2 $US) qui héberge plus de 200 bêtes sauvages blessées, animaux domestiques abandonnés ou anciens pensionnaires de zoos ou de cirques.

C'est aussi un lieu agréable et reposant pour le **camping** (2 $US) et les balades en forêt. Inti Wara Yassi signifie "Soleil", "Lune" et "Étoiles" respectivement en quechua, aymará et guaraní.

Le meilleur moment pour observer les animaux est l'heure des repas (12h et 17h). Des visites destinées aux candidats bénévoles sont organisées tous les jours à 10h. Ceux qui s'engagent doivent rester deux semaines au minimum. En matière de logement, ils ont le choix pour se loger entre un camping rustique et le foyer qui coûtent tous deux 0,70 $US les deux premières semaines, avec douches et possibilité de faire la cuisine.

ORCHIDEARIO VILLA TUNARI

Bichonnée avec amour par des botanistes allemands, la **pépinière d'orchidées** (☎ 413-4153 ; www.orchidarium.org) abrite 70 espèces d'orchidées tropicales dans un beau jardin. Le site comprend un petit **musée**, le restaurant El Bosque et deux *cabañas* à louer. Il se trouve juste au nord de la route, à 2 km à l'ouest de la ville près de la *tranca*.

Circuits organisés

Villa Tunari est la destination privilégiée de l'agence **Fremen Tours** de Cochabamba (☎ 425-9392 ; www.andes-amazonia.com ; Tumusla N-245, Cochabamba), qui propose des circuits tout compris, des formules d'hébergement, des excursions en bateau et des activités hors des sentiers battus. Elle organise aussi des croisières de plusieurs jours sur les rivières autour de Trinidad et des circuits aventure dans le Parque Nacional Isiboro-Sécure (quand les conditions de sécurité le permettent).

BASSIN AMAZONIEN

Fêtes et festivals

La fête du saint patron de la ville, **San Antonio**, occupe toute la première semaine de juin. Durant la première semaine d'août, la **Feria Regional del Pescado** offre l'occasion de déguster d'excellents plats de poissons amazoniens.

Où se loger

PETITS BUDGETS

Hotel Las Vegas (Arce S-325 ; 2,50 $US/pers). Un hôtel accueillant, loin du clinquant de la ville du même nom. Le restaurant sert une bonne cuisine.

La Querencia (☎ 413-4189 ; Beni 700 ; 3 $US/pers). Une adresse sommaire et sans prétention, avec des chambres propres (dont certaines donnant sur la rivière), des douches sans eau chaude et une buanderie. Au rez-de-chaussée, le restaurant propose des plats corrects mais quelconques.

Hotel Villa Tunari (☎ 413-6544 ; 3 $US/pers, d avec sdb 9 $US). Le meilleur hôtel pour petits budgets de Villa Tunari, situé au-dessus d'un magasin d'angle en face de l'Alojamiento Pilunchi. Chambres propres et lumineuses, avec parfois de l'eau chaude. Le sympathique patron s'efforce de faire plaisir à ses hôtes.

Camping possible au Parque Machía, ainsi qu'au terrain de sport au nord du centre-ville. D'autres *alojamientos* (hébergements rudimentaires) peuvent vous offrir un camping de dépannage si ces deux-là sont pleins.

CATÉGORIES MOYENNE ET SUPÉRIEURE

Residencial San Martín (☎ 413-4115 ; s/d 16/26 $US ; 🖻). Établissement chaleureux, doté de chambres modernes avec sdb, et d'un superbe jardin avec piscine. Au sud de la route principale qui mène dans le centre-ville.

Hotel El Puente (☎ à Cochabamba 425-9392 ; Integración ; s/d/tr/qua 19/27/38/45 $US ; 🖻). Gérée par Fremen Tours, cette fantastique retraite nichée dans un coin de forêt à 4 km du centre de Villa Tunari, près du confluent des Ríos San Mateo et Espíritu Santo, loue des bungalows installés autour d'une cour, avec hamacs à l'étage. Vous pourrez effectuer une superbe promenade vers Los Pozos, un ensemble de 14 piscines naturelles idylliques (2 $US pour les non-résidents), au cœur de la forêt, où vous êtes assuré de voir des morphos (superbes papillons bleus). Depuis Villa Tunari, prenez un *micro* en direction de l'est, puis descendez au premier embranchement après le deuxième

pont ; prenez à droite et faites 2 km à pied. Un taxi depuis le centre-ville coûte 3 $US environ pour 4 personnes maximum.

Las Araras (☎ 413-4116 ; s/d avec petit déj 20/30 $US). Un hôtel moderne, affilié HI, dans un jardin tropical, juste après le premier pont à l'est de la route. Réductions intéressantes sur les séjours en semaine.

Los Tucanes (☎ 413-4108 ; s/d avec petit déj 25/35 $US ; 🖾 🖻). Réputées pour leur luxe et leur charme, ces *cabañas* cinq-étoiles ont de bons lits, un décor élégant et une piscine. C'est l'endroit rêvé pour vraiment se reposer. L'établissement se trouve sur la route Cochabamba-Santa Cruz, en face de l'embranchement pour l'Hotel El Puente.

Hotel/Restaurant Las Palmas (☎ 413-4163, à Cochabamba 427-7762 ; s/d/tr 30/40/45 $US ; 🖾 🖻). Un autre hôtel tropical avec piscine et chambres spacieuses. Si les chambres avec clim n'offrent pas le meilleur rapport qualité/prix, celles avec ventilateur, moins chères, et les *cabañas* familiales sont avantageuses pour les groupes. Le restaurant en plein air (plats 1,50-4 $US) sert du poisson pêché sur place bien cuisiné, ainsi que de délicieux jus de fruits tropicaux.

Les restaurants des établissements mentionnés ci-dessus sont généralement de bons choix. Sinon, une série d'échoppes installées le long de la route servent toutes sortes de plats tropicaux bon marché. Faites aussi un tour aux *comedores* du marché.

Depuis/vers Villa Tunari

Les guichets des bus et des *micros* sont coincés entre les stands de restauration, le long de la route. À Cochabamba (2,20 $US, 4 à 5 heures), des *micros* partent dans la matinée, de l'angle des Calles 9 de Abril et Oquendo ; certains continuent sur Puerto Villarroel (1 $US, 2 heures). Entre Villa Tunari et Santa Cruz, plusieurs services sont prévus en début d'après-midi, mais la plupart des départs ont lieu le soir. Pour Cochabamba, les *micros* partent à 8h30.

PARQUE NACIONAL CARRASCO

Créé en 1988, ce parc de 622 600 ha abrite l'une des forêts de nuage les plus accessibles de Bolivie. Longeant une grande partie de la route entre Cochabamba et Villa Tunari, il englobe également un vaste secteur de basses terres du Chapare. La plupart des mammifères présents dans les forêts tropicales humides y résident, de même que toutes sortes d'oiseaux, de reptiles, d'amphibiens, de poissons et d'insectes.

Pour le visiter, le plus simple consiste à faire appel à Fremen Tours (p. 331). Les circuits proposés comprennent les **Cavernas del Repechón**, des grottes où l'on peut voir le rare *guacharo* des cavernes (oiseau nocturne, gros engoulevent) et six espèces de chauves-souris. On y accède par le village de Paractito, à 8 km à l'ouest de Villa Tunari. Cette balade d'une demi-journée comporte une petite marche dans la forêt humide et une glissade le long d'un câble suspendu au-dessus du **Río San Mateo**.

Un autre projet touristique est à l'étude : une randonnée de 3 jours à travers les forêts de nuage du parc en suivant le **Camino en las Nubes** (sentier des nuages). Ce projet soutenu par Conservación Internacional permettrait de descendre, en compagnie de guides locaux, de 4 000 m d'altitude à 300 m, par l'ancienne route Cochabamba-Chapare. Renseignements auprès de **Conservación Internacional** (CI ; ☎ 717-3527 ; Hans Gretel 10, Villa Tunari) ou de Fremen Tours.

PUERTO VILLARROEL

2 000 habitants

Installé au bord du Río Ichilo, ce petit port boueux est émaillé de maisons au toit de tôle surélevées pour se protéger de la boue et des crues qu'elles subissent à la saison des pluies. Baraques en bois délabrées, installations militaires, raffinerie de pétrole et zone portuaire ne donnent pas envie de s'y attarder. Mais si vous voulez descendre la rivière vers Trinidad (p. 346), Puerto Villarroel, centre logistique vital et porte d'entrée des basses terres amazoniennes, est un bon point de départ. Depuis Cochabamba, on peut facilement faire l'aller-retour en 2 jours et avoir un aperçu de la forêt tropicale humide. Munissez-vous de répulsif en abondance et de bonnes vieilles chaussures à semelle accrocheuse. Même pendant la saison sèche, vous aurez de la boue jusqu'aux chevilles.

Les voyageurs arrivés par bateau sont en principe autorisés à dormir à bord. Autour de la place centrale se trouvent quelques adresses très sommaires, qui facturent environ 3 $US par personne. L'**Amazonas Eco-Hotel** (☎ 424-2431 ; tombol@hotmail.com ; s/d 3/6 $US, avec sdb 7,50/12,50 $US) offre le meilleur hébergement avec ses 10 chambres, et propose des repas.

Une demi-douzaine de restaurants, en face de la capitainerie, servent des plats de poisson et de poulet. Vous trouverez de bonnes *empanadas*, des en-cas, des boissons chaudes et des jus de fruits au marché, dans la rue principale.

À Cochabamba, les *micros* pour Puerto Villarroel, marqués "Chapare" (2 $US, 7 heures), partent du croisement de l'Av. 9 de Abril et d'Oquendo, près de la Laguna Alalay. Le premier départ s'effectue vers 6h30, et les suivants à mesure que les bus se remplissent. Pour le retour, le premier *micro* part à 7h de l'arrêt situé dans la rue principale. Les *camiones* partent du même endroit à toute heure de la journée, plus particulièrement lorsque des bateaux arrivent au port. Les services entre Cochabamba et Santa Cruz ne marquent pas l'arrêt à Puerto Villarroel.

Il existe deux types de bateaux effectuant la navette entre Puerto Villarroel et Trinidad. Les embarcations familiales poussives qui remontent les Ríos Ichilo et Mamoré ne voyagent que de jour et mettent 6 jours pour atteindre Trinidad, tandis que les bateaux commerciaux circulent jour et nuit et assurent la liaison en 3 ou 4 jours.

À Puerto Villarroel, la Capitanía del Puerto et d'autres bureaux associés pourront vous fournir des renseignements, même s'ils sont souvent incomplets, sur les départs des bateaux. Si le trafic n'est pas interrompu par des manœuvres militaires ou des grèves, vous ne devriez pas attendre plus de 3 ou 4 jours.

Avec l'un ou l'autre type d'embarcation, le tarif moyen à destination de Trinidad varie entre 15 et 20 $US, repas compris (mais il est conseillé d'emporter des provisions), un peu moins sans les repas. Ces derniers, dont la qualité varie selon les bateaux, se composent généralement de poisson, de viande séchée, de *masaco* et de fruits ; refusez les œufs de tortues, qui sont des espèces menacées, si on vous en propose. Sur l'Ichilo, rares sont les bateaux équipés de cabines. On dort dans des hamacs (en vente sur les marchés de Cochabamba pour 3 à 5 $US) que l'on suspend dans la salle principale.

PARQUE NACIONAL ISIBORO-SÉCURE Y TERRITORIO INDÍGENA

Créé en 1965, ce parc occupe un vaste triangle de 1,2 million d'hectares délimité par les Ríos Isiboro et Sécure, et les Serranías Sejerruma, Mosetenes et Yanakaka. Il embrasse de vastes zones de montagne, de forêt tropicale humide et de savane. Ses parties les plus reculées sont peuplées d'une faune abondante. Cependant, une obscure résolution de 1905 ouvrant la région aux colons a provoqué une occupation impossible à contrôler, préjudiciable à l'environnement naturel et à la population autrefois majoritairement indienne, composée de Yuracaré, Chimane, Sirionó et Trinitario.

Un malheur ne venant jamais seul, le parc se trouve aussi sur les routes de la drogue. La plus grande prudence est donc recommandée aux voyageurs indépendants. Du fait des interventions de la DEA, l'étranger est vite catalogué comme un anti-*cocalero* méritant qu'on s'en prenne à lui. Les voyageurs indépendants auront intérêt à se munir de lettres de recommandation de l'association des planteurs de coca.

Le seul moyen vraiment sûr de visiter le parc est de passer par Fremen Tours (p. 331). L'agence propose un voyage en bateau de 7 jours allant de Trinidad à la Laguna Bolivia, destination la plus connue du parc, avec arrêts dans les villages situés le long du fleuve, randonnées à pied ou à cheval dans la forêt tropicale, observation de la nature et canoë sur le Río Ichoa.

Du fait des inondations saisonnières, le parc est inaccessible de novembre à mars. Pour tout renseignement, on s'adressera au **Sernap** (☎ 448-6452/53) à Cochabamba.

AMAZONIE BOLIVIENNE OCCIDENTALE

Voici l'Amazonie telle qu'on l'imagine. Celle qui ensorcelle les voyageurs, avec sa faune et sa flore d'une richesse inouïe, et ses fascinantes cultures indigènes. Au cœur de ce paradis se trouve la jolie ville de Rurrenabaque, lieu de prédilection des voyageurs. Dans la pampa comme dans la jungle, les établissements écotouristiques sont innombrables, mais varient, tant au niveau de la qualité que des prix. C'est aux portes de Rurrenabaque que se situe l'un des beaux plus joyaux de toute l'Amérique du Sud et même du monde entier, le Parque Nacional Madidi.

Pour vous mettre en condition, vous pouvez lire *Le Continent perdu, dans l'enfer vert amazonien, 1906-1925* (Pygmalion, 1991), de l'explorateur Percy Harrison Fawcett.

RURRENABAQUE
15 000 habitants
Localité décontractée, "Rurre" (prononcer ru-rré) comme on l'appelle affectueusement, jouit d'un cadre somptueux, traversé par le profond Río Beni, qui a donné son nom à la région. Entourée de collines verdoyantes, la ville devient superbe au coucher du soleil, quand le ciel prend des teintes orangées et qu'un brouillard épais monte de la rivière pour gagner la jungle dense et humide. Une fois la nuit tombée, la forêt tropicale prend vie, et laisse entendre toutes sortes de bruits : coassements, glapissements, bourdonnements et rugissements lointains.

Rurre est une escale touristique importante. Les voyageurs à petit budget envahissent les rues, et les restaurants, cafés et hôtels s'adressent principalement aux goûts occidentaux. Si certains des visiteurs passent leurs journées dans l'un des nombreux hamacs de la ville, la plupart s'aventurent sur les rivières qui sillonnent la jungle.

Le peuple indigène de la région, les Tacana, fut l'une des rares tribus des basses terres à résister à la christianisation. On leur doit le nom de Beni, qui signifie "vent". Le curieux nom de "Rurre" dérive de "Arroyo Inambaque", version hispanisée de l'appellation tacana "Suse-Inambaque" (le ravin des canards).

Renseignements
ARGENT
Attention, la ville ne possède pas de DAB. Vous pouvez retirer des espèces à la **banque Prodem** (Comercio ; ☉ 8h-18h lun-ven, jusqu'à 14h sam), mais uniquement avec les cartes Visa et MasterCard. Elle effectue aussi les transferts Western Union et les opérations de change. Certains hôtels et agences changent les chèques de voyage (4 à 5% de commission). En général, les circuits organisés peuvent être réglés par carte bancaire. Par ailleurs, certains bars, tour-opérateurs et hôtels acceptent parfois de dépanner les voyageurs en faisant des avances en espèces.

LAVERIES
Laundry Service Rurrenabaque et sa voisine Number One assurent un lavage-séchage en machine pour le jour même moyennant 1,35 $US/kg.

IMMIGRATION
Pour prolonger votre séjour, passez au bureau de la **Migración** (☎ 892-2241 ; ☉ lun-ven 8h30-16h30), à l'angle nord-est de la place.

INTERNET
Les connexions coûtent plus cher ici que dans le reste du pays et peuvent être lentes.

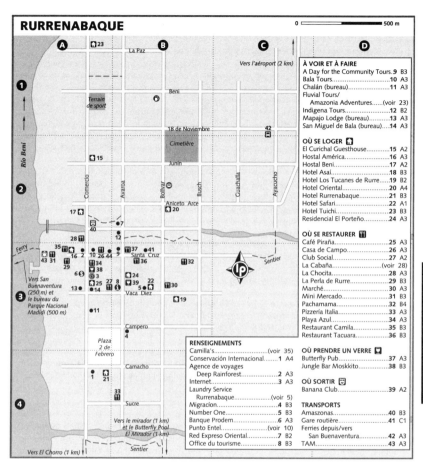

Essayez **Camila's** (Santa Cruz et Avaroa ; 1 $US/h) ou **Internet** (Comercio ; 1,60 $US/h ; 9h-22h).

LIBRAIRIES
On peut trouver son bonheur à l'**Agence de voyages Deep Rainforest** (Comercio ; 8h30-19h), où se tient une bourse aux livres (prêt/achat 0,65/4 $US par livre). Voyez aussi dans les hôtels les plus fréquentés.

OFFICES DU TOURISME
L'**office du tourisme** municipal (Vaca Diez et Avaroa) se fait un plaisir de vous renseigner.

Le **bureau du Parque Nacional Madidi** (892-2540), du Sernap, où les voyageurs indépendants doivent se faire enregistrer et s'acquitter des 10 $US de droit d'accès, se trouve de l'autre côté de la rivière à San Buenaventura. Pour connaître les derniers projets d'écotourisme communautaire dans la région, adressez-vous au représentant de **Conservación Internacional** (CI ; 892-2015/2495 ; www.conservation.org.bo ; côté sud de la Plaza 2 de Febrero).

TÉLÉPHONE
Punto Entel (892-8510 ; Comercio et Santa Cruz ; 7h-22h) est préférable au bureau central Entel pour passer ses appels.

À voir et à faire
Le charme de Rurrenabaque tient essentiellement à la beauté de la nature qui l'entoure. On peut y passer quelques jours agréables en attendant le départ d'un voyage organisé.

CIRCUITS RESPONSABLES DANS LA FORÊT VIERGE ET DANS LA PAMPA

Rien ne laissait présager, il y a encore quelques années, que le tourisme allait connaître un tel essor à Rurrenabaque. Les visiteurs affluent, attirés par la forêt vierge et la pampa et leur impressionnante biodiversité. Revers de la médaille, cet engouement a bien sûr favorisé l'éclosion d'une multitude d'agences pas toujours fiables.

À chaque coin de rue, des tour-opérateurs proposent des circuits prétendument "écologiques". La plupart pratiquent des prix inférieurs aux tarifs officiels, et ne respectent en aucune façon l'environnement, contrairement à ce qu'ils promettent : ils abandonnent souvent des déchets non organiques sur les lieux de camping, perturbent et touchent les animaux, et compromettent la sécurité des voyageurs en leur attribuant des guides sans expérience, incapables de gérer l'urgence.

Apercevoir un caïman, un anaconda, des piranhas ou tout autre animal de l'Amazonie doit être considéré comme un privilège et non un droit. Les tour-opérateurs et les guides ne devraient jamais promettre que vous verrez des animaux (cette pratique encourage la capture illégale), et, en aucun cas, que vous pourrez les nourrir et les toucher. Un lecteur nous a rapporté que ses guides, se disant pourtant respectueux de l'environnement, n'hésitaient pas à attraper des anacondas et des bébés caïmans pour les exhiber.

Choisissez votre agence avec discernement. Discutez avec d'autres voyageurs, gardez à l'esprit les règles de base auxquelles les guides doivent adhérer et, surtout, ayez des attentes responsables. Le mieux est d'opter pour une agence écotouristique communautaire, certes plus onéreuse, mais qui cherche à soutenir les communautés et à préserver la richesse de la forêt tropicale pour les générations à venir.

Les tarifs officiels varient entre 30 $US et 40 $US par jour pendant la saison des pluies, et entre 25 $US et 30 $US pour la saison sèche commençant début juin. Il faut se méfier des prix inférieurs. Seuls les opérateurs accrédités par le Sernap peuvent entrer dans le Parque Nacional Madidi, et les étrangers doivent être accompagnés d'un guide local.

Pour tirer le meilleur parti de ces circuits, il est préférable de posséder quelques rudiments d'espagnol et, surtout, il est recommandé de se munir d'un puissant répulsif (faute de quoi vous vivrez un enfer), efficace, entre autres, contre le *marigui*, phlébotome insidieux des bords de l'eau.

Circuits dans la jungle

Les guides, qui pour la plupart ont grandi dans la région, connaissent bien la faune, la flore et les coutumes de la forêt. Ils vous éclaireront sur les mœurs et les habitats des animaux et vous montreront des plantes magiques, servant de remèdes naturels contre rhume, fièvre, plaies, piqûres d'insectes (très utile !) et autres affections.

La plupart des itinéraires commencent par une remontée en canoë du Río Beni qui serpente entre de hautes collines escarpées. Puis on s'engage sur le Río Tuichi. De nombreuses haltes sont prévues pour camper, se promener sur la rive et dans la forêt, se baigner et faire la sieste dans un hamac. On dort généralement dans des campements appartenant aux agences.

La saison humide, surtout de janvier à mars, est à éviter à cause de la pluie, de la boue et des insectes, mais certaines agences proposent néanmoins des campements offrant de belles possibilités de voir la faune à cette période de l'année.

Circuits dans la pampa

Il est souvent plus facile de voir des animaux dans les savanes marécageuses du nord-est de Rurrenabaque. Cependant, la morsure du soleil y est plus intense, de même que celle des insectes, surtout pendant la saison des pluies. Emportez des jumelles, une bonne lampe-torche, des piles de réserve et de grandes quantités de répulsif. Les temps forts seront la baignade en compagnie des dauphins de l'Amazone, la pêche aux piranhas et la promenade à cheval. Vous pourrez alors partir à la recherche d'anacondas et, la nuit, vous monterez à bord d'un canoë qui vous emmènera à la rencontre de caïmans.

En grimpant le sentier qui part à l'extrémité sud de Bolívar, derrière la ville, on rejoint un **mirador** qui permet de contempler les étendues infinies du Beni. Tout près, se trouve le Butterfly Pool El Mirador, un lieu fantastique où l'on peut se baigner et profiter du panorama. Il est possible de réserver au **Butterfly Pub** (☎ 7111-5324 ; Comercio et Vaca Diez ; 2,50 $US).

El Chorro, superbe site doté d'une cascade et d'un bassin naturel, à 1 km en amont, offre aussi l'occasion d'une belle excursion. Un sentier y conduit depuis la plage, uniquement accessible en bateau. En face d'El Chorro, on aperçoit un serpent gravé dans la roche, qui servait jadis à alerter les voyageurs : lorsque les eaux du Beni atteignaient le signe, le fleuve était impraticable.

Circuits organisés
JUNGLE ET PAMPA
Les circuits dans la jungle et la pampa sont la manne de Rurrenabaque, et les tour-opérateurs poussent comme des champignons. Avant de choisir une agence, mieux vaut se renseigner auprès de voyageurs qui ont déjà effectué des circuits : certaines expériences malheureuses sont édifiantes ! Pour plus de détails, voir l'encadré ci-contre.

La plupart des agences ont des bureaux dans Avaroa. Les suivantes recueillent plutôt des opinions favorables :

Bala Tours (☎ 892-2527 ; www.mirurrenabaque.com ; Santa Cruz et Comercio). Possède son propre campement en forêt et un lodge confortable dans la pampa sur le Río Yacumo.

Fluvial Tours/Amazonia Adventures (☎ 892-2372 ; www.megalink.com/rurrenabaque ; Hotel Tuichi, Avaroa s/n). L'agence la plus ancienne de Rurrenabaque.

Indigena Tours (☎ 892-2091 ; indigenaecologico6 @hotmail.com ; Avaroa s/n). Une agence fréquemment conseillée.

AUTRES CIRCUITS
Reportez-vous à l'encadré p. 340-341 pour toute information sur les adresses d'écotourisme communautaire des environs de Rurrenabaque.

Où se loger
Une seule chose compte dans l'hôtellerie à Rurrenabaque : le hamac ! Il peut être l'unique critère pour choisir un établissement ! Ne soyez donc pas étonné d'en voir partout, et succombez à la tentation du délicieux filet

en coton. Les bonnes adresses ne manquant pas dans la ville, il est toujours possible de trouver un lit.

PETITS BUDGETS
Hotel Tuichi (☎/fax 892-2372 ; Avaroa s/n ; s/d 2/3 $US, avec sdb 4/5,50 $US). Le rendez-vous des routards. Buanderie, cuisine et hamacs sont installés dans un joli jardin.

El Curichal Guesthouse (☎ 892-2647 ; elcurichal@hotmail.com ; Comercio 1490 ; 2,50 $US/pers, avec sdb 4,30 $US). Dans cette pension récente, située à l'extrémité de Comercio, on loue des chambres propres et confortables avec douche chaude. Plusieurs hamacs sont installés à l'ombre, et les propriétaires, qui vivent dans la maison voisine, sont très sympathiques.

Hostal América (☎ 892-2413 ; Santa Cruz près de Comercio ; 2,65 $US/pers). Un hôtel un peu dégradé, et une superbe vue sur la rivière depuis les chambres du dernier étage.

Hotel los Tucanes de Rurre (☎ 892-2039 ; tucanesderurre@hotmail.com ; Bolivar et Aniceto Arce ; s/d 3/6 $US, avec sdb 4/8 $US). Grande maison au toit de chaume avec un immense jardin, une terrasse sur le toit et une vue panoramique sur la rivière. Des hamacs se balancent dans le patio, et les chambres, simples et impeccables, sont peintes dans des couleurs douces. Petit déjeuner inclus.

Residencial El Porteño (☎ 892-2558 ; Comercio et Diez ; 3,35 $US/pers, avec sdb 4,50 $US/pers). Un lieu tentaculaire tenu par une *dueña* (propriétaire) qui vous chouchoutera. Grâce à son carambolier, vous aurez de délicieux jus de fruits gratuits, à déguster dans un hamac.

Hotel Rurrenabaque (☎ 892-2481, à La Paz 279-5917 ; Diez près de Bolívar ; s/d 4,50/9 $US, avec sdb et petit déj 8/12,50 $US). Dans une rue tranquille, loin des discothèques, cet établissement propose des chambres confortables où l'on peut se détendre en paix. Avec le restaurant qui doit ouvrir à côté, cette paix risque d'être menacée.

Hotel Asaí (☎ 892-2439 ; Diez près de Busch ; s/d 6,25/10 $US). Les chambres, avec sdb, sont disposées autour d'une cour ombragée. La sympathique gérante est toute fière de vous proposer ses lits confortables et ses douches chaudes. Plusieurs hamacs sont installés à l'ombre d'un *palapa* (parasol en feuilles de palmier).

CATÉGORIE MOYENNE
Hostal Beni (☎ 892-2408 ; fax 892-2273 ; Comercio ; s/d 4/6,65 $US, d avec sdb 9,35 $US, d avec sdb et clim 20 $US ; ⚈). Ici, les chambres sont calmes

car elles ne donnent pas sur la rue centrale. Le décor est chaleureux et les lits fermes. Ventilateurs et TV.

Hotel Oriental (☎ 892-2401 ; Plaza 2 de Febrero ; s/d 9/13 $US). Une excellente adresse, sur la place principale, qui fait l'unanimité chez les voyageurs. Chambres douillettes, douches magnifiques, hamacs dans le jardin invitant au farniente et petit déjeuner inclus dans le prix.

Hotel Safari (☎ /fax 892-2210 ; Comercio Final ; s/d avec sdb et petit déj 25/35 $US ; 🖳). Dirigé par des Coréens, l'établissement le plus chic de Rurre trône au bord de la rivière, bien à l'écart du bruit du centre-ville. Chambres simples mais confortables, avec ventilateurs. L'hôtel, qui reçoit des groupes, est doté d'un restaurant et d'un karaoké.

Où se restaurer

Ici, les possibilités sont nombreuses et variées, des bons repas du marché à une honnête cuisine internationale, en passant par le poulet mangé sur le pouce ou le poisson pêché du jour. On trouve très facilement du café frais des Yungas.

Plusieurs restaurants de poisson bordent la rivière : La Chocita, basique, La Cabaña, éclairée aux chandelles, et Playa Azul proposent des poissons frais, grillés ou frits, pour 2 à 3 $US. Outre la spécialité du Beni, le *masaco*, nous conseillons l'excellent *pescado hecho en taquara*, poisson cuit dans une casserole spéciale, ou le *pescado en dunucuabi*, poisson enveloppé dans une feuille et cuit au feu de bois.

Restaurant Tacuara (Santa Cruz et Avaroa ; plats 1-3 $US). Restaurant en plein air avec terrasse ombragée sur le trottoir et carte ambitieuse allant du petit déjeuner au dîner. Chaleureux et réputé, surtout pour ses lasagnes.

Restaurant Camila (Santa Cruz et Avaroa ; plats 1-4 $US ; 🖳). De plus en plus apprécié au fil des années, le Camilla offre un petit déjeuner au meilleur rapport qualité/prix de la ville. Les murs sont recouverts de photos de clients aussi souriants que ceux qui sont dans la salle. Au menu : petits déjeuners de muesli, jus de fruits, salades, pâtes, hamburgers, lasagnes végétariennes, burritos et poulet, sans oublier d'inégalables milk-shakes.

Club Social (Comercio près de Santa Cruz ; déjeuner 1,25 $US, dîner 2-4 $US). Dans un cadre séduisant, en plein air et au bord de la rivière, le Club Social est l'endroit parfait pour siroter un cocktail. Il sert de la viande rouge et du poulet, ainsi que des plats internationaux à la carte, au dîner.

Pachamama (☎ 892-2620 ; Avaroa ; plats 1-2,50 $US ; 🕑 12h-24h). Une adresse fantastique dans une vieille maison avec un coin lounge au rez-de-chaussée, ainsi que deux salles de cinéma (1,20 $US le film) et un billard à l'étage. Service d'échange de livres et de disques, et vieux numéros du *National Geographic* à disposition. La cuisine est bonne, que vous soyez carnivore ou végétarien, et le café est délicieux. On peut même faire un barbecue entre amis dans le jardin.

Café Piraña (Santa Cruz près de Comercio s/n ; plats 1,50 $US ; 🕑 7h-24h). Avec une chouette salle de repos, de succulents plats de viande ou végétariens, des petits déjeuners exquis et de délicieux jus de fruits, ainsi qu'une bibliothèque et des projections de films tous les soirs dans le jardin arrière, le Piraña ne peut que séduire. Tenu par le sympathique Daniel et son père, qui sont de vraies mines d'informations sur la région.

La Perla de Rurre (Bolívar et Diez ; plats 2-3 $US). Véritable "perle" de Rurre, ce restaurant a les suffrages de toute la ville. Fantastiques plats de poisson frais et de poulet, et service excellent.

Pizzería Italia (Comercio près de Santa Cruz ; pizzas 2-4 $US). Les tables de billard font sans doute la popularité du lieu, mais les pizzas et les pâtes sont assez quelconques. On peut commander du vin et des plats végétariens. Partage son toit de palme avec le Jungle Bar Moskkito.

Casa de Campo (☎ 7199-3336 ; Diez et Avaroa ; plats 2,50-3 $US ; 🕑 6h30-22h30). Spécialisé dans la cuisine équilibrée, avec petit déjeuner servi toute la journée, pâtisseries maison, plats végétariens, soupes, salades, etc. La sympathique propriétaire est aux petits soins avec ses clients, mais son petit déjeuner est le plus cher de toute la ville.

Pour faire vos courses, vous avez le choix entre les *tiendas* (boutiques) de Comercio ou le **Mini Mercado** (Santa Cruz et Busch), où vous trouverez toute une gamme de conserves, d'en-cas et d'alcools.

Où prendre un verre et sortir

Les soirées ne sont pas délirantes à Rurre, mais il existe quelques bars et discothèques.

Banana Club (Comercio ; 1,20 $US). Si vous aimez la salsa, la musique bolivienne et les endroits un peu louches, allez faire un tour dans ce club rempli d'hommes exhibant leurs dollars, d'autochtones éméchés et d'étrangers en goguette.

Club Social (Comercio près de Santa Cruz). Un endroit agréable où prendre un verre au calme après le dîner, en regardant couler la rivière.

Jungle Bar Moskkito (☎ 892-0267 ; moskkito@terra. com ; Comercio s/n ; boissons 2-3 $US). Toujours plébiscité par les voyageurs, ce bar, tenu par des Péruviens, est tout indiqué si vous souhaitez vous joindre à un groupe pour une excursion. L'ambiance est bonne, le personnel jovial, et le choix de cocktails tropicaux immense. Au nombre de ses bons points : fléchettes, billard et grand choix de musique à la demande. *Happy hours* de 19h à 21h.

Il est difficile d'échapper aux sonos trépidantes des discothèques et des karaokés accueillant la clientèle locale, et qui, le weekend, se remplissent de soldats en permission – surtout si votre hôtel se trouve à proximité. Les gringos n'y sont pas les bienvenus, sauf peut-être au karaoké de l'Hotel Safari. Les salles de billard le long de Comercio sont un peu plus accueillantes pour les étrangers

Achats

Les petits étals de vêtements proches du marché sont tout indiqués pour acheter un hamac (*hamaca* ; 5/10 $US 1/2 pers) et une jolie moustiquaire (*mosquitero* ; à partir de 5 $US) en coton ou en synthétique. Le Café Motacú est le mieux fourni en artisanat local.

Depuis/vers Rurrenabaque

Les autorités de Rurre persistent à imposer une taxe de 1 $US aux étrangers à l'aéroport. Elle s'ajoute à la taxe de la gare routière et à la taxe d'aéroport de 0,80 $US.

AVION

L'atterrissage à Rurre se fait sur une modeste piste herbeuse, à quelques kilomètres au nord de la ville. Malgré l'augmentation constante du nombre de vols, les avions sont rapidement complets en haute saison. Même à travers des hublots au verre griffé de rayures, la vue sur les pics de 6 000 m de la Cordillera Real vous coupera le souffle. Passée la chaîne de montagnes, on survole les Yungas qui descendent de façon spectaculaire vers les étendues forestières de l'Amazonie. Demandez à votre agence d'acheter le billet de retour à l'avance. Si vous êtes bloqué, essayez de revenir par l'aéroport de Reyes, à une heure de Rurre en bus ou en taxi collectif.

En théorie, la **TAM** (☎ 892-2398) assure la liaison entre La Paz et Rurre (1 heure, 50 $US), tous les jours sauf le mardi. En réalité, durant la saison des pluies, les vols sont souvent annulés ou déviés sur Reyes. La réservation d'une place aller ne garantit pas une place retour. N'oubliez donc surtout pas, dès votre arrivée, de confirmer votre réservation de retour au bureau de Rurre.

Amazonas (☎ 892-2472 ; Santa Cruz près d'Avaroa) tente d'assurer 2 allers-retours quotidiens sur La Paz (60 $US), mais elle n'est pas plus fiable que la TAM. La confirmation du billet la veille du vol est indispensable. La compagnie propose aussi des vols quotidiens pour Trinidad (50 $US) *via* La Paz, et pour Santa Cruz (80 $US). Ce dernier (*via* La Paz et Trinidad) durant 8 heures, il vaut mieux prendre un avion pour La Paz, puis prendre un vol direct sur AeroSur pour Santa Cruz.

BATEAU

Grâce à la route de Guayaramerín, le transport fluvial de marchandises entre Rurre et Riberalta a beaucoup diminué. Il est même suspendu en période de basses eaux. Si néanmoins vous trouvez un transport de ce type, comptez au moins 4 ou 5 jours à raison d'environ 7 $US/jour, repas compris, pour parcourir les 1 000 km de distance. Vers l'amont, à destination de Guanay, il faut compter quelque 10 jours de voyage. Sauf en période de basses eaux, un transport en canoë à moteur vers l'amont (15 $US, 12 heures) peut être possible. Renseignez-vous au port ou auprès des principaux tour-opérateurs.

BUS ET JEEP

La gare routière est située à 20 bonnes minutes à pied au nord-est du centre. Les minibus et taxis collectifs à destination de Reyes (1,35 $US, 30 min) partent une fois pleins du croisement de Santa Cruz et Comercio. Quand les routes sont praticables, **Totaí** et **Yungueña** (☎ 892-2112) assurent des départs quotidiens pour La Paz (6,50 $US, 18 heures), vers Yolosa (6 $US, 15 heures), à 7 km de Coroico. En saison sèche, il existe aussi des services le jeudi et le samedi à destination de Trinidad (17/22 $US normal/*cama*, 17 heures) *via* Yucumo, San Borja et San Ignacio de Moxos. En saison sèche, on trouve parfois des services à destination de Riberalta (18 $US, de 17 à 40 heures) et Guayaramerín (22 $US, de 18 heures à 3 jours).

ÉCOTOURISME COMMUNAUTAIRE

Agences et voyageurs responsables, respect de la culture, de la faune et de la flore, bénéfices versés aux communautés locales…, voilà le tourisme qu'on aimerait voir se développer en Amazonie. Vous avez le choix entre des circuits d'une journée ou des séjours plus longs, avec marches dans la forêt tropicale et rencontres avec les communautés autochtones, dont vous découvrirez le mode de vie et les traditions. Ne donnez ni bonbon ni cadeau aux enfants, car cela ferait naître des attentes irréalistes.

Chalalán Ecolodge (carte p. 335 ; ☎ 892-2419, à La Paz ☎ 2-223-1145 ; www.chalalan.com ; Comercio près de Campero, Rurrenabaque). Voici le projet écotouristique communautaire le plus important de Bolivie. Créé au début des années 1990 par les habitants du village amazonien isolé de San José de Uchupiamonas, ce gîte, "un rêve devenu réalité", qui est aujourd'hui la source principale de revenus pour les villageois, a déjà financé une école et un dispensaire. Construit entièrement avec des matériaux naturels provenant de la jungle par les jeunes gens enthousiastes de San José, le lodge, installé dans un cadre idyllique au bord de la Laguna Chalalán, est doté de bungalows simples et élégants. Seul hébergement du Parque Nacional Madidi, Chalalán permet d'explorer une jungle presque intacte et son incroyable biodiversité. Ce sont les sons, encore plus que la vue de la flore et de la faune, superbes, qui font la magie du lieu : à l'aube, le chant fantastique des oiseaux, la symphonie du soir des grenouilles, le crissement de milliards d'insectes, le grondement des orages tropicaux, et, tôt le matin, le chœur tonitruant des singes hurleurs, qu'on peut entendre dans un rayon de 100 km.

Le circuit, qui part de Rurre, débute par une excursion de 6 heures en canôe sur le Río Beni noyé dans la brume, avant de bifurquer dans son affluent, le Río Tuichi. Une fois à Chalalán, vous pourrez effectuer des randonnées de jour ou des marches de nuit, quand les jaguars sont le plus facilement observables et que les araignées, les serpents furtifs et les grenouilles colorées sortent de leur léthargie. Les sorties en bateau sur le lac sont fantastiques : il est possible de voir différentes espèces de singes qui viennent s'abreuver et se nourrir dans l'eau. Le meilleur moment est la baignade dans le lac au milieu des caïmans dociles, notamment au crépuscule, quand la lumière prend des teintes sublimes. La veille du départ, les guides organisent des soirées, avec concerts de flûtes, mastication de coca et divertissements. Le village de San José (p. 342) est à 3 heures supplémentaires de navigation à contre-courant, donc, si vous souhaitez le visiter en partant de Chalalán, vous devrez organiser cette excursion à l'avance.

Pour un séjour en haute saison à l'Ecolodge dans un gîte simple mais confortable, comptez 295 $US par personne (tout compris) pour 3 jours et 2 nuits. Il est possible de rester plus longtemps.

Comment circuler

Les *micros* de la TAM et d'Amazonas assurent la desserte de l'aéroport depuis leurs agences en ville (0,65 $US, 10 min). Plus rapides, les motos-taxis (0,65 $US) impliquent que vous portiez vos bagages sur le dos. Une course en ville en moto-taxi revient à 0,35 $US. Des ferries-taxis pour San Buenaventura (0,15 $US) partent fréquemment depuis la rive, mais le dernier part à 18h.

SAN BUENAVENTURA

Face à l'agitation de Rurre, la bourgade assoupie de San Buenaventura s'étend de l'autre côté du Río Beni, en savourant sa tranquillité. La plupart des touristes de Rurre traversent la rivière pour y flâner, tandis que les habitants de San Buenaventura

se rendent à Rurre pour vaquer à leurs affaires. Le seul moyen d'accès est le ferry depuis Rurre.

Si vous cherchez de beaux objets en cuir du Beni, il faut passer à la célèbre boutique de l'artisan Manuel Pinto, mais évitez d'acheter des objets en peau d'espèces sauvages. Le **Centro Cultural Tacana** (☎ 892-2394 ; côté ouest de la place ; entrée 0,50 $US ; ⊗ fermé ven et sam) célèbre la vision cosmique des Tacana et abrite une boutique d'artisanat. Le **bureau central du Parque Nacional Madidi** (☎ 892-2540), du Sernap, et un office du tourisme géré par des agences habilitées à faire visiter le parc pourront vous renseigner.

PARQUE NACIONAL MADIDI

Le bassin du Río Madidi est l'un des écosystèmes les mieux préservés d'Amérique

Les tarifs incluent les transferts à l'aéroport (si vous venez de La Paz), une nuit à Rurre, 3 bons repas par jour, un guide local compétent et parlant anglais, les excursions, les promenades en canot sur le lac et les taxes locale et communautaire.

A Day for the Communities Tours (carte p. 335 ; ☎ 7128-9884 ; turismoecologicosocial@hotmail.com ; Santa Cruz et Avaroa, Rurrenabaque). Une journée passionnante au sein de l'unique communauté d'immigrants de l'Altiplano pour découvrir les projets de développement durable tels qu'une coopérative d'artisanat féminin, une expérience d'agrosylviculture durable, un atelier de menuiserie et une usine de conditionnement de fruits tropicaux. Le transport vers les colonies récentes de réfugiés aymará et quechua qui ont fui la misère s'effectue en camion découvert. Le voyage peut être éprouvant et poussiéreux, mais il sera enrichissant. Les tarifs incluent le transport, les visites de quatre communautés, le repas du midi et un guide. La communauté reçoit 21% des montants perçus (25 $US/pers).

Mapajo Lodge (carte p. 335 ; ☎ 892-2317 ; www.mapajo.com ; Comercio entre Santa Cruz et Vaca Diez, Rurrenabaque). Un exemple magnifique de tourisme responsable communautaire. Il propose des visites de deux jours tout compris dans la communauté de Mosetén-Chimane d'Asuncíon, située à 3 heures de bateau en amont de Rurre, dans la Reserva de la Biosfera Pilón Lajas. Le projet inclut six communautés traditionnelles tacana, chimane et mosetén. L'exploitation forestière ayant cessé depuis 1998, la région présente un écosystème relativement bien préservé où la faune s'empresse de revenir. Au programme du circuit : pêche à l'arc, marche dans la forêt et visites à la communauté. Il en coûte environ 65 $US par personne et par jour. Les *cabañas* individuelles sont confortables, les hôtes sympathiques et la cuisine abondante et délicieuse. Les guides s'expriment principalement en espagnol. Les profits servent à financer des projets éducatifs et médicaux.

San Miguel del Bala (carte p. 335 ; ☎ 892-2394 ; www.sanmigueldelbala.com ; Comercio entre Vaca Diez et Santa Cruz, Rurrenabaque). Magnifique écolodge communautaire dans un coin de paradis, à la lisière de Madidi, à 40 minutes en bateau en amont de Rurre. On loge dans des *cabañas* au parquet en acajou, avec sdb séparée et moustiquaire en soie pour protéger le lit. Il propose plusieurs randonnées guidées, dont une visite à San Miguel. Cette communauté tacana comprend environ 230 habitants qui se feront une joie de vous montrer les méthodes traditionnelles d'agriculture, de tissage ou de sculpture sur bois. Les hôtes peuvent aussi se reposer dans les hamacs installés sous la hutte commune. L'enthousiasme et les connaissances des guides vous feront vite oublier que vous ne parlez pas la même langue. Le séjour de 3 jours et 2 nuits inclut une visite d'une journée dans le Parque Nacional Madidi. Le prix (65 $US par pers et par jour) inclut le transport, l'hébergement, la nourriture et les visites guidées.

du Sud, en grande partie grâce au Parque Nacional Madidi, qui, sur une superficie de 1,8 million d'hectares, englobe divers habitats s'étageant de la forêt vierge à des sommets de 5 500 m. Ce paradis abrite une incroyable variété d'espèces : 44% des mammifères du Nouveau Monde, 38% des espèces d'amphibiens tropicaux, plus de 10% de toutes les espèces d'oiseaux répertoriées, et plus d'espèces protégées qu'aucun parc au monde.

Les zones habitées le long du Río Tuichi bénéficient d'une qualification spéciale de l'Unesco autorisant les indigènes à exploiter les ressources traditionnelles de la forêt. Des abattages illicites ont affecté plusieurs zones périphériques et l'on parle de construire une route entre Apolo et Ixiamas qui couperait le parc en deux. Bien que le projet hydroélectrique ait été abandonné, le débat sur la poursuite de la construction de la route et de l'exploitation du pétrole est au point mort. Nombreux sont ceux qui pensent que les exploitants forestiers illégaux n'hésiteront pas à tirer profit de ces projets. Il est difficile toutefois de faire la part entre faits avérés et rumeurs, et la seule chose à faire est de regarder cette immense étendue et d'espérer que tout aille pour le mieux.

Le droit d'entrée de 10 $US est payable dans les agences de voyages ou au bureau du Sernap à San Buenaventura. À Rurre, le bureau du projet d'écotourisme Chalalán vend une brochure en anglais très intéressante intitulée *A Field Guide to Chalalán.*

San José de Uchupiamonas

Ce joli village traditionnel accueille le centre opérationnel du projet d'écotourisme communautaire le plus réussi de l'Amazonie bolivienne, le Chalalán. Le village à lui seul mérite une visite qui pourra se poursuivre dans la jungle et en bateau sous la conduite de guides locaux. Autour du 1er mai, le village fête son saint patron durant une semaine.

Vous pouvez visiter le village lors d'une excursion d'une journée organisée par Chalalán, ou en indépendant. Si vous avez le courage (et la force) de venir par vos propres moyens, prenez un ferry de Rurre à San Buenaventura d'où partent, tous les jours à partir de 8h environ, des *vagonetas* à destination d'Ixiamas. Descendez au village de Tumupasa (2 $US, 1 heure 30) où vous trouverez un *alojamiento* à un demi-pâté de maisons de la place. De là, vous pouvez continuer assez facilement à pied sur 30 km en suivant une mauvaise route, praticable à la saison sèche, qui vous mènera au village en 8 heures de marche. Avant de traverser à gué les nombreux cours d'eau, jetez des cailloux ou frappez l'eau avec un bâton pour éloigner les pastenagues (poissons venimeux).

REYES ET SANTA ROSA

La région de Reyes et Santa Rosa compte de superbes marigots peuplés d'une multitude d'oiseaux, d'alligators et d'autres animaux. Reyes se trouve à moins d'une heure de route à l'est de Rurre, et Santa Rosa, où s'étend la belle **Laguna Rogagua**, demande 2 heures supplémentaires par une mauvaise route. Ces deux destinations sont souvent incluses dans les circuits dans la pampa (p. 336). Il est plus fréquent d'apercevoir des animaux près du Río Yacuma, aussi est-il préférable de descendre en canoë depuis Santa Rosa. Ainsi, vous aurez l'occasion de repérer des caïmans, des cabiais, des tortues et des oiseaux, tels que des martins-pêcheurs, des cigognes, des hoazins et des hérons. Cependant, l'animal que la plupart des visiteurs souhaitent rencontrer est le dauphin de l'Amazone (tirant sur le rose), ou *bufeo,* qui joue dans les méandres de la rivière.

Le meilleur hébergement de Reyes est l'**Alojamiento Santa Tereza** (24 de Septiembre et Fernández ; 2 $US), qui a un beau jardin et des chambres spartiates, mais propres. À Santa Rosa, les haltes recommandées sont l'**Hotel Oriental** (2 $US) et, plus sommaire, le **Residencial Los Tamarindos** (2 $US). Pour les repas, essayez **Bilbosi** (plat 1 $US) ou le **Restaurante Triángulo** (plats 1-2 $US).

TAM (☎ 825-2168, 825-2083) rallie Reyes à peu près une fois par semaine, mais, ses horaires changent fréquemment, vérifiez à l'avance. Les *micros* entre Santa Rosa et Rurre (4,50 $US, 4 heures), partent habituellement dans la matinée.

YUCUMO

Située sur la route La Paz-Guayaramerín à l'embranchement vers Trinidad, cette ville frontalière, qui se limite à une route poussiéreuse, est envahie de colons obsédés par le développement de la région. À peine arrivé, vous chercherez à vous en échapper au plus vite. Les bus s'y arrêtent généralement pour une pause-déjeuner ou dîner.

Entre Rurre et Yucumo, la route traverse un paysage désolé de fermes d'élevage et de forêt abattue. Si vous avez du temps à perdre ici, vous pouvez faire une randonnée sur la route au sud de la ville : après le pont, tournez à gauche et suivez le sentier en direction d'une colonie d'aras rouges.

Si vous êtes bloqué dans la ville, tentez l'**Hotel Palmeras** (2 $US) ou l'**Hotel Tropical** (ch 6 $US, avec sdb 8 $US), tous deux dans la rue principale.

Tous les transports entre Rurre et La Paz passent par Yucumo. Arrivé dans cette ville, prenez une *camioneta* qui vous mènera à San Borja (1,75 $US, 1 heure) en traversant la savane. À San Borja, vous trouverez des correspondances pour la Reserva Biosférica del Beni, San Ignacio de Moxos et Trinidad.

SAN BORJA

Comme à Yucumo, les bus et les camions se contentent de marquer un arrêt à San Borja, et peu de gens prennent le risque de s'éloigner de la gare routière. Beaucoup de visiteurs s'y sentent mal à l'aise, même si le danger n'est réel que pour ceux qui participent au trafic de drogue. Les riches demeures qui s'élèvent derrière l'église témoignent de la prospérité locale. En prenant la route assez peu fréquentée qui part à l'ouest de la ville, on peut parcourir à pied, en une journée, une région marécageuse abondamment peuplée d'oiseaux tropicaux. Le soir, la vie à San Borja tourne – c'est le cas de le dire – autour de la place où des motos vrombissent.

Où se loger et se restaurer

Hotel San Borja (☎ 848-3313 ; ch 3,35 $US, avec sdb 5 $US).
Un hôtel propre et chaleureux, donnant sur la place, avec certaines chambres destinées à des clients plus aisés, et d'autres, moins chères, plus sommaires. On est réveillé à 6h, par les cloches de l'église voisine.

Hotel Manara (ch 6 $US ; ⌧). Près de la place. Chambres avec sdb, certaines avec la clim.

Hostal Jatata (☎ 895-3103 ; ch 9 $US). À deux rues de la place. Chambres agréables et confortables, et joli patio avec hamacs.

L'Hotel Manara et l'Hostal Jatata servent des repas. *Lomo* (filet) et *pollo* (poulet) sont les plats phares de toutes les petites adresses proches de la place, en direction de l'aéroport.

Depuis/vers San Borja

Pendant la saison sèche, plusieurs bus quotidiens quittent la gare routière située à 3 km au sud de la *plaza* (0,40 $US en moto-taxi) pour se rendre à la Reserva Biosférica del Beni (1,50 $US, 1 heure 30), San Ignacio de Moxos (3 $US, 5 heures), Trinidad (6,75 $US, de 8 à 12 heures) et Santa Cruz (de 20 à 24 heures, 15 $US). Les liaisons avec Rurrenabaque (5 $US, de 5 à 8 heures) sont quotidiennes, et on peut, plusieurs fois par semaine, rallier La Paz (de 23 à 27 heures, 20 $US). Le meilleur endroit pour attendre un hypothétique *camión* est la station-service à la sortie sud de la ville.

Si vous allez à Trinidad, notez que la traversée en radeau du Mamoré s'arrête à 18h, et qu'il faut 5 ou 6 heures pour y arriver depuis San Borja. Il n'y a pas d'hébergement, d'un côté comme de l'autre de la rivière. Entre San Borja et San Ignacio de Moxos, guettez les oiseaux et autres animaux. Vous pourriez voir aussi des cabiais et des dauphins roses en franchissant un cours d'eau.

Amazonas (☎ 895-3185 ; Bolívar 157) propose des vols circulaires quotidiens La Paz-San Borja-Trinidad. Il arrive que la **TAM** (☎ 895-3609) fasse un atterrissage surprise, mais elle n'assure aucun service régulier.

RESERVA BIOSFÉRICA DEL BENI

Créée par Conservación Internacional en 1982 pour protéger la région, cette réserve de 334 200 hectares fut déclarée réserve de biosphère par l'Unesco en 1986. L'année suivante, elle reçut son appellation officielle par le gouvernement bolivien en échange d'un allégement de la dette extérieure du pays.

La **Reserva Forestal Chimane** attenante, qui constitue une zone tampon de 1,15 million d'hectares, assure la subsistance de 1 200 Chimane. À elles deux, ces réserves abritent au moins 500 espèces d'oiseaux tropicaux ainsi que plus de 100 espèces de mammifères (singes, jaguars, cervidés, deux espèces de pécaris, loutres, renards, fourmiliers et chauves-souris).

En 1990, la réserve chimane fut menacée par un projet gouvernemental d'exploitation forestière. En réaction, 700 Chimane et représentants d'autres tribus organisèrent une marche de Trinidad à La Paz afin de protester contre la menace d'une destruction massive de leur terre. Le découpage des concessions forestières a été révisé, mais non annulé, et la menace de la colonisation continue de s'accroître.

Le cinquième de la réserve, déjà dégradé dans sa partie ouest, a été sacrifié à la colonisation dans l'espoir de protéger plus efficacement les zones intactes restantes. Bien que ce projet ait à peu près porté ses fruits ces dernières années, les conséquences environnementales et culturelles de l'abattage et de la culture sur brûlis demeurent un problème important.

Renseignements

La **réserve** (☎ 895-3385 ; 885-3898 à San Borja) est administrée par l'**Académie des sciences de Bolivie** (La Paz ☎ 235-2071) qui prélève un droit d'entrée de 5 $US/pers. On peut louer des chevaux pour 8 $US la journée de 8 heures.

Quand partir

Les meilleurs mois sont juin et juillet. Il pleut alors moins souvent, et le ciel est dégagé ; emportez des vêtements chauds pour vous protéger de l'occasionnel *surazo* (vent froid). Durant la saison des pluies, il fait chaud, il pleut et le sol est détrempé ; emportez impérativement un répulsif car les moustiques pullulent. En août et septembre, la fumée résultant de la pratique du *chaqueo* assombrit l'atmosphère (voir encadré p. 49).

Circuits organisés

Le centre administratif de la réserve, El Porvenir, se trouve dans la savane, assez loin de la vraie forêt vierge, si bien que les promenades alentour présentent peu d'intérêt. L'administration se charge de tout dans la réserve : guides, hébergement, nourriture, et sorties équestres. La meilleure solution pour observer les animaux est de partir en randonnée, à pied, avec un guide à travers la savane et les forêts primaire et secondaire, même si la chaleur est plus supportable à cheval (8 $US/jour).

À El Porvenir, plusieurs circuits sont proposés : une excursion en canoë de 4 heures pour voir les caïmans noirs de la **Laguna Normandia** (8,50 $US/pers), tous les jours à 16h ; une randonnée de 4 heures dans la savane vers des îlots de forêt envahis de singes (12 $US) ; et l'excursion **Las Torres** (21 $US repas compris), d'une journée entière, à cheval, à destination de 3 tours d'observation de la faune et des écosystèmes de la savane et de la forêt. Là, vous pourrez même pêcher le piranha. Lorsque des perroquets aux yeux blancs sont de passage dans la réserve, vous avez la possibilité d'aller voir ce spectacle coloré à pied ou à cheval, avec l'excursion **Loro** (11 $US). Certains font également halte dans les palmiers d'El Porvenir où leurs cris rauques vous réveilleront à 6h du matin.

Pour pénétrer dans la forêt qui s'étend au-delà de la Laguna Normandia, il faut vous inscrire à un circuit à El Porvenir. En partant du lac, il y a 4 heures de marche pour atteindre la forêt secondaire et 4 heures supplémentaires pour la forêt primaire. Sur le chemin, une tour d'observation de 6 m offre une vue panoramique sur une île de forêt humide, et une autre de 4 m, installée près du Río Curiraba, domine les étendues de forêt et de savane les plus reculées de la réserve.

La proposition la plus intéressante est sans doute le **Tur Monitoreo** de 4 jours (81/91 $US sans/avec repas) qui vous permet d'accompagner les gardes dans leurs tournées jusqu'aux confins de la réserve, pour aller voir les singes, les aras et les dauphins de l'Amazone. Vous devez avoir votre matériel de camping et, bien sûr, une énorme provision de répulsif.

Laguna Normandia

Ce "lac de savane" à une heure de marche d'El Porvenir est la destination la plus prisée de la réserve. Il pullule de rares caïmans noirs – 400 au dernier recensement – qui sont les descendants de quelques individus destinés à l'origine à finir en chaussures et sacs à main. Lorsque le commerce de cuir de l'éleveur fit faillite, les animaux furent abandonnés à leur sort, et la plupart périrent dans leur ferme d'élevage par manque de soins, d'espace et de nourriture. Confisqués

par les autorités, les survivants furent aéroportés en lieu sûr.

Par chance, l'homme n'éveille guère l'intérêt du caïman, si bien qu'on peut les approcher d'assez près sans grand danger à bord d'un bateau à rames, et sous la conduite d'un guide. Si cette perspective ne vous tente pas, vous pouvez monter dans une **tour d'observation** de 11 m de haut.

Totaizal et Reserva Forestal Chimane

À deux pas de la route et 40 minutes à pied d'El Porvenir, Totaizal est un village accueillant et bien organisé de 140 habitants, niché dans la réserve chimane. Tribu nomade de la forêt, les Chimane ont été peu à peu chassés de leurs terres ancestrales par les compagnies forestières et les colons des hautes terres, même si la situation s'est quelque peu améliorée récemment. Chasseurs émérites, les Chimane pêchent également d'une façon singulière, à l'aide de poisons naturels et sont particulièrement adroits pour récolter le miel sauvage sans se faire piquer. Les habitants du hameau de **Cero Ocho**, à 4 heures de marche de Totaizal, viennent au village vendre leurs bananes ou proposer leurs services de guide aux visiteurs. Pour visiter le village de Totaizal, il faut d'abord vous manifester auprès d'El Porvenir.

Où se loger et se restaurer

L'hébergement à El Porvenir se fait en chambres avec lits superposés, au prix de 13 $US/pers (comprenant 3 repas simples préparés par l'affable Doña Rosa). Vous disposez, en outre, d'une bibliothèque, d'une salle de présentation du centre et d'un petit musée culturel et biologique. L'eau potable ne manque pas, mais il n'est pas inutile d'emporter des boissons et des en-cas, car vous ne trouverez rien à des kilomètres à la ronde. Il y a des chances pour que vous soyez le seul touriste à profiter de la paix de ce lieu.

Depuis/vers la Reserva Biosférica del Beni

Ouvrez l'œil, sinon vous raterez El Porvenir qui se trouve à 200 m de la route, à 1 heure 30 à l'est de San Borja, et est accessible par *movilidad* (tout ce qui roule) circulant entre Trinidad et San Borja ou Rurrenabaque. Pour repartir, vous attraperez un bus pour Trinidad entre 9h30 et 10h30. Les bus pour San Borja, quant à eux, passent entre 16h et 19h. Le reste de la journée, le trafic est étonnamment faible. Les chauffeurs de bus de la ligne San Borja-Trinidad vous laisseront sans difficulté à l'entrée de la réserve, à El Porvenir.

SAN IGNACIO DE MOXOS

Situé à 89 km à l'ouest de Trinidad, San Ignacio de Moxos est un paisible village indien moxos qui se consacre à l'agriculture et dégage une atmosphère bien différente de celle des autres localités boliviennes. On y parle un dialecte indigène, l'ignaciano, et le mode de vie, les traditions et la cuisine y sont tout à fait particuliers. La meilleure période pour y venir est fin juillet, pendant la fête, quand tous les villageois coiffés de plumes se détendent, boivent, dansent et lancent des feux d'artifice trois jours durant (lire l'encadré ci-dessous).

Fondé par les jésuites en 1689, son nom d'origine est San Ignacio de Loyola. En 1760, une épidémie contraignit le village à s'installer à son emplacement actuel, sur des terres plus élevées et plus saines. Les jésuites furent expulsés d'Amérique latine en 1767, mais ils reviennent aujourd'hui parmi ces populations pour travailler avec elles et œuvrer à l'entente entre les Moxos, les Chimane dépossédés de leurs terres et les colons fraîchement installés.

À voir et à faire

Sur la place principale, un **monument** rend hommage à Chirípieru, El Machetero Ignaciano, coiffé d'une couronne de plumes et armé d'une machette impressionnante, très imité pendant le festival du village. L'**église** (☼ 8h-19h) récente fut reconstruite en 1997. Elle renferme un petit musée d'art local et des objets religieux ignaciano à l'arrière. Si vous formez un petit groupe, un des employés vous fera visiter l'édifice pour 1,20 $US.

Le **musée** (0,50 $US) de la Casa Belén, près de l'angle nord-ouest de la place, présente des productions des cultures ignaciano et moxos, notamment des *bajones*, ces immenses flûtes introduites par les jésuites.

La grande **Laguna Isirere**, au nord de la ville, accessible à pied en une demi-heure ou en auto-stop, est un endroit agréable où l'on peut pêcher, se baigner ou simplement observer une multitude d'oiseaux.

Perdus dans la région, plusieurs autres sites sont difficiles d'accès : les **Lomas de Museruna**, plusieurs **ruines archéologiques**, et les ruines des **missions** San José et San Luis Gonzaga.

Où se loger et se restaurer

Durant les festivités, les prix sont multipliés par deux, mais des campings sont aménagés à l'extérieur du village.

BASSIN AMAZONIEN

C'EST LA FÊTE AU VILLAGE

Tous les ans, le 31 juillet est le jour inaugural de la grande Fiesta del Santo Patrono de Moxos, qui célèbre le saint protecteur des Moxos. Si l'on est en Bolivie à cette époque, il ne faut manquer en aucun cas cette fête, l'une des plus intéressantes du bassin amazonien.

Processions de *macheteros*, jeunes gens habillés en chasseurs amazoniens, danse traditionnelle, musique, feux d'artifice et boissons à gogo sont au programme des festivités. À midi, le premier jour de la fête, des danseurs conduits par El Machetero quittent l'église, accompagnés par des tambours, d'énormes flûtes de Pan en bambou et des flûtes à bec. Les villageois mangent du poisson frais en abondance, boivent beaucoup (voir les cadavres de bouteilles jonchant les rues) et exposent de l'*artesanía* local dans le village. Les processions, qui durent toute la journée, sont suivies de danses indiennes traditionnelles. On peut également voir une amusante tradition locale : un homme avec un masque de taureau en bois pourchassant des enfants dans la cour de l'entrepôt situé près de l'église.

La première soirée débute par un énorme feu d'artifice, tiré devant l'église par deux familles fortunées, qui "rivalisent" en effets. Mais le clou de la journée est le spectacle des *chasqueros*, d'immenses coiffes en plumes surmontées de sortes de feux de Bengale que portent des hommes et des femmes qui courent au milieu de la foule, qui s'éparpille en criant et en riant ; les enfants adorent ! (Mieux vaut protéger vos habits des étincelles qui volent partout.)

Les deuxième et troisième jours sont consacrés aux courses de taureaux. Les habitants (souvent saouls) tentent d'attirer l'attention du taureau, ce qui n'a souvent pas grand effet. Quelques jours après, San Ignacio retrouve son calme, jusqu'à l'année suivante.

Residencial 31 de Julio (ch 3 $US). À une rue de la place, un endroit chaleureux avec des chambres propres et modestes.

Plaza Hotel (☎ 482-2032 ; ch 3 $US, avec sdb 5 $US). Sur la place, un hôtel pimpant qui loue des doubles lumineuses et spacieuses avec ventilateur.

Residencial Don Joaquín (☎ 482-8012 ; Montes ; ch 5 $US, avec sdb 7,50 $US). À l'angle de la place, près de l'église. Beau patio et chambres sans prétention et impeccables.

Doña Anita (☎ 482-2043 ; Ballivián ; plats 1 $US). La *"doña"* est réputée pour ses jus de fruits glacés et ses énormes hamburgers recouverts de fromages, d'œufs et de tomates.

Restaurant Don Chanta (plats 1-1,50 $US). Sur la place, une adresse très conviviale qui sert des spécialités ignaciano, notamment la *chicha de camote* (*chicha* de patate douce) et l'intéressante *sopa de joco* (soupe à la betterave et au potiron).

Depuis/vers San Ignacio de los Moxos

Des bus partent tous les matins vers 9h de Trinidad (3,70 $US, 4 heures) pour San Ignacio, mais il faut arriver plus tôt pour prendre son billet. Des *micros* et des *camionetas* (3 $US, 3 heures) attendent d'avoir fait le plein de passagers aux terminaux de la Calle La Paz, et des *camiones* partent le matin de l'extrémité est de cette même rue, près de la rivière. Vous traverserez un beau paysage de forêt tout au long de la route, mais attendez-vous à des retards au passage du Río Mamoré en radeau, entre Puerto Barador et Puerto Ganadero. De mars à octobre, il faut compter 4 heures de trajet de Trinidad à San Ignacio, y compris la traversée en radeau, mais cette route demeure impraticable pendant la saison des pluies.

Notez que le radeau s'arrête de fonctionner à 18h (parfois plus tard en cas de trafic important), et aucun hébergement n'est prévu ni d'un côté ni de l'autre.

Un bus desservant San Borja (5 $US, 4-5 heures) traverse le village tous les jours entre 13h et 15h. Achetez votre billet à l'avance au **restaurant de la gare routière** (San Isteban), sinon vous aurez des difficultés à repartir. Des bus pour Rurrenabaque (7,50 $US, 10 heures) circulent les lundis, mercredis et vendredis entre 13h et 15h. Là encore, mieux vaut se procurer son billet à l'avance. S'il n'y a pas de bus direct pour Rurrenabaque, il est possible de prendre un *micro* de San Borja. Vous pouvez déjeuner au restaurant de la gare routière pour 1 $US en attendant votre départ.

AMAZONIE BOLIVIENNE ORIENTALE

La partie orientale de l'Amazonie bolivienne abrite le fabuleux Parque Nacional Noel Kempff Mercado, toujours considéré comme étant l'un des parcs de Bolivie les plus difficiles d'accès. Il attire surtout les aventuriers, les ornithologues et les amoureux de la nature excités à l'idée de fouler des terres presque vierges. Trinidad, la principale agglomération de l'Amazonie bolivienne, ressemble encore beaucoup à une ville frontalière, mais elle est aussi la voie d'accès à des dizaines de petits villages, de rivières sauvages et de réserves perdues au fin fond de la jungle.

TRINIDAD
86 500 habitants / altitude 235 m

Capitale prospère du Beni, Trinidad est le point de départ idéal pour une expédition sur le long et profond Río Mamoré. C'est aussi une étape agréable entre Santa Cruz et Rurrenabaque. Immense et verdoyante, la place principale, avec son air tropical (la ville se trouve à 14° de latitude sud), est l'unique oasis de fraîcheur de la ville. Les rues de Trinidad, truffées de nids-de-poule sont en effet poussiéreuses et bordées d'égouts à ciel ouvert, qui vous couperont sans doute l'appétit.

La ville de La Santísima Trinidad (la Très Sainte Trinité) fut fondée en 1686 par le Padre Cipriano Barace pour accueillir la deuxième mission jésuite des plaines du sud du Beni. Construite à l'origine sur les rives du Río Mamoré, à 14 km de son emplacement actuel, elle fut transférée en 1769, pour fuir les inondations et les maladies, sur l'Arroyo de San Juan qui, aujourd'hui, coupe la ville en deux.

Renseignements

Le très efficace **office du tourisme** municipal (☎ 462-1722 ; Santa Cruz et La Paz) se trouve à l'intérieur de la préfecture. Près de la place principale, plusieurs distributeurs automatiques acceptent les cartes de crédit internationales ; profitez-en pour faire provision d'espèces avant de vous rendre à San Ignacio de Moxos et à Rurrenabaque qui ne comptent aucun distributeur. Les

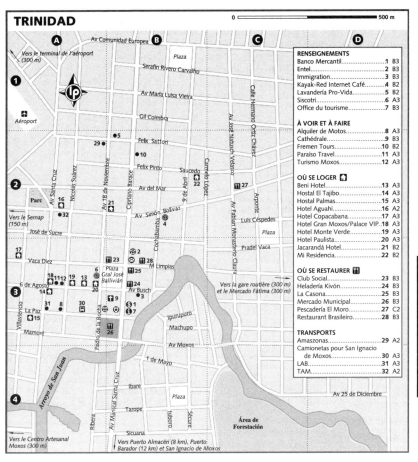

TRINIDAD

0 — 500 m

RENSEIGNEMENTS

Banco Mercantil...................1	B3
Entel...............................2	B3
Immigration......................3	B3
Kayak-Red Internet Café........4	B2
Lavandería Pro-Vida............5	B2
Siscotri...........................6	A3
Office du tourisme..............7	B3

À VOIR ET À FAIRE

Alquiler de Motos...............8	A3
Cathédrale.......................9	B3
Fremen Tours....................10	B2
Paraíso Travel...................11	A3
Turismo Moxos...................12	A3

OÙ SE LOGER

Beni Hotel.......................13	A3
Hostal El Tajibo.................14	A3
Hostal Palmas...................15	A3
Hotel Aguahí....................16	A2
Hotel Copacabana..............17	A3
Hotel Gran Moxos/Palace VIP..18	A3
Hotel Monte Verde.............19	A3
Hotel Paulista..................20	A3
Jacarandá Hotel.................21	B2
Mi Residencia...................22	B2

OÙ SE RESTAURER

Club Social......................23	B3
Heladería Kivón.................24	B3
La Casona........................25	B3
Mercado Municipal.............26	B3
Pescadería El Moro.............27	C2
Restaurant Brasileiro...........28	B3

TRANSPORTS

Amazonas........................29	A2
Camionetas pour San Ignacio	
de Moxos......................30	A3
LAB...............................31	A3
TAM..............................32	A2

BASSIN AMAZONIEN

changeurs sont postés de préférence dans l'Av. 6 de Agosto entre Suárez et l'Av. 18 de Noviembre. Le Banco Mercantil peut changer vos chèques de voyage.

Pour téléphoner, rendez-vous au bureau **Entel** (Cipriano Barace 23-A). Des connexions Internet rapides sont disponibles chez Siscotri sur le côté ouest de la place, au **Kayak-Red Internet Café** (Bolívar au niveau de Cochabamba), et dans plusieurs autres lieux, qui tous, demandent entre 0,30 et 0,60 $US/heure. Pour le blanchissage, la **Lavandería Pro-Vida** (☎ 462-0626 ; Sattori au niveau de Suárez) fait payer 1,20 $US la dizaine de vêtements. Le bureau provincial de l'**immigration** (en haut de l'escalier dans Busch) pourra vous délivrer une prorogation de visa.

Désagréments et dangers

Si la boue est le plus gros souci des piétons, les égouts à ciel ouvert donnent la nausée à tout le monde sauf peut-être aux boas constrictors de 3 m de long que l'on voit parfois se vautrer dans la fange ! Soyez vigilant, particulièrement la nuit.

À voir et à faire

La **Plaza Gral José Ballivián**, avec ses arbres tropicaux, ses jardins magnifiques et son atmosphère provinciale, est le principal attrait de Trinidad. Tout en mangeant une glace et des pop-corn, vous pouvez assister le soir au rassemblement des motards qui tournent autour de la place ; parfois une famille entière est juchée sur le même engin.

Au sud de la place, la **cathédrale**, construite entre 1916 et 1931 à l'emplacement d'une ancienne église jésuite, est un édifice sans charme, et sans cloches : le carillon qui sonne l'heure est un enregistrement qui fait plutôt penser à un jeune coq enroué.

Installé dans l'université, à 1,5 km de la ville, le nouveau **musée ethno-archéologique** (0,60 $US ; 8h-12h et 15h-18h), financé par les Espagnols, présente des objets de la région de Trinidad, parmi lesquels on peut voir des instruments et des costumes traditionnels.

Que diriez-vous d'enfourcher une moto ? Pour 1,20 $US de l'heure, vous pourrez louer un deux-roues et tourner autour de la place avec les habitués, ou partir en excursion à l'extérieur de la ville. Adressez-vous à **Alquiler de Motos** (La Paz ; de 8h à 18h 8 $US, location 24 heures 10 $US).

Fête annuelle

À la mi-juin, la **fête de la fondation** de la ville est l'occasion d'un grand *chupe* sur la Plaza de la Tradición, bruyant et arrosé, et de compétitions d'escalade de poteaux graissés et d'*hocheadas de toros* (taquineries de taureaux).

Circuits organisés

Plusieurs agences pourront vous faire découvrir les environs. **Turismo Moxos** (462-1141 ; turmoxos@sauce.ben.entelnet.bo ; Av. 6 de Agosto 114) organise des croisières de 3 jours sur le Río Ibare, des visites dans les villages

Sirionó, des safaris de 4 jours en canoë dans la jungle et des randonnées équestres d'une journée dans des coins reculés. Avec **Paraíso Travel** (/fax 462-0692 ; paraiso@sauce.ben.entelnt.bo ; Av. 6 de Agosto 138) vous pourrez faire des safaris d'observation des oiseaux de 4 jours, du camping dans la jungle, des croisières d'une journée sur le Rio Mamoré et des excursions à la Laguna Suárez.

Fremen Tours (/fax 462-1834 ; www.andes-amazonia.com) est le spécialiste des croisières tout compris à bord de son luxueux bateau-hôtel *Flotel Reina de Enin*. Les cabines sont équipées de salles de bains individuelles, et les services de la salle à manger et du bar sont excellents. Ce tour-opérateur est également propriétaire de la péniche *Ebrio*, dotée de 4 couchettes et d'un espace pour hamacs, qui parcourt le Parque Nacional Isiboro-Sécure (p. 333).

Où se loger
PETITS BUDGETS

Hotel Paulista (462-0018 ; 6 de Agosto et Suárez ; ch 3 $US/pers, s/d avec sdb 9/14 $US/pers). Hôtel en mauvais état, mais convivial et central, le Paulista est correct pour une nuit.

Hostal Palmas (462-6979 ; La Paz 365 ; s 3-6,20 $US, d 6,20-10 $US ;). Une adresse accueillante qui loue divers types de chambres, avec sdb commune et ventilateur, ou avec sdb privative, TV et clim. Attention, car certaines ne possèdent pas de fenêtres et peuvent devenir

---

AU FIL DE L'EAU

Les excursions fluviales proposées à Trinidad vous conduiront au cœur de la région la plus sauvage de Bolivie : vous y ferez l'expérience de la contemplation et de l'isolement, pour laquelle la forêt amazonienne est bien connue. Pour en profiter dans les meilleures conditions, il est préférable de venir en saison sèche, soit, en gros, de mai-juin à octobre.

Même si le paysage le long des rivières du Nord varie peu, la diversité et la complexité des espèces végétales et animales visibles depuis le bateau compensent largement le rythme alangui du voyage.

En général, la cuisine proposée est correcte, quoique monotone : *masaco, charque*, riz, nouilles, bouillon clair et bananes. Pour varier l'ordinaire, pensez à prendre quelques compléments, mais surtout de l'eau ou des comprimés pour la purifier.

Renseignez-vous bien sur les conditions de couchage auprès du capitaine avant le départ. Normalement, les passagers doivent se munir de leur propre hamac (en vente à Trinidad), mais on peut vous autoriser à dormir sur le pont. Emportez aussi un sac de couchage ou une couverture, surtout l'hiver, car vous serez surpris par la fraîcheur des nuits amazoniennes. Si vous avez la chance de vous trouver à bord d'un bateau qui voyage la nuit, vous n'aurez pas besoin de moustiquaire. En revanche, si le bateau accoste pour la nuit et que vous n'avez pas de moustiquaire, vous vivrez un cauchemar. Reportez-vous à la section *Depuis/vers Trinidad* (p. 350) pour tout renseignement sur les circuits. Pour un circuit en bateau-hôtel plus chic, adressez-vous à Fremen Tours (p. 331).

très étouffantes. Les plafonds sont hauts et les murs en briques apparentes, mais les douches ne sont pas impeccables.

Hotel Copacabana (☎ 462-2811 ; Villaviencio 627 ; ch 4 $US, avec sdb 9 $US). Une adresse chaleureuse, d'un bon rapport qualité/prix, aux chambres simples avec ventilateur.

CATÉGORIE MOYENNE

Beni Hotel (☎ 462-2788 ; benihotel@latinmail.com ; 6 de Agosto 68 ; s/d avec sdb 10/14 $US). Optez pour les chambres de l'étage, plus claires. Le décor est on ne peut plus sommaire. Pas de petit déjeuner.

Hotel Monte Verde (☎ 462-2750 ; fax 462-2044 ; 6 de Agosto 76 ; s/d avec ventil 10/17 $US, avec clim 20/25 $US ; 😊). Il pratique des prix trop élevés (surtout celles avec clim) pour des chambres peu lumineuses et sentant le renfermé. TV et téléphone dans chaque chambre mais pas de petit déjeuner.

Hostal El Tajibo (☎ 462-2324 ; Santa Cruz 423 et 6 de Agosto ; s/d 12,50/17,50 $US, avec clim 25/30 $US ; 😊). Ce nouvel établissement propose le meilleur rapport qualité/prix des hôtels de catégorie moyenne de la ville. Chambres soignées avec lits confortables. Certaines ont un balcon sur la rue. Petit déjeuner inclus.

Hotel Gran Moxos/Palace VIP (☎ 462-2462 ; moxostdd@sauce.ben.entelnet.bo ; 6 de Agosto 146 ; ch avec sdb 35 $US ; 😊). Cet hôtel, qui fut le meilleur de Trinidad, a ouvert ses portes en 2006, après une fermeture de dix ans. La sympathique direction espère lui redonner tout son faste d'antan, mais, lors de notre passage, l'établissement était délabré avec la peinture qui s'écaillait et des meubles en plastique. TV câblée et petit déjeuner inclus.

Mi Residencia (☎ 462-1543 ; fax 462-2464 ; Saucedo 555 ; s/d 35/46,50 $US ; 😊 😊). Derrière une porte en bois, l'entrée aux couleurs criardes donne sur une réception vitrée à l'ambiance douce. Les chambres sont vastes et décorées de motifs kitsch. Chacune a la TV et un réfrigérateur. Lors de notre séjour, une piscine était en construction dans le beau jardin ombragé, à l'arrière. L'hôtel est à 10 minutes de marche depuis la place principale. Parking.

Jacarandá Hotel (☎ 462-1659 ; hoteljacaranda@yahoo. es ; Bolívar 229 ; s/d avec sdb et petit déj 35/50 $US ; 😊 💻). Le plus charmant de la ville. Un trois-étoiles moderne aux lits fermes, avec clim, téléphone, TV câblée et minibar. Le patio fleuri est agrémenté d'arbres superbes et de ravissantes chaises en bois. Gratuit pour les enfants de moins de 12 ans.

Hotel Aguahí (☎ 462-5569 ; aguahi@sauce.ben.entelnet .bo ; Bolívar et Santa Cruz ; s/d avec sdb et petit déj 35/50 $US ; 😊 💻 😊). La réception est triste, mais l'hôtel est vraiment très beau. Les chambres sont spacieuses, les lits confortables et le vaste jardin tropical compte deux piscines. Aguahí est à 5 minutes de marche du centre-ville.

Où se restaurer

Dans cette région d'élevage, les carnivores seront aux anges car le bœuf figure à la carte de tous les restaurants d'hôtels.

Heladería Kivón (côté est de Plaza Gral José Ballivián ; en-cas 1-2 $US). Repas légers, petits déjeuners complets, glaces, gâteaux, sucreries, pâtisseries, sandwichs, jus de fruits et café sont servis dans cet établissement familial, ouvert quand toutes les autres portes sont fermées, y compris le matin et le samedi après-midi. À l'étage, vous aurez une belle vue sur le ballet des motos.

La Casona (côté est de Plaza Gral José Ballivián ; plats 1-3 $US). Principal restaurant de Trinidad avec de hauts plafonds et des murs verts. Il est plus séduisant de jour que de nuit, car les ampoules nues donnent un éclairage tristounet. Au menu : *almuerzo* (menu déjeuner) du jour, plats chinois et pizzas un peu caoutchouteuses.

Club Social (18 de Noviembre ; déjeuner et dîner 1,20 $US). Sur la place, dans une cour aérée et ombragée, c'est l'adresse préférée des familles locales. Les menus comprenant 2 plats – soupe, viande, riz et légumes – et une boisson sont copieux.

Pescadería El Moro (Bolívar et Velasco ; plats 2-4 $US). Une envie de poisson ? Jetez l'ancre ici, après une petite marche depuis le centre-ville. Le soir, mieux vaut prendre un taxi car le chemin est mal éclairé.

Restaurant Brasileiro (Limpias s/n ; 4 $US/kg). Pour un festin brésilien, allez dans ce restaurant de type cafétéria qui facture au kilo. Vous déjeunerez en regardant de mauvais talk-shows.

Le week-end, rendez-vous à Puerto Barador (p. 350) où des restaurants au toit de palmes servent la prise du jour.

Les plus fauchés trouveront leur bonheur au Mercado Municipal où l'on peut faire provision de fruits tropicaux, de manioc, de bananes plantain et de salade, ou goûter à la spécialité locale, l'*arroz con queso* (riz au fromage), ainsi qu'au *pacumutu* (chiche-kebab), pour une somme modique. De nombreux vendeurs de pop-corn, de glaces et de *refrescos* (rafraîchissements) sont installés sur la place principale.

Achats

L'artisanat du Beni (tissage, bois et céramique) est en vente au **Centro Artesanal Moxos** (☎ 462-2751 ; Bopi s/n).

Depuis/vers Trinidad

AVION

Outre la taxe Aasana de 1,35 $US, les voyageurs doivent payer 0,40 $US pour venir en aide aux personnes âgées et financer les travaux publics. Notez que les vols intérieurs au Beni sont fréquemment suspendus pendant de longues périodes.

Amazonas (☎ 462-2426, 462-7575 ; 18 de Noviembre 267) dessert quotidiennement La Paz, San Borja, Riberalta et Guayaramerín, et **TAM** (☎ 462-2363 ; Bolívar et Santa Cruz) propose quelques vols par semaine pour Cobija (65 $US), Cochabamba (38 $US), Guayaramerín (57 $US), La Paz (55 $US) et Riberalta (57 $US). **LAB** (☎ 462-1277 ; La Paz 322) relie Cochabamba, si les vols sont maintenus.

BATEAU

Trinidad n'est pas au bord d'un cours d'eau navigable. Puerto Almacén, sur les rives de l'Ibare, se trouve à 8 km au sud-ouest de la ville, et Puerto Barador, sur les rives du Mamoré, à 13 km dans la même direction. Des camions vous conduiront à Puerto Almacén pour 1 $US et à Puerto Barador pour 2 $US.

Si vous souhaitez suivre le Mamoré au nord jusqu'à Guayaramerín, ou aller au sud le long du Mamoré et de l'Ichilo jusqu'à Puerto Villarroel, adressez-vous à La Capitania, la capitainerie de Puerto Almacén. Le capitaine vous indiquera les horaires. N'hésitez pas à demander à des autorités locales si le capitaine du bateau est fiable. Le voyage jusqu'à Guayaramerín dure une semaine (les gros bateaux le font en 3 ou 4 jours) et coûte entre 30 et 35 $US, repas compris. Vers Puerto Villarroel, des petits bateaux mettent 4 à 6 jours et prennent entre 15 et 25 $US, en général repas compris.

Pour une croisière plus chic, optez pour le luxueux bateau-hôtel *Flotel Reina de Enin* (voir p. 348) de Fremen Tours.

BUS ET CAMIÓN

La gare routière se trouve à 10 minutes à pied du centre. Quand les routes sont praticables, plusieurs *flotas* partent chaque soir entre 18h et 21h à destination de Santa Cruz (3,70/7,40 $US normal/couchette de 8 à 10 heures). Plusieurs compagnies desservent quotidiennement Rurrenabaque (10 $US, 12 heures) avec arrêt à San Borja. Flota Copacabana assure une liaison directe sans arrêt jusqu'à La Paz (bus couchette 24 $US, départ tous les jours à 5h30, 30 heures). En saison sèche, un service quotidien est assuré pour Riberalta, Guayaramerín et Cobija. Des bus (3 $US) et des *camionetas* (2,50 $US) partent pour San Ignacio de Moxos (3-4 heures) dès qu'ils sont pleins. Les bus partent de la gare routière vers 9h, mais il faut y être au moins 1 heure avant pour avoir une place. Les *camionetas* partent de l'arrêt en face de la municipalité.

Comment circuler

DESSERTE DE L'AÉROPORT

Un taxi entre la ville et l'aéroport coûte environ 1,20 $US/pers, mais on vous demandera certainement davantage. Si vous n'êtes pas trop chargé, une moto-taxi vous reviendra à 0,70 $US ; vous serez surpris de la quantité de bagages qu'on réussit à transporter avec un peu d'imagination.

MOTO

Les propriétaires de moto-taxi sont en général ravis de vous louer leur engin et de prendre une journée de congé, mais il vous faudra un permis de conduire de votre pays d'origine. Comptez 1,20 $US/heure ou une dizaine de dollars pour 24 heures. Vous trouverez des candidats à la location de moto-taxi aux abords de l'angle sud-ouest de la plaza. Vous pouvez aussi louer une moto chez Alquiler de Motos (voir p. 348).

TAXI

Une course en ville coûte 0,25 $US en moto-taxi, alors qu'elle atteint 1,20 $US en taxi normal. Pour la gare routière, comptez 1,20 $US. Pour vous rendre sur des sites éloignés, appelez **Radio Taxi Progreso Beniano** (☎ 462-2759). Il est important de connaître les distances et de bien marchander pour obtenir un prix qui ne doit pas dépasser 4 $US/heure pour 4 personnes au maximum. N'oubliez pas de compter le temps d'attente pendant la visite des sites.

PUERTO ALMACÉN ET PUERTO BARADOR

Puerto Almacén est surtout connue pour son chapelet de petits restaurants branlants qui servent un excellent poisson. Mais la localité est aussi très fière de son imposant pont de béton qui évite désormais aux véhicules la traversée à bord de *balsas* (radeaux).

En faisant 5 km de plus, vous arriverez à Puerto Barador où vous pourrez observer des dauphins roses dans les petits affluents du Mamoré et goûter du poisson frais dans l'un des nombreux et agréables restaurants du port. L'un des meilleurs, El Pantano, vous servira un excellent *surubí* (poisson d'Amérique du Sud) à 2 $US. La clientèle locale s'y presse, surtout le dimanche.

Depuis Trinidad, un taxi pour l'un ou l'autre port coûte environ 8 $US dans chaque sens, et une moto-taxi 3 $US aller-retour. Des *camiones* et *camionetas* partent fréquemment de l'Av. Santa Cruz, un pâté de maisons et demi au sud du pont de Pompeya. Tous les transports à destination de San Ignacio de Moxos passent par Puerto Almacén (0,75 $US) et Puerto Barador (1 $US). Concernant les traversées en bateau possibles depuis Puerto Barador, voir la rubrique *Depuis/vers Trinidad*, p. 350.

SANTUARIO CHUCHINI

Le Santuario Chuchini (la tanière du jaguar), à 14 km de Trinidad, fait partie des rares sites paititi accessibles. Ce **sanctuaire d'animaux** sauvages s'étend sur une *loma* (butte artificielle) de 8 ha qui n'est qu'une des nombreuses *lomas* parsemant les environs. Depuis le campement, de courtes incursions dans la forêt permettent d'atteindre des marigots peuplés d'oiseaux, de caïmans et d'autres gros mammifères.

Le camp comprend des aires de pique-nique couvertes et ombragées, des arbres, des balançoires pour les enfants et toutes sortes de plantes, d'oiseaux et d'animaux. Un petit **musée d'archéologie** rassemble divers objets exhumés de la *loma*, notamment de curieux personnages aux yeux bridés portant des nattes typiquement mongoles.

Une visite d'une journée comprenant l'entrée, une promenade en bateau de 3 heures et un repas coûte 50 $US, et 100 $US si l'on veut dormir sur place. Les excursions proposées par des agences de Trinidad reviennent un peu moins cher. On pourra se renseigner auprès de **Lorena** ou d'**Efrém Hinojoso** (☎ 462-1968/1811), ou des agences de voyages de Trinidad.

Le stop marche mieux le dimanche, mais vous devrez peut-être faire les cinq derniers kilomètres à pied à partir de Loma Suárez. C'est aussi un but d'excursion intéressant si vous avez loué une moto. Un transport en bateau est possible durant la saison des pluies.

BASSIN AMAZONIEN

L'EL DORADO AMAZONIEN

Dans les Llanos de Moxos, entre San Ignacio de Moxos et Loreto, la forêt est parcourue par plus de 100 km de canaux et de chaussées, et parsemée de centaines de *lomas* (buttes artificielles), de talus et autres terrassements préhistoriques représentant des hommes et des animaux. L'une des figures anthropomorphes mesure plus de 2 km de la tête aux pieds. Ces ouvrages, qui rappellent les célèbres lignes péruviennes de Nazca, avaient probablement pour fonction originelle de favoriser les cultures dans une région régulièrement inondée. À l'intérieur des buttes, on enterrait des statuettes, des poteries, des sceaux en céramique, des ossements humains et même des outils en pierre importée d'autres régions.

La découverte des *lomas* a poussé les scientifiques à regarder le Beni d'un œil neuf : alors qu'ils le considéraient jadis comme une jungle jamais explorée par l'être humain, si ce n'est par quelques tribus éparses qui habitaient la région, ils pensent désormais qu'il aurait été le berceau d'une grande civilisation, dotée d'un système social très élaboré et de villes d'un haut niveau de civilisation.

Les *lomas* témoigneraient du grand nombre de personnes qui vivaient sur place, mangeant et buvant dans des récipients de terre cuite qui étaient ensuite cassés et enterrés pour accroître la stabilité du sol. D'après les archéologues, le grand nombre de ces récipients retrouvés indique le degré de complexité de cette société perdue.

Certains pensent que les structures préhistoriques furent construites par la tribu des Paititi il y a 5 500 ans, et que cette ancienne civilisation du Beni fut à l'origine de la célèbre légende espagnole de l'El Dorado, connu sous le nom de Gran Paititi. Les archéologues poursuivent leurs recherches, mais, en attendant d'en savoir plus, une chose est certaine : il est difficile de ne pas regarder les forêts du Béni avec fascination lorsque l'on sait quelle fantastique histoire elles cachent.

Des bungalows, repas compris, sont loués 55 \$US/pers. De délicieux plats exotiques sont servis au restaurant ; la cuisine est excellente mais, là encore, très coûteuse. Si vous voulez juste un en-cas, goûtez aux savoureux *chipilos* (chips de plantain vert).

MAGDALENA

La ravissante petite localité de Magdalena, capitale de la province d'Iténez, se trouve au cœur d'une vaste région de forêt et de pampa, sur les rives du Río Itonamas, à 220 km au nord-est de Trinidad. Le tourisme n'a pas encore envahi cette région où abondent oiseaux et animaux sauvages. Si vous aimez voyager hors des sentiers battus, Magdalena est faite pour vous. Fondée en 1720 par les jésuites, cette bourgade était la mission bolivienne la plus septentrionale. Pénétrer aujourd'hui dans cette petite ville, c'est comme plonger quelques siècles en arrière ; la plupart des déplacements se font en charrettes tirées par des chevaux ou des bœufs.

À faire

À environ 7 km en amont de la rivière, l'agréable **Laguna Baíqui** est idéale pour se baigner, pique-niquer et pêcher. On y accède en bateau depuis la ville (1 \$US, 30 min). Une autre excursion agréable vous permettra de découvrir **Bella Vista**, considéré comme l'un des plus beaux villages du Beni – et l'un des meilleurs lieux de pêche – au confluent des Ríos San Martín et Blanco. Pendant la saison sèche, des minibus effectuent le trajet en 2 heures, en passant par le village rustique d'**Orobayaya**.

La plus grande fête de Magdalena, **Santa María de Magdalena**, se déroule le 22 juillet.

Où se loger et se restaurer

Les options pour voyageurs à petit budget, toutes deux situées dans le centre, près de la place, sont l'**Hotel Ganadero** (ch 6 \$US, avec sdb 8 \$US), propre et spartiate, et l'**Hotel San Carlos** (ch 6,50 \$US, avec sdb 10 \$US) doté de chambres avec sdb attenante et ventilateur.

Le charmant **Hotel Internacional** (☎ 886-2210 ; s/d avec sdb et petit déj 30/45 \$US ; 🖵), la meilleure adresse, offre des équipements étonnants pour cette bourgade isolée. Il abrite un bon bar-restaurant et deux piscines très appréciables lors des fortes chaleurs. Les chambres vastes et claires ont un décor tropical. La direction se fait un plaisir de vous aider à organiser des excursions dans la région.

Depuis/vers Magdalena

La TAM dessert Magdalena une fois par semaine, et les avions-taxis Oasis del Aire (35 à 40 \$US aller simple) font la navette tous les jours avec Trinidad. La mauvaise route praticable uniquement durant la saison sèche depuis Trinidad est empruntée par de robustes *camiones* et, de temps en temps, par un bus, mais il serait sage de faire ce trajet en 4x4 seulement.

RESERVA DE VIDA SILVESTRE RÍOS BLANCO Y NEGRO

Cette réserve de 1,4 million d'hectares, créée en 1990 au cœur de la région la plus sauvage de Bolivie, englobe de vastes étendues de forêt tropicale inexplorées d'une fabuleuse biodiversité. Un Éden où folâtrent fourmiliers géants, pécaris, tapirs, jaguars, icticyons (chiens des buissons), ouistitis, loutres de rivière, singes capucins, caïmans, singes écureuils, cervidés et cabiais. Les hoccos, les 6 variétés d'aras et les quelque 300 autres espèces d'oiseaux font le bonheur des ornithologues.

La seule habitation de la région est l'*estancia* privée de **Perseverancia**, à 350 km au nord de Santa Cruz. Construite dans les années 1920 pour être un centre de production de caoutchouc, elle fut abandonnée après le départ du dernier *seringuero* (récolteur de gomme) en 1972. La construction d'une piste d'atterrissage fit venir les chasseurs professionnels de loutres et de gros félins, mais le domaine était de nouveau à l'abandon en 1986. Depuis 1989, on s'efforce d'y promouvoir le tourisme, qui demeure néanmoins très limité.

Au milieu des années 1990, les exploitants forestiers commencèrent à s'intéresser à la partie orientale de la réserve, et l'USAID (United States Agency for International Development) préconisa l'abattage d'un secteur limité plutôt que la coupe sélective sur toute la zone. L'étendue de la déforestation est difficile à estimer, surtout depuis que le parc a été privatisé à la fin des années 1990, époque à laquelle il a perdu son statut de zone protégée et l'administration de la Fundación Amigos de la Naturaleza (FAN). Toutefois, le gouvernement d'Evo Morales prévoit de "nationaliser" les parcs nationaux, ce qui les mettra sous administration conjointe du Sernap et des communautés locales. Reste à voir quels seront les nouveaux statuts de la réserve.

Circuits organisés

Renseignez-vous à l'office du tourisme de Santa Cruz (p. 294) pour connaître les agences de voyages fiables qui organisent des circuits dans le parc. Lors de notre passage, les agences en proposant étaient peu nombreuses.

Depuis/vers la Reserva de vida silvestre Ríos Blanco y Negro

Le plus facile, pour accéder à l'*estancia* privée de Perseverancia, est de prendre un vol charter de 1 heure 30, depuis l'aéroport El Trompillo à Santa Cruz. Une piste de 4x4 de 100 km relie le domaine à Asunción de Guarayos. Elle est praticable par tous les temps, à condition de s'armer de persévérance.

PARQUE NACIONAL NOEL KEMPFF MERCADO

Le merveilleux **parc national Noel Kempff Mercado** est l'un des sites les plus remarquables d'Amazonie et l'un des parcs les plus spectaculaires d'Amérique du Sud. Il abrite une flore et faune amazoniennes exceptionnelles, ainsi qu'une vaste palette d'habitats menacés, ce qui lui confère une importance écologique de premier plan et en fait un endroit fantastique à explorer. On estime qu'il compte environ 130 espèces de mammifères, 630 d'oiseaux, 75 de reptiles, 63 de grenouilles et 260 de poissons. On y dénombre en outre plus de 4 000 espèces de plantes.

Le visiteur patient et attentif aura la possibilité d'observer toutes sortes d'animaux. Avec beaucoup de chance, vous pourriez même surprendre un jaguar. Sachez cependant que les chercheurs à temps plein ne les voient guère qu'une ou deux fois par an. Plus facile à observer, le loup à crinière est l'espèce la plus menacée du parc.

Les cours d'eau sont peuplés d'alligators, de caïmans, de dauphins de l'Amazone et de quelques loutres de rivière. Pécaris, tapirs et singes-araignées (atèles) s'observent facilement sur les rives des cours d'eau en soirée. En revanche, il sera plus difficile de voir des singes hurleurs (que vous entendrez, en revanche, très bien), des grands fourmiliers, des chiens des buissons, des renards à petites oreilles (*Atelocynus microtis*) et des tatous géants, toutes espèces considérées comme menacées.

Les ornithologues seront, quant à eux, particulièrement gâtés, car ils pourront notamment voir le picumne à nuque rousse, le todirostre de Zimmer, le cordon-noir à col roux, le râle ocellé, le batara à ailes rousses, le tyranneau à flancs roux, la géositte des campos, le porphyrin à bec jaune, le sporophile noir et roux et beaucoup d'autres oiseaux.

Le parc s'étend à la limite septentrionale du département de Santa Cruz, entre la Serranía de Huanchaca (ou Meseta de Caparú) et les rives des Ríos Verde et Guaporé (Río Iténez sur les cartes boliviennes). Sur 1,5 million d'hectares, il offre des paysages magnifiques de forêt tropicale humide, de rivières et de chutes d'eau, de plateaux et d'escarpements rocheux hauts de 500 m.

Histoire

D'abord appelé Parque Nacional Huanchaca, ce parc fabuleux fut créé en 1979 afin de protéger la vie sauvage de la Serranía de Huanchaca. Parmi les populations vivant à sa périphérie, figurent de nombreux descendants des récolteurs de caoutchouc arrivés dans les années 1940. Avec l'avènement du caoutchouc synthétique, leur activité disparut et ils durent se reconvertir dans la chasse, l'agriculture, l'exploitation forestière et le commerce illégal d'animaux.

C'est ainsi que le 5 septembre 1986, l'éminent biologiste bolivien Noel Kempff Mercado, qui avait fait pression dès l'origine pour la création du parc, fut assassiné sur une lointaine piste d'atterrissage du parc, à l'est du Río Paucerna, en même temps que le pilote Juan Cochamanidis et le guide Franklin Parada. C'est en hommage à son véritable fondateur que le nom du parc fut modifié en 1988. Les auteurs des meurtres, deux Brésiliens et un Colombien, furent arrêtés en 1995. En 2000, le parc fut inscrit par l'Unesco au registre du patrimoine mondial.

Quand partir

Aucune saison n'est à éviter. La saison des pluies, avec un pic entre décembre et mars, est propice à la navigation sur les rivières, surtout si vous voulez remonter jusqu'aux deux grandes chutes d'eau. La saison sèche offre naturellement de meilleures conditions pour circuler en véhicule, mais la fumée provoquée par le *chaqueo* de forêt peut obscurcir l'horizon de mi-août à octobre. La période de mars à juin est agréable, ni trop chaude ni trop humide, et d'octobre à décembre, les floraisons printanières ajoutent un merveilleux attrait supplémentaire.

BASSIN AMAZONIEN

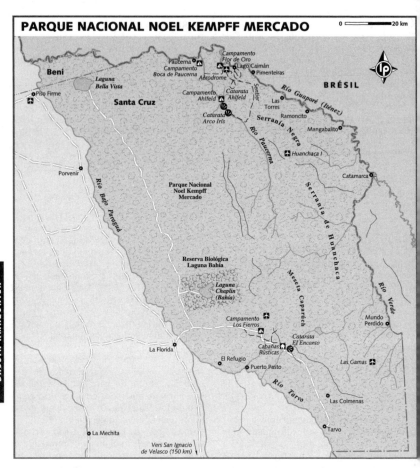

PARQUE NACIONAL NOEL KEMPFF MERCADO

Renseignements

Le parc est géré par le **Sernap** (☎ 243-4429 ; www. sernap.gov.bo ; 20 de Octubre 2659) à La Paz. Bien que la **Fundación Amigos de la Naturaleza** (FAN ; ☎ 355-6800 ; www.fan-bo.org ; au km 7,5, Carretera a Samaipata), à Santa Cruz, ne l'administre plus officiellement, elle est encore une mine d'informations sur le parc et y propose toujours des circuits.

Le futur visiteur doit d'abord passer à l'un des bureaux d'information du parc à Santa Cruz, Concepción ou sur la place principale de San Ignacio de Velasco, pour s'assurer que des membres du personnel seront disponibles pour l'accompagner dans sa visite. Le site www. noelkempff.com est riche en informations sur la spécificité du parc et sur le programme de séquestration du carbone de Climate Action.

Dans l'espoir de montrer aux populations locales que la préservation de la nature est une affaire rentable, l'administration du parc et la section Noel Kempff Mercado du museum d'Histoire naturelle (p. 295) à Santa Cruz proposent des transports et des services très avantageux aux visiteurs peu fortunés qui voudraient faire de la randonnée, du canoë ou du VTT. La présence d'un guide local chiquitano parlant espagnol est obligatoire et revient à 10-15 $US par jour pour un groupe de 4 personnes maximum. Ces guides connaissent très bien la nature, vous aideront à porter vos bagages et à monter le campement, et veilleront à votre sécurité.

Vous pouvez également visiter le parc en organisant un circuit à Santa Cruz, avec

Amboró Tours ou Ruta Verde (voir p. 296), ou avec des tour-opérateurs installés à Samaipata (p. 309).

Désagréments et dangers

Le principal inconvénient vient des *bichos* (les insectes). Par temps de pluies, les moustiques deviennent agressifs et voraces, et les minuscules *garapatillas* (tiques) sont particulièrement importunes. En saison humide, il faut avant tout se méfier des phlébotomes porteurs de la leishmaniose. Dans certains campements, ces mouches sont une vraie plaie, en particulier dans la haute forêt qui entoure les vestiges du laboratoire Huanchaca I.

Entre septembre et décembre, se produit une phénoménale éclosion d'abeilles et celles-ci se mettent en quête de sel dans les campements humains. Il n'est pas rare alors qu'un seul site soit la proie d'une dizaine de milliers d'abeilles – les personnes allergiques éviteront donc cette période de l'année. En pareil cas, la meilleure protection consiste à changer de campement tous les jours.

Les fourmis parasol sont aussi une source de désagréments. Si les ouvrières qui cheminent en rangs serrés avec leur chargement de feuilles sur des routes forestières de 15 cm de large sont fascinantes à regarder, elles semblent également apprécier le nylon des toiles de tente. Les fourmis tapissent leurs nids de feuilles, dont elles se nourrissent ou qu'elles laissent pourrir, et en confondant le nylon et les feuilles, elles provoquent deux catastrophes : elles peuvent venir à bout de votre tente en moins d'une heure, pendant que vous dormez paisiblement à l'intérieur, et elles perdent leur nourriture en tapissant leur nid avec un produit non comestible. Il ne faut donc pas établir un campement à proximité d'une route de fourmis. Les termites, quant à eux, sont friands des sacs à dos qu'on laisse traîner à terre.

Autre danger : le feu. De juillet à novembre, des incendies peuvent éclater naturellement et embraser les matières mortes qui s'accumulent chaque année dans la savane. Il ne faut donc ni allumer un feu ni même camper dans un habitat herbeux, aussi plat et tentant soit-il, et ne jamais laisser un feu de cuisine sans surveillance, même dans la forêt.

L'eau de surface rencontrée dans le parc, qui peut se raréfier d'août à novembre, est délicieuse et bonne à boire, mais il reste néanmoins plus prudent de la purifier.

La Florida

Quartier général des voyageurs peu fortunés, La Florida est à peu près la seule porte d'accès à l'intérieur du parc. On y loue des VTT, des pirogues, des tentes et des sacs à dos (5 à 10 $US chacun par jour). Deux ou trois gîtes et restaurants pour voyageurs à petit budget complètent la gamme des services.

En canoë, vous pourrez naviguer sur les eaux noires des marigots et des bras morts du **Río Bajo Paraguá**. Il est interdit de camper hors des zones prévues à cet effet. Les animaux sont très nombreux aux abords de la rivière : vous apercevrez certainement des loutres, des singes hurleurs, des caïmans noirs et des dizaines d'espèces d'oiseaux.

Il existe trois moyens de pénétrer dans le parc à partir de La Florida : marcher 40 km (2 jours) à travers la forêt en suivant l'ancienne route des forestiers, louer un VTT ou louer un taxi 4x4 (d'avril à décembre uniquement, 50 $US). Une autre possibilité consiste à accompagner les gardes forestiers jusqu'au Campamento Los Fierros, mais cela risque de changer dès que le service local de taxis sera opérationnel. Si vous optez pour la marche, donnez-vous 2 jours et emportez de l'eau en grande quantité.

Campamento Los Fierros

Ce campement est un bon point de départ pour l'exploration de l'extrémité sud du parc. Il se trouve dans la haute forêt amazonienne à 2 km de l'habitat écologique appelé "savane à termitières à inondation saisonnière" (autrement dit, une plaine parsemée de termitières). Dans les environs, vous pourrez aller en VTT jusqu'à la **Laguna Chaplin** et la **Catarata El Encanto**, ou monter à pied jusqu'au sauvage **plateau de Huanchaca**.

Les routes forestières des environs de Los Fierros se prêtent merveilleusement à l'observation des oiseaux. On trouvera également un ruisseau où il est agréable de se rafraîchir et où, la nuit, des chauves-souris viennent se nourrir de poissons. Au petit jour, une incursion dans la savane à termitières permettra de voir des animaux rares : loups à crinière des Andes, renards crabiers et, avec un peu de chance, l'étrange jaguar.

CATARATA EL ENCANTO

La **chute d'eau** spectaculaire de 150 m de haut qui se déverse de la Serranía de Huanchaca est la principale destination des visiteurs

BASSIN AMAZONIEN

de Los Fierros. Elle donne l'occasion d'une magnifique randonnée de 3 jours au départ de Los Fierros. Avec un VTT, vous pourrez faire l'aller-retour en une longue journée sans beaucoup de temps de repos. En voiture, vous pourrez flâner en cours de route.

L'excursion débute par une piste de 4x4 partant vers l'est de Los Fierros. En chemin, vous traversez la haute forêt amazonienne, la savane à termitières et la savane à *cerrado* (forêt-galerie).

Quand vous aurez passé la savane, continuez jusqu'à une bifurcation et prenez l'embranchement de gauche. Cette ancienne route de forestiers abandonnée traverse une belle forêt où vous êtes à peu près sûr de voir, ou au moins d'entendre, des singes-araignées (atèles).

À la fin, vous atteignez un cours d'eau potable où se termine la route des forestiers. Vous suivez ensuite un sentier qui longe le torrent jusqu'au pied de la chute d'eau. Le camping est autorisé au bord du torrent en dessous du départ de sentiers, mais pas le long des sentiers conduisant à la cataracte. Le soir, demandez à votre guide qu'il vous mène aux terrains salifères (*salitrals*) qui attirent les tapirs, les pécaris et autres grands mammifères.

SERRANÍA DE HUANCHACA (LA SUBIDA DE LAS PELADAS)

Cette excursion commence de la même manière que la précédente, mais en traversant la savane à termitières, vous verrez une petite piste qui part sur la gauche (vers le nord-est) et conduit à travers *cerrado* et forêt au pied de l'escarpement. De là, on emprunte un raidillon qui franchit les 500 m de dénivelé en passant sur trois monts chauves surnommés **Las Peladas**. En chemin, vous traversez une forêt sèche sur les premières pentes, puis une forêt-galerie et des bois de bambous sur les pentes supérieures. En haut, vous débouchez sur une plaine herbeuse spectaculaire parsemée d'affleurements rocheux qui lui ont donné le nom de **Campo Rupestre**. De nombreux îlots de forêt-galerie fournissent quelques excellents sites de camping.

Depuis l'escarpement, par temps clair, on peut voir les forêts amazoniennes, les savanes à termitières, la Laguna Chaplin et les forêts-galeries du Río Bajo Paraguá. C'est aussi un bon poste d'observation des aigles et des vautours portés par les ascendances thermiques, ou des vols d'aras bleu et jaune

qui, laissant leurs nids dans les bois de palmiers des hauteurs partent en quête de nourriture dans les forêts d'en bas.

Sur le plateau, vous pouvez faire une randonnée de 2 ou 3 jours vers le nord en direction d'une magnifique **chute d'eau** anonyme, ou vers le sud, en direction de l'escarpement surplombant la Catarata El Encanto. En chemin, vous verrez peut-être des *gamas* (cerfs à queue blanche menacés de disparition) dont le plateau est un des derniers bastions. Vous verrez aussi de nombreux **étangs d'eau cristalline** où il est agréable de se tremper. Au moins une espèce de poisson – ils vous mordillent les mollets mais ne sont pas dangereux ! – est unique à cet écosystème.

Avec un budget plus important vous pourrez vous poser en avion sur deux pistes lointaines, jadis utilisées par des laboratoires de drogue aujourd'hui abandonnés : **Huanchaca I** (qui sert maintenant d'hébergement dans un circuit de la FAN) et **Las Gamas**, un beau site à la pointe sud de l'escarpement. Le premier se trouve à l'extrémité nord du plateau, au milieu d'une savane à *cerrado* parsemée d'îlots de forêt amazonienne. De là, une courte journée de marche vous conduira au cours supérieur du **Río Paucerna**, une rivière tumultueuse aux eaux noires. Les bons nageurs pourront y plonger sans crainte, mais pensez à en sortir avant la **chute d'Arco Iris** !

Flor de Oro

Près de la piste d'atterrissage, la FAN possède un gîte confortable destiné à ses groupes. Le campement Flor de Oro est entouré de paysages variés – savane à termitières périodiquement inondée, *cerrado* en mauvais état, marigots et forêts riveraines inondables – qui sont autant de superbes occasions d'observer des oiseaux. Plus de 300 espèces y ont été répertoriées, et vous pourrez certainement voir également des dauphins de l'Amazone. En une demi-heure de bateau à moteur, ou 4 heures de marche, vers l'amont, vous atteindrez le **Lago Caimán**, un endroit magnifique pour voir des oiseaux et des caïmans. La lagune est le point de départ de l'**Allie's Trail** qui grimpe dans la forêt sèche jusqu'au **Mirador de los Monos** d'où l'on découvre une belle vue sur les bords de l'escarpement.

Deux **chutes d'eau** spectaculaires interrompent le cours du **Río Paucerna** au-dessus du poste des gardes forestiers, le Campamento

Boca de Paucerna. De décembre à fin juin, le trajet en bateau de Flor de Oro jusqu'au rustique **Campamento Ahlfeld** prend environ 5 heures dans chaque sens, en fonction du niveau des eaux. Du campamento, il reste une demi-heure de marche facile jusqu'à la somptueuse **Catarata Ahlfeld** de 35 m de haut, et son joli **bassin naturel**. Les plus aventureux continueront jusqu'à la fabuleuse **Catarata Arco Irís** (4 heures de marche supplémentaires).

Circuits organisés

La **FAN** (Santa Cruz ☎ 355-6800 ; www.fan-bo.org) propose divers circuits à destination du parc. Certains sont propres à la saison sèche ou à la saison humide, d'autres sont organisés toute l'année. Tous incluent un guide, l'hébergement, les repas, les transports locaux (mais pas les transports depuis/vers Santa Cruz). En saison humide, un circuit de 5/7 jours à destination de Flor de Oro coûte environ 700/1 100 $US/pers pour 2 pers et 550/900 $US pour 4 pers. En saison sèche, une excursion de 7 jours à Los Fierros et Flor de Oro revient à environ 1 100/800 $US/pers pour 2/4 pers. Une expédition ornithologique de 10 jours coûte environ 2 000/1 500 $US. À l'occasion des jours fériés boliviens, des réductions spéciales sont offertes sur des circuits de 4 jours/3 nuits (à partir de 465 $US/pers). Contactez la FAN pour obtenir le programme.

Sinon, contactez des agences de voyages de Santa Cruz (p. 296) qui proposent aussi des circuits dans le parc.

Où se loger et se restaurer

Dans le secteur sud-ouest du parc, à 10 km à l'ouest de l'escarpement, le Campamento Los Fierros offre des lits en dortoir (20 $US) et des *cabañas* individuelles (65 $US). Avec sa tente, le camping est gratuit. Les services comprennent : eau, douches, repas et possibilité de faire la cuisine. Des *cabañas* rustiques ont été installées sous la Catarata El Encanto.

Le Campamento Flor de Oro, dans le secteur nord-ouest du parc, loue des bungalows élégants, joliment meublés, avec sdb, ventilateur et éclairage fonctionnant à l'énergie solaire. Excellente nouveauté : le patio recouvert d'une moustiquaire, avec des hamacs donnant sur la rivière. Vous paierez 70 $US/pers et par jour. Ce prix comprend de délicieux repas de cuisines brésilienne et bolivienne.

Le sommaire Campamento Ahlfeld, à 45 minutes de marche en aval de la chute d'eau du même nom, est accessible par bateau depuis Flor de Oro durant les périodes de hautes eaux, soit, normalement, de décembre à juin.

Depuis/vers le Parque Nacional Noel Kempff Mercado

AVION

Le moyen le plus facile, mais le plus onéreux, de se rendre dans le parc est d'emprunter l'un des avions-taxis Cessna de la FAN. Un aller-retour pour 5 passagers, depuis Santa Cruz, revient à 1 200 $US pour Los Fierros (2 heures) et à 1 300 $US pour Flor de Oro (2 heures 45). C'est la plus grosse part du budget des circuits organisés.

BATEAU

Depuis le joli petit village bolivien de Piso Firme (comptant plusieurs *alojamientos* et restaurants très simples, ainsi qu'une petite boutique vendant des produits de base), un service de péniches irrégulier permet de remonter la rivière jusqu'à Pimenteiras, au Brésil (12 heures). De là, il vous reste une demi-heure de bateau jusqu'à Flor de Oro. Sinon, vous avez le choix entre la nage et la location d'un bateau à moteur (jusqu'à 200 $US aller simple). Signalons en outre qu'il existe un important trafic marchand sur les Ríos Mamoré et Guaporé entre Guajará-Mirim et Costa Marques, dans l'État brésilien de Rondônia. Venant du Brésil, vous ne trouverez aucun agent de l'immigration dans le parc ; après votre visite, il vous faudra donc soit retourner au Brésil, soit vous rendre immédiatement au bureau de l'immigration de Santa Cruz.

BUS ET CAMIÓN

Sans véhicule, l'accès au parc par des transports terrestres vous coûtera beaucoup d'efforts, de patience et de longs trajets à pied. Dans tous les cas, il n'est généralement pas recommandé de visiter le parc seul ; de nombreux voyageurs sous-estiment les conditions très difficiles qu'ils vont rencontrer.

Lorsque les routes sont sèches (normalement de juin à novembre), les bus **Trans-Bolivia** (☎ 336-3866 ; Arana 332) partent de Santa Cruz le jeudi à 19h. Ils s'arrêtent à Concepción, San Ignacio de Velasco et La Mechita, avant d'arriver à Piso Firme (16 $US, 18 heures). Pour La Florida, descendez à La Mechita, une grande clairière sur la route, à 55 km à l'ouest. Cette ligne est très fréquentée, il est donc conseillé de réserver bien à l'avance.

Si vous arrivez par cette voie, il serait bon de contacter Susy, au bureau de la FAN à San Ignacio, pour lui demander si elle ne pourrait pas vous commander un taxi 4x4 qui vous attendrait à La Mechita. Sinon, il faudra trouver une voiture de gardes forestiers ou un camion qui vous prenne à son bord. Il est question également de proposer des VTT en location à La Mechita.

À d'autres périodes de l'année, il faut prendre un bus de nuit au départ de Santa Cruz pour San Ignacio de Velasco (7 $US, de 10 à 12 heures). La plupart des compagnies partent entre 18h et 20h. À San Ignacio, on devrait pouvoir vous aider à trouver un taxi 4x4 au bureau de la FAN. Un arrangement similaire est possible à Concepción, où l'arrêt des taxis se trouve juste à côté de la place. Les prix sont négociables, mais les chauffeurs ont tendance à faire payer au kilomètre (et il y en a 250 jusqu'au parc !). En partant à 4 ou 5, vous réduirez la dépense.

Une autre possibilité consiste à prendre le bus Santa Cruz-San Ignacio de Velasco jusqu'à Santa Rosa de la Roca (6,50 $US, 9 heures), ou prendre un *micro* à San Ignacio à destination de Santa Roca. Après avoir fait d'abondantes provisions d'eau et de nourriture, allez au restaurant El Carretero, à 5 minutes à pied de Santa Roca, sur la route en direction de San Ignacio, et tâchez de trouver un *camión* se rendant à La Mechita. Si par hasard vous n'avez pas réussi, vous pouvez toujours passer la nuit à Santa Roca dans l'un des deux *alojamientos* du village.

À La Mechita, vous trouverez deux ou trois *alojamientos*, mais avec un peu de chance, votre camion passera par l'embranchement vers La Florida, 20 km plus loin, où il est possible de camper. Depuis l'embranchement, il vous faudra sans doute faire à pied les 35 km restants jusqu'à La Florida. Au bout de 34 km, tournez à droite et faites le dernier kilomètre jusqu'au village où il est possible de camper. Le lendemain, faites-vous enregistrer au bureau des gardes forestiers, et en route pour 40 km jusqu'à Los Fierros !

VOITURE ET MOTO
Le moyen le plus simple d'accéder au parc est de s'y rendre en 4x4 (de 75 à 100 $US par jour) depuis Santa Cruz. Il faut au moins

14 heures, de Santa Cruz, pour atteindre Los Fierros. La plupart des voyageurs mettent 2 jours pour faire le trajet et passent la nuit à Concepción.

VIA LE BRÉSIL
Solution plus radicale : on peut accéder à Flor de Oro en faisant un crochet par le Brésil. Après avoir obtenu votre visa à Santa Cruz, prenez un bus pour San Matías (à la frontière brésilienne), puis un autre pour Cáceres, à 4 heures de route à l'intérieur du Brésil, où vous prendrez un autre bus pour Vilhena (où se trouve un poste de la police fédérale qui tamponnera votre passeport), au sud de l'État de Rondônia. De là, des bus quotidiens relient Pimenteiras, qui se trouve à 25 minutes de bateau en aval de Flor de Oro. Autrement, de San Ignacio de Velasco (tampons de sortie délivrés irrégulièrement), vous pouvez prendre un bus Trans João direct pour le Brésil, *via* San Vincente, jusqu'à La Cerda (17 $US, 10 heures) où vous prendrez un bus pour Vilhena (10 $US, 4 heures). Si vous devez passer la nuit à Vilhena, vous trouverez deux auberges près de la *rodoviária* (gare routière).

EXTRÊME NORD

Les forêts tropicales reculées, jadis vierges, du nord de la Bolivie attirent seulement des aventuriers, des renégats et des exploitants forestiers. Les incendies, les tronçonneuses et le bétail détruisent l'espace à une vitesse effrayante, mais les rares visiteurs en quête de nature sauvage y trouveront encore de quoi satisfaire leur désir d'aventure. Les infrastructures sont rares et les transports très lents : rien de mieux pour s'éloigner vraiment des sentiers battus.

GUAYARAMERÍN
14 000 habitants / altitude 130 m
Résolument tournée vers le Brésil, Guayaramerín est jumelée avec la ville brésilienne de Guajará-Mirim, située de l'autre côté du Río Mamoré. C'est une ville animée, dont l'économie repose sur les trafics de toutes sortes (licites ou pas) avec le Brésil, ce qui explique le ballet incessant des motos et les étals des marchés débordant de vêtements synthétiques. C'est désormais le terminus nord des bateaux circulant sur le Río Mamoré.

Renseignements

L'office du tourisme (si l'on peut dire), installé sur le port, est rarement approvisionné en brochures, mais le personnel sera ravi de répondre à vos questions. Un pâté de maisons à l'est de la place, le **consulat brésilien** (☎/fax 855-3766 ; Beni et 24 de Septiembre ; ☽ lun-ven 9h-13h et 15h-17h), d'une efficacité relative, délivre des visas en 2 jours. Le Banco Mercantil, l'Hotel San Carlos ou les *casas de cambio*, sur la place, pourront changer vos dollars américains. Si vous avez des chèques de voyage, essayez la Bank Bidesa. Les changeurs de rue sur le port travaillent en dollars américains, reais brésiliens et bolivianos.

Circuits organisés

Amazonas Tours (☎/fax 855-4000 ; Román 680) propose des tours de ville de 5 heures à Guayaramerín et Guajará-Mirim, ainsi qu'une Ruta de la Goma (route du caoutchouc) à destination de Cachuela Esperanza. Sont possibles également des croisières d'une journée sur le Río Yata, des sorties de pêche à Rosario del Yata et des circuits de 4 jours comprenant randonnée et pêche au Lago Santa Cruz et croisière sur le Río Guaporé jusqu'à Forte Principe da Beira, au Brésil. On peut louer du matériel de camping si on projette de faire une expédition de plusieurs jours.

Où se loger

Hotel Santa Ana (☎ 855-3900 ; 25 de Mayo 611 ; ch 2,65 $US, avec sdb 3,50 $US). Un petit hôtel ombragé avec des chambres calmes et propres et des douches aussi resplendissantes que rafraîchissantes.

Hotel Litoral (☎ 855-2016 ; 25 de Mayo ; ch 3 $US/pers). Une adresse bon marché, avec des chambres propres pour se reposer et un snack-bar dans la cour, idéal pour découvrir les feuilletons télévisés brésiliens.

Hotel San Carlos (☎ 855-3555 ; San Carlos et 6 de Agosto ; s/d avec sdb et petit déj 18/37 $US ; ☒ ☎). S'adressant à une clientèle d'affaires, cet hôtel propose restaurant, sauna (est-ce vraiment nécessaire ?), hydro-massages, billards et eau chaude 24h/24.

Où se restaurer et prendre un verre

Heladería Mermelada (Central Plaza ; glace 1 $US). Mermelada (littéralement, "marmelade") est réputée pour ses créations amoncelant glace et fruits.

Churrasquería Patujú (6 de Agosto s/n ; plats 1-2 $US). Cet établissement prépare de savoureux repas faisant la part belle aux viandes rouges.

Churrasquería Sujal (plats 1-3 $US). À l'extérieur de la ville, mais très facile d'accès en moto-taxi, ce grill est appréciable pour son joli cadre au calme.

Restaurant Los Bibosis (Central Plaza ; bière et jus de fruit 0,20 $US). Pour siroter une bière ou un jus de fruit en profitant de l'animation de la place.

Achats

Grâce à son statut de zone franche (les autorités n'ayant pu combattre la contrebande, ont décidé de l'entériner), Guayara est un paradis de la consommation. Rien ne retiendra particulièrement

DESTINATION NULLE PART

Guayaramerín est souvent surnommée "la ville du chemin de fer où ce dernier n'est jamais arrivé". En 1872, le journaliste américain George Church entreprit de bâtir une ligne ferroviaire reliant Riberalta, sur le Río Beni, à Porto Velho, au Brésil.

Après une succession de catastrophes, Church renonça à son projet pour le faire revivre puis l'abandonner de nouveau en 1882. Le Brésil reprit les plans en 1903 et construisit la ligne jusqu'à Guajará-Mirim, sans jamais atteindre le territoire bolivien. Pour construire cet ouvrage, on fit appel à de la main-d'œuvre allemande, jamaïcaine et cubaine. On fit même venir des ouvriers du canal de Panama. À la fin des travaux, en 1912, plus de 6 000 d'entre eux en étaient morts, tant à cause du paludisme et de la fièvre jaune que des fusillades et des accidents, au point que la ligne fut surnommée A Via do Diabo (la ligne du diable).

La ligne fut inaugurée au moment même où les prix du caoutchouc s'effondrèrent, rendant tous les efforts pour réaliser ce projet et les morts d'autant plus tragiques. La partie brésilienne de la ligne ferroviaire vit passer son dernier train en 1972. Depuis, les rails rouillés ont été laissés à la merci de la jungle.

Marcio Souza a raconté cette terrible histoire en 1985 dans *Mad María* (Éditions Métailié), un roman qu'il faut lire absolument si l'on veut savoir comment l'homme a brièvement conquis ce petit coin de l'enfer vert.

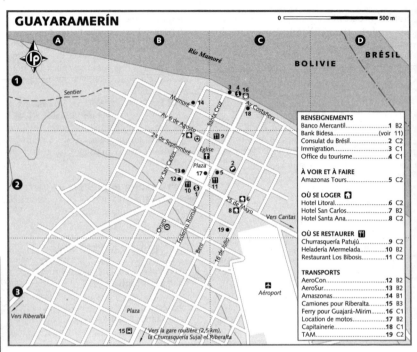

GUAYARAMERÍN

0 — 500 m

Río Mamoré

BOLIVIE

BRÉSIL

Sentier

Mamoré • 14

Av 6 de Agosto

24 de Septiembre

Av San Carlos

Santa Cruz

Église

Plaza

25 de Mayo

Federico Román

Beni

Oruro

16 de Julio

Vers Caritas

Aéroport

Plaza

Vers Riberalta

Vers la gare routière (2,5 km),
la Churrasquería Sujal et Riberalta

RENSEIGNEMENTS	
Banco Mercantil	.1 B2
Bank Bidesa	(voir 11)
Consulat du Brésil	.2 C2
Immigration	.3 C1
Office du tourisme	.4 C1

À VOIR ET À FAIRE	
Amazonas Tours	.5 C2

OÙ SE LOGER	
Hotel Litoral	.6 C2
Hotel San Carlos	.7 B2
Hotel Santa Ana	.8 C2

OÙ SE RESTAURER	
Churrasquería Patujú	.9 C2
Heladería Mermelada	.10 B2
Restaurant Los Bibosis	.11 C2

TRANSPORTS	
AeroCon	.12 B2
AeroSur	.13 B2
Amaszonas	.14 B1
Camiones pour Riberalta	.15 B3
Ferry pour Guajará-Mirim	.16 C1
Location de motos	.17 B2
Capitainerie	.18 C1
TAM	.19 C2

BASSIN AMAZONIEN

l'intérêt dans cette accumulation de contrefaçons de chaussures et de vêtements de marque, de jupes indiennes à cordon et de copies de grandes marques d'appareils électroniques. Pour acheter des produits d'*artesanía*, on passera chez Caritas, près de l'aérodrome, où des articles en bois de fabrication locale sont vendus à des prix raisonnables.

Depuis/vers Guayaramerín
AVION
L'aéroport est situé à la périphérie de la ville. **Amaszonas** (☎/fax 855-3731 ; Mamoré 100) et **AeroCon** (☎ 855-3882 ; Oruro s/n) assurent des liaisons quotidiennes entre La Paz, San Borja, Trinidad, Riberalta et Guayaramerín. **TAM** (☎ 855-3924) assure des vols deux fois par semaine au départ de La Paz (88 $US), Riberalta (20 $US) et Trinidad (57 $US), et une fois par semaine au départ de Cochabamba (85 $US) et Santa Cruz (94 $US). **AeroSur** (☎ 855-3731) dessert Cobija plusieurs fois par semaine.

BATEAU
Presque tous les jours, des bateaux de marchandises remontent le Río Mamoré jusqu'à Trinidad (environ 25 $US repas compris). Le panneau d'affichage, à la capitainerie, donne la liste des départs. Pour plus de détails, on se reportera à la rubrique *Depuis/vers Trinidad*, p. 350.

BUS, CAMIÓN ET TAXI
Le terminal des bus est situé à la sortie ouest de la ville, au-delà du marché. À l'exception de Riberalta, les seules destinations desservies par les bus, au départ ou à destination de Guayara, ne fonctionnent que pendant la saison sèche, soit de juin à octobre. Plusieurs bus quotidiens se rendent à Riberalta (2,50 $US, 3 heures). Les téméraires *flotas* de Flota Yungueña se mettent en route tous les matins pour Rurrenabaque (18 $US, de 14 à 36 heures) et La Paz (23 $US, de 30 à 60 heures), en passant par Santa Rosa et Reyes. Quatre bus par semaine se lancent courageusement sur la route de Cobija (14 $US, 16 heures) et Trinidad (25 $US, 22 heures). Sachez que, quelle que soit la ligne, si les passagers ne sont pas assez nombreux, le départ peut se voir purement et simplement annulé.

Des taxis collectifs partent pour Riberalta (4,50 $US, 2 heures) du terminal, dès qu'ils ont réuni 4 passagers. Des *camiones* à destination de Riberalta partent en face du terminal des bus de 8 de Diciembre. Les *camiones* demandent le même prix que les bus, mais mettent moins longtemps. Pour Cobija, il arrive que des camions-citernes de la compagnie pétrolière bolivienne et un camion Volvo partent du même endroit que les *camiones* pour Riberalta.

Comment circuler

Guayaramerín est suffisamment petite pour s'y déplacer à pied. La course en moto-taxi ou triporteur coûte 0,40 $US en ville. Pour explorer les environs, vous pouvez louer une moto sur la place (1,35 $US/heure) ou négocier un tarif à la journée (comptez 15 $US pour 24 heures).

RIBERALTA

60 000 habitants / altitude 115 m

Située sur la rive du Río Beni, près de l'endroit où il rejoint le Río Madre de Dios, Riberalta est l'une des principales villes de l'extrême nord de la Bolivie. Toutefois, à moins bien sûr d'être passionné par la noix du Brésil, dont elle est l'un des principaux producteurs, on s'y ennuie un peu. La seule raison de s'arrêter ici est d'avoir besoin de faire une pause si on se rend au Brésil en passant par Cobija. Les égouts à ciel ouvert sont loin d'être agréables, surtout par forte chaleur, mais, le nez bouché, la place peut être jolie, baignée par la couleur orangée du couchant.

LE BRÉSIL PAR LA VOIE FLUVIALE

Depuis Guayaramerín, il est très facile de faire une excursion d'une journée au Brésil. Ce type de séjour éclair est largement encouragé et il n'est même pas nécessaire d'avoir un visa.

Depuis le petit matin jusqu'à 18h30, des bateaux à moteur font fréquemment la navette entre les deux ports. Le trajet coûte 0,75 $US depuis la Bolivie et 1,50 $US depuis le Brésil. En dehors de ces horaires, seuls traversent des bateaux express (4 à 5 $US par bateau). Une fois de l'autre côté, la question : *Onde fica… ?* qui veut dire "Où se trouve… ?" vous tirera bien souvent d'embarras. N'oubliez pas de remercier d'un *obrigado*, si vous êtes un homme, ou *obrigada* si vous êtes une femme.

Le **Museo Histórico Municipal de Guajará-Mirim** (gratuit, ☼ lun-ven 8h-12h et 14h30-18h30, sam et dim 9h-12h et 15h-19h), installé dans l'ancienne gare ferroviaire Madeira-Mamoré, présente l'histoire de la région et des reliques de quelques espèces de la faune dramatiquement menacée du Rondônia. On s'attardera devant l'arbre plein d'animaux morts rongés par les mites, l'éclatante collection de papillons, l'assortiment d'énormes insectes – à faire rêver ou à donner des cauchemars ! –, le gigantesque anaconda qui s'étire sur toute la longueur de la grande salle, le *sucuri* (le serpent de vos cauchemars), une éclairante histoire de l'inflation au Brésil, et la mignonne tortue dans son aquarium. La collection des photographies anciennes comprend un témoignage surprenant sur une attaque indienne datant des années 1960. On ira voir également les locomotives à vapeur, dans la cour, notamment la fringante *Hidelgardo Nunes*.

Pour poursuivre sa route au Brésil ou entrer en Bolivie, il faut remplir les formalités frontalières. À Guayaramerín, le **service de l'immigration** (☼ 8h-20h) se trouve sur le port. Du côté brésilien, vous passez la douane au port de Guajará-Mirim, où votre passeport sera tamponné. On pourra vous demander de passer à la Polícia Federal, sur l'Av. Presidente Dutra, à cinq pâtés de maisons du port. Si vous quittez le Brésil, vous pourrez avoir besoin d'un tampon délivré au consulat bolivien de Guajará-Mirim.

Même si les agents ne s'en assurent pas toujours, sachez que vous devez être vacciné contre la fièvre jaune pour entrer au Brésil. Si besoin est, vous pouvez vous adresser à la clinique du port brésilien, pratique et relativement propre. Pour plus d'informations, consultez le guide Lonely Planet *Brésil*.

Au moins 8 bus relient quotidiennement Guajará-Mirim à Porto Velho (10 $US, 5 heures 30) par une excellente route surnommée la "Trans-Coca". Par ailleurs, des bateaux du gouvernement brésilien remontent en 2 ou 3 jours les Ríos Mamoré et Guaporé jusqu'au poste militaire de Forte Príncipe da Beira, continuant jusqu'à Costa Marques, où vous trouverez de quoi vous loger et vous restaurer. Les horaires vous seront communiqués à la Capitânia dos Portos à Guajará-Mirim.

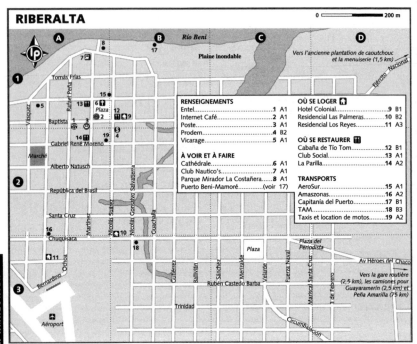

RIBERALTA

RENSEIGNEMENTS	
Entel...1	A1
Internet Café.................................2	A1
Poste..3	A1
Prodem..4	B2
Vicarage.......................................5	A1

À VOIR ET À FAIRE	
Cathédrale....................................6	A1
Club Nautico's...............................7	A1
Parque Mirador La Costañera......8	A1
Puerto Beni-Mamoré............(voir 17)	

OÙ SE LOGER	
Hotel Colonial...............................9	B1
Residencial Las Palmeras............10	B2
Residencial Los Reyes...............11	A3

OÙ SE RESTAURER	
Cabaña de Tío Tom.....................12	B1
Club Social..................................13	A1
La Parilla....................................14	A2

TRANSPORTS	
AeroSur.......................................15	A1
Amazonas....................................16	A2
Capitanía del Puerto...................17	B1
TAM..18	B3
Taxis et location de motos........19	A2

Renseignements

Il n'y a pas de distributeur automatique en ville. Il est possible d'obtenir des espèces avec sa carte Visa ou MasterCard et de changer des dollars US à **Prodem** (☎ 857-2212 ; Suárez 1880). Pour rendre service aux voyageurs, le frère Casimiri, au presbytère, change des dollars en espèces ou en chèques de voyage. La poste et le bureau Entel sont proches de la place principale, et un **cybercafé** (1 $US/h) est installé sur la place elle-même.

Sachez également que l'eau courante est contaminée ; du reste, la chaleur et les égouts à ciel ouvert font planer une odeur âcre sur la ville. Ne buvez que de l'eau en bouteille ou entièrement purifiée.

À voir et à faire

Riberalta est une ville assez agréable sans toutefois offrir grand-chose aux touristes. Quand la chaleur atteint son maximum, toute activité physique est suspendue, et l'on ne pense plus qu'à s'allonger dans un hamac. La merveilleuse **piscine au bord de la rivière** du Club Náutico (à deux rues au nord de la place) est très prisée des habitants pour se rafraîchir.

Sur la place principale, se dresse la vaste et belle **cathédrale**, une magnifique construction (qui a coûté plus d'un demi-million de dollars US) en brique rouge et cèdre, bâtie dans le style classique des missions sur le site d'une église.

Le **Parque Mirador La Costañera**, qui s'étend sur les falaises au bord du fleuve, surplombe un large coude du Río Beni et offre une vue classique sur l'eau et la forêt amazoniennes.

À **Puerto Beni-Mamoré**, accessible à pied depuis le centre-ville, vous pouvez voir de talentueux artisans construire des petits bateaux et des pirogues. À 2 km à l'est de la *plaza*, dans la Calle Ejército Nacional, on peut visiter une **ancienne exploitation de caoutchouc**, assister à la torréfaction du café et visiter une **menuiserie**.

Où se loger

Residencial Los Reyes (☎ 852-8018 ; ch 3 $US, avec sdb 4 $US). L'adresse la plus intéressante de la ville est proche de l'aéroport. Elle dispose d'une ravissante cour plantée et de chambres étincelantes. Eau fraîche et café chaud à toute heure.

Residencial Las Palmeras (☎ 852-8353 ; s/d 12,50/17 $US, avec clim 23/25 $US ; ☒). Le rose saumon domine dans ce tranquille B&B familial, à 15 minutes de marche du centre. Les chambres sont confortables, avec baignoire. Le petit déjeuner est inclus dans le prix.

Hotel Colonial (☎ 852-8212 ; Baptista ; s/d 25/35 $US ; ☒). L'hôtel le plus beau et le plus cher de Riberalta occupe une demeure coloniale magnifiquement rénovée, avec des meubles anciens et un jardin délicieux, où vous pourrez vous prélasser, au frais, dans un hamac.

Où se restaurer

Le marché est le meilleur endroit pour prendre un petit déjeuner classique composé d'*api* (une boisson sirupeuse à base de maïs rouge doux, citron et cannelle, avec beaucoup de sucre), de jus de fruit et d'*empanadas*. Vous trouverez plusieurs glaciers sur la place. Riberalta est célèbre pour ses inoubliables *almendras* (amandes), cuites dans du sucre et de la cannelle et vendues autour des gares routières ou à l'aéroport à 0,15 $US le paquet.

Club Social (Dr Martinez ; menu 1,20 $US). Cet établissement propose des menus bon marché, un café délicieux, des boissons et de très bons desserts.

La Parilla (Dr Martinez ; plats 2,20 $US). Une adresse hautement recommandée par la population locale pour ses savoureuses grillades.

Cabaña de Tío Tom (Baptista ; plats 2,20-2,70 $US). Une table idéale pour déguster un savoureux repas traditionnel, un café, une glace, un jus de fruit, un milk-shake, un sandwich, du poisson ou du bœuf du Beni. L'établissement propose aussi des petits déjeuners, mais pas avant 8h30.

Depuis/vers Riberalta

AVION

L'aéroport se trouve à un quart d'heure à pied de la place principale. Les vols sont soumis au départ à une taxe d'aéroport de 1 $US et à une taxe municipale de 0,60 $US. À la saison des pluies, les annulations sont fréquentes et risquent de vous retarder.

AeroSur (☎ 852-2798) et **AeroCon** (☎ 852-2870 ; aéroport) assurent plusieurs vols hebdomadaires vers Trinidad, avec des correspondances pour La Paz, Santa Cruz et Cochabamba. La **TAM** (☎ 852-2646) fait la liaison La Paz-Riberalta (88 $US) les mardi et jeudi, avec retour sur La Paz le mercredi et le samedi. **Amazonas**

(☎ 852-3933 ; Chuquisaca et Sucre) dessert tous les jours la ligne La Paz, San Borja, Trinidad, Riberalta et Guayaramerín.

BATEAU

C'est sur le Río Beni, qui serpente à n'en plus finir dans la forêt vierge, que vous pouvez faire le plus long voyage sur un fleuve en Bolivie. Malheureusement, les bateaux qui remontent jusqu'à Rurrenabaque sont désormais rares, et, le cas échéant, ne circulent que lorsque la route devient impraticable (d'octobre à mai). Pour connaître les départs, voyez le panneau d'affichage de la Capitanía del Puerto à l'extrémité nord de la Calle Guachalla. Comptez 20 à 30 $US, repas et espace hamac compris, pour une traversée de 5 à 8 jours. Avec un peu de chance, les voyageurs à destination du Pérou pourraient trouver un cargo pour la frontière à Puerto Heath, où ils trouveront d'autres bateaux pour Puerto Maldonado.

BUS ET CAMIÓN

Durant la saison des pluies (de novembre à mars, au moins), la route boueuse Riberalta-Guayaramerín n'ouvre que sporadiquement et celle de La Paz est fermée. La gare routière se trouve à 3 km à l'est du centre, sur la route de Guayaramerín.

Durant la saison sèche, plusieurs *flotas* assurent quotidiennement dans les deux sens la liaison avec Guayaramerín (2,75 $US, 3 heures). Sinon, vous pouvez essayer d'arrêter un camion le long de l'Av. Héroes del Chaco. Ce trajet ordinairement poussiéreux traverse une forêt tropicale en régression. Toutes les *flotas* venant de Guayaramerín et à destination de Cobija (12 $US, 12 heures), Rurrenabaque (18 $US, 17 à 40 heures) et La Paz (18 $US, 35 à 60 heures) s'arrêtent à Riberalta. Plusieurs *flotas* se rendent aussi à Trinidad (de 20 à 25 $US, 17 heures).

Comment circuler

Les moto-taxis vous conduiront n'importe où pour 0,40 $US, mais les *colectivos* sont rares. Avec un permis de conduire de votre pays d'origine, vous pourrez louer une moto (15 $US les 24 heures) à un *taxista*, à l'angle des Calles Nicolás Suárez et Gabriel René Moreno.

DE RIBERALTA À COBIJA

Il n'y a pas si longtemps, la route Riberalta-Cobija était une piste praticable uniquement en 4x4 et camion haut sur roues. Aujourd'hui gravillonnée, elle a désenclavé le département du Pando et favorisé son développement à un rythme effréné. De vastes parties de la forêt vierge ont été déboisées à une vitesse effrayante.

À Peña Amarilla, à 2 heures de Riberalta, une *balsa* (radeau) permet de traverser le **Río Beni**. Sur la rive ouest, vous trouverez des *empanadas* et d'autres en-cas.

La traversée la plus intéressante est néanmoins celle du **Río Madre de Dios**. En quittant le port, le bateau remonte un bras mort avant de s'engager sur la rivière. En chemin, on peut entendre monter le chœur intrigant de la jungle, particulier à cette région.

Le dernier grand passage en radeau s'effectue à **Puerto Rico**, sur le **Río Orthon**. Ensuite et jusqu'à Cobija, le paysage n'est qu'un alignement de géants calcinés, une forêt de moignons et de broussailles fumantes. Bien souvent, le soleil apparaît tel un jaune d'œuf à travers un écran de fumée.

COBIJA

15 000 habitants / altitude 140 m

Capitale du Pando, et ville la plus arrosée de Bolivie (précipitations : 1 770 mm/an), Cobija a été construite sur un méandre étroit du Río Acre et abrite donc une redoutable population de moustiques qui s'en donnent à cœur joie par temps chaud. Vous voilà prévenus. Cobija signifie "couverture", et il faut reconnaître qu'on a parfois ici l'impression d'être enveloppé dans une couverture détrempée.

Fondée en 1906 sous le nom de "Bahía", Cobija connut une période faste dans les années 1940 grâce au caoutchouc. L'effondrement de cette industrie entraîna le déclin de la ville, qui se voit aujourd'hui réduite au rang de simple bourgade oubliée, quoique dotée d'un hôpital bâti grâce à des fonds japonais, d'une usine ultramoderne de conditionnement des noix du Brésil et d'un aéroport international construit à des fins électorales.

Renseignements

L'improbable office du tourisme du Pando pourrait vous être utile… s'il est ouvert ! Vous trouverez le **consulat brésilien** (☎ 842-2110 ; ⓨ lun-ven 8h30-12h30) à l'angle des Calles Beni et Fernández Molina. Le **service de l'immigration bolivien** (ⓨ lun-ven 9h-17h Mon-Fri) est installé dans les bâtiments de la préfecture, sur la place principale.

Il n'y a pas de distributeur automatique en ville. **Prodem** (☎ 842-2800 ; Febrero 186) donne des avances en espèces sur cartes Visa et MasterCard, et change aussi des dollars US. Les *casas de cambio* Horacio et Horacio II changent des reais, des bolivianos et des dollars US aux taux officiels, et, de temps en temps, des chèques de voyage à un taux exorbitant. La poste donne sur la place et Entel se trouve à un pâté de maisons plus loin, en direction de la rivière.

À voir et à faire

Cobija s'est développée de façon un peu anarchique sur un ensemble de collines, et cela n'est pas sans charme. Si vous y passez la journée, ne manquez pas les **bâtiments tropicaux en bois** encore debout, les belles allées de palmiers autour de la place, et la cathédrale, qui renferme une suite de peintures naïves représentant la vie du Christ.

La grande manifestation annuelle du Pando est une foire d'artisanat local, la **Feria de Muestras** (du 18 au 27 août), qui se tient à l'extrémité ouest de la ville, près du Río Acre.

Où se loger et se restaurer

Residencial Frontera (☎ 842-2740 ; 9 de Febrero s/n ; ch 4 $US, s/d avec sdb 8/10 $US). De belles chambres, très calmes, qui donnent sur un patio. Certaines sont dotées de sdb.

Hostería Sucre (☎ 842-2797 ; Cornejo et Suárez ; s/d avec sdb 9/13 $US). En retrait de la place, cette adresse propose des chambres agréables. Petit déjeuner compris.

Esquina de la Abuela (Molina s/n ; plats 2-4 $US). La plus belle table de Cobija, avec des tables à l'extérieur et des plats bien préparés à base de viande rouge ou de volaille.

Churrasquería La Cabaína del Momo (Molina s/n ; plats 2-4 $US). Une adresse à 5 minutes à pied du centre-ville, où déguster un *churrasco* (steak) bon marché sur le balcon.

Tôt le matin, vous trouverez sur le marché des *empanadas* au poulet, des fruits et des légumes frais, et beaucoup de conserves brésiliennes. Malheureusement, en raison du climat, les produits ne se gardent pas très longtemps (peu de gens se risquent à acheter de la viande). Le bar à jus, sur la place, est l'endroit idéal pour s'offrir un festin tropical.

Depuis/vers Cobija

AVION

Pour une raison mystérieuse, Cobija possède deux aéroports. Bien que l'inutile et dispendieux Aeropuerto Internacional Anibal Arab (CIJ) puisse recevoir des 747, la plupart des vols décollent de l'aéroport domestique, à la périphérie de la ville. Les vols sont au mieux intermittents, et même si trois compagnies prétendent assurer des liaisons, mieux vaut compter sur la chance. La TAM reste sans doute la plus régulière, et Riberalta la destination la plus sûrement desservie.

TAM (☎ 842-2267) relie directement La Paz (85 $US), dans les deux sens, le mercredi et le vendredi matin. Une rue plus loin se tient **AeroSur** (☎ 842-3132 ; Molina 41).

BUS ET CAMIÓN

Durant la saison sèche, des bus à destination de Riberalta (12 $US, 12 heures) et Guayaramerín (16 $US, 14 heures) partent tous les jours à 6h. De là, vous pourrez continuer sur Rurrenabaque, Trinidad et La Paz. Trois fois par jour, Flota Cobija se rend à Porvenir (0,80 $US, 1 heure). À la saison sèche, des *camiones* offrent une liaison "directe" avec La Paz (autour de 30 $US après marchandage). Pendant la saison humide, les *camiones* peuvent encore passer, mais comptez au moins 3 jours de voyage dans la chaleur moite.

DEPUIS/VERS LE BRÉSIL

Les tampons d'entrée/sortie sont délivrés par le bureau de l'immigration de Cobija et la Polícia Federal de Brasiléia.

La vaccination contre la fièvre jaune est obligatoire pour entrer au Brésil, mais il n'y a pas de clinique pour se faire vacciner à Brasiléia ; il faudra donc se mettre en quête d'un médecin privé.

Pour éviter une longue marche sous la chaleur sur le pont menant à Brasiléia, vous pouvez, après négociation, trouver un taxi qui vous conduira à la Polícia Federal de cette localité, vous attendra pendant les formalités, et vous emmènera ensuite dans le centre ou à la *rodoviária* (gare routière). Sinon, vous pouvez prendre l'embarcation qui fait la navette sur le Río Acre (0,40 $US). Il vous restera à faire 1 km à pied jusqu'à la *rodoviária* et encore 1,5 km jusqu'à la **Polícia Federal** (◷ 8h-12h et 14h-17h). Ayez une tenue correcte (pas de short !), sinon on pourrait vous refouler. Informez-vous sur les taux de change officiels avant de changer de l'argent à Brasiléia. Aucune banque de cette ville n'accepte les chèques de voyage.

À la *rodoviária*, plusieurs bus quotidiens partent pour Rio Branco (14 $US, 6 heures), où l'on peut trouver des bus et des avions.

Comment circuler

Les taxis et les motos-taxis font payer 0,40 $US la course en ville et le trajet pour l'aéroport domestique. En taxi, le tarif est de 0,85 $US pour Brasiléia, et de 2,50 $US pour l'aéroport international.

Carnet pratique

SOMMAIRE

ACHATS

Chaque ville ou région produit une *artesanía* (artisanat) distincte. Pour des instruments de musique traditionnels, rendez-vous à Tarija ou dans la Calle Sagárnaga à La Paz. Pour les tissages, privilégiez la Cordillera Apolobamba ou les environs de Sucre. La région de Cochabamba est renommée pour ses poteries et les objets en bois tropical des plaines se vendent à Santa Cruz, Trinidad et dans le bassin amazonien.

À La Paz et à Copacabana, on trouve de l'artisanat de tout le pays à prix raisonnables, mais on le paie souvent moins cher dans la région d'origine. Toutes sortes de vêtements sont fabriqués avec de la laine de lama, d'alpaga ou de vigogne – cette dernière, la plus fine, est aussi la plus coûteuse ; les lainages sont teints, tissés ou tricotés à la main, ou fabriqués en série par des machines.

De nombreux articles proviennent de coopératives ou d'entreprises privées respectant l'environnement et les cultures locales. Voir la rubrique *Achats* de La Paz (p. 93) pour plus de détails.

ACTIVITÉS SPORTIVES

La Bolivie offre d'innombrables possibilités, de l'alpinisme à l'équitation et aux randonnées à VTT. La randonnée pédestre et le trekking comptent parmi les activités les plus intéressantes et le pays rivalise avec le Népal dans ce domaine et celui de l'escalade. De superbes rivières se prêtent au rafting et, en saison, on peut même skier sur un glacier en recul.

Ceux qui préfèrent un rythme plus lent feront d'agréables promenades dans la jungle ou dans la campagne. Les passionnés de faune et de flore n'auront que l'embarras du choix entre les nombreux parcs et réserves, splendides et peu visités. Vous pourrez aussi découvrir des sites archéologiques, traverser les plaines de sel en 4x4, plonger dans des sources thermales ou explorer les domaines viticoles du sud du pays. Pour plus d'informations, voir le chapitre *Activités de plein air*, p. 51.

ALIMENTATION

Si elle ne laisse pas les souvenirs impérissables des gastronomies asiatiques, française ou italienne, la cuisine bolivienne n'en est pas moins délicieuse et s'apprécie au fil des découvertes. Les plats, copieux et souvent accompagnés de condiments, varient en fonction des régions et certains correspondent à des fêtes précises. L'une des caractéristiques de la cuisine locale est la fraîcheur des ingrédients. Reportez-vous au chapitre *La cuisine bolivienne* (p. 57) pour plus de détails.

Dans ce guide, les restaurants des grandes villes sont souvent classés selon le type d'établissement. Les repas du meilleur rapport qualité/prix sont les déjeuners servis dans les marchés et aux alentours (souvent à moins de 1 $US) et dans les restaurants qui proposent

PRATIQUE

▪ Le système métrique est en vigueur pour les poids et les mesures, sauf sur les marchés, où tous les produits sont vendus à la *libra* (450 g).

▪ La norme utilisée pour les vidéos est le VHS.

▪ Le courant électrique est habituellement en 220 V (50 Hz). La plupart des prises de courant sont à deux broches rondes, mais on trouve parfois des prises américaines à deux broches plates.

▪ **La Razón** (www.la-razon.com) est le premier quotidien national. À Sucre, vous pourrez lire *El Correo del Sur* et à Santa Cruz, *El Deber*. Dans les grandes villes, les succursales de Los Amigos del Libro vendent des magazines internationaux.

▪ À La Paz, branchez-vous sur 96.5 FM, une radio non commerciale de musique populaire, ou 100.5 FM pour écouter de la musique pop anglo-espagnole. À Cochabamba, Radio Latina (97.3 FM) propose un agréable mélange de musique andine, de salsa et de rock. Pour un flot ininterrompu d'artistes andins, connectez-vous sur **Bolivia Web Radio** (www.boliviaweb.com/radio).

▪ En matière de télévision, vous aurez le choix entre la chaîne nationale Canal 7 et le réseau privé ATB. La plupart des hôtels haut de gamme sont raccordés au câble (BBC, CNN et ESPN et d'autres chaînes internationales).

---

un menu de 4 plats pour 2 à 5 $US. Dans un grand restaurant cosmopolite, un repas mitonné par un chef formé à l'étranger vous reviendra au moins à 10 $US, vin compris.

Le pourboire n'est pas systématique, sauf dans les restaurants haut de gamme. Ailleurs, les clients laissent quelques pièces, au maximum 10% de l'addition.

AMBASSADES ET CONSULATS

Le site web du **Ministerio de Relaciones Exteriores y Culto de Bolivia** (ministère des Relations extérieures et du Culte ; www.rree.gov.bo, en espagnol) comprend une liste complète des missions diplomatiques boliviennes à l'étranger et des représentations diplomatiques étrangères en Bolivie.

Ambassades et consulats en bolivie

Belgique ambassade (☎ 2-627 00 10 ; fax 2-647 47 82 ; Av. Louise Michel 176, boîte 6, 6ᵉ ét, 1050 Bruxelles)

Canada ambassade (☎ 613-236-5730 ; fax 613-236-8237 ; Suite 416, 130 Albert St, Ontario K1P 5G4)

France ambassade (☎ 01 42 24 93 44 ; embolivia. paris@wanadoo.fr ; 12 av. du Président-Kennedy, 75016 Paris)

Suisse consulat (☎ 61- 312 44 45 ; fax 61- 312 50 31 ; Sevogelplatz 2, 4052 Bâle)

Ambassades et consulats étrangers en Bolivie

Argentine La Paz (carte p. 66 ; ☎ 2-241-7737 ; Aspiazu 497) ; Cochabamba (carte p. 214 ; ☎ 4-422-9347 ; fax 4-425-5859 ; Blanco 0-929) ; Villazón (carte p. 208 ; Saavedra 311) ; Santa Cruz (carte p. 293 ; ☎ 3-334-7133 ;

Junín 22), au-dessus du Banco de la Nación Argentina, face à la Plaza 24 de Septiembre) ; Tarija (carte p. 273 ; ☎ 4-664-2273 ; Ballivián N-699)

Belgique La Paz (☎ 2- 277-14-30 ; fax 2-279-12-19 ; Achumani Calle 9 n°6, Achumani)

Brésil La Paz (☎ 2-244-0202 ; fax 2-244-0043 ; Arce, Edificio Multicentro) ; Cochabamba (carte p. 214 ; ☎ 4-425-5860 ; fax 4-411-7084 ; 9ᵉ ét, Edificio Los Tiempos II, Plaza Quintanilla) ; Guayaramerín (carte p. 360 ; ☎ /fax 3-855-3766 ; Beni et 24 de Septiembre) ; Santa Cruz (carte p. 293 ; ☎ 3-334-4400 ; Busch 330) ; Sucre (carte p. 237 ; ☎ 4-645-2661 ; Arenales 212)

Canada La Paz (carte p. 66 ; ☎ 2-241-5021 ; fax 2-241-4453 ; 2ᵉ ét, Edificio Barcelona, Sanjinés 2678)

Chili La Paz (☎ 2-279-7331 ; fax 2-212-6491 ; Calle 14, 8024, Calacoto) ; Santa Cruz (☎ 3-343-4272 ; Calle 5 Oeste 224, Barrio Equipetrol)

Colombie La Paz (☎ 2-278-6841 ; Calle 9 n°7835, Calacoto)

Équateur La Paz (carte p. 72 ; ☎ 2-231-9739 ; fax 2-233-1588 ; 14ᵉ ét, Edificio Herrmann, 16 de Julio s/n) ; Sucre (☎ 4-646-0622, Ceibos 2, Barrio Tucsupaya)

France La Paz (☎ 2-278-6114 ; Siles 5390 et Calle 8, Obrajes) ; Santa Cruz (☎ 3-341-0022 ; fax 3-341-0040) ; Sucre (☎ 4-645-3018 ; Bustillos 206)

Paraguay La Paz (carte p. 66 ; ☎ 2-243-3176 ; Edificio Illimani, 6 de Agosto) ; Cochabamba (carte p. 214 ; ☎ /fax 4-425-0183 ; Edificio El Solar, Achá 0-107)

Pérou La Paz (carte p. 66 ; ☎ 2-244-0631 ; fax 2-244-4149 ; Edificio Hilda, 6 de Agosto) ; Cochabamba (carte p. 214 ; ☎ 4-448-6556 ; Edificio Continental, Pedro Blanco N-1344) ; Santa Cruz (☎ 3-336-8979 ; 2ᵉ ét, Edificio Oriente) ; Sucre (carte p. 237 ; ☎ 4-645-5592 ; Avaroa 462)

Suisse La Paz (☎ 2-275-12-25; fax 2-214-08-85 ; angle de l'Av. 13 et de l'Av. 14 de Septiembre)

En règle générale, votre ambassade ne pourra guère vous aider si vous avez enfreint la loi bolivienne. Rappelez-vous que vous devez la respecter, même si elle diffère de la législation de votre pays. Si vous êtes emprisonné à cause d'un délit, votre ambassade ne volera pas à votre secours.

En cas de réelle urgence, elle vous aidera en dernier recours. Ainsi, n'espérez pas un billet gratuit si vous devez rentrer sur-le-champ dans votre pays – l'ambassade s'attend à ce que possédiez une assurance. Si votre passeport et tout votre argent ont été volés, elle vous délivrera un nouveau passeport, mais ne vous prêtera pas d'argent.

ARGENT
Monnaie nationale

La monnaie bolivienne est le *boliviano* ($ B), divisé en 100 *centavos*. Les coupures existent en 10, 20, 50, 100 et 200 *bolivianos*, et les pièces en 10, 20 et 50 *centavos*. Souvent appelés *pesos* (le *boliviano* a remplacé le peso en 1987), les *bolivianos* s'échangent très difficilement hors du pays.

Dans ce guide, les prix sont indiqués en dollars US.

Cartes de crédit et avances

Les principales cartes, telles Visa, MasterCard et (moins facilement) American Express, sont acceptées dans les meilleurs hôtels, restaurants et agences de voyages des grandes villes. Les agences des Banco Nacional de Bolivia, Banco Mercantil et Banco de Santa Cruz délivrent généralement des avances, sans commission et dans les limites fixées par votre banque, sur les cartes Visa et, parfois, MasterCard. Dans les petites villes, la banque Prodem délivre des avances sur les cartes Visa, moyennant 3% à 5% de commission. Dans les localités dépourvues de DAB, les agences de voyages effectuent parfois cette transaction pour leurs clients contre une commission identique.

Changer des espèces

Mieux vaut se munir de dollars US (des voyageurs ont signalé qu'il est difficile de changer des euros). Vous pouvez changer des espèces dans les *casas de cambio*, dans certaines banques des grandes villes, souvent dans les agences de voyage et parfois dans les boutiques touristiques. Les *cambistas* (changeurs de rue), présents dans la plupart des villes, n'acceptent que les dollars et offrent un taux quasiment identique à celui des *casas de cambio*. Ils sont pratiques en dehors des heures de bureau, mais prenez garde aux escroqueries et aux faux billets. Le taux ne varie guère d'un endroit à l'autre, y compris au marché noir. Les devises des pays voisins peuvent se changer dans les zones frontalières et les *casas de cambio* de La Paz. Faites attention aux billets déchirés et recollés ; vérifiez que les deux morceaux portent le même numéro de série.

Chèques de voyage

Souvent impossibles à changer dans une petite ville, les chèques de voyage s'échangent moyennant une commission allant jusqu'à 5% (un peu moins à La Paz). Ceux d'American Express sont les plus facilement acceptés, mais, en insistant un peu, on parvient à changer ceux des banques les plus connues.

Distributeurs automatiques de billets (DAB)

La plupart des villes possèdent des *cajeros automáticos* (DAB), habituellement des Banco Nacional de Bolivia, Banco Mercantil et Banco de Santa Cruz. Ils délivrent des *bolivianos* en coupures de 50 et de 100 (et parfois des dollars US) et acceptent les cartes Visa, Plus et Cirrus. Par le passé, de nombreux Européens ont eu des problèmes avec leurs cartes. Dans les petites localités, la banque Prodem délivre des avances sur les cartes Visa et MasterCard (de 3% à 5% de commission) et ouvre souvent le samedi matin ; toutefois, les horaires et les distributeurs sont rarement fiables.

Monnaie

Obtenir la monnaie sur des billets de plus de 10 $B pose régulièrement problème en dehors des grandes villes. Lorsque vous changez de l'argent ou si vous un achat important, demandez le *cambio* (monnaie) en petites coupures. La plupart des banques échangent les gros billets contre de petites coupures, mais vous devrez faire la queue.

Transferts internationaux

Western Union (www.westernunion.com) effectue très rapidement des transferts d'argent de l'étranger. Nouveau venu, **Money Gram** (www.

moneygram.com) possède des bureaux dans toutes les grandes villes. Avec l'un ou l'autre, les frais sont élevés. Votre banque peut également virer de l'argent dans une banque bolivienne partenaire en quelques jours.

ASSURANCES

Avant de partir, souscrivez une bonne assurance de voyage contre le vol, les pertes et les problèmes médicaux. Rien ne gâche plus des vacances qu'un accident ou le vol d'un appareil photo dernier cri.

Il existe toute une gamme de contrats : comparez-les et lisez attentivement les clauses en petits caractères. Certains excluent les "activités dangereuses", qui incluent parfois le ski, la moto, le VTT et même le trekking. Vérifiez que votre police couvre ambulances et évacuations aériennes d'urgence. Certaines assurances paient directement médecins et hôpitaux, ce qui évite d'avancer l'argent et d'attendre le remboursement. Dans ce dernier cas, conservez bien tous les documents. Consultez également la rubrique *Assurances* du chapitre *Santé* p. 389.

BÉNÉVOLAT

Plusieurs organismes proposent du bénévolat, d'autres demandent un paiement pour travailler sur un projet. Certaines organisations à but lucratif proposent des "stages" ou du "volontariat" alors qu'il s'agit de travail non rémunéré en échange de circuits ou d'activités gratuites.

Les opportunités de véritable bénévolat sont rares. Les organismes subventionnés par les gouvernements ou les ONG proposent des missions longues (habituellement deux ans), pour lesquelles vous recevez une indemnité, une formation avant le départ et un appui logistique. Les organisations religieuses ou rattachées à une église proposent des missions à court terme, souvent en groupe. Les plus petites associations (souvent à but lucratif) offrent aux voyageurs indépendants la possibilité de travailler sur des projets locaux, au moins deux à trois semaines, en payant ; le prix inclut un cours de langue en immersion, le séjour chez l'habitant et les coûts administratifs.

Parmi les possibilités de bénévolat appréciées, figurent :

Animales S.O.S. (☎ 2-230-8080 ; www.animalessos. org). Refuge d'animaux maltraités ou abandonnés.

Parque Machía (☎ 4-413-6572 ; www.intiwarayassi. org ; Parque Machía, Villa Tunari, Chapare). Refuge pour animaux sauvages géré par des bénévoles ; engagement minimal de 15 jours ; une expérience préliminaire avec les animaux n'est pas requise. Voir p. 331.

Volunteer Bolivia (carte p. 214 ; ☎ 4-452-6028 ; www. volunteerbolivia.org ; Ecuador 342, Cochabamba). Missions de bénévolat à court et long termes, séjours d'études et chez l'habitant dans tout le pays.

Pour des missions à plus long terme, mieux vaut contacter les ONG de votre pays, tel le **Centre canadien d'étude et de coopération internationale** (CECI ; www.ceci.ca) au Canada.

En France, quelques organismes offrent des opportunités de bénévolat sur des projets de développement ou d'environnement.

Comité de coordination pour le service volontaire international (CCVIS ; ☎ 01 45 68 49 36, fax 01 42 73 05 21 ; ccivs@unesco.org, www.unesco.org/ccvis) ; **Maison de l'Unesco** (1 rue Miollis, 75732 Paris Cedex 15)

Délégation catholique pour la coopération (DCC ; ☎ 01 45 65 96 65, fax 01 45 81 30 81 ; dcc@ladcc.org, http://dcc.cef.fr ; BP 303, 11 rue Guyton-de-Morveau, 75625 Paris Cedex 13)

CARTES ET PLANS

À La Paz, Cochabamba et Santa Cruz, vous trouverez des cartes à Los Amigos del Libro et dans quelques librairies. L'Instituto Geográfico Militar (IGM) vend des cartes topographiques au 1/50 000 ; présent dans la plupart des grandes villes, il possède deux bureaux à La Paz (p. 68).

La superbe *New Map of the Cordillera Real*, éditée par O'Brien Cartographics, est disponible dans divers repaires de touristes et dans les kiosques de cartes postales de la poste principale de La Paz. O'Brien publie également la *Travel Map of Bolivia*, l'une des meilleures cartes du pays. Walter Guzmán Córdova propose un choix de cartes en couleur, avec courbes de niveau. Facile à trouver et bon marché, la collection *Journey Routes* de Freddy Ortiz couvre les principales régions touristiques, dont La Paz et le lac Titicaca. Le **South American Explorers** (www.samexplo.org) offre des cartes des principales villes.

Nelles publie une excellente carte du pays et Berndston & Bernsdton en édite une un peu moins détaillée. Les cyclistes apprécieront celle de World Mapping Project, plastifiée.

Pour vous procurer ces cartes, généralement difficiles à trouver à l'étranger, essayez **Maplink** (www.maplink.com) ou **Omnimap** (www.omnimap. com) aux États-Unis, ou bien **Stanfords** (www. stanfords.co.uk) au Royaume-Uni. En Allemagne, **Deutscher Alpenverein** (www.alpenverein.de) édite sa propre collection de cartes d'alpinisme.

CARTES DE RÉDUCTION

L'**International Student Travel Confederation** (ISTC ; www.istc.org), un réseau d'agences de voyages pour étudiants, délivre également l'International Student Identity Card (ISIC) qui permet d'obtenir des réductions sur quelques transports en Bolivie. À La Paz, **et-n-ic** (carte p. 72 ; ☎ 2-246-3782 ; Illampu 863) vend ces cartes.

Certaines compagnies aériennes boliviennes consentent une réduction de 5% pour les étudiants, mais pas toujours pour les étrangers. AeroSur offre des remises plus généreuses aux passagers de plus de 65 ans (20% lors de nos recherches).

CLIMAT

Les tableaux ci-contre indiquent les températures et la pluviosité moyennes dans les diverses régions du pays. Sachez qu'à La Paz les températures sont enregistrées à l'aéroport, à 400 m au-dessus de la ville, et sont donc inférieures d'environ 5°C à celles constatées dans le centre. Vous trouverez p. 14 plus d'informations sur le climat et les meilleures périodes pour visiter le pays.

DÉSAGRÉMENTS ET DANGERS

Malheureusement, la Bolivie n'est plus le pays le plus sûr d'Amérique du Sud pour les voyageurs. La criminalité à l'encontre des touristes augmente, surtout à La Paz et, dans une moindre mesure, à Cochabamba, Copacabana et Oruro. Les escroqueries sont courantes, avec de plus en plus de faux policiers et de faux touristes "dévoués". Faites également attention aux faux billets. Les escroqueries les plus courantes sont décrites p. 70.

La contestation sociale fait partie des traditions boliviennes et des manifestations ont lieu régulièrement. Généralement pacifiques, elles peuvent toutefois s'accompagner de jets de pierres et la police recourt parfois à la force et aux gaz lacrymogènes pour disperser la foule. Les *bloqueos* (barrages routiers) et grèves des employés des transports provoquent souvent d'importants retards. Utiliser un taxi pendant une grève des transports vous expose à recevoir des pierres de manifestants mécontents.

La saison des pluies s'accompagne d'inondations, de glissements de terrain et de routes impraticables, ce qui complique les déplacements. On peut ainsi rester coincé une nuit à cause d'un glissement de terrain ; prévoyez nourriture, boissons et vêtements chauds pour parer aux bivouacs improvisés.

DOUANES

Vous pourrez introduire dans le pays la plupart des articles détaxés. Vous devrez toutefois parfois un peu de temps à convaincre les douaniers qu'ils sont destinés à votre usage personnel. Vous avez droit à 200 cigarettes et 1 litre d'alcool par personne, mais, là encore, la plupart du temps, les douaniers se montrent plutôt tolérants.

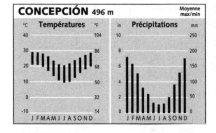

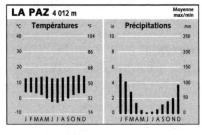

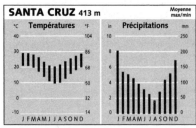

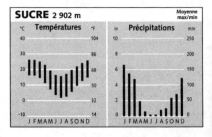

CONSEILS AUX VOYAGEURS

La plupart des gouvernements possèdent des sites Internet qui recensent les dangers possibles et les régions à éviter. Consultez notamment les sites suivants :
Ministère des Affaires étrangères de Belgique (www.diplomatie.be)
Ministère des Affaires étrangères du Canada (www.voyage.gc.ca)
Ministère français des Affaires étrangères (www.france.diplomatie.fr)
Département fédéral des affaires étrangères suisse (www.eda.admin.ch/eda/ fr/home/travad.html)

ENFANTS

Peu d'étrangers viennent en Bolivie avec des enfants. Les visiteurs accompagnés de leurs bambins recevront un accueil chaleureux et verront plus facilement s'effacer les barrières culturelles.

Les compagnies aériennes civiles accordent actuellement une réduction de 67% aux enfants de moins de 12 ans. Dans les bus longue distance, les enfants qui occupent un siège payent plein tarif. La plupart des hôtels disposent de chambres familiales à 3 ou 4 lits. Si les restaurants proposent rarement des menus enfants, ils servent fréquemment des portions réduites à moindre prix ou partagent un menu pour adulte entre deux enfants.

Seuls les hôtels haut de gamme possèdent des sièges pour enfants, des tables à langer et un service de baby-sitting. Allaiter son bébé en public est une coutume répandue. Les supermarchés modernes des grandes villes vendent du lait maternisé et des couches jetables.

La Paz (p. 80) et Sucre (p. 240) comptent un superbe musée des Enfants et Santa Cruz abrite un parc aquatique (p. 296). Le dimanche, les familles boliviennes aiment pique-niquer dans les parcs et les zoos ou flâner sur les Prados de La Paz et de Cochabamba, fermés à la circulation.

FÊTES ET FESTIVALS

Les *fiestas*, invariablement liées à des événements religieux ou politiques, s'accompagnent de ripailles, de musique, de danses, de processions, de rituels et de comportements débridés sous l'effet de la boisson. Ballons d'eau (les *gringos* constituent les cibles privilégiées !) et feux d'artifice (souvent à hauteur des yeux) font souvent partie des festivités. Les banques,

les bureaux et les autres services sont fermés lors des jours fériés et des principales fêtes et les transports publics sont pris d'assaut : mieux vaut réserver bien à l'avance.

En août, cérémonies et rituels honorent Pachamama, la Terre Mère, en particulier dans les villages traditionnels. Vous assisterez peut-être à une *cha'lla* (bénédiction rituelle), avec flambée des offrandes de *mesa blanca* (littéralement "table blanche") et encens.

Vous trouverez ci-dessous une liste des événements fêtés dans tout le pays. Pour les festivités propres à certaines localités tout au long de l'année, reportez-vous aux chapitres régionaux ; sachez que les dates peuvent varier.

Janvier
Día de los Reyes. Le jour des Rois (Épiphanie), le 6 janvier, commémore la visite des Rois mages à l'enfant Jésus. Les festivités les plus importantes ont lieu à Reyes (Beni), Sucre, Tarija et dans les villages des départements d'Oruro, Cochabamba et Potosí.

Février-mars
Fiesta de La Virgen de Candelaria. Cette fête dure toute la première semaine de février à Aiquile (Cochabamba), Samaipata (Santa Cruz), Angostura (Tarija) et Cha'llapampa (Oruro). Elle est particulièrement animée à Copacabana (département de La Paz).

Carnaval. Les célébrations ont lieu dans tout le pays durant la semaine précédant le carême. Elles commencent par de joyeuses processions, avec danses et fanfares tonitruantes. Alcool aidant, les festivités tournent au délire et se prolongent souvent après le mercredi des Cendres, début officiel du carême.

Mars-avril
Semana Santa. Célébrée dans tout le pays, la Semaine sainte atteint son paroxysme le Vendredi saint à Copacabana, quand des centaines de pèlerins arrivent à pied de La Paz.

Mai
Fiesta de la Cruz. La fête de la Croix (3 mai) honore la croix du Christ (ou la croix du Sud pour les païens). En dépit du thème, les réjouissances vont bon train, particulièrement à Tarija avec deux semaines de musique, de défilés et d'alcool, mais aussi à Vallegrande (Santa Cruz), Cochabamba et Copacabana.

Día de la Madre. La fête des Mères (27 mai) est célébrée dans tout le pays. À Cochabamba, les festivités sont appelées Heroínas de la Coronilla, en mémoire des femmes et des enfants qui défendirent leur ville et leurs maisons durant la bataille de 1812.

Juin

San Juan Bautista. Fêtée dans tout le pays le 24 juin, la Saint-Jean-Baptiste revêt une importance particulière à Santa Cruz.

Août

Fiesta de la Independencia. Le 6 août, l'anniversaire de l'indépendance fournit un prétexte à des festivités débridées à travers tout le pays, et notamment à Copacabana.

Octobre

Vírgen del Rosario. Cette manifestation, dont la date varie selon les régions, a lieu durant la première semaine du mois, notamment à Warnes (Santa Cruz), Tarata, Morochata et Quillacollo (Cochabamba), Tarabuco (Chuquisaca), Viacha (La Paz) et Potosí.

Novembre

Día de Todos los Santos. Visite des cimetières, recueillement, festivités et décor des sépultures marquent la Toussaint (1er novembre) dans tout le pays.

Décembre

Noël. Fêté à minuit le 24 décembre dans tout le pays. Les célébrations les plus exceptionnelles se tiennent à San Ignacio de Moxos (Beni) et à Sucre.

FORMALITÉS ET VISAS

Votre passeport doit être valable 6 mois après votre date d'entrée en Bolivie. L'entrée dans le pays et la sortie sont gratuites ; refusez poliment de payer quoi que ce soit et, si l'on insiste, demandez un reçu. Gardez toujours sur vous votre passeport et votre visa – ou leurs photocopies –, en particulier dans les plaines.

À leur arrivée en Bolivie, les ressortissants français et canadiens obtiennent une carte de touriste valable 30 jours. Cette autorisation est de 90 jours pour les Belges et les Suisses. Cela peut changer et vérifiez auprès de votre consulat avant d'entrer dans le pays. Si vous souhaitez prolonger votre séjour, vous devez proroger votre carte de touriste (une formalité qui s'effectue facilement auprès du bureau de l'immigration de n'importe quelle grande ville). La durée de séjour maximum autorisée est de 180 jours par an. Au-delà, il faut demander un visa, délivré par les consulats boliviens, y compris dans les pays voisins. Les coûts varient en fonction du consulat et de la nationalité du demandeur.

En cas de dépassement de séjour, vous devrez payer 1,25 $US par jour au bureau de l'immigration ou à l'aéroport et accomplir une ribambelle de formalités en quittant le pays. Le site web du **Ministerio de Relaciones Exteriores y Culto** (www.rree.gov.bo, en espagnol) publie une liste complète des représentations à l'étranger et la législation en vigueur.

Les règles concernant les visas boliviens peuvent être modifiées et interprétées arbitrairement. Lors de nos recherches, trois directeurs de l'immigration s'étaient succédé en 6 mois et la réglementation relative à l'entrée et au séjour des étrangers va probablement changer. Chaque consulat ou poste-frontière peut avoir ses propres exigences, procédures et particularités.

Nous vous conseillons de photocopier tous vos documents importants (pages d'introduction de votre passeport, cartes de crédit, numéros de chèques de voyage, police d'assurance, billets de train/d'avion/de bus, permis de conduire, etc.). Emportez un jeu de ces copies, que vous conserverez à part des originaux. Vous remplacerez ainsi plus aisément ces documents en cas de perte ou de vol.

Certificat de vaccination

Toute personne venant d'une région infectée par la fièvre jaune a besoin d'un certificat de vaccination pour entrer en Bolivie. De nombreux pays voisins, dont le Brésil, exigent un certificat identique des visiteurs arrivant de Bolivie. Si nécessaire, vous pouvez habituellement vous faire vacciner à la frontière. Pour plus d'informations sur la fièvre jaune, reportez-vous p. 393.

HANDICAPÉS

Les infrastructures boliviennes ne conviennent malheureusement pas aux voyageurs handicapés. Vous verrez toutefois des invalides surmonter quantité d'obstacles et de défis au quotidien et les habitants n'hésiteront pas à vous aider si vous êtes en difficulté.

L'**APF** (Association des paralysés de France ; 17 bd Auguste-Blanqui, 75013 Paris ; ☎ 01 40 78 69 00, fax 01 45 89 40 57 ; www.apf.asso.fr) peut vous fournir d'utiles informations sur les voyages accessibles.

Deux sites Internet dédiés aux personnes handicapées comportent une rubrique consacrée au voyage et diffusent d'utiles informations. Il s'agit de Yanous (www.yanous.com/pratique/tourisme/tourisme030613.html) et de Handica (www.handica.com).

HÉBERGEMENT

Les hébergements boliviens comptent parmi les moins chers d'Amérique du Sud, mais la qualité et les prix varient considérablement. À l'exception des hôtels des chaînes internationales, les étoiles ne correspondent pas aux standards internationaux.

L'hôtellerie bolivienne classe les hébergements en *posadas, alojamientos, residenciales, casas de huéspedes, hostales* et *hoteles*. Cette classification arbitraire, de zéro à cinq étoiles, reflète l'échelle des prix et, dans une certaine mesure, la qualité. Sachez que les *hostales* ne sont pas toujours des auberges, mais parfois des hôtels haut de gamme.

Les prix indiqués dans ce chapitre correspondent à la haute saison (fin juin à début septembre) et peuvent doubler en période de fête. Trouver une chambre peut être difficile durant les fêtes (notamment à Oruro lors du carnaval) et les week-ends de grands départs.

Dans ce guide, les hôtels sont répartis en trois catégories : petits budgets, moyenne et supérieure. Dans la première, vous paierez moins de 9 $US par personne pour une chambre avec sdb commune. Dans la seconde, comptez de 10 à 40 $US par personne (généralement avec sdb privée et petit déjeuner). La catégorie supérieure correspond à plus de 40 $US par personne. Dans les grandes villes comme La Paz et Santa Cruz, les prix peuvent être légèrement plus élevés et les établissements haut de gamme dépassent parfois 100 $US la nuit.

Auberges de jeunesse HI

Hostelling International (HI ; www.hostellingbolivia.org) est affilié à un nouveau réseau de 14 hébergements. Contrairement aux autres réseaux d'auberges de jeunesse, les établissements vont de l'hôtel deux-étoiles au camping, mais peu disposent de dortoirs ou de cuisine commune. L'auberge de jeunesse phare de Sucre (p. 243) vend des cartes HI, mais elles ne procurent pas forcément la réduction habituelle de 10%.

Camping

Le pays se prête idéalement au camping, en particulier le long des itinéraires de trekking et dans les régions montagneuses isolées. Vous pourrez facilement louer du matériel (de qualité variable) à La Paz et dans les camps de base de trekking comme Sorata. S'il existe peu de campings organisés, on peut planter sa tente pratiquement n'importe où en dehors des localités. N'oubliez pas que les nuits sont souvent glaciales dans les hauts plateaux. Des vols et des agressions ont eu lieu dans certaines régions ; sur place, renseignez-vous sur la sécurité avant de vous installer.

Hostales et hôtels

Les grandes villes et les lieux de villégiature fréquentés offrent d'agréables hôtels de catégorie moyenne et de luxueux complexes hôteliers cinq-étoiles. Les prestations standard incluent petit déjeuner, sdb privée avec eau chaude 24h/24, téléphone et TV couleur, souvent câblée. Les hôtels de luxe constituent une excellente affaire.

Posadas, alojamientos, residenciales et casas de huéspedes

La qualité varie peu dans les établissements bon marché, sauf pour les pires *posadas* (1 ou 2 $US par personne) où les sdb communes peuvent laisser à désirer et manquer d'eau chaude. La plupart des *alojamientos* (de 2 à 5 $US par personne) proposent des sdb communes avec douches chauffées à l'électricité. La plupart des voyageurs optent pour des *residenciales*, qui facturent de 5 à 20 $US une double avec sdb (environ 30% de moins sans sdb). Les *casas de huéspedes* (pensions) ressemblent plutôt à des B&B de catégorie moyenne.

HEURE LOCALE

La Bolivie retarde de 4 heures par rapport à l'heure de Greenwich (GMT). Lorsqu'il est 12h à La Paz, il est 16h à Londres, 17h à Paris.

HEURES D'OUVERTURE

Les heures d'ouverture habituelles sont indiquées au verso de la page de couverture. Les horaires qui font exception sont précisés au fil du guide. Peu d'établissements ouvrent avant 9h, mais les marchés s'animent dès 6h. Les banques sont ouvertes de 8h30 à 16h. Dans les centres-villes, tout s'arrête entre 12h et 14h ou 15h, à l'exception des marchés et des restaurants. Les horaires varient d'un restaurant à l'autre et nous précisons dans ce guide ceux qui servent le petit déjeuner, le déjeuner et/ou le dîner. La plupart des commerces restent ouverts jusqu'à 20h ou 21h. Presque tous les bureaux ferment le week-end.

HOMOSEXUALITÉ

L'homosexualité est légale en Bolivie, mais en 2004, le parlement a vainement tenté de faire voter la loi 810 autorisant les couples homosexuels à se marier et à adopter des enfants.

Les bars et lieux de rencontre homosexuels restent confinés aux grandes villes. Dans les hôtels, partager une chambre ne pose aucun problème à condition de rester discret.

Les groupes défendant les droits des homosexuels sont actifs à La Paz (MGLP Libertad), Cochabamba (Dignidad) et plus encore à Santa Cruz, ville particulièrement progressiste. En juin 2003, afin de mieux se faire accepter, La Comunidad Gay, Lésbica, Bisexual y Travestí (GLBT) de Santa Cruz a remplacé sa quatrième Marcha de Colores du Día del Orgullo Gay (jour de la Fierté gay, 26 juin) par une fête de la santé appelée Ciudadanía Sexual. À La Paz, La Familia Galan est un fabuleux groupe de travestis qui s'efforce de sensibiliser les Boliviens aux problèmes de sexualité et d'identité par des spectacles de théâtre. Le mouvement féministe Mujeres Creando, basé à La Paz, défend les droits des groupes opprimés.

INTERNET (ACCÈS)

Quasiment à chaque coin de rue est installé un cybercafé. Les tarifs varient de 0,25 à 3 $US l'heure. Dans les petites villes, rendez-vous au bureau Entel local.

Les voyageurs fréquentent régulièrement les cybercafés et utilisent les adresses e-mail gratuites comme **Yahoo!** (www.yahoo.com) ou **Hotmail** (www.hotmail.com). Si vous voyagez avec un ordinateur portable, sachez que votre modem peut ne pas fonctionner en dehors de votre pays. Le plus sûr consiste à acheter un bon modem "universel" avant de partir, ou bien une carte modem locale si vous envisagez un long séjour.

La rubrique *Sites Internet* (p. 16) répertorie les sites web utiles sur la Bolivie.

JOURS FÉRIÉS

Ils varient d'une province à l'autre. Vous trouverez ci-dessous une liste des principaux jours fériés nationaux et provinciaux ; renseignez-vous sur place pour les dates précises (qui changent d'une année à l'autre).

Jours fériés nationaux

Nuevo Año (nouvel an) 1er janvier
Carnaval février-mars
Semana Santa (Semaine sainte) mars-avril
Día del Trabajo (fête du Travail) 1er mai
Fête-Dieu mai
Día de la Independencia (fête de l'Indépendance) 6 août
Día de Colón (fête de Christophe Colomb) 12 octobre
Día de los Muertos (jour des Morts) 2 novembre
Navidad (Noël) 25 décembre

Jours fériés provinciaux

Chaque département a institué son propre jour férié.
Beni 18 novembre
Chuquisaca 25 mai
Cochabamba 14 septembre
La Paz 16 juillet
Oruro 10 février
Pando et Santa Cruz 24 septembre
Potosí 10 novembre
Tarija 15 avril

OFFICES DU TOURISME
Offices du tourisme en Bolivie

Bien que le tourisme se soit développé ces dernières années, l'industrie touristique bolivienne n'en est encore qu'à ses balbutiements et les offices du tourisme nationaux se concentrent davantage sur les statistiques et les dépenses administratives que sur la promotion du pays. En fait, la majorité des aménagements et des publicités émanent du secteur privé.

Le gouvernement actuel semble s'intéresser au tourisme et de nouveaux directeurs ont été nommés à la tête des offices du tourisme. Depuis l'arrivée au pouvoir de Morales, le Secretaría Nacional de Turismo (Senatur) a été remplacé par le Vice-Ministerio de Turismo. Des offices du tourisme couvrent les *prefecturas* (départements), les *alcaldeas* (municipalités) ou certaines villes. Les grandes villes, comme Santa Cruz et La Paz, disposent d'offices du tourisme pour les deux entités. La plupart des offices municipaux vous fourniront des cartes de la localité et vous renseigneront sur les transports et les points d'intérêt locaux. Les plus compétents sont ceux de Cochabamba, La Paz et Oruro ; ceux des autres grandes villes semblent nettement moins utiles.

Comme souvent, les horaires d'ouverture affichés ne sont pas toujours respectés.

Offices du tourisme à l'étranger

La Bolivie ne possède pas d'office du tourisme à l'étranger. Toutefois, les consulats et les ambassades de Bolivie à l'étranger peuvent répondre

---

LES PLUS BEAUX SOUVENIRS DE BOLIVIE

- *Bolivianita* – cette superbe pierre semi-précieuses jaune-rose ne se trouve qu'en Bolivie (p. 93)

- *Chulla* – souvenir typique d'Amérique du Sud, le bonnet traditionnel à rabats (tricoté avec des motifs) gardera vos oreilles au chaud.

- Chocolat Irupana – dans quel autre pays pourrez-vous acheter un chocolat bio de première qualité à 0,15 $US la tablette ? (p. 90)

- Tentures – les plus belles proviennent de la région jalq'a, près de Sucre

- Chapeau melon – ces chapeaux de feutre ne coûtent que 5 $US dans le marché qui longe Max Paredes, à La Paz (carte p. 72)

- Figurine Ekeko – ce petit dieu porte-bonheur, synonyme d'abondance (voir l'encadré p. 81) veillera sur vous, en breloque d'argent ou en statue plus imposante

- *Sampaña* ou *charango* – faites un tour à Sagárnaga pour des instruments de musique de première qualité (voir p. 40 et p. 93)

- Lainages en alpaga et en lama – des vêtements de créateurs avec une touche locale (p. 93)

- Vin – les connaisseurs considèrent La Concepción comme l'un des meilleurs vins du monde (p. 275)

à la plupart des questions des voyageurs, par téléphone ou par courrier électronique. Pour les coordonnées des représentations boliviennes dans votre pays, voir p. 367.

PHOTO ET VIDÉO

Prévoyez un bon stock de pellicules pour photographier sans compter les splendides paysages boliviens. Sachez toutefois que la combinaison des rayons ultraviolets d'altitude et de la lumière reflétée par l'eau ou la neige faussent votre propre perception visuelle et celle de la cellule de votre appareil.

Dans l'Altiplano, un filtre polarisateur se révèle indispensable et contribue à révéler les effets spectaculaires du fort rayonnement. Dans les plaines, vous devrez compter avec la basse luminosité, l'humidité, la brume et la végétation ; vous aurez besoin d'un film rapide ou d'un trépied.

La Paz est le meilleur endroit pour les pellicules et les réparations (voir p. 93). Comme toujours, évitez d'exposer votre matériel au sable et à l'eau.

Photographier des personnes

Si certains Boliviens acceptent volontiers de se laisser photographier, d'autres se montrent réticents, méfiants, ou intéressés par un gain éventuel. De nombreux enfants vous demanderont de l'argent une fois la photo prise. Mieux vaut d'abord vous promener innocemment, puis demander la permission de prendre une photo. En cas

de refus, n'insistez pas et abstenez-vous de voler à tout prix un cliché, même si le sujet est particulièrement photogénique.

POSTE

Même les plus petites localités possèdent un bureau de poste, parfois indiquée "Ecobol" (Empresa Correos de Bolivia). Dans les grandes villes, le service est habituellement fiable. Mieux vaut toutefois payer un peu plus cher et expédier en recommandé un envoi important.

Colis

Pour envoyer un colis à l'étranger depuis La Paz, rendez-vous au sous-sol de la poste principale (p. 69 ; les escaliers se trouvent au milieu du rez-de-chaussée, sur la droite). Vous devrez peut-être payer un supplément pour faire emballer vos objets ou faire étiqueter le paquet. Vous aurez besoin de deux photocopies de votre passeport (une sera glissée dans le colis). Remplissez les formulaires (lors de notre passage, ils incluaient une déclaration en douane et la liste du contenu ou CN-23 : Declaracion de Aduana et CP-71 Boletin de Expedicion). Déposez votre colis au comptoir "Encomiendas". S'il pèse moins de 2 kg, vous l'enverrez plus facilement en ordinaire.

Dans certaines villes, la poste abrite un service de douane qui contrôle les colis ; sinon, vous devrez vous rendre à l'*aduana* (bureau de douane). Les chances qu'un paquet arrive à destination sont inversement proportionnelles à sa valeur déclarée et au nombre de contrôles qu'il subit.

Recevoir du courrier

Dans les grandes villes, les postes offrent un service fiable et gratuit de *lista de correos* (poste restante). Faites adresser votre courrier à l'adresse suivante : Poste Restante, Correo Central, La Paz (ou toute autre ville), Bolivie" ; pour éviter toute confusion, mieux vaut n'indiquer que la première lettre du prénom, puis le nom de famille en capitales. Le courrier est généralement trié en piles séparées pour les étrangers et les Boliviens ; si votre nom a des consonances latines, demandez que l'on vérifie dans la pile locale. La Paz conserve le courrier en poste restante pendant deux mois.

Tarifs postaux

L'envoi par avion de *postales* (cartes postales) ou de lettres jusqu'à 20 g coûte 1,30 $US pour l'Europe et 1,55 $US pour les autres pays (États-Unis exceptés). Un service de courrier express, relativement fiable, pratique des tarifs analogues à ceux des messageries internationales privées.

PROBLÈMES JURIDIQUES

La Bolivie est peut-être le pays de la coca, mais la cocaïne est totalement illégale et en détenir vaut immanquablement une peine de prison de 8 ans. Si les narcotrafiquants parviennent à transformer et exporter leur marchandise à grand renfort de pots-de-vin, les arrestations de routards et de cultivateurs de coca permettent au pays de prouver son efficacité dans la lutte antidrogue.

Si vous êtes arrêté en possession de drogue, quelle qu'elle soit, contactez immédiatement votre ambassade, mais sachez qu'elle n'a pas le pouvoir de juger de la légalité (ou de l'illégalité) de la situation.

Notez par ailleurs que les incidents avec de faux policiers tendent à se multiplier ; voir p. 370.

TÉLÉPHONE

Pour appeler la Bolivie depuis un autre pays, composez le code d'accès international, suivi de l'indicatif ☎ 591. Depuis la Bolivie, pour appeler l'étranger, composez le ☎ 00 suivi de l'indicatif du pays (33 pour la France, 32 pour la Belgique, 41 pour la Suisse et 1 pour le Canada).

De nombreux opérateurs, comme Entel, Viva, Boliviatel, Cotel et Tigo, proposent des tarifs locaux et internationaux pour les lignes fixes et les téléphones portables. La principale société bolivienne, Empresa Nacional de Telecomunicaciones (Entel), reste la plus présente dans les petites villes, avec des bureaux généralement ouverts tous les jours de 7h à 23h30, mais les autres compagnies la concurrencent de plus en plus. De ces bureaux, un appel local coûte quelques bolivianos. Les *puntos*, les petites échoppes privées des différents opérateurs, offrent des services analogues. Par ailleurs, les kiosques de rue, souvent équipés de téléphones, facturent 1 $B pour un bref appel local.

Dans certains petits villages, vous trouverez des cabines téléphoniques à carte, utilisables avec des cartes magnétiques ou à puce de 10 $B, 20 $B, 50 $B ou 100 $B. Des marchands ambulants en veste fluorescente proposent des appels sur leur téléphone portable à 1 $B la minute.

Les cartes SIM pour téléphone portable sont bon marché et vendues dans les agences des opérateurs. Avant de partir, assurez-vous que votre portable est bien tribande. Pour le recharger, achetez des cartes (demandez *credito*, ou crédit) dans l'un des nombreux *puntos*.

Appels internationaux

Les appels depuis les agences téléphoniques baissent en permanence du fait de la concurrence ; les tarifs varient de 0,20 $US à 1 $US la minute.

À La Paz, les centres d'appel internationaux proches de la Calle Sagárnaga offrent les prix les plus bas (environ 0,20 $US la minute).

Certaines agences Entel acceptent les appels en PCV ; d'autres vous indiqueront le numéro de l'agence pour qu'on vous rappelle. Pour un appel en PCV d'une ligne privée, vous devez passer par un opérateur international : **Canada** (Teleglobe ☎ 800-10-0101), **France** (Entel ☎ 800-10-0033) ; changez les deux derniers chiffres pour les autres pays européens et sachez que ces communications peuvent être très chères.

APPELS PAR INTERNET

Les centres d'appel Internet Net2Phone, présents dans les grandes villes, permettent d'appeler dans le monde entier pour moins de 0,50 $US la minute. La qualité des communications laisse souvent à désirer.

TÉLÉPHONE MODE D'EMPLOI

De récents changements ont bouleversé le réseau téléphonique et même les Boliviens s'y perdent. Avec un peu de patience, vous parviendrez à vous y retrouver et les consignes suivantes devraient vous aider.

Les numéros des *líneas fijas* (lignes fixes) sont à sept chiffres et ceux des téléphones portables à huit chiffres.

Parmi les différents opérateurs, citons Entel, Cotel, Tigo, Boliviatel et Viva. Chacun possède son propre code, entre 10 et 21.

Chaque département (région) possède un indicatif à un chiffre, à composer quand on appelle d'une autre région ou vers une autre ville du même département. Ces indicatifs sont les suivants : (2) La Paz, Oruro, Potosí ; (3) Santa Cruz, Beni, Pando ; (4) Cochabamba, Chuquisaca, Tarija.

Cabines et téléphones publics et bornes téléphoniques

Appeler une ligne fixe depuis un centre d'appel est facile : demandez conseil au caissier. Pour communiquer avec une autre ligne fixe dans la **même ville**, composez simplement le numéro à sept chiffres. Si vous appelez une **autre région**, composez le 0, l'indicatif départemental à un chiffre, puis le numéro à sept chiffres (par exemple : 02-123-4567). Si vous appelez un **téléphone portable**, demandez les instructions au caissier. La plupart des *puntos* disposent de téléphones différents pour appeler les portables ou les lignes fixes et vous devrez sans doute changer de cabine si vous appelez les deux.

Lignes fixes privées

Pour un appel entre deux lignes fixes dans la **même ville**, composez le numéro à sept chiffres. Pour appeler dans une **autre région ou une autre ville**, composez le 0 + le code à deux chiffres de l'opérateur + l'indicatif départemental à un chiffre, puis le numéro.

Téléphones portables

Les **appels de portable à portable à l'intérieur d'une même ville** sont simples : composez le numéro à huit chiffres. Un message enregistré (en espagnol) vous demandera peut-être un numéro d'opérateur, ce qui indique que votre correspondant n'est pas dans la même ville ou la même région (ou possède une carte SIM d'une autre région). Dans ce cas, vous devrez recomposer le numéro en tapant 0 + le code à deux chiffres de l'opérateur suivi du numéro à huit chiffres.

Pour des **appels de portable vers une ligne fixe dans la même ville,** il suffit généralement de composer l'indicatif départemental à un chiffre puis le numéro à sept chiffres.

Pour des **appels de portable vers une ligne fixe dans une autre région**, il faut habituellement composer le 0, le code à deux chiffres de l'opérateur, l'indicatif départemental à un chiffre et le numéro à sept chiffres. Ainsi, pour appeler Sucre de La Paz, composez le 0 + 10 (ou tout autre code d'opérateur) + 4 (indicatif départemental de Sucre) + le numéro à sept chiffres.

Appels internationaux

Pour les appels internationaux, il faut d'abord composer le 00, puis l'indicatif du pays, l'indicatif départemental (sans le premier 0) et le numéro de téléphone.

Indicatifs téléphoniques

L'encadré ci-dessus explique en détail les procédures téléphoniques. En bref, l'indicatif à un chiffre varie selon la province : 2 pour La Paz, Oruro et Potosí, 3 pour Santa Cruz, Beni et Pando, 4 pour Cochabamba, Sucre et Tarija. Si vous appelez d'un *punto* en dehors de la ville ou de la région, vous devez composer le 0 avant l'indicatif. Si vous appelez de l'étranger, ne tapez pas le 0. Si vous appelez une autre ville ou une autre région depuis une ligne fixe privée, il faut composer le 0, le code à deux chiffres de l'opérateur (de 10 à 21), puis le numéro à 7 chiffres. Pour appeler un téléphone portable local, composez le numéro à huit chiffres ; dans une autre ville ou région, tapez 0, puis le code de l'opérateur (de 10 à 21).

Dans ce guide, l'indicatif est spécifié lorsque le numéro de téléphone se situe dans une autre ville (ainsi, certains hôtels de province ont un numéro de réservation à La Paz).

TOILETTES

N'espérez pas trouver de toilettes dans les bus (sauf dans certains transports luxueux). L'utilisation d'un des nombreux *baños publicos*, malodorants et négligés, coûte environ 0,15 $US (1 $B). Ayez toujours avec vous du papier hygiénique et ne le jetez pas dans les toilettes, mais dans les corbeilles prévues à cet effet. En cas de besoin pressant, libre à vous d'imiter la population locale et de vous soulager dans le premier endroit venu ; l'un des lieux de prédilection semble être sous les panneaux "*No Orinar*" menaçant de *multas* (amendes) équivalant au salaire mensuel moyen d'un Bolivien. Mieux vaut utiliser les toilettes de votre hôtel avant de sortir !

TRAVAILLER EN BOLIVIE

Des centaines d'associations de bénévoles et d'organisations non gouvernementales (ONG) sont présentes en Bolivie, mais n'escomptez pas trouver facilement un travail rémunéré.

Les professeurs d'anglais qualifiés peuvent tenter leur chance au **Centro Boliviano-Americano** (CBA ; ☎ 243-0107 ; www.cba-edu.bo ; Parque Zenón Iturralde 121, La Paz), qui possède également des établissements dans d'autres villes. Les enseignants débutants et sans qualification doivent renoncer à deux mois de salaire en échange d'une formation. Les professeurs de mathématiques, de sciences ou de sociologie des écoles privées sont mieux payés. Les professeurs qualifiés peuvent s'attendre à un salaire mensuel de 500 $US pour un temps plein.

VOYAGER EN SOLO

Si voyager à plusieurs apporte plus de sécurité, être seul facilite les rencontres avec la population locale et les autres voyageurs mais demande plus de vigilance, en particulier la nuit.

Sur les itinéraires les plus touristiques, vous n'aurez aucune difficulté à lier connaissance avec d'autres gringos. Dans certains hôtels et auberges de jeunesse, des panneaux d'affichage comportent des annonces de visiteurs souhaitant former un groupe pour diverses activités. À Uyuni et dans d'autres villes similaires, vous trouverez sans peine d'autres voyageurs pour constituer un groupe.

Les tarifs des auberges de jeunesse sont souvent établis par personne et les hôtels plus haut de gamme les fixent par chambre. Une double revient habituellement moins cher qu'une simple.

Avec la récente augmentation du tourisme, les habitants voient plus de voyageurs occidentaux, y compris des femmes seules. Ceci a considérablement réduit le harcèlement sexuel et le fantasme de la "gringa" facile – qui perdure toutefois dans certains endroits.

Si des femmes voyagent sans compagnon masculin et/ou seules, elles éviteront les territoires typiquement mâles, tels les bars, les stades, les mines et les chantiers de construction. Elles pourront emprunter des *camiónes* en compagnie d'autres passagers, mais s'abstiendront de faire du stop seules. Dans les zones urbaines et la nuit, les femmes – même en groupes – resteront sur leurs gardes et éviteront les quartiers déserts. Voir également ci-dessous.

Femmes seules

Les droits des femmes en Bolivie se rapprochent des standards occidentaux, avec plus de progressisme dans les villes que dans les campagnes. Malgré l'importance des femmes dans la société bolivienne et leur rôle croissant dans la vie publique (une présidente, des femmes maires et de nombreuses députées dans l'Assemblée constitutionnelle de 2006), le machisme perdure. Si vous voyagez seule, le fait d'être célibataire, loin de votre pays et de votre famille suffit à vous valoir des regards suspicieux.

N'oubliez pas que dans l'Amérique latine hispanophone, les femmes doivent se comporter avec pudeur. Si les Boliviennes des basses terres et des régions chaudes n'hésitent pas à porter des tenues occidentales réduites au minimum, en tant qu'étrangère, évitez d'entrer dans un bar en minijupe. Une tenue décente et un comportement strict constituent le meilleur rempart contre les avances déplaisantes. Les hommes se montrent généralement plus insistants dans les plaines que dans l'Altiplano. Observez l'attitude des femmes de la région et suivez leur exemple.

Transports

DEPUIS/VERS LA BOLIVIE

Enclavée au milieu des terres, la Bolivie possède de nombreux points d'entrée/sortie, dont certains plus accessibles que d'autres. Seuls les voyageurs intrépides, disposant de temps et prêts à toutes les aventures, emprunteront les postes-frontières les plus reculés.

ENTRER EN BOLIVIE

Si vos papiers sont en règle et que vous répondez facilement à quelques questions sur les motifs de votre visite, l'entrée en Bolivie se passera sans difficulté. Aux petits postes-frontières, on vous demandera peut-être de payer un "droit de sortie" qui, sauf mention contraire, n'a rien de légal. Les horaires des postes-frontières boliviens sont pour le moins fantaisistes ; renseignez-vous toujours au service de *migración* de la grande ville la plus proche. Si vous avez l'intention de passer en dehors des horaires ou par des endroits dépourvus de poste-frontière, vous pourrez habituellement obtenir un tampon d'entrée/sortie au service de *migración* le plus proche.

TAXE D'AÉROPORT

La taxe au départ des vols internationaux, payable uniquement en espèces à l'aéroport, se monte à 25 $US quelle que soit la durée du séjour en Bolivie. Une taxe de 15% majore les billets internationaux achetés dans le pays.

VOIE AÉRIENNE
Aéroports

Les principaux aéroports internationaux de Bolivie sont **El Alto** (LPB ; ☎ 2-281-0240) à La Paz, anciennement appelé John F. Kennedy Memorial, et le **Viru-Viru International** (VVI ; ☎ 181) de Santa Cruz.

Lors de nos recherches, la compagnie nationale **Lloyd Aéreo Boliviano** (LAB ; ☎ 2-237-1024 ; www.labairlines.com.bo) traversait des turbulences financières et manquait de fiabilité. **AeroSur** (☎ 2-15-2431 ; www.aerosur.com), l'autre compagnie nationale, est plus sûre.

Depuis l'Europe

L'aéroport international de Santa Cruz est de plus en plus utilisé pour les liaisons avec l'Europe. Le surcoût dû à l'altitude rend les vols pour La Paz plus onéreux. La haute saison s'étend de juin à septembre et de mi-décembre à mi-janvier. Outre les voyagistes et les adresses mentionnés dans ce guide, consultez les sites web des compagnies aériennes pour connaître les offres promotionnelles.

FRANCE

Aucune compagnie n'a de liaison directe avec la Bolivie depuis la France. Le trajet comporte systématiquement une escale, souvent deux, ainsi qu'un changement de compagnie, et dure entre 19 et 25h.

Air France assure un vol par semaine à destination de La Paz, avec une escale au Brésil ou au Pérou. Le prix du billet débute autour de 1 100 €.

Delta Air Lines, American Airlines et Iberia pratiquent les tarifs les plus compétitifs, à partir de 950 €, parfois un peu moins.

Voici quelques adresses d'agences ou de transporteurs :

Air France (☎ 36 54 ; www.airfrance.fr ; 40 av. de l'Opéra 75002 Paris)

American Airlines (☎ 0 810 872 872 ; www. americanairlines.fr ; 32bis rue Victor-Hugo 92800 Puteaux)

Delta Air Lines (☎ 0 811 640 005 ; www.delta.com ; 2 rue Robert Esnault-Pelterie 75007 Paris)

Iberia (☎ 0 825 800 965 ; www.iberia.com)

Les Connaisseurs du Voyage (☎ 01 53 95 27 00 ; www.connaisseursvoyage.fr ; 10 rue Beaugrenelle 75015 Paris)

Nouvelles Frontières (☎ 0 825 000 825 ; www. nouvelles-frontieres.fr)

Thomas Cook (☎ 0826 826 777 ; www.thomascook.fr ; 38 av. de l'Opéra 75001 Paris)

Usit Connections Odysia (☎ 0 825 0825 25 ; www. odysia.fr ; 31bis rue Linné 75005 Paris)

Voyageurs du Monde (☎ 0892 23 56 56 ; www.vdm. com ; 55 rue Sainte-Anne 75002 Paris)

Wasteels (☎ 01 55 82 32 33 ; www.wasteels.fr ; 8 bd de l'Hôpital 75005 Paris)

BELGIQUE

De même que depuis la France, il n'y a pas de vol direct pour la Bolivie depuis Bruxelles. On trouve des vols avec escale(s) à partir de 950 €.

Voici quelques adresses utiles :

Airstop (☎ 070 23 31 88 ; www.airstop.be ; 28 rue du Fossé aux Loups, Bruxelles 1000)

Connections (☎ 070/23 33 13 ; ; www.connections. be) Bruxelles (☎ 02/647 06 05 ; 78 av. Adolphe-Buyllan, Ixelles 1050) ; Gand (☎ 09/223 90 20 ; 120 Nederkouter, Gand 9000) ; Liège (☎ 04/223 03 75 ; 7 rue Sœurs-de-Hasque , Liège 4000)

Éole (☎ 02/227 57 80 ; www.voyageseole.be ; 35/43 chaussée de Haecht, Saint-Josse-Ten-Noode 1210)

AGENCES EN LIGNE

Vous pouvez aussi réserver auprès d'une agence en ligne ou vous renseigner auprès d'un comparateur de vols :

http://voyages.kelkoo.fr
www.anyway.com
www.c-mesvacances.fr/vol
www.easyvoyage.com
www.ebookers.fr
www.karavel.com
www.lastminute.fr
www.nouvelles-frontieres.fr
www.onparou.com
www.okipi.com
www.opodo.fr

AVERTISSEMENT

Les informations contenues dans ce chapitre sont particulièrement susceptibles de changements. Vérifiez directement auprès de la compagnie aérienne ou de l'agence de voyages les modalités d'utilisation de votre billet d'avion. N'hésitez pas à comparer les prestations. Les détails fournis ici doivent être considérés à titre indicatif et ne remplacent en rien une recherche personnelle attentive.

SUISSE

Swiss assure des vols comprenant une ou plusieurs escales vers La Paz. Les tarifs débutent aux environs de 1 900 FS.

Voici quelques adresses utiles :

STA Travel Lausanne (%058/450 48 50 ; www.statravel. ch ; 20 bd de Grancy, Lausanne 1006) ; Genève (%058/450 48 30 ; 3 rue Vigner, Genève 1205 ou %058/450 48 00 ; 10 rue de Rive, Genève 1204)

Swiss (☎ 0848 85 2000, 061 582 0000 ; www.swiss.com ; PO Box, CH-4002 Basel)

Depuis le Canada

Les vols à destination de la Bolivie font généralement escale au moins aux États-Unis. Les prix des billets débutent autour de 1 200 $C.

eXito (☎ 600 855 40 53 ; www.exitotravel.com). Spécialiste de l'Amérique du Sud.

Travel Cuts – Voyages Campus (☎ 866 832 7564 ; www.travelcuts.com)

Depuis l'Amérique du Sud

LAB relie La Paz à Rio de Janeiro, Buenos Aires, Lima, Santiago, Arica et Iquique plusieurs fois par semaine. Aerolíneas Argentinas offre un vol quotidien entre Santa Cruz et Buenos Aires. Gol Airlines propose, entre autres, une liaison Santa Cruz-Rio de Janeiro. AeroSur assure un vol hebdomadaire entre La Paz et Miami.

LanChile rallie La Paz depuis Iquique et Santiago. Au départ du Chili, les passagers doivent payer une taxe d'aéroport de 30 $US. À l'arrivée à Santiago, les Canadiens sont également soumis à une "taxe d'entrée" dont le montant est variable.

La compagnie brésilienne TAM Mercosur relie Asuncíon à La Paz et Santa Cruz.

LanPeru dessert quotidiennement Cusco (souvent *via* Lima) depuis La Paz.

VOIES TERRESTRE ET FLUVIALE
Bus
Selon le pays d'où vous venez, certains bus internationaux, affrétés par des agences, effectuent le trajet entier ; d'autres impliquent de changer à la frontière pour emprunter un bus d'une compagnie associée. Si vous prenez des bus locaux, vous devrez habituellement en changer après avoir effectué les formalités frontalières.

Voiture et moto
Vous pouvez entrer en Bolivie par la route depuis tous les pays limitrophes. Les routes en provenance du Brésil et du Chili sont en piètre état et celles venant du Paraguay ne sont praticables qu'en 4x4. En revanche, vous ne rencontrerez aucun problème notable depuis l'Argentine et le Pérou.

Les étrangers arrivant en Bolivie par la route doivent se procurer une *hoja de ruta* (carte de circulation), délivrée par le Servicio Nacional de Tránsito, à la frontière. Ce document doit être présenté et tamponné à tous les postes de police, appelés *trancas, tránsitos* ou *controles*, situés le long des nationales et à la sortie des grandes villes. Des *peajes* (péages) sont souvent exigés à ces postes de contrôle, qui fouillent parfois les véhicules.

Pour des renseignements sur la conduite en Bolivie, reportez-vous p. 387.

Argentine
Villazón/La Quiaca et **Yacuiba/Pocitos** (⊗ 7h-16h) sont les deux principaux postes-frontières.

Villazón est relié par le train ainsi que par des bus réguliers à Oruro ct Tupiza (voir les horaires p. 209). Les tampons d'entrée/sortie s'obtiennent au service de l'immigration bolivien, au poste-frontière. Le service de l'immigration argentin se tient à quelques mètres, de l'autre côté de la route. Les formalités sont réduites, mais les douaniers argentins se montrent particulièrement vigilants en matière de contrebande et n'hésitent pas à fouiller les habitants de la région. En Argentine, d'autres postes de contrôle sont installés dans un rayon de 20 km après la frontière. Si vous n'avez pas l'intention de faire halte à La Quiaca, vous pouvez acheter un billet de bus pour l'Argentine à la gare routière de Villazón. Sinon, prenez un taxi jusqu'à la gare routière de La Quiaca.

Le poste-frontière de Yacuiba/Pocitos se situe à 5 km de Yacuiba. Il est accessible en taxi (1 $US par personne) et se franchit à pied. De là, des bus partent toutes les deux heures vers d'autres destinations en Argentine.

Moins important, le poste-frontière de **Bermejo/Aguas Blancas** (⊗ côté bolivien 7h-16h, côté argentin 8h-17h) se situe sur un pont international, prolongé en Argentine par une route nationale. À 5 km en amont de Bermejo, il est desservi toutes les quelques minutes par des ferries de passagers (0,20 $US). L'immigration bolivienne, au poste-frontière, délivre les tampons de sortie.

Brésil
N'oubliez pas qu'un certificat de vaccination contre la fièvre jaune est exigé pour entrer au Brésil.

Le passage de la frontière avec la Bolivie peut s'effectuer à **Quijarro/Corumbá**. Du côté brésilien, des taxis font la navette vers la ville frontalière de Corumbá, à 2 km. Du côté bolivien, vous pourrez changer dollars ou bolivianos en *reais*, mais le taux est médiocre pour les bolivianos. Il n'y a pas de consulat brésilien à Quijarro : si vous avez besoin d'un visa, demandez-le à Santa Cruz. À Corumbá, un bon réseau de bus dessert le sud du Brésil, mais aucun train de passagers ne circule. Pour plus de renseignements sur la desserte de Quijarro, voir p. 325.

De fréquents bateaux à moteur (1,50 $US) offrent un nouveau mode de passage de la frontière par le Río Mamoré à **Guayaramerín/ Guajará-Mirim** (⊗ 8h-20h). On peut entrer sans formalités à Guajará-Mirim pour une courte visite, mais il vous faudra un tampon d'entrée/sortie si vous allez plus loin au Brésil. Pour obtenir le tampon de sortie de Bolivie, adressez-vous à la Polícia Federal au service d'immigration bolivien, près du quai. En arrivant à Guayaramerín, en Bolivie, vous pouvez prendre un vol pour Trinidad, Santa Cruz ou La Paz, ou un bus pour parcourir les longues routes poussiéreuses jusqu'à Riberalta, Cobija, Rurrenabaque ou La Paz.

Des ferries permettent d'effectuer de courtes incursions de part et d'autre de la frontière dans le bassin amazonien, dans des endroits reculés tels que le Parque Nacional Noel Kempff Mercado et Pimienteras (Brésil) ou Cobija et Brasiléia (Brésil) ; voir p. 364.

Chili
Sachez qu'il est interdit d'introduire de la viande, des fruits ou tout autre produit

---

CIRCULATION AÉRIENNE ET CHANGEMENTS CLIMATIQUES

Les changements climatiques représentent une menace sérieuse pour les écosystèmes dont dépend l'être humain et la circulation aérienne contribue pour une large part à l'aggravation de ce problème. Si Lonely Planet ne remet en aucun cas en question l'intérêt des voyages, nous restons toutefois convaincus que nous avons tous, chacun à notre niveau, un rôle à jouer pour enrayer le réchauffement de la planète.

Le "poids" de l'avion

Pratiquement toute forme de circulation motorisée génère la production de CO_2 – principale cause du changement climatique induit par l'homme. La circulation aérienne détient de loin la plus grosse responsabilité en la matière, non seulement en raison des distances que les avions parcourent, mais aussi parce qu'ils relâchent dans les couches supérieures de l'atmosphère quantité de gaz à effet de serre. Ainsi, deux personnes effectuant un vol aller-retour entre l'Europe et les États-Unis contribuent autant au changement climatique qu'un ménage moyen qui consomme du gaz et de l'électricité pendant un an !

Programmes de compensation

Climatecare.org et d'autres sites (comme www.actioncarbone.org ou www.co2solidaire.org) utilisent des "compteurs de carbone" permettant aux voyageurs de compenser le niveau des gaz à effet de serre dont ils sont responsables par une contribution financière à des projets de développement durable menés dans le secteur touristique et visant à réduire le réchauffement de la planète. Des programmes sont en place notamment en Inde, au Honduras, au Kazakhstan et en Ouganda.

Lonely Planet soutient les opérations à l'initiative de www.climatecare.org. Lonely Planet "compense" d'ailleur la totalité des voyages de son personnel et de ses auteurs. Pour plus d'informations, consultez notre site : www.lonelyplanet.fr.

---

alimentaire (feuilles de coca comprises) de Bolivie au Chili. Ces denrées sont systématiquement confisquées à la frontière. Le moyen le plus usité pour passer d'un pays à l'autre est le bus qui relie La Paz et Arica *via* le poste-frontière de **Chungará/Tambo Quemado** (🕐 8h-20h). Une alternative pratique pour ceux qui font le circuit du Sud-Ouest en 4x4 consiste à se faire déposer le dernier jour à **Hito Cajón** (🕐 8h-23h) pour continuer vers San Pedro (Chili), où l'on peut prendre des bus (ce parcours ne peut pas s'effectuer en sens inverse). Itinéraire moins fréquenté, la route d'Oruro à Iquique traverse la frontière à **Pisiga/Colchane** (🕐 8h-20h) ; voir p. 179 les informations sur les bus. Depuis peu, on peut également passer la frontière à **Ollagüe/Avaroa** (🕐 8h-20h) en prenant un train d'Uyuni à Calama (voir p. 191) ou un bus.

Paraguay

Le plus simple consiste se rendre de Pedro Juan Caballero (à Asunción, Paraguay) à Ponta Porã (Brésil), puis de prendre un bus ou un train pour Corumbá (Brésil) et Quijarro (Bolivie).

Le trajet de 3 jours en bus par la Trans-Chaco (p. 286) entre Santa Cruz (Bolivie) et Asunción (Paraguay), avec des départs quotidiens, reste éprouvant.

En Bolivie, mieux vaut obtenir votre tampon de sortie à Santa Cruz. Votre passeport sera contrôlé au poste-frontière bolivien d'Ibibobo (un autre poste-frontière est installé à Boyuibe, mais des voyageurs ont signalé qu'il était fermé ; renseignez-vous sur place). Le poste-frontière paraguayen se situe à Fortín Infante Rívarola, quelques kilomètres plus loin, et le **service de l'immigration et des douanes** (🕐 24h/24) se trouve à Mariscal Estigarribia. En venant du Paraguay, vous avez 72 heures pour obtenir un tampon d'entrée en Bolivie.

Pour les plus intrépides, le transport par voie fluviale entre Asunción, au Paraguay, et la Bolivie (*via* Corumbá, au Brésil) nécessite une succession de courts trajets, à négocier avec différents capitaines de bateau privé. D'Asunción, un service fluvial régulier, mais lent, dessert Concepción (Paraguay). Ensuite, il faut s'arranger directement avec les propriétaires des bateaux. Vous devriez pouvoir

TRANSPORTS

faire ce trajet en deux étapes : de Concepción à Bahía Negra (nord du Paraguay), puis de Bahía Negra à Corumbá.

Pérou

Du Pérou, la voie terrestre classique vers la Bolivie passe par le lac Titicaca. Si vous avez du temps, le passage de la fontière à **Kasani/Yunguyo** (🕑 8h-18h) *via* Copacabana est bien plus plaisant que l'itinéraire qui passe par **Desaguadero** (🕑 9h-21h), plus rapide, moins sûr et moins intéressant. Une route peu fréquentée passe par **Puerto Acosta** (voir p. 127).

En partant directement de La Paz, le plus facile consiste à prendre un bus d'agence jusqu'à Puno (Pérou) ; il s'arrête à Copacabana et fait halte à Yunguyo pour les formalités d'immigration. Des bus similaires desservent directement Cuzco. De Copacabana, les minibus qui partent de la Plaza Sucre pour la frontière de Kasani/Yunguyo (0,50 \$US, 30 min) constituent une formule plus économique ; on peut ensuite continuer vers Puno en changeant de bus à Yunguyo.

Crillon Tours (☎ 2-233-7533 ; www.titicaca.com ; Camacho 122, La Paz) vend des billets pour un circuit en hydroglisseur tout compris entre La Paz et Puno (Pérou).

On peut également effecuer l'aventureux trajet par voie fluviale à travers la jungle entre Riberalta (Bolivie) et Puerto Maldonado (Pérou), *via* le poste-frontière de Puerto Heath/Puerto Prado.

VOYAGES ORGANISÉS

Vous trouverez ici une liste de voyagistes aux prestations intéressantes pour des circuits en Bolivie. N'hésitez pas à comparer les prix avant de faire votre choix. Examinez également les offres des tour-opérateurs mentionnés dans la rubrique *Voie aérienne* ainsi que celles des agences en ligne de l'encadré p. 380.

La Bolivie est le paradis des randonneurs. De nombreuses agences proposent de superbes circuits à pied. Il n'est toutefois pas difficile de trouver des parcours plus classiques très intéressants.

Atalante Paris (☎ 01 55 42 81 00 ; www.atalante.fr ; 5 rue de Sommerard 75005 Paris) ; Lyon (☎ 04 72 53 24 80 ; www.atalante.fr ; 36-37 quai Arloing 69256 Lyon Cedex 09). Diverses formules de treks, plus ou moins difficiles, pour découvrir toutes les facettes du pays.

Clio (☎ 0 826 10 10 82 ; www.clio.fr ; 27 rue du Hameau 75015 Paris). Voyages culturels ou circuit dans les Andes couplé avec la découverte du Pérou.

Club aventure (☎ 0 826 882 080 ; www.clubaventure. com ; 18 rue Séguier 75006 Paris). Circuits dans la jungle et dans les hauts plateaux.

Explorator (☎ 01 53 45 85 85 ; www.explorator.fr ; 16 rue de la Banque 75002 Paris). Ce voyagiste propose un "voyage expédition" des déserts de sel à la forêt tropicale.

Hommes et montagnes (☎ 04 38 86 69 19 ; www. hommes-et-montagnes.fr ; 10 bd Gambetta, 38000 Grenoble). Ce voyagiste propose un trek à travers les cordillères.

Nomade Paris (☎ 0826 100 326 ; www.nomade-aventure.com ; 40 rue de la Montagne Sainte-Geneviève 75005 Paris) ; Toulouse (☎ 05 61 55 49 22 ; 21 place du Salin 31000 Toulouse). Différentes randonnées, certaines couplant la découverte de la Bolivie avec celle du Chili ou du Pérou.

Tamera (☎ 04 78 37 88 88 ; www.tamera.fr ; 26 rue du Bœuf 69005 Lyon). De nombreuses formules permettant de randonner dans tout le pays.

Tawa (☎ 03 89 36 02 00 ; www.tawa.fr ; 28 rue du Sauvage 68100 Mulhouse). Circuits aventure, trekking, 4x4 ou plus classique, à travers tout le pays.

Terres d'Aventure Paris (☎ 0825 847 800 ; www. terdav.com ; 6 rue Saint-Victor 75005 Paris) ; Lyon (☎ 04 78 37 15 01 ; 5 quai Jules Courmont 69002 Lyon). Plusieurs treks, à la découverte de l'Altiplano ou des cordillères.

Zig Zag (☎ 01 42 85 13 93 ; www.zig-zag.tm.fr ; 54 rue de Dunkerque 75009 Paris). Bolivie seule ou grande traversée des Andes jusqu'à l'Argentine.

COMMENT CIRCULER

Un réseau de transports étendu couvre la majeure partie de la Bolivie, avec divers degrés de confort et de facilité. Les habitants excellent à combiner diverses *movilidades* (tout ce qui bouge !), y compris les bus, les camions et les bateaux, pour rejoindre les destinations les plus reculées. En règle générale, l'annulation d'un déplacement n'est pas due à l'absence de moyens de transport, mais à des obstacles tels que barrages routiers, inondations, routes endommagées (en particulier dans les basses terres durant la saison des pluies) ou, en Amazonie, baisse du niveau des rivières. Les principaux sites touristiques sont desservis par des bus réguliers, habituellement ponctuels.

AVION

Peu coûteux, les transports aériens nationaux constituent le mode de déplacement le plus rapide et le plus fiable pour rejoindre des destinations excentrées, notamment pendant la saison des pluies. Si les liaisons peuvent être perturbées en raison du mauvais temps, les avions parviennent à desservir le nord du pays pendant les inondations estivales.

Compagnies aériennes en Bolivie

La compagnie nationale bolivienne **LAB** (☎ 2-237-1024 ; www.labairlines.com.bo) ainsi que les transporteurs privés **AeroSur** (☎ 2-231-1333 ; www.aerosur.com), **Amazonas** (www.amaszonas.com) et **Aerocon** (www.aerocon.info) desservent les grandes villes et les régions isolées. Elles pratiquent toutes des tarifs similaires et limitent le poids des bagages en soute à 15 kg (3 kg en cabine). Avec LAB, vous devez confirmer votre réservation 72 heures avant le vol, sous peine d'annulation.

Le transporteur militaire, **Transportes Aéreos Militares** (TAM ; carte p. 72 ; ☎ 212-1582/212-1585, aéroport TAM ☎ 2-284-1884 ; Montes 738) dessert des lignes intérieures avec des petits avions qui volent à moindre altitude. Ses tarifs sont jusqu'à 40% inférieurs à ceux des autres compagnies, mais les horaires peuvent changer sans préavis et les réservations doivent s'effectuer dans la ville de départ. Très strict sur le poids des bagages, TAM facture l'excédent 0,50 $US le kilo.

Forfaits aériens

AeroSur propose un forfait de 45 jours pour 4 vols (environ 250 $US) entre n'importe lesquelles des grandes villes. On ne peut pas passer deux fois par la même ville, sauf pour prendre une correspondance. Pour les dernières offres et modalités, consultez le site www.aerosur.com.

Taxe d'aéroport

L'AASANA, l'agence gouvernementale chargée des aéroports et du trafic aérien, facture une taxe de départ pour les vols intérieurs de 1 à 2 $US, payable à son guichet après l'enregistrement. S'y ajoute dans certains aéroports une taxe municipale de 1 $US.

BATEAU
Bateau fluvial

La navigation fluviale constitue le moyen le plus plaisant de circuler en Amazonie. Aucun service de passagers ne circule et il faut s'adresser aux cargos. Les itinéraires les plus empruntés sont Puerto Villarroel-Trinidad et Trinidad-Guayaramerín. Des bateaux effectuent plus rarement la liaison entre Rurrenabaque ou Puerto Heath et Riberalta. Certains relient également Guanay et Rurrenabaque.

Ferry

Le seul service régulier de ferry relie San Pedro et San Pablo en traversant l'Estrecho de Tiquina (détroit de Tiquina), sur le lac Titicaca. Des vedettes et des canots permettent d'explorer les îles boliviennes du lac Titicaca. Les îles Huyñaymarka, au sud du lac, sont desservies par des bateaux et des circuits organisés au départ de Huatajata. Pour visiter l'Isla del Sol, vous pouvez choisir un circuit organisé, louer une vedette ou prendre un service régulier à Copacabana, ou bien vous entendre avec un batelier à Yampupata ou dans les villages en chemin. Deux ou trois compagnies bien établies proposent des croisières en bateau à moteur ou en hydroglisseur.

BUS

Le bus et ses divers avatars sont les moyens de transport les plus répandus. Relativement sûrs et bon marché, ils sont plutôt inconfortables et parfois éprouvants. On trouve des bus longue distance appelés *flotas*, des grands bus ou *buses*, des bus plus petits (généralement plus vieux) nommés *micros* et des minibus. Si vous recherchez la gare routière, demandez le *terminal terrestre* ou le *terminal de buses*.

Le réseau routier s'améliore, à mesure que le kilométrage de routes goudronnées s'accroît. Les bus modernes empruntent les bonnes nationales tandis que les vieux bus continuent à sillonner les routes secondaires.

Mieux vaut circuler pendant la journée, ce qui permet aussi de profiter du paysage. Conduire en état d'ivresse est illégal, mais des chauffeurs de bus n'hésitent pas à boire de l'alcool au cours des longs trajets de nuit. Des bagages déposés dans les casiers en hauteur à l'intérieur des bus disparaissent régulièrement. Surveillez attentivement vos sacs et paquets. En général, sacs à dos et bagages entreposés dans le compartiment à bagages ne risquent rien. Au départ, on vous donne une étiquette à montrer pour les récupérer.

À l'exception des liaisons les plus empruntées, les bus partent presque tous à la même heure, quels que soient la compagnie et le nombre de bus. Entre deux villes, on trouve habituellement au moins un bus par jour. Sur les itinéraires les plus fréquentés, vous aurez le choix entre des dizaines de départs quotidiens.

Classes et tarifs

Sur les principaux itinéraires longue distance, les compagnies proposent des *coches* (ou *bus*) *camas* (couchettes) pour un tarif double à celui du service *común* (ordinaire). Le magnétoscope des bus les plus récents est souvent en meilleur état que les sièges inclinables et, avec un peu de chance, le chauffage *peut* fonctionner et les toilettes sont *parfois* utilisables. Peut-être parviendrez-vous à dormir !

Les prix varient selon le standing des bus – du plus luxueux *bus cama* à l'ancien bus Bluebird – et la longueur du trajet. Un voyage de nuit de La Paz à Cochabamba coûte de 3,15 à 7,50 $US et de 7 à 13 $US entre La Paz et Potosí.

Réservations

Par sécurité, réservez votre billet au moins plusieurs heures à l'avance. Vous l'obtiendrez à meilleur prix en l'achetant dès que le chauffeur démarre le moteur. De nombreux bus partent l'après-midi ou le soir et arrivent à destination au petit matin ; on peut souvent dormir dans le bus jusqu'au lever du jour. Des bus circulent de jour sur la plupart des itinéraires principaux.

CIRCUITS ORGANISÉS

De nombreux circuits organisés partent de La Paz ou de la ville la plus proche du lieu que vous souhaitez visiter. Ils sont pratiques pour ceux qui manquent de temps, qui n'ont pas envie d'emprunter les transports publics ou pour explorer des régions reculées. Les prix, souvent avantageux, varient en fonction de l'importance du groupe et du mode de déplacement.

Quantité de tour-opérateurs proposent des forfaits de trekking, d'alpinisme ou d'aventure dans la jungle. Pour les ascensions dans les Cordilleras, ils organisent des expéditions à la carte ; ils peuvent se contenter de fournir guide et moyen de transport ou prendre tout en charge, de l'équipement aux porteurs et au cuisinier. Certains louent également des équipements de trekking.

Pour les loueurs de bicyclettes et organisateurs de circuits à VTT, reportez-vous p. 79. Les agences suivantes sont recommandées :

Adventure Climbing & Trekking Company of South America (☎ 2-241-4197 ; Jaimes Freyre 2950, Sopocachi, La Paz). Carlos Escobar, un guide de montagne certifié UIAGM/UIAA (il a dernièrement grimpé l'Everest), organise l'ascension de l'Illampu, du Chearoco, du Chacacomani, du Huayna Potosí (y compris la face est) et d'autres sommets.

America Tours (carte p. 72 ; ☎ 2-237-4204 ; www. america-ecotours.com ; No 9, Edificio Avenida, 16 de Julio 1490, La Paz). Agence anglophone chaudement recommandée, elle organise des circuits dans tout le pays. Spécialisée dans les nouveaux itinéraires et l'écotourisme communautaire, notamment au Parque Nacional Madidi, au Parque Nacional Sajama, à Rurrenabaque et au Salar de Uyuni.

Andean Summits (☎ 2-242-2106 ; www. andeansummits.com ; Aranzaes 2974, Sopocachi, La Paz). Alpinisme et trekking dans tout le pays, ainsi que des circuits d'aventure et des excursions archéologiques.

Calacoto Tours (carte p. 72 ; ☎ 2-211-5592 ; www. calacototours-bolivia.com, en espagnol ; bureau 20, Galería Doryan, Sagárnaga 189, La Paz). Circuits au lac Titicaca et dans les îles (dont Pariti) et randonnées équestres dans la Valle de las Animas et au-delà.

Candelaria Tours (carte p. 236 ; ☎ 4-646-0289 ; www.candelariatours.com ; Audiencia 1, Sucre). L'une des agences les mieux établies et les plus professionnelles de Sucre ; propose un choix de circuits dans le pays ; organise les déplacements et les hébergements.

Colibri (☎ 2-242- 3246 ; www.colibri-adventures.com ; 4e ét 4B, angle Alberto Ostria et Juan Manuel Caceres San Miguel, La Paz). De nombreuses expéditions de trekking, d'alpinisme, à VTT, dans la jungle et circuits en 4x4 ; location de matériel.

Crillon Tours (☎ 2-233-7533 ; www.titicaca.com ; Camacho 122, La Paz). Agence haut de gamme offrant un éventail de circuits, dont des traversées en hydroglisseurs sur le lac Titicaca.

Forest Tours (carte p. 292 ; ☎ 3-372-042 ; www. forestbolivia.com ; Cuéllar 22, Santa Cruz). Agence anglophone compétente et extrêmement serviable offrant des circuits dans la région de Santa Cruz et ailleurs, dont le Parque Nacionales Amboró.

Fremen Tours (carte p. 72 ; ☎ 2-240-7995 ; www. andes-amazonia.com ; No 13, Galeria Handal, angle Santa Cruz et Socabaya, La Paz). Agence haut de gamme, avec des succursales à Cochabamba, Santa Cruz et Trinidad. Spécialisée dans les circuits d'aventure confortables en Amazonie et dans le Chapare.

Inca Land Tours (p. 72 ; ☎ 2-231-3589 ; www. incalandtours.com ; No 10, Sagárnaga 213, La Paz). Agence péruvienne bien établie et bon marché organisant des circuits à Rurrenabaque et Coroico ; propose ses propres vols charters à Rurre et effectue des réservations sur TAM, un service appréciable.

Magri Turismo (carte p. 72 ; 2-244-2727 ; www. magri-amexpress.com.bo ; Capitan Ravelo 2101 et Montevideo). Agence établie et représentant d'American Express offrant des circuits dans l'est, le sud et la région de La Paz, y compris des circuits d'aventure faciles et des escalades sportives.

Michael Blendinger Tours (carte p. 310 ; (☎ /fax 3-944-6227 ; www.discoveringbolivia.com ; Bolívar s/n, Samaipata). Basé à Samaipata, le biologiste Michael Blendinger se spécialise dans les circuits dans le sud de l'Amboró et alentour. Il organise aussi des sorties ornithologiques et parle anglais et allemand.

Neblina Forest (☎ /fax 3-347-1166 ; www. neblinaforest.com ; Paraguá 2560, Santa Cruz). Spécialisée dans l'observation des oiseaux et l'histoire naturelle à travers la Bolivie, en particulier dans les parcs nationaux Noel Kempff Mercado, Amboró et Madidi ainsi que dans la région de Beni et le Pantanal.

Travel Tracks (carte p. 72 ; ☎ 2-231-6934 ; www. travel-tracks.com ; Sagárnaga 213, La Paz). Agence anglophone, idéale pour les randonnées guidées et les circuits à la carte dans le pays.

Turisbus (carte p. 72 ; ☎ 2-245-1341 ; www. travelperubolivia.com ; Hotel Rosario, Illampu 702, La Paz). Agence haut de gamme spécialisée dans les circuits au lac Titicaca.

EN STOP

Vu la relative facilité d'accès aux *camiones* et la profusion de bus, le stop n'est guère nécessaire et se pratique rarement. Néanmoins, les chauffeurs de *movilidades* – *coches* (voitures), *camionetas* (pick-up), véhicules des ONG ou camions-citernes – prennent volontiers des passagers s'ils ont de la place. Demandez toujours le prix avant de monter et sachez qu'il ne devrait pas dépasser la moitié d'un billet de bus pour un trajet équivalent.

Quel que soit le pays, le stop n'est jamais totalement sûr et présente toujours un risque. Voyagez à deux et informez une tierce personne de votre itinéraire.

TRANSPORTS LOCAUX
Camión

Avant l'expansion actuelle du réseau de bus, les *camiones* étaient souvent pour les voyageurs le seul moyen de s'aventurer hors des sentiers battus. Aujourd'hui, dans les régions les plus peuplées, un trajet en *camión* sera plus une expérience qu'une nécessité et vous fera découvrir le mode de transport privilégié des *campesinos* (paysans). Si les *camiones* coûtent habituellement deux fois moins cher que les bus, le trajet est d'une lenteur éprouvante et l'inconfort absolu. En contrepartie, on découvre la vie de la campagne et ses paysages.

Pour tout trajet en *camión*, en particulier en altitude, de jour comme de nuit, emportez suffisamment de vêtements chauds car la température peut chuter au-dessous de 0°C dès que le soleil disparait.

Dans la plupart des villes, les *camiones* se rassemblent à un endroit donné pour attendre les voyageurs et certains partent à heure fixe.

Micros, minibus et trufis

Les *micros* (petits bus) circulent dans les grandes villes et constituent le moyen de transport public le plus économique. Ils suivent des itinéraires fixes ; le numéro ou la lettre de la ligne figure généralement sur un panneau placé derrière le pare-brise. Il est souvent complété d'une description de l'itinéraire, avec le nom des rues empruntées jusqu'au terminus. On peut les héler à n'importe quel endroit de la ligne. Pour descendre, allez vers l'avant du bus et indiquez au chauffeur ou à son assistant l'endroit où vous souhaitez vous arrêter.

Très répandus dans les localités importantes, les minibus et les *trufis* (voitures ou minibus) suivent eux aussi des itinéraires fixes, indiqués par un numéro de ligne et décrits sur des panneaux. Moins chers que les taxis et presque aussi pratiques, on peut monter et descendre à volonté comme dans les *micros*.

Taxis

Relativement bon marché, les taxis urbains sont rarement équipés d'un compteur ; dans la plupart des villes, il existe des tarifs standard (par personne) pour de courtes distances. Dans certaines localités, ils sont collectifs et fonctionnent comme des *trufis* en appliquant un tarif fixe par personne. Si vous êtes à trois ou quatre pour la même destination, vous pouvez tenter de négocier une réduction de groupe.

Les radio-taxis facturent toujours un prix forfaitaire jusqu'à quatre passagers et demandent un petit supplément pour une cinquième personne. Ayez suffisamment de petites coupures pour faire l'appoint, car les chauffeurs prétendent souvent ne pas avoir de monnaie dans l'espoir de conserver la différence. Le pourboire n'est pas d'usage, mais si vous êtes vraiment content du service, vous pouvez laisser quelques bolivianos.

TRAIN
Depuis la privatisation au milieu des années 1990, les services ferroviaires de passagers ont été réduits. Le réseau ouest, géré par l'**Empresa Ferroviaria Andina** (FCA ; www. fca.com.bo), circule entre Oruro et Villazón (à la frontière argentine) ; une ligne dessert le sud-ouest, d'Uyuni à Avaroa (à la frontière chilienne).

À l'est, une ligne relie Santa Cruz et Quijarro (à la frontière brésilienne), d'où vous pourrez rejoindre le Pantanal. Un service peu fréquenté part vers le sud, de Santa Cruz à Yacuiba, à la frontière argentine.

Réservations
Même dans les grandes villes, les réservations ne peuvent se faire que le jour du départ. Dans les petites gares, il arrive que les billets ne soient vendus qu'à l'arrivée du train. Les gares intermédiaires d'une certaine importance ne disposent que de quelques places, mises en vente au bon vouloir des employés. Vous obtiendrez les renseignements les plus fiables auprès du *jefe de la estación* (chef de gare).

Lors de l'achat des billets, vous devrez présenter les passeports de tous les voyageurs qui vous accompagnent – une mesure qui date de l'époque où les billets se revendaient avantageusement au marché noir.

VÉLO
Les cyclistes capables d'affronter les vents glaciaux, les routes en mauvais état, l'altitude et les fortes dénivellations adoreront la Bolivie. Si la circulation ne constitue pas un problème majeur, les bus et les *camiones* (camions à plateau) laissent derrière eux des nuages de poussière ou des mares de boue. Se ravitailler peut être difficile et il faut prévoir suffisamment d'eau et de nourriture avant de partir dans des régions éloignées. Compte tenu de ces aléas, beaucoup préfèrent passer par un tour-opérateur. La Paz, Sorata et les Yungas comptent parmi les principaux rendez-vous des adeptes du VTT.

On trouve des bicyclettes bon marché dans le pays, généralement importées de Chine et de qualité médiocre. Mieux vaut acheter un robuste vélo d'occasion dans une agence spécialisée de La Paz. **Gravity Assisted Mountain Biking** (carte p. 72 ; ☎ 2-231-3849 ; www. gravitybolivia.com ; 16 de Julio 1490, Edificio Avenida, No 10) vend des pièces détachées et effectue des réparations. Apporter sa propre bicyclette dans le pays ne pose généralement pas de problème. Pour plus de renseignements sur le VTT, voir p. 54.

VOITURE ET MOTO
Parmi les avantages à circuler avec son propre véhicule figurent l'absence de contrainte horaire, l'accès aux régions reculées et les arrêts photos à volonté. Les routes sont progressivement goudronnées (dernièrement, celle qui relie La Paz et Potosí), mais d'autres restent en piteux état et la vitesse, souvent impossible, est fortement déconseillée. Vous circulerez essentiellement sur des routes étroites et sinueuses, qui serpentent le long des montagnes et des vallées fluviales.

Préparez minutieusement votre expédition et sachez que vous aurez du mal à trouver des pièces détachées en dehors des grandes villes. Un 4x4 avec une bonne garde au sol est indispensable pour rouler en dehors des routes. Emportez une trousse à outils, des pneus de rechange, un kit pour réparer les crevaisons, des réserves d'essence, d'huile et autres liquides nécessaires et le plus de pièces de rechange possible. Prévoyez également du matériel de camping et des provisions pour parer à toute éventualité.

On trouve de l'essence à indice d'octane 85 et du diesel dans toutes les villes, aux *surtidores de gasolina* (distributeurs d'essence) ou *bombas de gasolina* (pompes à essence) pour 0,45 à 0,50 $US le litre.

Dans les plaines, où la températures est élevée et les routes rares, les motos sont pratiques pour circuler dans les villes ou visiter les endroits non desservis par les transports publics. On peut les louer pour 12 à 15 $US les 24 heures aux arrêts des motos-taxis. Dans les grandes villes, un nombre croissant d'agences tenues par des gringos propose des circuits à moto sur les hauts plateaux. Sachez que la plupart des assurances de voyage ne couvrent pas les accidents de moto ; vérifiez soigneusement votre contrat avant le départ.

Reportez-vous p. 381 pour des informations sur l'entrée en Bolivie avec votre propre véhicule.

Automobile club

Voici les coordonnées de l'automobile club bolivien : **Automovil Club Boliviano** (ACB ; ☎ 2-431-132/2-432-136 ; 6 de Agosto 2993, La Paz).

Code de la route

Le code de la route diffère peu de celui en vigueur en Europe ou au Canada. Les limitations de vitesse ne sont pas toujours signalées mais, la plupart du temps, l'état des routes ne permet pas les excès.

La circulation est à droite. À l'approche d'un carrefour non régulé par des feux ou un policier, le chauffeur qui klaxonne (ou arrive le premier) a la priorité s'il continue tout droit, mais la loi du plus fort ou du plus imprudent tend à prévaloir ! À La Paz, les véhicules montant ont la priorité aux croisements. Lorsque deux véhicules se croisent sur une étroite route de montagne, celui qui descend doit reculer jusqu'à ce que celui qui monte puisse passer.

Location

Peu de voyageurs louent des voitures sans chauffeur. Seules les agences très réputées disposent de véhicules en bon état. Les assurances proposées par les agences ne couvrent en principe que les accidents, les pannes étant à la charge du client.

Pour louer un véhicule, il faut avoir plus de 25 ans, présenter son permis de conduire national, posséder une des principales cartes de crédit ou déposer une caution en espèces (généralement 1 000 $US) et contracter une assurance accident. Au prix de la journée de location s'ajoute un tarif par kilomètre (certaines agences proposent un forfait de kilomètres gratuits). Vous devrez également laisser votre passeport à titre de caution.

Les tarifs varient grandement. En moyenne, comptez à partir de 36 $US par jour pour une petite Volkswagen ou Toyota, plus 0,20 à 0,40 $US le kilomètre. Pour un 4x4, les prix commencent à 40 $US par jour, plus 0,40 à 0,60 le kilomètre. Un forfait hebdomadaire (avec 1 600 km compris) revient au moins à 350/600 $US pour une voiture classique/4x4.

Vous trouverez les coordonnées des agences les plus connues dans la rubrique *Comment circuler* des principales villes.

Permis de conduire

La plupart des agences de location de voiture accepteront votre permis de conduire national. Toutefois, si vous comptez conduire souvent, mieux vaut vous procurer un permis de conduire international. À l'inverse des pays limitrophes, la Bolivie n'exige pas de permis moto. Pour louer une vélomoteur ou une moto, il suffit de présenter son passeport.

Voiture avec chauffeur

Louer une voiture avec chauffeur vous évitera les longs trajets en bus bondés sur de mauvaises routes pendant de longues périodes. Vous pouvez aussi choisir cette solution pour vous faire déposer au départ d'un chemin de randonnée ou à un camp de base, plutôt qu'opter pour un circuit organisé.

Voici quelques exemples de prix pour un aller simple au départ de La Paz en voiture avec *chofer* (chauffeur), quel que soit le nombre de passagers (6 à 8 au maximum) : Refugio Huayna Potosí 50 $US, Estancia Una (pour l'ascension de l'Illimani) de 120 à 140 $US, Curva (pour le trek de la Cordillera Apolobamba) de 250 à 350 $US, Chuñavi ou Lambate (pour le trek de Yunga Cruz) 150 $US, Sajama ou Rurrenabaque 300 $US. Pour le circuit du Salar de Uyuni ou celui du Sud-Ouest, comptez au moins 150 $US par jour.

Plusieurs chauffeurs de La Paz, recommandés pour la qualité de leurs services, sont indiqués ci-dessous. Le Club Andino possède également une liste de chauffeurs conseillés. Vous pouvez aussi vous adresser à **Minibuses Yungueña** (☎ 221-3513), qui propose des minibus classiques avec chauffeur.

Carlos Aguilar (☎ 7152-5897). Secrétaire de la Fédération bolivienne d'Alpinisme, il parle un peu anglais et organise des excursions en jeep sûres, instructives et bon marché. Également guide de haute montagne, il est particulièrement apprécié des alpinistes.

Romero Ancasi (☎ 2-283-1363 ; 7192-1318). Propose des chauffeurs expérimentés et des Toyota Landcruiser bien entretenus.

Juan Carlos Mujiano Centellas (☎ 2-273-0382). Recommandé par le Club Andino, il propose des transports en 4x4 ou en minibus à 14 places.

Oscar L. Vera Coca (☎ 2-223-0453 ; 7156-1283). Parle un peu anglais.

Santé

AVANT LE DÉPART

ASSURANCES ET SERVICES MÉDICAUX

Il est conseillé de souscrire à une police d'assurance qui vous couvrira en cas d'annulation de votre voyage, de vol, de perte de vos affaires, de maladie ou encore d'accident.

Vérifiez que les "sports à risques", comme, la moto ou la randonnée ne sont pas exclus de votre contrat, de même que la location d'un véhicule, et que le rapatriement médical d'urgence, en ambulance ou en avion, est couvert.

Vous pouvez contracter une assurance qui réglera directement les hôpitaux et les médecins, vous évitant ainsi d'avancer des sommes qui ne vous seront remboursées qu'à votre retour.

Avant de souscrire une police d'assurance, vérifiez bien que vous ne bénéficiez pas déjà d'une assistance par votre carte de crédit, votre mutuelle ou votre assurance automobile. C'est bien souvent le cas.

Quelques conseils

Assurez-vous que vous êtes en bonne santé avant de partir. Si vous suivez un traitement de façon régulière, n'oubliez pas votre ordonnance (avec le nom du principe actif). Elle vous permettra de prouver que vos médicaments vous sont légalement prescrits, des médicaments en

---

> **AVERTISSEMENT**
>
> La santé en voyage dépend du soin avec lequel on prépare le départ et, sur place, de l'observance d'un minimum de règles quotidiennes. Les risques sanitaires sont généralement faibles si une prévention minimale et les précautions élémentaires d'usage ont été envisagées avant le départ.

vente libre dans certains pays ne l'étant pas dans d'autres.

Attention aux dates limites d'utilisation et aux conditions de stockage, parfois mauvaises.

VACCINS

Plus vous vous éloignez des circuits classiques, plus il faut prendre vos précautions. Faites inscrire vos vaccinations dans un carnet international de vaccination que vous pourrez vous procurer auprès de votre médecin ou d'un centre.

Planifiez vos vaccinations à l'avance, car certaines demandent des rappels ou sont incompatibles entre elles.

Vous pouvez obtenir la liste des centres de vaccination en France en vous connectant sur le site Internet www.diplomatie. gouv.fr/voyageurs, émanant du ministère des Affaires étrangères.

SANTÉ SUR INTERNET

Il existe de très bons sites Internet consacrés à la santé en voyage. Avant de partir, vous pouvez consulter les conseils en ligne du Ministère des Affaires étrangères (www.diplomatie.gouv.fr/fr/conseils-aux-voyageurs_909/index.html) ou le site très complet du Ministère de la Santé (www.sante.gouv.fr). Vous trouverez, d'autre part, plusieurs liens sur le site de Lonely Planet (www.lonelyplanet.fr), à la rubrique Ressources.

PENDANT LE VOYAGE

THROMBOSES VEINEUSES PROFONDES

Les trajets en avion, principalement du fait d'une immobilité prolongée, peuvent favoriser la formation de caillots sanguins

VACCINS RECOMMANDÉS

Maladie	Durée du vaccin	Précautions
Diphtérie	10 ans	Recommandé.
Fièvre jaune	10 ans	Obligatoire dans les régions où la maladie est endémique (Afrique et Amérique du Sud) et dans certains pays lorsque l'on vient d'une région infectée. À éviter en début de grossesse.
Hépatite virale A	5 ans (environ)	Il existe un vaccin combiné hépatite A et B qui s'administre en trois injections. La durée effective de ce vaccin ne sera pas connue avant quelques années.
Hépatite virale B	10 ans (environ)	
Méningite	sans	Fortement recommandé pour les voyageurs se rendant en zone d'infection pendant la saison épidémique.
Rage	sans	Vaccination préventive lors d'un long séjour ou dans les zones reculées.
Rougeole	toute la vie	Indispensable chez l'enfant.
Tétanos et poliomyélite	10 ans	Fortement recommandé.
Typhoïde	3 ans	Recommandé si vous voyagez dans des conditions d'hygiène médiocres.

dans les jambes (phlébite ou thrombose veineuse profonde ou TVP).

En prévention, buvez en abondance des boissons non alcoolisées, faites jouer les muscles de vos jambes lorsque vous êtes assis et levez-vous de temps à autre pour marcher dans la cabine.

MAL DES TRANSPORTS

Pour réduire les risques d'avoir le mal des transports, mangez légèrement avant et pendant le voyage. Si vous êtes sujet à ces malaises, essayez de trouver un siège dans une partie du véhicule où les oscillations sont moindres : près de l'aile dans un avion, au centre sur un bateau et dans un bus. Tout médicament doit être pris avant le départ ; une fois que vous vous sentez mal, il est trop tard.

EN BOLIVIE

ACCESSIBILITÉ ET COÛT DES SOINS MÉDICAUX

Des soins de bonne qualité sont assurés dans les grandes villes mais non dans les campagnes. En général, les médecins et les hôpitaux

s'attendent à être payés en espèces quelles que soient les assurances santé auxquelles vous avez soucrit. En cas d'urgence à La Paz, appelez les **ambulances SAMI** (☎ 2-279 9911) ou présentez-vous aux **urgences de la Clínica del Sur** (☎ 2-278-4001/02/03 ; angle Hernando Siles et Calle 7, Obrajes). À Cochabamba, appelez le **Medicar Emergency Ambulance Service** (☎ 4-453-3222) ou présentez-vous aux urgences du **Centro Medico Boliviano Beluga** (☎ 4-422-9407, 425-0928, 423-1403 ; Antezana entre Venezuela et Paccieri N-0455). À Santa Cruz, adressez-vous aux urgences de la **Clínica Angel Foianini** (☎ 3-336-2211, 336-6001/02/03/04 ; Irala 468). Un taxi vous conduira peut-être plus rapidement aux urgences qu'une ambulance.

Les pharmacies boliviennes offrent la plupart des médicaments disponibles dans d'autres pays. Il est préférable d'acheter les produits pharmaceutiques issus de fabricants internationaux plutôt que locaux.

PRÉCAUTIONS ÉLÉMENTAIRES

Faire attention à ce que l'on mange et à ce que l'on boit est la première des précautions à prendre. Les troubles gastriques et intestinaux sont fréquents, même si la plupart du temps ils restent sans gravité. Ne

SANTÉ

soyez cependant pas paranoïaque et ne vous privez pas de goûter la cuisine locale, cela fait partie du voyage. N'hésitez pas à vous laver les mains fréquemment.

Eau

Règle d'or : ne buvez jamais l'eau du robinet, même sous forme de glaçons. Préférez les eaux minérales et les boissons gazeuses, tout en vous assurant que les bouteilles sont décapsulées devant vous. Évitez les jus de fruits allongés d'eau. Faites attention au lait, rarement pasteurisé ; par contre, le lait bouilli et les yaourts ne posent pas de problèmes. En principe, thé et café sont sûrs puisque l'eau doit bouillir.

Pour stériliser l'eau, la meilleure solution est de la faire bouillir durant quinze minutes. N'oubliez pas qu'à haute altitude elle bout à une température plus basse et que les germes ont plus de chance de survivre.

Un simple filtrage peut être très efficace mais n'éliminera pas tous les micro-organismes dangereux. Aussi, si vous ne pouvez faire bouillir l'eau, traitez-la chimiquement. Le Micropur (vendu en pharmacie) tuera la plupart des germes pathogènes.

Problèmes de santé et traitement

L'autodiagnostic et l'autotraitement sont risqués ; aussi, chaque fois que cela est possible, adressez-vous à un médecin. Ambassades et consulats pourront en général vous en recommander un. Les hôtels cinq-étoiles également, mais les honoraires risquent aussi d'être cinq-étoiles.

Demandez conseil aux habitants du pays où vous vous trouvez : si l'on vous dit qu'il ne faut pas vous baigner à cause de la bilharziose, suivez leur avis.

AFFECTIONS LIÉES À L'ENVIRONNEMENT
Coup de chaleur

De longues périodes d'exposition à des températures élevées peuvent vous rendre vulnérable au coup de chaleur. Cet état grave survient quand le mécanisme de régulation thermique du corps ne fonctionne plus : la température s'élève alors de façon dangereuse. Évitez l'alcool et les activités fatigantes lorsque vous arrivez dans un pays à climat chaud.

Symptômes : malaise général, transpiration faible ou inexistante et forte fièvre (39 à 41°C) et céphalée lancinante, difficultés à coordonner ses mouvements, signes de confusion mentale ou d'agressivité. Il faut absolument hospitaliser le malade. En attendant les secours, installez-le à l'ombre, ôtez-lui ses vêtements, couvrez-le d'un drap ou d'une serviette mouillés et éventez-le continuellement.

Froid

L'excès de froid est aussi dangereux que l'excès de chaleur, surtout lorsqu'il provoque une hypothermie. Le mieux est de s'habiller par couches : soie, laine et certaines fibres synthétiques nouvelles sont tous de bons isolants. N'oubliez pas de prendre un chapeau, car on perd beaucoup de chaleur par la tête. La couche supérieure de vêtements doit être solide et imperméable,

---

DÉCALAGE HORAIRE

Les malaises liés aux voyages en avion apparaissent généralement après la traversée de trois fuseaux horaires. Plusieurs fonctions de notre organisme obéissent en effet à des cycles internes de 24 heures. Lorsque nous effectuons de longs parcours en avion, le corps met un certain temps à s'adapter à la "nouvelle" heure de notre lieu de destination – ce qui se traduit souvent par des sensations d'épuisement, de confusion, d'anxiété, accompagnées d'insomnie et de perte d'appétit. Ces symptômes disparaissent généralement au bout de quelques jours, mais on peut en atténuer les effets moyennant quelques précautions :

- Efforcez-vous de partir reposé.

- À bord, évitez les repas trop copieux et l'alcool. Mais veillez à boire beaucoup – des boissons non gazeuses, non alcoolisées.

- Abstenez-vous de fumer pour ne pas appauvrir les réserves d'oxygène ; ce serait un facteur de fatigue supplémentaire.

- Portez des vêtements amples, dans lesquels vous vous sentez à l'aise ; un masque oculaire et des bouchons d'oreille vous aideront peut-être à dormir.

car il est vital de rester au sec. Emportez du ravitaillement de base comprenant des sucres rapides, qui génèrent rapidement des calories, et des boissons en abondance.

Mal des montagnes

Le mal des montagnes a lieu à haute altitude et peut s'avérer mortel. Il survient à des altitudes variables, parfois à 3 000 m, mais en général il frappe plutôt à partir de 3 500 à 4 500 m. Attention, La Paz est à 4 000 m ! Il est recommandé de dormir à une altitude inférieure à l'altitude maximale atteinte dans la journée. Le manque d'oxygène affecte la plupart des individus de façon plus ou moins forte.

Symptômes : manque de souffle, toux sèche irritante (qui peut aller jusqu'à produire une écume teintée de sang), fort mal de tête, perte d'appétit, nausée et parfois vomissements. Les symptômes disparaissent généralement au bout d'un jour ou deux, mais s'ils persistent ou empirent, le seul traitement consiste à redescendre, ne serait-ce que de 500 m. Une fatigue grandissante, un comportement incohérent, des troubles de la coordination et de l'équilibre indiquent un réel danger. Chacun de ces symptômes pris séparément est un signal à ne pas négliger.

Vous pouvez prendre certaines mesures à titre préventif : ne faites pas trop d'efforts au début, reposez-vous souvent. À chaque palier de 1 000 m, arrêtez-vous pendant au moins un jour ou deux afin de vous acclimater. Buvez plus que d'habitude, mangez légèrement, évitez l'alcool afin de ne pas risquer la déshydratation et tout sédatif. Même si vous prenez le temps de vous habituer progressivement à l'altitude, vous aurez probablement de petits problèmes passagers.

MALADIES INFECTIEUSES ET PARASITAIRES
Bilharzioses

Les bilharzioses sont des maladies dues à des vers qui vivent dans les vaisseaux sanguins et dont les femelles viennent pondre leurs œufs à travers la paroi des intestins ou de la vessie.

On se contamine en se baignant dans les eaux douces où vivent les mollusques qui hébergent la forme larvaire des bilharzies. Juste après le bain infestant, on peut noter des picotements ou une légère éruption cutanée à l'endroit où le parasite est passé à travers la peau. Quatre à douze semaines plus tard, apparaissent une fièvre et des manifestations allergiques.

Si vous vous baignez dans une eau infectée, séchez-vous vite, séchez aussi vos vêtements et consultez un médecin.

Diarrhée

Le changement de nourriture, d'eau ou de climat suffit à la provoquer ; si elle est causée par des aliments ou de l'eau contaminés, le problème est plus grave. En dépit de toutes vos précautions, vous aurez peut-être la "turista", mais quelques visites aux toilettes sans autre symptôme n'ont rien d'alarmant. Il est recommandé d'emmener avec soi un antidiarrhéique. La déshydratation est le danger principal lié à toute diarrhée. Ainsi le premier traitement consiste à boire beaucoup. Quand vous irez mieux, continuez à manger légèrement. Lorsque la diarrhée persiste au-delà de 48 heures ou s'il y a présence de sang dans les selles, il est préférable de consulter un médecin.

Hépatites

L'hépatite est un terme général qui désigne une inflammation du foie. Elle est le plus souvent due à un virus. Dans les formes les plus discrètes, le patient n'a aucun symptôme. Les formes les plus habituelles se manifestent par une fièvre, une fatigue qui peut être intense, des douleurs abdominales, des nausées, des vomissements, associés à la présence d'urines très foncées et de selles décolorées presque blanches. La peau et le blanc des yeux prennent une teinte jaune (ictère). L'hépatite peut parfois se résumer à un simple épisode de fatigue sur quelques jours ou semaines.

Hépatite A. C'est la plus répandue et la contamination est alimentaire. Il n'y a pas de traitement médical ; il faut simplement se reposer, boire beaucoup, manger légèrement en évitant les graisses et s'abstenir totalement de toute boisson alcoolisée pendant au moins six mois. L'hépatite A se transmet par l'eau, les coquillages et, d'une manière générale, tous les produits manipulés à mains nues. En faisant attention à la nourriture et à la boisson, vous préviendrez le virus. Malgré tout, s'il existe un fort risque d'exposition, il vaut mieux se faire vacciner.

Hépatite B. Elle est très répandue, puisqu'il existe environ 300 millions de porteurs chroniques dans le monde. Elle se transmet par voie sexuelle ou sanguine (piqûre, transfusion). Évitez de vous faire percer les oreilles, tatouer, raser ou de vous faire soigner par piqûres si vous avez des doutes quant à l'hygiène des lieux. Les symptômes de l'hépatite B sont les mêmes que ceux de l'hépatite A mais, dans un faible pourcentage de cas, elle peut évoluer vers des formes chroniques dont, dans des cas extrêmes, le cancer du foie. La vaccination est très efficace.

Hépatite C. Ce virus se transmet par voie sanguine (transfusion ou utilisation de seringues usagées) et semble donner assez souvent des hépatites chroniques. La seule prévention est d'éviter tout contact sanguin, car il n'existe pour le moment aucun vaccin contre cette hépatite.

Typhoïde
La fièvre typhoïde est une infection du tube digestif. Mieux vaut être vacciné, même si la vaccination n'est pas entièrement efficace car l'infection est particulièrement dangereuse.

Vers
Fréquents en zones rurales tropicales, on les trouve dans les légumes non lavés ou la viande trop peu cuite. Ils se logent également sous la peau quand on marche pieds nus (ankylostome). Souvent, l'infection ne se déclare qu'au bout de plusieurs semaines. Bien que bénigne en général, elle doit être traitée sous peine de complications sérieuses. Une analyse des selles est nécessaire.

VIH/sida
L'infection à VIH (virus de l'immuno-déL'infection à VIH, agent causal du sida est présente dans pratiquement tous les pays. La transmission de cette infection se fait : par rapport sexuel (hétérosexuel ou homosexuel – anal, vaginal ou oral), d'où l'impérieuse nécessité d'utiliser des préservatifs à titre préventif ; par le sang, les produits sanguins et les aiguilles contaminées. Il est impossible de détecter la présence du VIH chez un individu apparemment en parfaite santé sans procéder à un examen sanguin.

Il faut éviter tout échange d'aiguilles. S'ils ne sont pas stérilisés, tous les instruments de chirurgie, les aiguilles d'acupuncture et de tatouage, les instruments utilisés pour percer les oreilles ou le nez peuvent transmettre l'infection. Il est fortement conseillé d'acheter seringues et aiguilles avant de partir.

Toute demande de certificat attestant la séronégativité pour le VIH (certificat d'ab-

> ### SANTÉ AU JOUR LE JOUR
> La température normale du corps est de 37°C ; deux degrés de plus représentent une forte fièvre. Le pouls normal d'un adulte est de 60 à 80 pulsations par minute (celui d'un enfant est de 80 à 100 pulsations ; celui d'un bébé de 100 à 140 pulsations). En général, le pouls augmente d'environ 20 pulsations à la minute avec chaque degré de fièvre.
>
> La respiration est aussi un bon indicateur en cas de maladie. Comptez le nombre d'inspirations par minute : entre 12 et 20 chez un adulte, jusqu'à 30 pour un jeune enfant et jusqu'à 40 pour un bébé, elle est normale. Les personnes qui ont une forte fièvre ou qui sont atteintes d'une maladie respiratoire grave (pneumonie par exemple) respirent plus rapidement. Plus de 40 inspirations faibles par minute indiquent en général une pneumonie.

sence de sida) est contraire au Règlement sanitaire international (article 81).

AFFECTIONS TRANSMISES PAR LES INSECTES
Voir également plus loin le paragraphe *Affections moins fréquentes.*

Fièvre jaune
La fièvre jaune est une maladie infectieuse grave transmise par des moustiques vivant dans des régions boisées. Les premiers symptômes ressemblent à ceux de la grippe, tels que fièvre, frissons, maux de tête, douleurs musculaires, douleurs dorsales, perte d'appétit, nausées ou vomissements. Généralement, ces symptômes régressent au bout de quelques jours. Cependant, environ une personne sur six entre dans une deuxième phase, caractérisée par une fièvre récurrente, des vomissements, de l'apathie, une jaunisse, une défaillance rénale et des hémorragies pouvant entraîner la mort dans la moitié des cas. Il n'existe aucun traitement sinon symptomatique.

Le vaccin contre la fièvre jaune est fortement recommandé à toutes les personnes qui visitent des régions infectées, soit, à l'heure actuelle, les départements du Beni, de Cochabamba, Santa Cruz et La Paz. Ce vaccin ne peut être effectué que dans des centres spécialisés, autorisés à valider le certificat

SANTÉ

de vaccination international (livret jaune). La vaccination doit être pratiquée au moins dix jours avant toute exposition potentielle au virus de la fièvre jaune. Elle assure une protection durant une dizaine d'années. Les réactions provoquées par le vaccin restent généralement légères : maux de tête, douleurs musculaires, petite fièvre ou gêne à l'endroit de l'injection. Des réactions graves demeurent extrêmement rares. Aussi est-il vivement conseillé de se faire vacciner. Consultez également plus haut l'encadré sur les vaccinations.

Les mesures de protection contre les piqûres de moustiques jouent un rôle essentiel dans la prévention de la fièvre jaune.

Paludisme

Le paludisme, ou malaria, est présent dans tous les pays d'Amérique du Sud à l'exception du Chili, de l'Uruguay et des îles Malouines (Falkland). Il est transmis par un moustique, l'anophèle, dont la femelle pique surtout la nuit, entre le coucher et le lever du soleil.

La transmission du paludisme a disparu en zone tempérée, régressé en zone subtropicale mais reste incontrôlée en zone tropicale. D'après le dernier rapport de l'Organisation mondiale de la santé (OMS), 90% du paludisme mondial sévit en Afrique.

Le paludisme survient généralement dans le mois suivant le retour de la zone d'endémie. Symptômes : maux de tête, fièvre et troubles digestifs. Non traité, il peut avoir des suites graves, parfois mortelles. Il existe différentes espèces de paludisme, dont celui à *Plasmodium falciparum* pour lequel le traitement devient de plus en plus difficile à mesure que s'accroît la résistance du parasite aux médicaments.

Les médicaments antipaludéens n'empêchent pas la contamination, mais ils suppriment les symptômes de la maladie. Si vous voyagez dans des régions où la maladie est endémique, il faut absolument suivre un traitement préventif. La chimioprophylaxie fait le plus souvent appel à la chloroquine (seule ou associée au proguanil), ou à la méfloquine en fonction de la zone géographique du séjour, mais d'autres produits sont utilisables. Renseignez-vous impérativement auprès d'un médecin spécialisé, car le traitement n'est pas toujours le même à l'intérieur d'un même pays.

Tout voyageur atteint de fièvre ou montrant les symptômes de la grippe doit se faire

examiner. Il suffit d'une analyse de sang pour établir le diagnostic. Contrairement à certaines croyances, une crise de paludisme ne signifie pas que l'on est touché à vie.

COUPURES, PIQÛRES ET MORSURES
Coupures et égratignures

Les blessures s'infectent très facilement dans les climats chauds et cicatrisent difficilement. Coupures et égratignures doivent être traitées avec un antiseptique et du désinfectant cutané. Évitez si possible bandages et pansements, qui empêchent la plaie de sécher.

Piqûres

Les piqûres de guêpe ou d'abeille sont généralement plus douloureuses que dangereuses. Une lotion apaisante ou des glaçons soulageront la douleur et empêcheront la piqûre de trop gonfler. Certaines araignées sont dangereuses mais il existe en général des antivenins. Les piqûres de scorpions sont très douloureuses et parfois mortelles. Inspectez vos vêtements ou chaussures avant de les enfiler.

Punaises et poux

Les punaises affectionnent la literie douteuse. Si vous repérez de petites taches de sang sur les draps ou les murs autour du lit, cherchez un autre hôtel. Les piqûres de punaises forment des alignements réguliers. Une pommade calmante apaisera la démangeaison.

Les poux provoquent des démangeaisons. Ils élisent domicile dans les cheveux, les vêtements ou les poils pubiens. On en attrape par contact direct avec des personnes infestées ou en utilisant leur peigne, leurs vêtements, etc. Poudres et shampooings détruisent poux et lentes ; il faut également laver les vêtements à l'eau très chaude.

Sangsues et tiques

Les sangsues, présentes dans les régions de forêts humides, se collent à la peau et sucent le sang. Les randonneurs en retrouvent souvent sur leurs jambes ou dans leurs bottes. Du sel ou le contact d'une cigarette allumée les feront tomber. Ne les arrachez pas, car la morsure s'infecterait plus facilement. Une crème répulsive peut les maintenir éloignées. Utilisez de l'alcool, de l'éther, de la vaseline ou de l'huile pour

TROUSSE MÉDICALE DE VOYAGE

Veillez à emporter avec vous une petite trousse à pharmacie (nous vous conseillons de la transporter en soute) contenant quelques produits indispensables. Certains ne sont délivrés que sur ordonnance médicale.

- Des **antibiotiques**, à utiliser uniquement aux doses et aux périodes prescrites, même si vous avez l'impression d'être guéri avant. Chaque antibiotique soigne une affection précise : ne les utilisez pas au hasard. Cessez immédiatement le traitement en cas de réactions graves.
- Un **antidiarrhéique** et un **réhydratant**, en cas de fortes diarrhées, surtout si vous voyagez avec des enfants.
- Un **antihistaminique** en cas de rhume, allergie, piqûre d'insectes, mal des transports. Évitez de boire de l'alcool pendant le traitement.
- Un **antiseptique** ou un désinfectant pour les coupures, les égratignures superficielles et les brûlures, ainsi que des pansements gras pour les brûlures.
- De l'**aspirine** ou du **paracétamol** (douleurs, fièvre).
- Une **bande Velpeau** et des **pansements** pour les petites blessures.
- Une **paire de lunettes de secours** (si vous portez des lunettes ou des lentilles de contact) et la copie de votre ordonnance.
- Un **produit contre les moustiques**, un écran total, une pommade pour soigner les piqûres et les coupures et des comprimés pour stériliser l'eau.
- Une **paire de ciseaux** à bouts ronds, une **pince à épiler** et un **thermomètre à alcool**.
- Une petite trousse de **matériel stérile** comprenant une seringue, des aiguilles, du fil à suture, une lame de scalpel et des compresses.
- Des **préservatifs**.

vous en débarrasser. Vérifiez toujours que vous n'avez pas attrapé de tiques dans une région infestée : elles peuvent transmettre le typhus.

Serpents

Dans certaines parties d'Amérique du Sud, serpents et sangsues représentent un danger. En Bolivie, deux espèces de serpents sont venimeuses : les serpents à sonnettes (crotales) et les serpents-corail, que l'on rencontre surtout dans les plantations de canne à sucre et de bananier, ainsi que dans les régions sèches et vallonnées. Portez toujours bottes, chaussettes et pantalons longs pour marcher dans la végétation à risque. Ne hasardez pas la main dans les trous et les anfractuosités, et faites attention lorsque vous ramassez du bois pour faire du feu. En cas de morsure de serpent venimeux, il faut calmer la victime, lui interdire de bouger, bander étroitement le membre comme pour une foulure et l'immobiliser avec une attelle. Trouvez ensuite un médecin, et essayez de lui apporter le serpent mort. N'essayez en aucun cas d'attraper le serpent s'il y a le moindre risque qu'il morde à nouveau. On sait désormais qu'il ne faut absolument pas sucer le venin ou poser un garrot.

AFFECTIONS MOINS FRÉQUENTES
Choléra

Les cas de choléra sont généralement signalés à grande échelle dans les médias, ce qui permet d'éviter les régions concernées. La protection conférée par le vaccin n'étant pas fiable, celui-ci n'est pas recommandé. Prenez donc toutes les précautions alimentaires nécessaires. Symptômes : diarrhée soudaine, selles très liquides et claires, vomissements, crampes musculaires et extrême faiblesse. Il faut consulter un médecin ou aller à l'hôpital au plus vite, mais on peut commencer à lutter immédiatement contre la déshydratation qui peut être très forte. Une boisson à base de cola salée, dégazéifiée et diluée au 1/5 ou encore du bouillon bien salé seront utiles en cas d'urgence.

Dengue

Il n'existe pas de traitement prophylactique contre cette maladie propagée par les moustiques, présente en Amérique du Sud. Poussée de fièvre, maux de tête, douleurs articulaires et musculaires précèdent une éruption cutanée sur le tronc qui s'étend ensuite aux membres puis au visage. Au bout de quelques jours, la fièvre régresse, et la convalescence commence. Les complications graves sont rares.

Filarioses

Ce sont des maladies parasitaires transmises par des piqûres d'insectes. Les symptômes varient en fonction de la filaire concernée : fièvre, ganglions et inflammation des zones de drainage lymphatique ; œdème (gonflement) au niveau d'un membre ou du visage ; démangeaisons et troubles visuels. Un traitement permet de se débarrasser des parasites, mais certains dommages causés sont parfois irréversibles. Si vous soupçonnez une possible infection, il vous faut rapidement consulter un médecin.

Maladie de Chagas (trypanosomose américaine)

Cette affection parasitaire se rencontre dans les zones rurales éloignées de l'Amérique du Sud et centrale. En Bolivie, la plupart des cas surviennent dans les zones tempérées, surtout l'Altiplano. Elle est transmise par une punaise qui se cache dans les fissures, les feuilles de palmiers et les toits de chaume, d'où elle redescend la nuit pour se nourrir. Un œdème dur et violet apparaît à l'endroit de la piqûre, au bout d'une semaine environ. En général, le corps surmonte la maladie sans aide extérieure mais elle peut persister. Il est préférable de dormir sous une moustiquaire imprégnée, et d'utiliser des insecticides et des crèmes répulsives.

Leishmanioses

Il s'agit d'un groupe de maladies parasitaires qui existent sous trois formes : la leishmaniose viscérale (kala-azar), la leishmaniose cutanée et la leishmaniose cutanéo-muqueuse (espundia).

La leishmaniose viscérale sévit à l'état endémique en Amérique du Sud (dans les montagnes et les jungles du sous-continent à l'exception du Chili, de l'Uruguay et des îles Malouines), en Afrique, en Asie (Inde, Chine), et sur le pourtour méditerranéen. La durée d'incubation va de 1 à 6 mois. La maladie se caractérise par des accès de fièvre irréguliers, une altération importante de l'état général, une augmentation de volume de la rate et du foie et une anémie. La maladie est mortelle sans traitement. En Bolivie, c'est sur les contreforts boisés à l'est de la cordillère des Andes que le risque est le plus élevé. La forme la plus grave de la maladie se rencontre dans les Yungas

Les leishmanioses cutanées sévissent en Amérique du Sud. L'incubation s'étend d'une semaine à un an. La forme sèche de la maladie se caractérise par des rougeurs sur la peau qui s'ulcèrent et se recouvrent d'une croûte. Dans la forme humide, l'ulcère est généralement plus important et la surinfection plus fréquente.

Les leishmanioses cutanéo-muqueuses se voient en Amérique, du Texas à l'Argentine. Les lésions cutanées sont ulcéreuses et très mutilantes.

Les leishmanioses sont transmises par des insectes (phlébotomes) qui se sont contaminés en piquant un homme ou un animal malade. La meilleure précaution consiste à éviter de se faire piquer en se couvrant et en appliquant une lotion antimoustiques. Ces insectes sont surtout actifs à l'aube et au crépuscule. Les piqûres ne sont généralement pas douloureuses, mais provoquent des démangeaisons. Si vous pensez souffrir de la leishmaniose, consultez un médecin, des analyses en laboratoire étant nécessaires pour poser un diagnostic et décider d'un traitement.

Bartonellose (fièvre de Oroya)

Cette maladie est transmise par un insecte (le phlébotome) qui vit dans les vallées fluviales arides du versant occidental des Andes, au Pérou, en Bolivie, en Colombie et en Équateur, entre 800 m et 3 000 m.

Fièvre et intenses douleurs dans les os sont les premiers symptômes. Les complications peuvent entraîner une anémie sérieuse, la dépression, le grossissement du foie, et aller jusqu'à la mort dans certains cas.

Fièvre hémorragique bolivienne

Cette fièvre a été signalée dans le département du Beni, dans la partie nord-est du pays. L'organisme responsable, dénommé virus de Machupo, serait transmis par contact avec des rongeurs.

Peste

La peste se transmet généralement aux humains par les piqûres de puces provenant de rongeurs malades ou morts. Les symptômes incluent : fièvre, frissons, douleurs musculaires et malaise, associés à un important gonflement des ganglions lymphatiques, le plus souvent de l'aine, qui deviennent très douloureux et que l'on appelle bubon. Des cas de pestes sont signalés régulièrement au Pérou, en Bolivie et au Brésil. Les derniers en date ont frappé la ville de San Pedro (département de La Paz) au milieu des années 1990. Pour la plupart des voyageurs, le risque de contracter cette maladie reste extrêmement faible. Néanmoins, si vous risquez de vous trouver dans des zones où il y a des terriers ou des nids de rongeurs, ne touchez jamais les animaux malades ou morts et protégez-vous des piqûres d'insectes.

Rage

Très répandue, cette maladie est transmise par un animal contaminé : chien, singe et chat principalement. La rage est présente dans tous les pays d'Amérique du Sud. En Bolivie, elle est surtout transmise par des morsures de chiens. Le risque est le plus élevé dans la partie sud-est du pays. Morsures, griffures ou même simples coups de langue d'un mammifère doivent être nettoyés immédiatement et à fond. Frottez avec du savon et de l'eau courante, puis nettoyez avec de l'alcool. S'il y a le moindre risque que l'animal soit contaminé, allez immédiatement voir un médecin. Même si l'animal n'est pas enragé, toutes les morsures doivent être surveillées de près pour éviter les risques d'infection et de tétanos. Un vaccin antirabique est désormais disponible. Il faut y songer si vous pensez explorer des grottes (les morsures de chauves-souris peuvent être dangereuses) ou travailler avec des animaux. Cependant, la vaccination préventive ne dispense pas de la nécessité d'un traitement antirabique immédiatement après un contact avec un animal enragé ou dont le comportement peut paraître suspect.

Rickettsioses

Les rickettsioses sont des maladies transmises soit par des acariens (dont les tiques), soit des poux. La plus connue est le typhus. Elle commence comme un mauvais rhume, suivi de fièvre, de frissons, de migraines, de douleurs musculaires et d'une éruption cutanée. Une plaie douloureuse se forme autour de la piqûre et les ganglions lymphatiques voisins sont enflés et douloureux. En Bolivie, le typhus est transmis par les poux dans les zones montagneuses des environs de La Paz.

Tétanos

Cette maladie parfois mortelle se rencontre partout, et surtout dans les pays tropicaux en voie de développement. Difficile à soigner, elle se prévient par vaccination. Le bacille du tétanos se développe dans les plaies. Il est donc indispensable de bien nettoyer coupures et morsures. Premiers symptômes : difficulté à avaler ou raideur de la mâchoire ou du cou. Puis suivent des convulsions douloureuses de la mâchoire et du corps tout entier.

LA PRÉVENTION ANTIPALUDIQUE

Hormis les traitements préventifs, la protection contre les piqûres de moustique est le premier moyen d'éviter d'être contaminé. Le soir, dès le coucher du soleil, couvrez vos bras et surtout vos chevilles, mettez de la crème antimoustiques, car les moustiques sont en pleine activité. Ils sont parfois attirés par le parfum ou l'après-rasage.

En dehors du port de vêtements longs, l'utilisation d'insecticides (diffuseurs électriques, bombes insecticides, tortillons fumigènes) ou des répulsifs sur les parties découvertes du corps est à recommander. Les moustiquaires constituent en outre une protection efficace, à condition qu'elles soient imprégnées d'insecticide. De plus, ces moustiquaires sont radicales contre tout insecte à sang froid (puces, punaises, etc.) et permettent d'éloigner serpents et scorpions.

Il existe désormais des moustiquaires imprégnées synthétiques très légères (environ 350 g) que l'on peut trouver en pharmacie.

Notez enfin que, d'une manière générale, le risque de contamination est plus élevé en zone rurale et pendant la saison des pluies.

MÉDECINE TRADITIONNELLE	
Problème	**Traitement**
Mal des montagnes	Gingko, tisane de feuilles de coca
Effet du décalage horaire	Mélatonine
Mal des transports	Gingembre
Prévention des piqûres de moustiques	Huile d'eucalyptus, huile de coco

Typhus
Voir plus haut *Rickettsioses*.

SANTÉ AU FÉMININ
Grossesse
La plupart des fausses couches ont lieu pendant les trois premiers mois de la grossesse. C'est donc la période la plus risquée pour voyager. Pendant les trois derniers mois, il vaut mieux rester à distance raisonnable de bonnes infrastructures médicales, en cas de problèmes. Les femmes enceintes doivent éviter de prendre inutilement des médicaments. Cependant, certains vaccins et traitements préventifs contre le paludisme restent nécessaires. Mieux vaut consulter un médecin avant de prendre quoi que ce soit.

Pensez à consommer des produits locaux, comme les fruits secs, les agrumes, les lentilles et les viandes accompagnées de légumes.

Problèmes gynécologiques
Une nourriture pauvre, une résistance amoindrie par l'utilisation d'antibiotiques contre des problèmes intestinaux peuvent favoriser les infections vaginales lorsqu'on voyage dans des pays à climat chaud. Respectez une hygiène intime scrupuleuse, et portez jupes ou pantalons amples et sous-vêtements en coton.

Les champignons, caractérisés par une éruption cutanée, des démangeaisons et des pertes, peuvent se soigner facilement. En revanche, les trichomonas sont plus graves ; pertes blanches et sensation de brûlure lors de la miction en sont les symptômes. Le partenaire masculin doit également être soigné.

Il n'est pas rare que le cycle menstruel soit perturbé lors d'un voyage.

Langues

La langue officielle de la Bolivie est l'espagnol, mais seuls 60 à 70% de la population le parlent, et souvent en seconde langue. Les autres habitants parlent quechua (la langue des conquérants incas) ou aymara (la langue préinca de l'Altiplano). En outre, de nombreuses langues indigènes mineures sont parlées dans des zones restreintes. Ni le français ni l'anglais ne vous seront d'un grand secours. En revanche, vous pouvez acquérir aisément des rudiments d'espagnol qui faciliteront votre voyage et vous permettront de communiquer avec les Boliviens.

ESPAGNOL

Si vous voulez profiter de votre séjour pour approfondir votre connaissance de l'espagnol latino-américain, vous pourrez suivre des cours à La Paz (p. 80), Cochabamba (p. 219) et Sucre (p. 241).

En complément des pages ci-après, procurez-vous le guide de conversation de Lonely Planet français/espagnol latino-américain. Pour vous aider à commander au restaurant, reportez-vous p. 61.

PRONONCIATION

L'écriture espagnole est quasiment phonétique, c'est-à-dire que l'orthographe transcrit fidèlement la prononciation. Une fois connues les règles de base, cette dernière ne présente pas de difficultés.

Voyelles

e comme "é" français.

u comme "ou" dans "loupe".

y est traité comme une voyelle lorsqu'il est seul ou quand il se trouve à la fin d'un mot, et se prononce comme un "i". En revanche, lorsqu'il est placé à côté d'une voyelle, il devient demi-consonne et se prononce comme "payer" ou "paille".

Consonnes

Certaines consonnes demanderont plus de pratique. Le "ch" et le "ñ" constituent des lettres à part entière et font l'objet d'entrées séparées dans les dictionnaires.

b ressemble à son équivalent français. Attention : l'espagnol ne distingue pas le "b" du "v". Si l'on veut être précis, on parle de "b larga" (long) pour le premier, et de "b corta" (court) pour le second. Les deux se prononcent "b" comme dans "baie".

c comme le "s" de "serpent" devant un "e" et un "i" ; devant les autres voyelles, il se prononce "c" dur comme dans "cou".

ch se prononce "tch" comme dans "Tchad".

g se prononce comme la jota ("j") lorsqu'il est placé devant un "e" ou un "i" ; devant les autres voyelles, il se prononce comme le "g" de "gare". À noter, lorsque g est suivi de "ue" ou "ui", le u reste muet, sauf s'il porte un tréma comme dans "antigüedad", dans ce cas les deux voyelles se prononcent ("oué").

h toujours silencieux.

j (la jota) proche du "h" anglais aspiré, mais plus guttural.

ll le "l mouillé", équivalent phonétique de la demi-consonne "y", comme dans "caille".

ñ se rapproche du "gn" comme dans "magnifique".

r est doux, légèrement roulé, sauf en début de mot, après "l", "n" et "s", où il est fortement roulé.

rr fortement roulé.

v voir "b".

x sonne comme le "x" de "taxi", sauf dans quelques mots où il se prononce comme la jota.

z "s" dur comme dans "soleil".

Accent tonique

En général, les mots qui se terminent par une voyelle ou par les lettres "n" ou "s" (marque du pluriel des verbes pour le "n", et des noms, adjectifs, articles pour le "s") sont prononcés avec un accent tonique sur l'avant-dernière syllabe, et les mots terminés par une consonne, sur la dernière. Ainsi *vaca* (vache), *caballos* (chevaux) et *descansan* (ils se reposent) sont tous deux accentués sur l'avant-dernière syllabe, tandis que ciu*dad* (ville) et infe*liz* (malheureux) portent l'accent sur la dernière syllabe.

Les accents écrits servent uniquement à signaler les exceptions à cette règle, comme *sótano* (sous-sol), A*mérica* et por*ción* (portion). Les diphtongues (combinaisons de voyelles, comme le "ue" de *puede*) comptent pour une syllabe.

GENRE ET PLURIEL

Les noms féminins se terminent en général, mais pas toujours, par -**a** ou par -**ción**, -**sión** ou -**dad**. Les autres terminaisons indiquent un nom masculin. Les adjectifs s'accordent en genre et en nombre, le plus souvent souvent avec des terminaisons en -**o**/-**a** pour le masculin/féminin.

Si un nom ou un adjectif se termine par une voyelle, le pluriel se forme en ajoutant **s** à la fin. S'il se termine par une consonne, le pluriel se forme en ajoutant **es** à la fin.

HÉBERGEMENT

Je cherche...	Estoy buscando ...	é·stoy bous·*kann*·do
Où y a-t-il... ?	¿Dónde hay ...?	donn·dé aï
un hôtel	un hotel	oun o·*tél*
une pension	una pensión/	ou·na pénn·*syonn*
	un hospedaje	oun os·pé·*da*·Rhé
une auberge	un albergue	oun al·*bér*·gué
de jeunesse	juvenil	Rhou·bé·*nil*

Je voudrais une...	Quisiera una	ki·*syé*·ra ou·na
chambre	habitación ...	a·bi·ta·*syonn* ...
double	doble	do·*blé*

FAIRE UNE RÉSERVATION
(par téléphone ou par écrit)

À...	A ...
De...	De ...
Date	Fecha
Je voudrais réserver ...	Quisiera reservar ...
(voir la liste sous *Hébergement*)	
au nom de...	en nombre de ...
pour les nuits de...	para las noches del ...
carte de crédit...	tarjeta de crédito ...
numéro	número
date d'expiration	fecha de vencimiento
Pouvez-vous confirmer ...	Puede confirmar ...
la disponibilité	la disponibilidad
le prix	el precio

| **simple** | individual | in·di·vi·*dwal* |
| **à deux lits** | con dos camas | konn dos *ka*·mass |

Combien est-ce que	¿Cuánto cuesta	kwann·to kwés·ta
ça coûte par ...?	por ...?	por ...
nuit	noche	no·*tché*
personne	persona	pér·*so*·na
semaine	semana	sé·*ma*·na

pension	pensión	pénn·*syonn*
complète	completa	komm·*plé*·ta
salle de bains individuelle/commune		
	baño privado/compartido	
	ba·nyo pri·ba·do/komm·par·*ti*·do	
trop cher	demasiado caro	dé·ma·*sya*·do ka·ro
moins cher	más económico	mass é·ko·*no*·mi·ko

Puis-je voir la chambre ?
¿Puedo ver la habitación? pwé·do bér la a·bi·ta·*syonn*
Elle ne me plaît pas.
No me gusta. no mé *gous*·ta
Très bien, je la prends.
OK. La alquilo. o·*key* la al·*ki*·lo
Je pars maintenant.
Me voy ahora. mé *boy* a·o·ra
Le petit déjeuner est-il inclus ?
¿Incluye el desayuno? in·*klou*·yé el dé·sa·*you*·no

CONVERSATION ET MOTS ESSENTIELS

En public, les Sud-Américains sont très respectueux et polis, voire cérémonieux. N'abordez jamais quelqu'un pour demander des renseignements sans commencer par une salutation et, comme en français, utilisez le vouvoiement (qui correspond grammaticalement à la 3e personne du singulier), surtout avec les agents de la police et les employés des services publics. Les jeunes sont sans doute moins formalistes, mais mieux vaut s'en tenir à la forme de politesse pour ne pas risquer de choquer votre interlocuteur.

Salut	*Hola*	*o·*la
Bonjour (le matin)	*Buenos días*	*bwé·*noss *di·*as
Bonjour (l'après-midi)		
Buenas tardes.	*bwé·*nass *tar·*déss	
Bonsoir/bonne nuit	*Buenas noches*	*bwé·*nass *no·*tchéss
Au revoir	*Adiós*	a·*dyos*
À tout à l'heure	*Hasta luego*	*as·*ta *lwé·*go
Oui	*Sí*	si
Non	*No*	no
S'il vous plaît	*Por favor*	por fa·*bor*
Merci	*Gracias*	*gra·*syass
Merci beaucoup	*Muchas gracias*	*mou·*tchas *gra·*syass
De rien	*De nada*	dé *na·*da
Pardon	*Perdón*	pér·*donn*
Excusez-moi	*Permiso*	pér·*mi·*so
(pour demander la permission)		
Veuillez m'excuser	*Disculpe*	dis·*koul·*pé
(pour demander pardon)		

Comment ça va ?	*¿Qué tal?*	ké tal

Comment vous appelez-vous/t'appelles-tu ?
¿Cómo se llama?/	*ko·*mo sé *ya·*ma	
¿Cómo te llamas?	*ko·*mo té *ya·*mass	
Je m'appelle ...		
Me llamo ...	mé *ya·*mo ...	
Enchanté		
Mucho gusto.	*mou·*tcho *gouss·*to	
Tout le plaisir est pour moi		
El gusto es mío.	el *gouss·*to és *mi·*o	
D'où venez-vous/viens-tu ?		
¿De dónde es/eres?	dé *donn·*dé és/é·*réss*	
Je viens de ...		
Soy de ...	soy dé ...	
Où logez-vous/loges-tu ?		
¿Dónde está alojado?/	*donn·*dé és·*ta* a·lo·*Rha·*do	
¿Dónde estás alojado?	*donn·*dé és·*tass* a·lo·*Rha·*do	
Puis-je prendre une photo ?		
¿Puedo sacar una foto?	*pwé·*do sa·*kar* ou·na *fo·*to	

COMMENT CIRCULER
Comment puis-je aller à... ?
¿Cómo puedo llegar a ...?	*ko·*mo *pwé·*do lyé·*gar* a
Est-ce loin ?	
¿Está lejos?	és·*ta* lé·*Rhos*
Allez tout droit	
Siga/Vaya derecho	*si·*ga/*va·*ya dé·*ré·*tcho
Tournez à gauche	
Voltée a la izquierda	bol·*té·*é a la is·*kyér·*da

Tournez à droite
Voltée a la derecha	bol·*té·*é a la dé·*ré·*tcha
Je suis perdu/e	
Estoy perdido/a	és·*toy* pér·*di·*do/a
Pouvez-vous me montrer (sur la carte) ?	
¿Me lo podría indicar	mé lo po·*dri·*a in·di·*kar*
(en el mapa)?	(énn el *ma·*pa)

nord	*norte*	*nor·*té
sud	*sur*	sour
est	*este/oriente*	és·té/o·*ryénn·*té
ouest	*oeste/occidente*	o·és·té/ok·si·*dénn·*té
ici	*aquí*	a·*ki*
là	*allí*	a·*yi*
pâté de maisons	*cuadra*	*kwa·*dra
rue	*calle/paseo*	*ka·*lyé/pa·*sé·*o
montagne	*montaña/cerro/*	monn·*ta·*nya/sé·ro/
	nevado	né·*va·*do
col	*paso/pasaje*	pa·so/pa·*sa·*Rhé/
	abra/portachuel	a·bra/por·ta·*tchwél*

SANTÉ
Je suis malade		
Estoy enfermo/a	és·*toy* énn·*fér·*mo/a	
J'ai besoin d'un médecin		
Necesito un médico	né·sé·*si·*to oun *mé·*di·ko	
Où est l'hôpital ?		
¿Dónde está el hospital?	*donn·*dé és·*ta* él os·pi·*tal*	
Je suis enceinte		
Estoy embarazada	és·*toy* émm·ba·ra·*sa·*da	
Je suis vacciné/e		
Estoy vacunado/a	és·*toy* va·kou·*na·*do/a	

Je suis allergique	*Soy alérgico/a*	soy a·*lér·*Rhi·ko/a
à (aux) ...	*a ...*	a ...

URGENCES

Au secours !	*¡Socorro!*
Au feu !	*¡Incendio!*
J'ai été victime d'un vol	*Me robaron*
Allez-vous en !	*¡Déjeme! ¡Váyase!*

Appelez... !	*¡Llame a ...!*
la police	*la policía*
un médecin	*un médico*
une ambulance	*una ambulancia*

C'est une urgence	
Es una emergencia	
Pouvez-vous m'aider, s'il vous plaît ?	
¿Me puede ayudar por favor?	
Où sont les toilettes ?	
¿Dónde están los baños?	

LANGUES

antibiotiques	*los antibióticos*	los an·ti-*byo*·ti·kos
la pénicilline	*la penicilina*	la pé·ni·si-*li*·na
cacahuètes	*los manies*	los ma-*ni*·éss
Je suis ...	*Soy ...*	soy ...
asthmatique	*asmático/a*	as·*ma*·ti·ko/a
diabétique	*diabético/a*	dya·*bé*·ti·ko/a
épileptique	*epiléptico/a*	é·pi·*lép*·ti·ko/a
J'ai ...	*Tengo ...*	*ténn*·go ...
le mal des montagnes		
soroche	so·*ro*·tché	
la diarrhée	*diarrea*	dya·*ré*·a
la nausée	*náusea*	naou·sé·a
mal à la tête	*un dolor de*	oun do·*lor* dé
	cabeza	ka·*bé*·sa
de la toux	*tos*	tos

SE FAIRE COMPRENDRE

Parlez-vous/parles-tu (anglais/français) ?
¿Habla/Hablas   *a*·bla/*a*·blass
(inglés/francés)?   (In·*gléss*/frann·*céss*)
Quelqu'un parle-t-il anglais/français ?
¿Hay alguien que hable   ay al·*gyénn* ké *a*·blé
inglés/francés?   in·*gléss*/frann·*céss*
Je (ne) comprends (pas)
Yo (no) entiendo   yo (no) énn·*tyénn*·do
Comment dit-on ...?
¿Cómo se dice ...?   ko·mo sé *di*·sé ...
Que signifie... ?
¿Qué quiere decir ...?   ké *kyé*·ré dé·*sir* ...

Pouvez-vous...	*¿Puede ..., por*	*pwé*·dé ... por
s'il vous plaît ?	*favor?*	*fa*·bor
répéter	*repetirlo*	ré·pé·*tir*·lo
parler plus	*hablar más*	a·*blar* mass
lentement	*despacio*	*déss*·*pa*·syo
l'écrire	*escribirlo*	éss·kri·*bir*·lo

NOMBRES

1	*uno*	*ou*·no
2	*dos*	doss
3	*tres*	tréss
4	*cuatro*	*kwa*·tro
5	*cinco*	*sin*·ko
6	*seis*	*séïss*
7	*siete*	*syé*·té
8	*ocho*	*o*·tcho
9	*nueve*	*nwé*·bé
10	*diez*	*dyéss*
11	*once*	*onn*·sé
12	*doce*	*do*·sé
13	*trece*	*tré*·sé
14	*catorce*	ka·*tor*·sé
15	*quince*	*kin*·sé

INDICATIONS

Entrada	Entrée
Salida	Sortie
Información	Renseignements
Abierto	Ouvert
Cerrado	Fermé
Prohibido	Interdit
Comisaria	Poste de police
Servicios/Baños	Toilettes
Hombres/Varones	Hommes
Mujeres/Damas	Femmes

16	*dieciséis*	dyé·si·*séïss*
17	*diecisiete*	dyé·si·*syé*·té
18	*dieciocho*	dyé·si·*o*·tcho
19	*diecinueve*	dyé·si·*nwé*·bé
20	*veinte*	*béïnn*·té
21	*veintiuno*	*béïnn*·ti·ou·no
30	*treinta*	*tréïnn*·ta
31	*treinta y uno*	*tréïnn*·ta i ou·no
40	*cuarenta*	kwa·*rénn*·ta
50	*cincuenta*	sin·*kwénn*·ta
60	*sesenta*	sé·*sénn*·ta
70	*setenta*	sé·*ténn*·ta
80	*ochenta*	o·*tchénn*·ta
90	*noventa*	no·*bénn*·ta
100	*cien*	syénn
101	*ciento uno*	*syénn*·to ou·no
200	*doscientos*	do·*syénn*·toss
1 000	*mil*	mil
5 000	*cinco mil*	*sin*·ko mil
10 000	*diez mil*	*dyéss* mil
50 000	*cincuenta mil*	sin·*kwénn*·ta mil
100 000	*cien mil*	syénn mil
1 000 000	*un millón*	oun mi·*yonn*

ACHATS ET SERVICES

Je voudrais acheter ...
Quisiera comprar ...   kee·*sye*·ra kom·*prar* ...
Je ne fais que regarder
Sólo estoy mirando   so·lo es·*toy* mee·*ran*·do
Puis-je le/la voir ?
¿Puedo mirar(lo/la)?   pwe·do mee·*rar*·(lo/la)
Combien cela coûte-t-il ?
¿Cuánto cuesta?   kwan·to kwes·ta
C'est trop cher pour moi
Es demasiado caro   es de·ma·*sya*·do *ka*·ro
para mí   *pa*·ra mee
Pourriez-vous baisser un peu le prix ?
¿Podría bajar un poco   po·*dree*·a ba·*khar* oon po·ko
el precio?   el *pre*·syo
Cela ne me plaît pas
No me gusta   no me *goos*·ta

Je le prends	Lo llevo	lo *ye*·vo
Acceptez-vous ?	¿Aceptan …?	a·sep·*tan* …
les dollars	dólares	do·la·res
américains	americanos	a·me·ree·*ka*·nos
les cartes	tarjetas de	tar·*khe*·tas de
de crédit	crédito	kre·dee·to
les chèques	cheques de	che·kes de
de voyage	viajero	vya·*khe*·ro

moins	menos	me·nos
plus	más	mas
grand/e	grande	*gran*·de
petit/e	pequeño/a	pe·ke·nyo/a

Je cherche …	Estoy buscando …	es·toy boos·*kan*·do
le distributeur	el cajero	el ka·*khe*·ro
automatique	automático	ow·to·*ma*·tee·ko
la banque	el banco	el *ban*·ko
la librairie	la librería	la lee·bre·*ree*·a
l'ambassade	la embajada	la em·ba·*kha*·da
le bureau de	la casa de	la *ka*·sa de
change	cambio	*kam*·byo
l'épicerie	la tienda	la *tyen*·da
la laverie	la lavandería	la la·van·de·*ree*·a
le marché	el mercado	el mer·*ka*·do
la pharmacie	la farmacia/	la far·*ma*·sya/
	la botica	la bo·*tee*·ka
la poste	el correo	el ko·*re*·o
le supermarché	el supermercado	el soo·per·mer·*ka*·do
l'office du	la oficina de	la o·fee·*see*·na de
tourisme	turismo	too·rees·mo

À quelle heure ouvre-t-il/ferme-t-il ?
¿A qué hora abre/cierra? a ké *o*·ra a·bré/*syé*·ra
Je veux changer de l'argent/des chèques de voyage
Quiero cambiar dinero/ kyé·ro kamm·*byar* di·*né*·ro/
cheques de viajero tché·késs dé vya·*Rhe*·ro
Quel est le taux de change ?
¿Cuál es el tipo de cambio? kwal éss el *ti*·po dé kamm·byo
Je veux appeler...
Quiero llamar a … kyé·ro lya·*mar* a …

courrier	correo	ko·*ré*·o
par avion	aéreo	a·é·*ré*·o
marché noir	mercado (negro/	mér·*ka*·do né·gro/
	paralelo)	pa·ra·*lé*·lo
lettre	carta	*kar*·ta
en recommandé	certificada	sér·ti·fi·*ka*·da
timbres	estampillas	éss·tamm·*pi*·yas

HEURES ET DATES

Quelle heure est-il ? *¿Qué hora es?* ké *o*·ra éss
Il est une heure *Es la una* éss la *ou*·na
Il est sept heures *Son las siete* sonn lass *syé*·té

PANNEAUX INDICATEURS

Acceso	Entrée
Aparcamiento	Parking
Ceda el Paso	Cédez le passage
Despacio	Ralentir
Dirección Única	Sens unique
Mantenga Su Derecha	Restez à droite
No Adelantar/	Interdit de doubler
No Rebase	
Peaje	Péage
Peligro	Danger
Prohibido Aparcar/	Interdit de stationner
No Estacionar	
Prohibido el Paso	Entrée interdite
Pare/Stop	Stop
Salida de Autopista	Sortie d'autoroute

minuit	medianoche	mé·dya·*no*·tché
midi	mediodía	mé·dyo·*di*·a
deux heures	dos	dos
et demie	y media	i *mé*·dya

maintenant	ahora	a·*o*·ra
aujourd'hui	hoy	oy
ce soir	esta noche	és·ta *no*·tché
demain	mañana	ma·*nya*·na
hier	ayer	a·*yér*

lundi	lunes	lou·néss
mardi	martes	mar·*téss*
mercredi	miércoles	*myér*·ko·léss
jeudi	jueves	*Rhwé*·béss
vendredi	viernes	*byér*·néss
samedi	sábado	sa·ba·do
dimanche	domingo	do·*minn*·go

janvier	enero	é·*né*·ro
février	febrero	fé·*bré*·ro
mars	marzo	*mar*·so
avril	abril	a·*bril*
mai	mayo	*ma*·yo
juin	junio	*Rhou*·nyo
juillet	julio	*Rhou*·lyo
août	agosto	a·*gos*·to
septembre	septiembre	sép·*tyémm*·bré
octobre	octubre	ok·*tou*·bré
novembre	noviembre	no·*byémm*·bré
décembre	diciembre	di·*syémm*·bré

TRANSPORTS
Transports publics

À quelle heure	*¿A qué hora*	a ké *o*·ra
part/arrive... ?	*sale/llega …?*	sa·lé/yé·ga …

le bus	el autobus	el aou·to·*bous*
l'avion	el avión	el a·*byonn*
le bateau	el barco/buque	el bar·ko/bou·ké
le train	el tren	el trénn

l'aéroport	el aeropuerto	el a·é·ro·*pwér*·to
la gare	la estación de	la éss·ta·*syonn* dé
ferroviaire	ferrocarril	fé·ro·ka·*ril*
la gare	la estación de	la és·ta·*syonn* dé
routière	autobuses	aou·to·*bou*·séss
l'arrêt de	la parada de	la pa·*ra*·da dé
bus	autobuses	aou·to·*bou*·séss
consigne	guardería	gwar·dé·*ri*·a
billetterie	boletería	bo·lé·té·*ri*·a

Je voudrais un billet pour ...
Quiero un boleto a ...   kyé·ro oun bo·*lé*·to a ...
Quel est le tarif jusqu'à... ?
¿Cuánto cuesta hasta ...?   kwan·to *kwéss*·ta *a*·sta ...

étudiant	de estudiante	dé éss·tou·*dyann*·té
1re classe	primera clase	pri·mé·ra kla·sé
2e classe	segunda clase	sé·*goun*·da kla·sé
aller simple	ida	i·da
aller-retour	ida y vuelta	i·da i bouél·ta
taxi	taxi	tak·si

Transports privés

J'aimerais	Quisiera	ki·syé·ra
louer...	alquilar ...	al·ki·*lar* ...
un 4x4	un todo terreno/	oun to·do té·ré·no/
	un cuatro por	kwa·tro por
	cuatro	kwao
une voiture	un auto	oun *aou*·to
une moto	una moto	ou·na mo·to
un vélo	una bicicleta	ou·na bi·si·*klé*·ta

pick-up	camioneta	ka·myo·*né*·ta
camion	camión	*ka*·myonn
faire du stop	hacer dedo	a·sér dé·do

Est-ce la route pour... ?
¿Se va a (...) por   sé va a (...) por
esta carretera?   éss·ta ka·ré·té·ra

Où y a-t-il une station-service ?
¿Dónde hay una   donn·dé ay ou·na
gasolinera/un grifo?   ga·so·li·né·ra/oun gri·fo
Le plein, s'il vous plaît
Lleno, por favor   yé·no por fa·bor
Je voudrais (20) litres
Quiero (veinte) litros   kyé·ro (véïnn·té) li·tros

| diesel | diesel | dié·sel |
| essence | gasolina | ga·so·*li*·na |

(Combien de temps) puis-je stationner ici ?
¿(Por cuánto tiempo)   (por kwann·to tyém·po)
Puedo aparcar aquí?   pwé·do a·par·kar a·ki
Où faut-il payer ?
¿Dónde se paga?   donn·dé sé pa·ga
J'ai besoin d'un mécanicien
Necesito un   né·sé·si·to oun
mecánico   mé·ka·ni·ko
La voiture est tombée en panne à...
El carro se ha averiado   el ka·ro sé a a·vé·rya·do
(en ...)   (énn ...)
La moto ne démarre pas
No arranca la moto   no a·rann·ka la mo·to
J'ai un pneu crevé
Tengo un pinchazo   ténn·go oun pinn·tcha·so
Je suis en panne sèche
Me quedé sin gasolina.   mé ké·dé sin ga·so·li·na
J'ai eu un accident
Tuve un accidente   tou·vé oun ak·si·dénn·té

VOYAGER AVEC DES ENFANTS
J'ai besoin de ...
Necesito ...   né·sé·sé·to ...
Avez-vous ...?
¿Tiene ...?   tié·né ...
un siège pour enfant
un asiento de seguridad   oun a·syénn·to dé sé·gou·ri·da
para bebés   pa·ra bé·béss
des couches (jetables)
pañales (de usar y tirar)   pa·nya·léss dé ou·sar i ti·rar
du lait en poudre
leche en polvo   lé·tché énn pol·bo
une chaise haute
una trona   ou·na tro·na
un pot
una pelela   ou·na pé·lé·la
une poussette
un cochecito   oun ko·tché·si·to

Est-ce que ça vous dérange si je donne le sein ici ?
¿Le molesta que dé   lé mo·léss·ta ké dé
de pecho aquí?   dé pé·tcho a·ki
Les enfants sont-ils acceptés ?
¿Se admiten niños?   sé ad·mi·ténn ni·nyoss

AYMARÁ ET QUECHUA

Pour terminer, voici quelques mots de quechua et d'aymará, deux langues dont la grammaire et la prononciation sont assez difficiles. Vous pouvez apprendre ces langues à La Paz (p. 80), Cochabamba (p. 219) et Sucre (p. 241).

Des dictionnaires et guides de conversation sont en vente à Los Amigos del Libro et dans

LANGUES

les grandes librairies de La Paz, mais pour en tirer profit, vous devrez avoir une bonne connaissance de l'espagnol.

Le *Quechua phrasebook* de Lonely Planet (en anglais) contient des phrases et un vocabulaire dans le dialecte de Cuzco (Pérou), également compris sur les hauts plateaux boliviens.

Bien que restreinte, la liste de mots ci-après (à gauche l'aymará, à droite le quechua) pourra vous être utile dans les régions où ces langues sont utilisées. Prononcez-les comme des mots espagnols. L'apostrophe représente un arrêt glottal (coupure de l'émission sonore).

salut !	*Laphi!*	*Raphi!*
bonjour	*Kamisaraki.*	*Napaykullayki.*
s'il vous plaît	*Mirá.*	*Allichu.*
merci	*Yuspagara.*	*Yusulipayki.*
enchanté	*Take chuima'hampi.*	*Tucuy sokoywan.*
oui/non	*Jisa/Janiwa.*	*Ari/Mana.*
Comment dites-vous... ?		
Cun sañasauca'ha ...?	*Imainata nincha chaita ...?*	
Cela s'appelle...		
Ucan sutipa'h ...	*Chaipa'g sutin'ha ...*	
Pouvez-vous répéter, s'il vous plaît		
Uastata sita.	*Ua'manta niway.*	

Où est ...?	*Kaukasa ...?*	*Maypi ...?*
Combien ?	*K'gauka?*	*Maik'ata'g?*
loin	*haya*	*caru*
en descendant	*aynacha*	*uray*
père	*auqui*	*tayta*
nourriture	*manka*	*mikíuy*
mère	*taíca*	*mama*
hébergement	*korpa*	*pascana*
près	*maka*	*kailla*
rivière	*jawira*	*mayu*
pic enneigé	*kollu*	*riti-orko*
sentier	*tapu*	*chakiñan*
très près	*hakítaqui*	*kaillitalla*
eau	*uma*	*yacu*

1	*maya*	*u'*
2	*paya*	*iskai*
3	*quimsa*	*quinsa*
4	*pusi*	*tahua*
5	*pesca*	*phiska*
6	*zo'hta*	*so'gta*
7	*pakalko*	*khanchis*
8	*quimsakalko*	*pusa'g*
9	*yatunca*	*iskon*
10	*tunca*	*chunca*
100	*pataca*	*pacha'g*

Glossaire

Pour un glossaire de termes concernant l'alimentation, reportez-vous au chapitre *La cuisine bolivienne* p. 61.

abra – ouverture ; désigne un col de montagne, souvent flanqué de parois escarpées

achachilas – esprits des montagnes aymará ; il s'agirait d'ancêtres qui veillent sur leurs *ayllu* et produisent les richesses de la terre

aduana – douane

aguayo – châle coloré que les femmes utilisent pour transporter des affaires ; également appelé *manta*

alcaldía – mairie, hôtel de ville

Altiplano – haut plateau ; la plus grande étendue de terre plane (cultivable par endroits) des Andes ; il s'étend de la Bolivie au sud du Pérou, au nord-ouest de l'Argentine et au nord du Chili

Alto Perú – nom donné par les colons espagnols à l'actuelle Bolivie

anillos – "anneaux" ; nom donné aux boulevards périphériques de certaines villes

apacheta – monticule de pierres sur un pic ou un col. Les voyageurs emportent une pierre de la vallée qu'ils déposent au sommet de la pile en offrande aux *apu*. Localement, le terme peut désigner le col lui-même

apu – esprit de la montagne qui protège les voyageurs et dispense l'eau pour les cultures ; souvent associé à un *nevado* particulier

arenales – dunes de sable

artesanía – artisanat local ou boutique d'artisanat

ayllu – peut se traduire approximativement par "tribus" ; désigne les groupes autochtones d'une région

Aymará ou Kolla – peuple originaire de Bolivie ; le terme "aymará" désigne également leur langue

azulejos – carreaux de faïence ornementaux, ainsi nommés car les premiers *azulejos* ibériques étaient bleu et blanc (*azul* signifie bleu)

bajones – immenses flûtes introduites par les jésuites auprès des communautés indiennes des plaines, toujours utilisées lors des fêtes de San Ignacio de Moxos

balsa – radeau ; en Amazonie bolivienne, les *balsas* transportent les véhicules sur les rivières sans pont

barranca – falaise ; désigne souvent la paroi d'un canyon

barranquilleros – orpailleurs des Yungas et de l'Alto Beni

barrio – quartier ou faubourg

bloqueo – barrage routier

bodega – dans certains trains, wagon de marchandise dans lequel peuvent voyager les passagers de 2e classe ; désigne aussi une cave à vin

bofedales – prairies alluviales marécageuses de la *puna* et de l'Altiplano où les Aymará font paître lamas et alpagas

boletería – billetterie

bolivianita – améthyste violette et jaune

Bolivianos – Boliviens ; désigne également l'unité monétaire bolivienne

bombas de gasolina – pompes à essence

bus cama – "bus lit" ; désigne un bus équipé de sièges entièrement inclinables circulant sur certaines lignes internationales ou nationales longue distance, souvent beaucoup plus cher qu'un bus ordinaire

cabaña – bungalow

cama matrimonial – lit double

camarín – niche renfermant une statue religieuse

camba – Bolivien des plaines de l'Est ; des montagnards désignent ainsi les habitants des départements du Beni, du Pando et de Santa Cruz (dans l'est du Tibet, on utilise le même terme pour les habitants des plaines !)

cambista – changeur de rue

camino – route, chemin, voie

camión – camion à plateau ; mode de transport local très courant

camioneta – pick-up servant de moyen de transport dans le bassin amazonien

campesino – paysan

cancha – espace dégagé dans une ville, souvent réservé aux marchés ; terrain de football

casilla – boîte aux lettres

cerrado – savane broussailleuse et claisemée ; un habitat menacé de disparition que l'on peut observer dans le Parque Nacional Noel Kempff Mercado

cerro – colline, mais le terme est souvent utilisé pour désigner de hautes montagnes

chacra – champ de maïs

cha'lla – offrande

chalanas – ferries

Chapacos – habitants de Tarija ; utilisé fièrement par les *Tarijeños* et avec un certains mépris par les autres Boliviens

chaqueo – défrichage annuel par brûlis de la forêt tropicale amazonienne pour l'agriculture et l'élevage ; on croit à tort que la fumée du *chaqueo* entraîne la formation de nuages et favorise la pluie

charango – instrument de musique traditionnel semblable à une mandoline

cholo/a – Quechua ou Aymará vivant en ville et portant le costume traditionnel

chompa – pull
chullo – bonnet de laine traditionnel, généralement avec des oreillettes
chullpa – tour funéraire, habituellement aymará
cocalero – producteur de coca
Cochabambinos – habitants de Cochabamba
colectivo – minibus ou taxi collectif
Colla – autre orthographe pour *Kolla*
comedor – cantine populaire
Comibol – Corporación Minera Boliviana (Compagnie minière bolivienne), aujourd'hui dissoute
contrabandista – contrebandier
cooperativos –petits groupes de mineurs qui achètent des droits temporaires d'exploitation
corregidor – premier magistrat
cruce – carrefour
Cruzeños – habitants de Santa Cruz

DEA – Drug Enforcement Agency, organisme américain de lutte contre la drogue envoyé en Bolivie pour imposer des programmes de substitution à la culture de la coca et appréhender les magnats de la drogue
denuncia – déclaration sous serment
derecho – droit ; privilège accordé en échange d'un impôt ou d'une taxe
diablada – danse des Démons ; souvent exécutée lors des fêtes
dueño/a – propriétaire

edificio – immeuble
EFA – Empresa Ferroviaria Andina ; la compagnie de chemins de fer privée, également appelée FVA, ou Ferroviarias Andinas
ejecutivo – cadre
Ekeko – dieu domestique de l'abondance ; signifie "nain" en aymará
enclaustromiento – enclavé ; sans accès à la mer
Entel – Empresa Nacional de Telecomunicaciones (Entreprise nationale des télécommunications)
entrada – procession d'ouverture
esquina – coin de rue, souvent abrégé en *esq*
estancia – vaste domaine rural, souvent d'élevage

feria – foire, marché
ferretería – quincaillerie
ferrobus – bus sur rails
flota – compagnie de bus longue distance
frontera – frontière
futból – football
FVA – voir EFA

garapatillas – tiques minuscules qui infestent les plateaux du Nord et les prairies de savane
guardaparque – garde forestier des parcs nationaux

hechicería – sorcellerie traditionnelle aymará
hoja de ruta – carte de circulation
hornecinos – niches typiques des ruines andines où l'on plaçait vraisemblablement des idoles et/ou des offrandes
huemul – (*Hippocamelus bisulcus*), cervidé des Andes

iglesia – église
Inca – civilisation dominante des Andes centrales à l'époque de la conquête espagnole ; désigne à la fois le peuple et son souverain
ingenio – moulin ; à Potosí, le terme fait référence aux fonderies d'argent installées le long de la Ribera, où l'on extrayait le métal d'un minerai de faible qualité en l'écrasant avec une roue de moulin dans une solution de sel et de mercure

javeli – pécari
jefe de la estación – chef de gare
jipijapa – feuilles du palmier nain de la famille des cyclanthacées (*Carludovica palmata*)
jochi – agouti ; agile rongeur à longues pattes du bassin amazonien, seul animal de la région à pouvoir manger des noix du Brésil

Kallahuaya (ou Kallawaya) – guérisseurs et diseurs de bonne aventure itinérants de la lointaine Cordillera Apolobamba
koa – buisson au parfum sucré (*Senecio mathewsii*) qui pousse sur l'Isla del Sol et d'autres parties de l'Altiplano, utilisé comme encens dans les rituels aymará ; désigne aussi la *Mentha pulegium*, plante domestique à la fragrance similaire introduite par les Espagnols
Kolla (ou Colla) – terme par lequel se désignent les Aymará
Kollasuyo – nom inca de la Bolivie signifiant "pays des Kolla" (le peuple aymará) ; les Espagnols l'appelaient l'Alto Perú (haut Pérou)

LAB – Lloyd Aéreo Boliviano ; compagnie aérienne nationale
lago – lac
laguna – lagune ; lac peu profond
legía – alcaloïde habituellement composé de cendres de pommes de terre et de quinoa, utilisé pour extraire le produit actif lorsqu'on mâche des feuilles de coca
licuados – jus de fruits mixés au lait ou à l'eau
liquichiris – esprits malins aspirant la vitalité d'une personne et provoquant sa mort sans raison apparente
llanos – plaines
llapa – voir *yapa*
llareta (*Azorella compacta*) – mousse combustible résistante au sel qui pousse dans les *salares* du sud de l'Altiplano et exsude une gelée semblable à la térébenthine, utilisée pour alimenter les fourneaux ; s'écrit également *yareta*
loma – coteau, remblai artificiel

lucha libre – match de catch libre
Manco Capac – premier empereur inca
manta – châle
marigui – petite mouche des plaines amazoniennes à la piqûre très irritante qui provoque d'abord une petite boursouflure, puis des démangeaisons pendant deux semaines et laisse parfois des cicatrices
mate – tisane à base de coca, de camomille ou autres plantes
Menonitas – mennonites des plaines de l'Est, du Paraguay, du nord de l'Argentine et du sud-ouest du Brésil
mercado – marché
mestizo – métis hispano-indien ; style architectural intégrant des motifs inspirés de la nature
micro – petit bus ou minibus
minifundio – petit lopin de terre
mobilidad – tout type de véhicule à moteur
moto-taxi – moyen de transport public utilisé dans les plaines de l'Est et le bassin amazonien
mudéjar – terme espagnol désignant un style d'architecture aux influences mauresques

ñandu – nandou ; grand oiseau incapable de voler ; également appelé autruche sud-américaine

nevado – pic enneigé

Orureño/a – habitant/e d'Oruro

Paceño/a – habitant/e de La Paz
Pachamama – la déesse aymará et quechua, ou "Terre-Mère"
pahuichi – maison au toit de chaume et aux murs de roseau ; type d'habitation courant dans le Beni
paja brava – herbe acérée du haut Altiplano
parrilla – barbecue
parrillada – assortiment de viandes grillées
peajes – taxes parfois exigées à une *tranca* ou à un péage
peña – spectacle de musique folklorique
piso – étage
pongaje – système féodal de servage imposé à la paysannerie bolivienne ; aboli après la Révolution d'avril 1952
pullman – siège inclinable dans les bus ou la 1re classe des trains
puna – hautes prairies de l'Altiplano
punto – téléphone public

quebrada – ravin ou gorge, généralement asséché
quechua – langue indigène des hauts plateaux (Altiplano) de l'Équateur, du Pérou et de la Bolivie ; langue de l'ancien Empire inca
quena – flûte de roseau
queñua – arbre nain (*Polylepis tarapana*) qui pousse en buissons à très haute altitude, le seul à survivre à plus de 5 000 m

quinoa – céréale très nutritive des hauts plateaux, semblable au sorgho et utilisée pour faire de la farine et épaissir les ragoûts
quirquincho – carapace de tatou utilisée pour la fabrication des *charangos* ; surnom des habitants d'Oruro

radiales – rues constituant les "rayons" d'une ville disposée en *anillos* (anneaux) ; Santa Cruz en est le meilleur exemple
reais – (prononcer toutes les voyelles, au singulier : *real*) ; la monnaie brésilienne ($R)
río – rivière
roca – roche

salar – lac salé ou désert de sel
salteña – chausson de pâte feuilletée farci
sarape – poncho
saya – danse afro-bolivienne exécutée durant les fêtes ; rappelle l'époque de l'esclavage à Potosí
seringueros – collecteurs de caoutchouc dans la région amazonienne
Sernap – Servicio Nacional de Áreas Protegidas, organisme gouvernemental de protection de l'environnement
singani – eau-de-vie à base de raisin (alcool local)
soroche – mal des montagnes qui affecte invariablement les voyageurs arrivant sur les hauts plateaux
surazo – vent froid balayant les plaines, provenant de Patagonie et de la pampa argentine
surtidores de gasolina – stations-service

Tahuatinsuyo – nom inca désignant l'ensemble de l'empire
tambo – auberge, marché et point de rencontre en bordure de route ; l'équivalent sud-américain du caravansérail
Tarijeños – habitants de Tarija
taxista – chauffeur de taxi
termas – sources thermales
terminal terrestre – gare des bus longue distance
thola – petit buisson du désert
tienda – petite épicerie, souvent tenue par une famille
tinku – fête traditionnelle donnant lieu à des combats rituels, se déroulant essentiellement dans le nord du département de Potosí ; le sang versé au cours des combats est considéré comme une offrande à Pachamama
totora – variété de roseau utilisée comme matériau de construction autour du lac Titicaca
tranca – poste de police sur une nationale, généralement à la sortie des villes
tranquilo – terme le plus souvent utilisé par les Boliviens pour désigner leur comportement paisible et doux ; c'est aussi une invitation à adopter le rythme de vie local
tren expreso – train assez rapide doté de 1re et 2e classes et d'un wagon-restaurant

tren mixto – train de marchandises très lent dans lequel les passagers voyagent en *bodegas*

trufi – taxi collectif ou minibus suivant un itinéraire précis

vicuña – vigogne ; petit camélidé de la puna ou de l'Altiplano ; cousin sauvage du lama et de l'alpaga

viscacha – viscache ; petit rongeur (*Lagidium viscaccia*) à longue queue apparenté au chinchilla ; habite les affleurements rocheux des hauteurs de l'Altiplano

Wara Wara – train lent de la Red Occidental qui s'arrête dans la plupart des gares

yagé – drogue hallucinogène consommée par certaines tribus d'Amazonie

yapa – pratique de marchandage : le client accepte un prix à condition que le vendeur fasse un geste supplémentaire

yatiri – sorcier/chaman aymará

zampoña – flûte de Pan confectionnée avec des roseaux creux de diverses longueurs attachés côte à côte ; utilisée dans la plupart des concerts de musique traditionnelle

En coulisses

À PROPOS DE CET OUVRAGE

Cette troisième édition française est traduite de la sixième édition de *Bolivia* (en anglais), écrite par Kate Armstrong, Vesna Maric et Andy Symington. Kate, auteur coordinateur, a rédigé tous les chapitres introductifs et pratiques et s'est chargée des recherches et de la rédaction des chapitres La Paz et le lac Titicaca. Vesna Maric est l'auteur des chapitres Centre-Sud et le Chaco, Santa Cruz et les plaines de l'Est, ainsi que Bassin amazonien. Andy Symington a rédigé Cordilleras et Yungas, Sud de l'Altiplano et Hauts plateaux du centre. Brian Klupfel a contribué aux encadrés sur le football, les instruments de musique et Evo Morales.

La cinquième édition avait été écrite par Andrew Dean Nystrom et Morgan Konn. Deanna Swaney était l'auteur des éditions une à quatre. Ce guide a été commandé par le bureau de Lonely Planet à Oakland.

Traduction française Florence Delahoche, Thérèse de Cherisey, Marine Héligon et Julie Marcot

CRÉDITS

Responsable éditorial Didier Férat
Coordination éditoriale Émilie Esnaud
Coordination graphique Jean-Noël Doan
Maquette Pierre Brégiroux
Cartographie Adrian Persoglia pour la version originale et Martine Marmouget (Afdec) pour l'adaptation en français

Couverture Mary Nelson-Parker pour la version originale, Jean-Noël Doan et Sébastienne Ocampo pour la version française
Remerciements à Chantal Duquénoy, Christiane Mouttet et Françoise Blondel pour leur précieuse contribution au texte, à Xavière Quincy pour sa préparation du manuscrit et à Juliette Stephens pour son travail sur les renvois de pages. Un grand merci également à Michel MacLeod, Cécile Bertolissio et Dominique Spaety. Enfin, merci à Clare Mercer et Becky Rangecroft du bureau de Londres, et à Debra Herrmann du bureau australien.

UN MOT DES AUTEURS
KATE ARMSTRONG

Mil gracias à tant de merveilleux Boliviens. D'abord et avant tout à Martin, à La Cúlpula, pour sa générosité, son enthousiasme et son amitié ; ainsi qu'à Eduardo Zeballos, Vania, Adolfo, Fernando, Juan José et le personnel du Rosario Hotel ; à mes amis irlandais pour leurs connaissances en trekking ; à Todd pour ses palpitantes descentes à VTT dans les montagnes ; à Monica, Jaqui et Maria Theresa de l'office du tourisme ; à Martin Cariega ; à la Fundacion Cajias ; à Pablo et à l'équipe de Calacoto Tours ; à Mario Ninos ; à Alistair et Karen Matthew de Gravity Assisted pour leur aide constante ; au Dr Jordon, pour m'avoir tirée d'une situation délicate ; à Fernando d'Andes Amazon Adventures ; à Bernardo, André et Feli ; à Duncan de Flight Centre ; à Antonio Morón-Nava ; à Rob Wallace de Conservation International ; à Jazmin et David d'America Tours pour leurs conseils avisés et

LES GUIDES LONELY PLANET

Tout commence par un long voyage : en 1972, Tony et Maureen Wheeler rallient l'Australie après avoir traversé l'Europe et l'Asie. À l'époque, on ne disposait d'aucune information pratique pour mener à bien ce type d'aventure. Pour répondre à une demande croissante, ils rédigent leur premier guide Lonely Planet, écrit sur un coin de table.

Depuis, Lonely Planet est devenu le plus grand éditeur indépendant de guides de voyage dans le monde et dispose de bureaux à Melbourne (Australie), Oakland (États-Unis) et Londres (Royaume-Uni).

La collection couvre désormais le monde entier et ne cesse de s'étoffer. L'information est aujourd'hui présentée sur différents supports, mais notre objectif reste constant : donner des clés au voyageur pour qu'il comprenne mieux le pays qu'il découvre.

L'équipe de Lonely Planet est convaincue que les voyageurs peuvent avoir un impact positif sur les pays qu'ils visitent, pour peu qu'ils fassent preuve d'une attitude responsable. Depuis 1986, nous reversons un pourcentage de nos bénéfices à des actions humanitaires, à des campagnes en faveur des droits de l'homme et, plus récemment, à la défense de l'environnement.

leur amitié. Lando, toute mon affection pour m'avoir familiarisée à ta culture. *Gracias* à Stephen Taranto, Clea, Sr Paz (et Melina !) pour leur enthousiasme contagieux et leurs informations. À Sucre, merci à Jorge, à l'ICBA et à Domingo. Un grand, grand merci pour finir aux précédents auteurs, Andrew Dean Nystrom et Morgan Konn, ainsi qu'à mes coauteurs Andy Symington et Vesna Maric pour leur enthousiasme pour la Bolivie ; merci à l'éditrice Fionnuala Twomey pour son incroyable sens du détail et à Kathleen Munnelly, responsable de publication, pour m'avoir permis de réaliser un *sueño*.

VESNA MARIC

Un immense merci à mon compagnon Rafael pour son indéfectible soutien, sa bonne humeur et sa disponibilité. Merci également à nos amis boliviens Paola et Andres à Santa Cruz, ainsi qu'à Ubaldo et Felipe, pour leur hospitalité et leur compagnie. Un grand merci à notre assistant à l'Hotel Globetrotter, qui a réussi à organiser notre emploi du temps compliqué et nous a préparé du thé quand nous étions malades. Un grand bonjour et merci à Julien Ureel, le plus Bolivien des non-Boliviens. Merci également à Daniel Manzaneda à Rurre, et à Pancho, Che et Peanu pour nous avoir fait emmenés au Banana Club. Un grand merci à Rolando à Chalalan pour son travail, son aide et ses connaissances. Un très grand merci à Kathleen Munnelly, responsable de publication, pour son aide et son dévouement, à Kate Armstrong pour sa sympathie et son assistance en tant que coauteur et coordinatrice, et à Andy Symington pour son aide. Ce fut un plaisir de travailler sur ce livre.

ANDY SYMINGTON

De nombreuses personnes méritent d'être remerciées en Bolivie : la population locale pour son agréable compagnie et ses conseils avisés ; le personnel des offices de tourisme et des agences de voyages pour leurs informations, et les nombreux voyageurs et bénévoles pour leur amitié, leur aide et leurs suggestions. Un merci particulier à ceux qui sont allés au-delà du simple coup de main en m'offrant leurs conseils, leur généreuse hospitalité et leur amitié. Parmi eux : Roberto d'Urioste et ses collègues, Mike McCaffrey, Regine Zopf, Ramiro Becerra et Claudia Mendienta, Bärbel Junk, Amparo Miranda, Margarita Herrera, Xavier Sarabia, Hans et Patricia De Roo, Pete Good, Elba Alfaro, Fabiola Mitru, Jacqueline Gutiérrez, Travis Gray et Petra Las Piedras. Merci également aux coauteures Kate et Vesna, à l'équipe LP, à mes parents pour leur soutien et à Begoña García de León.

À NOS LECTEURS

Nos sincères remerciements aux lecteurs de l'édition précédente qui ont partagé avec nous leurs expériences, leurs conseils et leurs anecdotes :

A Olivier Abon, M.-Jeanne Andries **B** Geneviève Bausset **C** Franck Chauvery, Julien Celarie, Anne-Eugénie Collaud **D** Clémence De Villaine, Stéphane Defranoux, A.-C. Deheuvels, Renaud Delay, Marcel Derejac, Pierre Dessen, Jocelyne Dieng, Chantal Dumont, Frédéric Duval, Frédérique Duval **F** Sylvie Frachet, Alexandra Fayet, Sébastien Foudi **G** Yann Gilbert **H** Véronique ou Dominique Humblot **J** Estelle et Florent Jallet **L** Francis Lagace, Jacques Lair, Sylvie Le Bellet, Benjamin Luque **M** Grégoire Machavoine, Olivier Magnier, Peggy Magnier, Giuliano Martinuzzi, Sabrina Menzel, Danielle Moll, Rémi Mongeau, Anne-Sophie Moussa **P** Vincent Pannetier, Danielle Pelletier, Guillaume Pelletier, Caterina Piatto, Véronique et Marie Pierre **R** Xavier Rançon, Benjamin Rocca, Jean-Noël Roussel, Hélène Roy, Vincent Rudaz **S** Olivier Sassier, la famille Sauvage, Daniel Seddik, Raphaël Schaer, Gérald Spriet **T** Joël Takvorian, Arnaud Thonar **V** Guy et Cathy Van Pelt, Jessica Volery

VOS RÉACTIONS ?

Vos commentaires nous sont très précieux et nous permettent d'améliorer constamment nos guides. Notre équipe lit toutes vos lettres avec la plus grande attention. Nous ne pouvons pas répondre individuellement à tous ceux qui nous écrivent, mais vos commentaires sont transmis aux auteurs concernés. Tous les lecteurs qui prennent la peine de nous communiquer des informations sont remerciés dans l'édition suivante, et ceux qui nous fournissent les renseignements les plus utiles se voient offrir un guide.

Pour nous faire part de vos réactions, prendre connaissance de notre catalogue et vous abonner à Comète, notre lettre d'information, consultez notre site web : **www.lonelyplanet.fr**

Nous reprenons parfois des extraits de notre courrier pour les publier dans nos produits, guides ou sites web. Si vous ne souhaitez pas que vos commentaires soient repris ou que votre nom apparaisse, merci de nous le préciser. Pour connaître notre politique en matière de confidentialité, connectez-vous à : www.lonelyplanet.fr/confidentialite/index.cfm

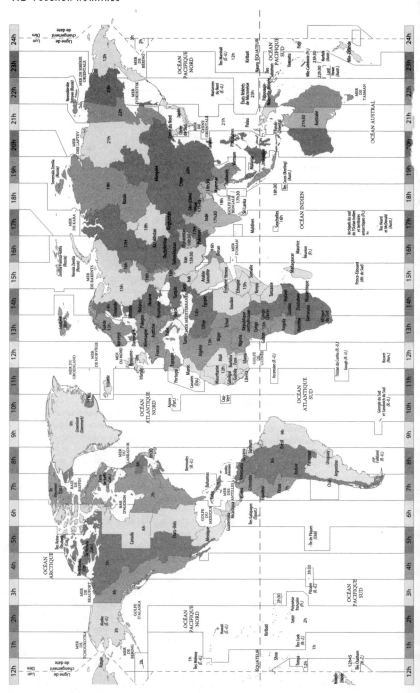

Index

Les références des cartes sont indiquées en **gras**

Les références des cartes sont
indiquées en **gras**

INDEX

Anglais

Croate

Allemand

Grec

Pour voyager en V.O.

**Et la collection
"Petite conversation en"**
Allemand
Anglais
Espagnol
Italien

Italien

Japonais

Mandarin

guide
de conversation

Espagnol
latino-américain

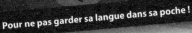

Pour ne pas garder sa langue dans sa poche !

guide
de conversation

Vietnamien

Pour ne pas garder sa langue dans sa poche !

guide
de conversation

Portugais
et brésilien

Pour ne pas garder sa langue dans sa poche !

guide
de conversation

Russe

Pour ne pas garder sa langue dans sa poche !

guide
de conversation

Turc

Pour ne pas garder sa langue dans sa poche !

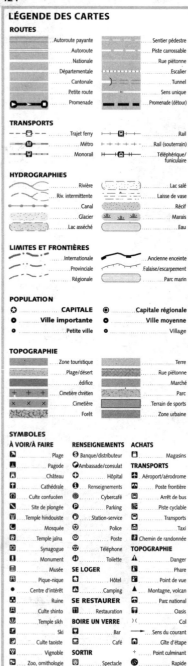

LÉGENDE DES CARTES

ROUTES

Autoroute payante — Sentier pédestre
Autoroute — Piste carrossable
Nationale — Rue piétonne
Départementale — Escalier
Cantonale — Tunnel
Petite route — Sens unique
Promenade — Promenade (détour)

TRANSPORTS

Trajet ferry — Rail
Métro — Rail (souterrain)
Monorail — Téléphérique/funiculaire

HYDROGRAPHIES

Rivière — Lac salé
Riv. intermittente — Laisse de vase
Canal — Récif
Glacier — Marais
Lac asséché — Eau

LIMITES ET FRONTIÈRES

Internationale — Ancienne enceinte
Provinciale — Falaise/escarpement
Régionale — Parc marin

POPULATION

○ **CAPITALE** ◉ Capitale régionale
○ **Ville importante** ○ Ville moyenne
○ Petite ville ○ Village

TOPOGRAPHIE

Zone touristique — Terre
Plage/désert — Rue piétonne
édifice — Marché
Cimetière chrétien — Parc
Cimetière — Terrain de sports
Forêt — Zone urbaine

SYMBOLES

À VOIR/À FAIRE
Plage
Pagode
Château
Cathédrale
Culte confucéen
Site de plongée
Temple hindouiste
Mosquée
Temple jaïna
Synagogue
Monument
Musée
Pique-nique
Centre d'intérêt
Ruine
Culte shinto
Temple sikh
Ski
Culte taoïste
Vignoble
Zoo, ornithologie

RENSEIGNEMENTS
Banque/distributeur
Ambassade/consulat
Hôpital
Renseignements
Cybercafé
Parking
Station-service
Police
Poste
Téléphone
Toilette

SE LOGER
Hôtel
Camping

SE RESTAURER
Restauration

BOIRE UN VERRE
Bar
Café

SORTIR
Spectacle

ACHATS
Magasins

TRANSPORTS
Aéroport/aérodrome
Poste frontière
Arrêt de bus
Piste cyclable
Transports
Taxi
Chemin de randonnée

TOPOGRAPHIE
Danger
Phare
Point de vue
Montagne, volcan
Parc national
Oasis
Col
Sens du courant
Gîte d'étape
Point culminant
Rapide

Note : tous les symboles ne sont pas utilisés dans cet ouvrage

Bolivie
3e édition
Traduit de l'ouvrage *Bolivia (6th edition), April 2007*
© Lonely Planet Publications Pty Ltd 2007

Traduction française :
place des éditeurs

© Lonely Planet 2007,
12 avenue d'Italie, 75627 Paris cedex 13
☎ 01 44 16 05 00
lonelyplanet@placedesediteurs.com
www.lonelyplanet.fr

Dépôt légal
Juin 2007
ISBN 978-2-84070-628-1

© photographes comme indiqués 2007

Photographie de couverture : Voiliers sur le lac Titicaca, Frans Lemmens/Getty Images. La plupart des photos publiées dans ce guide sont disponibles auprès de notre agence photographique Lonely Planet Images :
www.lonelyplanetimages.com

Imprimé par CPI - Hérissey, Évreux, France
Réimpression 02, octobre 2008